개·정·판

# 법학의 이해

최신 판례와 개정법률 반영

전일주 · 조성종 지음

學研社

# *Understanding of Jurisprudence*

Jeon Il-Ju

Cho Seong-Jong

# 개정판을 내면서…

너무나 빠른 속도로 국내외적으로 상황이 변화하고 있다. 미국발 금융쇼크가 순식간에 전 세계를 강타하고 현재 우리나라도 그 영향으로 심각한 경제난을 겪고 있다. 사회의 변화에 적응하지 못하면 그 사회로부터 도태된다는 것은 너무나 자명한 사실이다. 이러한 사회현실의 변화와 법률시장 개방에 적응하기 위한 우리의 법제도와 법률시장 또한 급속도로 변하고 있다. 이에 부응하기 위해 학계도 발빠르게 움직이고 있는 것이 사실이다. 과거의 보수적이고 권위적이던 우리나라 법조계도 인권을 중요시하고 법절차의 간소화 및 현대화에 상당히 부응해 가고 있으며, 이는 결국 과거와 달리 교재의 신속한 개정을 거부할 수 없는 이유로 작용하고 있다.

이러한 현실 속에서 이번 개정판은 법학의 기초이론 중 법과 국가에 관한 장을 삭제하는 반면 재판과정 부분에 대해서는 실무적이고 구체적인 내용으로 보완을 하였고, 법률실무에서 현실화 된 여러 가지 서식과 판례를 추가하였다. 특히 협의이혼절차 및 회생절차에 대해서 자세한 내용을 첨가하였으며, 전반적으로 부족한 부분에 대한 보완 작업도 함께 하였다. 그러나 항상 그래 왔듯이 뭔가 부족함의 아쉬움을 남기고 다음을 기약하게 된다.

계속되는 경제적 불황과 저조한 교재 판매로 이중고를 겪고 있는 출판업계의 어려운 사정에도 불구하고 이번에도 개정판을 낼 수 있도록 허락해 주신 학연사 사장님과 신속하고 세밀한 배려로 출판작업에 열과 성을 다해 주신 편집부 직원 여러분께 다시 한 번 감사드립니다.

2009년 3월

연구실에서

저자 씀

# 머리말

법학을 공부하고자 하는 사람이라면 누구나 가장 먼저 접하는 책이 법학개론 또는 법학통론이다. 법학개론은 법학을 공부하기에 앞서 반드시 익혀 두어야 할 가장 중요하고도 가장 기본적인 법의 기초이론을 개괄적으로 설명하는 책이다. 따라서 법학을 제대로 공부하기 위해서는 무엇보다도 확실히 해 두어야 하는 것이 법학개론인데, 가끔 법학개론이나 법학통론을 공부하거나 강의하시는 분들 중에 법학개론을 경시하거나 하찮게 생각하는 분들이 있다. 법학개론을 다년간 강의해오면서 법학개론의 중요성을 확실히 깨달은 저자는 법학에 입문하는 학생이나 비법학도가 법학을 처음 접하는 경우 부담없이 법학에 접근할 수 있도록 최대한 쉬운 문구를 사용하고 사례를 들어 설명하고, 또한 현장감과 이해도를 높이고자 법률실무와 생활법률을 접목시키고자 노력하였다.

이 책은 제1편 법학의 기초이론과 제2편 법률실무로 구성하였으며, 법학의 기초이론에서는 법학공부에 있어 반드시 익혀야 할 가장 기초적인 법이론을 사례와 함께 가능한 쉽게 이해할 수 있도록 풀어서 설명하였고, 제2편 법률실무에서는 민사소송, 형사소송, 행정소송 등을 중심으로 소송실무의 학습에서 필수적으로 익혀야 할 기본원칙과 절차를 간단히 설명하고 판례와 사례를 통해 이에 대한 이해를 돕고자 하였으며, 일상생활속에서 빈번히 발생할 수 있는 사례에 관한 최신판례를 소개하고 설명하였다. 따라서 이 책을 통해 누구나 쉽게 법학을 이해하고 또한 스스로 자신의 법률문제를 해결할 수 있는 능력을 키울 수 있었으면 하는 작은 소망을 가져 본다.

최선을 다하여 여러 차례 교정을 보고 보완한다고 하였지만 아직도 많이 부족하고 미흡하다는 생각에 아쉬움이 남는다. 독자 여러분과 선배 교수님들의 충고와 비평을 겸허히 받아들여 앞으로 보다 훌륭한 책을 출간할 것을 약속하고, 이미 선배 교수님들이 출간하신 서적들을 많이 참고하고 인용하였으며 이에 대하여 다시 한 번 진심으로 감사드린다.

장기적인 불황속에서 특히 출판업계의 어려움이 많은 이때 이 책의 출판을 흔쾌히 허락하시고 여러 모로 많은 도움을 주신 학연사 사장님과 편집 및 교정 등 출판작업에 수고하신 직원 여러분께도 진심으로 감사드린다.

2007년 1월

관악산 자락에서

저자 씀

# 차례

## 제 2 편 법률실무
(소송절차, 생활법률, 화제의 판례)

# 서식차례

# 제 1 편

# 법학의 기초이론

# 제1장 법과 법학

## 제1절 개 념

### I. 정 의

일반적으로 법法이란 인류사회의 규범規範이며, 조직적인 국가권력에 의해 강행되는 규범을 말하고, 이러한 법을 대상으로 하여 연구하고 그 체계를 정립하고자 하는 학문을 법학法學이라고 한다. 따라서 법은 사회규범 자체에 대한 개념이고 법학은 법이라는 사회규범을 연구의 대상으로 하는 학문적 개념이라는 측면에서 구분된다.

#### 1. 법의 의의

법(jus, law, Recht, droit)의 개념槪念을 한마디로 정확하게 정의하는 것은 법학의 가장 기본적인 문제인 동시에 핵심적인 문제를 해결하는 것과 같은 것이기 때문에 쉬운 일이 아니다. 따라서 법의 개념 내지 법의 본질문제에 관하여 자연법론자自然法論者와 법실증론자法實證論者의 이론적 대립이 치열하였으며, 지금도 그에 대한 결론을 내리지 못하고 있는 것이 사실이다.

법은 인간사회의 질서를 유지하기 위해 존재하는 사회규범이다(규범성). 사물을 지배하는 법칙法則에는 자연법칙自然法則과 규범법칙規範法則이 있는데, 규범법칙을 일반적으로 규범이라 부르며, 이는 사회공동체 생활을 영위하기 위해 필요한 하나의 행동기준이 된다. 인간은 사회적 동물이며 문명생활을 시작한 인류는 집단생활의 이점을 스스로 깨닫게 되었으며, 집단의 규모가 확대되고 다양하게 변하면서 질서의 편함을 느끼게 되고, 이러한 질서를 유지하기 위해 인류는 스스로 법, 관습慣習, 도덕道德, 종교宗敎와 같은 행동기준으로서의 규범을 발전시켰다. 이러한 사회규범 중의 하나인 법은 준수遵守의 강제성이 가장 강한 규범인 반면에 보통사람들이 지킬 수 있는 사회의 합목적적 견지에서 사회의 구성원인 인간의 사회생활을 규제하는 상대적 실천규범實踐規範이다.

법은 국가공권력國家公權力에 의해 강행되는 규범이다(강제규범성). 법규범은 조직적인 국가공권력에 의해 강행된다는 점에서 관습, 도덕, 종교 등과 같은 다른 사회규범과 큰 차이점이 있다. 법규범이란 본래 그 위반에 대한 가능성을 전제로 하여 보통사람이 준수하도록 국가공권력이 강제하는 규범으로서 인간의 조직적인 사회생활의 질서를 계속 유지하기 위해 인간의 합의에 의해 만든 인위적 창조물이다.

법은 사회의 공동목적을 실현하기 위해 그 사회의 구성원인 인간 개인에게 일정한 행위를 요구하거나 금지하는 하나의 행위규범行爲規範이다(행위규범성). 즉, 법은 작위作爲 또는 부작위不作爲를 명하는 규범이다.

## 2. 법학의 의의

법학法學 또는 법률학法律學(Science of law, Rechtswissenchaft)이란 넓은 의미로는 법규범에 관한 모든 학문을 총칭하는 것이며, 일반적으로는 실정법을 대상으로 하여 연구하고 그 체계의 정립을 목적으로 하는 학문, 즉 「실정법학」 또는 「법해석학」을 말한다. 따라서 법학은 규범과학과 사회과학으로서의 성질을 가진다고 할 수 있다. 이러한 법학은 법규범과 그 역사를 같이하며 여러 형태로 발전해 왔으며, 학자에 따라 그에 대한 정의도 달랐다. 이에 대하여 Ulpianus는 "법학은 신사神事 · 인사人事의 지식이고, 정正, 부정不正의 학문이다"라고 정의하였으며, Grotius(1583~1645)는 "법학法學이란 권리權利의 학문이다"라고 정의하였다.

법학이란 법에 관련되는 사항을 대상으로 하는 모든 학문을 총칭하는 것으로서 법해석학, 법사학, 법사회학, 법정책학, 법철학, 법인류학, 법심리학, 법신학 등을 포함하는 광범한 학문이기 때문에 한마디로 정의한다는 것은 불가능하다고 하겠다. 법학 중에서 법해석학이 실천법학으로서 로마시대 이후 법학의 중심이 되어 왔으며 법의 기본원리를 이론적인 측면에서 요구하는 법철학이 법해석학과 함께 법학에 있어서 중심을 이루어 상호보완관계를 유지하고 있다.

# Ⅱ. 법의 본질

법의 본질을 한마디로 규명한다는 것은 법의 개념을 한마디로 표현하는 것과 같으며, 이는 거의 불가능한 일이다. 그러나 종래의 많은 학자들은 나름대로 여러 가지 측면에서 법의 본질에 관한 정의를 내리기 위해 부단히 노력하였으나 아직 객관적으로 인정받을 만한 견해는 나오지 않고 있으며 장래에도 크게 기대할 만한 것은 못된다고 본다. 따라서 여기에서는 종래의 학자들의 견해를 중심으로 법의 본질에 관해 살펴보기로 한다.

## 1. 신의설

이 학설은 절대자인 신神의 신의神意가 직접 또는 간접적으로 계시된 것이 법이라는 견해로서 세계에서 가장 오래된 함무라비(Hammurabi) 법전法典과 인도의 마누(Manu) 법전, 그리고 모세(Moses)의 법률法律 등은 신의 계시로 만들어졌다고 한다.

Augustinus는 그의 저서 「신학론」에서 "이 세상은 원래 신법神法에 의해 지배되는 단일의 신국神國이어야 하나, 인류의 타락으로 말미암아 인간이 제정한 인정법人定法이 행해지는 지상인국의 출현을 보게 된 것이다"라고 기록하였고, 이탈리아의 신학자이며 철학자인 Thomas Aquinas는 "법은 신의神意에 근거하는 것이며, 이러한 법에는 인정법人定法과 자연법自然法의 두 가지가 있다"고 하였다.

이 학설은 법의 근거를 신의神意에 둔 것으로서 결국 신을 떠나서는 법의 존재를 논할 수 없게 된다. 이와 같은 이유에서 볼 때 이는 종교적 산물이라고 할 수 있으며, 과학이 발달한 현대사회의 법을 설명하기에는 설득력이 약하다.

## 2. 자연법설

법은 인위적인 것이 아니라 자연의 산물이기 때문에 인간이 제정한 인정법人定法 또는 현실법現實法은 가상적인 법에 불과하고, 진정한 법은 자연적으로 존재하는 것, 즉 법은 신의 힘에 의해서만 존재한다고 하는 18세기의 법이론이다. 신의설은 법은 곧 신의 계시에 의한 신의의 표현이라는 데 비하여 자연법설自然法說은 자연의 존재사실 그 자체를 신의 능력으로 보았다. 영국의 Thomas Hobbes는 "자연상태에서는 고립된 개인들만이 있고, 사회도 법도 없다"라고 하여 인정법의 존재를 무시하고 자연법의 존재만을 인정하려 하였으며, 독일의 Immanuel Kant는 "법이론은 도덕이론의 일부이며, 법은 실천이성 내지 의지의 자율성에 기초하고 있다"고 하여 이른바 이성법理性法(Vernunftrecht)을 고창하였다. 따라서 이들은 자연법학자라 할 수 있다. 그러나 순수한 자연법이론은 지나치게 관념적이고, 추상적이므로 자연법칙은 설명할 수 있으나, 인간사회의 질서유지를 위해 존재하는 법규범을 설명하기에는 이론적 근거가 부족하다.

## 3. 명령설

법은 주권자主權者가 인민에 대하여 일정한 행위를 청구하는 명령이라고 하는 견해가 명령설命令說이다. 이 설說은 전제군주국가에서나 타당하며, 현대 자유민주주의국가에서는 인정받을 수 없는 이론이다. 이러한 이론에 동조한 학자로서는 영국의 Thomas Hobbes, Jeremy Bentham, John Austin, 독일의 Binding 등이 있는데, 주로 영국에서 많이 발전하였음을 알 수 있다. Thomas Hobbes는 "법이란 권력자가 인민에 대하여 행해야 할 것과 행하지 말아야 할 것을 요구하는 명령이다"라고 하였으며, Jeremy Bentham은 "법의 제정을 여러 계층의 사람으로 구성된 위원회에 맡기면 혼란이 생기기 때문에 일반 민중이 선출한 한 사람에게 맡겨야 한다"고 하였다.

## 4. 강자법설

강자가 약자를 지배할 수 있다는 것은 법률상 정당하다고 하는 견해가 강자법설强者法說로서 이는 약육강식의 원시림의 법칙이 그대로 적용된 법이론으로 실력설實力說이라고도 한다. 이 학설을 지지하는 학자로는 네덜란드의 Spinoza, 스위스의 Haller가 있으며, 시성詩聖 Goethe도 이 이론을 주장하였다.

이 학설은 법의 실력적 요소만을 지나치게 강조하여 법의 실효성에 대한 근거를 설명하는 데는 유리하다고 할 수 있으나, 법의 내면적 타당성 또는 당위성의 근거를 설명하기 어렵다는 단점이 있다.

## 5. 역사법설

법은 인간들의 생활 속에서 역사의 변천에 따라 자연적으로 발생하는 역사적 산물이라고 하는 19세기적 법이론이 역사법설歷史法說이다. 즉, 민족의 법적 확신에서 그 효력의 근거를 찾고자 하였다. 이 학설은 독일의 Leibniz, 영국의 Bacon, 프랑스의 Bodin 등에 의해 제창되고, 독일의 Savigny에 의해 그 체계가 확립되었다. 이 학설은 법의 당위성을 판단하는 기준으로서의 법의 사회적 합목적성이나 시대의 변천에 따라 요구되는 법의 기술성을 고려하지 못하였다는 비판을 받을 수 있다.

## 6. 계약설

인류상호간의 계약, 즉 사회구성원의 합의에 의하여 성립된 사회생활의 규칙이 법이라는 견해가 계약설契約說이다. Rousseau가 그의 민약론民約論(Du Contrat social)에서 "인간의 의사는 자기를 위한 의사와 남을 위한 보편의사의 두 가지가 있으며, 국가는 보편의사의 합치로 성립한다"고 하였으며, 영국의 Thomas Hobbes는 "사회계약에서 정치권력이 나오고 정치권력을 통해서 모든 법규가 나온다"고 하였다.

처음에는 이와 같은 사회계약을 역사적 사실로 보았으나 Rousseau 및 Kant에 와서는 본래 자유로운 인간이 국가 안에 있어서 권력의 구속하에 놓이는 것을 시인하기 위해서는 이론적으로 국가 그 자체의 존립기반을 국민의 자발적인 합의에서 구할 필요가 있다고 하는 경향으로 되어 국가계약은 사실의 문제가 아니고 권리의 문제라고 생각하기에 이르렀다.

## 7. 사 견

위에서 종래의 학자들의 법의 본질에 대한 학설을 살펴보았다. 그러나 모두 법의 일면 만을 이론적으로 설명하고 있을 뿐 법의 본질을 규명하기에는 부족함이 많이 있다고 생각된다. 특히 신의설의 경우는 그 내용이 너무 종교적, 추상적인 측면에 치우친 감이 있고, 명령설이나 강자법설은 그 당시에는 인정될 수도 있었을지 모르나 현대 사회에서는 도저히 인정될 수 없는 원시적이고 비민주주의적 차원의 법이론이라고 할 수 있겠다.

생각건대, 인류사회는 수많은 인간들의 집단이며, 이 집단은 구성원들의 직접 또는 간접적 의사에 의한 합의로 창출된 일정한 행동기준에 의하여 규제받으면서 살아가고 있다. 현대사회에서는 개인의 권리와 자유가 무엇보다도 중요시되고, 국가는 그 국민들의 권리와 자유를 보호해 줄 의무義務를 부담하는 것이 일반적이다. 그러나 이러한 것들은 순간적이거나 자연적인 어떤 현상에 의한 것이 아니며, 인간에 의해 인류공동의 목적인 평화와 행복을 위해 가장 합리적이고 공평타당하게 인위적으로 정해진 행동원칙이라고 생각된다.

## Ⅲ. 법과 자연법칙

사물을 지배하는 법칙은 크게 자연법칙과 규범법칙으로 나누어지는데, 자연법칙은 우주만물의 존재의 질서를 규율하는 법이고, 규범법칙은 인간사회의 질서를 규율하는 법이라 할 수 있다. 사회의 구성원인 인간은 권리의 주체로서의 자연인自然人이다. 즉 인간도 자연의 일부라고 할 수 있으며, 한시도 자연을 떠나서는 존재할 수 없다. 따라서 자연인으로 존재하기 위해서는 자연의 법칙을 지키지 않으면 안 된다. 우주는 나름대로 자연스럽게 존재하기 위해 스스로의 일정한 법칙을 가지고 있으며 이러한 존재법칙을 자연법칙이라고 하는데, 이는 인간의 사회규범인 법과 여러 측면에서 차이점을 가지고 있다.

### 1. 자연법칙

자연법칙은 현실적으로 존재하는 우주의 현상을 일정한 원칙에 의해 규율하는 법칙으로서 「존재存在(Sein)의 법칙」이라고 할 수 있다. 또한 자연법칙은 일정한 원인이 있으면 그에 대한 일정한 결과가 당연히 발생하는 「인과법칙因果法則」 또는 「필연법칙必然法則」이라고 할 수 있다.

자연법칙은 선험적 이성에 의해 인식되고, 시간과 공간을 초월하는 영구불변의 초경험적이고 이상적인 법칙이다. 따라서 인간사회의 변화로부터 아무런 영향도 받지 아니하고 자연적으로 존재하게 된다. 이러한 자연법칙은 보통 「어떠어떠하다」 또는 「A는 B이다」라는 형태로 표현할 수 있다. 즉 자연법칙은 예외를 인정하지 않는다.

### 2. 법

인간사회의 질서유지를 목적으로 존재하는 규범법칙은 일반적으로 줄여서 법이라고 한다. 자연법칙을 위반하면 절대로 존재할 수 없으나, 법은 보통사람의 준수가능성과 위반가능성을 전제로 인간자신이 인위적으로 창조한 사회규범이므로 법의 위반과 존재와는 직결되는 것은 아니다. 법은 어떠한 목적사실이 발생하기를 희망하는 법칙이기 때문에 「목적법칙目的法則」이며, 또한 이를 지키지 않으면 응분의 대가가 따른다는 점에서 「당위當爲(Sollen)의 법칙」이라고도 한다. 따라서 법은 「어떠어떠하여야 한다」 또는 「A는 B이어야 한다」 등으로 표현된다. 법은 인간의 이성적 경험에 의한 인위적인 창조물로서 영구불변의 법칙이 아니라 민족적, 역사적, 사회적 여건 등에 의해 유동적으로 나타나는 법칙이다. 인간은 입법자적인 주체의 입장이면서 한편으로는 수범자受範者인 객체적 입장이 된다.

## Ⅳ. 법규범의 구조

법의 구조는 수범자를 기준으로 일반인을 수범자로 하는 행위규범과 법관法官을 수범자로 하는 재판규범裁判規範의 이중구조로 볼 수도 있으나, 일반적으로 법은 행위규범行爲規範, 재판규범, 조직규범組織規範 등의 복합적 삼중구조를 이루고 있다고 할 수 있다.

### 1. 행위규범

행위규범은 행위의 기준을 정하는 당위의 법칙으로서 일정한 작위 또는 부작위를 명령하는 사회규범의 전형적 형태이며, 이는 모든 국민이 준수해야 할 규범으로서 재판규범의 전제가 된다. 여기서 작위를 명하는 것은 요구규범要求規範이라 하고, 부작위를 명하는 것은 금지규범禁止規範이라고 한다.

이러한 행위규범은 원칙적으로 사회일반인을 대상으로 하는 규범으로서, 일반적으로 「~ 하라」, 「~ 하지 말라」 등의 정언명령定言命令의 형식으로 표현된다.

### 2. 재판규범

재판규범은 행위규범을 불복하거나 위반한 작위 또는 부작위에 대하여 일정한 효과를 부여할 것을 규정하는 것으로서 「제재규범」 또는 「강제규범」이라고도 일컫는다. 이는 재판규범이 행위규범을 강제하고 행위규범을 어기는 작위 또는 부작위에 대하여 제재를 가한다는 의미에서 나온 말이다. 형법 제329조는 절도窃盜에 관하여 「타인의 재물을 절취한 자는 6년 이하의 징역懲役 또는 1천만원 이하의 벌금에 처한다」라고 규정하고 있는데, 이는 남의 물건을 훔치지 말라는 도덕적 행위규범을 전제로 하여 이에 대한 위반행위에 대해 형벌을 가한다는 재판규범이며, 법원은 이 재판규범을 기준으로 하여 재판의 대상인 행위를 판단하게 된다. 따라서 이는 법관이 지켜야 하는 규범이다.

이러한 재판규범은 행위규범의 위반상태인 법적 요건이 충족되면 그에 대한 일정한 법적 효과를 부여할 것을 선언한 가언적 명제假言的 命題라는 점에 특색이 있다. 여기에서 보면 법규범은 도덕규범에 비해 강제성을 띠고 있으며, 도덕규범의 한계성을 극복하기 위해 결국 도덕규범을 법규범화한 것이라고 할 수 있다.

### 3. 조직규범

조직규범은 법규범의 제정, 적용, 집행을 담당하는 기관, 즉 국회國會, 법원法院, 정부政府 등의 조직과 권한에 관하여 정한 규범이다. 법은 그 강제력의 원천이 국가조직에 있으며, 법이 행위규범과 재판규범으로서의 그의 임무를 다하기 위해서는 조직규범에 의해 법규범의 제정, 적용, 집행을 담당하는 각 기관의 책임과 권한의 한계를 분명하게 하여야 한다. 이의 실현은 곧 진정한 삼권분립을 의미하는 것이다. 따라서 조직규범은 일반국민에게 일정한 작위나 부작위를 명하는 규범이 아니고, 국가 또는 자치단체의 기관을 수범자로 하는 규범이다.

# 제2절 법과 다른 사회규범과의 관계

## Ⅰ. 서

인류사회의 질서를 규율하는 규범에는 법, 종교, 도덕, 관습 등 여러 가지가 있다. 처음에는 이러한 사회규범들은 미분화 상태로 존재하고 있었으나, 문명의 발달과 인류집단의 구조적 변화에 따라 세분화되기에 이르렀다. 각종의 사회규범은 각기 특성을 가지면서도 서로 미묘한 관련성을 가지고 있는데, 특히 법규범은 기타 다른 사회규범과의 관계에서 밀접한 반면 독자적인 특성을 가지는 규범이다. 이하에서는 법규범과 다른 사회규범의 관련성과 차이점을 살펴봄으로써 법의 본질 또는 개념의 규명에 한발 다가가고자 한다.

## Ⅱ. 법과 도덕

법과 도덕은 다른 사회규범보다도 더욱 밀접한 관계로 존재해 왔으며, 이들 양자의 구별은 근대사회의 개인주의가 확립되면서 그동안 위정자들이 인권유린을 위해서 법과 도덕을 혼용하여 그들에게 유리한 쪽으로 해석한 데 반발하여 양자를 분리시켜 시민의 권리를 찾기 위한 수단으로서 학자들이 이론적으로 그 시도를 한 것으로 보인다.

법과 도덕의 구별에 대하여 많은 학자들이 여러 가지 측면에서 그 시도를 하였는데, 이에 대해 Ulpianus(?~228)는 "법은 정의正義에서 나온 정正과 선善의 기술"이라고 하였으나, Thomasius(1655~1728)는 「도덕적 선(honestum)」과 「법적法的 정正(justum)」을 대립시켜 윤리는 선에 관한 것이고 법은 정正에 관한 것이며, 정正은 선善에 속하지 않는 것이라 하여 법과 도덕을 구별하였다. 그 후 Kant(1724~1804)는 Thomasius의 이론을 발전시켜 외면적 합법성과 내면적 도덕성의 대립에 의하여 법과 도덕을 구별하였다. 또한 Jhering(1818~1892)은 "법과 도덕의 구별문제는 법철학에 있어서의 희망봉(Caphorn der Rechtsphilosophie)이다"라고 하였다.

20세기에 와서는 법과 도덕을 개념상 구분하고 있으나, 이들 양자의 재융합의 필요성을 강요하여 독일이나 스위스에서는 민법에 명문으로 이를 명시하고 있다.

## 1. 법과 도덕의 구분

### 1) 규율대상에 의한 구분

이는 법은 인간의 외면적 행동을 규율하는 규범이고, 도덕은 인간의 내면적 양심을 규율하는 규범이라고 하여, 그 규율대상을 기준으로 양자를 구분하려는 대상설의 입장이다. 이 구분은 사상과 의사의 자유를 보장할 수 있는 견해로서 Stammler가 그 대표적 주장자이다. 그러나 Max Weber(1864~1920)는 이 구분에 대하여 행위는 주관적 의지와 결부되어야만 인간의 행위로 표현되는 것이며, 외면적 행위는 내면적 의사와 분리할 수 없는 밀접한 관계가 있으므로 법은 외면적 행위뿐만 아니라 내면적 의사까지도 규율하는 것이기 때문에 법과 도덕을 외면성과 내면성으로 구분한다는 것은 문제가 있다고 지적하였다.

이에 Kant는 도덕은 규범에 맞는 심정까지 요구하지만, 법은 그 규정상 적합한 행위만을 요구한다고 하여 합법성(Legalität)과 도덕성(Moralität)을 준별함으로써 앞의 구분이론을 한층 명확히 하였으나, 사실상 법은 인간의 적법한 행위를 요구함으로써 내면적 의사형성을 제재하고, 도덕은 인간의 내적 의사를 규율함으로써 동시에 외적 행동을 규율하게 된다. 즉, 인간의 외적 행동과 내적 의사형성을 뚜렷이 구분하는 것은 매우 어려운 일이다. 따라서 Radbruch(1878~1949)는 외면성과 내면성의 문제는 이른바 관심의 방향에 관한 문제로서 정도의 차이와 경향의 문제에 불과하다고 하여 Kant의 주장에 이론을 제기하였다.

### 2) 성질에 의한 구분

Kant는 법은 조직의 강제력에 의한 타율성(Heteronomie)을 가지는 데 반하여, 도덕은 인간의 내면적 양심에 기준한 자율성(Autonomie)을 가진다고 하여 성질을 기준으로 하여 법과 도덕의 구분을 시도하였는데, 이를 「권력설」이라고도 한다. 사실상 법이 외부의 조직적 강제력에 의해 강제된다면, 도덕은 조직적인 강제력은 없으나 사회적 요구라는 외적인 힘에 의해 규율되므로 법과 도덕은 모두 외부에서 강요되는 것이며, 그 실효성은 다같이 타율적인 것이라고 할 수 있다. 따라서 법과 도덕의 차이점을 자율성과 타율성의 구분으로 단정한다는 것은 부당하다고 본다.

### 3) 목적에 의한 구분

이 구분은 법은 인간의 사회생활규범이므로 인간과 인간의 관계를 대상으로 하여 그 목적이 사회질서의 유지에 있으나, 도덕은 개인의 생활규범으로서 자기 자신을 그 대상으로 하고, 개인의 인격완성을 그 목적으로 한다는 견해이다. 그러나 법은 사회생활규범이고, 도덕은 개인생활규범이라고 하지만 개인의 인격이 사회를 떠나서는 존재할 수 없으므로 이로써 법과 도덕을 명백히 구분한다는 것은 무리이다.

### 4) 구조에 의한 구분

법은 권리와 의무의 양면성(Zweiseitigkeit)을 가지는 데 비하여, 도덕은 의무만을 요구하는 일면성(Einseitigkeit)을 가지므로 양자는 그 구조적 측면에서 구분된다는 관계설의 입장이다. 그러나 최근의 입법경향을 보면 사회법(노동법, 경제법, 사회보장법 등)과 같은 법규범에서는 의무만을 명하는 규정이 많아지고 있다. 따라서 권리와 의무의 양면성과 일면성을 가지고 법과 도덕을 구분한다는 이론도 현대사회에서는 설득력이 희박하다.

### 5) 실효성의 보장에 의한 구분

법은 국가의 조직적인 공권력에 의해 그 실효성이 보장된다. 그러나 도덕은 그 위반에 대하여 국가의 조직적인 강제력을 행사할 수 없으며, 심리적 비난이 가해질 뿐이다. 이러한 측면에서 법과 도덕은 그 위반에 대하여 국가의 조직적인 강제력을 행사할 수 있는지의 여부에 따라 구분할 수 있다는 것이 강제설의 입장이다. 그러나 강제성의 정도를 기준으로 법과 도덕의 전체적인 내용이나 본질 그 자체를 구분하기에는 부족하다. 왜냐하면 법규범의 위반에 대한 국가 공권력에 의한 물리적인 강제력과 도덕의 위반에 대한 사회적 비난의 강제성의 정도를 비교할 수 있는 어떠한 기준의 설정이 사실상 불가능하기 때문이다.

## 2. 법과 도덕의 관련성

전술한 바와 같이 법과 도덕을 명확하게 구분할 수 있는 판단기준은 찾기가 어렵다. 본래 법과 도덕이 중복상태로 존재해 왔으며, 인류사회의 발전에 따라 일정한 목적 아래 이를 양자로 구분하고자 많은 학자들이 이론적, 개념적 차원에서 시도하였으나, 사실상 양자는 밀접한 관계를 가지고 있으므로 명백한 구분의 결과에는 도달하지 못하고 있다.

Jellinek(1885~1955)는 법과 도덕이 중복되는 규범임을 중시하여 법은 도덕 가운데서 그 실현을 강제할 필요가 있는 경우에 성립한다고 하여 법은 최소한의 도덕(Ethisches Minimum)이라고 하였다. 그러나 Schmoller(1838~1917)는 법에는 강제력이 있어 도덕보다 그 실효성이 확고하여 도덕적 선의 실현이 가능하다는 의미에서, 또한 Radbruch는 법의 도덕의 왕국으로의 귀화와 도덕의 법의 왕국으로의 귀화가 역동적으로 일어날 수 있다고 하였다. 여기에서 Jellinek는 내용적 측면에서 법과 도덕을 구분하려 하였으며, Schmoller는 효력적 측면에서 양자의 구분을 시도하였음을 알 수 있다.

따라서 법과 도덕의 내용적 측면과 효력적 측면에서 양자의 관련성을 살펴보면 다음과 같다.

### 1) 내용상의 관련성

법은 도덕적 요소를 다분히 가지고 있으며, 도덕의 내용이 법의 내용으로 채택된 경우를 흔히 볼 수 있다. 예를 들면 민법 제2조 제1항에서 규정하고 있는 신의성실信義誠實의 원칙原則은 사법상私法上의 모든 권리행사權利行使와 의무이행義務履行의 기준에 도덕적 내용을 도입한 것이며, 민법 제103조에서는 선량한 풍속에 반하는 법률행위는 무효라고 명시하여 도덕적 내용인 선량한 풍속을 실정법적 차원의 사회질서로 규정하였다. 또한 형법 제329조는 타인의 재물을 절취하지 말 것을 규정하고 있는데, 이는 남의 물건을 탐하지 말자는 도덕적 내용을 그대로 반영한 것이라고 할 수 있다.

### 2) 효력상의 관련성

법은 국가권력에 의한 외부적, 조직적 강제에 의하여 그 실효성이 뒷받침되지만, 도덕은 개인의 양심이나 사회적 비난 등의 간접적 강제는 있으나 조직적 강제는 없다는 점에서 차이가 있다. 그러나 도덕규범 중 특히 중요하고 필요한 것은 법에 의해 강제적인 실효성이 주어지고, 즉 도덕적 내용이 법의 내용으로 규정되고, 반대로 법규범의 실효성은 법을 준수하여야 한다는 도덕규범에 의해 뒷받침된다. 예를 들면 교통법규는 교통도덕에 의해 지탱되며, 건전한 사회기풍은 건전가정의례의정착및지원에관한법률, 건강가정기본법, 건전가정의례준칙(1999. 8. 31 대통령령) 등에 의해 강제적 실효성이 주어진다.

약속은 반드시 지켜져야만 한다는 도덕적 원칙이 인간의 마음속에 존재하지 않는 한, 그 사람은 법규범을 준수해야 할 의미를 인식하지 못하고, 결국 법규범은 그 효력을 상실하게 될 것이다. 따라서 법과 도덕은 효력적 측면에서 볼 때 매우 밀접한 관계로 존재한다는 것을 알 수 있다.

## Ⅲ. 법과 종교

종교는 영혼의 구원을 목적으로 초인격적인 절대자, 즉 신에게 귀의하기 위한 규범이다. 이러한 종교는 본래 인간의 불안한 상태를 인간 아닌 절대자라는 가공의 대상으로부터 위안 받기 위해 인간으로부터 출발한 것이며, 역사적으로도 신앙공동체라는 사회단체로부터 발생하고, 하나의 사회적 생활규범으로서의 기능을 하여 왔던 것이다. 따라서 종교는 다만 인간의 심적 신앙이라고 하는 단순한 개인의식으로서가 아니라 하나의 사회의식에 기초가 되는 사회규범으로 보아야 한다.

### 1. 법과 종교의 구분

법과 종교도 법과 도덕의 관계와 마찬가지로 완전히 분리할 수는 없으나 어느 정도의 범위 내에서는 양자의 차이점을 찾아볼 수 있다.

### 1) 성질에 의한 구분

종교는 현실을 초월하는 신비한 신앙적 규범인 데 대하여, 법은 국가질서를 위한 강제적 질서규범이라는 점에서 그 본질적 차이가 있다고 하겠다.

### 2) 적용범위에 의한 구분

법은 그 규율범위를 일반사회생활로 하기 때문에 일반 국민전체에 적용하는 것이 타당하지만, 종교는 그 종교를 믿는 신자의 신앙심을 기초로 하는 것이기 때문에 그 종교규범의 적용범위는 그 종교를 믿는 신자에게만 한정된다.

### 3) 실효성의 보장에 의한 구분

법은 국가권력에 의한 조직적 강제에 의해 그 실효성이 담보되지만, 종교규범의 실효성은 신자들의 신앙의 정도에 따라 보장된다.

## 2. 법과 종교의 관련성

고대사회에서는 법과 종교가 혼동되어 있었으며, 이에 Ulpianus는 '법학法學은 신사神事와 인사人事에 대한 지식이다'라고 하였는데, 이는 법과 종교의 미분화상태를 표현한 것이라고 할 수 있다. 그러나 중세 서양에서는 종교가 최고의 가치판단의 기준이 되었으며, 따라서 이자의 금지, 이혼의 금지 등에 관한 종교적 계율이 교회법(Canon Law)에 규정되어 사회생활을 규율하였다. 이는 종교적 계율이 성문화되어 법규범으로 변화된 것을 말하며, 이슬람교권의 종교적 계율은 곧 법으로 통하고, 인도에서는 힌두교의 법률이, 동양에서는 유교사상이 법사상의 근저가 되고 있음을 볼 때 종교규범은 일찍이 사회생활을 규율해 오면서 사회의 변천에 따라 적용범위의 확대와 실효성의 보장을 위해 법규범화하는 경향을 보이고 있다. 우리 형법 제250조는 「사람을 살해한 자는 사형, 무기 또는 5년 이상의 징역에 처한다」고 규정하고 가사소송법 제50조 제1항에서는 조정전치주의를 규정하고 있는데, 이는 종교규범에서의 인명존중사상과 이혼금지사상을 실정법에 그대로 반영한 것으로 해석된다. 이렇게 볼 때 법과 종교는 깊은 관련성을 가지고 있다고 하겠다.

# Ⅳ. 법과 관습

역사적으로 볼 때 관습이 발전하여 법규범화되는 경우는 흔히 찾아볼 수 있으며, 함무라비(Hammurabi) 법전法典도 사실상 성문법이라고는 하지만 그 당시의 관습을 성문화시킨 것에 불과하다. 독일의 Simmel(1853~1918)은 "관습은 법과 도덕을 각각 다른 방향으로 출발시키는 미분화 상태이다"고 하였는데, 이는 법과 관습의 관계에서 관습의 법으로의 흡수, 즉 관습의 법규범화를 의미하는 것으로 해석할 수 있다.

## 1. 법과 관습의 구분

법은 국가사회의 규범으로서 인위적으로 만들어지는 것이지만, 관습은 일정한 부분사회의 관행으로서 자연스럽게 생성되고 관행되어진 사실에 기초하여 그를 지키는 것이 정당하다는 사회의식에 근거하는 것이나, 법은 국가권력에 의해 조직적으로 강제된다는 점에서 법과 관습은 차이가 있다.

또한 법은 국가사회의 규범이므로 국민전체에 대하여 타당하나, 관습은 부분사회의 관행으로 행해지는 것이므로 그 사회의 구성원에 대하여만 타당하다.

## 2. 법과 관습의 관련성

관습은 다른 사회규범들보다 법과 밀접한 관계를 가지고 있으며, 그 이유는 다음과 같다.

관습은 법의 가장 기초단계로서 법의 보충적 역할을 한다. 즉 사실인 관습이 발전하여 관습법이 되고 관습법은 법률의 보충적 역할을 한다. 따라서 관습은 법규범으로 승격되기 위한 최초의 기초단계라고 할 수 있다.

우리 민법 제1조는 「민사에 관하여 법률에 규정이 없으면 관습법에 의하고…」라고 규정하고 있는데, 이는 위의 사실을 실정법으로 확인한 것이라고 할 수 있겠다. 또한 관습을 무시하고 법을 제정한다는 것은 법의 기능과 효용면에서 바람직한 결과를 기대하기 어렵기 때문에 법의 제정에 있어서 관습은 중요한 역할을 한다고 할 수 있다. 이에 대한 적절한 실례로서 1980년에 2대조까지만 제사를 지내도록 가정의례에관한법률을 제정하였으나, 이는 실제생활에서 관행상 지켜지지 않아 실효성을 거두지 못하여, 결국 1999년에 폐지된 것을 들 수 있다.

# | 제2장 | 법의 이념과 기능

## 제1절 법의 이념

법의 이념理念이라 함은 법에 의해 달성하고자 하는 법의 일반적 목적을 말하는데, 이는 곧 법이 실현해야 할 궁극적 가치로서, 법의 가치평가의 척도가 된다. 법의 이념은 법의 개념에 내재하는 보다 근원적인 것을 말한다. 따라서 법의 개념이 법의 외형적 문제라면 법의 이념은 법의 내용적, 심리적 문제이며, 근원에 관한 문제라고 할 수 있다. 이러한 법의 이념으로서의 법의 일반적 목적은 학자들에 따라 다르게 표현되었는데, Platon(B.C. 427~347)과 Aristoteles(B.C. 384~322)는 "법은 정의正義를 목적으로 하는 도덕적 생활을 실현함에 있다"고 하였고, Fichte(1762~1814)는 "법은 개인의 자유평등의 확보와 발달을 기하고 있다"고 하였으며, Bentham(1748~1832)은 "법의 목적은 최대다수의 최대행복의 증진에 있다"고 하였고, Jhering은 "사회전체가 공존할 수 있는 사회의 이익을 확보하는 것이 법의 목적이다"라고 하였다. 그러나 법의 이념 내지는 목적에 대한 가장 설득력 있고 체계적인 주장을 한 학자가 독일의 Radbruch로, 그는 법의 이념을 정의, 합목적성, 법적 안정성 등의 세 가지 기본가치적 측면에서 주장하였는데, 이하에서는 이들을 중심으로 법의 이념을 살펴본다.

### Ⅰ. 정 의

법은 뭔가 실현해야 할 목적이 있으며, 일반적으로 이를 정의라고 일컫는다. 법의 이념으로서의 정의는 어원적으로 보면 라틴어의 jus는 법이라는 뜻이고, justum은 정의라는 뜻으로 사용되며, 독어의 Recht는 법과 정의의 뜻으로 같이 사용하고, 영어의 justice는 정의와 법에 의한 재판 또는 재판관으로 사용되고 있다. 따라서 법과 정의는 불가분의 관계라고 할 수 있다.

Aristoteles(B.C. 384~322)는 정의를 평균적 정의와 배분적 정의로 구분하여 전자는 모든 사람은 균등한 능력이 있다는 전제하에 개인간의 평등한 대우로서 조화를 이루는 것이 정의라고 보아 이를 「산술적 정의」라고도 한다. 후자는 능력의 차이가 있는 사람에게는 절대적 평등보다는 능력에 맞게 차별적으로 대우하는 것이 오히려 공평한 것이라고 하여 이를 「기하학적 정의」라고도 하였다. Cicero(B.C. 146~106)와 Platon은 "정의란 각자에게 각자의 몫을 주는 것이다"라고 하였다.

따라서 법의 이념으로서의 정의는 주관적 정의가 아니라 객관적 정의를 말하며, 도덕이 선을 실현하고자 하는 것과 달리 정의는 법적 강제력에 의해 평등을 실현하고자 하는 것으로 해석된다.

법은 사회생활에 있어서 인간행위의 기준이며, 사회규범으로써 합목적성과 위법성을 판단하는 기준으로서 평가적 기준을 가진다. 이러한 법질서의 판단기준으로서 정의가 성립되고, 그 정의의 실현이 곧 법의 목적을 구현하는 것이 된다. 인간이 법을 신뢰하고 준수하는 것은 법이 정의를 내용으로 하기 때문이다. 따라서 법은 그 자체의 존재로서 인간의 행동기준에 대한 근거가 된다.

## Ⅱ. 합목적성

합목적성合目的性(Zweckmässigkeit)이라 함은 목적에 맞게 방향을 정하는 원리라는 뜻이며, 법의 이념으로서의 합목적성은 법이 그 일정한 목적을 추구하는 데 구체적으로 합치되는 것을 말한다. 즉, 추상적인 정의의 내용을 보완시켜 주는 정당화된 목적이념이다. 이러한 관점에서 Radbruch는 법의 목적이론이 윤리학으로부터 나오는 것으로 보고 합목적성은 법에 의하여 추구하여야 할 도덕적 최고의 선이라고 하였다.

법은 본질적으로 그 법이 존재하는 사회의 구성원들의 총체적 합의로 창조된 제도이다. 따라서 법의 이념으로서의 법의 일반적 목적은 그 사회의 목적과 직결되기 때문에 법의 이념으로서의 합목적성은 그 사회의 목적에 의해 결정된다.

법의 목적이 무엇이냐에 대해서 개인주의적 입장과 단체주의적(국가주의적) 입장에서 각각 견해를 달리하고 있다. 개인주의적 입장에서는 국가로부터 개인의 자유를 최대한 보장하는 것을 법의 목적으로 보고 이를 위하여 권력분립과 권력의 견제, 균형을 가장 중시한다. 반면에 단체주의적 입장에서는 국가 또는 사회단체를 최고의 가치로 신봉하기 때문에 개인의 인격은 단체의 부분에 지나지 않는 것으로서 단체의 가치를 실현하는 범위 안에서 인정되고 존중된다고 하고, 이를 위해서 국가의 권력강화, 국가의 안전보장, 질서유지를 법의 목적으로 간주하며, 개인들에게는 비례적인 평등을 실현시키면서 배분적 정의에 중점을 두게 된다. 그러나 법의 목적은 그 사회의 정치적, 사상적, 문화적 상황에 따라 그 구체적 내용이 결정되는 것이므로 정의가 법의 내용을 일반화하는 데 반하여, 합목적성은 법을 구체화하는 경향이 있으며, 이에 법의 합목적성은 법이 요구하는 가치관에 따라 법을 현실 또는 구체화하는 데 있다고 할 수 있다. 그러므로 현실적인 법의 목적은 개인주의적 입장과 공적 가치를 추구하는 단체주의의 견해의 대립되는 가치관을 조화시키는 데 있다고 하겠다.

## Ⅲ. 법의 안정성

법적 안정성이란 법에 의하여 보호되거나 보장받을 수 있는 사회생활의 안정성을 확보해 주는 법의 명확성 또는 부동성不動性을 말한다. 즉, 사회의 구성원들이 법의 권위와 부동성을 신뢰하고, 그에 따라 성립된 법률관계는 그 법에 의해 보장받을 수 있다는 확신을 갖게 하는 상태를 말한다.

Radbruch는 법적 안정성(Rechtssicherheit)의 유지를 정의의 실현보다 중요시 여겼는데, 이는 인간은 법에 따라 생활함으로써 평화를 얻을 수 있고, 그 안에서만 개인은 행복하고 사회는 발전할 수 있기 때문이다. 그러나 사회의 법질서를 유지하기 위하여 법적 안정성이 중요하기는 하지만 질서 그 자체가 올바른 것, 즉 정의를 도외시해서는 안된다. 또한 Socrates(B.C. 469~399)의 "악법도 법이다"라는 말은 법적 안정성에 대한 가장 간단하고도 함축적인 표현이라고 할 수 있다.

법적 안정성은 사회질서의 안정성을 의미하는 것이지만, 오히려 법 그 자체의 안정성을 요구하면 이는 결국 법의 실효성을 확보하기 위한 전제가 되는 것이다. 그러나 「법의 극치는 부정의 극치」라는 법언法言에서 우리가 알 수 있듯이 극단적인 법적 안정성에 대한 요구는 결국 법질서의 안정이 아니라 정체를 초래할 우려가 있다. 따라서 법의 안정성은 법의 정체성을 거부하고 유동적 사회변천에 순응하고 정의의 요구에 따라 변화할 수 있는 정도의 탄력성을 법에 부여하는 것이 법적 안정성을 유지할 수 있는 방법이 될 수 있다.

법이 안정되지 못하면 사람들은 그것을 지킬 수 없다. 그러므로 법의 안정성을 위하여 법내용의 명확성, 법제정에 있어서 입법의 자의성 배제, 보통사람이 지킬 수 있는 법의 제정, 법의식에 합치할 것, 현실적으로 실현 가능할 것 등의 요건이 요구된다.

## Ⅳ. 법이념의 상호관계

법의 이념으로서의 정의, 합목적성, 법적 안정성 등은 법의 개념과 가치를 결정하는 상호모순, 보완관계로 존재한다.

정의가 이상적인 것이라면 합목적성은 가치적인 것이며, 법적 안정성은 실천적인 것이다. 정의는 윤리적 측면을 내용의 바탕으로 하는데, 합목적성은 공리적 내용을 그 바탕으로 한다. 정의나 합목적성은 법의 내용에 관한 것이며, 법적 안정성은 법의 기능에 관한 것이다.

정의는 이념적인 차원에서 합목적성의 방향설정에 대한 기준이 되며, 또한 합목적성의 실천과 발전에 의해 정의는 실현된다. 그러나 법적 안정성은 사회질서의 유지라는 법의 기능적 측면을 강조하기 때문에 정의나 합목적성에 맞지 않는 내용의 강제성을 요구하는 경우도 있다. 따라서 법의 이념으로서 정의, 합목적성 그리고 법적 안정성 사이에 모순과 갈등이 생기게 된다. Radbruch는 이에 대하여 그의 상대주의이론에 입각하여 "법의 이념인 정의, 합목적성, 법적 안정성은 서로 밀접하게 관련되어 있으면서 또한 서로 모순되는데, 이러한 모순은 학문적인 보편타당성의 원칙을 가지고 해결할 수는 없고 실천적, 주관적으로 해결할 수밖에 없다"고 하였다. 그리고 법의 안정성을 질서와 평화를 유지하기 위한 법의 첫 번째 과제이고, 정의와 합목적성은 법의 제2의 과제라고 하였다. 즉, 사회의 질서유지를 위해서는 법적 안정성이 정의와 합목적성에 우선할 수도 있다는 것이다.

그러나 사실상 정의와 합목적성은 이상적인 법의 실현을 위해 법의 내용에 대한 기준이 되어야 하고, 법적 안정성은 수범자의 신뢰를 확보할 수 있는 범위 내에서 이상적인 법의 준수를 요구하여야 할 것이다. 즉, 법의 이념으로서의 정의, 합목적성 그리고 법적 안정성은 별개로 생각할 것이 아니라 상호모순점을 유지하면서도 상호보완적 역할을 충분히 하여 이상적인 법의 실현을 위해 조화를 이루어야 할 것이다.

## 제2절 법의 기능

법의 이념은 법의 실재로서 그 자체를 현상화하지는 않으나, 현상적인 법의 배후에서 법의 방향을 제시해 주는 기능을 한다. 즉, 법의 이념은 입법과 법의 적용에 대한 가치 판단의 기준이 되어 입법자에게 입법의 방향을 제시하고, 행정기관과 법관에게는 법의 해석과 적용의 기준을 제시한다. 이러한 법의 기능은 법과 수범자에 따라 지도적 기능과 교정적 기능을 가지고, 효과적인 측면에서 예방적 기능과 보장적 기능을 동시에 가진다.

### Ⅰ. 지도적 기능

법은 그 자체적 입장에서 볼 때 수범자의 행동기준을 설정함으로써 수범자의 행동을 일정한 방향으로 유도할 수 있는 지도적 기능을 가진다. 따라서 사회질서와 평화를 유지할 수 있는 것이다. 그러나 법이 이러한 지도적 기능을 다하기 위해서는 평균인이 그 법을 지킬 수 있는 것이어야 하고, 또한 수범자가 그러한 법을 지킬 가치가 있어야 한다. 따라서 법의 이념으로서의 정의와 합목적성이 요구된다.

### Ⅱ. 통제적 기능

법은 무엇보다도 국가의 조직적 강제력에 의해 강행되기 때문에 그 실효성이 보장된다. 이러한 강제력에 의해 수범자로 하여금 법을 지키도록 하는 것이 법의 통제적 기능이다.

법의 지도적 기능이 완전한 효과를 발휘한다면 사실상 통제적 기능은 필요로 하지 않는다. 그러나 사회질서와 평화유지를 위한 법이 사회규범으로서 안전하게 존재하고 수범자들이 이를 지키는 데는 무엇보다도 법은 국가의 조직적인 강제력에 의해 수범자의 행동을 통제하기 때문이다. 물론 법의 통제적 기능은 물리적 강제력에 의해 수행되지만, 이에 못지않게 도덕규범이 하는 역할도 크다. 아무리 국가의 조직적인 강제력으로 인간의 행위를 통제한다 하여도 근본적으로 도덕적인 가치관이 결여된 사람에게는 의미가 없는 것이기 때문에 법을 지켜야 할 가치를 인식하지 못한다. 또한 법이 통제적 기능을 발휘하기 위해서는 그 내용이 타당한 것이어야 한다.

## Ⅲ. 교정적 기능

법은 보통사람이 지킬 수 있는 범위 내에서 위반 가능성을 전제로 하여 만들어지는 인위적인 창조물이다. 따라서 법의 지도적 기능으로 예방하지 못한 위반에 대하여는 제2의 위반을 예방하기 위해 그 위반에 대한 일정한 법적 제재를 가하게 되는데, 이를 법의 교정적 기능이라고 한다.

교정적 기능은 국가의 조직적인 강제력에 의해 뒷받침되며, 통제적 기능에서의 강제력은 행사의 가능성만으로 일정한 역할을 할 수 있는 것이나, 교정적 기능은 실질적인 강제력의 행사로서 수행된다. 따라서 이러한 법의 교정적 기능을 「법의 본질적 기능」이라고도 한다.

법은 이러한 교정적 기능을 통해 사회의 질서와 평화를 유지할 수 있고 따라서 국민의 권리와 자유가 보장된다. 이와 같은 법의 효과적인 측면에서 볼 때 법은 보장적 기능을 가진다고 할 수 있다.

# | 제3장 | 법률관계

## 제1절 서 설

법률法律에 의해 규율되는 사회생활관계를 법률관계法律關係라 하는데, 이는 법률행위, 불법행위, 사무관리 등에 의해 발생하며, 권리와 의무의 양면성을 가진다. 따라서 법률관계를 「권리와 의무의 관계」라고도 한다.

권리는 의무의 반면이며, 양자는 서로 대응관계에 있는 것이 일반적이지만 항상 권리가 의무를 수반하는 것은 아니다. 예컨대, 좌측통행의 의무는 권리를 수반하지 않는다.

## 제2절 권 리

### Ⅰ. 권리의 개념

#### 1. 의 의

일상생활 속에서 권리자의 특정 생활이익을 보호 또는 향수케 하는 수단으로서 법으로부터 부여받은 힘을 권리權利라 한다.

#### 2. 구별 개념

##### 1) 권 한

권한權限이란 타인을 위하여 일정한 법률효과를 발생케 하는 행위(법률행위)를 할 수 있는 법률상의 자격 또는 지위로서, 대리권代理權, 법인 이사의 대표권代表權 등이 이에 속한다.

##### 2) 권 능

권리의 내용을 이루고 있는 각각의 법률상의 힘으로서 소유권所有權의 내용을 이루고 있는 사용권使用權, 처분권處分權, 수익권受益權 등이 권능權能이다.

#### 3) 권 원

권원權原은 일정한 법률상의 행위나 사실상의 행위를 정당화시켜 주는 법률상의 힘으로서, 타인의 지상에 건물을 설치하는 행위를 정당화시켜 주는 지상권地上權이나 임차권賃借權이 이에 해당한다.

## Ⅱ. 권리의 행사

### 1. 의 의

법에 의하여 보호되는 힘인 권리의 내용을 실현하는 과정으로서 소유권자가 처분권을 실현하여 소유물을 처분하는 것은 소유권자의 권리행사라고 할 수 있다. 그러나 소유권자가 자신에게 소유권이 있음을 타인으로부터 승인케 하는 것은 권리의 주장으로서 권리의 행사와 구분된다.

### 2. 방 법

#### 1) 지배권

지배권支配權이란 물권物權의 내용을 실현하는 과정으로서 권리의 객체를 직접 지배하는 것을 내용으로 하는 권리행사방법으로서 물권의 객체인 물건物件의 사용, 수익, 처분 등이 이에 해당한다.

#### 2) 청구권

청구권請求權이란 채권債權의 내용을 실현하는 과정으로서 특정의 채무자債務者에게 일정한 행위를 청구하는 것을 내용으로 하는 권리행사방법으로서 물품매매계약상의 매도인賣渡人이 매수인에게 매매대금을 청구하는 권리행사방법이 이에 해당한다.

#### 3) 형성권

형성권形成權이란 권리자의 일방적인 의사표시에 의하여 이미 형성된 법률관계의 변동을 발생케 하는 권리행사방법으로서 계약의 해제解除나 무능력자의 법률행위의 취소取消가 이에 해당한다.

#### 4) 항변권

항변권抗辯權이란 청구권자의 권리행사에 대하여 그 작용을 저지 또는 거절하는 것을 내용으로 하는 권리행사방법으로서, 동시이행의 항변권이 이에 해당한다.

## Ⅲ. 권리행사의 제한

### 1. 제한의 필요성

사회의 평화와 질서를 위해 권리가 가지는 사회성과 공공성을 실현하기 위한 범위 안에서만 권리의 행사가 허용되며, 그 범위를 벗어나서 행사하는 것은 제도적으로 제한되고 있다.

### 2. 신의성실의 원칙

#### 1) 의 의

모든 사람은 사회공동생활의 주체인 사회구성원의 일원으로서 서로 상대방의 신뢰를 헛되이 하지 않도록 성실히 행동하여야 한다는 원칙을 신의성실信義誠實의 원칙이라 한다.

#### 2) 효 과

권리행사가 신의성실의 원칙에 위반하면 권리남용이 되어 무효이며, 의무이행이 신의성실의 원칙에 위반하면 의무불이행이 되어 성실하게 의무이행을 다시 하여야 한다.

#### 3) 파생원칙

##### (1) 사정변경의 원칙

계약관계에서 계약을 체결할 당시에는 계약당사자가 예측하지 못하였으나, 그 후 현저한 사정의 변화가 발생하여 기존의 계약관계로부터 발생한 채무의 이행을 강요하는 것이 사회적으로 부당하다고 판단되는 경우, 그 계약을 해제할 수 있다는 원칙이다.

##### (2) 실효의 원칙

권리의 효력은 권리의 종류에 따라 일정한 기간 내에만 유효하며, 그 기간이 지나면 그 권리의 효력이 소멸한다는 원칙으로서, 이를 내용으로 하는 법률제도가 시효제도이다. 따라서 소멸시효가 완성되도록 정당한 사유 없이 권리를 행사하지 않으면, 그 권리는 효력을 잃게 된다.

### (3) 금반언의 원칙

처음의 의사표시가 진실에 반하였다는 이유로 그것을 번복할 수 없다는 원칙으로서 거래 상대방의 신뢰를 보호함으로써 거래의 안정을 도모하기 위한 것이다.

### 3. 권리남용금지의 원칙

#### 1) 의 의

권리를 법률상 인정되는 사회적 목적에 반하여 부당하게 행사하는 것, 즉 사회성과 공공성에 반한 권리행사는 권리남용에 해당되어서 허용될 수 없다는 원칙을 권리남용금지權利濫用禁止의 원칙이라 한다.

#### 2) 효 과

권리남용금지의 원칙에 반한 권리행사는 그 효력이 발생하지 않는다. 즉, 무효가 된다.

# 제3절 의 무

## Ⅰ. 의 의

자신의 의사와는 상관없이 일정한 행위, 즉 작위作爲 또는 부작위不作爲를 해야 하는 법적 강제 또는 구속을 의무義務라고 한다.

## Ⅱ. 본 질

### 1. 의사설

의무란 법에 의해 정해진 의사의 구속이라는 견해로서, 이에 의하면 의사능력意思能力 없는 유아나 심신상실자心神喪失者 등의 의무를 설명할 수 없다.

### 2. 책임설

의무를 법률상의 책임으로 보는 견해로서, 이는 의무와 책임을 혼동한 것으로 의무는 원칙적으로 책임을 수반함으로써 그 이행을 강제하는 구속력을 가지게 되는데, 의무와 책임이 항상 결합되어 있는 것은 아니며, 소멸시효가 완성된 후의 채무와 같이 책임이 없는 경우도 있는데, 이 견해는 이러한 경우의 의무를 설명할 수 없다.

### 3. 법적 구속설

의무란 일정한 작위 또는 부작위를 해야 할 법적 구속이라는 견해로서 현재의 가장 유력한 견해이다.

## Ⅲ. 의무의 분류

### 1. 공의무

#### 1) 국내법상의 공의무

국내법상의 공의무公義務는 국가가 국민에 대하여 부담하는 국민의 자유권보장 및 참정권의 인정 의무와 같은 국가공의무와 국민이 국가에 대하여 부담하는 납세의무, 국방의무, 근로의무 등과 같은 국민의 공의무가 있다.

#### 2) 국제법상의 공의무

국가 또는 개인이 국제법상의 주체로서 다른 국가에 대하여 부담하는 공의무로서 국제조약에 의해 외국 원수의 치외법권을 인정해야 하는 의무가 이에 해당한다고 할 수 있다.

### 2. 사의무

사법상 주체의 법률행위에 의해 성립된 법률관계로 인해 발생하는 의무, 즉 사법관계에서 존재하는 의무를 사의무私義務라 하는데, 재산법상의 채무, 가족법상의 부부의 동거의무, 상거래관계에서 발생한 상업채무 등이 이에 속한다.

### 3. 사회의무

사회의무社會義務는 사회법관계에서 발생하는 의무로서 사용자가 근로자의 단체행동권이나 단체교섭권 등을 보장해야 하는 의무나 근로자가 단체협약을 준수해야 하는 의무 등은 이에 해당한다고 본다.

### 4. 적극적 의무와 소극적 의무

#### 1) 적극적 의무

적극적 의무는 의무의 이행에 있어서 채무자의 적극적인 행위를 필요로 하는 의무로서, 대금지급의무, 물품인도의무, 노동력제공의무 등은 이에 해당한다. 이를 일정한 행위를 해야 하는 의무라는 점에서 작위의무作爲義務라고도 한다.

#### 2) 소극적 의무

소극적 의무는 의무자가 일정한 행위를 하지 말아야 하는 의무로서 이를 부작위의무不作爲義務라고도 한다. 상법상의 상업사용인商業使用人의 경업피지의무競業避止義務가 이에 해당한다.

# 제4절 권리의무의 주체와 객체

## Ⅰ. 주 체

권리權利 · 의무義務의 주체란 그 권리의무를 부여받은 특정인을 말한다. 이와 같은 권리의무의 주체가 될 수 있는 지위 또는 자격을 「권리 · 의무의 능력」 또는 「인격人格」이라고 한다.

### 1. 자연인

유기적인 육체와 정신을 가지고 자연적인 생활을 하는 사람을 자연인自然人이라고 하는데, 이러한 자연인은 누구나 생존하는 동안 평등하게 권리 · 의무의 주체가 될 수 있다(민법 제3조).

### 2. 법 인

자연인이 아닌 자로서 사람의 집단(사단) 또는 재산의 집단(재단)으로 일정한 법적 요건을 갖추고, 일정한 법적 절차를 거쳐 권리 · 의무의 주체로서의 자격(법인격法人格)을 얻은 단체를 법인法人이라 한다.

## Ⅱ. 객 체

권리의무의 내용 또는 목적의 성립을 위하여 필요한 일정한 대상이 되는 물건을 권리 · 의무의 객체客體라 하는데, 생명, 신체, 자유, 정조, 물건, 저작 등이 이에 해당한다. 물론 이때의 물건은 유무형의 물건을 모두 포함한다. 단 권리의무의 객체가 되기 위한 물건은 배타적 지배가능성, 독립성 및 관리가능성의 요건을 갖추어야 한다.

# 제5절 권리 · 의무의 변동

## I. 의 의

인간의 사회생활관계인 법률관계는 끊임없이 변동하는데, 이 법률관계는 주로 권리 · 의무의 관계로 나타나고, 이러한 권리 · 의무의 변동은 권리 · 의무의 발생(취득) · 변경 · 소멸(상실) 등으로 나타난다.

### 1. 권리 · 의무의 발생

#### 1) 절대적 발생

과거에는 존재하지 않던 새로운 권리 · 의무가 어떤 일정한 원인에 의하여 최초로 발생하는 현상을 「권리 · 의무의 절대적 발생」 또는 「원시취득原始取得」이라고 한다. 예컨대, 신축 건물의 소유자가 그 건물에 대한 보존등기保存登記를 함으로써 그 신축건물에 대하여 최초로 발생한 권리 · 의무를 원시적으로 취득하게 되고, 이를 권리 · 의무의 입장에서 보면 절대적 발생이 된다.

#### 2) 상대적 발생

권리의 상대적相對的 발생發生이란 타인의 권리에 근거하여 권리를 취득하는 현상으로서, 이를 「승계취득承繼取得」이라고도 한다. 상속에 의한 재산권의 취득이나 부동산매매로 인한 부동산의 소유권 취득 등이 이에 해당한다.

이에 후술하는 주체의 변경이나 상대적 소멸과 동일한 내용으로서 권리 · 의무의 측면에서 나타나는 현상이다.

## 2. 권리 · 의무의 변경

권리 · 의무가 그 동일성을 유지하면서 그 주체, 내용, 작용 등의 변경을 가져오는 현상이 권리 · 의무의 변경이다.

### 1) 주체의 변경

권리 · 의무의 본질적인 내용은 변함없이 권리 · 의무의 주체가 바뀌는 현상으로서, 이는 앞에서 설명한 권리 · 의무의 상대적 발생 또는 승계취득과 동일한 현상이라고 할 수 있다.

### 2) 내용의 변경

권리 · 의무의 주체는 변함없이 그 객체의 수량 또는 성질만이 바뀌는 현상으로서 「권리 · 의무의 객체客體의 변경」이라고도 한다. 예컨대, 채권의 일부변제에 의하여 채권액이 감소하는 경우나 물건인도의무자의 물건 훼손으로 물건인도의무가 손해배상의무로 권리의무의 내용이 바뀌는 현상을 말한다.

### 3) 작용의 변경

일정한 절차를 거침으로써 권리 · 의무의 법적 효력이 바뀌는 현상을 권리의 작용상의 변경이라 한다. 예컨대, 부동산임차권은 채권으로서 계약당사자 간에만 대항력이 있고 제3자에게는 대항할 수 없으나, 민법 제621조에 의한 등기절차를 거치게 되면 물권적 효력을 가지므로 제3자에게 대항할 수 있게 되는데, 이는 임차권의 채권적 효력이 등기절차에 의해 물권적 효력으로 변경되는 결과가 된다.

## 3. 권리의무의 소멸(상실)

권리의무가 일정한 원인에 의해 권리 · 의무의 주체로부터 분리되는 현상을 말하는데, 이에는 절대적 소멸과 상대적 소멸이 있다.

### 1) 절대적 소멸

권리 · 의무가 그 주체로부터 분리되어 그 후에는 누구에게도 속하지 않고 완전히 존재하지 않는 상태, 즉 권리 · 의무의 객체가 완전히 없어짐으로써 권리 · 의무의 주체와 객체가 분리되는 현상을 권리의 절대적 소멸이라 한다. 건축물의 철거로 인한 소유권의 소멸이나 소멸시효 완성으로 인한 채권의 소멸 등이 이에 해당한다. 이를 「객관적 소멸」이라고도 한다.

### 2) 상대적 소멸

일정한 권리·의무의 본질적인 내용은 변함없이 그 주체가 바뀜으로써 기존의 주체에게 속해 있던 권리·의무가 소멸되고 새로운 주체에게로 이전되는 현상으로서 「주관적 소멸」이라고도 한다. 이는 권리·의무의 주체의 변경이나 권리·의무의 상대적 발생과 동일한 효과로 나타난다.

## Ⅱ. 권리·의무의 변동원인

권리·의무의 변동은 법이 일정한 요건을 갖추었을 때, 그 효과로서 생겨나며, 이때 권리·의무의 발생을 생기게 하는 요건을 법률요건法律要件이라고 하고, 법률요건에 의하여 발생하는 권리·의무의 변동을 법률효과法律效果라 한다.

### 1. 법률요건

법률요건法律要件이란 일정한 법률효과를 발생케 하는 사실을 말하며, 법률요건 중에서 가장 중요한 것은 법률행위法律行爲이다. 이러한 법률행위는 일정한 법률효과의 발생을 목적으로 하는 단일 또는 복수의 의사표시意思表示를 불가결의 구성요소로 하는 법률요건을 말한다.

### 2. 법률요건과 법률효과와의 관계

법규는 법률관계를 규정함에 있어서 대개 「어떠한 사실이 있으면 어떠어떠한 효과가 발생한다」라는 이론적 구조로 이루어지는데 앞의 원인을 법률요건法律要件이라 하고 뒤의 결과를 법률효과法律效果라 한다. 따라서 권리·의무의 변동, 즉 권리·의무의 발생, 변경, 소멸 등의 원인이 되는 것이 법률요건이다. 그리고 법률요건에는 법률행위뿐만 아니라 불법행위, 사무관리, 부당이득 등이 있다.

# | 제4장 | 법의 분류

## 제1절 법의 분류 기준

법은 일정한 조직체계를 이루고 존재하는데, 학자들에 따라 이를 분류하는 기준은 여러 가지 모습으로 나타나고 있다. 이는 실정법의 표현형식으로서 편의상 형식적으로 법의 종류를 구분하는 데 불과하며, 본질적인 법의 분류는 아니다. 법은 일반적으로 일정한 제정절차를 거쳤느냐의 여부에 따라 자연법自然法과 실정법實定法으로 대별되고, 실정법은 다시 국제법과 국내법으로 대별된다. 이하에서는 법의 성질, 적용범위, 내용, 효력 등을 기준으로 실정법 중에서도 국내법 체계를 살펴본다.

## 제2절 자연법과 실정법

### Ⅰ. 자연법

자연법自然法(natural law, Naturrecht)이란 시간과 공간을 초월하는 영구불변의 초경험적이고 이상적인 법을 말한다. 즉, 자연현상에 의해 자연적으로 발생하며, 인위적인 영향을 전혀 받지 않는 초실정적인 법규범이다. 자연법은 우주의 존재질서를 규율하는 보편타당한 원칙으로서, 정의의 이념을 그 내용으로 하고 있기 때문에 법의 근원이 된다. 자연법론은 고대 그리스의 Platon과 Aristoteles에 의해 이론화되고, Stoa학파와 Schola학파에 의해 이론적 체계가 완성되었다.

### Ⅱ. 실정법

실정법實定法(positive law, positives Recht)은 인간사회의 질서유지를 목적으로 사회적 상황에 따라 생성·발전되어 왔다. 경험적, 역사적인 사실에 의해 성립되고, 현실적인 제도로서 시행되고 있는 제정법制定法, 관습법慣習法, 판례법判例法 등이 실정법에 해당한다. 이는 인간에 의해 이 세상에 존재하는 인위적인 법이다. 따라서 실정법은 국가적, 역사적, 시대적 상황에 따라 다른 모습으로 변천·발전하였다. 19세기 초에 이르러 법사상적 관심은 실정법으로 집중되고, 따라서 법실증주의法實證主義는 자연법의 법적 효력에 대하여 부정적인 입장을 취하였다. 그 결과 법을 형식적, 논리적으로 이해하고자 하였다.

# 제3절 실정법의 분류

## Ⅰ. 국내법과 국제법

### 1. 국내법

국내법國內法(municipal law)이란 한 국가의 주권主權이 미치는 범위 내에서만 효력效力을 가지는 법으로서 그 국가의 일정한 절차에 의해 효력이 인정되어야 한다. 또한 국내법은 사인 간의 법률관계나 사인私人과 국가 또는 공공단체 간의 법률관계를 규율하는 법이다. 이와 같은 국내법은 구분 기준에 따라 여러 가지로 분류될 수 있는데, 자세한 것은 후술한다.

한 국가의 국민과 외국인의 생활관계, 즉 섭외생활관계에 관하여 어느 국가의 법을 적용할 것인가를 결정하는 법은 국제사법國際私法(private international law, internationales Privatrecht)인데, 이는 국제법이 아니라 국내법에 속한다.

### 2. 국제법

국제법國際法(international law, Völkerrecht Stattsrecht)은 여러 국가 또는 국제조직에 의해 인정되고, 그들에 대해 효력을 가지는 법이다. 국내법에 비하여 국제법은 그 위반에 대한 제재력이 약하고, 그의 입법에 대한 일정한 원칙이 확립되지 않고 있어 입법기관이나 입법절차가 불완전하다. 국제법에서는 관습법이 많은 역할을 하고 있으며, 국제조약과 국제관습법은 동일한 효력을 가진다.

## Ⅱ. 공법, 사법, 사회법

공법公法과 사법私法을 구분하는 학설에는 이익설, 주체설, 성질설, 법률관계설, 구별부인설 등이 있으나, 이들 중 어느 하나만으로 공법과 사법을 완전히 구분하기는 어렵다. 따라서 공사법을 구분함에 있어서는 이익의 주체 및 성질, 법률관계 등을 복합적으로 고려하여야 한다.

### 1. 공 법

공법公法(public law, öffentliches Recht)은 일반적으로 공익적 또는 국가적 관계를 규율하는 법이다. 헌법, 행정법, 형법, 소송법 등이 공법에 속하는데, 자세한 내용은 각론에서 후술한다. 이와 같은 공법은 그 내용이 강행규정으로 구성되어 사법에 비하여 강제성이 강하다는 특색이 있다.

### 2. 사 법

사법私法(private law, Privatrecht)은 사인간의 이해관계를 규율하는 법으로서, 평등과 당사자의 의사가 존중되는 법규범이다. 사법에는 민법, 상법 등이 있다. 이와 같은 사법은 그 내용이 대부분 임의규정任意規定으로 되어 있으나, 강행규정强行規定의 형태로 규정되는 경우도 있다. 따라서 사법은 공법에 비해 자율성을 가진다는 특색이 있으나, 사법의 모든 내용이 당사자간의 자율에 맡겨지는 것은 아니고, 일정한 내용은 모든 수범자受範者가 반드시 이행해야만 하도록 규정되어 있다.

### 3. 사회법

사회법社會法(Social law, Sozialrecht)은 자본주의사회의 모순을 해결하고, 모든 국민의 인간다운 생활을 보장하기 위해 국가 또는 일정한 자의 의무를 주된 내용으로 규정한 法이다. 사회법은 독일의 1919년 바이마르헌법에서 「인간다운 생활의 보장」과 「재산권의 의무 수반」을 명문으로 규정하면서 최초로 등장하였다. 복지국가福祉國家 건설을 목적으로 하는 사회법은 그 성질이 공법도 아니고, 사법도 아닌 새로운 제3의 법역이다. 사회법에는 다음과 같은 노동법勞動法, 경제법經濟法, 사회보장법社會保障法 및 사회복지법社會福祉法 등이 있다.

노동법은 근로기준법勤勞基準法, 노동조합및노동관계조정법勞動組合및勞動關係調整法 등으로 세분화되며, 이는 노사관계에 있어서 경제적 약자인 근로자의 지위를 보장하기 위한 法이다. 따라서 노동법의 내용은 대부분 사용자의 의무규정으로 이루어져 있다. 그리고 노동조합및노동관계조정법은 과거 노동조합법과 노동쟁의조정법을 통합하여 1997년에 제정되었다.

경제법은 독점규제및공정거래에관한법률, 약관규제에관한법률, 소비자보호법, 할부거래에관한법률, 방문판매등에관한법률, 은행법銀行法, 무역법貿易法, 농지법農地法, 긴급금융조치법緊急金融措置法 등으로 세분화되며, 이는 국민경제의 균형 있는 발전을 위하여 자본주의경제의 범위 내에서 경제질서를 규율하는 법이다.

사회보장법은 국민의 생존권生存權을 확인하고, 그 생활을 보장하기 위한 국가의 의무를 규정한 법으로서, 헌법 제34조 제1항, 제2항, 제5항 등에 근거하여 제정된 법이다. 이에 관한 법으로 1963년 11월 5일 사회보장에관한법률이 제정되어 시행되었으나, 1995년 12월 30일 사회보장기본법社會保障基本法을 제정하고, 기존의 사회보장에 관한 법률을 폐지하였다.

사회복지법은 빈곤에 빠진 국민이나 그러한 우려가 있는 국민을 보호 또는 예방하기 위해 국가가 해야 할 의무를 규정한 법으로서, 공무원연금법公務員年金法, 국민생명보험법國民生命保險法, 생활보호법生活保護法, 아동복지법兒童福祉法, 국민건강복지법國民健康福祉法 등이 있다. 사회복지법은 헌법 제34조 제2항에 근거하여 사회복지 또는 사회복지사업에 관하여 규정한 법이라 할 수 있다.

## Ⅲ. 일반법과 특별법

### 1. 구분 기준

법의 효력이 미치는 범위가 일반적·보편적인가, 아니면 특수한 범위에만 한정적으로 적용되는가를 기준으로 하여 전자를 일반법이라 하고, 후자를 특별법이라 한다. 이와 같이 양자를 구분하는 실익은 일정한 사항에 관하여 적용될 수 있는 법이 병존하는 경우 일반적으로 인정되는 특별법우선의 원칙을 효율적으로 적용하는 데 있다.

일반법과 특별법을 구분하는 것은 상대적인 것이며 절대적인 것은 아니다. 예컨대, 상법은 사적 법률관계 중에서도 상사관계만을 규율한다는 점에서 일반적인 사적 법률관계를 보편적으로 규율하는 민법에 대하여 특별법의 지위에 서지만, 상사관계 중에서도 세부적인 특정 상사관계에 관하여 규율하는 은행법銀行法, 보험업법保險業法, 신탁법信託法 등에 대하여는 일반법의 지위에 선다.

### 2. 일반법

일반법一般法(general law, gemeing tiges Recht)이란 모든 사람・장소・시간・사항 등에 대하여 일반적으로 적용되는 법을 말한다. 즉, 일반인들의 형사범죄刑事犯罪에 일반적으로 널리 적용되는 형법은 군인이라는 특수한 신분을 가진 자의 형사범죄에 한정적으로 적용되는 군형법軍刑法에 비해 일반법이다. 또한 서울특별시조례는 서울특별시에서만 한정적으로 적용되는 데 반해 지방자치법은 국가전역에 대하여 두루 적용되므로 이때 지방자치법은 서울특별시조례에 대해 일반법의 지위에 선다.

### 3. 특별법

특별법特別法(special law, Spezialrecht)이란 특수한 신분을 가진 사람, 특정 장소・시간・사항 등에만 제한적으로 적용되는 법을 말한다. 이는 특별법이라는 용어를 사용하는 경우도 있고, 그렇지 않은 경우도 있는데, 5・18민주화운동등에관한특별법의 경우는 전자에 해당하고, 상법이 민법에 비하여 특별법의 지위에 서는 것은 후자에 해당된다.

## Ⅳ. 실체법과 절차법

### 1. 구분 기준

실체법과 절차법은 법의 규정내용을 기준으로 법률관계의 발생변경소멸에 관한 내용을 정한 법은 실체법, 실체법의 내용을 실현하기 위한 절차를 정한 법은 절차법으로 분류하는 방법이다. 그러나 이는 형식상의 분류방법에 지나지 않으며, 이로써 법을 완전히 분류하는 것은 어려운 일이다. 왜냐하면 실체법인 상법의 내용에도 절차법적 내용인 법인法人의 설립절차가 규정되어 있고, 절차법인 부동산등기법의 내용 중에도 등기登記의 효력과 같은 실체법적 내용이 규정되어 있기 때문이다. 또한 기능적인 측면에서 보더라도 절차법은 실체법의 내용을 실현시키는 중요한 기능을 하고 있다.

### 2. 실체법

실체법實體法(substantive law, materielles Recht)은 권리權利・의무義務의 종류・성질・

내용 · 효과 · 변동 등을 규정하는 법이다. 이는 권리의무의 실체를 규정하는 법이란 점에서 실체법이라 하고, 절차법에 의해 그 내용이 실현된다는 점에서 「주법主法」이라고도 한다. 헌법, 형법, 민법, 상법 등은 실체법에 해당한다.

### 3. 절차법

절차법節次法(adjective law, formalles Recht)은 실체법의 내용을 구체적으로 실현하기 위한 절차, 즉 실체법상의 권리를 실행하거나 의무를 실현시키기 위한 보전 및 이행강제의 절차를 규정한 법이다. 절차법은 실체법의 내용을 실현하는 기능을 한다는 점에서 「형식법」 또는 「조법助法」이라고도 한다. 형사소송법刑事訴訟法, 민사소송법民事訴訟法, 부동산등기법不動産登記法, 경매법競賣法, 파산법破産法, 비송사건절차법非訟事件節次法 등이 이에 해당한다.

## V. 강행법과 임의법

### 1. 구분 기준

강행법과 임의법은 그의 적용에 있어서 사적 자치의 원칙이 인정되느냐의 여부에 따라 사적 자치의 원칙이 인정되지 않는 경우는 강행법, 인정되는 경우는 임의법으로 구분하는 방법이다. 일반적으로 법령法令 중에 「… 하여야 한다」라는 문구가 있으면 강행법이고, 「당사자의 특별한 의사표시意思表示가 없으면」 또는 「다른 의사표시가 없으면」이라는 문구가 있으면 임의법이다. 그러나 이와 같은 명백한 표현이 없는 경우는 강행법과 임의법을 일률적으로 구분하는 기준은 없으며, 법령의 내용, 성질, 입법취지 등을 종합적으로 검토하여 결정하여야 할 것이다.

### 2. 강행법

강행법强行法(imperative law, zwingendes Recht)은 그의 적용에 있어 사적자치私的自治의 원칙이 인정되지 않는 법, 즉 당사자의 의사와 상관없이 강제적으로 적용되는 법이다. 헌법, 행정법, 형법, 민사소송법, 형사소송법 등의 공법公法은 대부분 강행법에 속한다. 그러나 민사소송법 제29조의 합의관할규정合意管轄規定은 임의규정任意規定에 해당한다.

### 3. 임의법

임의법任意法(dispositive law, nachgebieges Recht)은 그 적용에 있어 사적 자치의 원칙이 인정되는 법, 즉 당사자의 합의로서 그의 적용을 배제할 수 있는 법을 말한다. 사법私法인 민법과 상법의 규정은 대부분 임의법으로 되어 있다. 그러나 민법 제185조의 물권법정주의物權法定主義나 상법 제33조의 상업장부의 보존의무는 강행규정이다.

## Ⅵ. 원칙법과 예외법

### 1. 구분 기준

원칙법과 예외법은 일반법과 특별법의 경우와 같이 그의 적용범위를 기준으로 구분되는데, 전술한 일반법과 특별법은 법령 간의 구분인데 반해 원칙법과 예외법은 동일한 법령 또는 동일한 조문 내에서 구분되는 것이 일반적이다. 예컨대, 법령의 본문과 단서는 하나의 조문으로 되어 있으나, 전자는 원칙법, 후자는 예외법으로 구분된다.

예외법은 엄격하게 해석해야 한다는 원칙 때문에 확장해석이 인정되지 않으며, 입증책임立證責任에 있어서 원칙법의 경우는 원고原告의 부담이고 예외법의 경우는 피고被告의 부담으로 하는 것이 원칙이다. 이러한 점에서 원칙법과 예외법의 구분실익이 있다.

### 2. 원칙법

원칙법原則法(Grundsatzrecht)이란 일정한 사항에 대하여 일반적으로 적용하는 법이다. 민법 제5조는 「미성년자가 법률행위를 함에는 법정대리인의 동의를 얻어야 한다」고 규정하고 있는데, 이는 판단능력이 정상인에 미치지 못하는 미성년자가 법률행위로 인해 손해를 입는 것을 방지하기 위해 일반적으로 적용할 원칙을 규정한 것이다.

### 3. 예외법

예외법例外法(Ausnahmerecht)은 일정한 사항에 대한 예외를 인정함으로써 원칙법의 적용을 배제하는 법을 말한다. 민법 제5조 단서는 「그러나 권리만을 얻거나 의무만을 면하는 행위는 그러하지 아니하다」고 규정하여 미성년자라 하더라도 권리만 얻거나 의무만을 면제받는 경우는 미성년자에게 유리한 경우이기 때문에 법정대리인의 동의가 필요없어 이 경우는 민법 제5조 본문에서 정한 원칙을 적용하지 않는다는 예외를 인정하고 있다. 따라서 민법 제5조 본문과 단서는 원칙법과 예외법의 관계에 있다고 할 수 있다.

## Ⅶ. 고유법과 계수법

### 1. 구분 기준

고유법과 계수법은 법의 생성근거를 기준으로 구분된다. 즉, 일정한 국가나 민족의 고유한 문화적 산물로 생성된 법인가 아니면 다른 국가나 민족으로부터 고유하게 생성된 법을 국내법으로 받아들였는가를 기준으로 구분한다. 이와 같은 고유법과 계수법은 그 생성근거에 따라 연구방법을 달리한다는 점에서 구분의 실익이 있다.

### 2. 고유법

고유법固有法(indigenous law, heimisches Recht)은 일정한 국가나 민족의 고유한 역사적 흐름 속에서 관습, 도덕 등 사회적 여건을 기초로 하여 자연적으로 생성된 법이다.

### 3. 계수법

계수법繼受法(adapted law, rezipiertes Recht)은 다른 국가나 민족으로부터 생성된 법을 받아들여 국내법으로 적용하는 법을 말하며, 계수 전의 법을 모법母法이라 하고, 계수 후의 법을 자법子法이라 한다. 우리나라는 일반적으로 현대에 들어와서 독일, 프랑스 등의 법제를 계수하였으며, 그 이전에는 당률唐律이나 명률明律과 같은 중국법을 계수하였고, 최근에는 영미법을 계수하는 경우도 많다.

## Ⅷ. 조직법과 행위법

### 1. 구분 기준

조직법과 행위법은 그 규율대상을 기준으로 구분된다. 즉, 규율대상을 사회의 제도나 조직을 주로 하는 경우는 조직법, 사회의 구성원인 사람의 행위 자체를 규율대상으로 하는 경우는 행위법으로 구분한다. 조직법은 강행법적 성질을 가지고, 행위법은 임의법적 성질을 가지는 경우가 많으나 반드시 그러한 것은 아니며, 양자는 매우 밀접한 관계를 가진다.

## 2. 조직법

조직법組織法(Organizationsrecht)은 사람의 행위의 기초 또는 수단이 될 사회의 제도나 조직에 관한 질서를 규율하는 법이다. 헌법, 국회법國會法, 정부조직법政府組織法, 법원조직법法院組織法 등은 국가기관의 조직 및 그 작용에 관한 내용을 규정하고 있으므로 조직법에 해당한다.

## 3. 행위법

행위법行爲法(Verhaltungsrecht)은 사람의 행위 그 자체의 준칙을 정하는 법이다. 민법, 상법, 형법 등은 행위법에 해당하는데, 그 중에는 조직법적인 규정도 있다. 상법은 상거래의 기초 또는 수단에 관한 규정을 두고 있고, 민법은 물권변동物權變動에 관한 규정을 두고 있는데 이들은 조직법적 규정에 속한다.

# 제 5 장 법의 발전과 법계

## 제1절 법의 발전

### Ⅰ. 법의 생성

원래 법은 다른 사회규범들과 미분화 상태로 존재해 오다가 인류사회의 변천에 따라 법도 그 모습을 달리하며 발전해 왔다. 법은 생성, 성장, 소멸의 단계를 거치며 인류사회의 질서와 평화를 유지하기 위해 존재한다. 이러한 법의 발전은 그 시대와 사회의 환경, 문화, 정치, 종교, 의식 등에 따라 각기 다른 모습으로 나타난다. 이와 같은 측면에서 볼 때 법은 역시 역사의 흐름 속에서 인류생활과 함께 자연스럽게 생성되고 성장·발전하여 결국 소멸하는 역사적 산물이라고 할 수 있다. 특히 다른 사회규범에 비해 그 변천이 뚜렷한 것이 법이라고 할 수 있는데, 이는 역시 사회규범 중에서도 인간의 사회생활에 가장 많은 영향을 미치는 규범이 바로 법이기 때문이다. 법의 발전은 여러 가지 측면에서 고찰할 수 있으나, 이하에서는 법이 역사적 산물이니만큼 시대의 흐름에 따라 원시시대의 법, 고대사회의 법, 중세사회의 법, 근대사회의 법 그리고 현대사회의 법 등으로 구분하여 그 발전모습을 살펴보기로 한다.

### Ⅱ. 원시사회의 법

원시사회를 규율했던 법은 법으로서보다는 종교와 관습에 가까운 하나의 사회적 습속으로 존재하였다. 즉, 다른 사회규범으로부터 법규범의 분화가 거의 미미한 상태였다.

원시사회의 법의 특성은 첫째, 금기(taboo)라는 사회적 금기를 정해 놓았다. 그리고 이러한 금기사항을 위반하는 사람에게는 신의 제재가 따른다고 보아 이를 지키려 하였다. 둘째, 원시사회의 법위반에 대한 제재는 인과응보적 복수의 성격을 띠는 것이 특징이며, 제재의 정도는 그 위반으로 인해 발생하는 피해의 정도와 동일하게 하였다. 우리나라는 고조선과 삼한시대에 범죄를 저지르고 제사지역인 소도에 피신하면 범인이 그곳에 있는 이상 신의 영역을 침범하지 않는다는 의미에서 그 범인을 처벌하지 않았으며, 그리스와 로마의 비호법제도庇護法制度도 금기의 일종이라고 할 수 있으며, 위반에 대한 처벌로서의 복수는 눈에는 눈(an eye for an eye), 이에는 이(a tooth for a tooth) 라는 위반행위로 인해 발생한 피해만큼의 손해를 위반자에게 가한다는 원칙의 탈리오(talio)가 대표적인 것이다. 이와 같은 원시사회의 법은 나름대로 정의실현을 위한 원시인들의 노력이라고 할 수는 있으나, 너무 복수의 측면에서 위반자를 처벌함으로써 복수가 복수를 부르고, 결국 사회질서가 파괴되는 현상이 우려되었다. 이에 복수의 인정여부와 그 범위의 문제가 대두되었으며, 이를 그 사회의 장로가 결정하도록 하였다. 이것이 재판제도의 시초이며, 이에 따라 법의 형태를 갖추기 시작하였다고 볼 수 있다.

## Ⅲ. 고대사회의 법

고대사회에서는 국가의 정치적 지배력이 형성되면서 권력에 의해 강제되는 규범이 혼연일체의 사회규범으로부터 분화되기 시작하였다. 그러나 이러한 고대사회의 법이 다른 사회규범으로부터 완전히 분화된 것은 아니다. 원시사회의 법에 비하여 분화의 정도가 뚜렷하며, 조직체의 강제력으로 법의 실효성을 보장코자 하였으며, 또한 성문의 형식으로 법전法典이라는 합리적인 방법을 선택했다는 점에서 원시사회의 법보다 많은 발전을 보았다고 할 수 있다. 따라서 법이 다른 사회규범과 달리 국가적 강제력에 의해 실효성이 보장되기에 이르렀다. 이를 뒷받침해 주는 것이 세계에서 가장 오래된 법전으로 알려지는 함무라비법전(Code of Hammurabi)이다. 고대사회의 법으로서 가장 발달하였던 것은 역시 로마법이라고 할 수 있다. 초기의 로마법은 관습법으로 성장하였으며, B.C. 450년경 이러한 관습법을 목판에 기록함으로써 로마의 기초적 성문법이 탄생하게 되었다. 이러한 로마의 최초의 성문법은 12표법이라 하는데, 이는 공법公法과 사법私法 그리고 소송법訴訟法뿐만 아니라 제사에 관한 법도 포함하고 있는 것이 특징이다. 이와 같은 12표법을 토대로 A.D. 530년경 로마의 유스티니아누스(Justinianus) 대제大帝가 법률문서를 집대성한 로마법의 대명사인 유스티니아누스법을 완성시켰으며, 그 후 이는 로마대법전大法典(Corpus Juris Civilis) 이라고 불린다. 로마법의 현저한 발전을 일컬어 Jhering은 "로마는 무력과 기독교 그리고 법에 의해 세계를 세 번 정복하였다"고 표현하였다. 로마법은 비록 고대사회의 법이지만 개인주의적이고 합리적인 법체계를 구성하였으며,

대륙제국에 계수되어 근대법에 많은 영향을 주었다. 뿐만 아니라 오늘날의 대륙법계의 기초가 되었다. 사실상 함무라비법전은 관습을 그대로 모아서 성문화한 것이며, 로마의 12표법 또한 종교적 내용인 제사에 관한 절차를 그대로 법전에 수록하고 있는 것으로 보아 법이 다른 사회규범으로부터 분화되고 있음을 확인할 수 있다.

## Ⅳ. 중세사회의 법

고대사회는 로마법의 전성기라고 한다면, 중세사회는 게르만법의 전성기라고 할 수 있다. 중세봉건사회의 특징은 토지와 결부된 신분적 주종관계에 있다고 하겠다. 이러한 사회적 특징은 법에도 그대로 반영되었으며, 이는 봉건영주와 가신과의 관계를 규율하는 봉건법(Lehnrecht), 장원영주(봉건영주와 봉신)와 농민 간의 관계를 규율하는 장원법(Hofrecht), 각 지방의 관습법(Landrecht), 도시의 자치법인 도시법(Stadtrecht) 등의 다양한 모습으로 나타났다. 중세사회에서는 특히 기독교세력이 강력한 힘을 발휘하였으며, 따라서 이들에 의한 교회법(Canon Law)이 세계를 지배하였다. 그러나 이러한 사회법은 그 내용이 기독교적 사회생활을 규율키 위한 것이기 때문에 특히 당시에 활발하게 성행되었던 상거래에 관한 분쟁을 규율하기에는 역부족이었다. 이에 따라 상관습법이 별도로 발달하게 되었으며, 도시의 자치법규인 도시법으로 그 완성을 보았다.

중세사회를 주도한 민족은 게르만민족이며, 게르만민족은 지역적 특성에 맞게 법을 발전시켰다. 특히 관습법의 많은 발전을 보았다. 따라서 이 시대의 법은 다양한 법체계와 신분에 따라 그 적용법이 상이한 법의 분열적 성격이 특징이라고 할 수 있다. 이를 Pound(1870~1964)는 "신분적, 고정적 내용으로 된 엄격법(strict law)시대"라고 표현하여 중세사회의 법이 탄력성을 상실하였음을 지적하였다.

## Ⅴ. 근대사회의 법

근대사회의 특징은 Maine(1822~1888)이 "신분에서 계약으로(from status to contract)"라고 한 데서 잘 나타나 있는 것처럼 중세사회의 신분적 공동사회가 시민혁명으로 인해 타파되면서 중앙집권적 정치와 자본주의 경제체제 그리고 개인의 자유와 평등을 중요시하는 개인적 민주주의 사상이 팽배한 사회였다. 따라서 근대법은 「소유권 절대의 원칙」, 「계약자유의 원칙」, 「과실책임의 원칙」 등의 기본원리를 채택하여 개인의 자유와 평등을 최대한 보장하고자 하였다. 이와 같은 개인적 기본권 보장은 미국헌법(1776)과 프랑스 인권선언人權宣言(1783)에서 잘 나타나고 있다. 결국 국가는 국민의 인권보장을 근본 목적으로 치안과 외침外侵을 방어하는 야경국가의 형태로 되었으며, 법의 개념은 종래의 의무본위적 사상에서 권리본위의 법률관계로 그리고 국가본위에서 개인본위의 성격으로 변천하였다. 이러한 근대법은 프랑스 루이 14세의 상사칙령(1673), 미국 버지니아헌법(1776), 프로이센 일반란트법(1894), 프랑스민법(1804), 독일민법전(1896) 등으로 그 입법적 발전을 보았다.

## Ⅵ. 현대사회의 법

근대사회의 법이 개인의 절대적 자유와 평등을 보장하기 위한 추상적이고 형식적이었다면, 현대사회의 법은 인간의 실질적인 자유와 평등의 보장을 목적으로 하는 복지주의적 성격을 띤다고 할 수 있다. 현대복지국가 사상은 20세기에 들어오면서 개인주의적 근대사회의 절대적 자유와 평등보장이 결국은 방종과 실질적 불평등을 낳게 됨을 깨닫고 「인간다운 삶」을 보장하기 위해 실질적인 자유와 평등을 보장하려는 이념에서 현대사회의 법적 이념으로 채택되었다. 따라서 근대사회법의 기본원리인 「소유권 절대의 원칙」, 「계약자유의 원칙」, 「과실책임果實責任의 원칙」 등은 「소유권 상대의 원칙」, 「계약공정의 원칙」, 「무과실책임無果實責任의 원칙」 등으로 그 수정이 불가피하게 되었다. 이러한 현대사회의 법은 복지국가의 건설을 위해 조직적 국가기관에 강력한 통제력을 부여하게 되었으며, 따라서 법은 개인본위에서 단체본위의 성격으로 변화되었다. 현대 복지국가의 사상은 독일의 1919년의 바이마르헌법 제151조에서는 「인간다운 생활(menschenwürdiges Dasein)의 보장」 같은 법 제159조에서 「재산권財産權은 의무義務를 수반한다」라고 규정하여 최초로 헌법적 차원에서 입법으로 채택하였으며, 우리 헌법은 제34조 제1항에서 「모든 국민은 인간다운 생활을 할 권리를 가진다」고 규정하고, 같은 법 제23조 제2항에서 「재산권의 행사는 공공복리公共福利에 적합하도록 하여야 한다」고 규정하였으며, 또한 같은 법 제119조 제2항에서는 「균형 있는 국민경제의 발전」을 규정하여 헌법적 차원에서 현대복지국가사상을 명문으로 입법화하고 있다.

# 제2절 법 계

## Ⅰ. 법계의 의의와 생성

법계法系란 동일한 영역에 속하는 법문화권의 성격으로서, 국가나 민족을 초월한 법의 계통을 말한다. 법은 일정한 국가나 민족의 생활과 밀접한 관계를 가지고 생성·발전해 왔기 때문에 법은 그 국가나 민족의 시간적, 공간적 특성을 그대로 반영해 주고 있는 것이 일반적이다. 이렇게 생성·발전해 온 법은 교통과 통신의 발달로 국제교류가 활발해지면서 서로 다른 법계 간에 많은 영향을 미쳐 법계의 보편화현상 또는 세계화현상이 나타나고 있다.

법계는 발생 연대순으로 보아 이집트법계, 바빌로니아법계, 중국법계, 인도법계, 헤브라이법계, 그리스법계, 로마법계, 게르만법계, 교회법계, 이슬람법계, 슬라브법계, 유럽대륙법계, 영미법계 등으로 분류할 수 있는데, 학자에 따라 법을 분류하는 방법은 다양하다. 이러한 법계 중 영향력을 가지고 인류의 사회질서유지에 채택되어 온 것은 대륙법계大陸法系와 영미법계英美法系로 대별되는 것이 일반적이다.

## Ⅱ. 대륙법계

### 1. 의 의

대륙법계大陸法系는 독일 및 프랑스를 중심으로 한 유럽대륙에서 발달한 법계로서, 로마법과 게르만법을 근간으로 생성된 법의 계통이다. 이러한 대륙법계는 성문법주의를 취하는 것이 일반적이다.

대륙법계는 다시 독일법계, 프랑스법계, 슬라브법계 등으로 구분되는데, 독일법계에 속하는 국가는 우리나라를 비롯해서 독일, 스위스, 오스트리아, 덴마크, 스웨덴, 노르웨이, 일본 등이고, 프랑스법계에 속하는 국가는 프랑스, 이탈리아, 벨기에, 네덜란드, 스페인, 포르투갈 등이며, 슬라브법계에 속하는 국가는 구소련과 그 주변 국가들이다.

### 2. 특 징

대륙법계는 첫째, 성문법주의를 채택하여 불문법은 보충적 효력만 인정하는 형식상의 특징이 있다. 둘째, 내용상 조직적·통일적 개념성을 가지며, 로마법적 요소에 의해 지배되고 있다. 셋째, 재판상 배심제도를 부인하고 사실문제에 관하여 전문적인 법지식을 가진 법관法官이 판단토록 하고 있다.

## Ⅲ. 영미법계

### 1. 의 의

영미법계英美法系란 대륙법계에 대립되는 법문화권으로서, 유럽대륙법의 영향을 받지 않고 혼자서 생성·발전한 영국법과 이를 계수한 미국법의 계통을 말한다. 영국법은 게르만법의 영향을 받아 오랜 관습과 판례를 기초로 일반적 규범으로서의 새로운 법체계를 성립하였는데, 이것이 영미법의 근간이 되는 보통법普通法(common law)이다.

이와 같은 영미법계에 속하는 국가로는 영국, 미국, 캐나다, 오스트레일리아, 뉴질랜드 등이 있다.

### 2. 특 징

영미법계는 첫째, 법원法源상 불문법주의不文法主義를 채택하고 있다. 둘째, 법계통상 게르만법적 특성을 가진다. 셋째, 내용이 판례법으로 이루어져 있기 때문에 구체적 특성을 가지며, 또한 보통법普通法과 형평법衡平法의 이원적 내용으로 구성되어 있다. 넷째, 재판에 있어서 법률문제는 법관이 판단하고, 사실문제는 배심원이 결정하도록 하는 배심제도陪審制度를 채택하고 있다.

# 제6장 법의 연원

## 제1절 의 의

법의 연원淵源(sources of law, Rechtsquelle)이란 「bontes juris」에서 그 어원을 찾을 수 있으며, 법적 효력의 근거, 법의 인식자료, 법의 존재형식 등의 의미로 사용되고 있다. 여기서 법적 효력의 근거란 법이 법으로서의 구속력을 가지는 근거를 말하고, 법의 인식자료란 법전法典, 판례집判例集, 법서法書 등과 같은 법의 존재를 인식할 수 있는 자료를 말하며, 법의 존재형식이란 헌법憲法, 법률法律, 관습법慣習法, 판례법判例法 등과 같이 법이 존재하는 모습을 말한다. 법원은 「법의 연원淵源」이라고도 하며, 일반적으로 사용되는 의미는 법의 존재형식으로서, 이는 성문법成文法과 불문법不文法으로 대별된다.

## 제2절 성문법

### Ⅰ. 의 의

성문법成文法(written law, geschriebenes Recht)이란 법의 규범적 의사가 문장으로 표현되고, 문서의 형식으로 존재하는 제정법을 말한다. 이는 일정한 입법절차에 따라서 그 내용이 제정·공포되는 법이다. 일반적으로 대륙법계 국가의 법은 성문법의 형태로 존재하며, 우리나라도 성문법주의를 취하고 있다.

### Ⅱ. 체계적 구조

#### 1. 헌 법

헌법憲法(constitution, Verfassungsrecht)은 국가의 작용과 통치조직 및 국민의 법적 지

위를 정하는 가장 근본적이고 최상위의 성문법 규범이다. 이를 「형식적 의미의 헌법」 또는 「성문헌법成文憲法」이라고도 하며, 헌법전憲法典의 형식으로 존재한다.

우리나라 헌법은 1947년 7월 12일 제정되고 5일 후 17일에 공포 · 시행되고 그간 9차의 개정을 거쳐 전문前文과 130개조의 본문本文 그리고 6개조의 부칙附則으로 되어 있다. 이러한 우리 헌법은 그 개정 절차를 까다롭게 정하고 있어 경성헌법硬性憲法에 속하고, 법률法律, 명령命令, 규칙規則 등의 하위법규범이 헌법에 위배되면 무효가 되며, 이를 판단하기 위해 헌법재판소憲法裁判所를 두고 있다.

## 2. 법 률

법률法律(act, Gesetz)은 헌법이 정한 범위 안에서 국회의 의결을 거쳐 제정 · 공포되는 헌법의 하위법규범에 해당하는 성문법이다. 따라서 법률이 헌법의 기본원칙에 반하는 경우 헌법재판소의 결정에 의해 그 효력을 상실할 수 있다.

이는 행정법行政法, 형법刑法, 민법民法, 상법商法, 민사소송법民事訴訟法, 부동산등기법不動産登記法, 국민건강증진법國民健康增進法 등의 형태로 법전에 수록되어 있다. 법률과 법의 개념을 혼동하는 경우가 많은데, 법(law, Recht)은 법률보다 넓은 개념으로서 모든 법규범을 포함하는 의미로 사용된다. 따라서 법률의 제정이나 개정시에는 해당 법전에 「法律 제○○○호」로 명시하고 있다.

## 3. 명 령

명령命令(ordonnance, Verordnung)이란 국회의 의결을 거치지 않고, 행정기관이 단독으로 제정하는 법률의 하위규범이다. 명령은 그 명령을 발하는 기관에 따라 대통령령大統領令, 총리령總理令, 부령部令 등으로 구별되며, 총리령과 부령은 대통령령보다 하위규범이지만 총리령과 부령은 동등한 지위에 선다. 또한 명령은 그 내용에 따라 법률을 집행하기 위한 사항을 규정하는 집행명령執行命令과 법률에서 일정한 범위를 정하여 위임한 사항에 관하여 세칙細則을 규정하는 위임명령委任命令으로 구별된다.

## 4. 규 칙

규칙規則이란 독립된 국가의 특정기관이 법률에 저촉되지 않는 범위 안에서 그 기관의 운영과 내부규율에 관한 사항을 규정하는 법규범으로서, 국회규칙國會規則, 대법원규칙大法院規則, 중앙선거관리위원회규칙中央選擧管理委員會規則 등이 있다.

### 5. 자치법규

자치법규自治法規는 지방자치단체가 법령의 범위 안에서 지방의 자치에 관한 사항을 규정하는 법규로서, 조례條例와 규칙規則이 있다. 조례란 지방의회가 제정하는 성문법규범을 말하고, 규칙은 지방자치단체의 장이 법령과 조례의 범위 안에서 제정하는 법규범이다. 이는 위에서 설명한 규칙과 구분하기 위해 지방자치단체의 명칭을 붙여서 사용하는 것이 일반적이다. 예컨대, 서울특별시조례와 서울특별시규칙을 들 수 있다.

### 6. 조 약

조약條約이란 국제법상의 주체인 국가나 국제조직 간에 일정한 내용을 정한 합의문서를 말한다. 조약(treaty), 협약協約(convention), 규약規約(covenant), 헌장憲章(charter), 규정規程(statute), 협정協定(agreement), 의정서議定書(protocol), 결정서決定書(act), 교환문서交換文書(exchange of note), 양해각서諒解覺書(memorandum) 등의 명칭으로 사용되는 것은 모두 조약에 해당한다.

우리나라의 경우 조약은 대통령이 국무회의의 심의를 거쳐 체결하며(헌법 제73조, 제89조, 제6조 제1항), 이와 같은 절차를 거쳐 체결·공포된 조약은 국내법과 동일한 효력을 가진다(헌법 제6조 제1항). 따라서 최근의 WTO 협정(Agreement Establishing the World Trade Organization)도 조약에 해당하고, 국내법적 효력을 가지는 법규범이라고 할 수 있다.

## Ⅲ. 장단점

### 1. 장 점

성문법은 문장의 형식으로 존재하기 때문에 법의 존재, 의미, 내용 등을 명백히 표현할 수 있으며, 또한 추상적인 법이념을 문장으로 구체화할 수 있다. 그리고 성문법은 복잡한 절차를 거쳐 제정 또는 개정되기 때문에 쉽게 변경되거나 소멸되지 않으므로 법생활의 안정성을 도모할 수 있다는 장점이 있다. 또한 불문법주의 국가에서는 제도의 개혁은 의식적 개혁이 전제가 되어야 하기 때문에 매우 까다로우나 성문법주의 국가의 경우는 법의 제정 또는 개정으로 쉽게 제도를 개혁할 수 있다.

### 2. 단　점

성문법은 복잡다양한 입법의사가 문장으로 표현되기 때문에 그 문장은 함축된 전문용어로 표현되는 것이 일반적이다. 따라서 법을 제정한 입법자의 정확한 의도를 입법자 이외의 일반국민들이 정확히 이해하기 어렵다. 그리고 성문법의 장점 중의 하나인 法의 고정화는 법생활의 안정성을 도모한다는 이점은 있으나, 빠른 속도로 변하는 사회적 수요를 충분히 반영할 수 없다는 단점으로 나타난다. 따라서 법의 흠결로 인해 신종 범죄의 처벌이 불가능하거나 어려운 경우가 발생하게 된다.

# 제3절　불문법

## Ⅰ. 의　의

불문법不文法(unwritten law, ungeschriebenes Recht)이란 성문화되어 있지 않은 법, 즉 문장의 형식으로 표현되지 않고, 입법기관의 일정한 절차를 거치지 않은 법의 존재형식을 말한다. 이는 대부분의 영미법계 국가에서 나타나는 법의 존재 형식이다.

## Ⅱ. 종　류

### 1. 관습법

관습법慣習法(customary law, Gewohnheitsrecht)이란 국가사회 안에서 자연적으로 형성되어 관습의 형태로 존재하는 규범의 내용이 국가에 의하여 법적 확신을 얻어 법적 효력을 인정받음으로써 법으로 승격된 규범을 말한다. 이는 사실인 관습이 불문의 형식은 그대로 유지하면서 그 작용상의 변화만 발생하는 것이다.

사실인 관습이 관습법으로 승격되기 위해서는 일정한 요건을 갖추어야 하는데, 첫째, 사실인 관습이 존재하여야 한다. 이는 바로 관습법의 실체가 된다. 둘째, 사실인 관습은 선량한 풍속 및 사회질서에 합치되어야 한다. 왜냐하면 법의 존재목적은 사회질서유지에 있기 때문이다. 셋째, 사실인 관습이 법적 가치를 가진다는 확신이 있어야 하며, 국가권력에 의해 법으로 인정되어야 한다. 이러한 법적 확신은 관습법의 효력발생요건으로서 사실인 관습이 법적 확신을 얻지 못하면 사실인 관습 그 자체에 지나지 않는다.

관습법은 원칙적으로 성문법의 규정이 없는 경우 이를 보충하는 효력을 가진다. 상법 제1조는 「상사商事에 관하여 본법에 규정이 없으면, 상관습법商慣習法에 의하고…」라고 규정하고 있는데, 이는 곧 상법이라는 성문법의 규정이 없는 경우에는 상관습법을 적용한다는 취지로서 상관습법의 상법에 대한 보충적 효력을 명문으로 규정한 것이다. 그러나 죄형법정주의罪刑法定主義의 기본원칙을 채택하고 있는 형법에서는 피고인被告人에게 불리한 형사관습법刑事慣習法은 그 효력이 인정되지 않는다.

## 2. 판례법

판례법判例法(case law, Judikaturrecht)이란 선례구속先例拘束의 원칙(doctrine of stare decisis)에 따라 법원法院의 판례를 통하여 형성되는 불문의 법규범을 말한다. 재판이란 원래 사법부司法府의 법해석 작용으로서 이는 구체적인 사건에 따라 다른 모습으로 나타나는 것이 일반적이다. 그러나 일정한 판결은 유사한 사건에 대하여도 동일한 효력을 가지는데, 이와 같이 특정 사건에 대하여 같은 취지의 판결이 반복되어 일정한 판결의 원칙이 확립되면, 그것은 성문법과 같은 규범력規範力을 가지게 된다.

영미법계 국가에서는 판례의 집합체인 보통법普通法(common law)과 형평법衡平法(equity)이 1차적 법원法源이며, 성문법은 2차적 법원으로서의 효력을 가진다. 이와 달리 대륙법계 국가에서는 판례가 법원法院의 재판작용인 법의 해석 또는 적용에 있어 성문법의 보충적 역할을 할 뿐 그에 대한 일정한 명문규정도 없고, 구속력을 가지는 것도 아니다. 그러나 실제에 있어서는 대륙법계 국가의 상급법원의 판례는 하급법원을 구속하는 형태로 나타나고 있다.

## 3. 조 리

조리條理(nature of things, Natur der Sache)란 국가기관에 의하여 재판에 적용되는 자연법원리自然法原理, 즉 자연의 순리를 말한다. 민법 제1조는 「민사民事에 관하여 법률에 규정이 없으면 관습법에 의하고, 관습법이 없으면 조리에 의한다」고 규정하고 있는데, 이를 조리의 법원성法源性을 인정하였다는 근거로 해석하는 견해와 반대의 견해가 대립되고 있으나, 이는 민법 제1조가 민사에 관한 법률의 적용순서를 규정한 것이지, 법원의 종류를 규정한 것이 아니기 때문에 이를 가지고 조리의 법원성으로 해석하는 것은 무리가 있다고 본다.

# 제7장 법의 효력

## 제1절 서 설

법의 효력效力이란 일정한 법이 그 내용대로 실현될 수 있는 힘, 즉 「법적 구속력拘束力」 또는 「규범력規範力」을 말한다.

이와 같은 법의 효력은 실질적 효력과 형식적 효력으로 나누어 볼 수 있는데, 전자는 법의 타당성 및 실효성의 문제이며, 후자는 법의 효력범위 또는 적용범위에 관한 문제이다. 이하에서는 법의 효력을 실질적 효력과 형식적 효력으로 구분하여 구체적으로 살펴본다.

## 제2절 실질적 효력

### Ⅰ. 의 의

법이 그 구체적인 내용을 실현할 수 있는 규범력을 가진다는 것은 수범자受範者로 하여금 그 법을 지키도록 강제하는 구속력을 가진다는 의미이다. 법이 이러한 규범력을 가지기 위해서는 규범적 타당성과 사실적 실효성이 조화롭게 결합되어 있을 것이 요구된다.

사실적 실효성을 가진 법이라 하더라도 규범적 타당성이 결여된 경우에는 악법의 문제가 발생하여 그 법의 시행에 있어 많은 저항이 발생할 수 있고, 또한 규범적 타당성을 가진 법이라 하더라도 사실적 실효성이 결여되면 그 법은 사회규범으로서의 실정법적 역할을 기대하기 어렵게 된다.

따라서 일정한 법이 실질적 효력을 가지기 위해서는 사회적으로 실효성을 가지는 동시에 규범으로서의 타당성을 가져야 한다.

## Ⅱ. 법적 타당성

### 1. 의 의

법은 일반적으로 수범자가 저항 없이 그 법을 지켜 그 내용이 실현될 것을 요구한다. 그러나 경우에 따라서는 그 법이 무시 또는 위반되는 경우가 있는데, 이러한 경우에도 법은 그 내용대로 실현되어야 한다는 강행성이 요구되며, 이러한 요구를 법적 타당성이라고 한다.

### 2. 근 거

법적 타당성의 근거를 어디에 둘 것인가 하는 것은 역사와 사회적 현상에 따라 다음과 같이 여러 가지로 표현되고 있다.

#### 1) 자연법설

법적 타당성의 근거를 자연법으로 보는 견해가 자연법설自然法說이다. 이는 실정법의 근원을 자연법으로 보고 실정법이 시간과 공간을 초월하는 영구불변의 법칙인 자연법과 일치하기 때문에 효력을 가진다는 주장이다. 이와 같은 자연법칙은 관념적·추상적이며, 시대에 따라 고대에는 영구불변의 자연의 섭리, 중세에는 신의神意, 근대에는 합리적인 인간의 본성 또는 이성으로 각각 인식되어 왔다.

따라서 자연법이 실정법의 가치평가의 기준이 된다는 점에서는 중요한 역할을 한다고 볼 수 있으나, 자연법을 실정법의 법적 타당성의 단적인 근거로 인정한다는 것은 무리가 있다.

#### 2) 신의설

신의설神意說은 절대적 존재인 신神의 뜻이 직접 또는 간접적으로 계시된 것이 법이기 때문에 그것은 보편타당한 것이므로 인간은 절대적으로 복종하여야 한다는 견해이다.

이는 종교적 신앙에 영향을 받은 것으로 법의 근원을 신의에서 구하고 있기 때문에 결국 종교적 신앙을 떠나서는 법의 존재를 설명할 수 없게 된다. 따라서 과학문명이 고도로 발달한 현대사회에서 신의설에 의해 법적 타당성을 설명하는 것은 매우 곤란하다고 본다.

#### 3) 역사법설

법적 타당성의 근거를 국민 또는 민족의 법적 확신에서 구하고자 하는 견해가 역사법설歷史法說이다. 이는 국민 또는 민족의 특수성이 법의 생성에 중요한 역할을 담당하는 것으로 보고, 법은 마치 언어처럼 한 국가나 민족의 생활 속에서 경험에 의해 자연스럽게 생성되는 역사적 산물이라는 것이다.

역사법설에 의하면 법은 제정되는 것이 아니라 발견되는 것이다. 이렇게 되면 결국 관습법만이 유일한 법원法源이 된다. 그러나 관습법 이외에도 합목적성과 합리성의 요청에 따라 제정되는 수많은 제정법이 존재하는 것이 현실이다. 따라서 성문법주의 하에서는 특히 역사법설로서 법적 타당성을 설명하는 것은 설득력이 매우 약하다고 하겠다.

### 4) 실력설

실력설實力說은 법적 타당성의 근거를 지배자의 실력에서 구하려는 학설로서, 법은 강자가 약자를 억압하고 지배하는 수단이라고 보았다. 이는 그리스의 소피스트에 의해 "실력實力은 권력權力이다", "실력은 법에 우선한다", "힘이 정의正義다"라는 형태로 주장되었다.

이와 같은 실력설에 의하면 법을 파괴하는 폭력이 오히려 법으로 인식되는 모순을 가져올 수 있으며, 경우에 따라서는 법의 실효성의 근거를 설명하기에는 유력하겠지만, 법적 타당성의 근거를 설명하기에는 문제가 있다.

### 5) 명령설

명령설命令說은 법의 본질을 주권자主權者의 명령으로 보고, 법적 타당성의 근거를 명령의 발동에서 구하려는 학설이다. 이는 의식적으로 발달된 법제만을 그 대상으로 하고 주권자의 명령만을 법으로 본다. 따라서 이에 의하면 관습법과 같이 국가의 적극적인 의사에 의하지 않고 성립하는 불문법을 설명할 수 없으며, 또한 헌법과 국제법도 법이 될 수 없다는 비판이 가해진다.

### 6) 승인설

법은 국민에 의해 사회규범으로서 승인한 것이기 때문에 지켜야 한다는 학설로서, 법적 타당성의 근거를 수범자의 승인에서 구하려는 견해가 승인설承認說이다. 법은 사회의 구성원인 인간에 의해 창조되고, 이러한 법의 제정에 관여한 사람은 그에 대하여 승인한 것으로 볼 수 있다. 그러나 모든 일반인들이 그 사회의 모든 법을 지지·승인한 것이라고는 할 수 없다. 물론 강제적 승인이나 비자발적 승인 또는 비의욕적 승인도 승인에 해당하는 것으로 보려는 견해도 있지만 반드시 그러한 것은 아니다. 따라서 이 학설도 법적 타당성을 설명하는 데 어느 정도는 유력하지만 전적으로 강제적 승인까지 승인으로 보아 법적 타당성의 근거를 설명하기에는 무리가 있다고 본다.

#### 7) 사회의식설

법적 타당성의 근거를 그 사회구성원의 공통된 사회의식에서 구하고자 하는 학설이 사회의식설社會意識說로서, 그 사회의 의식을 법으로 인식하려는 견해이다. 이에 의하면 일정한 방식에 의해 표현된 의사는 사회의사이며, 따라서 사회의사의 내용인 법은 사회구성원을 구속하므로 그 법을 지키게 된다는 결론이 나온다. 그러나 어떠한 의사가 공통된 의사인지 그 기준이 모호하고, 또한 개인간의 복잡다양한 이해관계로 얽힌 현대사회에서 공통된 의사를 기대할 수 있는지에 대해서는 의문의 여지가 많다.

#### 8) 여론설

여론설輿論說은 법적 타당성의 근거를 수범자의 의사, 즉 수범자의 여론에서 구하려는 학설이다. 그러나 여론이라고 해서 그것이 그 사회의 대다수의 지지를 얻는 것은 아니다. 따라서 다수의 신념이 소수의 여론에 눌려서 법을 제정할 수 없는 경우도 발생할 수 있다. 특히 대중매체가 발달한 현대사회에서는 소수의 뜻이 대중매체의 기술적인 힘을 빌려 여론으로 조성될 가능성이 다분하다. 이렇게 조성된 여론에 의해 법이 제정되는 경우 그것이 과연 법적 타당성을 가진다고 볼 수 있는지의 여부가 의심스럽다.

#### 9) 법단계설

법단계설法段階說은 H. Kelsen에 의해 주장된 학설로서, 법적 타당성의 근거를 근본규범에서 구하고자 하였다. 이에 의하면 국가의 법은 상위의 법으로부터 하위의 법으로 단계적으로 구성되어 있는데, 그 최상위의 규범을 근본규범으로 하여 그 이하에 헌법, 법률, 명령, 처분 등의 순으로 위계적 질서를 이루고 있다고 한다. 따라서 법적 타당성의 근거는 최상위의 규범인 근본규범에 있다는 것이다. 이러한 이유에서 이 학설을 「근본규범설」이라고도 한다. 그러나 사실상 성문법주의 국가에서 최상위의 규범으로 인정되고 있는 헌법의 상위규범인 근본규범에 대하여 명확한 설명이 없어 결국 이 학설도 형식적 이론에 불과하다는 비판을 받게 된다.

## Ⅲ. 법적 실효성

법적 실효성實效性이란 사회규범으로서의 법규범이 국가의 조직적인 강제력에 의해 그 내용이 실현되는 상태를 말한다. 따라서 형식적으로 존재는 하지만 사회에서 실제로 그 내용이 실현될 수 없는 법은 실효성을 가진다고 할 수 없다. 이와 같은 법적 실효성은 경찰 또는 법원法院을 통한 공권력公權力의 행사에 의해 보장되며, 경우에 따라서는 한정적으로 사적 실력實力에 의해 보장되기도 한다.

## Ⅳ. 법적 타당성과 실효성의 관계

법적 타당성은 있으나 실효성이 없는 경우가 있는데 이는 법의 사문화死文化 현상이라 하고, 타당성은 약하지만 실효성이 강한 경우는 악법이라 부르는데 이는 국민적 저항을 야기시키게 된다.

# 제3절 형식적 효력

## Ⅰ. 의 의

법의 형식적形式的 효력效力이란 법의 적용범위를 말하며, 이는 사회적 · 역사적 요인에 의해 제한되어 왔다. 즉, 법은 시적 · 인적 · 장소적 요인에 의해 그 효력이 미치는 범위가 일정하게 제한된다. 법의 시적 효력은 법이 언제부터 언제까지 효력을 가지느냐의 문제이고, 법의 인적 효력은 법을 누구에게 적용할 것이냐의 문제이다. 그리고 법의 장소적 효력이란 법이 어떤 지역에 대하여 적용되느냐의 문제이다.

## Ⅱ. 시적 효력

### 1. 서

법의 시적 효력은 법이 시간적 요인에 의해 그 적용범위에 있어서 일정한 제한을 받는 것을 말하며, 이는 법이 언제부터 언제까지 그 효력을 가지느냐의 문제로 나타난다. 일반적으로 제정법制定法은 시행일施行日로부터 효력을 발생하여 폐지일廢止日에 그 효력을 상실하게 된다. 따라서 법은 시행일에서 폐지일까지만 그 효력을 가지게 되는데, 이 기간을 「시행기간」 또는 「유효기간」이라 한다. 법의 효력은 또한 법률불소급法律不遡及의 원칙 및 경과법經過法의 제정에 의해서도 그 적용범위가 제한된다.

## 2. 법의 시행과 폐지

### 1) 법의 시행

법이 그 내용을 실현할 수 있는 힘, 즉 법적 효력을 가지는 상태를 법의 시행施行이라 한다. 성문법은 제정, 공포 후 일정기간 동안 일반국민들에게 그 제정법의 존재를 알린 후 시행되는 것이 일반적이다. 이와 같은 일정한 기간을 「시행유예기간施行猶豫期間」 또는 「주지기간周知期間」이라고 하며, 시행에 관한 구체적인 내용은 그 법의 부칙이나 시행명령에 명시한다. 법의 시행형태는 세 가지가 있는데, 첫째는 공포와 동시에 시행하는 형태로서, 이 경우는 그 법의 부칙이나 시행법령에 「공포와 동시에 시행한다」고 명시한다. 둘째는 공포일로부터 시행일까지 일정한 기간을 두는 형태인데, 이 경우는 일반적으로 그 법의 부칙이나 시행법령에 「이 법法은 공포 후 ○월月이 경과한 날부터 시행한다」고 명시하거나 「이 법法은 20○○년 ○월 ○일부터 시행한다」고 명시한다. 셋째는 시행에 대하여 아무런 정함이 없는 경우로서, 이 경우는 헌법 제53조 제7항에 의해 공포한 날로부터 20일이 경과되면 효력이 발생한다.

### 2) 법의 폐지

법은 일반적으로 폐지에 의해 그 효력을 상실한다. 폐지의 방법에는 폐지의 내용을 명확히 표시하는 명시적 폐지와 명확한 폐지의 내용이 명시되지는 않았으나 일정한 사유에 의해 법이 그 효력을 상실하는 묵시적 폐지가 있다.

#### (1) 명시적 폐지

법이 명시적으로 폐지되는 경우는 한시법限時法의 제정과 폐지된 법령을 구체적으로 나열하는 두 가지가 있다. 한시법은 제정당시에 시행기간이 정해지므로 그 시행기간의 만료로 효력을 상실하게 된다. 한시법은 기한부입법으로서 내적 폐지원인에 의해 효력을 상실한다.

또한 법은 외적 폐지원인에 의해 명시적으로 폐지되는 경우가 있는데, 새로운 법령으로 일정한 법령法令의 폐지를 정하는 형태로 나타난다.

예컨대, 형법부칙 제10조는 폐지된 형법조항을 구체적으로 명시하고, 농지법 부칙 제2호에서는 농지개혁법, 농지개혁사업정리에관한특별조치법, 농지의보전및이용에관한법률, 농지임대차관리법, 지력증진법 등은 폐지한다고 명시하고 있다.

#### (2) 묵시적 폐지

구법령舊法令에서 규정한 사항과 동일한 사항에 관하여 저촉되는 내용을 갖는 신법령新法令이 제정, 공포된 경우에는 특별한 규정이 없더라도 그 구법령은 신법우선新法優先의 원칙에 의해 효력을 상실하게 되는데, 이를 묵시적 폐지라 한다.

이는 신법과 구법이 동일한 순위에 있는 경우에만 적용되고, 신법과 구법이 일반법과 특별법의 관계에 있을 경우는 「일반법은 특별법을 개폐改廢하지 못한다」는 원칙 때문에 적용되지 않는다.

또한 법의 목적이 소멸되면 그 법의 폐지에 대한 특별한 규정이 없더라도 효력을 상실한다. 법이 그 목적을 완전히 달성하였거나, 자연적으로 그 목적이 소멸되면 그 법의 규율대상이 완전히 소멸되기 때문에 따라서 그 법의 효력도 소멸한다.

## 3. 법률불소급의 원칙

### 1) 의 의

법은 그 시행 후의 사항에만 적용되며, 특별한 규정이 없는 한 그 시행 전의 사항에는 적용되지 못한다는 원칙이 법률불소급法律不遡及의 원칙原則이다. 이 원칙은 구법舊法에 의해 발생한 법률관계, 특히 기득권旣得權을 보호하고, 법적 생활의 안정을 기하기 위한 것이다.

### 2) 예 외

사회적 또는 국가적으로 특별히 필요한 경우에는 예외적으로 소급하여 법적 효력을 인정하고 있는데, 이는 법률불소급의 원칙에 대한 예외라고 할 수 있다.

예컨대, 민법부칙 제2조의 「본법은 특별한 규정이 있는 경우에는 본법시행일 전의 사항에 대하여도 이를 적용한다」는 규정과 상법시행법 제2조 제1항의 「상법商法은 특별한 규정이 없으면 상법시행전에 생긴 사항에도 적용한다」는 규정 및 형법 제1조 제2항은

「범죄 후 법률法律의 변경에 의하여 그 행위가 범죄犯罪를 구성하지 아니하거나 형刑이 구법보다 경經한 때에는 신법新法에 의한다」는 규정 등은 소급효를 인정하고 있다. 따라서 이 규정들은 법률불소급의 원칙에 대한 예외규정이라고 할 수 있다.

### 4. 경과규정

구법 하에서 발생한 사항이 신법 하에서 종료된 경우 신법과 구법 중 어느 것을 적용하여야 하느냐 하는 문제가 발생하게 되는데, 이러한 문제는 그 법령의 부칙 또는 시행법령에 특별규정을 두어 해결하는 것이 보통이다. 이를 「경과법」, 「경과규정經過規定」 또는 「시제법時際法」이라고 한다. 예컨대, 민법부칙 제15조는 본법 시행일 전의 임대차계약에 약정기간이 있는 경우에도 그 기간이 본법 시행 당시에 만료하지 아니한 때에는 그 존속기간에는 본법의 규정을 적용한다」고 규정하여 신법과 구법 중 적용할 법을 명확하게 정하고 있다.

## Ⅲ. 인적 효력

### 1. 속인주의와 속지주의

#### 1) 의 의

법을 어떤 사람에게 적용할 것인가에 대한 문제가 법의 인적 효력人的 效力의 문제이다. 법의 인적 효력에 대한 원칙으로는 속인주의屬人主義와 속지주의屬地主義 원칙의 두 가지가 있는데, 속인주의는 국적을 표준으로 하여 거주지와 상관없이 자국自國의 국적을 가진 사람에 대하여 법의 효력이 미친다고 하는 원칙이고, 속지주의는 영토를 표준으로 일정한 영토 내에 있는 모든 사람과 물건에 대하여 국적에 상관없이 법의 효력이 미친다는 원칙을 말한다. 따라서 한국인이 네덜란드 암스테르담의 한 커피숍에서 대마초를 피운 경우 귀국 후 한국 법에 의해 처벌받을 수 있다.

#### 2) 양자의 관계

속인주의와 속지주의는 별개의 원칙으로서 적용상 충돌의 문제로 나타난다. 외국에 거주하는 자국민에 대하여 법을 적용해야 하는 경우에는 자국법을 적용하려는 속인주의와 자국민이 체류하고 있는 국가의 법을 적용하려는 속지주의가 적용에 있어서 저촉된다. 이러한 문제에 대하여 오늘날 국제사회에서 서로의 영역을 존중한다는 차원에서 속지주의를 원칙으로 하고, 보충적으로 속인주의를 적용하는 것이 일반적이다. 이를 「속지주의 우선의 원칙」이라고 한다. 형법 제2조는 「본법은 대한민국영역 내에서 죄를 범한 내국인과 외국인에게 적용한다」고 규정하여 속지주의를 채용하고, 형법 제3조에서는 「본법은 대한민국영역 외에서 죄를 범한 내국인에게 적용한다」고 규정하여 속인주의를 채용하고 있다.

## 2. 인적 효력의 제한

### 1) 치외법권에 의한 경우

외국인이 체류지법의 적용으로부터 면제되고, 본국법에 따르는 국제법상의 특권을 치외법권治外法權이라고 한다. 이와 같은 치외법권에 의해 속지주의 원칙이 제한된다. 국제관례상 이와 같은 치외법권이 인정되는 자者는 외국원수, 외교사절 및 그 가족수행원, 타국의 영해상에 있는 군함의 승무원 등은 체류국의 과세권課稅權, 경찰권警察權, 재판권裁判權 등으로부터 면제된다. 또한 외국에 주둔하는 군대에 관해서는 양국간의 협정에 의하여 치외법권의 인정여부가 결정된다. 예컨대, 우리나라의 승인을 받고 한국 영역 내에 주둔하는 외국 군대나 군함은 치외법권을 누리는데, 주한미군의 경우는 한미행정협정 및 그 시행에 따른 법령 등에 의하여 우리나라의 민사재판권民事裁判權만 면제받을 수 있으며, 형사재판권刑事裁判權은 면제되지 않는다.

### 2) 특수한 신분에 의한 경우

속지주의와 속인주의에 의하면 우리나라의 영토 내에 있는 모든 사람과 외국에 거주하는 우리 국민은 우리 법의 적용을 받는 것이 원칙이다. 그러나 특수한 신분을 가진 대통령과 국회의원은 일정한 경우 헌법에 의해 형사상의 면책특권免責特權이 인정되는데, 이는 속지주의와 속인주의의 원칙이 특수한 신분에 의해 제한되는 경우이다.

대통령은 헌법 제84조에 의해 내란內亂 또는 외환外患의 죄를 범한 경우를 제외하고는 재직 중 형사상의 소추訴追를 받지 아니한다. 그리고 국회의원은 헌법 제44조 제1항에 의해 현행범인 경우를 제외하고는 회기 중 국회의 동의없이 체포逮捕 또는 구금拘禁되지 아니하는 특권을 가진다. 그러나 이는 형사상의 특권이며, 민사상의 책임까지 면제되는 것은 아니다.

### 3) 특별법에 의한 경우

법은 아무런 제한 없이 속지주의와 속인주의에 의해 모든 국민에게 평등하게 적용되어야 하는 것이 원칙이다. 그러나 국가공무원법은 국가공무원에게만, 군형법은 군인에게만, 선원법은 선원에게만 적용되도록 규정하고 있다. 이와 같이 특별법에 의해 그 효력의 범위가 제한되는 경우가 있다.

# Ⅳ. 장소적 효력

## 1. 원 칙

법의 장소적 효력은 법이 적용되는 지역적 범위에 관한 문제로서, 한 국가의 법은 그 국가의 모든 영역, 즉 영토, 영해, 영공 등에 일률적으로 미치는 것이 원칙이다. 따라서 이러한 영역 내에서는 국적에 상관없이 그 국내법의 적용을 받게 된다.

## 2. 예 외

### 1) 특별법에 의한 제한

한 국가의 법은 그 국가의 모든 영역에 적용되는 것이 원칙이지만, 장소에 관한 특별법으로서 일정한 지역에서만 적용되는 경우가 있다. 즉, 도시계획법都市計劃法 및 지방자치단체의 자치법규는 일정지역에 대해서만 그 효력이 미친다. 따라서 이러한 경우는 특별법에 의해 법의 장소적 효력이 제한되는 경우이다.

### 2) 영토의 연장

자국의 군함, 선박, 항공기가 공해 또는 타국의 영토 내에 있을 때는 그를 소유국의 영토의 연장으로 간주하므로 그 군함, 선박, 항공기 내에서 발생한 문제에 대해서는 외국인에 대하여도 그 군함, 선박, 항공기 등의 소유국의 법이 적용된다. 따라서 우리 형법도 제4조에서 이를 명문으로 규정하고 있다.

## 제4절 시효제도

### Ⅰ. 의 의

어떤 사실이 일정기간, 즉 시효기간時效期間동안 계속되면 그 내용의 진실성 여부에 상관없이 그 사실의 내용과 동일한 법적 효력을 인정하는 제도를 시효제도時效制度라고 하는데, 시효는 취득시효와 소멸시효가 있다.

### Ⅱ. 취득시효

어떤 사실이 일정기간, 즉 취득시효기간(권리의 종류에 따라 법률이 별도로 정함) 동안 계속되면 그 사실의 진실여부와는 상관없이 그 일정한 상태를 인정하여 일정한 권리를 취득케 하는 법적 효과를 인정해 주는 것을 취득시효取得時效라고 한다.

예컨대, 타인의 소유인 부동산을 공연·평온하게 다툼 없이 소유의 의사로 20년 간 점유하고 등기하면 그 점유자는 점유로 인해 그 부동산의 소유권자로 인정된다. 이를 부동산의 점유취득이라 한다. 즉, 점유자가 20년 동안 그 부동산을 계속해서 점유하고 있다는 사실이 진실(진정한 소유)에 맞지는 않지만 법률관계의 명확한 확정을 위해 그 점유자를 그 부동산에 대한 소유권자로 인정해 주고자 하는 것이다.

부동산의 점유자가 취득시효에 의해 소유권을 취득하기 위해서는 시효기간 동안 그 권리에 관한 다툼이 없고, 그 부동산에 대하여 소유하고자 하는 의사, 즉 자주점유自主占有가 인정되어야 한다.

**판 례**

*** 상속과 자주점유** 【대판 2004. 9. 24. 2004다27273】

상속에 의하여 점유권을 취득한 경우에는 상속인이 새로운 권원에 의하여 자기 고유의 점유를 시작하지 않는 한 피상속인의 점유를 떠나 자기만의 점유를 주장할 수 없고, 선대의 점유가 타주점유인 경우 선대로부터 상속에 의하여 점유를 승계한 자의 점유도 그 성질 내지 태양을 달리하는 것이 아니어서 특단의 사정이 없는 한 그 점유가 자주점유로 될 수 없고, 그 점유가 자주점유가 되기 위하여는 점유자가 소유자에 대하여 소유의 의사가 있는 것을 표시하거나 새로운 권원에 의하여 다시 소유의 의사로써 점유를 시작하여야 한다.

따라서 甲이 乙에게 농지를 매매하여 乙의 명의로 소유권이전등기를 완료한 후 甲이 계속 그 농지를 경작하다가 사망하여 甲의 아들 丙이 그 농지를 계속 경작해 온 경우는 甲의 점유는 乙의 명의로 소유권이전등기가 완료된 후부터 타주점유로 변경되었으며 丙의 점유 또한 특별한 사유가 없는 한 타주점유가 되어 丙은 이 토지의 소유권을 취득할 수 없게 된다.

그러나 丙이 경작을 시작하면서 등기부상 소유자인 乙에게 소유권주장을 하든가 별도의 계약이나 법률요건이 있는 경우는 丙이 자주점유를 주장할 수 있다.

▶ 관련법규 : 민법 제197조 제1항, 제245조 제1항

**＊ 자주점유에 대한 입증책임** 【대판 2002. 3. 15. 2001다77352, 77369】

민법 제197조 제1항에 의하면, 물건의 점유자는 소유의 의사로 점유한 것으로 추정되므로 점유자가 취득시효를 주장하는 경우에 있어서 스스로 소유의 의사를 입증할 책임은 없고, 오히려 그 점유자의 점유가 소유의 의사가 없는 점유임을 주장하여 점유자의 취득시효의 성립을 부정하는 자에게 그 입증책임이 있는 것이고, 따라서 점유자가 성질상 소유의 의사가 없는 것으로 보이는 권원에 바탕을 두고 점유를 취득한 사실이 증명되었거나, 점유자가 타인의 소유권을 배제하여 자기의 소유물처럼 배타적 지배를 행사하는 의사를 가지고 점유하는 것으로 볼 수 없는 객관적 사정, 즉 외형적 · 객관적으로 보아 점유자가 타인의 소유권을 배척하고 점유할 의사를 갖고 있지 아니하였던 것이라고 볼 만한 사정이 증명된 경우에 그 추정이 깨어진다.

▶ 관련법규 : 민법 제197조 제1항, 제245조 제1항 등

**＊ 착오로 인한 자주점유** 【대판 2001. 5. 29. 2001다5913】

처음 점유를 시작할 당시에 자신의 토지에 인접한 타인 소유의 토지를 자기 토지의 일부로 알고서 이를 점유하게 된 자는 나중에 그 토지가 자신 소유의 토지가 아니라는 사실을 알게 되었다고 하더라도 그러한 사정만으로 그 점유가 타주점유로 전환되는 것은 아니다.

▶ 관련법규 : 민법 제197조 제1항, 제245조 제1항

**＊ 부동산 소유권의 점유취득과 자주점유** 【대판 1996. 1. 26. 95다863】

매매의 목적물인 건물이 타인의 소유인 토지 위에 무단 건립된 사실을 알고 있으면서도 그 토지를 건물의 부지로 점유 사용해 왔다면 소유자와 동일한 지배를 사실상 행사하려는 의사인 소유의 의사가 인정되므로 자주점유에 의한 소유권취득이 인정된다.

▶ 관련법규 : 민법 제245조

# Ⅲ. 소멸시효

소멸시효消滅時效란 어떠한 사실이 계속되면 그 사실의 진실여부와 관계없이 일정한 권리나 의무를 소멸시키는 법적 효력을 인정하는 것을 말한다. 권리의 종류에 따라 각각 다음과 같은 소멸시효가 법으로 규정되어 있다.

## 1. 일반적인 채권의 소멸시효

민법상의 일반적인 채권債權의 소멸시효는 10년에 걸린다(민법 제162조 제1항). 따라서 일반적인 친구 사이의 금전소비대차나 매매계약으로 인해 발생한 채권은 계속해서 10년 동안 행사하지 않으면 소멸한다.

## 2. 특수한 소멸시효

### 1) 상사채권

일반적인 상거래관계로부터 발생한 상사채권은 계속해서 5년간 행사하지 않으면 소

멸시효에 걸린다(상법 제64조). 따라서 상인인 은행의 대출채권을 계속하여 5년간 행사하지 아니하면 그 후에는 채무자가 스스로 갚지 않는 한 강제적인 법절차를 통해서 그 대출금을 받을 수는 없게 된다. 그러나 상품판매채권 및 제조물납품대금채권은 상사채권에 해당하지만 특별히 3년의 단기시효에 걸린다.

### 2) 1년의 단기시효

숙박비, 음식비, 대석료, 입장료, 연예인의 임금, 교육비, 보험료, 운송비, 창고업자의 보관료 등의 채권에 대한 소멸시효는 단기 1년에 걸린다(민법 제164조, 상법 제121조 · 제167조).

따라서 음식물을 외상으로 제공한 경우, 1년 동안 계속해서 그 외상값의 지급을 청구하지 않으면 법적 보호를 받을 수 없어 외상으로 음식을 먹은 채무자가 스스로 음식비를 지급하기 전에는 받을 수 없게 된다.

### 3) 2년의 단기시효

보험금, 보험료 및 적립금의 반환청구권은 2년의 소멸시효에 걸린다(상법 제662조).

예컨대, 부인이 남편을 피보험자로 하여 암보험계약을 체결한 남편이 암으로 사망하면 그 부인은 보험회사를 상대로 보험금의 지급을 청구할 수 있는데, 남편의 사망에 너무나 큰 충격을 받아 남편의 사망 후 2년 동안 외출을 하지 않아 보험금을 청구하지 않는 경우에는 그 보험금을 받을 수 없게 된다.

### 4) 3년의 단기시효

불법행위로 인한 손해배상, 이자, 부양료, 급료, 공사대금, 생산자나 상인의 생산품 또는 상품의 판매대금 등의 청구권이나 의사, 변호사, 간호사, 변리사, 공증인, 법무사 등의 직무 및 근로에 관한 채권은 계속해서 3년 간 행사하지 않으면 소멸시효가 완성한다(민법 제163조).

따라서 자동차사고로 인한 손해배상을 3년 간 청구하지 않으면 소멸시효 완성으로 그 손해배상을 청구할 수 없게 된다. 그러나 뺑소니차량에 의해 사고를 당한 경우는 가해자를 알 수 없는 경우에 해당되어 사고 발생일로부터 10년 이내에 손해배상을 청구하면 된다.

**판 례**

*** 시효기간의 기산점** 【대판 2005. 9. 15. 2005다29474】

甲이 乙의 강박에 의하여 (가), (나), (다), (라), (마) 등 5필지를 乙에게 증여한다는 취지의 계약을 체결하고, 이에 기초하여 乙에게로 소유권이전등기가 마쳐진 후 각 토지는 타인에게 소유권이전등기가 순차 경료된 후 甲이 각 토지의 최종 등기명의인을 상대로 진정명의회복을 원인으로 한 소유권이전등기청구소송을 제기하였다가 그 등기명의인이 각 토지를 등기부 시효취득하였다는 이유로 패소판결을 선고받고 그 판결이 확정된 다음, 甲의 증여 의사표시 취소에 따른 乙의 소유권이전등기 말소등기의무는 위 이전등기청구 사건에서 원고의 소유권이전등기청구를 기각하는 판결이 선고되어 확정됨으로써 이행불능이 되었으므로, 그로 인한 손해배상청구권은 위 이전등기청구 사건에서 甲의 패소판결 확정시에 발생하여 그 때로부터 소멸시효가 진행한다고 할 것인데, 甲은 2005. 4. 18.자 청구원인변경신청서에 이르러서야 비로소 위 손해배상청구권을 주장하여 행사하였다. 따라서 (가), (나), (다)토지에 관하여는 그에 관한 甲의 패소판결이 확정된 2000. 6. 20.로부터 아직 소멸시효기간이 경과하지 않았으나, (라)토지에 관하여는 그에 관한 甲의 패소판결이 확정된 1998. 12. 15.로부터 예산회계법 제96조에 정한 소멸시효기간 5년이 이미 경과한 후에 손해배상청구권을 행사하였음이 명백하여 이 부분 손해배상청구권은 시효소멸하였다.

따라서 소유권이전등기 말소의무의 이행불능으로 인한 甲의 손해액은 위 이전등기청구 사건에서 甲의 패소판결이 확정된 2000. 6. 20. 당시의 이 사건 (가), (나), (다)토지에 대한 시가 상당액이므로, 乙은 甲에게 이에 따라 산정한 그 판시의 손해액을 배상할 의무가 있다.

▶ 관련법규 : 민법 제186조, 제245조 제2항, 제390조 등

*** 마을금고 대여금의 소멸시효** 【대판 1998. 7. 10. 98다10793】

새마을금고가 상인인 회원에게 자금을 대출한 경우, 상인의 행위는 특별한 사정이 없는 한 영업을 위하여 하는 것으로 추정되므로 그 대출금채권은 상사채권으로서 5년의 소멸시효기간이 적용된다.

▶ 관련법규 : 상법 제3조, 제47조, 제64조 등

*** 위탁매매계약으로 인한 채권의 소멸시효** 【대판 1996. 1. 23. 95다39854】

위탁매매계약으로 인해 발생한 위탁자의 위탁매매인에 대한 이득상환청구권이나 이행담보책임의 이행청구권은 상인의 상품판매대금채권의 소멸시효인 3년이 아니라 일반상사채권의 소멸시효인 5년에 해당한다.

▶ 관련법규 : 민법 제163조, 상법 제64조, 제105조 등

### 5) 20년의 장기시효

채권과 소유권을 제외한 재산권은 20년의 소멸시효에 걸린다(민법 제162조 제2항). 즉, 채권은 위와 같은 시효에 걸리고 소유권은 그 성질상 시효에 걸리지 아니한다. 그러나 지상권이나 지역권과 같은 재산권은 20년간 계속해서 사용하지 않으면 시효완성으로 소멸한다.

## 3. 소멸시효의 중단사유

소멸시효는 권리자가 자신의 권리를 행사할 수 있음에도 불구하고 일정기간동안 계속해서 한 번도 행사하지 않는 경우에 완성된다. 따라서 권리자가 권리를 행사하거나 소송을 제기하거나 채무자가 채무의 존재사실을 인정하는 경우는 소멸시효가 중단된다. 예컨대, 외상으로 음식을 먹은 경우 음식점주인이 채무자에게 음식을 먹은 후 1년

이 지나도록 한 번도 외상값을 달라고 청구하지 않는 경우는 외상으로 음식을 먹은 날로부터 1년이 되는 날 밤 24시에 시효가 완성된다. 그러나 음식점주인이 시효완성 전에 외상값을 달라고 한번이라도 채무자에게 청구를 한 경우는 그 청구한 날로부터 시효기간은 다시 진행된다. 따라서 소멸시효제도의 근본적인 취지는 권리위에 잠자는 자를 보호하지 않는다는 것이며, 권리를 행사하는 자에 대해서는 계속해서 법적으로 보호하고 있다.

## 판 례

*** 소멸시효의 중단사유** 【대판 2005. 11. 10. 2005다41818】

채권양도는 구 채권자인 양도인과 신 채권자인 양수인 사이에 채권을 그 동일성을 유지하면서 전자로부터 후자에게로 이전시킬 것을 목적으로 하는 계약이고, 채권양도에 의하여 채권은 그 동일성을 잃지 않고 양도인으로부터 양수인에게 이전되며, 이러한 법리는 채권양도의 대항요건을 갖추지 못하였다고 하더라도 마찬가지인 점, 민법 제149조의 "조건의 성취가 미정한 권리의무는 일반규정에 의하여 처분, 상속, 보존 또는 담보로 할 수 있다"는 규정은 대항요건을 갖추지 못하여 채무자에게 대항하지 못한다고 하더라도 채권양도에 의하여 채권을 이전받은 양수인의 경우에도 그대로 준용될 수 있는 점, 채무자를 상대로 재판상의 청구를 한 채권의 양수인을 '권리 위에 잠자는 자'라고 할 수 없는 점 등에 비추어 보면, 비록 대항요건을 갖추지 못하여 채무자에게 대항하지 못한다고 하더라도 채권의 양수인이 채무자를 상대로 재판상의 청구를 하였다면 이는 소멸시효 중단사유인 재판상의 청구에 해당한다.

▶ 관련법규 : 민법 제168조, 450조 등

*** 채무의 승인과 소멸시효중단** 【대판 2001. 2. 23. 2000다65864】

채무자가 수건의 대출금 채무 중 변제되지 않고 있는 모든 채무를 변제한다는 의사로 채권자에게 잔존 채무를 정산해 달라고 하였는데, 채권자의 실수로 일부의 채무를 제외한 나머지 대출금 채무만이 남아 있는 것처럼 정산하여 채무자가 위 나머지 채무가 남아 있는 전채무인 것으로 알고 이를 변제한 경우, 채무자로서는 채권자가 제외된 채무까지 포함하여 정산하고 이를 잔존 채무로 제시하였다 하더라도 당연히 변제하였을 것이므로, 채무자의 행위는 정산된 채무만이 전채무이고 그 이상의 채무는 존재하지 아니 한다는 인식을 표시하거나 특정채무를 지정하여 그 일부의 변제를 한 것이 아니라, 당시 자신이 부담하고 있던 모든 채무를 그대로 인정한다는 관념을 표시한 것으로 보아야 한다.

▶ 관련법규 : 민법 제168조 제3호, 제177조 등

*** 소멸시효의 중단** 【대판 2005. 4. 28. 2005다3113】

소멸시효는 객관적으로 권리가 발생하여 그 권리를 행사할 수 있는 때로부터 진행하고 그 권리를 행사할 수 없는 동안만은 진행하지 않는바, '권리를 행사할 수 없는' 경우라 함은 그 권리행사에 법률상의 장애사유, 예컨대 기간의 미도래나 조건불성취 등이 있는 경우를 말하는 것이고, 사실상 권리의 존재나 권리행사 가능성을 알지 못하였고 알지 못함에 과실이 없다고 하여도 이러한 사유는 법률상 장애사유에 해당하지 않는다.

▶ 관련법규 : 민법 제166조

# | 제8장 | 법의 해석과 적용

## 제1절 법의 해석

### Ⅰ. 의 의

실정법은 복잡다양한 사회생활관계를 일정한 형식에 의해 일반적 · 추상적으로 표현한 것이기 때문에 그 내용은 매우 함축적이다. 따라서 구체적인 사실에 대하여 법을 적용 또는 집행하기 위해서는 일반적 · 추상적인 법규범의 내용과 의미를 명확히 밝혀야 하는데, 이를 법의 해석解釋이라고 한다.

법의 해석은 단순히 법규범의 문법적 해석에 그치는 것이 아니라 구체적인 현실에 대하여 합리적으로 적용할 수 있도록 해석되어야 한다. 따라서 일반적 · 추상적인 법을 구체적인 사회현상에 체계적으로 적용시킴으로써 법은 그 기능을 다할 수 있게 된다. 또한 시대적 상황에 따라 변천하는 법사상에 의해 법의 해석은 많은 영향을 받게 된다.

### Ⅱ. 방 법

#### 1. 유권해석

유권해석有權解釋(authentic interpretation)은 일정한 권한權限을 가진 국가기관에 의해 공적으로 법의 의미를 명백히 밝히는 작용을 말한다. 이는 국가기관에 의해 공적으로 해석되기 때문에 일정한 구속력을 가지며, 해석의 주체인 국가기관에 따라 입법해석, 행정해석, 사법해석 등으로 구분된다. 따라서 이와 같은 해석방법을 「공권해석公權解釋」이라고도 한다.

##### 1) 입법해석

입법해석立法解釋(legislative interpretation)은 일정한 법규의 내용을 명백히 밝히기 위해 입법기관이 새로운 법을 제정하는 것으로서, 입법부의 입법작용으로 나타난다. 입법해석은 동일한 법규의 내용 중에 해석규정으로 표현하는 것이 일반적이지만, 그 부속법령에 새로운 규정을 두는 경우도 있다. 즉, 민법 제768조에서 「자기의 직계존속과 직계비속을 직계혈족이라 하고, 자기의 형제자매와 형제자매의 직계비속, 직계존속의 형제자매 및 그 형제자매의 직계비속을 방계혈족이라 한다」고 규정한 것은 전자의 경우라고 할 수 있고, 수표법 부칙 제66조에서 「본법에서 휴일이라 함은 국경일, 공휴일, 일요일 기타의 일반휴일을 이른다」고 규정한 것은 후자의 경우라고 할 수 있다.

### 2) 행정해석

행정해석行政解釋(administrative interpretation)은 법의 집행기관인 행정부가 법의 집행을 위해 법규의 의미를 명확히 밝히는 것으로서, 행정작용의 형태로 나타난다. 이와 같은 행정해석은 일정한 행정기관이 직접 법을 해석 · 집행하는 경우도 있고, 상급관청의 회답, 훈령, 지시, 지령 등과 같은 형태로 해석되는 경우도 있다. 예컨대, 서울시가 뉴타운 등 재정비촉진지구 예정지에서의 토지거래허가제를 조기에 실시할 수 있는지 여부에 대하여 건설교통부에 질의한 내용에 대하여 건설교통부가 회답으로 「조기실시가 가능하다(2006. 8. 8)」고 유권해석 한 경우는 행정해석에 해당한다.

행정해석이 사법해석, 즉 법원法院의 행정소송에 의해 취소되는 경우가 있다. 따라서 행정해석은 사법해석에 비하여 하위에 있다고 할 수 있다. 예컨대, 일정한 행정처분이 행정소송의 대상이 되어 법원의 재판에 의해 취소되는 경우 그 행정처분은 구속력을 가지지 못하게 된다.

### 3) 사법해석

사법해석司法解釋(judicial interpretation)은 사법기관인 법원이 일정한 사실에 대하여 法을 적용하는 사법작용으로 나타난다. 즉, 법원이 재판을 통해 일정한 사실과 법규의 내용이 일치함을 확인하는 해석방법이다. 상급법원의 판결인 법의 해석은 하급법원을 구속하는 효력이 있다.

## 2. 학리해석

학리해석學理解釋(doctrinal interpretation)은 이론적 방법으로 법규의 내용을 밝히는 것으로서 주로 학문적 목적으로 이용된다. 이는 사적 주체에 의한 해석이므로 직접적인 구속력은 가지지 않지만, 학리해석은 간접적으로 입법 · 사법 · 행정해석에 많은 영향을 미치게 된다. 학리해석은 직접적인 구속력이 없다는 점에서 「무권해석無權解釋」이라고도 하는데, 이는 문리해석과 논리해석으로 구분된다.

### 1) 문리해석

문리해석文理解釋(grammatical interpretation)은 법규의 의미를 문법적 방법으로 밝히는 1차적 해석방법이다. 따라서 이는 모든 해석의 기초가 된다. 그러나 일반적·추상적인 법규의 내용과 의미를 문리해석만으로 명확히 밝히는 것은 무리이므로 불완전한 해석방법이다.

### 2) 논리해석

논리해석論理解釋(logical interprettion)은 법규의 내용과 의미를 문법적인 해석뿐만 아니라 입법취지, 다른 법규와의 관계, 객관적 타당성, 효과 등을 고려하여 합리적으로 법규의 내용과 의미를 밝히는 방법이다. 일반적으로 사용하는 법의 해석은 논리해석을 지칭하는 경우가 대부분이다. 이와 같은 논리해석은 구체적인 해석방법에 따라 다음과 같이 여러 가지로 구분된다.

#### (1) 확장해석

확장해석擴張解釋(ausdehnende Auslegung)은 법규의 내용을 이루고 있는 문구의 본래의 의미보다 넓게 해석함으로써 그 법규의 합리적 타당성을 확보하려는 해석방법이다. 법규의 문구는 함축적이고 전문적인 용어로 규정되는 것이 일반적이기 때문에 그 문구의 본래의 의미로만 해석할 경우 그 법규의 입법취지에 어긋나거나 불합리하게 해석될 우려가 있는 경우는 그 문구의 본래의 의미보다 넓게 해석하여 합리적으로 그 법규의 내용과 의미를 밝히는 것이 타당하다.

#### (2) 축소해석

축소해석縮小解釋(restricktive interpretation)은 확장해석의 반대로서 법문의 본래의 의미보다 좁게 축소시켜 해석하는 방법이다. 이는 일정한 법의 입법취지에 따라 그 적용범위를 축소시켜 법규의 의미를 밝힘으로써 합리적인 법의 적용을 가능케 하는 해석방법이다. 왜냐하면 법문의 의미대로 해석하는 경우 그 법의 입법취지와 달리 부당하게 그 법이 적용될 수 있기 때문이다.

### (3) 반대해석

반대해석反對解釋(argumentum a contrario)은 법문에 표시되지 아니한 내용에 대해서는 그 法의 입법취지에 비추어 법문에 명시된 법률효과의 반대되는 효과로 해석하는 방법이다. 예컨대, 민법 제4조에서 「만 20세로 성년成年이 된다」고 규정하고 있기 때문에 만20세가 되지 아니하면 성년의 법적 효과가 발생하지 않는다는 반대해석이 가능하다.

### (4) 물론해석

물론해석勿論解釋은 법문의 내용에 명시되지 아니한 사항이라도 사물의 본성이나 입법취지로 보아 당연히 그 규정에 포함되는 것으로 해석하는 방법이다. 이 해석방법은 반대해석과 마찬가지로 포괄적인 사회현상을 함축적인 문장으로 표현해야 하는 입법기술에 의해 표현된 법규를 합리적으로 해석하기 위한 방법이라고 할 수 있다.

### (5) 연혁해석

연혁해석沿革解釋이란 법의 성립배경을 고찰함으로써 그 법의 의미를 명확히 하려는 해석방법을 말한다. 이는 일반적으로 법안法案의 이유서, 제안자의 의견, 의사록, 입법정책상의 이유 등의 자료를 참작하여 그 법의 정확한 의미를 찾는 형태로 나타난다.

### (6) 보정해석

보정해석補正解釋은 법규의 문자나 문장을 문리해석에 의해 그 의미를 밝히게 되면 그 법의 입법목적과 명백하게 배치되는 경우, 그 법의 진정한 의미를 입법목적과 논리에 맞게 밝히기 위해 법의法意에 맞게 내용을 보충하여 바르게 해석하려는 방법이다. 이는 「변경해석」 또는 「보충해석」이라고도 하며, 자칫 법적 안정성을 해칠 수 있는 우려가 있으므로 그 해석에 있어서 엄격성이 요구된다. 예컨대, 민법 제7조는 「법정대리인은 미성년자가 아직 법률행위를 하기 전에는 전2조의 동의와 허락을 취소할 수 있다」고 규정하고 있는데, 여기서 「취소」는 법의상 「철회」로 해석하는 것이 타당할 것이다.

### (7) 유추해석

유추해석類推解釋(analogy, Analogie)은 일정한 사항에 대하여 적용할 법규가 흠결인 경우 그 사항과 유사한 사항에 대하여 규정한 법규를 적용하여 동일한 법적 효과를 인정하려는 해석방법이다. 예컨대, 컴퓨터 범죄에 대하여 적용할 직접적인 법규가 없는 경우 형법 제225조 이하에서 규정하고 있는 문서에 관한 죄를 유추 적용하는 경우가 이에 해당한다고 할 수 있다.

유추해석은 확장해석 및 법규의 준용과 구별하여야 한다. 유추해석은 법규의 흠결을 보충하는 해석방법인 데 반해, 확장해석은 법문을 토대로 그 범위를 확장시켜 그 법규의 진정한 의미를 밝히려는 것이고, 법규의 준용은 동일한 내용이 반복되어 법규의 내용으로 규정되어야 하는 경우 편의상 뒤의 법규에서는 앞에서 규정되어 반복되는 내용을 생략하는 방법이다.

# 제2절 법의 적용

## Ⅰ. 개 념

### 1. 의 의

법의 적용適用이란 사회생활에서 발생하는 구체적인 사실이 일정한 법규의 내용과 일치하는지 여부를 판단하는 과정으로서, 이는 법원에 의한 재판의 형태로 나타난다. 법은 그 성질상 일반적, 추상적으로 규정되기 때문에 그 법의 정확한 해석을 통해 확정된 구체적 사실에 대하여 법적 가치판단을 실행하는 것은 매우 중요하다.

### 2. 법적용의 단계

법원法院의 재판, 즉 법의 적용은 단계적으로 이루어지는 것이 일반적인데, 이는 구체적 사건의 내용을 확정하는 사실문제의 단계와 그 사건에 관한 법규의 의미나 내용을 확정하는 법률문제의 단계를 거쳐 법적 판단을 내리는 법의 적용이 실현된다.

## Ⅱ. 사실의 확정

### 1. 원 칙

법을 적용하기 위해서는 일정한 사실이 존재하여야 한다. 따라서 일정한 사실의 존재 여부나 존재형태를 정확하게 판단하는 것은 매우 중요한 일이다. 형사소송법은 제307조에서 증거재판주의證據裁判主義를 규정하고 있는데, 이는 사실의 확정에 대한 원칙을 정한 것이다. 즉, 사실의 존재여부나 그 형태의 명확한 판단은 증거에 의해야 한다는 것이다. 여기서 말하는 사실이란 법률요건에 해당하는 사실로서 법적으로 중요한 사실을 말한다.

일정한 사실의 존재여부나 그 형태를 명확히 밝히기 위해 증거를 제시하는 것을 입증이라 하는데, 일반적으로 입증책임은 그 사실을 주장하는 자의 부담으로 하고 있다. 증거는 사실을 확정하기 위한 모든 인적 · 물적 자료를 말한다.

## 2. 예 외

세상사는 매우 복잡 · 다양하기 때문에 경우에 따라서는 일정한 사실이 존재하는 것은 분명하나 그에 대한 입증이 곤란하거나 불가능한 경우가 있다. 이러한 경우 증거재판주의원칙에만 의존하게 되면 사회적으로 오히려 부당한 경우가 된다. 따라서 법적 생활의 안정성을 위하여 추정과 간주(의제)의 제도를 인정하고 있다.

### 1) 추 정

추정推定이란 일정한 사실에 대한 입증이 곤란하거나 불가능한 경우 주변상황으로 일정한 사실을 가정하고 그에 대한 법적 효과를 인정하는 것이다. 그러나 추정에 의해 인정된 사실은 반증에 의해 번복될 수 있다.

예컨대, 처가 혼인 중에 임신한 자녀는 그 남편의 자녀로서의 법적 효과를 가진다(민법 제844조 제1항). 그러나 그 자녀가 남편의 자녀가 아님을 입증하면(민법 제846조) 그 자녀는 남편의 자녀로서의 법적 효력을 상실한다.

### 2) 간 주

간주看做란 공익 또는 정책적 목적을 위해 사실의 진실여부와는 상관없이 일정한 사실을 인정하고 반증에 의해서도 번복될 수 없는 강력한 효력을 인정하는 방법으로서 「의제擬制」라고도 한다. 그러나 간주에 의해 인정된 사실이라 하더라도 반증에 의해 번복되는 경우가 있다. 실종선고에 의해 사망으로 처리된 자가 살아서 돌아오면 실종선고에 의한 사망은 번복된다. 이는 일반적으로 「~로 간주한다」 또는 「~로 본다」로 표현되고 있다. 민법 제28조는 실종선고失踪宣告를 받은 자는 … 사망한 것으로 본다」고 규정하고, 형법 제60조는 「형의 선고유예를 받은 날로부터 2년을 경과한 때에는 면소免訴된 것으로 간주한다」고 규정하고 있다.

## Ⅲ. 법의 발견

### 1. 의 의

일정한 사실에 대하여 적용할 법을 찾아내는 것을 「법의 발견」 또는 「법의 검색」이라고 한다. 이는 사실의 확정에 후속되는 법적용의 단계로서 정확한 법의 발견을 위해서는 그 법의 의미와 내용을 명백히 할 필요가 있는데 이를 법의 해석이라고 한다.

### 2. 법의 흠결

법의 적용을 위해 일정한 사실이 확정되었으나 그에 적용할 법이 존재하지 않는 경우를 법의 흠결이라 한다. 이는 국제사법상 외국법을 적용해야 할 경우나 사회의 변화에 따른 신속한 입법이 따르지 못하는 경우에 발생한다.

재판의 전제가 된 사실에 대하여 법의 결함이 발생한 경우 법의 유추적용이나 조리에 의할 수밖에 없는데, 죄형법정주의罪刑法定主義를 채택하고 있는 경우 형사재판에서는 이러한 유추적용이나 조리에 의한 형사재판이 인정되지 않는 것이 원칙이어서 문제가 된다.

## Ⅳ. 재판과정

### 1. 항 소

#### 1) 의 의

지방법원의 제1심 종국판결의 내용이 만족스럽지 못한 소송당사자가 그에 대하여 승복할 수 없어 그에 대하여 상급심법원의 재판을 구하는 불복신청을 「항소抗訴」라 한다(민소법 제390조).

#### 2) 항소할 수 없는 경우

항소권을 포기하였거나 항소권이 소멸한 경우의 항소, 1심 종국판결의 선고 전의 항소, 전부승소판결을 받은 당사자의 항소, 항소하지 않기로 당사자 간에 합의한 경우 등은 항소할 수 없는 경우로서 이러한 경우는 항소하더라도 결국 각하를 당하게 된다.

### 3) 기 간

항소는 판결문을 송달받은 날로부터 2주일 내에 제기하여야 하며, 이 기간은 제1심 판결문이 송달된 다음 날부터 기산하여 2주째 되는 말일에 만료되는데 말일이 공휴일에 해당하는 경우는 그 익일에 만료된다.

또한 당사자는 선고일에 판결의 내용을 미리 확인할 수 있기 때문에 판결문을 송달받기 전에도 항소를 제기할 수 있다(민소법 제396조 제1항).

그러나 당사자가 책임질 수 없는 사유로 항소기간을 준수하지 못한 경우에는 그 사유가 소멸된 날로부터 2주 이내에 소송행위의 추후 보완이 가능하며, 그 사유가 소멸할 당시 당사자가 외국에 있었던 경우는 30일 이내에 보완하면 된다(민소법 제173조).

여기서 「당사자가 책임질 수 없는 사유」란 당사자가 그 소송행위를 하기 위하여 일반적으로 하여야 할 주의의무를 다하였음에도 불구하고 그 기간을 준수할 수 없었던 사유를 말한다. 따라서 주소변경신고를 하지 않아 항소장부본 및 원심판결정본이 공시송달의 방법으로 송달된 경우는 당사자가 책임질 수 없는 사유로 상고기간을 준수할 수 없었던 경우에 해당하지 않는다(대판 2004. 3. 12. 2004다2083).

### 4) 항소장의 작성

항소장은 제1심판결에 불복하는 경우 그 사건에 대한 새로운 판결을 구하기 위해 상급법원의 재판을 청구하는 신청서로서 다음과 같은 사항을 주의하여 작성하여야 한다.

항소심의 당사자는 항소를 제기하는 자가 항소인이 되고, 상대방은 피항소인이 된다.

원판결의 표시에는 제1심판결문에 기재된 판결주문을 기재하고, 그 판결정본을 법원으로부터 송달받은 날짜를 기재한다. 판결문을 송달받은 날로부터 2주가 지나면 항소를 제기할 수 없기 때문이다.

항소취지는 항소심 재판에서 항소인이 기대하는 판결의 결론 부분이다.

항소이유에는 일단 추후에 제출하겠다고 기재하고 자세한 이유는 나중에 제출하면 된다. 제1심판결문을 받고 항소기간인 2주 내에 항소를 제기해야 되기 때문에 항소를 제기하게 된 자세한 이유는 항소장을 제출한 뒤 천천히 시간을 갖고 별도로 작성하여 변론기일 전에 제출하면 된다.

항소법원은 제1심판결을 선고한 법원의 바로 상급법원이 된다. 그러나 항소장은 제1심법원에 제출하면 제1심법원에서 소송관련 서류 및 증거물과 함께 항소법원으로 송부한다.

## 항소장

### 항 소 장

원 고(피항소인) ○ ○ ○

서울특별시 ○○구 ○○동 ○○○번지

피 고(항소인) ○ ○ ○

서울특별시 ○○구 ○○동 ○○번지

손해배상청구 항소사건

위 당사자 간 서울민사지방법원 서부지원 ○○가합○○○○ 손해배상 청구사건에 관하여 위 법원이 2006. 1. 17. 선고한 판결에 대하여 전부 불복이므로 이와 같이 항소를 제기합니다.

원판결의 표시

판결주문의 표시

(피고는 위 판결정본을 2006. 2. 7. 송달받았습니다.)

항소취지

1. 원판결을 취소한다.
2. 원고의 청구를 기각한다.
3. 소송 총비용은 원고의 부담으로 한다.

라는 판결을 구합니다.

항소이유

추후 제출하겠습니다.

첨부서류

1. 항소장 부본 1통

2006. 2. 10.

항소인(피고) 박 동 팔 ㊞

서울고등법원 귀중

## 2. 상 고

### 1) 의 의

상고上告란 제2심인 항소심판결의 내용에 불복하는 경우 항소심법원의 상급법원에 재판을 신청하는 것으로 항소심의 판결문을 송달받은 날로부터 2주 이내에 제1심의 소장에 첨부한 인지의 2배에 해당하는 수입인지를 첨부하여 항소심법원에 상고장을 제출하면 된다.

예컨대, 서울중앙지방법원에서 제1심판결을 받았으나 그 판결의 내용에 승복할 수 없는 경우는 서울고등법원에 항소를 제기하고, 서울고등법원의 판결에 승복할 수 없으면 대법원에 상고를 하여야 한다. 이때 항소장은 서울중앙지방법원에 제출하고 상고장은 서울고등법원에 제출하여야 한다.

### 2) 상고이유서

#### (1) 제출기간

상고장에 상고의 이유를 기재하지 아니한 때에는 소송기록 접수의 통지를 받은 날로부터 20일 이내에 상고이유서를 제출하여야 한다(민소법 제427조).

상고장에 상고이유를 기재하거나 이미 상고이유서를 제출한 경우라도 상고이유서의 제출기간 이내에는 새로운 상고이유서를 제출할 수 있다. 그러나 이 기간을 경과한 후에 상고이유서를 제출한 때에는 기간 내에 제출한 이유서에서 주장한 사항을 보충하는 의미로만 인정되고, 새로운 주장에 대해서는 상고이유로 인정되지 않기 때문에 심리·판단하지 않는다. 부대상고를 제기할 수 있는 시한은 항소심에서의 변론종결시에 대응하는 상고이유서 제출기간 만료시까지로 법원은 인정하고 있다(대판 2001. 3. 23. 2000다30165).

### (2) 제출하지 않는 경우의 효과

상고인이 상고장에 상고이유를 기재하지 않거나 상고기록 접수통지서의 송달을 받은 날로부터 20일 이내에 상고이유서를 제출하지 아니하면 별도의 변론절차 없이 판결로써 상고를 기각한다. 그러나 직권으로 조사할 사유가 있는 경우는 그렇지 않다(민소법 제429조).

### (3) 이유서 작성

상고이유서에는 당사자의 성명, 사건의 표시, 상고이유, 부속서류의 표시, 작성연월일, 관할법원 등을 기제하고 작성자가 서명 또는 기명날인하는 체제로 작성한다.

상고이유를 기재함에는 ① 민사소송규칙 제130조의 경우를 제외하고는 헌법 기타의 법령 및 이에 위반하는 사유를 명시하여야 한다. ② 법령등을 명시함에는 그 법령의 조항 또는 내용을 기재하여야 한다. ③ 법령에 위반하는 사유를 명시하는 경우에는 그 법령이 소송절차에 관한 것인 때에는 그에 위반하는 사실을 기재하여야 한다(민소규칙 제129조).

## 상고이유서

### 상 고 이 유 서

상 고 인(원고) ○ ○ ○

피상고인(피고) ○ ○ ○

위 당사자 간 귀원 ○○다○○○○호 ○○청구 상고사건에 관한 상고인은 다음과 같이 상고이유를 밝힙니다.

다 음

원심판결은 민법 제763조 및 제396조에 위반한 판결을 하였다. 즉, 이 사건 불법행위는 피고의 피용자인 소외 ○○○의 업무상 과실로 인하여 피상고인에게 손해를 입히기는 하였으나 피상고인에게도 과실이 있으므로 과실상계를 주장한 바 있다.

상고인은 사람이 횡단할 수 없는 곳인데도 불구하고 위험을 무릅쓰고 횡단하려다가 사고가 발생한 것이라는 것을 주장한 데 대하여 피상고인도 사람의 횡단지점이 아닌 곳에서 발생한 점은 시인한다고 진술하고 있는 바, 이는 곧 피상고인에게도 과실이 있음을 인정하는 취지라고 보아 법원은 과실상계의 규정을 적용하여 손해배상의 책임 및 그 금액을 산정함에 있어 참작하여야 할 것임에도 그냥 이를 인정할 만한 증거가 없다고 하여 배척하였음은 위법이다.

설령 피상고인의 그 진술이 피상고인 자신의 과실을 인정한 취지라고 볼 수 없다고 보는 경우에는 원심법원으로서는 과실상계란 공익에 의하여 도의의 기준 위에서 만들어진 법의 정신으로 보아 편의상 당사자주의에 선행하여 마치 공공의 질서, 선량한 풍속에 반하는 행위에 있어서와 같이 직권으로서 조사 판단할 수 있는 것이므로 당사자의 주장이 불분명한 경우에는 직권을 행사하여 그를 밝히거나 또는 직권으로 조사함이 법의 요구하는 바라 하겠으나 이를 게을리 하였음은 결국 심리미진 또는 법률의 적용을 잘못한 위법이 있다고 아니할 수 없다.

이상의 이유로서 원심판결은 파기되어야 할 것이라고 생각합니다.

2006. 8. 10.

위 상고인(피고) ○ ○ ○ ㉞

대법원 귀중

### 3) 답변서의 제출

법원으로부터 상고이유서의 송달을 받은 상대방은 그 송달을 받은 날로부터 10일 내에 답변서를 제출할 수 있으며(민소법 제428조 제2항), 상고이유서의 송달을 받기 전에 답변서를 제출하여도 무방하다.

## 3. 항 고

### 1) 의 의

항고는 법원의 결정이나 명령에 대한 불복신청방법으로서 이는 판결에 대한 불복인 항소와 구별된다. 결정, 명령에 대한 불복신청방법으로서 상급심에 대한 판단을 신청하는 항고 이외의 방법으로서 원심에 대한 이의제도를 인정하고 있다. 예컨대 준항고(민소법 제441조), 지급명령에 대한 채무자의 이의(민소법 제469조), 가처분명령에 대한 이의(민사집행법 제283조, 제301조) 등이 그에 해당한다.

#### 2) 종 류

##### (1) 통상항고와 즉시항고

「통상항고」란 불복신청의 기간이 정하여진 바 없이 원판결의 취소를 구할 이익이 있는 한 언제든지 제기할 수 있는 항고이고, 「즉시항고」란 재판의 성질상 특히 신속하게 확정지을 필요가 있어 불변기간으로서의 항고기간의 제한이 있는 한편 그 제기에 의하여 집행정지의 효력이 있는 항고를 말한다.

##### (2) 재항고

제1심법원이 원법원으로서 한 재판에 대한 항고심의 결정에 대하여 대법원에 신청하는 항고가 재항고이다. 또한 고등법원이나 지방법원 항소부가 원법원으로서 한 결정 및 명령에 대하여 대법원에 신청하는 항고도 재항고라 한다.

##### (3) 특별항고

불복을 신청할 수 없는 결정이나 명령에 대하여 재판에 영향을 미친 헌법 또는 법률의 위반이 있음을 이유로 대법원에 하는 항고를 특별항고라고 한다(민소법 제449조 제1항).

##### (4) 준항고

수명법관이나 수탁판사의 재판에 대하여는 바로 항고를 할 수 없고, 수소법원에 이의를 신청할 수 있을 뿐이며, 이 이의의 재판에 대하여 하는 항고를 준항고라 한다(민소법 제441조 제1항, 제2항). 상고심에 계속된 사건에 대한 수명법관이나 수탁판사의 재판의 경우에도 수소법원에 이의를 신청할 수 있으나(민소법 제441조 제3항) 그 이의의 재판에 대한 항고제도는 없다.

##### (5) 민사소송법 이외의 다른 법률에 규정된 항고

민사소송법 이외의 법률에 의한 재판은 결정, 명령인 경우가 대부분이고, 그에 대한 불복신청 방법은 항고이나 그 법률에 항고에 관한 규정을 두고 있는 경우도 있고 민사소송법이 준용되는 경우도 있다.

### 3) 항고인

항고를 제기할 수 있는 당사자는 원재판에 의하여 불이익을 받은 자로서 소송당사자, 보조참가인 또는 제3자이다.

### 4) 항고제기기간

#### (1) 즉시항고

즉시항고는 재판의 고지가 있는 날로부터 1주일의 불변기간 내에 항고를 제기해야 한다(민소법 제444조).

#### (2) 통상항고

통상항고는 기간의 제한이 없으며, 불복의 실익이 있는 한 언제든지 항고를 제기할 수 있다.

### 5) 항고장

항고장에는 항소장처럼 ① 항고인 및 법정대리인, ② 항고로서 불복을 신청한 결정 또는 명령의 표시와 그 결정 또는 명령에 대하여 항고를 한다는 취지를 기재한다(민소법 제443조 제1항). 항고장은 원심법원에 제출하여야 한다(민소법 제445조).

## 즉시항고장

즉 시 항 고 장

항고인 ○ ○ ○

시 구 동 번지

항고인이 신청한 ○○ 법원 ○○○○카 특별대리인선임 신청사건에 관한 동원의 2006. . .자 각하결정에 대하여 아래와 같이 불복 항고합니다.

원판결의 표시

본건 신청을 각하한다.

(항고인은 위 결정정본을 2006. 11. 20. 송달받았습니다.)

항고취지

원결정을 취소하고 다시 상당한 재판을 해 주시기 바랍니다.

항고이유

1. 항고인은 2006. . . 항고외 ○○○ 로부터 시 동 리 임야 평방미터를 매수하였는 바, 동 항고외인은 소유권이전등기절차를 이행해주지 않은 채 동년 . . 사망하였으므로 항고인이 동인의 상속인 ○○○에 대하여 소송을 제기하려 하나 위 ○○○는 미성년자이며, 친권자도 없고 아직 후견인도 선임되어 있지 아니하여 그 법정대리인이 전무하므로 항고인이 그 사유를 소명하여 위 신청을 하였음에도 원법원은 '지연으로 인한 손해발생의 우려가 없다'는 이유로 항고인의 위 신청을 각하하였습니다.

2. 그러나 위 소송사건은 (이러이러한) 사유로 급히 제소하지 아니하면 지연으로 인해 항고인이 손해를 입게 될 것이 분명하므로, 본 항고에 이르렀습니다.

첨부서류

1. 증명서(또는 사실확인서, 지연에 의한 손해발생 소명) 1통

2006. 11. 23.

위 항고인 ㊞

서울중앙지방법원 항고부 귀중

## 4. 재 심

### 1) 의 의

다른 불복방법이 없는 확정판결에 대한 불복신청으로는 재심이 있다. 재심은 확정된 종국판결에 대하여 판결절차 또는 소송자료에 중대한 하자가 있음을 이유로 당사자가 소의 형식에 의하여 그 판결의 취소를 구함과 아울러 소송을 하자 있는 판결 전의 상

태로 복구시켜 다시 변론과 재판을 해 줄 것을 구하는 신청이다.

### 2) 요 건

#### (1) 재심대상판결

확정된 종국판결에 대하여만 신청할 수 있다. 따라서 종국판결이 아닌 중간판결에 대하여는 독립하는 재심의 소를 제기할 수 없고, 그에 재심사유가 있어 종국판결에 영향을 미친 때에는 이를 이유로 하여 그 종국판결에 대한 재심의 소를 제기한다(민소법 제452조).

또한 확정되지 아니한 판결에 대하여는 재심의 소를 제기할 수 없고, 상소에 의하여 불복신청하여야 한다. 예를 들어 상대방의 주소를 허위로 신고하여 타인으로 하여금 송달을 받지 못하게 하여 승소판결을 얻은 경우에는 그 송달은 무효이므로 그 판결은 기간이 아무리 지나더라도 확정되지 않는 것이어서 이에 대하여는 재심의 소를 제기할 수 없고, 통상의 상소에 의하여 불복신청을 할 수 있다.

#### (2) 당사자적격

재심의 소는 재심의 대상이 될 확정판결의 효력을 받은 자가 제기할 수 있다. 따라서 그 확정판결에 표시되어 있는 소송당사자는 물론 기판력이 미치는 변론종결 후의 일반 또는 특정승계인도 당사자적격이 있다. 당사자가 타인을 위하여 원 피고가 되어 받은 판결에 대하여는 당사자뿐만 아니라 그 타인(민소법 제218조 제3항)도 재심의 소를 제기할 수 있고, 보조참가인도 역시 이를 할 수 있다.

필요적 공동소송관계에 있는 자 중 한 사람이 재심의 소를 제기하면 나머지 공동소송인들도 당연히 재심원고의 지위에 서게 되고, 또 상대방이 이를 제기할 때에는 그 공동소송인 전원을 재심피고로 하여야 할 것이다.

확정판결의 취소를 구할 이익이 있는 자가 재심원고로 되고, 그 취소에 의하여 불이익을 입게 되는 자가 재심피고로 될 것이다. 원래의 원·피고로서의 지위는 재심청구가 있더라도 바뀌지 않는다.

### 3) 관할법원(전속관할)

재심은 재심을 제기할 판결법원의 전속관할에 속한다(민소법 제453조 제1항). 동일한 사건에 관한 하급심 판결과 상급심 판결에 각각 재심사유가 있는 때에는 상급법원이 관할권을 가진다(민소법 제453조 제2항).

다만 항소심 판결과 상고심 판결에 각각 독립된 재심사유가 있는 때에는 위 규정에 관계 없이 각 판결을 한 법원에 재심의 소를 제기하여야 하고, 항소심에서 사건에 대하여 본안판결을 한 때에는 제1심 판결에 대하여 재심의 소를 제기하지 못한다(민소법 제451조 제3항).

#### 4) 재심제기기간

##### (1) 30일의 불변기간

재심의 소는 당사자가 판결확정 후 재심의 사유를 안 날로부터 30일 내에 제기하여야 한다(민소법 제456조 제1항). 이 기간은 불변기간이다(민소법 제456조 제2항).

민사소송법상 개개의 재심사유가 각기 소장의 필요적 기재사항으로 되어 있으므로(민소법 제458조) 재심소송의 소송물은 각 재심사유에 따라 별개이다. 따라서 여러 개의 재심사유를 주장하여 재심의 소를 제기한 경우 재심기간은 각각의 재심사유에 따라 이를 안 날로부터 기산되고, 또 재심의 소를 제기한 후 재심의 이유를 변경하는 것(민소법 제459조 제2항)은 소의 변경에 해당하는 것이므로 출소기간은 새로운 재심사유를 주장한 때를 기준으로 판단한다.

##### (2) 5년의 제척기간

당사자가 재심사실을 알든 모르든 간에 판결확정 후 5년을 경과한 때에는 재심의 소를 제기하지 못한다(민소법 제456조 제3항). 이 기간은 제척기간으로서 재심사유가 판결확정 후에 생긴 때에는 위 5년의 기간은 그 사유가 발생한 날로부터 기산한다(민소법 제456조 제4항).

##### (3) 예 외

대리권에 흠결이 있다거나 재심의 대상이 될 판결이 전에 선고한 판결과 저촉됨을 이유로 하는 재심의 소에는 재심기간에 관한 위의 제한규정이 적용되지 아니하므로(민소법 제457조) 이러한 사유를 이유로 하는 재심의 소는 언제라도 제기할 수 있다.

여기서 「대리권의 흠결」이라 함은 전혀 대리권을 갖지 아니한 자가 당사자 또는 그 법정대리인이 모르는 사이에 소송행위를 한 경우를 의미하는 것이고, 민사소송법 제451조 제1항 제3호 소정의 대리인이 소송행위를 함에 필요한 수권의 흠결이 있는 때에 불과한 경우는 포함되지 아니한다.

### 5) 재심사유

재심사유에 대해서는 민사소송법 제451조 제1항에서 다음과 같이 구체적으로 열거하고 있는데, 그 하나하나마다 각기 독립한 청구원인이 됨은 전술한 바와 같다.

① 법률에 의하여 판결법원을 구성하지 아니한 때
② 법률상 그 재판에 관여하지 못할 법관이 관여한 때
③ 법정대리권, 소송대리권 또는 대리인이 소송대리를 함에 필요한 수권의 흠결이 있는 때(다만, 추인이 있는 경우는 제외)
④ 재판에 관여한 법관이 그 사건에 관하여 직무에 관한 죄를 범한 때
⑤ 형사상 처벌을 받을 타인의 행위로 인하여 자백을 하였거나 판결에 영향을 미칠 공격 또는 방어방법의 제출이 방해된 때
⑥ 판결의 증거로 된 문서 기타 물건이 위조나 변조된 것인 때
⑦ 증인, 감정인, 통역인 또는 선서한 당사자나 법정대리인의 허위진술이 판결의 증거로 된 때
⑧ 판결의 기초로 된 민사나 형사의 판결 기타의 재판 또는 행정처분이 다른 재판이나 행정처분에 의하여 변경된 때
⑨ 판결에 영향을 미칠 중요한 사항에 관하여 판단을 유탈한 때
⑩ 재심을 제기할 판결이 전에 선고한 확정판결과 저촉될 때
⑪ 당사자가 상대방의 주소 또는 거소를 알고 있음에도 불구하고 소재불명 또는 허위의 주소나 거소로 하여 소를 제기한 때

### 6) 재심소장

재심의 소송절차에는 성질에 반하지 않는 한 각 심급의 절차에 관한 규정이 준용된다(민소법 제455조).

재심의 소는 반드시 서면에 의해야 하고 구술제소는 허용되지 아니한다. 이는 소액사건에 대한 재심의 소에 있어서도 마찬가지이다.

재심소장에는 ① 당사자와 법정대리인 ② 재심할 판결의 표시와 그 판결에 대하여 재심을 구하는 취지 ③ 재심의 사유를 기재하여야 한다.

전 소송의 소송대리인이 재심사유는 특정될 수 있을 정도로 구체적으로 표시하여야 한다.

재심소장에는 준비서면에 관한 규정이 준용되므로(민소법 제455조, 제408조, 제249조) 준

비서면에 기재할 사항을 기재하여도 무방하다. 재심의 소에 의한 불복의 범위도 필요적 기재사항은 아니나 인지 첨부액을 결정하는 기준이 될 것이므로 이를 기재하는 것이 좋다.

## 재심소장

### 재 심 소 장

원고(재심피고)

시 구 동 번지

피고(재심원고)

시 구 동 번지

매매대금청구 항소사건의 판결에 대한 재심

재심피고가 항소인, 재심원고가 피항소인이 된 서울고등법원 2005나4567 매매대금청구 항소사건에 관한 동법원 2005. 12. 12. 선고판결에 재심사유가 있으므로 아래와 같이 재심의 소를 제기합니다.

재심을 구하는 판결의 표시

—항소심 본소 판결주문 기재—

재심취지

서울고등법원 2005. . . 선고 ○○나○○○○ 매매대금청구 항소사건 판결을 취소한다.

위 항소사건의 항소를 기각한다.

본안 및 재심소송비용은 모두 재심피고의 부담으로 한다.

라는 판결을 구합니다.

재심사유

1. 재심원고는 재심취지기재 항소심 소송에서, 재심피고가, 신청한 증인고위증이 '재

심피고가 재심원고로부터 위 매매대금을 변제받지 아니하였다'는 내용으로 증언하였기 때문에, 그 증언을 취한 서울고등법원으로부터 패소판결을 선고받고 그에 불복상고 하였으나 2006. 2. 4. 상고기각 판결 선고로 위 항소심판결이 확정되었습니다.

2. 그 후 재심원고는 고위중이 위 증언을 허위로 하였다는 이유로 동인을 고소한 바, 동 고위중은 2006. 10. 3. 서울형사지방법원으로부터 위증죄의 유죄판결을 선고받고 항소하지 아니함으로써 2006. 11. 7.자로 판결 확정 되었습니다.

3. 따라서 위 항소심판결에는 민사소송법 제422조 제1항 제7호의 재심사유가 있으므로 본 재심의 소에 이르렀습니다.

첨부서류

1. 판결등본(2005나4567) 1통
2. 판결확정증명 1통
3. 재심소장부본 1통

2006. 11. 23.

재심원고(피고) ㊞

서울고등법원 귀중

### 7) 심리 및 재판

재판장의 재심소장 심사, 흠결이 있는 경우의 보정명령, 재심소장각하명령 그리고 재심소장이 각하되지 않는 경우의 기일소환 등은 모두 일반적인 경우와 마찬가지이다(민소법 제455조).

#### (1) 심 리

재심의 소에 있어 변론은 재심전 변론의 속행으로 보기 때문에 재심전 절차의 결심 다음에 시작되는 변론이 재심절차의 변론이 되고, 당사자의 표시는 "원고(재심원고), 피고(재심피고)" 또는 "원고(재심피고), 피고(재심원고)"로 표기하며, 특히 주의할 것은 서증의 번호도 재심전 소송절차에서 제출한 마지막 서증번호 다음부터 붙여나가야 한다는 점이다(민소규 제140조 제1항). 즉 재심전 소송절차에서 갑 제5호증이 마지막 서증인 경우 재심절차에서 처음 제출하는 서증의 번호는 갑 제6호증이 된다. 그러나 재심전 소송기록이 보존기간의 경과로 이미 폐기되고 없는 때에는 서증번호 제1호증부터 새로 붙이는 수밖에 없다.

재심절차에 있어도 원래의 원고와 피고의 지위가 바뀌는 것은 아니므로 비록 피고가 재심원고가 되었다 해도 그가 제출하는 서증은 "을 제○호증"이 된다.

재심절차의 진행방법은 각 심급에서의 통상의 진행방법이 그대로 적용된다. 종전의 변론에 이어 새로운 공격·방어방법의 제출이나 새로운 증거의 신청이 가능하다.

재심의 소도 취하할 수 있고, 재심의 사유가 있을 때에는 본안의 소를 취하하거나 본안의 소송물에 관한 화해도 할 수 있다.

### (2) 재 판

① 재심의 소 각하

재심을 청구할 수 있는 제소기간을 도과하여 제소하거나 일반소송요건과 재심당사자적격, 재심대상적격이 구비되지 않은 소를 제기한 후 그 흠결이 보정불능이거나 보정명령기간 내에 보정하지 아니하면 재심의 소를 각하 당하게 된다.

② 재심청구기각

재심사유가 없으면 종국판결로 청구기각한다. 재심의 소가 적법하고 재심사유가 있더라도 심리결과 원판결이 정당하다고 인정되면 청구기각의 판결을 하게 된다.

③ 원판결취소

심리한 결과 재심사유가 있고 원판결이 부당한 것으로 인정되는 때에는 불복의 한도 내에서 원판결을 취소하고, 취소한 부분에 대하여 다시 종국판결을 한다.

### (3) 판결 이후의 절차

재심사건의 판결에 대하여는 물론 그 심급에 따른 상소가 허용되며 그 이후의 절차는 일반의 경우와 동일하다.

# 제9장 법의 제재

## 제1절 제재의 개념

### Ⅰ. 제재의 의의

법의 제재制裁란 법의 규정을 위반한 자에 대하여 가하는 일정한 법적 강제수단을 말한다. 법은 그 목적달성을 위하여 수범자에게 여러 가지 형태의 의무를 부과하고 이를 이행치 않을 경우 그에 대한 강제를 가하게 되는데, 이러한 강제에는 사형, 징역, 벌금, 손해배상 등의 방법이 있다. Jhering은 "강제를 수반하지 않는 법은 타고 있지 않는 불과 같이 그 자체적 모순이 있다"라고 하여 법의 본질은 강제에 있음을 강조하였다.

### Ⅱ. 제재의 필요성

법의 존재목적은 사회질서유지에 있다. 그러나 법이 강제력을 가지지 못하면 그 위반에 대한 아무런 조치가 취해질 수 없게 된다. 즉, 강제력이 없는 법은 장식용에 불과한 것이 된다. 따라서 법의 실효성을 확보하기 위해서는 반드시 다른 사회규범과 달리 강력한 강제력을 가져야 한다. 뿐만 아니라 법은 그 이념인 정의·합목적성·법적 안정성의 실현을 위해서도 제재를 가하지 않으면 안된다.

## 제2절 국내법상의 제재

### Ⅰ. 공법상의 제재

#### 1. 헌법상의 제재

헌법상의 제재는 헌법을 위반한 자에 대한 제재로서 대통령 또는 기타 국가기관에 대한 제재로 나타나는 것이 보통이며, 이는 사실상 직접적인 강제력이 미약한 편이다.

헌법상의 제재로는 대통령, 국무총리, 국무위원, 법관 등 법률法律이 정한 공무원이 헌법이나 법률을 위반한 경우 국회에 의한 탄핵소추심판, 정당의 목적이나 활동이 민주적 기본질서에 위배될 때에 헌법재판소에 의한 정당해산, 국회의원의 징계, 국회의 국무총리 및 국무위원에 대한 해임건의 등이 있다.

## 2. 행정법상의 제재

행정법상의 제재는 행정법규를 위반한 자에 대한 강제로서 공무원과 사인에 대한 제재가 있다. 행정법규의 위반행위는 행정행위에 의해 부가된 행정상 의무의 위반행위가 대부분이며, 즉시강제의 경우와 같이 행정행위 없이 직접 행정법상의 의무위반행위가 되는 경우도 있다.

### 1) 공무원에 대한 제재

#### (1) 직무집행에 대한 제재

공무원의 직무상 명령 또는 처분이 법규에 위반하는 경우 그것을 취소 또는 변경할 수 있는데, 이를 공무원의 직무집행에 대한 제재라 한다.

#### (2) 신분에 대한 제재

행정법규를 위반한 공무원에 대하여 직위해제職位解除(6월 이내 봉급의 80% 지급하고 6월 이상 직위를 부여받지 못하면 당연퇴직), 파면罷免(공무원의 신분을 박탈하고 연금지급에 제한), 해임解任(신분박탈과 연금지급), 정직停職(1~3월 동안 봉급의 1/3 지급하고, 직무에 종사하지 못하게 함), 감봉減俸(1~3월 동안 보수의 2/3 지급), 견책譴責(훈계하고 회개시키는 것) 등과 같은 징계처분을 가하게 된다.

### 2) 사인私人에 대한 제재

#### (1) 행정강제

행정강제行政强制란 행정목적을 달성하기 위해 사인의 신체나 재산에 실력을 가하는 행정작용으로서 강제집행과 즉시강제로 나눌 수 있다.

① 강제집행

이는 행정법규나 행정처분을 위반한 자에 대하여 강제력을 행사하는 행정작용으로서 대체적 작위의무를 위반한 자에 대하여 행정기관 또는 제3자가 이행하고 그 비용을 징수하는 강제집행, 예컨대, 불법광고물을 철거하고 그에 대한 비용을 징수하는 행위인 「대집행代執行」 대체 불가능한 작위의무를 위반한 자에 대하여 금전적 부담을 지우는 제재로서 우리나라에서는 인정하지 않고 있는 「집행벌執行罰」, 대집행이나 집행벌로서 행정목적을 달성할 수 없는 경우 의무자의 신체 또는 재산에 실력을 가하는 강제집행인 「직접강제」, 행정법상의 금전지급의무를 불이행한 자에 대하여 의무자의 재산을 강제적으로 압류매각하는 행정상의 「강제징수」 등으로 구분된다.

② 즉시강제

의무이행을 기다릴 시간적 여유가 없이 긴급한 행정상의 목적을 달성하기 위해 취하는 행정행위로서 경찰관직무집행법 제10조의4의 무기사용, 전염병예방법 제29조의 강제격리, 소방법 제78조의 소방상 필요한 처분 등이 이에 해당된다.

#### (2) 행정벌

행정벌行政罰은 행정법상의 의무위반에 대하여 국가 또는 공공단체가 일반통제권에 의하여 과하는 제재로서 행정기관이 절차상의 간편, 신속을 위하여 벌금 또는 과료의 납부를 명령하는 행정형벌로서 관세범, 출입국사범, 교통사범 등에 인정하는 「통고처분」, 20만원 이하의 벌금, 구류 또는 과료에 해당하는 경미한 행정사범에 대한 행정형벌인 「즉결심판」 등이 있다.

통고처분은 범죄의 심증이 확실한 경우 상대방의 동의를 조건으로 행정기관이 행하는 준사법적 행정행위로서 소정의 기간내에 위반자가 통고처분의 내용을 이행하면 확정판결과 동일한 효력이 발생하지만 불이행시는 지체 없이 고발하여야 한다.

### 3) 허가와 인가

#### (1) 허 가

① 허가의 개념

허가란 일정한 행위를 할 수 없도록 법으로 규정해 놓고 일정한 법적 요건을 갖추고 절차를 거치면 적법하게 그러한 행위를 할 수 있도록 허용하는 행정행위를 말한다.

예컨대, 전당포영업(전당포업법 제2조), 부동산중개업(부동산중개업법 제4조), 총포화약류제조업(총포 · 도검 · 화약류단속법 제4조), 사단법인의 설립(민법 제32조) 등은 각각의 법률에서 허가를 받아야 할 수 있도록 규정하고 있기 때문에 허가를 받지 않고 이러한 행위를 한 경우, 즉 무면허행위는 무효가 되고 법적 처벌을 받게 된다.

따라서 사단법인이 법인설립등기를 하기 위해서는 주무관청의 허가를 받아야 하는데, 허가를 받지 않은 채 설립등기가 되어 있는 경우는 법인의 설립요건을 갖추지 못한 경우가 되어 그 법인의 설립등기는 무효가 된다. 이러한 경우 등기공무원은 무효인 등기를 발견하는 경우 지체 없이 직권으로 말소등기를 하여야 한다(민법 제32조, 비송사건절차법 제66조, 제159조 제2호 등).

② 허가의 제한

일정한 경우에는 허가가 제한되기도 한다. 예컨대 건축물을 건축하기 위해서도 일정한 요건을 갖추어 시장, 군수, 구청장 등에게 건축허가신청서를 제출하여 건축허가를 받아야 한다(건축법 제8조). 또한 미관지구나 고도지구안에서의 건축허가도 일정한 범위내에서 제한된다(건축법 시행령 제69조, 제70조).

**판 례**

*** 주유소설치허가와 주민의 동의 【대판 1996. 7. 12. 96누5292】**

주유소의 설치허가신청이 관계법규의 제한에 배치되지 않는 한 특별한 사정 없이 공익상의 필요와 무관한 주민의 동의가 없다는 이유로 그 신청을 철회할 수 없다.

▶ 관련법규 : 석유사업법 제13조, 시행령 부칙 별표 1등

*** 도시미관을 해치는 건축허가신청의 반려는 적법 【대판 1996. 10. 11. 95누18734】**

고층건물 사이에 1층의 주유소건물을 건축하기 위한 건축허가 신청은 주변과 조화를 이룰 수 없어 도시의 미관을 해칠 수 있기 때문에 그 신청을 반려한 것은 적법하다.

▶ 관련법규 : 건축법 제12조, 시행령 제69조 등

*** 주택건설사업사전결정신청 반려처분 취소 【대판 1997. 11. 11. 97누11966】**

북한산국립공원과 이어져 수려한 자연경관을 이루면서 미개발상태에 있는 지상에 건축허가를 해 주면 그와 동일한 조건에 있는 인근지역의 모든 토지에 대하여도 불가피하게 형질변경허가 및 건축허가를 하게 되어 그 일대의 자연상태의 산림이 훼손될 수밖에 없으므로 북한산국립공원의 보호 등 공익목적을 위하여 주택건설사업계획 사전결정신청을 반려한 것은 적법하고 재량권을 남용한 것이라고 볼 수 없다.

③ 면 허

면허는 법에서 정한 일정한 시험에 합격하면 일정한 행위를 할 수 있는 자격을 부여하는 일종의 대인적 허가를 말한다. 자동차운전면허, 중기조종면허, 의사면허, 건축사면허 등이 여기에 해당한다.

건축사가 되기 위해서는 소정의 건축사자격시험에 합격하고, 건설교통부장관의 면허를 받아야 한다(건축사법 제7조). 그러나 다음과 같은 경우 건설교통부장관은 그 건축사

의 면허를 취소할 수 있다(건축사법 제11조).

ⓐ 건축사가 속임수 또는 부정한 방법으로 면허를 취득한 사실이 밝혀진 경우

ⓑ 한정치산자나 금치산자 또는 파산선고를 받고 복권되지 않은 경우

ⓒ 자신의 이름으로 다른 사람이 건축사업무를 하도록 하거나 면허증이나 면허수첩을 대여한 경우

ⓓ 건축사사무소의 등록취소처분을 받고도 계속해서 그 업을 한 경우

ⓔ 자신의 잘못으로 건축사사무소의 등록취소처분을 3번 이상 받은 경우

ⓕ 고의 또는 중대한 과실로 표시행위를 위반하여 설계나 공사감리를 함으로써 부실공사의 결과를 초래해 공공의 위험을 발생케 한 경우

또한 건축사가 면허대여행위(위법행위)로 기소되어 유죄가 확정되어 건설부장관이 그의 건축사면허를 취소한 경우는 그 취소된 날로부터 2년이 경과되었다고 해서 건설교통부가 건축사면허 및 면허수첩을 재교부해 주어야 하는 것은 아니고 이러한 경우는 다시 별도의 시험절차를 통해 면허 및 수첩을 발급받아야 한다(건축사법 제7조 제1항, 제8조 제1항, 제9조 제4호, 제11조 등).

#### (2) 인 가

인가란 일정한 법률관계의 당사자의 법률행위를 보충하여 법적 효력을 완성시켜 주는 행정행위를 말한다.

예컨대, 공증인의 사무소 설치(공증인법 제17조), 농업협동조합의 설립(농업협동조합법 제16조) 등은 법률이 정하는 바에 따라 관할관청의 인가를 받아야 한다.

#### (3) 허가와 인가의 차이점

허가는 일반적으로 사실행위를 그 대상으로 하지만 인가는 법률행위를 그 대상으로 하며, 무허가행위는 처벌의 대상이 되지만 인가받지 아니한 행위는 무효이기는 하지만 처벌의 대상은 되지 않는다. 또한 허가는 상대방의 신청 없이도 가능하지만 인가는 반드시 신청이 있어야 가능하다는 점이 다르다.

## 3. 형법상의 제재

### 1) 사 형

이는 형법상의 의무를 위반한 자에 대하여 생명을 박탈하는 생명형으로서 범죄의 내

용 또는 정도가 매우 심각하여 그 범죄자를 사회로부터 완전히 격리시키는 형벌인데, 이는 법률선진국에서는 대부분 폐지된 후진국형 형벌의 일종이라고 할 수 있다.

#### 2) 신체형

신체형身體刑은 일정한 형법상의 범죄행위를 범한 자에 대하여 신체적 자유를 박탈하는 형벌로서, 「자유형」이라고도 한다. 이에는 1일 이상 30일 미만의 기간 동안 형사범법자의 신체의 자유를 구속하는 「구류拘留」, 30일 이상의 신체형에 해당하는 「징역懲役」, 30일 이상의 신체형이라는 점에서는 징역과 동일하나 정역定役에 복무하지 아니한다는 점에서 징역과 구분되는 「금고禁錮」 등이 있다.

#### 3) 자격형

무기징역과 무기금고의 경우는 「자격상실」, 유기징역과 유기금고의 경우는 「당연정지」와 「선고정지」 등의 명예형을 부과할 수 있다.

#### 4) 재산형

일정한 형법을 위반한 자에 대하여 재산상의 징수를 명하는 형벌로서 50,000원 이상의 재산형인 「벌금罰金(형법 제45조)」, 2,000원 이상 50,000원 미만의 재산형에 해당하는 「과료科料」, 다른 형벌에 부가하여 일정한 재산을 빼앗는 「몰수沒收」 등이 있다.

## Ⅱ. 사법상의 제재

### 1. 손해배상

손해배상損害賠償이란 채무불이행債務不履行 또는 불법행위不法行爲로 인해 타인에게 손해를 입힌 경우 그를 없었던 상태로 전보塡補시키는 것을 말한다.

이러한 손해배상은 물적 손해와 정신적 손해를 모두 포함하며 직접손해와 간접손해까지 포함되는데, 정신적 손해를 위자료라 한다. 손해배상에 대하여 당사자간의 합의가 이루어지지 않으면 민사소송절차를 통해 배상받을 수 있다.

### 2. 강제집행

채무자의 임의적 채무불이행에 대하여 국가의 공권력으로 채무의 이행을 강제하는 법의 제재를 강제집행強制執行이라 한다.

강제집행의 대상은 채무자의 재산이며, 집행의 방법은 실현되어야 할 청구권의 종류에 따라 금전집행, 비금전집행으로 나눌 수 있고, 재산의 종류에 따라 동산집행, 부동산집행, 선박집행 등으로 나눌 수 있다.

### 3. 실 권

실권失權이란 일정한 권리나 자격을 가진 자가 법을 위반한 경우 그 권리나 자격을 상실시키는 제재로서 친권親權의 상실, 대리권代理權의 상실 등이 이에 속한다.

## 제3절 국제법상의 제재

국제법상의 제재란 국제법규를 위반한 행위에 대하여 국제법규에서 규정한 일정한 강제를 말한다. 그러나 조직화되지 못한 오늘날 국제법상의 제재는 사실상 그 강제력이 매우 미약하고, 결국 정치적 협상에 의해 결정되고 있는 실정이다.

국가에 의한 국제법상의 제재로는 경제적 단교, 관계자의 처벌, 추방, 외교사절에 대한 퇴거 요구, 선박의 압류, 봉쇄, 평시점령, 복구, 전쟁 등이 있고, 국제조직에 의한 제재로는 특히 국제연합에 의한 제명, 권리와 특권의 정지, 비군사적 조치, 군사적 조치 등이 있다.

# 제10장 권리의 구제

## 제1절 권리의식과 도덕적 양심

권리는 사회질서의 유지를 위해 주어지는 법적 힘이다. 따라서 이러한 권리를 행사하는 것은 사회질서의 유지에 부합되는 행위라고 할 수 있다. 그러나 우리나라의 경우는 예로부터 양보의 미덕을 권장하는 사회적 풍토가 깊이 자리 잡고 있기 때문에 쉽게 권리를 포기하는 경우가 많다. 이러한 일은 동양에서뿐만 아니라 서양의 경우에서도 찾을 수 있다. 즉 "너의 오른쪽 뺨을 때리면 다른 쪽 뺨도 돌려대고, 너를 고소하여 하의를 달라고 하면 상의도 벗어주어라"(마태복음 5장 39~40절)고 하는 성경의 의미는 순간적인 평화만을 강조할 뿐 그로 인해 파생될 사후의 영향에 대하여는 너무나 단순하게 생각한 데서 발생된 사고의 한 예라고 할 수 있다. 그러나 개인주의적 사상에 의해 내가 타인에게 잘하면 타인도 나에게 잘할 것이라는 순수한 도덕적 이론은 무색해진 지 오래인 것 같다.

이에 위의 성경에 대하여 법치주의사회法治主義社會는 "너의 권리를 다른 사람의 발에 밟히게 하여서는 아니 된다. 자기를 벌레로 만드는 자는 남의 발에 밟혀도 호소할 데가 없다(칸트)"라고 하여 권리침해權利侵害에 대한 권리행사를 강조하고 있다. 이는 징벌적 차원을 떠나 범죄의 재발을 예방한다는 차원에서 그 가치를 찾을 수 있다고 할 수 있다. 권리침해에 대한 구제救濟는 권리자의 확고한 권리의식權利意識에서 실현될 수 있다.

## 제2절 권리침해에 대한 구제

### Ⅰ. 기본권 침해에 대한 구제

#### 1. 의 의

기본권基本權은 원래 국가권력으로부터의 부당한 침해를 배제하여 그 본연의 자유와 권리를 누리는 것이다. 따라서 헌법 제2장은 이를 명문으로 규정하고 있다. 국민의 기본권침해는 입법부의 위헌입법, 행정부의 잘못된 법집행에 의한 국민의 기본권침해, 사법부의 오판誤判 등 「작위에 의한 침해」와 헌법적 요청에 의한 입법에 대한 입법부작위, 행정부의 헌법적 의무인 복지행정의 불이행, 사법부의 재판지연 등의 「부작위에 의한 국민의 기본권 침해」가 있다.

## 2. 사전적 구제

### 1) 청원권

청원권請願權은 국가의 행위에 대하여 적법여부 및 부당여부에 대하여 국민의 의사를 개진할 수 있는 권리(법률, 명령, 법규 등의 제정 또는 개정에 관한 요구)를 말한다. 이에 대하여 국가는 심사의무를 부담한다(헌법 제26조).

### 2) 행정절차

행정청이 행정에 관한 1차적 결정을 함에 있어 집행이전에 이해관계자와의 교섭절차를 요구하는 제도로써, 행정작용의 민주화, 적정화, 능률화를 위해 영미법계에서 발달된 제도가 행정절차行政節次이다.

### 3) Ombudsman제도(호민관, 행정감찰제도)

이 제도는 스웨덴에서 처음 제도화된 것으로 의회에 Ombudsman이라는 공무원을 두고 그로 하여금 법령이 행정기관에 의하여 적정하게 집행되는지를 감시하고, 부당한 행정작용에 대한 국민의 민원을 접수하여 그에 대한 시정을 권고하는 제도이다.

## 3. 사후적 구제

### 1) 형사보상청구권

형사피의자나 형사피고인으로 구금되었던 자가 재판결과 무죄판결을 받거나, 불기소처분을 받은 경우 그가 입은 정신적, 물질적 손해를 보상해 줄 것을 국가에 청구할 수 있는 권리(헌법 제28조)를 형사보상청구권刑事補償請求權이라 한다.

### 2) 국가배상청구권

공무원의 직무상 불법행위로 국민에게 손해를 가한 경우 손해를 입은 국민은 국가나 공공단체를 상대로 그에 대한 배상을 청구할 수 있는데(헌법 제29조), 이러한 권리를 국가배상청구권國家賠償請求權이라 한다.

### 3) 손실보상청구권

공공필요에 따라 개인의 재산을 수용, 사용 및 제한하는 경우 그에 대한 재산적 손실의 보상을 청구할 수 있는 권리(헌법 제23조 제3항)를 손실보상청구권損失補償請求權이라 한다.

## Ⅱ. 개인에 의한 권리침해에 대한 구제

### 1. 형법상의 구제

개인으로부터 형사상 권리의 침해를 받은 경우는 가해자에 대하여 「형사고소刑事告訴」 및 「고발告發」로써 구제받을 수 있다.

### 2. 민법상의 구제

민법상의 권리를 침해당한 자는 법원法院에 소訴를 제기하여 민사상의 손해배상, 위자료 또는 기타의 행위를 청구하여 피해를 구제받을 수 있다.

## Ⅲ. 자력구제

법은 원래 개인의 자구행위自救行爲를 인정하지 않는 것을 원칙으로 하고 있으나, 권리침해에 대한 법적 구제를 기다릴 여유가 없는 경우 침해를 당할 위기의 당사자에 대한 자구행위는 예외적으로 인정하고 있다.

### 1. 형법상의 자력구제

형법은 현재의 부당한 침해를 방위하기 위한 자구행위는 「정당방위正當防衛」(형법 제21조)와 현재의 급박한 위난을 피하기 위한 행위를 「긴급피난緊急避難」(형법 제22조)으로 인정하여 이들 행위가 이유 있다고 판단될 경우 처벌하지 않는다.

## 2. 민법상의 자력구제

민법은 사법일반에 대하여 자력구제를 인정치 않고, 오직 점유자에 대해서만 일정한 경우 자력방위권과 자력탈취권을 인정하고 있다. 민법 제209조 제1항은 「점유자占有者는 그 점유를 부정히 침탈 또는 방해하는 행위에 대하여 자력自力으로써 이를 지킬 수 있다」라고 규정하고, 제2항에서 「점유물이 침탈되었을 경우에 부동산일 경우에는 점유자는 침탈 후 즉시 가해자를 배제하여 이를 탈환할 수 있고, 동산일 때에는 점유자는 현장에서 또는 추적하여 가해자로부터 이를 탈환할 수 있다」고 규정하고 있다.

# 제3절 부당이득

부당이득不當利得이란 법률상 아무런 이유 없이 타인의 재산이나 근로로 인한 이익을 얻음에 따라 타인에게 손해가 발생하면 그 이익을 얻은 자는 그로 인해 손해를 본 자에게 그 이익을 돌려주어야 한다(민법 제741조). 따라서 부당하게 이득을 취한 자가 스스로 그 이익을 돌려주지 않으면 손실을 입은 자는 이익을 얻은 자를 상대로 부당이득의 반환을 청구할 수 있다.

예컨대, 옆집 담장을 넘어간 감나무에 달린 감이 옆집에 떨어진 경우, 옆집 주인은 그 감을 감나무의 주인에게 돌려주어야 하며, 이를 돌려주지 않으면 부당이득이 된다. 또한 은행에서 발급받은 수표가 세탁기에 빠져 완전히 훼손된 경우, 은행은 수표를 소지하지 않으면 수표금을 지급하지 않기 때문에 이로 인해 수표금을 부당이득으로 은행이 취득하게 된다. 따라서 이런 경우에도 수표의 권리자는 수표금 반환청구를 할 것이 아니라 은행을 상대로 부당이득반환청구를 하여야 한다.

**판 례**

**＊ 부당이득의 부인** 【대판 2005. 8. 25. 2005다21517】

토지 소유자로부터 사원용 국민주택의 건축 및 분양업무를 위임받은 시행자가 새로운 도로를 개설하는 것을 조건으로 기존도로를 사원용 국민주택 부지로 사용하는 것을 승인받자 토지 소유자가 토지 사용을 승낙하여 시행자가 새로운 도로를 개설한 후 이를 사원용 국민주택 거주자들의 통행에 제공한 경우, 토지 소유자는 도로에 편입된 토지에 대하여 사용수익권을 포기하거나 무상통행권을 부여한 것으로 볼 수 있으므로 사원용 국민주택거주자들이 이 토지의 사용은 부당이득에 해당하지 않는다.
▶ 관련법규 : 민법 제741조

**＊ 퇴직금과 부당이득** 【대판 2003. 5. 16. 2001다54977】

퇴직급여규정에서 직원이 업무와 관련하여 금고 이상의 형을 선고받거나 징계처분에 의하여 파면된 경우에는 그 퇴직급여액의 100분의 50을 감하여 지급하도록 규정하고 있는 경우에는, 그 감액사유의 발생시기가 언제인지를 묻지 아니하고 그 감액규정이 적용되는 것으로서, 퇴직으로 인하여 퇴직급여 전액을 지급받은 후에 재직 중의 업무와 관련하여 금고 이상의 형을 선고받은 경우에도 그 받은 퇴직급여 중 100분의 50은 부당이득으로서 반환하여야 한다.
▶ 관련법규 : 근로기준법 제34조, 제42조, 민법 제741조 등

**＊ 공유지의 배타적 사용과 부당이득** 【대판 2002. 10. 11. 2000다17803】

토지의 공유자는 각자의 지분 비율에 따라 토지 전체를 사용·수익할 수 있지만, 그 구체적인 사용·수익 방법에 관하여 공유자들 사이에 지분 과반수의 합의가 없는 이상, 1인이 그 전부를 배타적으로 점유·사용할 수 없는 것이므로, 공유자 중의 일부가 그 전부를 배타적으로 점유·사용하고 있다면, 다른 공유자들 중 지분은 있으나 사용·수익은 전혀 하지 않고 있는 자에 대하여는 그 자의 지분에 상응하는 부당이득을 하고 있다.
▶ 관련법규 : 민법 제263조, 265조, 741조 등

# 제 2 편

# 법률실무

(소송절차, 생활법률, 화제의 판례)

# 제1장 민사사건과 법률실무

## 제1절 민사소송제기 전의 준비사항

### Ⅰ. 보전처분

#### 1. 의 의

소송을 제기하여 승소판결을 얻는다 하더라도 그 소송이 진행되는 중에 상대방(피고)이 고의로 재산을 처분 · 훼손하거나 다른 채권자가 먼저 상대방의 재산에 대한 강제집행절차를 밟게 되면 소송의 궁극적인 목적달성이 곤란하거나 불가능하게 될 수 있다. 따라서 장래에 하게 될 강제집행의 실행을 보전하기 위해 미리 상대방의 일반재산 등에 가압류 또는 가처분을 해 두는 것을 「보전처분」이라 한다.

예컨대, 빌려준 돈을 받지 못해 소송을 제기하는 경우 재판절차가 진행되는 중 채무자가 재산을 빼돌리거나 다른 채권자가 먼저 채무자의 재산을 강제집행해서 돈을 받아 간다면 재판에서 승소판결을 받는다 하더라도 결국 돈을 받기 위해 진행한 재판의 목적을 달성할 수 없게 되고 소송비용만 낭비하는 결과가 되어 오히려 손해를 볼 수 있다. 그래서 소송을 제기하고자 할 때는 미리 채무자의 재산이 있는지 또는 어떠한 재산이 있는지 등에 관한 정보를 수집하고 사전에 이를 확보하는 것이 무엇보다 중요하다.

#### 2. 당사자

가압류신청의 당사자는 일반적으로 채권자와 채무자로 부르고, 가처분신청의 경우는 신청인과 피신청인(또는 상대방)으로 호칭한다.

보전처분을 할 수 있는 정당한 자격(당사자적격)을 가진 자는 일반적으로 본안소송의 정당한 당사자와 일치하나 임시의 지위를 정하는 가처분에 있어서는 본안소송의 피고 또는 피고가 될 수 있는 자가 아닌 제3자에 대해서도 가처분신청이 가능하다(판례의 입장).

## 3. 목적물(보전처분의 대상)

### 1) 가압류의 목적물

일반적으로 가압류는 부동산, 유체동산, 채권, 자동차, 선박, 항공기, 건설기계 등의 양도가능한 일반재산인 권리나 물건을 그 대상으로 할 수 있다.

### 2) 가처분의 목적물

가처분의 대상은 부동산의 처분금지나 부동산의 점유이전금지 등과 같은 채무자의 일정한 행위의 제한을 그 목적으로 한다. 예컨대, 부동산매매계약을 하고 계약금을 지급한 후 매도인이 2중매매를 시도하고 있는 경우 매수인이 매도인의 2중매매행위를 제한하기 위해 매매목적물의 처분행위를 하지 못하도록 처분금지가처분을 할 필요가 있다.

### 3) 압류가 금지되는 물건

다음과 같은 물건은 압류하지 못한다(민사집행법 제195조). 따라서 보전처분에 앞서 감정을 앞세워 무리한 계획을 세웠다가 오히려 금전적 손해를 입지 않도록 유의하여야 한다.

① 채무자 및 그와 같이 사는 친족(사실상 관계에 따른 친족을 포함한다. 이하 이 조에서 "채무자등"이라 한다)의 생활에 필요한 의복 · 침구 · 가구 · 부엌기구, 그 밖의 생활필수품

② 채무자등의 생활에 필요한 2월간의 식료품 · 연료 및 조명재료

③ 채무자등의 생활에 필요한 1월간의 생계비로서 대통령령이 정하는 액수의 금전

④ 주로 자기 노동력으로 농업을 하는 사람에게 없어서는 아니될 농기구 · 비료 · 가축 · 사료 · 종자, 그 밖에 이에 준하는 물건

⑤ 주로 자기의 노동력으로 어업을 하는 사람에게 없어서는 아니될 고기잡이 도구 · 어망 · 미끼 · 새끼고기, 그 밖에 이에 준하는 물건

⑥ 전문직 종사자 · 기술자 · 노무자, 그 밖에 주로 자기의 정신적 또는 육체적 노동으로 직업 또는 영업에 종사하는 사람에게 없어서는 아니 될 제복 · 도구, 그 밖에 이에 준하는 물건

⑦ 채무자 또는 그 친족이 받은 훈장 · 포장 · 기장, 그 밖에 이에 준하는 명예증표

⑧ 위패 · 영정 · 묘비, 그 밖에 상례 · 제사 또는 예배에 필요한 물건

⑨ 족보 · 집안의 역사적인 기록 · 사진첩, 그 밖에 선조숭배에 필요한 물건

⑩ 채무자의 생활 또는 직무에 없어서는 아니 될 도장 · 문패 · 간판, 그 밖에 이에 준하는 물건

⑪ 채무자의 생활 또는 직업에 없어서는 아니 될 일기장 · 상업장부, 그 밖에 이에 준하는 물건

⑫ 공표되지 아니한 저작 또는 발명에 관한 물건

⑬ 채무자등이 학교 · 교회 · 사찰, 그 밖의 교육기관 또는 종교단체에서 사용하는 교과서 · 교리서 · 학습용구, 그 밖에 이에 준하는 물건

⑭ 채무자등의 일상생활에 필요한 안경 · 보청기 · 의치 · 의수족 · 지팡이 · 장애보조용 바퀴의자, 그 밖에 이에 준하는 신체보조기구

⑮ 채무자등의 일상생활에 필요한 자동차로서 자동차관리법이 정하는 바에 따른 장애인용 경형자동차

⑯ 재해의 방지 또는 보안을 위하여 법령의 규정에 따라 설비하여야 하는 소방설비 · 경보기구 · 피난시설, 그 밖에 이에 준하는 물건

#### 4) 압류가 금지된 채권

① 법령에 규정된 부양료 및 유족부조료遺族扶助料

② 채무자가 구호사업이나 제3자의 도움으로 계속 받는 수입

③ 병사의 급료

④ 급료 · 연금 · 봉급 · 상여금 · 퇴직연금, 그 밖에 이와 비슷한 성질을 가진 급여채권의 2분의 1에 해당하는 금액. 다만, 그 금액이 국민기초생활보장법에 의한 최저생계비를 감안하여 대통령령이 정하는 금액에 미치지 못하는 경우 또는 표준적인 가구의 생계비를 감안하여 대통령령이 정하는 금액을 초과하는 경우에는 각각 당해 대통령령이 정하는 금액으로 한다.

⑤ 퇴직금 그 밖에 이와 비슷한 성질을 가진 급여채권의 2분의 1에 해당하는 금액

## 4. 관할법원

### 1) 전속관할

보전처분의 관할은 일반 강제집행의 관할과 마찬가지로 전속관할에 해당하므로 합의관할은 인정되지 않는다. 따라서 법적으로 정해진 법원 이외의 법원이나 당사자간의 합의로 정해진 법원은 보전처분에 관한 권한이 없어 보전처분신청은 아무 법원에나 신청할 수 없다.

### 2) 가압류사건의 관할

민사집행법상 가압류사건은 가압류할 물건의 소재지 지방법원이나 본안소송이 계속 중이거나 앞으로 본안소송이 제기되었을 때 이를 관할할 수 있는 법원 중 한 곳이 관할법원이 된다.

### 3) 가처분사건의 관할

가처분사건은 원칙적으로 본안의 관할법원이 관할권을 가진다. 그러나 예외적으로 급박한 경우 조건부로 계쟁물의 소재지를 관할하는 법원이 가처분을 명할 수 있다.

### 4) 유체동산의 집행

유체동산의 가압류는 집행관이 이를 집행한다. 따라서 채권자는 가압류결정정본이나 집행력 있는 공정증서정본을 가지고 가압류할 유체동산의 소재장소를 관할하는 지방법원의 관할 집행관에게 집행위임을 하고 수수료를 납부하면 집행관은 14일 이내에 집행에 착수함과 동시에 재판서 정본을 채무자에게 송달하게 된다(집행위임을 위한 신청서는 집행관 사무소에 비치되어 있다).

## 5. 피보전권리

보전처분을 신청할 수 있는 권리, 즉 보전처분을 통해 보장받을 수 있는 권리는 금전채권 또는 금전으로 환산할 수 있는 채권이므로 본안소송의 청구원인을 원용하면 되는데, 가처분의 경우는 보전하고자 하는 권리가 불가분의 채권으로 특정될 수밖에 없으나 가압류의 경우는 본안의 소로 청구할 채권의 일부에 대하여도 신청이 가능하므로 보전의 필요에 따라 소송경제적 차원에서 구체적으로 잘 판단하여 일부분에 관해서만 신청하면 비용을 절감할 수 있다.

## 6. 소명 및 공탁

정당한 이유 없이 가압류나 가처분이 실행되면 자칫 상대방의 재산권행사를 방해하게 되어 결국 권리를 침해할 수 있다. 따라서 이에 대한 남발은 자제되어야 하며, 이를 위해 신청인은 보전처분을 해야 하는 이유를 법원이 즉시 조사할 수 있는 증거에 의하여 소명해야 하고 자칫 보전처분의 남용으로 인하여 발생할 수 있는 피신청인의 피해구제를 위해 보전처분 신청시 법원은 신청인으로 하여금 일정한 보증금을 공탁하도록 하고 있으며, 보증금은 현금 및 보증보험으로 공탁할 수 있으나 보증보험으로 공탁을 하고자 하는 경우는 사전에 법원으로부터 보증공탁에 관한 허가를 얻어야 한다.

## 7. 신청서 작성 예

### 부동산가압류신청서

부 동 산 가 압 류 신 청 서

채권자 : ○　○　○ (전화번호 :　　　　)
주　소 : 서울특별시 영등포구 신길동 454번지

채무자 : ○　○　○ (전화번호 :　　　　)
주　소 : 서울특별시 관악구 신림동 173의 6

청구채권의 표시

금 이천오백만원정(대여금)
채권자가 채무자에게 200　년　월　일, 이자 연 12%로 하여 200 년　월　일 변제하기로 약정하고 빌려 준 대여금.

가압류할 부동산의 표시

별지 목록의 기재와 같음.

신청의 취지

채권자는 채무자에 대한 위 채권의 집행을 보전하기 위하여 채무자 소유의 별지 목록 기재의 부동산을 가압류한다.

라는 결정을 구함.

신청의 이유

1. 채권자는 채무자에 대하여 200 년 월 일 일금이천오백만원정(₩25,000,000)을 빌려 주면서 이자는 연 12%로 하고 변제기는 200 년 월 일로 약정하였습니다. 그러나 채무자는 변제기가 지난 지금까지도 이를 변제하지 않고 있습니다.

2. 채권자는 채무자를 상대로 대여금청구소송을 제기하기 위해 준비 중에 있으나 채무자는 다른 사람에게도 많은 채무를 부담하고 있어 지금 가압류를 해 두지 않으면 후일 채권자가 대여금청구소송에서 승소판결을 얻는다 하더라도 그에 대한 집행이 불가능하게 될 우려가 있어 강제집행보전을 위하여 이 가압류신청을 하게 되었습니다.

3. 담보제공에 대하여는 보증보험회사와 지급보증위탁계약을 체결한 문서로 제출하고자 하오니 허가하여 주시기 바랍니다.

첨부서류

| | |
|---|---|
| 1. 차용증 사본 | 1통 |
| 1. 부동산등기부등본 | 2통 |
| 1. 가압류진술서 | 1통 |

200 . .

위 채권자 ○ ○ ○ ㊞

서울중앙지방법원 귀중

가압류할 부동산의 목록

1. 서울특별시 관악구 신림동 173의 6
   대지 155평방미터
2. 위 지상 철근콘크리트조 슬라브지붕 1층 주택 120평방미터

‖ 유의사항 ‖

1. 신청서에는 2,500원의 인지를 붙여야 한다(보증공탁허가신청을 하지 않는 경우는 2,000원).
2. 공탁금에 대하여 법원에서 보증공탁허가를 득한 경우는 보증보험회사의 보험증권으로 공탁하고 그렇지 못한 경우는 현금으로 공탁하여야 한다.
3. 가압류할 부동산소재지를 관할하는 시, 구, 군청에서 발행한 등록세납부서에 의하여 압류할 금액의 2/1,000에 해당하는 등록세와 등록세액의 20/100에 해당하는 교육세를 납부하고 그 영수증을 신청서에 첨부하여야 한다(등록세액이 3,000원 미만인 경우는 3,000원을 납부).
4. 송달료 : 당사자수×3,020원×3회
5. 부동산 목록은 부동산등기부등본상의 표제부등기의 내용을 근거로 하여 구체적으로 작성하여 5통을 첨부하여야 한다.

## 가압류신청진술서

[별지 1]

**가 압 류 신 청 진 술 서** (채무자 )

채권자는 가압류 신청과 관련하여 다음 사실을 진술합니다. 다음의 진술과 관련하여 고의로 누락하거나 허위로 진술한 내용이 발견된 경우에는, 그로 인하여 보정명령 없이 신청이 기각되거나 가압류 이의절차에서 불이익을 받을 것임을 잘 알고 있습니다.

2008. . .

채권자(대리인) (서명 또는 날인)

◇ 다 음 ◇

1. 피보전권리와 관련하여

가. 채무자가 신청서에 기재한 청구채권을 인정하고 있습니까?

☐ 예

☐ 아니오 → 채무자의 주장의 요지 :

나. 채무자가 청구채권과 관련하여 오히려 채권자로부터 받을 채권을 가지고 있다고 주장하고 있습니까?

□ 예 → 채무자의 주장의 요지 :

□ 아니오

다. 채권자가 신청서에 기재한 청구금액은 본안소송에서 승소할 수 있는 금액으로 적정하게 산출된 것입니까? (과도한 가압류로 인해 채무자가 손해를 입으면 배상하여야 함)

□ 예

□ 아니오

2. 보전의 필요성과 관련하여

가. 채권자가 채무자의 재산에 대하여 가압류하지 않으면 향후 강제집행이 불가능하거나 매우 곤란해질 사유의 내용은 무엇입니까?(필요하면 소명자료를 첨부할 것)

나. [유체동산가압류 또는 채권가압류사건인 경우] 채무자에게는 가압류할 부동산이 있습니까?

□ 예

□ 아니오 → 채무자의 주소지 소재 부동산등기부등본을 첨부할 것

다. ["예"라고 대답한 경우] 가압류할 부동산이 있다면, 부동산가압류 이외에 유체동산 및 채권가압류신청을 하는 이유는 무엇입니까

□ 이미 부동산상의 선순위 담보 등이 부동산가액을 초과함 → 부동산등기부등본을 첨부할 것

□ 기타 사유 → 내용 :

3. 본안소송과 관련하여

가. 채권자는 신청서에 기재한 청구채권(피보전권리)의 내용과 관련하여 채무자를 상대로 본안소송을 제기한 사실이 있습니까?

□ 예

□ 아니오

나. ["예"로 대답한 경우]

① 본안소송을 제기한 법원 · 사건번호 · 사건명은?

② 현재 진행상황(소송이 계속중인 경우)은?

③ 소송결과(소송이 종료된 경우)는?

다. ["아니오"로 대답한 경우] 채권자는 본안소송을 제기할 예정입니까?

☐ 예 → 본안소송 제기 예정일 :

☐ 아니오

4. 중복가압류와 관련하여

가. 채권자는 이 신청 이전에 채무자를 상대로 동일한 가압류를 신청하여 기각된 적이 있습니까?

☐ 예

☐ 아니오

나. 채권자를 신청서에 기재한 청구채권을 원인으로, 이 신청과 동시에 또는 이 신청 이전에 채무자의 다른 재산에 대하여 가압류를 신청한 적이 있습니까?

☐ 예

☐ 아니오

다. [나.항을 "예"로 대답한 경우]

① 동시 또는 이전에 가압류를 신청한 법원 · 사건번호 · 사건명은?

② 현재 진행상황은?

③ 신청결과(취하/각하/인용/기각 등)는?

◇ 유의사항 ◇

채무자가 여럿인 경우에는 각 사람별로 이 서면을 작성하여야 합니다.

## 유체동산가압류신청서

**유 체 동 산 가 압 류 신 청 서**

채권자 : ○　　○　　○　(전화번호 :　　　　　)

주　소 : 서울특별시 영등포구 신길동 454번지

채무자 : ○　　○　　○　(전화번호 :　　　　　)

주　소 : 서울특별시 관악구 신림동 173의 6

청구채권의 표시

금 이천오백만원정(대여금)

채권자가 채무자에게 200 년 월 일, 이자 연 12%로 하여 200 년 월 일 변제하기로 약정하고 빌려 준 대여금.

신청의 취지

채권자는 채무자에 대한 위 채권의 집행을 보전하기 위하여 채무자 소유의 유체동산을 가압류한다.

라는 결정을 구함.

신청의 이유

1. 채권자는 채무자에 대하여 200 년 월 일 일금이천오백만원정(₩25,000,000)을 빌려 주면서 이자는 연 12%로 하고 변제기는 200 년 월 일로 약정하였습니다. 그러나 채무자는 변제기가 지난 지금까지도 이를 변제하지 않고 있습니다.

2. 채권자는 채무자를 상대로 대여금청구소송을 제기하기 위해 준비 중에 있으나 채무자는 다른 사람에게도 많은 채무를 부담하고 있어 지금 가압류를 해 두지 않으면 후일 채권자가 대여금청구소송에서 승소판결을 얻는다 하더라도 그에 대한 집행이 불가능하게 될 우려가 있어 강제집행보전을 위하여 이 가압류신청을 하게 되었습니다.

3. 담보제공에 대하여는 보증보험회사와 지급보증위탁계약을 체결한 문서로 제출하고자 하오니 허가하여 주시기 바랍니다.

첨부서류

1. 차용증 사본 1통
1. 가압류진술서 1통

200. . .

위 채권자 ○ ○ ○ ㊞

서울중앙지방법원 귀중

‖ 유의사항 ‖

1. 일반적인 유의사항은 위의 부동산가압류의 경우와 동일하다.
2. 유체동산가압류의 경우는 목록을 집행관이 현장에서 작성하기 때문에 작성할 필요가 없다.
3. 유체동산이 아닌 경우, 즉 자동차나 건설기계를 가압류하고자 하는 경우는 유체동산 대신에 자동차 또는 건설기계로 표시하고 등록원부(갑)를 그대로 복사하여 첨부하여야 한다.

## 채권가압류명령신청서

# 채 권 가 압 류 명 령 신 청 서

채권자 : ○ ○ ○ (전화번호 : )
주 소 : 서울특별시 영등포구 신길동 454번지

채무자 : ○ ○ ○ (전화번호 : )
주 소 : 서울특별시 관악구 신림동 173의 6

제3채무자 : ○ ○ ○ (전화번호 : )
주 소 : 서울특별시 강남구 대치동 1705의 4

청구채권의 표시

금 이천오백만원정(대여금)

채권자가 채무자에게 200 년 월 일, 이자 연 12%로 하여 200 년 월 일 변제하기로 약정하고 빌려 준 대여금.

가압류할 채권의 표시

별지 목록의 기재와 같음.

신청의 취지

1. 채무자가 제3채무자에 대하여 가지는 별지 목록 기재의 채권을 가압류한다.
2. 제3채무자는 채무자에게 위 채권에 관한 지급을 하여서는 아니된다.

라는 결정을 구함.

신청의 이유

1. 채권자는 채무자에 대하여 200 년 월 일 일금이천오백만원정(₩25,000,000)을 빌려 주면서 이자는 연 12%로 하고 변제기는 200 년 월 일로 약정하였습니다. 그러나 채무자는 변제기가 지난 지금까지도 이를 변제하지 않고 있습니다.

2. 채권자는 채무자를 상대로 대여금청구소송을 제기하기 위해 준비 중에 있으나 채무자는 다른 사람에게도 많은 채무를 부담하고 있어 지금 가압류를 해 두지 않으면 후일 채권자가 대여금청구소송에서 승소판결을 얻는다 하더라도 그에 대한 집행이 불가능하게 될 우려가 있어 강제집행보전을 위하여 이 가압류신청을 하게 되었습니다.

3. 담보제공에 대하여는 보증보험회사와 지급보증위탁계약을 체결한 문서로 제출하고자 하오니 허가하여 주시기 바랍니다.

첨부서류

1. 차용증 사본 1통
1. 내용증명우편 1통
1. 가압류진술서 1통

200 . . .

위 채권자 ○ ○ ○ ㊞

서울중앙지방법원 귀중

가압류할 채권의 목록

채무자가 제3채무자 소유의 서울특별시 관악구 신림동 173의 6번지 주택을 임차함에 있어 제3채무자에게 지급한 전세보증금 삼천만원의 반환채권.

**유의사항**

1. 인지대, 송달료 등에 관한 사항은 위의 경우와 동일하다.
2. 당사자 표시에 제3채무자를 정확하게 표시하여야 한다.
3. 가압류할 채권의 내용을 정확하게 기재한 목록을 5통 작성하여 첨부하여야 한다. 이때 가압류할 채권이 급료인 경우는 채권의 확실한 확보를 위해 봉급, 수당뿐만 아니라 채권자의 채권을 온전히 변제 받지 못한 시점에서 채무자가 직장을 퇴직하는 경우는 퇴직금까지도 압류의 범위로 기재하여야 한다.

## 부동산처분금지가처분신청서

### 부 동 산 처 분 금 지 가 처 분 신 청 서

채권자 : ○　　○　　○　(전화번호 :　　　　　　)
주　소 : 서울특별시 영등포구 신길동 454번지
채무자 : ○　　○　　○　(전화번호 :　　　　　　)
주　소 : 서울특별시 관악구 신림동 173의 6

목적물 가액

금 ○ ○ ○ 원정
피보전권리 : 소유권이전등기청구권

신청의 취지

채무자는 별지 목록 기재 부동산에 대하여 양도, 저당권 및 임차권의 설정 기타 일체의 처분행위를 하여서는 아니 된다.

라는 재판을 구합니다.

신청의 이유

1. 채권자는 채무자 소유의 별지 목록 기재 부동산을 1억원에 매매하기로 합의하고 2005년 3월 5일 계약금 1천만원을 지급하고 중도금 4천만원과 잔금 5천만원은 각각 같은 해 5월 4일과 같은 해 7월 5일에 지급하고 잔금지급과 동시에 소유권이전등기절차를 이행하기로 계약을 체결하여 이미 중도금까지 지급한 상황입니다.

2. 채권자는 잔금지급기일에 채무자를 찾아가 잔금지급과 목적부동산의 소유권이전등기를 동시에 이행하자고 요청하였으나 채무자는 목적부동산의 주변이 신도시로 개발된다는 보도와 관련하여 주변 부동산가격이 상승한다는 정보를 접하고 일방적으로 계약을 해제한다고 주장하면서 잔금의 수령을 거절하여 채권자는 2005년 7월 5일 잔금을 서울지방법원 공탁공무원에게 변제공탁 하였습니다.

3. 채권자는 지체 없이 본건에 관한 부동산소유권이전등기청구의 소를 준비하고 있으나 목적부동산의 가격상승에 따라 채무자가 제3자에게 이를 처분하는 경우 채권자는

제3자에게 대항할 수 없기에 채권자는 위 신청 취지의 내용과 같이 처분금지가처분신청에 이르게 되었습니다.

4. 담보제공에 대하여는 보증보험회사와 지급보증위탁계약을 체결한 문서로 제출하고자 하오니 허가하여 주시기 바랍니다.

첨부서류

1. 부동산매매계약서 사본 1통
1. 영수증 사본 각 1통
1. 부동산등기부등본 1통

2006. . .

위 채권자 ○ ○ ○ ㉑

서울중앙지방법원 귀중

부동산 목록

서울특별시 관악구 신림동 1458번지
대 124평방미터

‖ 유의사항 ‖

1. 유의사항은 위에서 살펴본 가압류의 경우와 동일하다.
2. 신청의 이유에서 가처분신청을 하게 된 내용을 정확하게 기재하는 것이 무엇보다 중요하다.
3. 부동산 목록도 가압류의 경우와 같이 5통을 작성하여 신청서에 첨부하여야 한다.

## 공사금지가처분신청서

공 사 금 지 가 처 분 신 청 서

채권자 : ○ ○ ○ (전화번호 : )
주 소 : 서울특별시 영등포구 신길동 454번지

채무자 : ○　　○　　○　(전화번호 :　　　　　)
주　소 : 서울특별시 관악구 신림동 173의 6

목적물의 표시

별지 목록 기재와 같음.

목적물의 가액

금 ○ ○ ○ 원정

신청의 취지

1. 채무자는 별지 목록 기재의 건물에 대하여 개축, 증축, 기타의 공사를 하여서는 아니 된다.
2. 채무자는 별지 목록 기재 건물에 관하여 그 내부의 구조를 변경하는 공사를 하여서는 아니 된다.
라는 재판을 구합니다.

신청의 이유

1. 별지 목록 기재의 건물은 채권자의 소유로서 채무자에게 동 건물전체를 임대한 바 있습니다.
2. 그런데 채무자는 채권자의 승낙이나 동의도 받지 않고 위 건물을 자신의 사업용도에 맞게 내부구조를 변경할 계획으로 설계사무소에 설계 의뢰까지 해 두고 있으며, 심지어 위 건물의 증축이나 개축까지도 계획하고 있는 실정입니다.
3. 따라서 채권자는 채무자를 상대로 임대차계약을 해지하고 위 건물의 명도청구의 소를 제기하려는 준비 중에 있으나 소송 진행 중에 채무자가 위와 같은 공사를 진행하면 채권자가 본안소송에서 승소판결을 얻는다 하더라도 그 집행에 현저한 곤란이 따르고 또한 과다한 집행비용이 소요될 우려가 다분하므로 이 신청에 이르게 되었습니다.

첨부서류

1. 건물등기부등본　　　　1통
1. 임대차계약서 사본　　　1통
1. 사실확인서　　　　　　1통

1. 내용증명 우편 사본　　　　　　1통

2006 .　　　.　　　.

위 채권자 ○　○　○ ㉵

서울중앙지방법원 귀중

부동산 목록

서울특별시 관악구 신림동 173의 6

위 지상 철근콘크리트조 스라브지붕 1층 주택 124평방미터

‖ 유의사항 ‖

1. 일반적인 사항은 가압류의 경우와 동일하다.
2. 부동산 목록은 부동산등기부등본의 표제부등기의 내용과 동일하게 작성하여 5통을 첨부한다.

## 부동산점유이전금지가처분신청서

부 동 산 점 유 이 전 금 지 가 처 분 신 청 서

채권자 : ○　○　○ (전화번호 :　　　　　)

주　소 : 서울특별시 영등포구 신길동 454번지

채무자 : ○　○　○ (전화번호 :　　　　　)

주　소 : 서울특별시 관악구 신림동 173의 6

목적물의 표시

별지 목록 기재와 같음.

목적물의 가액

금 ○ ○ ○ 원정

신청의 취지

1. 채무자의 별지 목록 기재 건물에 대한 점유를 풀고 채권자가 위임한 ○○지방법원 소속 집행관에게 그 보관을 명한다.

2. 집행관은 현상을 변경하지 않는 조건으로 채무자에게 이를 사용하게 하여야 한다.

3. 이 경우 집행관은 그 보관의 취지를 공시하기 위하여 적당한 방법을 취하여야 한다.

4. 채무자는 그 점유를 타인에게 이전하거나 또는 점유명의를 변경하여서는 아니 된다.

라는 재판을 구합니다.

신청의 이유

1. 채권자는 채무자와 별지 목록 기재 부동산에 대하여 200 년 월 일 보증금 2천5백만원, 임대료 월50만원으로 200 년 월 일부터 1년의 계약기간으로 임대차계약을 체결한 바 있습니다.

2. 위 임대차계약은 200 년 월 일 계약기간이 만료되었으나 채무자는 목적부동산을 채권자에게 명도하지도 않고 임대료도 지급하지 아니한 채 별지 목록 기재 부동산의 점유명의를 타인에게 이전하려는 노력을 하고 있음을 알게 되었습니다.

3. 따라서 채권자는 채무자를 상대로 별지 목록 기재 부동산의 명도청구의 소를 제기하기 위한 준비 중에 있으나 이는 상당한 시일이 소요되므로 그 동안의 점유보존을 위해 부득이 이 신청에 이르게 되었습니다.

4. 담보제공에 대하여는 보증보험회사와 지급보증위탁계약을 체결한 문서로 제출하고자 하오니 허가하여 주시기 바랍니다.

첨부서류

| | |
|---|---|
| 1. 부동산임대차계약서 사본 | 1통 |
| 1. 토지 및 건물등기부등본 | 각 1통 |
| 1. 토지 및 건축물대장 | 각 1통 |
| 1. 내용증명 우편 | 1통 |

200 . . .

위 채권자 ○ ○ ○ ㉑

서울중앙지방법원 귀중

부동산 목록

서울특별시 관악구 신림동 173의 6

위 지상 철근콘크리트조 스라브지붕 1층 주택 88.45평방미터

‖ 유의사항 ‖

1. 2,500원 상당의 인지를 첩부하여야 한다.
2. 송달료는 당사자수×3,020원×3회분
3. 등록세 및 교육세는 가압류의 경우와 동일하다.
4. 별지 목록은 당해 부동산등기부등본 표제부등기를 근거로 기재하여 5통 첨부해야 한다.

# Ⅱ. 증거와 증거보전

## 1. 의 의

증거재판주의를 원칙으로 채택하고 있는 소송제도하에서 재판을 승소하기 위해서는 증거를 확보하는 것이 무엇보다 중요하며, 본안소송에서 정상적인 증거조사를 할 때까지 무방비상태로 있다가는 그 조사가 불가능하게 되거나 곤란하게 될 우려가 있는 증거를 미리 조사하여 그 결과를 보전하였다가 본안소송에서 주장근거로 사용하려는 독립된 소송절차를 「증거보전」이라 한다.

## 2. 증거의 종류

증거에는 인적 증거와 물적 증거가 있는데, 「인적 증거」는 사람을 통해 일정한 사실의 입증할 수 있는 것으로서 목격자등의 진술이나 증언을 활용하는 것을 말하고, 「물적 증거」는 일정한 사실을 입증할 수 있는 물건으로서 계약서나 기타의 물건이 이에 해당

한다.

## 3. 증거보전사유

증거보전의 대상에는 제한이 없지만 신청인은 증거보전의 필요성을 소명하여야 하는데 일반적으로 ① 증거가 멸실되어 가고 있어 조사가 불가능하게 될 우려가 있는 경우, ② 증인이나 당사자 본인의 지병이 점점 악화되거나 출국 및 장기해외체류의 가능성으로 시간의 경과에 따라 조사가 점점 더 어렵게 될 수 있는 경우, ③ 공문서의 보존기간 경과 등의 경우와 같이 현상이 변경될 염려가 있는 경우는 증거보전의 충분한 사유에 해당한다고 볼 수 있다.

## 4. 관할법원

신문을 받을 증인, 감정인, 당사자의 거소 또는 증거로 할 문서를 소지하는 자의 거소 또는 소재지를 관할하는 지방법원이 관할법원이 되며, 증거보전신청사건은 단독판사의 소관이다.

## 5. 기록송부촉탁 및 원용

증거조사 후 본안소송을 제기한 당사자는 수소법원(본안소송의 관할법원)에 증거보전기록의 송부촉탁을 하거나 증거보전법원에 직접 기록송부신청을 하면 증거보전법원은 수소법원의 송부요청을 받거나 당사자의 송부신청을 받은 날로부터 1주일 내에 증거조사기록을 송부하게 된다.

증거보전의 결과는 당사자가 본안소송에서 자신의 주장을 입증하기 위해 필요한 것으로 그 결과를 사용하느냐 사용하지 아니하느냐는 본인의 자유의사에 달려 있으며, 증거보전 결과를 법원이 당연히 증거로 인정하는 것은 아니다. 따라서 소송 진행 중에 판결의 증거판단에서 제외되지 않도록 당사자는 증거보전의 결과를 유용하게 활용하여야 한다.

## 6. 신청서의 작성 요령

### 1) 기재사항

증거보전신청에는 ① 상대방의 표시, ② 증명할 사실, ③ 증거, ④ 증거보전의 사유

등을 명확히 기재하여야 한다.

### 2) 소 명

신청인은 증거보전의 사유를 소명하여야 하는데 이는 일반적으로 소명자료의 제출로서 갈음하고 있으며, 법원이 서류에 의해 객관적으로 인정할 수 있을 정도의 것이면 된다.

### 3) 비용 예납

신청인은 증거조사에 필요한 비용을 미리 예납하여야 한다(자세한 내용은 제4절 II. 증거 참조).

## 증거보전신청

### 증 거 보 전 신 청

신청인 ○ ○ ○ (전화번호 )
주 소 서울특별시 강남구 대치동 454번지

피신청인 ○ ○ ○ (전화번호 )
주 소 서울특별시 영등포구 여의도동 77번지

증거보전을 위하여 아래와 같이 증인의 신문을 신청합니다.

1. 증명하여야 할 내용

신청인이 피신청인 소유의 경기도 용인시 기흥읍 보라리 369번지 소재 임야 1334평방미터를 매입하고 잔금지급기일인 2003년 4월 4일 신청인이 피신청인에게 잔금을 지급하였으나 피신청인이 그 수령을 일방적으로 거절한 사실.

2. 증인의 표시

성　　　　명 : ○ ○ ○

입원 중인 병원 : 서울특별시 서대문구 신촌동 132번지 세브란스병원

위 증인은 현재 위 병원에 입원하여 간암 치료 중에 있으므로 임상신문을 신청합니다.

3. 증거보전을 필요로 하는 사유

가. 신청인(소장 청구인)의 주장사실을 입증하기 위하여 위 증인은 없어서는 아니될 유일한 증인입니다.

나. 그러나 위 증인은 현재 간암말기환자로서 그 병세가 위중하여 생존가능성이 매우 희박한 상태입니다. 따라서 빠른 시간 내에 증인을 신문해 두지 아니하면 위 증인의 사망으로 신청인의 유일한 증거를 사용할 수 없는 위기에 처해 있어 본 신청에 이르게 되었습니다.

첨부서류

1. 매매계약서 사본　　　　　1통
1. 진단서　　　　　　　　　1통

2006 .　 .　 .

위 신청인 ○　○　○ ㊞

서울서부지방법원　귀중

‖ 유의사항 ‖

1. 인지 및 송달료는 필요 없다.
2. 신청서양식은 각 법원 민원실에 비치하고 있다.
3. 본인이 장래의 본안소송에서 주장할 사실에 대한 증거로서 신청 당시 보전하지 아니하면 그 증거의 확보가 불가능하거나 매우 곤란하다는 신청목적과 검증장소 및 검증할 내용을 명확하게 기재하여야 한다.

## Ⅲ. 공증제도

### 1. 공증의 의의

공증公證이란 법적 생활관계에서 발생하는 여러 가지 사항에 대하여 공적으로 증명하는 작용으로서 중요한 거래의 증거를 보전하거나 범죄 및 분쟁의 예방 또는 권리자의 신속하고 용이한 권리실행을 위하여 법적으로 인정되고 있는 유익한 제도이다.

### 2. 공증의 담당기관

#### 1) 공증인

공증인은 대한민국 국적을 가지고 판사 · 검사 · 변호사의 자격이 있는 자로서 법무부장관의 임명을 받고 공증사무를 담당 · 처리하는 공무원을 말한다. 공증인은 일반공무원과 달리 국가로부터 봉급을 받는 것이 아니고 공증수수료규칙에 따른 수수료를 수입으로 하는 자유업자로서 법무부장관과 관할지방검찰청 검사장의 감독을 받는다.

#### 2) 공증인가 법무법인 · 합동법률사무소

법무법인이나 합동법률사무소는 변호사법이 정하는 일정한 요건을 갖추고 법무부장관의 인가를 얻으면 법인 또는 합동법률사무소의 간판을 걸고 공증인의 직무에 속하는 업무를 행할 수 있다. 그러나 구성원이 아닌 법인소속변호사는 공증업무를 집행할 수 없다.

법무법인의 경우는 공증담당변호사 1인이 공정증서에 서명 또는 기명날인하면 공증의 효력이 발생하는 반면에 합동법률사무소에서 공증을 하는 경우는 공증담당변호사 3인이 서명 또는 기명날인하여야 공증의 효력이 발생한다.

#### 3) 공무원

지방검찰청 관할구역 내에 공증인이 없거나 공증인의 직무집행이 불가능한 경우 법무부장관은 지방검찰청의 검사나 지방법원의 등기소장으로 하여금 관할구역 내에서 공증인의 직무를 집행하게 할 수 있다. 그리고 법원주사는 확정일자인을 부여할 수 있고, 집달관도 거절증서를 작성할 수 있으며, 재외공관에서 근무하는 총영사, 영사 및 부영사도 외국에서의 공증사무를 집행할 수 있다.

## 3. 공증의 종류

공증의 종류는 강제집행력의 유무에 따라 공정증서와 사서증서인증이 있으며, 또한 일정한 서류의 존재사실을 확정하기 위한 확정일자인이 있다.

공증의 종류와 그에 대한 효력의 차이는 엄청나다. 즉, 강제집행력 있는 공정증서의 경우는 법원의 재판절차를 거치지 않고 공증인의 집행문을 부여받아 곧바로 강제집행을 신청할 수 있고, 사서증서의 경우는 재판에서 증거력을 인정받을 수 있을 뿐 강제집행력은 발생하지 않는다. 또한 공정증서의 수수료는 사서증서인증의 경우보다 2배 정도 비싸게 정해져 있다.

이러한 차이를 제대로 알지 못하고 일반인들은 공증만 받으면 그 내용에 대하여 무조건 보장을 받는 것으로 인식하고 있는 경우가 많은데, 이는 매우 잘못된 인식이다. 따라서 공증을 받고자 할 때에는 공증인이나 사무원에게 공증을 하고자 하는 목적을 자세히 설명하고 그 종류를 선택하는 것이 매우 중요한 일이다.

예컨대, 친구에게 돈을 빌려 주고 차용증에 사서증서인증이라는 공증을 받아둔 경우, 돈을 빌린 친구가 돈을 갚지 않으면 사서증서인증을 받은 차용증서를 근거로 법원에 대여금반환청구소송을 제기하여 판결을 받은 뒤 강제집행을 할 수 있다. 따라서 이때의 차용증서에 대한 사서증서인증은 재판에서 그 차용증의 내용이 진실이라는 것을 인정받는데 도움이 될 뿐 강제집행력을 가지는 것은 아니다. 또한 승소판결을 받았더라도 친구의 재산이 없으면 자신이 빌려 준 돈을 받을 수 없게 된다. 이러한 사실을 모르고 공증만 받아 두면 틀림없이 친구로부터 돈을 받을 수 있다고 생각하는 것은 매우 위험하다.

### 1) 공정증서

#### (1) 법률행위에 관한 공정증서

① 의 의

이는 매매, 임대차, 고용, 도급, 동업 등 각종 계약과 위임행위, 수령행위, 증여행위 등 일방적인 법률행위에 관하여 공증기관이 작성한 공정증서를 말한다.

② 장 점

일정한 금액의 지급에 관한 계약의 경우 즉시 강제집행을 허락하는 취지를 공정증서에 기재하면 별도의 소송절차를 거치지 않고 강제집행이 가능하므로 채권자의 권리실행이 매우 신속 · 간편하게 이루어질 수 있다.

### (2) 어음 · 수표 공정증서

① 의 의

일정한 발행인이 어음이나 수표를 발행하여 공증을 촉탁한 경우, 이를 근거로 공증기관이 작성한 공정증서를 어음 · 수표 공정증서라 한다.

② 장 점

어음 · 수표 공정증서는 최종확정판결을 받은 것과 동일한 효력을 가지므로 어음 · 수표의 지급기일에 채무자가 어음 · 수표금을 지급하지 않으면 채권자는 그 공정증서를 작성한 공증기관에서 집행문을 부여받아 별도의 소송절차를 거치지 않고 채무자의 재산에 강제집행을 신청할 수 있다.

이러한 점에서 다른 사람에게 돈을 빌려 주거나 또는 어음 · 수표를 받을 때에는 차용증에 대한 사서증서인증을 받아 두는 것보다 어음 · 수표 공증을 받아 두는 것이 사후처리에 많은 도움이 된다.

### (3) 사실실험공정증서

① 의 의

사람의 출생 · 사망 · 생존, 신체 · 재산에 관한 손해의 정도 · 형상, 동산 · 부동산의 품질 · 종류 · 대소 · 형상 · 수량 · 현존상태 · 점유상태, 회사 · 조합의 총회의 의사, 재산의 봉인, 대금고의 개문 · 점검 등에 관하여 증거를 보존하고자 하는 자의 신청이 있는 경우 그 사실에 관한 공정증서를 사실실험공정증서라 한다.

② 장 점

이는 강력한 증거자료로서의 효력을 가지는 공정증서로서 공증기관이 직접 목격한 사실에 관하여만 증서를 작성하여야 하며, 공증기관의 지식으로는 인식하기 어려운 내용은 전문가를 입회시켜 그의 의견을 들어 작성하여야 한다.

### (4) 유언공정증서

① 의 의

유언자가 자신의 사망 후에 그의 재산이나 희망하는 바에 대하여 일정한 효력을 발생시키기 위하여 단독으로 하는 의사표시를 유언이라고 하는데, 이를 공증기관이 일정한 방식에 의해 작성함으로써 강력한 법적 효력을 발생케 하는 것이 유언공정증서이다.

② 특 징

현행 민법은 자필증서, 녹음, 공정증서, 비밀증서, 구수증서 등에 의하여 유언을 할 수 있도록 하고 있으나 소정의 방식을 갖추지 못하면 유언의 효력이 발생하지 않기 때문에 확실한 효력을 확보하기 위해서는 유언공정증서의 방법을 선택하는 것이 바람직하다. 이렇게 유언을 명확히 함으로써 유언자가 사망한 후 법원의 검인을 받을 필요도 없고 상속권자들 간의 분쟁을 사전에 예방할 수 있다.

유언자는 유언에 대하여 공증을 받은 후 자신이 살아 있는 한 언제든지 그 내용의 일부 또는 전부에 대하여 변경하거나 취소할 수 있으며, 일정한 내용을 첨가할 수도 있다.

③ 촉탁절차

유언공증을 받고자 하는 자는 2인 이상의 증인과 함께 신분증과 인장 및 증인의 신원증명서 등을 지참하고 유언하고자 하는 내용에 대한 근거자료, 즉 부동산의 경우는 등기부등본이나 대장등본, 예금한 돈을 유증하고자 하는 경우는 예금통장 등을 구비하여 공증인사무소로 찾아가 공증을 부탁하면 된다.

만약 유언자가 지병이나 다른 이유로 공증인사무소에 갈 수 없는 경우는 위의 서류를 구비하고 증인의 협조를 부탁하고 공증인의 출장을 요청하여 원하는 장소에서 유언공증을 받을 수도 있다.

#### (5) 거절증서

거절증서는 어음·수표의 지급 또는 인수가 거절되는 경우 그 사유를 명확히 증명하여 그에 대한 소구, 즉 상환청구의 정확한 자료로 사용하기 위해 촉탁자의 신청에 의해 공증인 또는 집행관이 작성한 공정증서이다.

### 2) 사서증서인증

#### (1) 의 의

사서증서인증은 법률행위 또는 사적권리에 관하여 개인이 작성한 사문서에 대하여 공증기관이 작성자의 진의를 확인함으로써 증거능력을 부여하고자 하는 공증의 일종이다.

### (2) 인증방법

공증인이 사서증서를 인증하는 방법은 면전인증과 자인인증의 방법이 있는데, 전자는 공증인의 면전에서 당사자로 하여금 사서증서에 서명 또는 날인케 하는 방법이고 후자는 공증인이 사서증서의 서명 또는 날인을 본인 또는 대리인으로 하여금 확인하게 하는 방법을 말한다. 이들 방법 중 대부분 자인인증의 방법에 의하고 있다.

### (3) 효 력

사서증서인증은 각종 합의서, 각서, 계약서, 위임장, 수령서, 초청장, 체류기간 연장에 관한 보증서, 선장의 해난보고서 등에 대한 증거력을 확보하기 위한 경우에 많이 사용되고 있다.

예컨대, 당사자 간에 계약서를 작성하고 그에 대한 사서증서인증을 받아 두면 그후 그 계약의 내용에 관하여 강력한 증거력이 인증되기 때문에 그의 진위여부에 대한 분쟁은 발생할 여지가 없다. 즉, 계약당사자가 계약서의 내용과 다른 주장을 할 수 없게 된다. 따라서 계약서의 내용이 그대로 보호받을 수 있다는 장점이 있다.

## 3) 확정일자인

확정일자인이란 일정한 문서나 물건이 일정한 날짜에 존재하고 있었음을 확인하기 위하여 공증기관 또는 법원주사가 촉탁인이 제시한 문서에 소정의 양식에 의한 날인을 하는 공증의 일종을 말한다.

이는 특히 주택임대차보호법상의 권리순위를 확정하기 위해 요긴하게 사용되고 있으며, 기타 서류의 존재사실만 단순하게 확인하기 위해서 많이 사용되는 공증으로서 수수료 1,000원으로 엄청난 효력을 확보할 수 있는 제도이다.

주택에 대한 임대차계약을 체결한 경우, 주택임대차보호법상의 보호를 받기 위해서는 주택임대차계약서를 작성한 후 즉시 확정일자인을 받아 두는 것이 좋다.

## 4) 공증할 수 없는 법률행위

무효인 법률행위, 법령에 위반한 사항, 무능력으로 취소할 수 있는 법률행위 등에 관해서는 공증할 수 없다.

예컨대, 인신매매계약서, 증인이 참석치 않은 유언공증, 무능력자의 법률행위 등에 관한 내용은 공증할 수 없으며, 공증을 받았더라도 이는 효력을 가지지 못한다.

## 4. 공증촉탁

### 1) 의 의

공증을 원하는 자가 공증기관에 대하여 일정한 절차에 따라 공증을 부탁하는 것을 공증촉탁이라고 한다.

### 2) 공증촉탁인

공증을 촉탁할 수 있는 자는 외국인을 포함한 자연인과 법인인데, 미성년자 · 한정치산자 · 금치산자의 공증촉탁은 그 법정대리인이나 후견인이 대리하여야 하고, 법인은 그 대표자가 공증촉탁을 할 수 있다. 그러나 유언공증의 경우는 만 17세 이상이면 공증촉탁을 할 수 있다.

#### (1) 본인에 의한 공증촉탁

본인이 공증을 촉탁할 경우는 공증기관에 출석하여 소정의 공증촉탁서를 작성하고, 촉탁인의 신원을 확인할 수 있는 주민등록증, 자동차운전면허증, 여권, 공무원증 등의 증명서 및 공증에 필요한 서류를 구비하고, 공증사무소에 비치된 소정의 공증촉탁서를 작성하여 공증인에게 제출하여야 한다(공증인법 제27조 제2항, 제3항).

#### (2) 대리인에 의한 공증촉탁

공증촉탁인이 직접 공증기관에 출석할 수 없는 경우는 대리인을 통해 공증촉탁을 할 수 있는데, 이러한 경우 대리인은 대리권을 확인할 수 있는 증명서를 지참하고 자신의 신분을 확인할 수 있는 증명서를 제시하고 촉탁서를 작성하여야 한다(공증인법 제31조 제1항, 제2항).

공증촉탁인의 대리인이 임의대리인의 경우는 인감증명서를 첨부한 위임장을 지참하여야 하고, 법정대리인의 경우는 호적등본이나 법원결정문을 지참하여 자신이 적법한 대리인임을 입증하여야 한다.

그러나 등기신청의 경우처럼 대리인이 반드시 능력자이어야 하는 것은 아니다. 따라서 미성년자도 공증촉탁인의 대리인이 될 수 있다.

대리인은 미성년자라도 무방하지만 본인의 허락이 없으면 자기계약이나 쌍방대리에 관한 공증촉탁은 대리하지 못한다.

## Ⅳ. 내용증명제도

### 1. 개　념

내용증명제도란 일정한 사실에 대한 내용이 특정인에게 송달되었음을 공적으로 인정하는 제도를 말한다. 우리나라는 민사소송법과 형사소송법에서 증거재판주의를 채택하고 있기 때문에 재판에서 이기기 위해서는 많은 증거를 확보하는 것이 중요하다. 법정에서 증거물로 인정되는 것에는 증명서, 확인서, 녹음테이프와 녹취록, 내용증명, 증인 등이 있다. 이중에서도 일반적으로 증거력의 확보에 편리하고 비용도 싼 방법이 내용증명인데, 이에 대한 증거력은 특별한 사유가 없는 한 법원에서 그대로 인정해 주고 있는 실정이다.

특히 채권양도의 경우, 채권자가 채무자에게 같은 날 내용증명으로 채권양도통지를 하고 또한 내용증명 이외의 방법으로 같은 채권양도 통지를 한 경우에 두 개의 채권양도통지가 채무자에게 동시에 도착하였다면 내용증명에 의한 채권양도통지가 우선적 효력을 가진다.

### 2. 내용증명의 형식

내용증명의 형식이나 내용에 대하여 특별히 정해진 것은 없고, 일정한 사실을 상대방에게 알려 그 내용의 존재를 확인해 두고자 하는 내용을 편지를 쓰듯이 작성하면 되는데, 이때 내용은 간단명료하게 쓰는 것이 내용증명을 보내는 자의 의사를 정확히 전달하는 데 도움이 될 수 있다.

내용증명이 일반 편지와 다른 점은 받을 사람의 주소와 성명을 정확히 기재하고, 내용을 적은 다음 보내는 사람의 주소와 성명을 기재하고 날인을 해야 하는 것이다.

### 3. 내용증명의 발송절차

내용증명은 동일한 내용으로 3부를 작성하여 각각 보내는 사람의 서명날인을 한 뒤 받을 사람의 주소를 적은 봉투를 1부 마련하여 우체국에 가서 내용증명의 발송을 부탁하면 우체국에서 내용증명에 대한 고무인을 날인하고 우체국의 고유번호를 찍어 3부 중 1부는 우체국에서 보관하고 2부를 되돌려 준다. 이 2부 중에서 1부는 보내는 사람이 보관하고 1부는 미리 마련해 간 봉투에 넣어 상대방에게 보내면 된다.

이때 내용증명을 보내는 사람 본인이 반드시 우체국에 나가야 하는 것은 아니고 다른 사람이 대신 해도 상관없다.

## 내용증명 서식

# 통 보 서

경기도 광명시 광명동 100의 8
(주) 풍 운 건 설
대표이사 박 문 수 귀중

귀사의 무궁한 발전을 기원합니다.

1. 폐사는 20 년 월 일 귀사와 서울특별시 동작구 대방동 38번지 지상 7층 건물 건평 776평 상당의 진진빌딩신축공사에 관한 계약을 체결하였습니다.

2. 그동안 본 공사의 시공에 기울여 주신 노고에 깊이 감사드립니다. 그러나 폐사에서 금번 공사현장을 확인 중에 석공사 자재가 시방서상의 내용과 달리 포천석이 아님을 발견하고 이에 대한 시정을 수차에 걸쳐 유선상으로 귀사에 통보한 바 있습니다.

3. 또한 최초의 공사계약기간보다 너무나 오랜 시간이 연장되고 있어 폐사는 분양 등 여러 가지 측면에서 많은 지장과 손해를 보고 있습니다.

4. 따라서 우선 현재의 석공사 시공위반에 대한 손해배상을 1차적으로 20 년 월 일까지 다음과 같이 청구하오니 양지하시어 차후 본건으로 인하여 불미스런 일이 발생하지 않도록 협조해 주실 것을 부탁드립니다.

– 다 음 –

1) 재시공비 : 이억 오천만원(₩250,000,000)
2) 철거비 : 오천만원(₩50,000,000)
3) 철거폐기물처리비용 : 삼천만원(₩30,000,000)
4) 기타지연손해금 : 삼천만원(₩30,000,000)

5) 합계 : 삼억 육천만원(₩360,000,000)

20 . . .

서울특별시 동작구 대방동 38번지

(주) 진 진 건 설

대표이사 김 용 팔 ㊞

**작성요령**

내용증명의 형식에 대하여 법적으로 규정한 것은 없지만 내용증명을 받을 사람의 주소와 성명, 전달하고자 하는 내용, 보내는 사람의 주소와 성명 및 날인 등은 반드시 기재하여야 하며, 이러한 내용이 없으면 우체국에서 내용증명의 발송을 거부하게 된다.

① 내용증명의 제목은 특별히 정해진 것이 없고 대체로 일정한 내용을 알리는 것을 목적으로 하는 경우는 '통보서', 경고의 뜻으로 보내는 내용증명에는 '통고서', 일정한 행위를 독촉하는 내용인 경우에는 '최고서'라는 명칭을 사용하고 있다.

② 내용증명을 받을 사람 또는 회사나 단체의 주소와 성명 또는 명칭을 정확하게 기재하여야 한다.

③ 상대방에게 전달할 내용은 간단명료하게 작성하되 구체적이고 객관적으로 기재하는 것이 좋다. 보통 내용증명을 보낼 때에는 좋지 않은 원인에 의하는 경우가 많은데, 그렇다고 내용증명에 감정적인 문구를 사용하는 것은 바람직하지 못하다.

④ 내용증명을 보내는 사람 또는 회사도 주소와 그 성명이나 명칭을 기재하고 날인하여야 하는데, 회사의 경우는 회사의 명칭과 그 대표자의 성명을 기재하면 된다.

## 4. 내용증명에 대한 답변

타인으로부터 내용증명을 받은 경우, 그 내용이 사실과 일치하지 않는 경우는 그 잘못된 내용에 대하여 그 내용증명을 보내온 사람에게 답변서를 보내야 한다. 만약 그 내용이 사실과 다르다고 모른 척하고 있으면 그 잘못된 내용을 사실로 인정하는 것으로 되어 불이익을 당할 수 있다. 답변서도 내용증명의 경우와 동일한 방식으로 작성하여 상대방에게 발송하면 된다.

# Ⅴ. 공시최고

## 1. 의 의

법원이 당사자의 신청에 의하여 불분명하거나 불특정의 상대방(예 : 분실한 유가증권의 소지자 및 이해관계인) 또는 행방불명인 특정의 상대방(예 : 등기 또는 등록의무자)에 대하여 청구 또는 권리의 신고를 최고하고 그 신고(권리신고 또는 청구)가 없으면 실권失權의 효력이 발생할 수 있다는 취지의 경고를 붙여 공고하는 재판상의 최고催告에 의하여 최고기간이 경과한 후 경고한 실권의 효력을 제권판결로써 선고하는 절차를 공시최고라 하며, 주로 분실하거나 도난당한 유가증권에 관한 제권판결을 구하거나 행방불명자의 실종선고를 받기 위해 많이 활용된다.

이는 법원이 행하는 절차이며, 불분명하거나 불특정 또는 행방불명의 당사자를 상대로 한다는 점, 실권의 경고를 붙여서 최고를 한다는 점 등에서 일반적인 최고나 공고와 구별된다.

## 2. 대 상

유가증권의 성질을 가진 대부분의 증권이 제권판결의 대상이 되는데, 유가증권의 성질을 가진 증권들로는 어음, 수표, 주권, 화물상환증, 사채권, 지하철도채권, 전신전화채권, 국채증권, 국민주택채권, 징발보상증권, 농어촌지역개발채권, 국민투자채권, 재정융자채권, 보훈기금채권, 대외경제협력기금채권, 재산형성저축장려기금채권, 농지채권, 도로국채, 남북협력기금채권, 토지관리및지역균형개발특별회계법 제8조의 규정에 의한 채권 등이 있으며, 이러한 증권이나 증서를 도난, 분실, 멸실 당한 때에는 최종소지인은 이행지(어음, 수표의 지급지, 화물상환증의 도착지, 창고증권의 보관창고)의 표시가 있는 때에는 그 지방법원, 그 표시가 없는 때에는 발행인의 주소지 지방법원에 유가증권의 무효선언을 위한 공시최고신청을 하여 제권판결을 받을 수 있다.

그리고 부동산등기, 자동차등록, 광업등록, 어업등록, 특허등록 등에 있어서 권리자가 의무자의 행방불명으로 인하여 공동으로 일정한 등기 또는 등록의 말소신청이 불가능한 때에도 공시최고절차를 거쳐 등기권리자 단독으로 그 말소등기를 신청할 수 있다.

## 3. 관할법원

증권이나 증서를 도난, 분실, 멸실 당한 때에는 최종소지인은 이행지(어음·수표의 지급지, 화물상환증의 도착지, 창고증권의 보관창고)의 표시가 있을 때에는 그 이행지를 관할하는 지방법원, 그 표시가 없을 때에는 발행인의 주소지(법인의 경우는 본점 소재지)를 관할하는 지방법원에 유가증권의 무효선언을 위한 공시최고신청을 하여야 한다.

그리고 등기나 등록의 말소를 구하기 위한 공시최고는 등기 또는 등록의무자의 최후 주소지 관할 지방법원 또는 등기 또는 등록관할공무소(등기소 또는 특허청) 소재지 관할 지방법원이 관할권을 가진다.

## 4. 소 명

공시최고에 관한 사유는 즉시 조사할 수 있는 증거에 의하여 소명, 즉 명확히 밝혀야 하는데, 신청 목적에 따라 다음과 같은 방법으로 소명하면 된다.

### 1) 유가증권 또는 증서

유가증권이나 증서의 경우는 그 등본 또는 중요한 내용을 기재한 서면과 분실광고가 게재된 신문이나 경찰서의 분실·도난신고증명서 및 소방관서의 화재증명서, 증권 등의 발행인의 증명서에 의해 신청하고자 하는 사실을 소명하여야 한다.

### 2) 등기 또는 등록

등기 또는 등록부등본, 권리의 소멸사실을 입증할 수 있는 임대차계약서 및 해지통고서, 의무자의 행방불명사실을 확인하기 위한 주민등록등본과 부재확인서 등으로 등기·등록의무자에 대한 공시최고 사유를 소명하면 된다.

### 3) 공탁 또는 선서

위와 같은 소명자료의 확보가 불가능하거나 곤란한 경우는 신청인이 보증금을 공탁하거나 신청 사실이 진실하다는 것을 선서함으로써 소명을 대신할 수 있다(민소법 제299조 제2항). 공탁 또는 선서에 의한 방법으로 소명한 내용이 허위로 판명되는 경우 보증금은 몰취하고 허위의 진술자에 대해서는 200만원 이하의 과태료에 처한다(민소법 제300조, 제301조).

## 5. 인지등의 첩부 및 비용의 예납

신청서에는 1,000원의 인지를 첩부하고 당사자 1인당 3회분(9,060원)의 송달료를 납부하여야 한다. 그리고 신문 공고료는 각 지방에 따라 다르나 서울에서는 500만원 이하의 소액 증권의 경우 25,000원(대상증서가 복수인 경우 그 증서가 같은 종류로서 번호가 연결된 것인 때는 초과 1매당 일정액이 가산된다), 500만원 초과는 50,000원을 현금으로 예납하여야 한다.

## 6. 신청인의 출석진술 및 입증

진술간주제도는 공시최고절차에 적용되지 않기 때문에 신청인은 공시최고기일에 법원에 출석하여 제권판결 등을 구하는 취지 및 신청원인을 진술 · 입증하여야 하며, 공시최고기일에 소환을 받고 2회 이상 불출석하면 신청을 취하한 것으로 간주한다.

### 공시최고신청(수표 · 증권 등의 무효를 구하는 공시최고)

**공 시 최 고 신 청**

신청인 : ○　　○　　○ (전화번호 :　　　　　)
주　소 : 서울특별시 서대문구 남가좌동 150번지

증서의 중요한 취지

별지 목록 기재와 같음.

신청의 취지

위 표시 증권에 관하여 공시최고를 한 후 공시최고에서 정한 기일까지 권리신고 등이 없으면 위 증권의 무효를 선고한다는 재판을 구합니다.

신청의 이유

신청인은 위 표시 증권의 최종소지인으로서 2008년 6월 7일경 지하철 2호선 시청역

부근에서 본인의 부주의로 분실한 후 지금까지 이를 회수하지 못하고 있어 이에 본 신청에 이르게 되었습니다.

소명방법 및 첨부서류

1. 미지급확인서((주)강남) 1통
1. 신문광고 사본 1통
1. 목록 10통

2008 . . .

위 신청인 ○ ○ ○ ㊞

서울중앙지방법원 귀중

목 록

1. 증권의 종류 : 약속어음 1매
2. 액 면 금 액 : 이천오백만원(₩25,000,000)
3. 지 급 기 일 : 2008. 7. 8.
4. 발 행 지 : 서울특별시
5. 지 급 지 : 서울특별시
6. 발 행 인 : 주식회사 강남
7. 최종소지인 : ○ ○ ○

**유의사항**

1. 신청이유에 증서가 멸실 또는 점유 이탈되었다는 사실을 기재하고 소명 자료(분실 광고한 신문, 경찰서에 도난·분실신고 한 신고증명서, 소방관서의 화재증명서, 은행에서 발행한 미지급 증명서 등)를 첨부하여야 한다.
2. 1,000원의 인지와 3회분 송달료를 납부하고 증서의 목록은 10부를 첨부하여야 한다.
3. 소정의 신문광고료는 법원에 예납하여야 한다.

## 공시최고신청(실권되어야 할 권리에 관한 공시최고)

### 공 시 최 고 신 청

신청인 : ○　　○　　○ (전화번호 :　　　　　　)
주　소 : 서울특별시 서대문구 남가좌동 150번지

실권되어야 할 권리의 표시

신청인 소유의 서울특별시 서대문구 남가좌동 151번지 소재 명지아파트 117동 306호 전부에 관하여 같은 곳에 주소를 둔 ○○○를 위한 서울지방법원 서부지원 등기과 1999년 ○월 ○일 접수 제○○○호 임차권설정계약 존속기간 1999년 ○월 ○일부터 2001년 ○월 ○일까지 2년간 임대차보증금 5천만원에 매월 말일에 임차료 5십만원을 지급하기로 하는 임차권설정등기.

신청의 취지

위 권리에 관하여 공시최고절차를 거쳐 제권판결을 하여주시기 바랍니다.

신청의 이유

위 임차권은 존속기간의 만료로 인하여 소멸하였으므로 신청인은 위 임차권설정등기의 말소등기절차의 이행을 청구하고자 하오나 등기의무자 ○○○가 행방불명되어 임차권설정등기의 말소등기이행에 협력을 구할 수 없으므로 공시최고를 통해 제권판결을 구하고자 본 신청에 이르게 되었습니다.

첨부서류

1. 등기부등본　　1통
1. 임차인의 주민등본 및 부재확인서　　각 1통
1. 실권되어야 할 권리의 목록　　10통

2003　.　.　.

위 신청인 ○　　○　　○ ㉨

서울중앙지방법원 귀중

## Ⅵ. 실종선고

### 1. 의 의

실종선고失踪宣告란 전쟁에 참전한 자가 그 전쟁이 종료된 후 1년이 지나도록 돌아오지 않고 생사여부도 확인이 되지 않거나, 선박 항공기 조난사고로 실종된 자의 생사가 사고일로부터 1년이 지나도록 확인되지 않는 경우(특별실종) 또는 특별한 사유 없이 행방불명된 자의 생사가 5년 이상 확인되지 않는 경우(보통실종), 그 이해관계인이 가정법원에 실종선고의 신청을 하면 관할법원이 이를 확인하여 선고하는 법적 제도를 말한다.

**실종선고신청 서식**

**실 종 선 고 심 판 청 구**

청구인　　성　　명 : 이 혼 녀
　　　　　생년월일 : 1962년 8월 15일생
　　　　　주　　소 : 서울특별시 강남구 대치동 44번지
사건본인　성　　명 : 장 부 실
　　　　　(부재자) 생년월일 : 1960년 12월 24일
　　　　　본 적 및 주 소 : 서울특별시 강남구 역삼동 33번지
　　　　　최 후 의 주 소 : 서울특별시 강남구 대치동 44번지

청구취지

부재자 장부실의 실종선고를 한다.
라는 심판을 구합니다.

청구원인

1. 청구인은 사건 본인의 처입니다.
2. 사건 본인은 도깨비주식회사의 총무이사로 근무하던 중 2003년 7월 7일 간다항

공편으로 미국출장길에 올랐으나 위 항공편이 서해상에서 추락하는 사고로 행방불명되었습니다.

3. 위 사건에 대한 구조작업이 종료된 지 3년이 경과되었으나 아직까지 사건본인의 생사를 알 길이 없어 이와 같이 청구하게 되었습니다.

첨부서류

1. 호적등본 및 주민등록표등본 각 1통
2. 간다항공 탑승객 확인서 1통
3. 인우증명서 1통
4. 항공기사고확인원 3통
5. 납부서 4통

2006. 9. 5.

청구인 이 혼 녀 ㉐

서울가정법원 귀중

**작성요령**

실종선고는 이해관계인이나 검사가 청구할 수 있는데, 청구원인에서는 사건 본인의 행방불명에 관한 내용을 정확하게 기재하고 그 내용을 입증할 수 있는 자료를 첨부하여야 한다.

인우증명서는 사건본인의 주변사람으로서 사건본인의 주재사실을 잘 알고 있는 사람에게 부탁을 해서 작성하면 되는데, 이를 공증 받아 제출하면 더욱 좋다.

## 2. 실종선고의 신고

가정법원의 실종선고가 확정되면 그 날로부터 1년 이내에 시 · 구 · 읍 · 면장에게 신고하여야 한다.

## 3. 실종선고의 효력

### 1) 사망의 간주

법원의 실종선고를 받은 자는 사망으로 간주하며(민법 제28조), 이를 근거로 실종자의 호적에 사망신고를 할 수 있다.

### 2) 실종선고의 취소

실종선고를 받은 자가 그 후에 살아서 돌아오거나 실종선고로 사망처리 된 날짜와 실제로 사망한 날짜가 다른 사실을 발견한 경우는 그 실종선고를 한 가정법원에 실종선고의 취소를 신청하여 실종선고의 내용을 무효로 할 수 있다(민법 제29조). 그러나 실종선고가 취소되지 않는 한 반증을 들어 실종선고의 효과를 다툴 수 없다. 예컨대, 실종선고에 의해 사망신고를 한 후 본인이 살아 돌아온 경우라도 당사자가 살아있다는 반증만으로는 실종선고의 효과를 무효화 할 수는 없고 실종선고의 효과를 무효로 하기 위해서는 반드시 실종선고의 취소선고를 받아야 한다.

### 3) 무효화 할 수 없는 실종선고

실종선고 후 사망으로 처리되었던 자가 살아서 돌아와 실종선고를 취소하였다 하더라도 실종선고의 효력을 믿고 이미 재혼을 한 배우자나 실종선고에 의한 상속재산을 소비해 버린 경우에는 실종선고 취소의 효력이 미치지 않는다. 그러나 실종선고를 직접 원인으로 취득한 재산이 존재하는 경우는 현존하는 한도에서 반환하여야 하고, 악의인 경우는 그 받은 이익에 이자를 가산하여 반환하고 손해가 있는 경우는 그 손해를 배상하여야 한다(민법 제29조 제2항).

# 제2절 특수한 분쟁해결 제도

## Ⅰ. 소액심판제도

### 1. 개 념

#### 1) 의 의

민사사건을 소송절차에 의해 해결하기 위해서는 매우 복잡한 절차와 비용 그리고 많은 시간을 필요로 한다. 따라서 일반인들은 이러한 문제점 때문에 자신의 권리를 제대로 행사하지 못하고 포기하는 경우가 많다. 이에 따라 일정한 소액사건에 대하여는 소액사건심판법에 의해 간편한 절차에 따라 신속하게 분쟁을 해결할 수 있는 분쟁해결방법을 소액심판제도라 한다(소액사건심판규칙 제1조의2).

그러나 소액사건에 해당하지 않는 사건을 이 제도를 악용하기 위해 사건의 일부만 청구하는 경우는 이 제도가 적용되지 않는다. 따라서 금전 기타 대체물이나 유가증권의 일정한 수량의 일부분에 대한 청구의 소는 법원이 판결로서 이를 각하하여야 한다(소액사건심판법 제5조의2). 예컨대, 이 제도의 장점을 이용하기 위해 1억원의 차용금에 대한 사건에서 2,000만원만 청구하여 소액심판을 청구하는 경우는 법원이 이를 각하하여야 한다.

### 2) 적용범위

소액심판절차에 따라 해결할 수 있는 분쟁은 민사사건의 소송물가액이 2,000만원을 초과하지 않는 금전 기타 대체물이나 유가증권의 일정한 수량의 지급을 목적으로 하는 제1심 민사사건으로 그 범위를 제한하고 있다. 따라서 가사사건이나 형사사건의 경우는 소액심판절차가 적용될 수 없다.

## 2. 신 청

### 1) 관할법원

소액심판사건의 관할법원은 지방법원 또는 지방법원지원이 원칙이지만 피신청인의 주소지에 시·군법원이 설치되어 있는 경우 소액심판사건은 지방법원이나 지방법원지원에 제출하여서는 아니 되고 반드시 시·군법원에 제출하여야 한다.

### 2) 신청방법

#### (1) 서면신청

소액심판은 법원의 종합접수실이나 민사과에 비치된 소장에 당사자, 소송물가액, 소의 취지 등을 자세히 기재하여 수입인지와 송달료를 납부한 영수증을 첨부하여 소송관할법원에 제출하면 된다. 수입인지는 민사조정신청과 달리 소송물가액에 5/1,000를 곱한 금액에 상당하는 인지를 첨부하고, 송달료는 10회분 30,200원에 당사자의 수를 곱한 금액을 납부하여야 한다.

#### (2) 구두신청

소액심판의 신청은 서면신청의 방법만을 허용하는 일반 소송의 경우와 달리 구두에 의한 신청도 가능한데(소액사건심판법 제4조 제1항), 이 경우는 법원에 가서 법원사무관 등에게 신청내용을 자세히 말하여 그가 제소조서를 작성하면 그 제소조서에 서명날인하고 수입인지와 송달료는 서면신청의 경우와 같이 납부하면 된다. 그러나 소액심판에 대한 재심을 신청하는 경우는 반드시 서면으로 신청하여야 한다.

## 3. 심판절차

### 1) 변론기일의 지정

소액심판을 신청하면 보통 즉석에서 30일 이내의 기일을 지정하여 준다. 따라서 일반 소송사건에 비해 빠른 시일 내에 재판을 받을 수 있다는 장점이 있다.

### 2) 변론 및 선고

지정된 기일에 법원의 지정된 법정에 출석하면 대부분 1회의 변론으로 절차가 끝나게 된다(소액사건심판법 제7조). 그리고 변론이 종결되면 즉시 선고할 수 있다(소액사건심판법 제11조의2 제1항). 또한 소장, 준비서면 기타 소송기록에 의하여 청구의 내용이 다투어야 할 실익이 없음이 명백한 경우 법원은 변론절차를 거치지 않고 기각할 수 있다(소액사건심판법 제9조 제1항). 이는 일반 소송사건의 경우 여러 차례에 걸쳐 변론 공방을 거치는 번거로움과 그로 인한 시간적 손실을 절약할 수 있는 장점으로 들 수 있다.

### 3) 이행권고결정

소액사건의 소가 제기된 때에 법원이 결정으로 소장부본이나 제소조서등본을 첨부하여 피고에게 청구취지대로 이행할 것을 권고할 수 있으며, 이에 대하여 피고의 이의가 없으면 곧바로 변론 없이 원고에게 집행권원을 부여할 수 있다. 또한 이행권고결정이 확정된 경우는 별도의 집행문 부여 없이 강제집행도 가능하다. 그러나 지급명령이의 또는 조정이의사건이나 청구취지 및 청구원인이 불명확한 경우는 이행권고결정을 할 수 없다.

### 4) 당사자의 불출석

소액심판의 변론기일을 통보받고 특별한 사유 없이 출석도 하지 않고 답변서도 제출하지 않으면 패소 당하게 된다.

### 5) 소송대리에 관한 특칙

일반소송사건의 경우는 특수관계인에 대한 소송대리는 법원의 허가를 받아야 하는데, 소액심판사건의 경우는 법원의 허가 없이 당사자의 배우자, 직계혈족, 형제자매 또는 호주가 소송대리인이 될 수 있어(2008. 1. 1.부터는 호주를 제외한 배우자, 직계혈족, 형제자매만 인정) 특수관계인에 의한 소송대리가 복잡한 절차 없이 가능하다(소액사건심판법 제8조 제1항). 이러한 특수관계인에 의한 소송대리의 경우 위임장을 제출하거나 당사자가 판사에게 구두로 선임하여도 무방하다(소액사건심판법 제8조 제2항).

### 6) 공휴일이나 야간 심리

소액심판은 판사가 필요하다고 인정하는 경우, 근무시간외 또는 공휴일이나 야간에도 심리할 수 있다(소액사건심판법 제7조의2).

## 4. 법적 효력

소액심판에서 승소판결을 받으면 집행권원이 발생하기 때문에 법원으로부터 확정증명을 부여받아 채무자의 재산에 대한 강제집행을 신청할 수 있다.

### 소액심판청구 서식

**소 액 심 판 청 구 서 식**

| 접 수 인 | 소 장 | 200 . . . . :<br>변론기일소환장<br>통 |
|---|---|---|
| | | 위 서류를 영수함<br>200 . . . . :<br>원고 ㊞ |

| | | |
|---|---|---|
| 배 당 순 위<br>번 호 | | |
| 사 건 번 호 | | |
| 담 당 | 제 | 단독판사 |
| 척 변 론<br>기 일 | | |
| 접 수 구 분 | 1서면, 2구술, 3우편, 4당직, 5대리 | |

사건명

원 고

주소

1. 피고

주소

2. 피고

주소

| 소가 | 원 | 첨용인지 | 원 | 송달료 | 금액 |
|---|---|---|---|---|---|
| (인지첨부란) | | | | 위 금액 송달료로 납부함<br>200 . . . .<br>성명 ㊞ | |

서울중앙지방법원 귀중

(대여금 청구의 경우)

청구취지

1. 청구금액 : (원 금) 금 ____________ 원

(가산금) 기 간 ____________부터 소장부본 송달일까지

비 율 연 ____________ 푼

기 간 소장부본 송달 다음날부터 완제일까지

비 율 연2할

2. 피고들 상호간의 관계 : 연대( )

청구원인

1. 대여내역
   (1) 대여자 ________________ (2) 차용자 ________________
   (3) 연대보증인 ________________, ________________
   (4) 대 여 일 : ____________, ____________, ____________
   (5) 금 액 : ____________원 ____________원 ____________원
   (6) 변 제 기 : ____________, ____________, ____________
   (7) 약정이율 : ____________, ____________, ____________

2. 기타 보충할 사항

20 . . .

원고 (인)

**‖ 작성요령 ‖**

소액심판은 2,000만원 미만의 소송물가액에 대한 재판으로서 이 서식은 각 민사지방법원 민원실에 비치되어 있다.

① 청구금액은 청구하고자 하는 금액에 일정한 이자를 가산한 금액을 구분하여 정확히 기재한다.
② 청구원인은 소액심판을 신청하게 된 이유를 구체적으로 기재하여야 한다.
③ 소장은 동일한 내용으로 2부를 작성하여 제출한다.
④ 수입인지는 소송물가액의 5/1,000에 상당하는 금액을 소장의 원본에만 첨부하고, 60,400원(2명 기준이며 당사자가 그 이상인 경우는 송달료를 추가하여야 한다)의 송달료를 납부하고 송달료납부증명원을 첨부하여야 한다.

기타 자세한 기재사항에 대해서는 법원의 소액심판 담당공무원에게 문의하면 자세하게 안내해 주고 있다.

# Ⅱ. 민사조정제도

## 1. 개 념

### 1) 의 의

민사조정이란 사적관계私的關係로부터 발생한 법률문제를 법관法官이나 법원에 설치된 민사조정위원회가 간단한 절차에 따라 비공개로 분쟁당사자들이 양보하고 타협하여 합의하도록 주선 권고함으로써 결국 당사자 간의 화해를 유도하는 제도를 말한다. 민사사건에 대하여 조정이 이루어지지 않거나 화해에 실패하면 결국 일반적인 민사소송이라는 재판에 의해 해결하여야 한다.

### 2) 제도의 장단점

이 제도는 ① 민사소송절차에 비해 그 절차가 매우 간편하고, ② 비공개로 진행되기 때문에 비밀이 보장되어 조정절차가 종료된 후에도 당사자 간의 관계가 원만하게 계속 유지될 수 있으며, ③ 대부분 1회의 출석으로 절차가 끝나므로 해결기간이 매우 짧을 뿐만 아니라 즉일조정도 가능하여 신청당일 곧바로 조정이 가능하다. 또한 ④ 신청비용도 일반적인 소송비용의 1/5 정도면 충분하여 매우 경제적이며, ⑤ 전문적인 지식과 다양한 경험이 풍부한 조정위원에 의해 분쟁의 해결책을 모색할 수 있어 정확한 판단을 받을 수 있고, ⑥ 소송과 같은 엄격한 절차를 거치지 않고 자유로운 분위기에서 자신의 의견을 충분히 말할 수 있으며, ⑦ 소액심판사건은 소송물가액이 2,000만원 이하로 제한되지만 조정제도는 금액과 무관하게 이용할 수 있다는 등의 장점이 있으므로 일반인들이 이용하면 여러 가지 측면에서 매우 유익한 제도라고 할 수 있다.

그러나 민사조정에 의해 분쟁을 해결하지 못하면, 즉 조정에 실패하면 다시 정식재판 절차에 의해 분쟁을 해결하여야 하는데 이는 단점으로 볼 수 있다.

## 2. 민사조정의 신청과 절차

### 1) 민사조정의 신청

#### (1) 관할법원

민사조정은 피신청인의 주소지 또는 근무지, 분쟁의 목적물이 있는 곳, 손해배상사건의 경우는 손해배상이 발생한 곳을 관할하는 지방법원, 지방법원지원, 시·군법원에 신청하여야 한다(민사조정법 제3조). 여기서 「피신청인」이란 민사조정을 신청하는 자의 상대방을 말한다.

그러나 분쟁 당사자 간에 관할법원에 관한 다른 합의가 있으면 관할권과 상관없이 편리한 법원에서 조정을 받을 수 있다. 즉, 원칙적으로는 영주시법원에서 조정을 받아야 하는 사건도 당사자들이 편의상 합의하면 서울지방법원에서도 조정을 받을 수 있다.

#### (2) 신청당사자

민사조정의 신청은 그 조정의 대상이 되는 분쟁 당사자의 한쪽 또는 쌍방이 할 수 있으며, 소송사건의 담당판사가 직권으로 조정에 회부할 수 있다(민사조정법 제2조, 제6조). 이는 당사자 간의 합의가 있어야만 신청이 가능한 중재제도와 구분된다.

#### (3) 신청방법

조정신청은 서면 또는 구두로 관할법원에 신청할 수 있다(민사조정법 제5조 제1항).

① 서면신청

조정신청서로서 신청하는 경우는 신청서의 내용에 당사자의 성명, 신청취지, 분쟁의 내용 등을 명확하게 기재하고, 신청금액이 1,000만원 미만의 경우는 조정신청물가액의 1/1,000, 1,000만원 이상 1억원 미만의 경우는 조정신청금액×0.09%+1,000원, 신창금액이 1억원 이상 10억원 미만인 경우는 조정신청금액×0.08%+11,000원에 해당하는 금액의 수입인지와 상대방 인원수만큼의 신청서 부본을 첨부하여 관할법원에 제출하여야 한다. 신속한 조정을 위해서는 사건과 관련된 증거자료를 신청서와 함께 제출하면 도움이 된다.

예컨대, 1명의 가해자에게 2,000만원의 손해배상을 청구하는 경우는 조정신청서에 신청서 부본 1통과 20,000원(2,000만원×1/1,000) 상당의 수입인지를 첨부하면 된다.

② 구두신청

구두로 조정신청을 할 경우는 민사지방법원 민원실에 가서 조정담당직원에게 신청할 내용을 자세하게 말하면 담당직원이 무료로 조정신청조서를 작성하게 된다.

### 2) 민사조정절차

#### (1) 조정기관

민사조정은 담당판사가 처리하는 것이 일반적인데, 당사자가 특별히 조정위원회의 조정을 원하거나 담당판사의 직권으로 그 사건을 조정위원회에 회부하는 경우는 조정위원회의 조정이 이루어질 수 있다(민사조정법 제7조).

조정위원회는 조정장과 2인 이상의 조정위원으로 구성하며, 조정장은 고등법원장 · 지방법원장 · 지방법원지원장이 관할법원의 판사 중에서 지정한다.

#### (2) 진 술

조정기일이 지정되면 조정신청인과 피신청인 또는 대리인은 법정에 출석하여 조정담당판사 또는 조정위원회의 조정장의 조정진행에 따라 자신들의 주장하는 바를 진술하고 답변한다.

조정담당판사 또는 조정위원회의 조정장은 당사자들의 주장을 청취한 뒤 당사자들이 제시한 증거자료를 검토하고 당사자들이 납득할 수 있는 범위 내에서 합의를 권고하는 등 조정절차를 진행한다.

#### (3) 조정의 성립

조정담당판사 또는 조정위원회의 조정장의 권고에 따라 당사자들의 합의가 이루어지면 그 내용은 조서에 기록되고 이로써 조정이 성립된다(민사조정법 제28조).

#### (4) 조정에 갈음하는 결정

조정기일에 피신청인이 출석하지 않거나 당사자 간의 합의가 이루어지지 않는 경우, 상당한 이유가 있는 경우는 조정담당판사 또는 조정위원회의 조정장이 강제조정으로서 조정에 갈음하는 결정을 내릴 수 있다. 이러한 조정에 갈음하는 결정에 대하여 이의가 있는 당사자는 조정에 관한 조서의 정본을 송달받은 날로부터 2주일 이내에 이의신청을 하여야 한다(민사조정법 제27조, 제30조, 제34조).

### (5) 비 용

조정절차의 비용은 조정이 성립된 경우는 당사자 간의 특별한 합의가 없으면 당사자 각자의 부담으로 하고, 조정이 성립되지 아니한 경우는 신청인이 비용을 부담하며, 조정이 실패하여 이의신청에 의해 일반소송으로 이전되는 경우 조정비용은 소송비용의 일부로 본다(민사조정법 제37조).

## 3. 조정이 불가능한 경우

조정신청이 있었으나 당사자에게 조정기일을 통지할 수 없는 경우 담당판사는 그 조정신청을 각하할 수 있으며, 사건이 성질상 조정의 대상으로 적당치 않다고 인정되거나 부당한 목적으로 신청되었다고 인정되는 경우는 담당판사가 조정을 하지 않는다는 결정을 내릴 수 있다. 이러한 결정에 대한 불복의 신청은 인정되지 않는다(민사조정법 제25조, 제26조).

## 4. 조정의 효력

조정은 재판상의 화해와 같은 확정판결의 법적 효력이 있다(민사조정법 제29조). 따라서 조정의 내용에 따라 채무자의 재산관계의 명시를 요구하는 신청이나 강제집행을 신청할 수 있다.

### 민사조정신청 서식

| 접수인 |
|---|
| |

**조 정 신 청 서**

**서 울 민 사 지 방 법 원　　　　귀 중**

작성일

사건명

신청인

피신청인

| 소가 | 원 | 첨용인지 | 원 | 송달료 | 금액 |
|---|---|---|---|---|---|
| | | | | | |

(대여금) (조1－1)

## 신 청 취 지

1. 신청금액 : (원 본) 금 ____________ 원

(가산금) 비율 ____________ 원

기간 ____________부터 ____________ 까지

2. 피신청인들 상호간의 관계 : 연대( )/각자( )/분할( )

## 신 청 원 인

1. 채권의 내용

(1) (대 여 자) ____________ (2) (차 용 자) ____________

(3) (공동차용자 상호간의 관계) : 연대( )/분할( )

(4) (대여일자) : ____________ · ____________ · ____________

(5) (금 액) : ____________ 원 ____________ 원 ____________ 원

(6) (변제기일) : ____________ · ____________ · ____________

(7) (가 산 금)

1. 기간 : 신청취지와 같음 ··················································( )

2. 비율 : ① 약정이율 ·························································( )

② 이자약정 없음 ·················································( )

민법상 연 5푼 ·················································( )

신청인 ( )/피신청인( )이 (여업의 종류) ______ 업을

하는 상인이므로 상법상 연 6푼 ·······································( )

▌작성요령▐

조정신청서의 작성요령은 소액심판청구의 경우와 동일함.

(대여금) (조1－1)

2. 당사자의 지위

(1) 신청인 : 대여자 본인 ( )/대여자의 상속인 ( )

신청인이 대여자의 상속인이면 : (대여자 사망일) ________

(대여자와의 관계) 신청인은 대여자의 ________

(2) 피신청인 : 차용자 본인 ( )/차용자의 상속인 ( )

연대보증인 ( )/보증인 ( )/연대채무자 ( )

피신청인이 차용자의 상속인이면 : (차용자 사망일) ________

(차용자와의 관계) 피신청인은 차용자의 ________

위와 같이 조정을 구합니다.

(작 성 일 자) ________ 년 ________ 월 ________ 일

신청인(서 명) ______________________________ (날인)

신청인 대리인(서명) ______________________ (날인)

서울중앙지방법원 귀중

## Ⅲ. 독촉(지급명령)절차

### 1. 의 의

독촉절차는 지급명령을 신청한 채권자가 제출한 서류만 심사하고 당사자의 변론 없이 지급명령을 발령하고 이에 대하여 채무자가 지급명령 정본을 송달받은 후 2주 이내에 이의를 제기하지 않으면 지급명령이 확정되어 확정판결과 동일한 효력을 가지게 되고, 채무자가 지급명령에 대하여 2주 이내에 이의를 신청하면 정식재판절차에 회부되는 간편하고 용이한 분쟁해결방법이다.

### 2. 대 상

독촉절차는 채무자가 주로 대여금, 물품대금, 임대료 등과 같은 일정한 액의 금전, 곡물이나 유류와 같은 일정한 양의 대체물 또는 일정한 양의 유가증권의 지급을 목적

으로 하는 청구에만 한정되고, 건물의 명도, 토지의 인도, 소유권이전등기청구 등에 대해서는 이용할 수 없으며, 현재 변제기가 도래하여 즉시 그 지급을 청구할 수 있고 당사자간의 다툼의 소지가 별로 없는 사안의 경우에 신청할 수 있다.

### 3. 장 점

#### 1) 편리하고 신속한 절차

독촉절차에서는 법원이 분쟁당사자를 심문함이 없이 지급명령을 신청한 채권자가 제출한 서류만을 심사하여 지급명령을 발령할 수 있으므로 채권자는 통상의 소송절차처럼 법원의 법정에 출석할 필요가 없고, 그 결과 법정에 출석하는 데에 따른 시간과 노력을 절약할 수 있다. 그러나 채무자가 이의를 신청하는 경우는 정식재판절차를 거치게 된다.

#### 2) 비용절감

채권자는 지급명령을 신청할 때에 일반적인 소송비용(첨부인지액)의 1/10에 해당하는 수수료와 당사자 1인당 4회분의 송달료만 납부하면 되므로 일반적인 소송절차에 비하여 소요되는 비용이 저렴하다.

#### 3) 강제집행상의 특례

지급명령이 확정된 때에는 원칙적으로 별도의 집행문 부여 없이 강제집행이 가능하도록 강제집행상의 특례를 규정하고 있다.

#### 4) 인터넷을 통한 독촉절차

독촉절차에서의 전자문서이용등에관한법률에 의해 2006. 11. 24부터 http://ecf.scourt.go.kr(인터넷 전자독촉 홈페이지)에 접속하여 독촉절차를 이용할 수 있다. 그러나 이 제도는 채권자가 1명인 경우에만 사용할 수 있으며, 채무자의 수는 여러 명이라도 상관이 없다.

## Ⅳ. 중재제도

### 1. 개 념

#### 1) 의 의

중재仲裁란 사적 거래관계에서 발생한 법률문제를 당사자의 합의로 법원이 아닌 제3자에게 부탁하여 일정한 절차에 따라 구속력 있는 판정을 구함으로써 법적 분쟁을 해결할 수 있는 자주법정제도를 말한다.

### 2) 장단점

중재는 ① 원칙적으로 1회의 심리로 시비를 판단하는 단심제를 채택하고 있기 때문에 문제 해결에 소요되는 시간이 단축될 수 있고, ② 심리가 비공개적으로 진행되기 때문에 당사자들의 비밀이나 사생활이 보장될 수 있으며, ③ 뿐만 아니라 일반적으로 소송당사자들은 소송으로 인해 감정이 상해 원만하게 계속적인 거래를 기대할 수 없는 반면에 중재에 의하면 당사자의 양보와 화해를 최선으로 하기 때문에 당사자의 감정을 해치지 않아 중재 후에도 당사자들의 원만한 관계를 유지할 수 있으며, ④ 해당사건에 대한 전문적인 지식을 가진 전문가의 정확한 판단을 받을 수 있고, ⑤ 당사자가 직접 선택한 중재인으로부터 중재를 받을 수 있으며, ⑥ 변호사강제주의가 적용되지 않기 때문에 변호사가 아닌 가족이나 직원 등의 대리도 가능하고, ⑦ 복잡한 국제거래에 관한 분쟁을 합리적으로 해결할 수 있다는 장점이 있다.

그러나 ① 일반소송과 달리 당사자 간의 중재합의가 있어야만 중재신청이 가능하고, ② 중재결정이 있더라도 당사자가 중재결정의 내용을 이행하지 않는 경우 이에 대한 강제집행을 위해서는 법원의 집행판결 절차를 거쳐야 하는 번거로움은 이 제도의 단점이라고 할 수 있다.

### 3) 대 상

중재는 사법상의 분쟁을 그 대상으로 하기 때문에 형사사건이나 비송사건, 가사사건 등은 중재의 대상에서 제외된다.

## 2. 중재의 신청과 절차

### 1) 신청비용

중재의 신청은 중재신청서와 소정의 중재비용을 중재원의 사무국에 제출하여야 한다 (상사중재규칙 제10조). 중재비용은 최고 소송물가액의 2%에서 0.25%로 소송물가액이 많을수록 적은 비용으로 신청할 수 있다.

### 2) 중재계약과 중재합의

중재신청을 하기 위해서는 일정한 분쟁이 발생하면 중재원의 중재로서 시비를 가리자는 당사자 간의 중재계약(중재조항)이 있든가 아니면 법적 분쟁이 발생한 후 당사자

간의 합의로 그 분쟁을 법원에 의하지 않고 중재원에 의해 중재로써 해결하자는 중재 합의가 있어야 한다.

### 3) 중재절차

중재신청이 있으면 당사자 또는 중재원에서 지정한 중재원에 의해 중재절차가 진행된다. 대부분의 중재인은 사건에 관한 전문가로 구성되며, 이들의 진행에 따라 당사자들의 주장을 근거로 신속하고 간편한 절차에 따라 정확하게 중재의 결정을 내려 분쟁을 해결하게 된다.

## 3. 중재판정의 효력과 집행

중재판정은 당사자 간에 있어서 법원의 확정판결과 같은 법적 효력이 있다(중재법 제12조). 따라서 중재판정을 받은 경우, 채무자가 그 판정에 따른 채무이행을 하지 않으면 중재판정문을 근거로 법원에 가서 집행판결신청절차를 거쳐 채무자의 재산에 강제집행할 수 있다(중재법 제14조).

**판 례**

*** 중재 2003. 3. 3. 제02111-0088호, 성능기준 미달에 따른 손해배상청구**

A사는 2000. 4. 21. B사가 생산하는 축산용 의약품에 대해 축산분야에 한정하여 국내 전지역에 2004. 12. 31.까지 판매할 수 있도록 하는 영업판매권계약을 체결하고, B사로부터 이 사건 제품을 공급받아 판매하던 중, 이 사건 제품을 일본의 신청외 C사에 판매하기로 하는 장기수출계약을 체결하였고, B사와도 이에 따른 매매계약을 체결하여 B사는 매매계약에 따라 2000. 7. 29. 제품을 A사에 공급하였고 그 제품을 수령한 일본의 신청외 C사가 제품을 사용해 본 결과 시제품과 동일한 효과가 나타나지 않자 제품을 전량 반품하고 A사와의 수출계약도 해지하였다.

이에 A사는 B사가 매매계약에서 정한 제품의 품질기준을 준수하지 못하여 수출계약이 해지되었다고 주장하면서 B사와의 매매계약을 해지하고, 채무불이행으로 인한 손해배상을 청구하였다.

중재판정부는 이 사건 제품이 B사가 일본수출용으로 공급한 제품이라는 증거가 없고, 오히려 A사의 주장과는 달리 문제된 제품은 영업판매권계약에 따라 국내판매용으로 공급한 일부로 판단하여 신청인의 신청을 기각하였다.

# V. 제권판결

## 1. 의 의

어음이나 수표를 소지한 자가 그 어음이나 수표를 분실하거나 도난당한 경우, 그 어음이나 수표가 부당하게 융통되면 그 정당한 권리자는 손해를 보게 된다. 따라서 분실 또는 도난당한 어음이나 수표상의 권리를 소멸시켜 정당한 권리자가 자신의 손해를 방지할 수 있도록 마련된 것이 「제권판결제도除權判決制度」이다.

## 2. 절 차

### 1) 지급정지신청

어음이나 수표를 도난당하거나 분실한 자는 우선 그 어음이나 수표의 지급을 정지시켜 부당하게 어음 또는 수표금이 지급되는 것을 막아야 한다.

지급정지신청은 어음이나 수표의 지급인에 대하여 신청하여야 하는데, 대체로 은행이 되는 수가 많다. 이러한 경우를 대비해서 어음이나 수표를 소지하는 경우는 복사를 해서 보관하거나 아니면 어음이나 수표의 내용을 자세히 적어 두는 것이 좋다.

### 2) 공시최고신청

수표나 어음을 분실 또는 도난당한 자가 제권판결을 신청하기 위해서는 그 수표나 어음의 정당한 소지자가 있는지 여부를 확인할 필요가 있는데, 이를 위해 3개월 동안 그 수표나 어음의 정당한 소지자의 신고접수를 공적으로 게시해 줄 것을 법원에 신청하는 것이 공시최고신청인데(민소법 제481조), 이는 반드시 서면으로 신청하여야 한다(민소법 제477조 제2항).

공시최고公示催告를 신청하기 위해서는 먼저 일간지 등에 분실 또는 도난당한 어음이나 수표의 내용을 표시한 공고를 하여야 한다.

**공시최고 서식**

공 시 최 고 신 청

신청인 성 명 : 허 분 실

주 소 : 서울특별시 서대문구 남가좌동 7번지

약속어음공시최고

신 청 취 지

별지목록에 기재한 약속어음에 관하여 공시최고기간 내에 권리를 신고할 것을 고하고 이를 게을리 하면 제권판결에 의하여 본 약속어음은 무효 또는 실권이 될 수 있다.

라는 결정의 재판을 구합니다.

신 청 원 인

신청인은 별지목록에 기재한 약속어음의 최종소지인인데, 2006년 2월 5일 출근길에 전철속에서 지갑과 함께 소매치기를 당하여 분실하였습니다.

위 분실한 약속어음에 관하여 제권판결을 구하고자 이 신청을 합니다.

소 명 방 법

1. 미지급증명원 1통
2. 신문광고사본 1통
3. 별지목록 10통

2006. 2. 8.

신청인 허 분 실 ㊞

서울서부지방법원 귀중

**‖ 작성요령 ‖**

별지목록의 작성방법 : 별지목록에는 분실 또는 도난당한 수표나 어음의 내용을 그 종류 및 수량, 액면금액, 지급기일, 지급지, 지급장소, 수취인, 발행지, 발행인, 발행일, 최종소지인 등의 순으로 정확하게 기재하여야 한다.

### 3) 제권판결신청

공시최고신청이 받아들여지면 법원은 그 어음 또는 수표에 대한 정당한 소지자의 신고를 받는다는 내용을 공적으로 3개월 동안 게시한다. 이 기간동안 그 어음 또는 수표에 대한 정당한 소지자의 신고가 없으면 적법절차를 통해 그 어음 또는 수표상의 권리를 소멸시키는 절차를 법원에 신청할 수 있는데, 이를 제권판결신청이라 한다.

## 제권판결신청 서식

# 제 권 판 결 신 청 서

신청인 성 명 : 허 분 실

주 소 : 서울특별시 서대문구 남가좌동 7번지

신 청 취 지

귀원 2006카100호 공시최고 신청사건에 관하여 다음과 같이 제권판결을 신청합니다.

별지목록에 기재한 약속어음에 대한 무효를 선고한다.

라는 판결을 구합니다.

신 청 원 인

신청인은 별지목록에 기재한 약속어음의 정당한 소지인으로서 주소지에서 이를 분실하고, 2006년 2월 8일 귀원에 공시최고를 신청하였습니다(2006카100).

그러나 공시최고기일인 같은 해 5월 7일이 경과하도록 위 약속어음에 관한 권리를 신고하는 자가 없으므로 위 약속어음에 대한 무효선고의 제권판결을 구합니다.

2006. 5. 8.

신청인 허 분 실 ㊞

서울서부지방법원 귀중

**작성요령**

제권판결신청서에는 사건번호와 신청인의 주소 성명을 정확히 기재하고, 공시최고절차가 완료되었음을 기재하여야 한다.

별지목록은 수표나 어음의 내용을 정확히 기재하여야 하며 그 내용은 공시최고신청시와 같다.

#### 4) 판 결

공시최고기간동안 공고한 어음이나 수표의 정당한 습득자가 나타나지 않고, 다른 특별한 사유가 없으면 법원은 신청자의 신청에 따라 그 사고 어음이나 수표상의 권리를 무효화시키는 제권판결을 내린다(민소법 제487조 제1항).

제권판결을 받은 신청당사자는 이를 근거로 그 어음이나 수표지급인에게 지급정지시켜 놓았던 대금의 지급을 청구할 수 있다.

#### 5) 제권판결에 대한 불복소송

원칙적으로 제권판결에 대한 상소는 허용되지 않는다(민소법 제490조 제1항). 그러나 ① 법률상 공시최고절차를 허가하지 아니한 때, ② 공시최고의 공고를 하지 아니하였거나 법정 방법으로 공고를 하지 아니한 때, ③ 공시최고기간을 지키지 아니한 때, ④ 판결을 한 판사가 법률에 따라 직무집행에서 제척된 때, ⑤ 전속관할 위반의 경우, ⑥ 권리 또는 청구의 신고가 있음에도 법률에 어긋나는 판결을 한때, ⑦ 거짓 또는 부정한 방법으로 제권판결을 받은 때, ⑧ 재심사유의 존재 등의 경우에는 1월 이내(원고가 제권판결이 있음을 안 날로부터 계산)에 대법원에 불복의 소를 제기할 수 있다(민소법 제490조 제2항, 제491조).

## 제3절 소의 제기

## Ⅰ. 소장의 작성

### 1. 소장의 의의

자동차사고로 손해를 입거나 사기를 당해 피해를 입거나 계약상대방의 채무불이행으로 손해를 입게 되는 등 민사상의 권리를 침해당한 경우 국가기관인 법원에 그 권리침해에 대한 구제를 요청하는 서면양식을 「소장」이라고 하는데, 이는 형사상 권리침해에 대한 구제요청서인 「고소장」이나 「고발장」과 구별된다.

민사소송법에 의하면 민사소송은 소장의 제출에 의해 개시되며, 소장은 대체로 당사자의 표시, 청구취지, 청구원인, 소명방법 등의 체제로 구성된다(민사소송법 제248조,

249조).

## 2. 소장의 표지 작성

일반적으로 법원에 소장을 제출하는 경우 소장 원본과 부본을 제출하도록 되어있는데, 소장의 원본에는 표지를 첨부하여야 한다.

소장의 표지에는 "소장"이라는 표시와 원고 및 피고 또는 대리인을 표시하고 소송물가액, 첨용인지액 및 송달료 등을 정확하게 표시하며 마지막으로 관할법원을 기재하면 된다.

**소장의 표지**

**소　　　　장**

원　　　　고　　○　○　○
소송대리인 변호사　○　○　○

피　　　　고　　○　○　○

소송물가액　금　　　　원정
첨용인지액　금　　　　원정
송 달 료 금　　　　원정

○○지방법원 귀중

## 3. 소송의 명칭

소송의 명칭으로 특별히 정해진 것은 없고 원고가 소송을 통해서 상대방(피고)에게 원하는 내용을 일반적인 관행에 따라 소송의 명칭으로 기재하면 되는데 보통 손해배상, 위약금, 매매대금, 인건비 등의 「금전지급청구의 소」, 부동산의 소유권이전을 구하는 「부동산소유권이전등기청구의 소」, 원인무효를 원인으로 하는 「소유권이전등기말소

청구의 소」, 공유물의 분할을 구하는 「공유물분할청구의 소」, 물건의 인도 또는 명도를 구하는 「부동산명도청구의 소」, 증서의 진부확인을 구하는 「증서진부확인의 소」, 친자관계의 존재 또는 부존재의 확인을 구하는 「존부확인의 소」, 「사해행위취소의 소」 등이 있으며 이외에도 다양하게 사용되고 있다.

## 4. 소가 등의 산정

### 1) 소가의 산정

「소가訴價」는 「소송물가액」의 약칭으로써 원고가 소송을 통해 심판을 구하는 청구내용인 권리의무 기타의 법률관계이며, 이는 원고가 청구취지로 구하는 범위 내에서 원고의 입장에서 전부 승소할 경우에 직접 받는 경제적 이익을 객관적으로 평가하여 금전적 가치로 정하게 된다. 소송목적에 따라 산정표준이 다음과 같이 다르다.

#### (1) 통상의 소

① 확인의 소 : 권리의 존부에 관한 확인을 구하는 소송에서는 그 목적 권리의 가액이 소가가 된다.

② 증서진부확인의 소 : 유가증권의 진부의 확인을 구하고자 하는 경우는 그 증권의 가액의 1/2에 해당하는 금액을 소가로 하고, 기타의 증서에 관한 진부의 확인을 구하는 경우는 소가를 200,000원으로 한다.

③ 금전지급청구의 소 : 금전의 지급을 목적으로 하는 소송에서는 청구금액이 소가가 된다. 그러나 이자, 손해배상, 위약금 또는 비용의 청구가 소송의 부대목적이 되는 때에는 가액에 산입하지 않는다.

④ 기간이 확정되지 아니한 정기금청구의 소 : 이미 발생한 정기금 및 1년분의 정기금을 합산한 금액을 소가로 한다.

⑤ 물건의 인도 · 명도 또는 방해배제를 구하는 소 : 소유권에 기한 청구의 경우는 목적 물건 가액의 1/2을 소가로 하고, 지상권, 전세권, 임차권, 담보물권에 기한 경우나 그 계약의 해지 · 해제, 계약기간의 만료를 원인으로 하는 경우는 목적 물건 가액의 1/2에 해당하는 금액을 소가로 한다. 그리고 점유권에 기한 경우는 목적 물건 가액의 1/3을, 소유권의 이전을 목적으로 하는 계약에 기한 동산인도청구의 경우는 목적 물건의 가액이 소가로 된다.

⑥ **상린관계상의 청구** : 민법 제215조 내지 제244조에서 규정하고 있는 상린권에 근거한 소송을 제기하는 경우는 부담을 받는 이웃 토지부분, 즉 청구권자의 편익에 제공될 토지부분 가액의 1/3을 소가로 한다.

⑦ **공유물분할청구의 소** : 목적물건(공유물)의 가액에 원고의 공유지분 비율을 곱하여 산출한 가액의 1/3이 소가가 된다.

⑧ **경계확정의 소** : 경계에 관한 다툼이 있는 범위의 토지부분의 가액을 소가로 한다.

⑨ **사해행위취소의 소** : 소를 통해 취소될 법률행위의 목적에 대한 가액을 한도로 한 원고의 채권액을 소가로 한다.

#### (2) 등기 · 등록 등 절차에 관한 소

① **소유권이전등기** : 물건의 소유권이전등기를 청구하는 소송에서는 청구하고자 하는 목적 물건의 가액을 소가로 한다.

② **지상권, 임차권** : 지상권이나 임차권에 관한 등기 청구의 소송에서는 목적 물건의 가액의 1/2을 소가로 한다.

③ **담보물권, 전세권** : 담보물권 및 전세권의 등기에 관한 소송에서는 목적 물건의 가액을 한도로 한 피담보채권액(근저당권의 경우에는 채권최고액)을 소가로 한다.

④ **지역권** : 지역권의 등기에 관한 소송에서는 승역지(요역지의 편익에 제공되는 인접토지) 가액의 1/3이 소가가 된다.

### 2) 인지액의 산정

#### (1) 일반적인 경우

소장에는 소가에 따라 아래 금액 상당의 인지를 첩부하여야 하는데, 인지액은 다음과 같은 기준(민사소송등인지규칙)에 따라 계산한다.

- 소가 1,000만원 미만인 경우 : 소가×10,000분의 50＝인지액
- 소가 1,000만원 이상 1억원 미만인 경우 : 소가×10,000분의 45＋5,000원＝인지액
- 소가 1억원 이상 10억원 미만인 경우 : 소가×10,000분의 40＋55,000원＝인지액
- 소가 10억원 이상의 경우 : 소가×10,000분의 35＋555,000원＝인지액

위와 같은 기준에 따라 산출된 인지액이 1,000원 미만인 때에는 이를 1,000원으로 하고, 1,000원 이상인 경우에 100원 미만의 단수가 있는 때에는 그 단수는 계산하지 아니한다.

#### (2) 산정불가 또는 비재산권의 경우

재산권상의 소로서 그 소가를 산출할 수 없는 것과 비재산권을 목적으로 하는 소송의 소가는 2,000만 100원으로 한다. 다만, 민사소송등인지규칙 제15조 제1항 내지 제3항(회사등 관계소송등), 제17조의2(특허소송), 제18조(무체재산권에 관한 소)에 정한 소송의 소가는 5,000만 100원으로 한다.

따라서 2,000만 100원의 경우는 위의 계산법에 따라 20,000,100×45/10,000+5,000원=95,000원이 되고, 5,000만100원의 경우는 50,000,100×45/10,000+5,000=230,000원이 된다.

#### (3) 항소장과 상고장의 경우

항소장에는 위의 일반적인 경우의 산정액의 1.5배를, 그리고 상고장에는 2배의 인지를 붙여야 한다.

#### (4) 유의사항

소장 등에 첩부하거나 보정할 인지액이 20만원을 초과하는 경우는 전액을 현금으로 납부하여야 하며, 인지액이 20만원을 초과하지 않는 경우는 일반적으로 소장의 표지나 별지에 첩부하면 되는데 이 경우에도 현금으로 납부할 수 있다. 인지대금을 현금으로 납부하는 경우 현금수납기관은 송달료수납은행에 납부하며 대부분 법원구내에 위치하고 있다.

인지액 상당의 금액을 현금으로 납부한 후 인지가액을 잘못 계산하여 납부한 사실을 알게 된 경우에는 세입징수관에게 그 반환을 청구할 수 있다.

### 3) 송달료의 산정

소장을 제출할 때에는 당사자 수에 따라 다음과 같은 방법으로 송달료를 계산하여 일반적으로 법원구내에 설치되어 있는 송달료수납은행에 납부하고 그 은행으로부터 교부받은 송달료 납부서를 소장에 첨부하여야 한다.

- 민사 제1심 소액사건 : 당사자 수×3,020원×8회분=송달료

- 민사 제1심 단독사건 : 당사자 수×3,020원×12회분 = 송달료
- 민사 제1심 합의사건 : 당사자 수×3,020원×12회분 = 송달료
- 민사 항소사건 : 당사자 수×3,020원×10회분 = 송달료
- 민사 상고사건(다) : 당사자 수×3,020원×8회분 = 송달료
- 민사 조정사건(머) : 당사자 수×3,020원×5회분 = 송달료
- 부동산 등 경매사건(타경) : (신청서상의 이해관계인 수+3)×3,020원×10회분 = 송달료

이렇게 산정하여 납부한 송달료는 당해 심급의 소송절차가 종결된 때 송달료의 잔액이 있으면, 송달료 납부 시 신청서에 당사자가 송달료 잔액의 입금계좌번호를 기재하여 입금신청을 한 경우는 신고한 예금계좌로 입금된다. 그러나 계좌입금신청을 하지 아니한 경우는 예금계좌의 부정확한 신고 등으로 송달료 잔액의 계좌입금이 되지 아니한 경우 및 송달료잔액이 계좌입금수수료보다 부족한 경우에는 송달료 관리은행에서 납부인에게 잔액환급통지를 한다. 따라서 송달료납부신청서를 작성할 때 잔액의 입금계좌를 분명하게 기재하는 것이 필요하다.

## 5. 당사자 및 대리인의 표시

### 1) 당사자

민사소송의 당사자는 원고와 피고이며, 소송을 제기하는 자를 「원고」라 하고 소송을 제기당하는 자를 「피고」라 한다. 소장에는 원고와 피고의 주소와 성명을 명확히 기재하여야 하며, 주소와 실질적으로 소송서류를 송달받을 주소가 다른 경우는 주소와 송달가능한 주소를 모두 기재하여야 한다.

예 : 원 고 ○ ○ ○
주 소 서울특별시 구 동 번지
송달가능한 주소 경기도 군 면 리 번지

피 고 ○ ○ ○
주 소 경기도 수원시 팔달구 매탄동 32번지 수원아파트 203동 1205호

일반적으로 민사소송에서 소송당사자를 원고와 피고로 호칭하지만 소송의 구체적인

내용에 따라 실무에서는 다음과 같은 호칭을 사용하고 있다.

① 반소 : 원고(반소피고), 피고(반소원고)

② 민사소송법 제49조 : 원고(선정당사자)

이 경우에는 소장의 말미에 선정당사자를 포함한 선정자들의 주소, 성명을 기재한 선정자목록을 작성 첨부한다.

③ 민사소송법 제65조 : 보조참가인

④ 민사소송법 제72조 : 독립당사자참가인 또는 당사자참가인

⑤ 민사소송법 제74조 : 승계참가인

⑥ 민사소송법 제75조 : 인수참가인

⑦ 민사소송법 제76조 : 공동소송참가인

⑧ 공동소송적 보조참가의 경우 : 공동소송적보조참가인

⑨ 항소심의 당사자

ㄱ. 일반적인 경우 : 원고(피항소인 또는 항소인), 피고(항소인 또는 피항소인)

ㄴ. 쌍방항소의 경우 : 원고(항소인 겸 피항소인), 피고(피항소인 겸 항소인)

ㄷ. 반소가 있는 경우 : 원고(반소피고) 또는 피항소인, 피고(반소원고) 또는 항소인

ㄹ. 부대항소가 있는 경우 : 원고 또는 피항소인(부대항소인), 피고 또는 항소인(부대피항소인)

⑩ 상고심의 당사자

ㄱ. 권리상고 또는 허가된 상고의 경우 : 원고(피상고인), 피고(상고인)

ㄴ. 기타 특수한 경우 : 위 항소심의 방식에 준한다.

ㄷ. 상고허가신청의 경우 : 신청인(피고), 상대방(원고)

⑪ 재심의 당사자

ㄱ. 원고(재심피고), 피고(재심원고)

ㄴ. 원고(재심피고) 또는 항소인, 피고(재심원고) 또는 피항소인

ㄷ. 원고(반소피고, 재심피고) 또는 항소인, 피고(반소원고, 재심원고) 또는 피항소인

⑫ 항고사건

ㄱ. 항고인, 재항고인, 특별항고인

ㄴ. 재항고허가신청의 경우 : 신청인

⑬ 독촉사건 : 채권자, 채무자

채무자가 이의신청을 하는 경우 : 원고, 피고

⑭ 공시최고사건 : 신청인

⑮ 제소전화해사건 : 신청인, 피신청인

⑯ 강제집행사건, 임의경매사건 : 채권자, 채무자, 소유자, 제3채무자(채권에 대한 집행사건에서 집행 대상채권의 채무자) 등.

⑰ 가압류 · 가처분사건 : 채권자(신청인), 채무자(피신청인)

ㄱ. 가압류 · 가처분에 대한 이의신청사건의 경우 : 위와 동일

ㄴ. 가압류 · 가처분에 대한 취소신청사건의 경우 : 신청인(채무자), 피신청인(채권자)

⑱ 가사심판사건

ㄱ. 갑류甲類사건 : 청구인, 상대방, 사건본인, 이해관계인 등

ㄴ. 을병류乙丙類사건 : 청구인, 피청구인

⑲ 기타 본안사건에 부수하는 각종 신청사건의 경우 : 본안사건의 호칭과 동일하게 사용

당사자가 법인인 경우는 그 상호와 대표이사 및 본점소재지 주소를 기재하여야 하며, 이를 확인할 수 있도록 법인등기부등본을 소장에 첨부하여야 한다. 가끔 법인의 상호와 본점소재지 주소를 기재하고 "대표이사"라는 표시 없이 대표이사의 이름만 기재하는 경우가 있는데 이러한 경우는 대표이사 개인을 상대로 소송을 제기하는 것으로 되어 자칫 각하되는 경우가 있으므로 주의하여야 한다.

예 : 원 고 주식회사 진 주 무 역
대표이사 ○ ○ ○
주 소 서울특별시 구 동 번지

피 고 ○ ○ ○
주 소 경기도 수원시 팔달구 매탄동 32번지 수원아파트 203동 1205호

## 2) 법정대리인

### (1) 일반적인 경우

소송당사자가 미성년자인 경우는 미성년자의 주소와 성명뿐만 아니라 그 법정대리인

의 성명과 주소도 소장에 함께 기재하여야 하며, 이때 미성년자임을 증명하기 위해 미성년자의 생년월일을 기재하고 법정대리인의 관계를 입증할 수 있도록 호적등본도 함께 첨부한다.

예 : 원 고 ○ ○ ○ (생년월일 )
주 소 서울특별시 구 동 번지

위 원고의 법정대리인
친권자 모 ○ ○ ○

피 고 ○ ○ ○
주 소 경기도 수원시 팔달구 매탄동 32번지 수원아파트 203동 1205호

### (2) 법정대리권의 소멸통고

소송당사자가 미성년이라는 이유로 법정대리인이 소송을 수행하는 중에 당사자가 성년이 되는 경우 소송능력을 가지게 되므로 친권자의 법정대리권은 소멸하게 된다. 따라서 이때부터 소송당사자 본인이 직접 소송을 수행하여야 하는데, 이런 경우 성년이 된 소송당사자는 관할법원에 법정대리권소멸통지서를 제출하여야 한다.

## 법정대리권소멸통지서

### 법 정 대 리 권 소 멸 통 지 서

사 건
원 고
피 고

위 사건에 관하여 원고는 2006. 3. 5. 성년이 되었으므로 지금까지 원고의 법정대리인 친권자 모 ○○○의 법정대리권은 소멸하였으므로 이에 통지합니다.

2006. 3. 5.

위 원고 ○ ○ ○ ㊞

서울중앙지방법원 민사 16부 귀중

### (3) 특별대리인 선임신청

소송당사자가 미성년인 경우 법정대리인 친권자 부모가 소송 수행 중에 사망하거나 소 제기 전에 이미 사망하여 법정대리인이 없는 경우로서 후견인의 선임을 지체하고 있는 때에는 미성년자와 소송을 할 수 없으므로 그 상대방은 법원에 미성년자의 특별대리인 선임신청을 함으로써 소송의 지연으로 인한 손해를 방지할 수 있다.

## 특별대리인선임신청

### 특 별 대 리 인 선 임 신 청

사 건

원 고

피 고

위 사건에 관하여 아래와 같이 특별대리인의 선임을 신청합니다.

신청취지

본건에 관하여 서울특별시 강남구 대치동 119번지 ○○○를 피고의 특별대리인으로 선임한다.

라는 재판을 구합니다.

신청이유

1. 본건 피고는 1989. 9. 9.생으로 아직 미성년자이며, 그의 부는 2005. 4. 4. 교통사고로 사망하여 지금까지 친권자 모 ○○○가 법정대리인으로서 소송을 수행해 오다가 2005. 11. 5. 심장마비로 사망하여 본건 소송절차가 중단되었습니다.

2. 그러나 피고 측에서는 후견인의 선임에 관한 조치를 전혀 고려하고 있지 않아 이대로 방치할 경우 원고는 시간이 경과될수록 주장이나 입증 등에 관한 어려움이 따를 수 있는 등 소송지연으로 인한 손해가 크게 우려되는 바, 피고의 특별대리인을 선임하여 소송절차를 진행하고자 본 신청에 이르게 되었습니다.

소명자료

1. 호적등본 1부

2006. 5. 6.

위 원고 ○ ○ ○ ㊞

서울중앙지방법원 민사16부 귀중

### 3) 소송대리인

변호사가 민사소송의 소송대리인으로 선임된 경우는 소장에 그 내용을 표시하여야 하며, 이런 경우 법원은 소송당사자에게 송달할 소송서류를 소송대리인에게 송달하게 되기 때문에 소송대리인의 표시를 정확하게 하여야 한다.

예 : 원 고 ○ ○ ○
주 소 서울특별시 구 동 번지

위 원고의 소송대리인

서울특별시 서초구 서초동 1737번지 청둥빌딩 404호
변호사 ○ ○ ○

피 고 ○ ○ ○

주 소 경기도 수원시 팔달구 매탄동 32번지 수원아파트 203동 1205호

## 6. 청구취지

### 1) 의 의

청구취지는 원고가 제기한 소송의 판결에서 얻고자 하는 결론 부분으로서 일반적으로 판결문의 주문 내용이 된다. 따라서 원고가 소송을 통해 구하고자 하는 내용이나 그 범위를 명확하게 기재하여야 한다.

### 2) 유의사항

#### (1) 공동소송의 경우

손해배상청구의 소와 같은 원고가 여러 명인 원고공동소송에 있어서 청구취지는 각 원고들이 피고에 대하여 청구하고자 하는 청구금액 및 그에 대한 지연이자 청구금액을 특정한 다음 소송비용은 피고에게 부담시킬 것과 가집행선고의 판결을 구하는 내용으로 간단명료하게 작성하면 된다.

#### (2) 손해배상청구의 소에 있어서 원고별 청구액

교통사고로 인한 손해배상청구의 소의 경우와 같이 교통사고로 인한 직접 피해자의 손해와 그의 가족이 입은 정신적 손해배상을 청구하는 소송에 관한 각 원고별 청구금액은 청구원인에서 항목별로 주장하는 직접 피해자인 원고의 재산상의 적극적·소극적 손해와 위자료에 나머지 원고들(직접피해자의 가족)의 위자료를 합산한 금액을 청구금액으로 산정하여야 한다.

이때 소극적 손해액을 산정함에 있어서는 직접 피해자의 신체감정을 거쳐 판정된 노동력상실비율에 따라 계산하여야 하며, 사망사고라 하더라도 피해자의 과실비율을 법원이 판단하여 과실상계로 처리할 문제이므로 소장을 작성할 때에는 미확정청구액은 제외하거나 추정청구할 수밖에 없고 자비로 부담한 치료비 등 적극적 손해액과 같은 확정청구액에 관해서도 청구확장 시 총청구액을 청구할 때 동시에 확장청구하기로 하고 제외하거나 일부만 우선적으로 청구하는 것이 일반적이다.

#### (3) 일부청구의 경우 소가의 책정

소를 제기할 당시에는 원고가 피고에게 청구할 금액의 일부분만 우선 청구하고, 소송의 진행 중에 청구취지를 확장하여 청구금액을 변경하는 경우가 있는데, 이러한 경우

최초의 금액을 너무 작게 청구하여 단독사건으로 되었다가 청구취지확장으로 사물관할 이송으로 인해 소송이 지연되는 경우가 있을 수 있다. 따라서 일부청구의 소를 제기하는 경우도 청구취지의 변경에 대한 예측을 통해 처음부터 합의부사건으로 소장을 작성하는 것이 유리하다. 현재 자동차사고로 인한 손해배상사건, 약속어음금청구에 관한 사건, 구상금청구에 관한 사건 등은 단독사건에 해당하고, 기타 사건의 경우는 소가 1억원 미만인 사건은 단독사건이고 1억원 이상인 사건은 합의부사건에 해당한다.

#### (4) 지연손해금의 청구

불법행위로 인한 손해배상청구의 소를 제기하는 경우는 일반적으로 사고발생일로부터 피고가 소장의 부본을 송달받는 날까지는 민사상 법정이율 연 5%에 해당하는 이자를 청구하고(대여금청구소송의 경우 특별히 약정한 이율이 있는 경우는 그 약정 이율에 의한다), 그 다음 날부터 청구금액을 완전히 변제받는 날까지는 연 20%의 이자를 계산하여 청구하여야 한다.

## 7. 청구원인

### 1) 당사자의 관계

청구원인은 원고가 소송을 제기하게 된 원인, 즉 소송을 제기하게 된 이유로서 그 내용은 일반적으로 원고와 피고의 관계를 먼저 기재하고 있다. 소송의 원인이 된 행위가 누구에 의해 발생하였으며, 그들은 어떠한 관계에 있는가 하는 것을 간단명료하게 기술하면 된다.

### 2) 소로서 일정한 행위를 청구하게 된 이유

청구원인의 가장 중요한 내용은 원고가 소를 통해 피고의 일정한 행위를 청구하게 된 이유, 즉 피고가 왜 원고에게 원고가 청구하는 내용의 행위를 이행해야만 하는가에 대한 이유가 이에 해당되며, 그 구체적인 내용에 대해서는 소송의 종류에 따라 다음과 같은 내용을 주의하여야 한다.

#### (1) 자동차사고로 인한 손해배상청구소송의 경우

자동차사고의 경우 사고자동차에 탑승한 승객이 사망하거나 부상한 경우 운행자가 피해자인 승객의 고의 또는 자살행위로 인한 사고임을 입증하지 못하는 한 그 사고로 인한 손해배상책임을 부담하게 되므로 자동차손해배상보장법 제3조에 의해 운행자의 책임을 구하는 원고는 가해자의 고의 또는 과실에 대한 입증책임은 없고, ① 피고가 사고 자동차의 운전자 또는 소유자라는 사실, ② 자동차의 운행 중에 사고가 발생한 사실, ③ 당해 사고로 사상의 결과가 발생하였다는 사실 등만 입증하면 된다.

#### (2) 산재사고로 인한 손해배상청구소송의 경우

산재사고의 경우 원고는 가해자의 고의, 과실 및 피고와 가해자의 사용·감독관계, 업무관련 사실, 작업지시관계 등을 주장하고 입증하여야 하는데, 실제에서는 ① 피해자의 소속 및 직책, ② 작업현장, ③ 출근 및 근무시간과 근무조, ④ 작업지시관계 및 그 내용, ⑤ 작업의 경과 및 현황, ⑥ 사고발생 시각, ⑦ 사고 당시의 주변상황 및 작업내용, ⑧ 가해자의 과실 및 공작물의 하자, ⑨ 사고의 발생 순간, ⑩ 사고의 결과, ⑪ 피고의 책임문제 등의 순서로 서술하는 것이 일반적이다.

### 3) 청구의 범위

손해배상청구소송의 경우 사망사고 또는 소송기술상 제소 당시에 청구금액의 전부를 확정하여 청구하는 경우를 제외하고는 일반적으로 손해배상의 범위, 즉 청구의 범위를 구체적으로 기재할 필요는 없고, 대부분 소송을 진행하면서 추이에 따라 청구의 범위를 확장하고 있다.

일반적으로 청구내역으로 포함시킬 손해에는 그 사고로 인해 피해자가 입은 재산상의 손해와 피해자 등이 그 사고로 인해 입은 정신적 손해인 위자료가 포함된다. 재산상의 손해에는 당해 사고로 인한 사망 또는 상해 등으로 지출한 장례비, 치료비, 개호비, 의료보조구 비용, 기타의 비용 등과 같은 적극적 손해와 그 사고가 발생하지 아니하였더라면 얻을 수 있었던 일실수입, 일실퇴직금, 일실연금, 일실급여, 일실학자금 등을 사고로 인해 받지 못함으로써 발생할 수 있는 소극적 손해가 있다.

### 4) 결 론

청구원인의 결론 부분에서는 소를 제기할 당시 각 원고별 청구금액의 합계를 정리하고, 이 금액으로 청구취지를 특정하여야 한다. 즉 청구원인의 청구금액의 합계액은 청구취지에서 기재한 금액과 일치해야 한다. 사실상 이론적으로는 청구원인을 먼저 서술하고 그에 이어 청구취지를 그 결론으로 서술하는 것이 합리적이라고 판단되는데, 소송관행상 지금까지는 소장을 작성함에 있어 결론 부분을 부각시키기 위해 청구취지를 선두에 두고 청구원인을 뒤에 후술하는 방법을 사용하고 있다.

## 8. 입증방법 및 첨부서류

### 1) 입증방법

원고가 소장에서 피고를 상대로 주장한 사실에 대해서는 증거를 통해 입증하여야 하는데, 이를 입증하는 방법에는 서증, 인증, 검증, 감정 등의 여러 가지가 있으나 일반적으로 소장에는 호적등본, 자동차등록원부, 진단서, 교통사고사실확인원, 차용증, 계약서 등 최소한의 서증만을 제시하는 것으로 하고 나머지는 소송 진행 중에 추후 제시하기로 기술하는 것이 보통이다.

신속한 재판진행을 위하여 원·피고가 법원에 핵심쟁점에 대한 서면 질의서와 답변서를 제출, 사전심리한 뒤 정식재판을 시작하는 '집중심리제' 방식이 도입되었다.

법원은 변론기일 전에 변론준비기일을 지정하여 당사자가 주장하는 요점이 무엇인지를 파악하고, 당사자로 하여금 증거(증인)신청, 사실조회신청, 문서송부촉탁신청 등의 준비절차를 진행하게 된다.

이후 변론준비절차가 종결되면 변론기일로 넘어가 본격적인 변론이 이루어진다. 변론기일에도 필요하다면 재판장의 허가를 득한 후 추가로 증거신청 등을 할 수 있다.

실무에서는 소장 또는 준비서면에서 원고가 제출하는 서증을 "갑호증", 피고가 제출하는 서증을 "을호증"이라고 부르는데, 원고의 서증일 경우, "갑 제1호증 차용증, 갑 제2호증 지불각서" 등으로 표시한다.

### 사실조회신청

**사 실 조 회 신 청**

사 건 2007가합123 대여금

원 고 김진주

피 고 김마산

이 사건에 관하여 원고는 주장사실을 입증하기 위하여 다음과 같이 사실조회를 신청합니다.

다 음

1. 조회의 목적 : 원고가 피고에게 이 사건 금원을 대여한 사실이 있음을 입증하기 위함.

2. 조회할 기관 : 경남은행

(630-101) 마산시 석전동 246-1

3. 조회할 사항 및 조회할 내용

2008. 11. .

원고 김진주

창원지방법원 진주지원 귀중

[별지]

조회할 사항

1. 피조회자의 인적사항 :
   김마산(690128-1234567, 마산시 남포동 123)

2. 조회할 내용
   별지와 같음.
   가. 피조회자가 귀 은행에 통장을 개설하여 거래한 사실이 있는지요.
   나. 그렇다면 2001.1. 1부터 2002. 12. 31. 사이의 피조회자의 통장거래내역 일체를 보내주시고,
   다. 위 통장거래 내용 중 타행입금 또는 무통장 거래 내역이 있다면 거래일자, 금액, 입금자의 인적사항(성명)을 명시하여 주시기 바랍니다. 끝.

## 문서송부촉탁신청서

# 문 서 송 부 촉 탁 신 청 서

사 건 2007가합123 대여금

원 고 김진주

피 고 김마산

위 사건에 관하여 원고는 주장사실을 입증하기 위하여 다음과 같이 문서송부촉탁을 신청합니다.

다 음

1. 기록의 보관청

   창원지방검찰청 진주지청 사무과

2. 촉탁할 기록의 표시

   창원지방검찰청 진주지청 2008형제○○○○ 사기 사건의 피의자 김마산에 관한 형사기록 일체

2008. 11. .

원고 김진주

창원지방법원 진주지원 귀중

## 증인신청서

# 증 인 신 청 서

사 건 2007가합123 대여금

원 고 김진주

피 고 김마산

위 사건에 관하여 원고는 주장사실을 입증하기 위하여 다음과 같이 증인을 신청합니다.

다 음

1. 증인의 표시
   성명 : 김부산
   주소 : 진주시 장대동 ○○○○
2. 신문할 사항 : 이 사건에 대해 증인이 알고 있는 사실을 구체적으로 질문한 서면을 작성하면 됨.
3. 신문시간 : 약 30분

2008. 11. .

원고 김진주

창원지방법원 진주지원 귀중

### 2) 첨부서류

소장에서 원고의 주장을 입증하기 위해 제시하기로 한 서증 등은 증거자료로 제출하기 위해 소장에 첨부하는 것으로 기재하고 첨부하여야 하는데, 이때 제출하는 서류는 사본을 작성하여 제출하는 것이 보통이며, 사본은 원본의 복사본에 "사본함"이라는 표시와 사본을 한 당사자(원고)가 서명 또는 기명날인하여 사용하는 것이 바람직하다.

첨부서류는 원고의 주장사실을 증명하는 서류뿐만 아니고 법인등기부등본, 납부서, 소장부본 및 소송대리인이 소송을 수행하는 경우 위임장 등도 첨부하여야 한다.

## 9. 작성자의 기명날인

소장에 당사자의 표시, 청구취지, 청구원인, 입증방법 및 첨부서류에 관한 내용을 모두 기재한 경우는 소장의 작성 연월일을 기재한 다음 작성자의 서명 또는 기명날인을 하고 관할법원을 표시함으로써 사실상 소장의 작성은 완성된다.

이때 작성자가 원고 본인인 경우는 원고의 성명을 기재하고, 대리인이 소송을 수행하는 경우는 소송대리인의 기명 또는 서명날인을 하면 되는데, 실무에서는 작성자의 이름 앞에 "위 원고"라는 문구를 사용하고 있다. 즉, "위 원고 ○○○ ㉞" 또는 "위 원고의 소송대리인 변호사 ○○○ ㉞"으로 표시한다.

## 10. 관할법원

소장은 원칙적으로 민사소송법에 의해 정해진 관할법원에 제출하여야 하며, 원고가 임의적으로 법원을 선택하여 소장을 제출하게 되면 일단 법원에서 접수는 받아 줄 수 있으나 결국은 관할법원으로 그 사건이 이송되므로 소송절차가 지연되게 되고 그로 인해 원고는 자신이 바라는 판결을 늦게 받아볼 수 있게 되어 결과적으로 손해를 보게 된다. 이와 같이 민사소송법에 의해 정해진 재판의 관할법원을 "재판적"이라고도 한다.

### 1) 보통재판적

#### (1) 자연인의 경우

일반적으로 피고의 주소지를 관할하는 법원이 소송의 관할법원이 되지만 주소가 없거나, 주소를 알 수 없는 때에는 거소(현재 사실상 거주), 거소가 없거나 알 수 없는 때에는 최후의 주소지 관할법원에 소장을 제출해야 한다(민사소송법 제2조).

#### (2) 법인 기타 단체의 경우

소송당사자가 자연인이 아니고 법인 또는 기타의 단체인 경우는 그 주된 사무소 또는 영업소(본점) 소재지를 관할하는 법원이 관할권을 가지며, 주된 영업소가 없는 경우에는 주된 업무담당자의 주소지 관할법원이 관할권을 가진다(민사소송법 제4조).

### 2) 특별재판적

#### (1) 근무지 법원

사무소 또는 영업소에 계속하여 근무하는 자에 대한 소는 그 당사자의 근무지 법원이 관할법원이 된다.

#### (2) 거소지 또는 의무이행지 법원

재산권에 관한 소는 피고의 거소지 또는 의무이행지 법원이 관할권을 가진다(민사소송법 제8조).

#### (3) 어음 · 수표의 지급지 법원

어음 · 수표에 관한 소는 그 어음 · 수표의 지급지 법원이 관할법원이 되지만(민사소송법 제9조), 이득상환청구나 소구통지의 해태로 인한 손해배상을 청구하는 경우와 같이 어음 · 수표법상의 권리에 관한 소는 이에 해당하지 않는다.

#### (4) 사무소 · 영업소 소재지

사무소 또는 영업소가 있는 자에 대한 소는 그 사무소 또는 영업소의 업무에 관한 것에 한하여 그 소재지 법원에 제기할 수 있다(민사소송법 제12조).

#### (5) 부동산 소재지

부동산에 관한 소는 그 부동산의 소재지를 관할하는 법원이 재판권을 가진다.

#### (6) 등기 · 등록지

등기 · 등록에 관한 소는 등기 또는 등록할 공무소 소재지 법원이 관할법원이 된다.

#### (7) 재산 소재지 법원

대한민국에 주소가 없는 자 또는 주소를 알 수 없는 자에 대한 재산권에 관한 소는 청구의 목적 또는 담보의 목적이나 압류할 수 있는 피고의 재산 소재지의 법원에 제기할 수 있다(민사소송법 제11조).

#### (8) 불법행위지

불법행위로 인한 손해배상청구소송의 경우는 손해배상채무를 지참채무로 보아 원고의 주소지 관할법원도 관할권을 가지며(민법 제467조), 불법행위지의 관할법원도 관할권을 가진다(민사소송법 제18조 제1항).

### 3) 합의관할

법률상의 전속관할로 지정된 경우를 제외하고는 당사자가 일정한 법률관계에 기인한 소에 관하여 서면으로써 합의에 의해 제1심 관할법원을 정할 수도 있는데, 이를 합의관할이라 하며 당사자 간에 합의관할을 정한 경우는 위와 같은 법정관할의 규정이 적용되지 않는다. 일반적으로 격지자간의 계약을 체결하는 경우 사후를 대비해서 당사자 간의 합의로서 미리 당해 계약으로 인해 발생할 분쟁에 대한 관할법원을 지정한다.

### 4) 관할에 관한 주의사항

소장을 제출할 수 있는 관할법원은 위와 같이 다양하게 규정되어 있다. 따라서 원고는 자신이 소송을 수행함에 있어 가장 편리한 법원을 관할법원으로 선택하여 소장을 작성 · 제출하는 것이 소송경제 및 편의상 유리하다.

# Ⅱ. 소장의 보정, 정정 및 변경

## 1. 소장의 보정

### 1) 의 의

원고가 소를 제기하면서 소장에 첩부해야 할 인지를 부족하게 첩부하였거나 소장에 기재한 소송당사자의 주소가 정확치 않아 송달이 되지 않는 경우 등은 일반적으로 법원에서 정상적인 소송을 위해 필요한 내용을 보정토록 명령을 발하게 되는데, 이러한 보정명령을 받은 원고는 일정한 기간 내에 명령받은 내용의 보정을 해야 할 의무를 부담한다.

### 2) 보정명령

원고가 소장에 인지를 부족하게 첩부한 사실이나 소장에 기재한 피고 등의 주소로는 송달이 불가능하다는 사실을 미리 알고 있는 경우는 임의로 그 내용들을 보정하면 되는데, 원고가 알아서 보정하지 않고 법원이 그러한 보정사유를 확인한 경우 법원은 명령을 통해 일정한 기간 내에 보정사유를 보정케 한다.

여기서 일정한 기간을 「보정기간」이라고 하는데, 이 기간은 일반적으로 보정명령이 송달된 후 5일 이내의 기간으로 법원이 정한다.

## 보정명령서

서울민사지방법원
제 16 부

**보 정 명 령**

사　건　○○가합○○○○ 손해배상청구사건
원　고　○　　○　　○
피　고　○　　○　　○

귀하가 제출한 소장 중에 다음과 같은 흠결이 있으니, 원고는 이 명령이 송달된 날로부터 5일 안에 보정하시기 바랍니다.

흠결사항 : 부족한 인지 금액 53,000원을 추가로 첩부할 것
(또는, 피고의 송달가능한 주소)

2006 .　 .　 .

재판장 판사 ○　　○　　○

### 3) 보정기간

원고가 보정명령 정본을 송달받은 경우는 명령서에 지정된 보정기간 내에 보정서를 작성하여 제출함으로써 흠결사항을 보정하여야 한다.

만약 보정기간 내에 보정을 하지 않는 경우는 명령으로서 원고가 제기한 소의 각하를 당하는 불이익이 있으며, 소의 각하가 부당하다고 판단되는 경우는 즉시항고로서 대항할 수 있다(민소법 제231조 제2항, 제3항).

민법상 기간의 계산은 초일 불산입의 원칙(민법 제57조)에 따라 송달 익일을 제1일로 쳐서 소정의 보정기간 내에 보정하면 된다. 예를 들어 보정명령이 송달된 날로부터 5일 이내에 보정하라는 명령을 2006. 3. 5.자로 송달받은 경우는 2006. 3. 10. 자정 이전까지만 보정서가 법원에 접수되도록 하면 된다. 그러나 가능하면 보정명령을 송달받은 즉시 보정하는 것이 신속하고 정상적인 소송을 위해 바람직하다. 실제에 있어서는 일반적

으로 보정명령기간이 지난 경우에도 바로 각하명령을 발하지 않기 때문에 각하명령을 발하기 전에 보정을 하면 각하명령을 피할 수 있다.

### 4) 보정서

법원의 보정명령에 따라 소장의 내용을 보정하거나 원고가 임의로 소장의 흠결을 보정할 때에는 다음과 같은 보정서를 작성하여 제출하면 된다.

보정서에는 원칙적으로 인지를 첩부하지 않지만 인지(추가 첩부) 보정서에는 당연히 소장에 부족하게 첩부된 인지를 첩부하여야 한다.

## 주소보정서

**주 소 보 정 서**

사 건 ○○가합○○○○ 손해배상
원 고 ○ ○ ○
피 고 ○ ○ ○

위 사건에 관하여 귀원의 2006. 5. 2.자 보정명령에 의하여 피고의 주소를 아래와 같이 보정합니다.

아 래

서울특별시 서초구 서초동 1234 개나리아파트 102동 1602호
피 고 ○ ○ ○

2006. 5. 4.

위 원고 ○ ○ ○

서울중앙민사지방법원 귀중

인지 보정서에는 제목을 "인지(추첩) 보정서"라 적고, 보정내용은 "… 명령에 의하여 별첨과 같이 금 53,000원 상당의 인지를 추가 첩부합니다."라고 기재하고 인지는 별지에 첩부하여 보정서 뒤에 첩부하고 별지와 보정서 사이에 간인하면 된다.

## 2. 소장의 정정

### 1) 정정신청

소장의 기재내용에 잘못 기재한 것이 있는 경우에는 관할법원에 다음과 같은 소장정정신청서를 제출하여야 하는데, 이때 피고의 수에 상응하는 수만큼의 부본을 첨부하여야 한다.

**소장정정신청서**

소 장 정 정 신 청

사 건 ○○가합○○○ 손해배상
원 고 ○ ○ ○
피 고 ○ ○ ○

위 사건에 관하여 원고는 소장의 오기를 아래와 같이 정정합니다.

아 래

1. 청구취지 제1항 중 "연 5%의"를 "연 20%의"로 정정
2. 청구원인 제3항 4행의 "소외 김금순"을 "소외 김장순"으로 정정

2006. . .

위 원고 ○ ○ ○ ㉣

서울중앙지방법원 민사 제17부 귀중

### 2) 당사자표시의 정정

소장에 이미 기재한 당사자의 표시가 잘못된 경우에는 다음과 같이 그 정정신청절차를 거쳐 바로잡아야 한다. 당사자표시정정신청도 전술한 소장정정신청의 일종이다.

**당사자표시정정신청**

## 당 사 자 표 시 정 정 신 청

사　건 ○○가합○○○○ 손해배상청구의 소

원　고 ○　　○　　○

피　고

위 사건에 관하여 원고는 소장의 당사자표시를 아래와 같이 정정합니다.

아　　　래

'피고 장길재'를 '피고 장재길(일명 장길재)'로 정정

별　첨 : 주민등록등본　　1통

2006.　　.　　.

위 원고 ○　　○　　○ ㊞

서울중앙지방법원 민사 제　　부 귀중

### 3) 송달신청

법원에서 원고가 제출한 소장에 근거하여 피고에게 소송서류를 송달하였으나 소장에 기재된 피고의 주소지에 피고가 거주하지 아니하거나 피고가 폐문부재 또는 수취거절 등의 사유로 정상적인 송달이 불가능하게 되면 정상적으로 소송절차가 진행될 수 없게

된다. 따라서 이러한 경우는 일반적인 주소보정의 방법으로는 문제를 해결할 수가 없으므로 재송달, 집행관에 의한 특별송달, 공시송달 등의 특별한 조치가 필요하다.

**(1) 재송달신청**

피고가 소장에 기재된 주소지에 거주하면서도 부당하게 고의로 소송서류의 수령을 거부할 경우는 그 사유를 소명하여 다음과 같은 양식에 의해 재송달신청을 할 필요가 있다.

**주소보정서**

## 주 소 보 정 서

사건번호　　20　　가　(차)　　　　　　　　　　　　　[담당재판부 : 제　　　(단독)부]

원고(채권자)

피고(채무자)

위 사건에 관하여 아래와 같이 피고(채무자)　　　　　　　　의 주소를 보정합니다.

<table>
<tr><td rowspan="2">주소변동 유무</td><td>□ 주소변동 없음</td><td colspan="3">종전에 적어낸 주소에 그대로 거주하고 있음.</td></tr>
<tr><td>□ 주소변동 있음</td><td colspan="3">새로운 주소 :<br>(우편번호　　　－　　　)</td></tr>
<tr><td rowspan="5">송달신청</td><td>□ 재송달신청</td><td colspan="3">종전에 적어낸 주소로 다시 송달</td></tr>
<tr><td rowspan="2">□ 특별송달신청</td><td>□ 주간송달</td><td>□ 야간송달</td><td>□ 휴일송달</td></tr>
<tr><td colspan="3">□ 종전에 적어낸 주소로 송달 □ 새로운 주소로 송달</td></tr>
<tr><td>□ 공시송달신청</td><td colspan="3">주소를 알 수 없으므로 공시송달을 신청함<br>(첨부서류 :　　　　　　　　　　　　)</td></tr>
<tr><td colspan="5">20　.　　.　　.　원고(채권자)　　　　　　　(서명 또는 날인)<br>법원 귀중</td></tr>
</table>

[주소보정요령]

1. 상대방의 주소가 변동되지 않은 경우에는 주소변동 없음란의 □에 "✓" 표시를 하고, 송달이 가능한 새로운 주소가 확인되는 경우에는 주소변동 있음란의 □에 "✓" 표시와 함께 새로운 주소를 적은 후 이 서면을 주민등록등본 등 소명자료와 함께 법원에 제출하시기 바랍니다.
2. 상대방이 종전에 적어낸 주소에 그대로 거주하고 있으면 재송달신청란의 □에 "✓" 표시를 하여 이 서면을 주민등록등본 등 소명자료와 함께 법원에 제출하시기 바랍니다.
3. 수취인부재, 폐문부재 등으로 송달되지 않는 경우에 특별송달(집행관송달 또는 법원경위송달)을 희망하는 때에는 특별송달신청란의 □에 "✓" 표시를 하고, 주간송달 · 야간송달 · 휴일송달 중 희망하는 난의 □에도 "✓" 표시를 한 후, 이 서면을 주민등록등본 등의 소명자료와 함께 법원에 제출하시기 바랍니다(특별송달료는 지역에 따라 차이가 있을 수 있으므로 재판부 또는 접수계에 문의바랍니다).
4. 공시송달을 신청하는 때에는 공시송달신청란의 □에 "✓" 표시를 한 후 주민등록말소자등본 기타 공시송달요건을 소명하는 자료를 첨부하여 제출하시기 바랍니다.
5. 지급명령신청사건의 경우에는 사건번호의 '(차)', '채권자', '채무자' 표시에 ○표를 하시기 바랍니다.
6. 소송목적의 수행을 위해서는 동사무소 등에 주소보정명령서 또는 소제기증명 등의 자료를 제출하여 상대방의 주민등록등 · 초본의 교부를 신청할 수 있습니다(주민등록법 제29조 제2항 제2호).

## 재송달신청서

### 재 송 달 신 청

사　건　○○가합○○○○ 손해배상

원　고　○　○　○

피　고　○　○　○

위 사건에 관하여 피고는 소장에 기재된 주소지에 거주하고 있으면서 고의로 소송서류의 수령을 거부하고 있으므로 피고의 주소지로 다시 한 번 송달하여 주시기 바랍니다.

첨부서류

1. 주민등록등본 1통
1. 통장의 확인서 1통

2006. 8. .

위 원고 ○ ○ ○ ㉠

서울중앙지방법원 민사 제17부 귀중

#### (2) 집행관에 의한 특별송달신청

법원으로부터 송달된 소송서류에 대하여 피고가 고의적으로 그의 수령을 거부하거나 폐문부재로 신속한 송달이 불가능하여 소기의 목적을 달성할 수 없는 경우에는 집행관에 의한 특별송달을 신청할 수 있으며, 특별송달료 11,500원(서울 기준)을 납부하여야 한다.

### 야간(휴일) 특별송달신청서

## 야 간 ( 휴 일 ) 특 별 송 달 신 청 서

사 건 ○○가합○○○○ 손해배상
원 고 ○ ○ ○
피 고 ○ ○ ○

위 사건에 관하여 피고에 대한 소송서류의 송달결과 폐문부재로 송달불능되었는 바, 피고는 직업상 주간(평일)에는 주소지를 떠나 있고, 야간(휴일)에만 주소지에 거주하고 있으므로 야간(휴일) 송달을 허가하여 주시기 바랍니다.

2006. 4. .

위 원고 ○ ○ ○ ㊞

서울중앙지방법원 민사 제17부 귀중

### (3) 공시송달

공시송달은 송달의 대원칙인 교부송달이 불가능한 경우에 한하여 인정되는 보충적이고 최후적인 송달방법이다.

따라서 공시송달은 원칙적으로 민사소송법이 정한 일정한 요건을 갖춘 경우 재판장의 공시송달명령에 의하여 시행하며, 공시송달의 신청시에는 그 요건사실을 소명하여야 한다(민소법 제194조 제1항, 제2항).

① 요 건

ㄱ. 당사자의 주소, 거소, 기타 송달할 장소를 알 수 없는 경우

ㄴ. 국외송달에 있어 송달촉탁이 불가능한 경우(외교관계가 없는 경우, 사법공조의 조약, 협정이나 관행도 없고 구체적인 사건에 있어 촉탁거절 사례가 있는 경우 등)

ㄷ. 외국에 송달촉탁하여도 그 효력이 없을 것으로 인정되는 경우(그 나라가 전란이나 천재지변 중에 있는 경우)

ㄹ. 외국에 송달촉탁 후 6월이 지나도 송달증서의 송부가 없는 경우

② 소명자료

ㄱ. 주민등록말소 증명서 및 불거주확인서 : 주민등록말소 증명에 관한 서류로는 수송달자의 추후 주소를 관할하는 출장소장, 동리장 또는 읍면장 발행의 주민등록초본 또는 주민등록지를 알 수 없는 경우는 호적등초본 등이 있다. 불거주확인서(인우보증서)는 최후 주소지의 통반장이나 인근거주자 등으로부터 받는다.

ㄴ. 주민등록말소증명서류 및 근친자 작성의 확인서 : 송달을 받을 사람의 근친자로부터 확인서를 받는 것이 쉬운 일은 아니므로 최선을 다해 근친자를 설득

하는 노력이 필요하다.

ㄷ. 신청인의 조사보고서 및 증인의 증언

③ **신청시기** : 공시송달은 그 법정 요건에 대한 소명이 있으면 언제든지 신청할 수 있다. 즉 소장제출과 동시에 할 수도 있고, 판결송달 시에도 할 수 있다.

④ **공시송달의 제한** : 공시송달에 의해 기일이 통지된 경우에는 의제자백의 효과가 발생하지 아니하며(민사소송법 제150조 제3항 단서), 지급명령 정본의 송달(민사소송법 제462조 단서, 가집행선고부 지급명령은 공시송달 가능), 증거보전절차 및 증거조사나 석명을 위한 소환에는 성질상 공시송달이 허용되지 아니한다.

⑤ **효력발생시기** : 최초의 공시송달은 법원사무관 등이 송달할 서류를 보관하고 법원게시장에 그 사유를 게시한 날로부터 2주일(외국에서 할 송달에 대한 공시송달의 경우에는 2개월)을 경과하면 송달의 효력이 발생한다. 즉 당사자가 소송서류를 송달받은 것과 동일한 효력이 발생하여 정상적인 소송절차가 진행될 수 있다(민사소송법 제196조 제1항, 제2항).

## 공시송달신청서

### 공 시 송 달 신 청

사 건 ○○가합○○○○ 손해배상

원 고 ○ ○ ○

피 고 ○ ○ ○

위 사건에 관하여 피고는 주민등록상 주소지에는 사실상 거주하지 않고 있으며, 기타의 거처 또는 송달하여야 할 장소를 알지 못하므로 공시송달을 허가하여 주시기 바랍니다.

첨 부 서 류

1. 주민등록등본 1통

1. 확인서 및 인감증명서　　　　　　각 1통

2006.　3.　3.

위　원고　○　　○　　○ ㊞

서울중앙지방법원 민사 제17부 귀중

## 보정서

### 보　정　서

사건번호　　○○ 가단 ○○○○ 호 손해배상
원고(채권자)　○　　○　　○
피고(채무자)　△　　△　　△

귀원의 보정명령에 따라 아래와 같이 보정합니다.

1. 주소보정
   성　　　명 : △　　△　　△
   보정할 주소 : 서울특별시 영등포구 당산동 227

2. 재송달신청
   상대방이 그 주소지에 거주하고 있으면서 고의로 수령을 거부하고 있으므로 같은 주소에 다시 송달하여 주시기 바랍니다.

3. 주간 특별송달신청(집행관에 의한 송달)
   상대방이 송달할 장소에 살고 있으면서 일부러 송달물을 받지 않거나, 집행관에 의하여 송달물을 신속히 송달하지 아니하면 소기의 목적을 달성할 수 없음.

4. 야간 및 휴일 특별송달신청(집행관에 의한 송달)

상대방이 야간 또는 휴일에만 송달물을 받을 수 있음.

5. 공시송달신청(위 1 내지 4의 방법에 의한 보정이 불가능)
상대방의 주소, 거소, 기타 송달할 장소를 알 수 없음.
첨부서류 :

2006. 3. 3.

위 (1항, 2항, 3항, 4항, 5항) 원고 ○ ○ ○ ㊞

서울중앙지방법원 귀중

본 서식은 전술한 보정서, 재송달, 공시송달, 특별송달 등을 신청할 수 있는 송달신청서 양식으로서 법원 민원실에 비치되어 있다.

## 3. 소의 변경

### 1) 의 의

소의 변경이란 법원과 당사자의 동일성을 유지하면서 청구를 변경하는 것을 가리킨다. 청구의 변경은 청구취지의 변경, 청구원인의 변경, 청구취지 및 청구원인의 변경 등이 있다.

청구의 변경은 소의 변경으로서 변경의 방식에 따라 교환적 변경, 추가적 변경으로 나누어진다.

청구취지의 확장은 추가적 변경에 해당되지만 청구취지의 감축은 소의 일부 취하에 해당하고 본래의 의미의 소의 변경에는 해당하지 않는다.

### 2) 신청시기

소장송달일 이후부터 변론종결 이전까지 언제든지 소의 변경은 가능하다.

### 3) 인지 및 부본

신청서에는 상대방의 수에 상응하는 부본을 제출하여야 한다. 다만, 소의 변경으로 총 소송물가액이 종전 소송물가액보다 증가하는 경우 총 소가에 의한 인지액과 종전의 인지액과의 차액에 해당하는 인지를 첩부하여야 한다. 또한, 청구취지 감축신청은 소의 일부취하에 해당하므로 비록 소의 변경신청이라고 하더라도 인지를 첩부하지 아니할 것이나 실제에서는 500원의 인지를 첩부하고 있다.

### 4) 소의 교환적 변경

소의 교환적 변경이란 종래의 청구원인을 철회 또는 취하할 것을 전제로 종래의 청구에 갈음하여 새로운 청구를 제기하는 것을 말한다.

예컨대, 매매로 인한 부동산소유권이전등기청구의 소를 이행불능으로 인한 손해배상청구의 소로 변경하는 경우나 동일 부동산에 대한 명도청구의 소를 소유권확인의 소로 변경신청 하는 경우는 먼저 청구(구청구)한 소의 내용을 철회하고 그에 갈음하여 새로운 청구(신청구)를 제기하는 것이 된다.

교환적 변경은 신청구의 추가적 병합과 구청구의 취하가 결합하는 형태이다. 따라서 피고가 본안에 관하여 준비서면을 제출하거나 준비절차에서 진술을 한 경우는 상대방의 동의를 얻어야 구청구의 취하의 효력이 발생한다(민소법 제266조 제2항).

원고의 교환적 변경신청에 대하여 피고가 동의하지 아니하고 소의 변경신청에 대한 각하결정을 구하는 소변경 불허 신청을 할 수 있다.

## 교환적 소변경신청서

### 소 변 경 신 청

사 건 ○○가합○○○○ 매매대금

원 고 김 원 고

피 고 박 피 고

위 사건에 관하여 원고는 매매대금의 청구를 대여금의 청구로 변경하여 아래와 같이 청구 취지 및 청구원인을 변경합니다.

변경된 청구취지

1. 피고는 원고에게 금 오천만원(₩50,000,000) 및 이에 대한 2005. 5. 15.부터 완제

일까지 연 2할5푼의 비율에 의한 금원을 지급하라.

2. 소송비용은 피고의 부담으로 하라.

라는 판결을 구합니다.

변경된 청구원인

1. 피고는 이 사건 부동산을 매수한 후 잔금기일인 2005. 2. 10. 잔대금 오천만원의 채무를 이행하지 못하게 되었으므로, 원고와 피고는 동 매매잔대금채무를 월 3푼의 이자부대여금 채무로 합의 약정하고, 피고는 동 대여금을 2005. 5. 14.까지 변제키로 약속하였으나 아직까지 변제하지 않고 있습니다.

2. 따라서 원고는 피고와의 위 합의에 따라 본소의 매매대금 청구를 대여금청구로 변경하고 약정이자 범위 내에서 소송촉진등에관한특례법 소정의 이자를 겸하여 청구합니다.

입증방법 및 첨부서류

1. 갑제3호증 각서 1통

2005. 7. 10.

위 원고 김 원 고 ㊞

서울중앙지방법원 민사 제6부 귀중

## 소변경불허결정신청서

### 소 변 경 불 허 결 정 신 청

사 건 2006가합4050 매매대금

원 고 김 원 고

피 고 박 피 고

위 사건에 관한 원고의 2006. 7. 10.자 소변경신청에 대하여 피고는 아래와 같이 신청합니다.

신청취지

본건에 관한 원고의 2006. 7. 10.자 소변경신청을 각하한다.
라는 결정을 구합니다.

신청이유

1. 원고는 위 소변경신청서로써 본건 매매대금 오천만원(₩50,000,000)에 관하여 원·피고 간에 소비대차계약의 합의가 있었다고 주장하고 있습니다.
2. 그러나 피고는 위 매매대금을 차용금으로 하는 계약을 한 사실이 없고, 단지 동 매매잔금의 지급기일을 3개월 정도 연장하기로 합의하였을 뿐인 바, 원고의 위 소변경신청은 하등 이유 없이 부당한 이자를 청구하기 위하여 신청한 것으로서 그 이유 없으므로 본 신청에 이르게 되었습니다.

2006. 7. 22.

위 피고 박 피 고 ㊞

서울중앙지방법원 민사 제6부 귀중

### 5) 소의 추가적 변경

소의 추가적 변경이란 기존의 청구를 그대로 유지하면서 추가적으로 별개의 청구를 제기하는 것을 말한다. 따라서 이는 청구의 후발적 병합에 해당하므로 청구의 병합요건을 갖추어야 한다.

소의 추가적 변경은 단순병합, 선택적 병합, 예비적 병합 등의 형태로 행해진다.

자동차사고로 인한 손해배상청구의 소에서 소장으로 일부청구를 하였다가 신체감정 후에 청구취지를 확장하는 것은 단순병합에 해당하는데, 이 경우는 사물관할과 관련하여 단독판사의 관할사건이 합의부로 이송될 수도 있다.

「선택적 병합」은 여러 개의 청구가 병합되어 있는 경우 원고는 어느 하나가 인용되면 소송의 목적을 달성할 수 있기 때문에 다른 청구에 대해서는 심판을 바라지 않는다는 내용의 소의 변경을 말한다.

그리고 양립되지 않는 여러 개의 청구를 하면서 1차적 청구(주된 청구)가 기각되거나 각하될 때를 대비하여 제2차적 청구(예비적 청구)에 대한 심판을 청구하기 위해 추가하는 것을 「예비적 병합」이라고 한다.

## 소변경신청서(예비적 신청의 경우)

### 소 변 경 신 청

사 건 2006가합8900 물품인도
원 고 김 원 고
피 고 박 피 고

위 사건에 관하여 원고는 아래와 같이 청구를 예비적으로 추가합니다.

청구취지의 추가

청구취지 제2항 다음에 『만약 위 물품의 인도가 불가능할 경우는 밀가루 1포당 금 이십팔만원(₩280,000)의 비율에 의한 환산대금을 지급하라』 추가

청구원인의 추가

청구원인 제4항 다음에 『5. 그러나 피고가 보관중인 밀가루가 피고의 부주의로 피고의 주장과 같이 일부를 도난당하고, 일부는 부패하여 없어졌다면 피고는 동 밀가루 반환의무에 대신하여 원고에게 그 가액 상당의 손해를 배상할 의무가 있으므로 현재의 시가로 밀가루 1포당 280,000원의 환산대금을 원고에게 지급하여야 할 것입니다』 추가

2006. 8. 15.

위 원고 김 원 고 ㊞

서울중앙지방법원 민사 제8부 귀중

## 소변경신청서(선택적 병합의 경우)

# 소 변 경 신 청

사 건 2006가합20021 건물철거 등
원 고 김 원 고
피 고 박 피 고

위 사건에 관하여 원고는 아래와 같이 청구취지 및 청구원인을 선택적으로 추가합니다.

선택적 청구취지

1. 피고는 원고에게 금팔천만원(₩80,000,000)과 그에 대한 2003. 12. 23.부터 2004. 1. 11까지는 연 3할 6푼 5리, 그리고 2005. 12. 15.까지는 연 4할, 그 익일부터 완제일까지는 연 2할 5푼의 각 비율에 의한 금원을 지급하라.
2. 소송비용은 피고의 부담으로 한다.
3. 위 제1항은 가집행할 수 있다.

라는 판결을 구합니다.

선택적 청구원인

1. 원고는 피고에게 2003. 5. 22. 금 80,000,000원을 월이율 5푼, 같은 해 11. 22.을 변제기로 정하여 대여하였는데, 피고는 위 금원에 대하여 2003. 12. 22.까지의 이자만 지급한 채 나머지 원리금 일체를 변제하지 않고 있습니다.
2. 따라서 원고는 피고에게 금 80,000,000원 및 그에 대한 청구취지 기재 기간 당시의 이자제한법 소정의 법정이율에 의한 지연이자금의 지급을 구하기 위해 본 선택적 청구를 합니다.

2006. 1. 13.

위 원고 김 원 고 ㉞

서울중앙지방법원 민사 제4부 귀중

### 6) 청구취지의 확장 및 감축신청

청구취지의 확장신청은 소의 추가적 변경 중에서 단순 추가적 변경에 해당하고, 청구취지의 감축신청은 소의 일부를 취하하는 경우가 된다. 그러나 다른 소의 변경신청이나 일반적인 소의 일부 취하와 약간의 다른 점이 있는데, 이는 일반적인 소의 일부취하는 소의 제기 후 변론의 초기단계부터 때를 가리지 않고 신청할 수 있는 데 반해 청구취지의 확장신청 및 감축신청은 일반적으로 변론의 진행의 종결단계에서 신청하게 된다는 점이다.

청구취지의 확장은 일반적인 손해배상청구소송에서 법원의 인정을 받을 수 있는 객관적인 손해액 산정의 증거자료로는 변론과정에서 감정 등 증거조사를 통해 얻어지게 되므로 소의 제기 시점에 소장에서는 총 손해액을 특정하기 어렵기 때문에 일단 일부분에 대한 소를 먼저 제기하는 것이 시간적으로나 금전적으로 이익이 되기 때문이다.

확장한 청구취지에서는 총 청구금액 및 그에 대한 지연손해금을 청구하는 취지, 소송비용의 피고 부담을 구하는 취지, 가집행을 구하는 취지의 순으로 작성하여야 하며, 특히 주의해야 하는 것은 지연손해금의 비율을 연 25%으로 청구할 수 있는 시기에 관하여 소장에서는 소장 부본이 송달된 익일부터이고, 확장된 금액에 대하여는 청구취지 확장신청서 부본의 송달익일부터가 된다.

예컨대, 1997. 2. 1.자로 2,000만원의 손해배상청구의 소를 제기하였다가 같은 해 8월 1일자로 8,000만원의 손해배상을 추가로 확장신청한 경우 지연손해금은 소장의 부본이 상대방에게 송달된 다음 날부터 확장신청서의 부본이 상대방에게 송달된 날까지는 2,000만원에 대한 연 25%, 그리고 확장신청서의 부본이 상대방에게 송달된 다음날부터 완제일까지는 1억원에 대하여 연 25%의 이자를 청구할 수 있다.

변경한 청구원인은 청구취지를 확장하기 위한 근거를 기재하여야 하는데, 이는 소장의 청구원인에 기재된 내용을 정정하는 부분도 있을 수 있고, 소장의 청구원인에는 기재되지 아니한 내용일 수도 있다.

따라서 소장의 청구원인을 그대로 원용하여 유지할 경우는 그대로 유지한다는 취지만 기재하면 되고, 변경이나 보충 또는 추가되는 내용이 있는 경우에는 그 부분을 정확하게 기재하여야 한다.

청구취지의 확장신청서에는 사건의 표시 다음에 총 소송물가액, 총 첩용인지액, 전 소송물가액, 전 첩용인지액 및 추가 첩용인지액을 기재한 다음 관할법원과 담당재판부를 기재한 표지를 작성하고, 이 표지와 확장내용의 사이에 간지를 끼워 추가 첩용인지를 붙이면 된다.

그리고 청구취지의 확장신청서도 원본과 함께 상대방의 수만큼의 부본을 작성하여 첨부하여야 하는데, 부본에는 일반적으로 표지를 붙이지 아니한다.

소장이나 청구취지확장신청으로 일정한 금액을 청구하였으나 소송 진행 중에 증거조사 결과 판결로 인용될 손해액이 기존의 청구액보다 현저하게 감액될 경우, 그 판결의 결과 승소율이 저하되고 그만큼 많은 비율의 소송비용을 부담하게 된다. 따라서 이러한 경우는 적당한 선으로 청구액을 감축시킬 필요가 있다.

청구취지의 작성요령은 확장신청과 동일하며 지연손해금은 소장 또는 종전의 청구취지확장신청서의 부본이 상대방에게 송달된 다음 날부터 연 20%의 비율로 청구하면 되고, 감축된 부분에 대한 청구원인을 정확하게 변경기재하면 된다.

표지는 통상의 준비서면과 동일하게 표제, 사건, 당사자, 관할법원 및 담당재판부 등을 기재하고, 상대방 수만큼의 부본과 청구금액 확장시에만 확장금액 소정의 인지를 첩부하여야 한다.

# 제4절 변론과 응소

## Ⅰ. 변 론

### 1. 개 념

변론辯論이라 함은 법원이 정한 변론기일에 수소법원의 공개법정에서 소송당사자가 구술에 의하여 판결의 기초가 될 소송자료, 즉 사실과 증거를 제출하는 방법으로 소송을 심리하는 절차를 말하는데, 변론에는 ① 판결로 완결될 사건에 관한 필요적 변론과 ② 결정으로 완결될 사건에 관한 임의적 변론이 있다.

필요적 변론이 임의적 변론과 다른 중요한 점은 필요적 변론기일의 불출석은 변론의 해태(기일의 해태)가 되어 2회의 변론기일에 소송당사자 쌍방이 출석하지 않거나 피고 또는 피항소인이 출석하였더라도 변론하지 아니하면 원고가 소를 취하한 것으로 간주되며, 항소심에서는 항소를 취하한 것으로 간주되므로 특별한 주의를 요한다.

민사소송법 제258조에 따르면, 재판장은 변론 없이 판결하는 경우 외에는 바로 사건을 변론준비 절차에 부쳐야 하며, 물론 변론준비 절차를 따로 거칠 필요가 없는 경우 또는 변론준비 절차가 끝난 경우에는 지체 없이 변론기일을 정하고 당사자에게 통지하여야 한다고 규정하고 있다. 그리고 실제에 있어서는 소장을 접수하고 난후 최초의 변론기일까지는 1개월 정도의 시간이 소요되는 것이 보통이지만 수소법원의 사정에 따라 약간의 차이는 있으며, 소액사건의 경우는 일반적으로 소를 제기하는 즉시 접수창구에서 변론기일을 지정해 주는 것이 일반적이다.

## 2. 소송상의 공격과 방어

### 1) 의 의

일정한 소송에서 소송당사자가 구하고자 하는 판결사항의 신청을 뒷받침하기 위해 당사자가 재판부에 제출하는 모든 소송자료를 공격·방어방법이라 하며, 원고가 제출하는 소송자료는 공격방법, 피고가 제출하는 소송자료는 방어방법이 된다.

공격·방어방법에는 여러 가지가 있으나 ① 법률상의 진술, ② 사실상의 진술, ③ 증거신청 등이 주로 사용되고 있으며, 책문권責問權(소송절차에 관한 이의권)의 행사(민사소송법 제151조), 실기한 공격·방어방법의 각하신청(민사소송법 제149조), 보조참가에 대한 이의(민사소송법 제73조) 등도 역시 청구의 당부나 소의 적법여부에 간접적으로나마 영향을 미치게 되므로 공격·방어방법의 일종이라고 할 수 있다.

### 2) 법률상의 진술

법률상의 진술이라 함은 좁은 의미에 있어서는 구체적인 권리 또는 법률관계의 존부나 개개의 법률효과의 발생·변경·소멸에 관한 당사자의 법률적 판단을 법원에 대하여 주장하는 진술을 말하며 「권리의 주장」이라고도 하며, 넓은 의미로는 법규의 존부, 그 내용 또는 그 해석·적용에 관한 당사자의 의견진술도 포함한다.

예컨대, 소유권에 기한 부동산명도청구의 소송에서 원고가 소유자라는 사실을 주장하는 경우, 대여금 청구의 소송에서 피고가 변제로 인하여 채무가 소멸하였음을 항변하기 위해 일정한 자료를 제출한 경우에 그 법률적 평가에 관한 주장 등은 좁은 의미의 법률상의 진술에 해당하고, 외국 법규나 관습법의 존부, 그 내용 또는 해석, 건축 중인 건물이 언제부터 독립의 부동산으로 되는가, 어떤 물권의 취득이 원시취득인가 승계취득인가 하는 것에 관한 주장은 넓은 의미의 법률상의 진술에 해당한다.

민사소송법에 있어서 소 내지 소송상의 청구(소송물)는 특정 권리 또는 법률관계의 존부에 관한 주장이어야 하는 것으로 해석되므로 이를 이유 있게 하기 위한 공격방법인 법률상의 진술이 원고에 의하여 주장될 필요가 있게 된다. 따라서 피고가 항변을 주장함에 있어서도 원고의 권리관계가 어떤 이유로 발생하지 아니하였거나 또는 소멸하였는가 하는 법률적 판단을 주장하여야 한다.

### 3) 사실의 진술

#### (1) 의 의

사실상의 진술이라 함은 구체적인 사실에 관한 당사자의 지식 또는 인식을 법원에 알리는 진술로서 반드시 외부에 나타난 사실만을 의미하는 것은 아니고 내심적 사실, 예컨대 어떤 사실의 지, 부지, 고의, 과실, 선의, 허위표시에 있어서의 통정(민법 제108조), 착오(민법 제109조), 사해의 의사(민법 제406조)도 포함한다.

당사자가 진술하는 사실은 객관적 진실 그 자체는 아니고 어디까지나 당사자의 주관적인 사실판단이므로 진실일 수도 있고 허위일 수도 있다.

#### (2) 종 류

① 주요사실

특정의 권리 또는 법률관계에 관한 법률효과를 일으키는 실체법상의 구성요건에 직접 해당하는 구체적 사실을 주요사실 또는 「요건사실」이라 하며, 이에는 다음과 같은 것이 있다.

ㄱ. 권리 등의 발생요건사실 : 각종의 계약체결, 채무불이행, 부당이득, 사무관리, 상속 등

ㄴ. 권리변경 요건사실 : 경개更改

ㄷ. 권리소멸의 요건사실 : 변제, 상계, 해제, 면제 등

이러한 주요사실의 주장은 적어도 상대방이 자백한다면 그 사실을 기초로 하여 법률효과를 판단할 수 있을 정도로 ① 주체, ② 시기, ③ 상대방, ④ 행위의 종류 및 내용 등을 구체적으로 표시하여 주장하여야 한다.

② 간접사실

주요사실의 존부를 경험칙經驗則에 기하여 추인하는 데에 소용되는 사실, 예컨대 간접부인(적극부인)에 있어서 적극적으로 주장된 사실 등이 간접사실이다.

주요사실은 대부분의 경우에 증거자료의 종합적 판단 또는 증거자료와 간접사실의 복합적 판단에 의해서 인정되나 간접사실만에 의하여 주요사실의 존부가 확정되는 수도 있으며(사실상의 추정), 이때 경험칙이 가장 중요한 기능을 한다. 특히 사해詐害의 의사, 기망欺罔의 의사 등 내심적 사실의 인정은 간접사실에 의한 사실상의 추정에 의하는 것이 일반적이다.

간접사실을 기재함에는 그 사실에 의하여 추정하려고 하는 주요사실과의 관련이 명백하도록 기재한다.

예 : 사해행위취소의 소에 있어서 간접사실

이 건 아파트의 공시지가가 금 1억 2천만원에 상당함에도 불구하고 피고가 그 절반에도 미치지 못하는 금 5천만원에 이를 매도한 사실을 보면 피고가 원고의 권리를 해한다는 사실을 알면서도 고의로 동 아파트를 처분한 사실로 볼 때 피고의 사해의사는 명백히 인정된다 할 것이다.

③ 보조사실

증거방법에 관한 증거능력이나 증명력을 밝히기 위한 사실을 보조사실로서 주로 증거항변의 소재로 되는 사실이다. 이러한 보조사실과 간접사실로서 변론의 전취지의 내용이 이루어진다.

### (3) 소송상의 취급

① 철회 및 취소

일단 사실상의 진술을 하여도 원칙적으로 사실심의 변론종결 시까지 이를 임의로 철회하거나 정정할 수 있다. 그러나 자기에게 불리한 사실상의 진술을 상대방이 이미 원용한 때에는 재판상의 자백으로 인정되기 때문에 그 취소요건(민사소송법 제261조 단서)을 갖추지 않는 한 취소가 허용되지 않는다.

② 예비적 주장

사실상의 진술은 조건이나 기한을 붙일 수 없지만 제1차적 주장이 배척될 것을 대비하여 제2차적으로 주장하는 예비적 주장은 비록 조건부 주장의 일종이지만 허용되며, 이를 「가정주장」 또는 「가정항변」이라고도 한다.

예컨대 소유권확인청구의 소에 있어서 그 취득원인으로 먼저 매매를 주장하고 예비적으로 시효취득을 주장하는 가정주장이나 차용금상환청구의 소에 있어서 피고가 먼저 변제를 주장하고 예비적으로 시효완성 따위를 주장하는 가정항변이 이에 속한다.

예 : 차용금상환청구의 소에 있어서 피고의 예비적 주장

피고는 원가상환을 청구하고 있는 차용금을 이미 2000. 3. 5.자로 모두 변제하였으며, 이를 변제치 아니하였다고 하더라도 피고가 원고로부터 금원을 차용한 1991. 4. 5.부터 원고가 본건 소를 제기한 2001. 6. 5.까지 한 번도 본 차용금에 관한 변제를 요구하지 아니하였기 때문에 원고의 본건 차용금의 상환청구권은 2001. 4. 4.자로 이미 그 소멸시효가 완성되었다 할 것이다. 따라서 원고의 청구는 당연히 기각되어야 할 것이다.

#### (4) 사실의 인부

사실상의 진술에 대한 답변태도, 즉 상대방의 사실상의 진술을 인정 또는 부인하는 소송당사자의 답변태도를 사실의 인부라 한다.

① 부 인

상대방의 주장사실을 부인하는 진술은 상대방의 주장을 무조건 아니라고 주장하는 직접부인과 상대방의 주장사실의 일정 부분에 대하여는 인정하면서 부인하고자 하는 부분을 구체적으로 반박하는 간접부인이 있는데, 직접부인은 「단순부인」 또는 「소극적 부인」이라고도 하며, 간접부인은 「적극부인」이라고도 한다.

예 : 적극부인의 경우

피고가 원고로부터 금 3,000만원을 수령하였다고 주장하는 원고의 주장사실은 인정하나 위 돈은 차용한 것이 아니라 증여받은 것이다.

② 부 지

상대방의 주장사실을 알지 못한다는 진술을 부지라 하는데, 이는 상대방의 진술에 대하여 다툰 것으로 보아 부인으로 추정한다(민사소송법 제150조 제2항). 자기가 관여하지 아니한 자의 행위에 대해서는 부지라는 답변이 허용되나 자기가 관여한 것으로 주장된 행위나 서증에 대해서는 인부절차에 있어서 원칙적으로 부지라는 답변은 있을 수 없으며 부인만이 가능하다.

③ 자 백

자백은 자기에게 불리한 상대방의 주장사실을 시인하는 진술로서 자백한 사실은 증거를 필요로 하지 아니한다. 그러나 진실에 반한 자백은 착오로 인한 것임을 증명한 때에는 이를 취소할 수 있다(민사소송법 제288조).

증거에 의하여 자백이 진실에 부합되지 않는 사실임이 증명되고 변론의 취지에 의하여 그 자백이 착오에 기인한 것으로 인정되는 경우 법원은 그 자백의 취소를 허용하여야 하고, 재판상 자백의 취소는 반드시 명시적으로 하여야 하는 것은 아니고 종전의 자백과 배치되는 사실을 주장함으로써 묵시적으로 할 수도 있다(대판 2001. 4. 13. 2001다6367).

④ 침 묵

상대방의 주장사실을 명백히 다투지 아니하는 경우는 상대방의 주장사실을 인정하는 결과가 되는데 이를 침묵이라 하며, 변론의 전취지로 보아 다툰 것으로 인정된 경우를 제외하고는 자백한 것으로 간주된다(의제자백, 민소법 제150조 제1항). 당사자가 변론기일에 법정에 출석하지 아니하는 경우에도 침묵에 준하여 자백으로 간주되며, 단 변론기일에 출석하지 아니한 당사자가 공시송달에 의한 소환을 받은 때에는 그렇지 않다(민소법 제150조 제3항).

### (5) 증거신청

당사자가 자신의 주장사실에 관한 내용에 대하여 법관의 인정을 받아 사실상의 주장의 진부에 대한 확신을 얻기 위한 행위를 증거신청 또는 「입증」이라 한다.

증거신청은 계쟁사실, 즉 부인이나 부지로 답변됨으로써 다툼이 있는 사실에 대하여만 필요하다고 할 것이며, 법원에 의한 증거조사가 개시되기 전까지는 임의로 철회할 수 있다.

### (6) 실기한 공격 · 방어방법의 각하신청

수시제출주의에 대한 예외 중의 하나로서 주장할 기회를 상실하거나 필요한 석명釋明이 이행되지 않는 공격 또는 방어방법에 대하여는 법원이 이를 결정으로 각하할 수 있다(민소법 제149조). 각하의 대상이 될 실기한 공격 · 방어방법이란 ① 시기에 늦었거나 필요한 석명이 이행되지 않았을 것, ② 당사자에게 고의 또는 중과실이 있을 것, ③ 당해 공격 · 방어방법을 심리하면 소송의 완결이 지연될 것 등의 조건이 충족되어야 한다.

공격 · 방어방법에 관한 각하를 당한 당사자는 이에 대하여 독립하여 항고할 수 없고, 종국판결에 대한 상소와 함께 불복하여야 한다(민소법 제392조).

### (7) 부인과 항변

① 의 의

상대방의 주장을 배척하는 방법에는 부인과 항변의 두 가지 방법이 있는데, 부인의 경우에는 상대방이 그의 주장사실을 입증하여야 하며, 항변의 경우에는 항변을 하는 자가 항변사실을 입증하여야 한다.

② 부인의 종류

상대방의 주장사실이 진실이 아니라고 진술함에 그치는 것을 「직접부인」, 「단순부인」 또는 「소극부인」이라 하고, 상대방이 주장하는 사실과 양립할 수 없는 별개의 사실을 주장하는 방법에 의한 부인을 「간접부인」, 「이유부부인」 또는 「적극부인」이라 한다.

③ 소송상의 항변의 종류

소송상의 항변은 본안전 항변과 증거항변이 있는데, 소가 소송요건의 흠결(당사자능력, 당사자적격, 소송목적 등에 관한 하자)이 있어 부적법하다는 뜻의 피고의 일체의 주장은 「본안전 항변」이라 하고, 「증거항변」은 보통 서증이 위조, 도용 또는 강박에 의하여 작성된 것이라고 주장하는 경우를 말한다.

## 본안전 항변(준비서면)

### 준 비 서 면

사 건 ○○가단○○○○ 소유권이전등기말소

원 고 ○ ○ ○

피 고 ○ ○ ○

위 사건에 관하여 피고는 다음과 같이 변론을 준비합니다.

1. 본안전 항변

원고는 피고와 2004. 9. 10. 이 사건 부동산에 관한 소유권이전등기를 필하여 주기로 합의서를 작성하고 이후에는 어떠한 경우라도 이 사건 부동산에 대한 민·형사상 책임을 묻지 않기로 약정하였음에도 불구하고 이건 소를 제기한 것으로 이건 소는 소의 이익이 없다 할 것이므로 본안에 관하여 살펴볼 필요 없이 이건 소는 각하되어야 할 것이다.

2. 본안에 대한 항변

가사 위 본안전 항변이 받아들여지지 않는다 하여도 피고는 원고로부터 이 사건 부동산을 2004. 9. 10. 금9천만원에 매수하여 그 대금전액을 지불하였으므로 원고의 청구는 이유 없다 할 것이다.

입증방법 및 첨부서류

1. 합의서 1통
1. 매매계약서 1통
1. 영수증 1통
1. 소장부본 1통

2006. 4. 8.

위 피고 ○ ○ ○ ㊞

서울중앙지방법원 귀중

④ 본안의 항변

피고의 항변은 원고의 주장이 진실인 것을 전제로 하여 이와 모순되지 않고 양립할 수 있는 사실을 주장하는 점에서 간접부인과 구별된다. 어떤 주장사실이 항변인가 간접부인인가는 그 사실에 관하여 어느 당사자가 거증책임을 지는가 하는 거증책임의 분배의 법칙에 의하여 정하여 진다.

그리고 항변은 가정항변의 형식으로 주장되는 예가 많다. 즉, 원고의 매매를 원인으로 하는 소유권이전등기청구에 관하여 매매사실을 부인하고 가사 매매사실이 인정된다 하더라도 등기청구권이 시효의 완성으로 인해 소멸되었다는 식의 항변이 이에 해당한다.

이러한 본안의 항변은 법률효과의 발생을 저해하는 권리장해규정(허위표시, 비채변제에 있어서 변제자의 악의, 원시적 이행불능 등)에 기한 항변과 일단 발생하는 권리를 멸실시키는 권리멸실규정(변제, 해제조건의 성취, 소멸시효의 완성, 경개更改, 후발적 이행불능, 해제권, 해지권 취소권, 상계권, 추인권 등)에 기한 항변, 이미 발생한 권리의 행사를 저지하는 권리행사 저지규정에 기한 항변(유치권, 보증인의 치고 · 검색의 항변권, 동시이행의 항변권, 연기적항변 등) 등이 있다.

⑤ 재항변, 재재항변 등

피고의 항변에 대하여 원고가 그 항변사실을 일단 받아들이면서 항변사실에 의한 법률효과를 소멸시킬 수 있는 새로운 사실, 즉 그 장해, 멸실, 저지의 효과를 발생시킬 수 있는 새로운 사실을 주장하는 것을 「재항변」이라 하고(예컨대 피고의 취소항변에 대하여 원고가 추인이 있었음을 주장하는 경우), 이 재항변에 대하여 피고가 다시 그 재항변사실을 일단 받아들이면서 재항변사실에 기한 법률효과의 발생을 장해, 멸실, 저지케 하는 새로운 사실을 주장하는 것을 「재재항변」이라 한다(예컨대, 앞의 예에서 피고가 원고의 추인의 재항변에 대하여 다시 그 추인의 의사표시가 착오에 의한 것이어서 취소한다고 주장하는 경우).

#### 4) 특수한 진술

특수한 진술방법에는 이른바 ① 원용, ② 종전 소송결과의 진술 등 두 가지가 있고, 원용에는 ① 타인의 진술의 원용, ② 증거조사결과의 원용 등이 있다.

##### (1) 타인의 진술의 원용

① 보조참가인의 소송행위의 원용

보조참가인이 한 공격·방어방법의 제출 기타 소송행위(민소법 제76조 제1항)를 당사자가 원용한 때에는 후일 참가불허의 재판이 확정되거나 참가신청의 취하가 있더라도 그 소송행위는 당사자 자신이 한 것과 같은 소송법상의 효력이 인정된다(민소법 제75조 제2항).

② 통상공동소송에 있어서 다른 공동소송인의 소송행위의 원용

통상의 공동소송에 있어서 각 공동소송인과 상대방 사이에는 개별적으로 소송관계가 존재하므로 공동소송인 중 1인의 소송행위는 다른 공동소송인에 대하여는 아무런 효력이 없다(민소법 제66조). 그리하여 공동소송인 중 일부가 다른 공동소송인이 한 주장사실을 자기도 그와 같은 주장을 하겠다는 의미에서 원용을 하는 예가 실무에서 종종 발생한다. 이때의 원용진술은 그 사실을 자기도 주장하겠다는 의미를 갖는 것이다.

③ 상대방의 주장사실의 원용

당사자의 일방이 상대방의 주장사실을 자기의 주장으로 하기 위하여 상대방의 주장

사실을 원용한다는 진술을 하는 경우가 있다. 예컨대, 소멸시효의 항변을 주장하고 있는 피고가 원고의 주장책임에 속하는 시효중단사유에 관한 사실을 진술하는 경우처럼 상대방이 이쪽 당사자의 주장책임에 속하는 사실을 진술한 경우에 이쪽 당사자가 원용의 진술을 행하는 예가 흔하고, 이와 같은 원용의 진술이 있으면 대부분의 경우에 재판상의 자백이 되나, 상대방의 진술, 즉 자신에게 불리하고 이쪽에는 유리한 진술은 원용이 있기 전까지는 자유롭게 철회할 수 있으므로 그 철회 후에는 원용이 불가능하다(대판 1981. 11. 10. 81다378).

#### (2) 증거조사결과의 원용

상대방이 제출한 서증, 증인의 증언 등을 자신에게 유리하게 원용하기도 하고 신체감정결과, 검증결과, 사실조회결과 등을 원용하거나 원용하지 아니할 수 있다.

#### (3) 종전 소송결과의 진술

변론에서 종전 소송결과를 진술하여야 할 경우로는 ① 준비절차가 선행된 경우 구술주의 및 직접주의의 원칙상 준비절차의 결과를 진술하는 경우(민소법 제287조 제2항), ② 법관의 경질更迭이 있는 경우(파기환송, 파기이송 또는 이송의 경우를 포함)에 변론갱신의 절차로서 종전변론결과를 진술하는 경우(민소법 제204조 제2항), ③ 항소심의 최초 변론기일에 제1심의 변론결과를 진술하는 경우 등이 있다.

### 5) 진술의 철회

변론주의를 채택한 우리 민사소송법에 있어서 진술 또는 주장의 철회는 자유롭게 인정된다. 그러나 철회의 대상인 주장 내지 진술이 원래 재판상 자백에 해당하는 것이었을 경우라든가, 철회의 대상인 주장 내지 진술을 상대방이 원용함으로써 재판상 자백이 성립하게 된 경우에는 상대방의 동의가 있는 경우 등 자백취소의 요건이 성립되어야만 비로소 그 철회 내지 취소가 허용된다(민소법 제288조 단서).

## 3. 준비서면

### 1) 의 의

준비서면은 당사자가 변론에서 진술하고자 하는 사항을 미리 기재하여 법원에 제출하는 서면으로서 준비서면 중에서 피고 또는 피상소인이 본안의 신청을 기재하여 최초로 제출하는 서면을 특히 「답변서」라 한다.

### 2) 기재사항

준비서면의 기재사항은 민사소송법 제274조에 규정되어 있는데, 같은 조 제1호 내지 제3호 및 제6호 내지 제8호는 형식적 기재사항이고 제4호 및 제5호는 실질적 기재사항이다. 실질적 기재사항은 준비서면의 내용을 이루는 것이므로 반드시 기재되어야 한다.

준비서면에는 그 성질상 기명날인을 하더라도 무방하고 또 작성자가 누구임을 알아볼 수 있으면 서명 또는 기명만이 있고 날인이 없더라도 지장이 없다(대판 1978. 12. 26. 77다1362).

#### (1) 형식적 기재사항

당사자, 대리인, 작성연월일, 법원의 표시 등에 관한 내용은 앞에서 살펴본 소장작성의 내용과 동일하며, 다만 법원의 표시는 소장작성의 경우와는 달리 실제 사건이 배당되어 계속 중인 재판부까지 표시해 준다. 즉, 처음에 소장을 제출할 당시는 서울중앙지방법원으로 기재하였으나 그 사건이 서울중앙지방법원 민사16부에 배정된 경우는 준비서면에는 법원표시에 "서울중앙지방법원 민사16부"라고 기재한다.

사건의 표시는 사건번호와 사건명에 의하여 사건의 동일성을 밝히는 것이다. 이 내용은 소장에는 기재되지 아니한 내용으로서 법원에서 지정하는 사건번호를 명확하게 기재하여야 한다.

부속서류는 준비서면에 인용한 문서의 등본, 초본, 기타 위임장, 호적등본, 자격증명서 등을 준비서면에 첨부하며 제출한 서류의 목록과 통 수를 정확히 기재한다.

#### (2) 실질적 기재사항

실질적 기재사항에는 공격·방어의 방법과 상대방의 청구와 공격 또는 방어방법에 대한 진술이 있는데, 공격·방어의 방법은 전술한 내용과 같고, 후자는 상대방의 청구에 대한 본안의 신청(소의 각하 또는 청구기각의 신청)과 개개의 공격·방어방법, 즉 청구를 이유 있게 하는 진술, 항변, 재항변 등으로 주장된 사실에 대한 인부(인정, 부지, 부인)의 진술을 말하는 것으로 이에 의하여 쟁점을 명확하게 할 수 있게 된다.

#### (3) 위임장, 증거서류

실무상 위임장은 준비서면과 별도로 제출하기도 하고, 비록 준비서면에서 인용하고 있는 새로운 증거서류라 할지라도 준비서면에 첨부·제출하지 아니하고 별도로 준비해 두었다가 변론기일에 제출하는 수가 많으며, 준비서면에 서증을 첨부하여 제출하는 경우라도 상대방에게 전달할 서증은 준비서면 부본에 첨부하지 아니하고 변론기일에 상대방이 출석하면 전달하는 것이 대부분이다.

### 3) 작성상의 주의사항

#### (1) 인지, 부본

준비서면에는 인지를 첩부하지 않고 있으며, 준비서면의 교환은 원칙적으로 법원을 통하여 이루어지므로 당사자는 상대에게 송달할 부본을 원본과 함께 법원에 제출하여야 한다. 상대방이 여러 명인 경우에는 그 수에 상응하는 수의 부본을 제출하여야 한다. 그러나 상대방이 여러 명 있더라도 공동으로 1인의 소송대리인이 선임되어 있는 때에는 그 소송대리인에게 송달할 부본 1통이면 되고, 또 1인의 상대방에게 소송대리인이 여러 명인 경우에도 각자가 상대방을 대리하므로(민소법 제93조 제1항) 1통의 부본으로 족하다.

#### (2) 서면의 구성

모든 서면은 대개 3개 부분으로 구성되어 있는 바, 그 서두 부분은 신청서의 명칭, 사건의 표시, 당사자, 신청한다는 취지의 진술이 있고, 중간 부분은 청구취지, 신청취지, 답변취지의 내용으로 이루어지는 신청의 취지 및 청구원인, 신청이유, 답변이유로 이루어지는 신청의 원인이 있으며, 그 말미 부분은 작성일자, 서명날인, 제출법원의 표시 등을 기재한다. 재판사항의 신청서에는 말미 부분 앞에 입증(소명)방법을 명시하고 그 증거(소명)서류 각 1통과 자격증명서류 또는 소가산정의 자료 기타 참고서류 등 첨부서류의 표시를 해 준다.

#### (3) 서두 부분의 작성요령

재판의 신청을 하는 최초의 신청서에는 사건번호가 들어갈 수 없음은 당연하므로 신청서명, 신청인(원고, 채권자), 피신청인(피고, 채무자)의 표시만 하게 되고, 소장에 있어서는 당사자의 표시 다음에 청구취지 윗부분에 손해배상청구의 소 등 사건명을 표시한다.

특히 상소장, 항고장 등에는 신청서명, 당사자의 표시만 하고 그 아래에 "위 당사자간 서울중앙지방법원 2000가합4567손해배상청구사건에 관하여 원(피)고는 아래와 같이 항소를 제기합니다" 등과 같이 기재하고, 말미에 법원의 표시는 상소 또는 항고심법원을 기재한다. 그러나 상소장이나 항고장의 제출은 원심법원에 하여야 한다.

또한, 가압류, 가처분 등에는 공탁금의 산정기준 및 관할(직무관할)의 식별을 위하여 청구채권의 표시, 목적물 표시, 목적물가액 등을 명시해 주기도 한다.

그리고 준비서면이라는 제목 하에 원고, 피고의 표시를 하고, 그 다음에 "위 당사자 간 귀원 2000가합4567손해배상청구사건에 관하여 …" 등으로 표시하는 예가 많았으나, 표현이 복잡하여 좋지 않아 일반적으로 생략하고 있다. 또한 답변서에도 "청구취지에 대한 답변", "청구원인에 대한 답변" 등으로 표시하였으나, 이를 보통 "답변취지", "답변이유" 등으로 표시하고 있다.

## 4. 변론의 제한, 분리, 병합

### 1) 의 의

법원은 변론 중에 변론의 제한, 분리, 병합을 명할 수 있고 또 이를 취소할 수 있다(민소법 제141조). 변론의 제한과 분리가 복잡한 사건을 단순화하여 소송지연을 막을 수 있는 수단인 반면, 변론의 병합은 흩어져 있는 관련사건을 하나의 절차로 합쳐서 일거에 해결하기 위한 수단이다.

### 2) 변론의 제한 신청

청구의 객관적 병합 또는 공격·방어방법이 복잡함으로 인하여 심리가 산만해질 우려가 있을 경우에 이를 정리하기 위하여 변론의 대상을 일정 범위로 제한하는 조치를 취할 수 있는데 이를 변론의 제한이라 한다.

**변론제한신청서**

**변 론 제 한 신 청**

사 건 ○○가합○○○○ 손해배상

원 고 ○ ○ ○

피 고 ○ ○ ○

위 사건에 관하여 원고는 피고가 타인을 사용하여 피용자가 사무를 집행함에 있어 원고에게 손해를 입혔다는 책임원인 사실에 대한 증거조사 신청을 하지 못하는 현 단계에서 손해액에 대한 증거조사를 개시하는 것은 소송을 복잡·지연시키게 되므로, 변론은 원인에 관한 주장 입증을 제한하고 먼저 그 원인 사실에 관하여 심리하여 줄 것을 신청합니다.

2006. 1. 11.

위 피고 ○ ○ ○ ㉑

서울중앙지방법원 민사 제16부 귀중

### 3) 변론의 분리 신청

변론의 분리라 함은 청구의 객관적 병합이나 공동소송 등으로 청구가 여러 건으로 구성된 경우에 법원이 그 중 일정한 청구를 분리하여 별개의 소송절차로 심리하기로 하는 결정을 말한다. 그러나 필요적 공동소송, 독립당사자참가소송, 예비적 병합, 선택적 병합의 경우에는 분리가 허용되지 않는다.

**변론분리신청서**

## 변 론 분 리 신 청

사 건 ○○가합○○○○ 가옥명도

원 고 ○ ○ ○

피 고 ○ ○ ○

위 사건은 손해배상청구사건이 병합되어 있는 바, 가옥명도청구 부분에 대하여 당사자가 신청한 모든 증거조사가 완료되었고, 다만 손해배상청구부분에 관하여는 증거조사가 되지 아니하였으며, 피고의 무성의로 인해 앞으로 많은 기간을 요한다고 생각되므로 가옥명도청구에 관한 변론을 분리하여 이를 종결하여 줄 것을 신청합니다.

2006. 4. 28.

위 원고 ○ ○ ○ ㊞

서울중앙지방법원 민사 제16부 귀중

#### 4) 변론의 병합

##### (1) 의 의

변론의 병합이라 함은 동일 법원에 계속되어 있는 여러 개의 소송을 결합시켜 하나의 소송절차로 심리하기로 하는 결정을 말한다. 변론의 분리에 대한 반대의 개념에 해당하는 것이며, 이에 의하여 「소의 객관적 병합」 또는 「공동소송」이 발생하게 된다.

##### (2) 병행심리

甲과 乙 간의 A사건과 乙과 甲 간의 B사건의 병합과 같이 본소와 반소의 결합에 해당하는 병합도 이론상으로는 금지되는 것은 아니지만 실무에서는 사실상 거의 찾아볼 수 없고, 이 경우는 변론심리 등을 동일한 일시로 지정하는 방식, 이른바 병행심리의 방법으로 처리하고 있다.

##### (3) 필요적 병합

한편 법률이 판결의 모순 또는 저촉을 피하기 위하여 여러 개의 소송이 계속된 경우에 반드시 변론 및 판결을 병합하도록 정하고 있는 경우가 있는데, 회사설립의 무효, 주주총회결의 취소 등 회사소송에 관한 상법상의 규정이 그것이다(상법 제188조 및 그 준용규정 참조).

##### (4) 병합심리신청

병합을 요하는 사건이 서로 다른 재판부에 있을 때에는 각 재판부가 그러한 사실을 알지 못하는 것이 보통이므로 당사자가 병합신청을 하여야 한다. 즉 이러한 경우에는 당사자가 먼저 접수된 사건의 담당재판부에는 병합심리신청을 하고, 뒤에 접수된 사건의 재판부에는 이부신청을 하면 그에 응하여 뒤에 접수된 사건의 재판장이 먼저 접수된 사건의 재판장의 동의를 얻어 사건배당권자에게 재배당요구를 하여 그 사건이 먼저 접수된 사건의 재판부에 넘겨지면 그때 병합결정을 하는 것이 일반적이다.

## 이부 및 병합신청

### 이 부 및 병 합 신 청

사 건 2008가단1234 임대차보증금

원 고 김진주

피 고 김마산

위 사건은 현재 귀원 민사1단독에 계류중인 2008가단4321 건물명도 사건과 청구취지가 동일한 관련사건으로, 소송경제는 물론 사건의 효율적 진행 및 합리적 사안해결을 위해 민사1단독으로 이부하여 병합 심리토록 하여 주시기 바랍니다. (현재 민사1단독에 계류중인 2008가단4321 사건은 현장검증까지 시행한 상태로 다음 기일은 2008. 12. 24. 14:00입니다.)

2008. 11. .

위 원고 김 진 주

창원지방법원 진주지원 귀중

## 변론병합신청서

### 변 론 병 합 신 청

사 건 ○○가합○○○○ 가옥명도청구

원 고 김 원 고

피 고 박 피 고

위 사건은 현재 귀원 13부에 계류 중인 2006가합1234 부동산소유권이전등기청구사건과 관련사건이고 당사자 및 청구원인 사실이 같으므로 병합심리해 주시기 바랍니다.

2006. 7. 2.

위 피고 박 피 고 ㊞

서울중앙지방법원 민사 제17부 귀중

## 이부신청서

### 이 부 신 청

사 건 ○○가합○○○○ 부동산소유권이전등기
원 고 김 원 고
피 고 박 피 고

위 사건은 현재 귀원 17부에 계속 중인 2005가합4123 가옥명도청구사건과 관련사건이고 당사자 및 청구원인 사실이 같으므로, 먼저 심리 중인 동 사건에 병합심리하기 위하여 위 사건을 귀원 17부로 이부하여 주시기 바랍니다.

2006. 7. 2.

위 피고 박 피 고 ㊞

서울중앙지방법원 민사 제13부 귀중

### (5) 변론병합결정취소신청

한편 당사자의 신청에 의한 법원의 변론병합결정에 대하여 상대방이 상당한 이유를 들어 그 취소를 신청할 수 있으며(민소법 제141조), 법원은 언제든지 병합결정을 취소할 수 있다.

#### 변론병합결정취소신청서

## 변 론 병 합 결 정 취 소 신 청

사　건　○○가합○○○○ 가옥명도
원　고　김　　원　　고
피　고　박　　피　　고

위 사건에 관하여 2006. 7. 8. 위 같은 원, 피고 간 귀원 2006가합1234 부동산소유권이전등기청구사건을 병합한다는 결정이 고지되었으나 위 2005가합4123 가옥명도사건은 이미 증거조사가 끝나고 변론종결단계에 이르는 반면, 동 2006가합1234 부동산 소유권이전등기청구사건은 변론 및 증거조사가 계속되고 있으므로 병합심리를 한다면 위의 가옥명도사건의 판결은 그로 인하여 상당히 늦어지게 되어 원고에게 심한 불이익이 되므로 병합결정을 취소하여 주기 바랍니다.

2006. 7. 10.

위 원고　김　원　고 ㊞

서울중앙지방법원 민사 제17부 귀중

## 5. 변론의 종결과 재개

### 1) 변론의 종결

소송절차가 진행된 결과 판결을 할 수 있는 충분한 주장을 하였다고 판단되는 때에는 법원이 변론을 종결하게 되는데, 이렇게 변론을 종결하기로 하는 것은 성질상 법원의 결정에 해당하며 변론기일에 재판장이 구두로 고지하게 된다.

변론종결 연월일은 기판력의 기준시기가 되기 때문에(민사집행법 제44조 제2항 참조) 판결서의 필요적 기재사항으로 되어 있다(민소법 제208조 제1항 제5호).

### 2) 변론의 재개 신청

변론을 종결하였다가 판결선고 전에 다시 변론을 열어 심리를 계속하기로 하는 법원의 조치를 변론의 재개라고 하는데, 이는 법원의 명령으로서 행한다(민소법 제142조). 변론의 재개명령이 있으면 먼저 행한 변론종결의 효과는 상실된다.

변론이 종결된 후라 하더라도 판결의 결론을 좌우할 만한 관건적 요증사실이 발견되는 경우는 판결을 내리기 전에 법원은 변론을 재개하여 적정하고 공평하게 분쟁을 해결하는 데 노력하여야 한다. 따라서 원고가 변론재개신청을 하면서 주장한 내용이 제1심 판결 후에 새로운 사실의 발생이 있었다는 것으로서 법원의 화해조서 사본까지 첨부되어 있어 상당히 신빙성이 있는 것으로 보이는데다가 그 내용 또한 그것이 입증된다면 원고의 청구는 일부 인용하여야 할 것임이 분명하다면, 이는 판결의 결론을 좌우할 만한 관건적 요증사실이 된다 할 것이므로 원심으로서는 당연히 당사자 사이의 분쟁을 적정하고 공평하게 해결하기 위하여 변론의 재개를 허용하는 등의 방법으로 충분한 심리는 다하였어야 할 것임에도 불구하고, 원고의 불복으로 인하여 항소심의 첫 변론기일에서 원고의 항소장과 피고의 답변서만을 진술시키고 그대로 변론을 종결한 뒤 위와 같은 재개신청을 무시한 채 원고의 항소를 기각한 원심판결에는 판결에 영향을 미친 경우는 심리미진의 위법을 인정하는 경우도 있지만(대판 1994. 11. 11. 94다34333), 그러나 변론의 재개신청은 법원의 직권발동을 촉구하는 의미밖에 없으며, 변론의 재개 여부는 법원의 직권사항이고 당사자에게 신청권이 없으므로 이에 대한 허부의 결정을 할 필요가 없으며, 또한 변론재개신청이 있다하여 법원이 재개의무를 지는 것은 아니다(대판 2005. 3. 11. 2004다26997).

## 변론재개신청서

# 변 론 재 개 신 청

사 건 ○○가합○○○○ 가옥명도

원 고 김 원 고

피 고 박 피 고

위 사건에 관하여 2006. 8. 13. 변론을 종결하고 같은 해 8. 20. 10:00 판결선고 기일도 지정하였으나, 동 사건에 대하여 최근 발견한 새로운 증거를 제출하고자 하니, 종결된 변론을 재개하여 주시기 바랍니다.

새로운 증거의 표시

1. 서 증
   갑제X호증 각서
2. 증 인
   서울특별시 관악구 신림동 895-9
   ○ ○ ○

2006. 8. 14.

위 원고 김 원 고 ㊞

서울중앙지방법원 민사 제17부 귀중

## 6. 소송절차의 정지와 수계신청

### 1) 소송절차의 정지

#### (1) 의 의

소송절차의 정지라 함은 소송이 계속된 후 그 종료 전에 소송절차가 법률상 진행되지 않는 상태를 말한다.

#### (2) 종 류

소송절차의 정지에는 중단과 중지 두 가지가 있는데, 전자는 당사자나 소송수행자에게 소송수행이 불가능한 사유가 생겼을 때 새로운 당사자나 소송수행자가 나타나 소송을 수행할 때까지 법률상 당연히 절차의 진행이 정지되는 것을 말하고, 후자는 법원이나 당사자에게 소송을 진행할 수 없는 사유가 생겼거나 진행이 부적당한 사유가 생겼을 때 법률상 당연히 또는 법원의 결정에 의한 절차의 진행이 정지되는 것을 말한다. 중지는 당사자 또는 소송수행자의 교체가 이루어지지 않는 점에서 중단과 다르다.

#### (3) 효 과

소송절차의 중단 중에는 판결선고를 제외하고(민소법 제247조 제1항) 일체의 소송행위를 할 수 없으며, 소송절차의 중지중에는 판결선고조차 할 수 없다.

소송절차가 중단 또는 중지된 때에는 기간의 진행이 정지되고 정지상태가 해소된 때에는 잔여기간만이 아니라 다시 전 기간이 개시되어 진행된다(민소법 제247조 제2항).

### 2) 소송절차의 중단

#### (1) 중단사유

소송절차의 중단은 법정사유의 발생에 의하여 당연히 발생하며, 법원이나 당사자가 이를 알든 모르든 관계없다. 또 통상 공동소송에서 일부 당사자에게만 중단사유가 생긴 경우 그 모든 당사자의 절차가 중단된다(민소법 제67조 제3항).

중단사유를 살펴보면 ① 소송계속 후의 당사자 사망(민소법 제233조), ② 법인의 합병(민소법 제234조), ③ 소송능력의 상실·법정대리인의 사망·법정대리권의 소멸(민소법 제235조), ④ 신탁법상 신탁재판에 관한 소송의 당사자인 수탁자의 임무 종료(민소법 제236조), ⑤ 제3자의 소송담당자(파산관재인, 파산법 제152조, 유언집행자, 민법 제1101조, 해난구조료청구의 선장, 상법 제859조) 또는 선정당사자 전원의 사망 또는 자격상실(민소법 제237조, 제54조) 등이 있으나, 위의 사유가 발생하더라도 그 중단사유가 생긴 당사자 쪽의 소송대리인이 있으면 소송절차가 중단되지 않는다(민소법 제238조).

그 외 중단사유로 당사자의 파산(민소법 제239조), 파산재단에 관한 소송에 있어서의 파산절차의 해지(민소법 제240조), 민법 제406조의 규정에 의하여 파산채권자가 제기한 소송이 파산선고 당시에 계속한 때(파산법 제78조), 회사의 재산관계소송계속 중 회사정리절차개시의 결정이 있을 때(회사정리법 제68조) 등이 있다.

### (2) 소송수계신청

소송절차의 중단은 당사자의 수계신청 또는 법원의 속행명령에 의하여 해소되는데, 해소되면 소송절차가 다시 진행된다.

다만 당사자가 파산선고를 받아 중단된 후 이에 따른 수계가 있기 전에 파산절차가 해지된 때에는 다시 중단문제가 생기는 것이 아니라 원래의 당사자가 당연히 수계신청 없이 수계를 하게 되므로(민소법 제239조 후문), 수계신청이나 속행명령을 요하지 않는다.

또한 위의 ① 내지 ⑤에 해당하는 중단사유의 발생시에도 그 당사자 쪽에 소송대리인이 있으면 민사소송법 제216조에 따라서 소송절차가 중단되지 않으며, 그 소송대리인이 당연히 새로운 당사자의 소송대리인이 된다. 다만 소송대리인의 권한에 관하여는 심급대리의 원칙이 적용되기 때문에 그 심급에 판결정본이 그 소송대리인에게 송달됨과 동시에 소송절차 중단의 효과가 발생하게 된다(대판 1983. 10. 25. 83다카850). 이와 같이 소송대리인이 있기 때문에 소송절차가 중단되지 않은 경우에도 소송수계신청은 가능하다고 하는 것이 판례의 입장이며(대판 1972. 10. 31. 72다1271, 1272), 실무상 소송수계신청을 즉시 해 두는 것이 좋을 것이다.

중단사유가 생긴 당사자의 새로운 당사자 또는 새로운 소송수행자가 수계신청을 할 수 있음은 물론이고 상대방 당사자도 이를 할 수 있다(민소법 제241조).

수계신청은 소송절차의 중단 당시 소송이 계속된 법원에 하여야 하며, 종국판결의 송달과 동시에 또는 그 후에 중단이 된 때는 그 판결을 한 법원(원심법원)에 신청해야 한다는 것이 민소법의 입장이나(민소법 제243조 제2항), 판례는 상소심 법원에 신청할 수도 있다고 해석하고 있다(대판 1980. 10. 14. 80다623, 624).

신청기간에는 제한이 없지만 당사자의 사망의 경우에 상속인은 상속포기기간인 3월(민법 제1019조) 내에는 수계신청을 하지 못하나(민소법 제233조 제2항), 상대방이 이의 없이 응소한 때에는 책문권의 포기(민소법 제140조)로써 유효하게 된다(대판 1964. 5. 26. 63다974).

신청서에는 수계를 원하는 의사표시를 명시하고 호적등본, 법인등기부등본 등 수계자격증명서면 및 상대방의 수에 상응하는 신청서 부본을 제출한다.

## 소송절차수계신청(상속인의 신청)

# 소 송 절 차 수 계 신 청

사　　　　건 ○○가합○○○○ 대여금
원　　　　고 ○　○　○
신청인(상속인) ○　○　○
　　　　　　　서울특별시 서초구 서초동 371-3
피　　　　고 ○　○　○

위 사건에 관하여 원고는 2006. 9. 8. 사망하였으므로 소송절차가 중단되었으나, 신청인 ○○○은 원고의 외동아들로서 그의 유산을 단독으로 상속하였으므로 본 소송절차를 수계하기 위하여 이에 신청합니다.

첨부서류

1. 호적등본　　　　　　　　　　1통

2006. 9. 18.

위 신청인 ○　○　○ ㊞

서울중앙지방법원 민사 제17부 귀중

## 소송절차수계신청(상대방의 신청)

### 소송절차수계신청

사 건 ○○가합○○○○ 대여금

신 청 인(원고) ○ ○ ○

피 고 ○ ○ ○

피신청인(상속인) ○ ○ ○

서울특별시 영등포구 당산동 89

위 사건에 관하여 피고가 사망하였으므로 소송절차가 중단되었으니, 피고의 장남인 피신청인이 그의 유산을 단독 상속하였으므로 동인에게 소송절차를 수계하게 하여 주시기 바랍니다.

첨부서류

1. 호적등본 1통

2006. 9. 20.

위 신청인 ○ ○ ○ ㉐

서울중앙지방법원 민사 제17부 귀중

### 3) 소송절차의 중지

천재지변 기타의 사고로 법원 전부가 직무집행을 할 수 없게 된 경우 소송절차는 그 사고가 소멸될 때까지 중지된다(민소법 제245조). 그러나 법원은 직무를 행할 수 있으나 당사자가 법원에 출석하여 소송행위를 할 수 없는 장애사유가 발생한 경우(민소법 제246조), 재판의 전제가 되는 법률에 대하여 위헌여부의 제청이 있을 때(헌법재판소법 제41조 제1항), 회사정리절차 개시신청이 있을 때(회사정리법 제7조), 특허심판이 선결관계에 있을 때에는 법원이 관련 민사소송을 중지하는 것과 같이 당연히 중지되거나 신청 또는 직권에 의한 법원의 결정으로 중지된다.

법원의 결정에 의한 중지는 그 취소결정에 의하여 해소된다.

# Ⅱ. 응 소

## 1. 답변서

### 1) 의 의

원고가 소송에서 자신의 주장사실을 제시하는 문서가 소장과 준비서면이라면 피고가 원고의 소장 및 준비서면의 내용에 대하여 반론을 제시하는 서면은 일반적으로 답변서라고 할 수 있다.

### 2) 주의사항

답변서에는 사건번호 및 사건명, 원고 및 피고의 표시, 답변취지와 답변이유 등을 기재하고 작성일자, 작성자의 서명날인, 관할법원명을 기재하여야 하는데, 특히 답변취지와 답변이유는 소장 또는 준비서면의 내용을 근거로 하여 정확하게 원고의 주장에 대하여 항변하여야 한다. 소장의 청구취지는 원고가 승소할 경우의 판결문의 주문의 내용이 되는 부분이고 답변취지는 피고가 승소할 경우의 판결문의 주문의 내용에 해당한다.

특히 주의해야 할 것은 법원으로부터 소장의 부본이나 원고가 제출한 준비서면의 부본을 송달받은 피고가 원고의 주장사실이 터무니없다고 하여 이를 일방적으로 무시하고 답변서를 제출하지 않고 변론기일에 출석하지 않는 경우는 원고의 주장을 모두 인정하는 경우가 되어 의제자백으로 간주되어(민소법 제150조 제3항) 불이익을 당할 수 있다.

그러나 불출석 당사자가 공시송달에 의한 소환을 받은 경우에는 의제자백의 효과는 생기지 않는다(민소법 제150조 제3항 단서). 또한 일단 의제자백의 효과가 생긴 쟁점에 관하여서라도 변론종결 이전에 그 쟁점에 관한 답변서 기타 상대방의 주장을 다투는 준비서면을 제출하거나 변론이 종결된 후라도 변론재개신청을 하여 변론이 재개되면 변론재개신청과 동시에 또는 후에 그러한 서면을 제출하고 진술하면 의제자백의 효과는 소멸한다.

한편 일단 의제자백의 효과가 발생한 후에는 그 이후의 기일소환장이 송달불능으로 되어 공시송달로 진행되어 변론종결이 되었다 하더라도 그 의제자백의 효과는 그대로 유지된다(대판 1988. 2. 23. 87다타961).

### 3) 상대방의 주장을 전부 부인하는 경우의 답변서

일반적으로 피고는 변론기일소환장과 함께 원고가 제출한 소장의 부본이나 준비서면 부본을 송달받게 되며, 변호사 사무실에서는 제1차 변론기일에 임박하여 수임하게 되어 사건내용의 내용을 충분히 검토하기가 어려운 상황이다. 따라서 충분한 시간을 갖고 상대방의 주장사실을 정확하게 판단하기 위해서 우선은 상대방의 주장을 전부 부인하는 내용의 답변서를 제출하는 경우가 보통이며, 차후 정확하고 구체적으로 답변하면 된다.

**답변서**

## 답　　변　　서

사　건　2008가단123　손해배상(기)
원　고　김진주
피　고　김마산

위 사건에 관하여 피고는 다음과 같이 답변합니다.

청구취지에 대한 답변

1. 원고의 청구를 기각한다.
2. 소송비용은 원고의 부담으로 한다.

라는 판결을 구합니다.

청구원인에 대한 답변

1. 피고는 원고의 청구원인 중 당사자의 신분관계만 인정하고 나머지는 전부 부인합니다.
2. 기타 자세한 사항은 준비서면을 통해 진술하겠습니다.

이상과 같이 답변합니다.

2008. 8. .

피고 김마산

창원지방법원 진주지원귀중

## 답변서

# 답 변 서

사 건
원 고
피 고

위 사건에 관하여 피고는 아래와 같이 답변합니다.

답변취지

1. 원고의 청구를 기각한다.
2. 소송비용은 원고의 부담으로 한다.

라는 판결을 구합니다.

답변이유

원고의 이건 청구원인 사실을 일응 전부 부인합니다.

2006. 3. 3.

위 피고 ㊞

○○지방법원 귀중

# 답　변　서

사 건 ○○가합○○○○ 대여금

원 고

피 고

위 사건에 관하여 피고는 다음과 같이 답변합니다.

청구취지에 대한 답변

1. 원고의 청구는 이를 기각한다.
2. 소송비용은 원고의 부담으로 한다.

라는 판결을 구합니다.

청구원인에 대한 답변

피고는 원고로부터 본건 청구의 금원을 차용한 적은 있으나 이미 2001. 7. 7. 소외 ○○○(원고의 부인)을 통해 모두 변제하였으므로 이건 청구에 응할 수 없습니다.

첨부서류

1. 을제1호증 영수증 사본　　　　　　　　　　1통

2006.　　.　　.

위　피고　　　　　　　　㊞

○○지방법원　　　지원 귀중

위에서 일반적인 답변서의 서식을 두 가지 형태로 소개하였는데, 여기서 소개한 답변서 내용은 피고가 1인일 경우이지만, 피고가 여러 명인 경우에는 피고 전체가 함께 답변하여야 하는데, 이러한 경우 "피고는"을 "피고들은"으로, "피고 소송대리인"은 "피고들 소송대리인"으로 기재하면 되고, 여러 명의 피고 중 1인 또는 일부 몇 명의 피고가 함께 답변할 경우에는 "피고"를 구체적으로 "피고 ○○○, 동 △△△", "원고의 청구"는 "원고의 피고 ○○○, 동 △△△에 대한 청구", "소송비용"은 "소송비용 중 원고와 피고 ○○○, 동 △△△ 사이에 생긴 부분", "피고 소송대리인"은 "피고 ○○○, 동 △△△의 소송대리인" 등으로 표시하면 된다.

사건의 내용에 따라 명확하게 전부 부인할 성질이면 답변이유 중, '일응'이란 말을 빼고 '원고의 이건 청구원인 사실을 전부 부인합니다'로 기재하면 된다. 통상의 소송에 이용하면 되겠으나 특수한 경우 답변취지가 달라진다. 예를 들어 가압류에 대한 이의 신청이 있을 경우 동 가압류이의사건에 있어 채권자이의피신청인으로 답변서를 제출하게 되는 바, 가압류이의 등 이의소송에서 당사자의 지위는 전이되지 않으므로 준비서면 형식으로 답변하기도 하나 답변서로 답변하는 것이 좋다.

## 답변서(가압류이의의 경우)

# 답 변 서

사 건 : 카 가압류이의

채권자(이의피신청인) :

서울 구 동

채무자(이의신청인) :

서울 구 동

위 사건에 관하여 채권자는 아래와 같이 답변합니다.

답변취지

1. 위 채권자 및 채무자간 귀원 카 호 채권가압류신청사건에 관하여 동원이 2006. 4. 4. 결정한 별지 목록 기재 채권가압류 결정은 이를 인가한다.

2. 소송비용은 채무자의 부담으로 한다.

라는 재판을 구합니다.

답변이유

채무자의 이의주장사실이 부당한 이유를 구체적으로 기재한다.

2006.  .  .

위 채권자 ㊞

○○ 지방법원 지원 귀중

### 4) 일부 부인하는 경우의 답변서

원고의 주장 내용 중 일부는 인정할 수 있으나 일부분은 사실과 다른 경우 피고는 사실과 다른 내용에 대해서는 적극적으로 다투어야만 불이익을 당하지 않게 된다. 그러나 원고의 주장에 대한 전부부인의 경우와는 달리 일부분만 부인하는 답변서의 작성에는 상당한 주의와 판단이 필요하다. 변론과정에 있어서도 마찬가지겠지만 궁극적으로 피고(변론에 있어서는 원고나 피고) 자신에게 불리하게 작용할 가능성이 조금이라도 있는 사실관계 내지 법률관계에 관하여 인정하게 되면 그 부분에 관하여 자백의 효과가 발생하며, 일단 자백이 성립되면 후에 철회·취소할 수 없거나 상당한 애로가 있을 수 있고, 설사 가능하여 철회·취소한다고 하더라도 자백을 철회·취소한 당사자의 변론은 신빙성에 상당한 손상을 입을 수 있으므로 사건의 전모를 파악하기 전에 굳이 일부 부인답변서를 내기보다는 우선 전부부인답변서를 제출하고 변론진행상황에 따라 사건의 진상을 명확히 정리해 가면서 변론에 임하는 것이 소송상의 기술이라고 할 수 있다.

### 5) 허위표시에 대한 무효항변의 답변서

원고의 주장사실이 법적으로 무효인 경우 이를 다투기 위한 답변서를 제출하여야 한다.

## 답변서(무효항변)

# 답 변 서

사 건

원 고

피 고

위 사건에 관하여 피고는 아래와 같이 답변합니다.

답변취지

1. 원고의 청구를 기각한다.
2. 소송비용은 원고의 부담으로 한다.

라는 판결을 구합니다.

답변이유

1. 원고가 주장하는 본건 소비대차계약은 허위 표시에 의한 것이므로 무효입니다.

2. 즉, 피는 원고와 통정하여 원고에 대하여 금융의 편의를 제공하기 위하여 원고의 간곡한 부탁에 따라 피고가 원고로부터 금원을 차용한 것처럼 기재한 차용증서를 원고에게 주어 마치 소비대차계약이 성립된 것처럼 가장한 것 뿐입니다.

3. 따라서 원고의 청구는 마땅히 기각되어야 할 것입니다.

2006. . .

위 피고 ㊞

○○지방법원 지원 귀중

### 6) 취소항변의 답변서

원고의 주장사실에 대하여 그 주장사실의 내용을 취소함으로써 원고의 청구에 대항할 수 있다.

### (1) 미성년자의 법률행위

**답변서(미성년자의 법률행위에 대한 취소항변)**

## 답 변 서

사 건

원 고

피 고

위 사건에 관하여 피고는 아래와 같이 답변합니다.

답변취지

1. 원고의 청구를 기각한다.
2. 소송비용은 원고의 부담으로 한다.

라는 판결을 구합니다.

답변이유

1. 원 · 피고 간에 본건 부동산 증여계약을 체결하였던 것은 사실이지만, 피고는 위 계약체결 당시 만18세의 미성년자로서 무능력자인 상태였으며, 위 증여계약에 대한 법정대리인의 동의를 얻은 바 없었습니다.

2. 따라서 피고는 2005. 10. 29. 위 증여계약을 취소한 바, 본 계약은 소급하여 효력을 상실하였으므로 원고의 본소 청구는 마땅히 기각되어야 할 것입니다.

2006.　　.　　.

위 피고　　　　　　㊞

○○지방법원　　지원 귀중

### (2) 중요부분의 착오로 인한 취소의 경우

#### 답변서(중요부분의 착오로 인한 취소항변)

## 답 변 서

사 건

원 고

피 고

위 사건에 관하여 피고는 아래와 같이 답변합니다.

답변취지

1. 원고의 청구를 기각한다.
2. 소송비용은 원고의 부담으로 한다.

라는 판결을 구합니다.

답변이유

1. 원고가 주장하는 본건 매매계약에 대하여 피고의 매도의사표시는 착오에 의하여 이루어진 것으로 취소되어야 합니다.

2. 즉, 피고는 본건 매매목적물을 원고가 채집한 천연물이라고 믿고 매수한 것인데, 후에 알고 보니 그것은 가공물인 것이 판명되었습니다.

3. 따라서 피고의 위 매매의사표시는 그 중요한 부분에 착오가 있어 이를 취소하는 것입니다.

2006.　　.　　.

위 피고　　　　　　㊞

○○지방법원 귀중

### (3) 계약의 해제를 주장하는 답변서

**답변서(계약해제의 경우)**

# 답 변 서

사 건

원 고

피 고

위 사건에 관하여 피고는 다음과 같이 답변합니다.

답변취지

1. 원고의 청구를 기각한다.
2. 소송비용은 원고의 부담으로 한다.

라는 판결을 구합니다.

답변이유

1. 원 · 피고 간에 2006. 3. 5. 본건 자동차매매계약을 체결하고 계약 당일 계약금 1백만원을 피고가 수령하고 같은 해 4. 5. 중도금 1천만원, 같은 해 5. 5. 잔금 1,500만원을 지급하기로 한 바 있습니다. 그러나 피고는 중도금 지급기일 이전인 2006. 3. 15. 계약내용에 따라 원고로부터 지급받은 계약금의 배액인 200만원을 지참하고 원고를 찾아가 본건 계약을 해제하려 하였으나 원고의 일방적인 거절로 인해 피고는 부득이 위 계약금의 배액인 200만원을 ○○지방법원 공탁공무원에게 공탁하고, 계약해제의 의사표시를 내용증명으로 통보하였으므로 본건 계약은 원고가 피고의 내용증명을 송달받은 2006. 3. 19. 그 효력을 상실하게 된 것입니다.

2. 따라서 위 계약을 전제로 한 원고의 본건 청구는 마땅히 기각되어야 할 것입니다.

2006.  9.  19.

위 피고 ㊞

○○지방법원 귀중

### (4) 소멸시효의 완성으로서 대항하는 답변서

**답변서(소멸시효 주장)**

## 답 변 서

사 건

원 고

피 고

위 사건에 관하여 피고는 아래와 같이 답변합니다.

답변취지

1. 원고의 청구를 기각한다.
2. 소송비용은 원고의 부담으로 한다.

라는 판결을 구합니다.

답변이유

1. 원고가 피고 회사와 공사도급계약을 체결하고 도서관신축공사에 착수하여 공사를 한 것은 사실이나 원고의 위 공사가 부실공사로서 하자가 많아 소외 ○○회사의 추가 공사로 완성을 하였던 것입니다.

2. 그러므로 원고는 그 자신의 공사부실을 시인하고, 본건의 도급 잔대금을 청구한

바 없이 현재에 이르렀으므로 동 금원인 본소의 청구채권은 소멸시효의 완성으로 소멸되었다 할 것이므로 피고는 본건 원고의 청구에 대하여 소멸시효 완성사실을 원용하는 바, 원고의 본 소 청구는 마땅히 기각되어야 할 것입니다.

2006.　　.　　.

위　피고　　　　　　　　㊞

○○지방법원 귀중

주의할 것은 어떤 청구권이 시효 완성되었다 하더라도 상대방이 그 시효완성 사실을 원용하지 아니하면, 법원이 직권으로 시효의 완성을 이유로 청구기각 판결을 할 수 없다는 점이다.

### (5) 상계에 의한 항변의 경우

**답변서(상계항변)**

## 답　변　서

사　건

원　고

피　고

위 사건에 관하여 피고는 아래와 같이 답변합니다.

답변취지

1. 원고의 청구를 기각한다.
2. 소송비용은 원고의 부담으로 한다.

라는 판결을 구합니다.

답변이유

1. 원고 주장과 같이 피고가 원고에 물품대로 금 4,000,000원의 채무가 있음은 사실이나, 원고는 소외 ○○○(피고의 부)로부터 2005. 8. 9. 금 5백만원을 차용하고, 그 변제기일이 경과하여도 이를 이행치 아니하고 있던 중 소외 ○○○가 2002. 6. 2. 사망하여 피고는 단독상속인이 되어 권리의무를 모두 포괄승계 하였습니다.

2. 그러므로 본건 원고의 청구금원은 피고가 수령할 원고의 채무와 대등액에 대하여 상계할 것을 이에 표시합니다.

3. 따라서 원고의 청구는 그 이유 없어 마땅히 기각되어야 할 것입니다.

2006. 9. 1.

위 피고 ㊞

○○지방법원 귀중

## 2. 소송의 이송

### 1) 의 의

앞에서 살펴본 바와 같이 소송에 관한 권한은 민사소송법에 의해 사건별로 특정되어 있으며, 이에 따라 원칙적으로 관할권 있는 법원이 소장을 접수하여야 한다. 그럼에도 불구하고 때로는 원고가 착각하거나 의도적으로 또는 기타의 원인에 의해 관할권 없는 법원에 소장을 제출함으로써 상대방의 소송수행에 많은 불편이 예상되는 경우가 있는데, 이러한 경우 그 상대방은 잘못 접수된 사건을 관할법원으로 옮겨줄 것을 신청할 수 있는데 이를 소송의 이송이라고 한다.

그러나 동일한 관할법원 내에 동일당사자에 관한 여러 건의 소송이 각기 다른 재판부에 배당되어 계류 중인 경우는 동일법원 내의 재판부의 변경을 통해 여러 건의 사건을 하나의 재판부에 병합시킴으로써 경제적으로 소송을 수행할 수 있는데, 이러한 경우는 「소송이부」라 하여 구분하고 있다.

### 2) 이송사유

#### (1) 관할위반

법원은 소송의 전부 또는 일부가 그 법원의 관할에 속하지 않는다고 인정하는 경우

결정의 방법으로 관할법원에 이송한다(민소법 제34조 제1항).

#### (2) 직권에 의한 이송

지방법원단독판사는 전속관할이 아닌 경우 소송이 그 관할에 속하는 경우라도 상당하다고 인정되는 때에는 직권 또는 당사자의 신청에 의해 소송의 전부 또는 일부를 결정으로 동일 지방법원합의부에 이송할 수 있다(민소법 제34조 제2항).

그러나 지방법원합의부는 소송이 그 관할에 속하지 아니하는 경우라도 상당하다고 인정할 때에는 직권 또는 당사자의 신청에 의해 전부 또는 일부를 스스로 심판할 수 있다(민소법 제34조 제3항). 단 전속관할이 있는 경우는 관할법원으로 이송하여야 한다(민소법 제34조 제4항).

#### (3) 손해나 지연을 피하기 위한 이송

법원은 그 관할에 속한 소송에 관하여 현저한 손해 또는 지연을 피하기 위하여 필요하다고 판단되는 경우는 직권 또는 당사자의 신청에 의해 소송의 일부 또는 전부를 다른 법원으로 이송할 수 있다. 그러나 전속관할이 있는 경우는 그렇지 않다(민소법 제35조).

### 3) 이송절차

#### (1) 신 청

위와 같은 이송사유가 있는 경우는 법원이 직권으로 이송결정을 할 수도 있으나, 대부분은 피고가 자신의 편의를 위해 법원에 신청하는 형태로 이송절차가 시작되고 있다.

### 소송이송신청서

## 소 송 이 송 신 청 서

사 건 ○○가합○○○○ 손해배상

원 고

피 고

위 사건에 관하여 피고는 아래와 같이 소송의 이송을 신청합니다.

신청취지

본건을 서울지방법원으로 이송한다.
라는 재판을 구합니다.

신청이유

1. 본 사건은 2005. 12. 8. 대구광역시 팔달구 신흥동 895번지 대구주유소 앞 도로에서 발생한 교통사고인 바, 원고가 불법행위지 관할법원인 귀원에 제소하였습니다.

2. 그러나 본건 사고는 피고의 주소지가 있는 서울중앙지방법원이 그 관할권을 가지게 됨에도 불구하고 차후의 증인신문과 현장검증 등의 편의만을 이유로 불법행위지 법원에 소를 제기한 것은 원고와 피고의 주소가 모두 서울인 점을 감안할 때 소송경제상 매우 불합리하므로 마땅히 관할법원인 서울중앙지방법원으로 본건을 이송하여 주실 것을 신청합니다.

2006. 4. 3.

위 피고 ㊞

대구지방법원 귀중

#### (2) 이송결정

법원은 소송사건에 대하여 이송사유가 있다고 판단되는 경우는 직권으로 또는 당사자의 신청에 의해 결정의 방법으로 다른 법원으로 그 사건을 이송한다.

#### (3) 이송결정에 대한 항고

이송결정과 이송신청각하 결정에 대하여 이의가 있는 당사자는 즉시항고의 형태로 대항할 수 있는데(민소법 제39조), 법원의 이송결정의 경우는 피신청인이, 이송신청각하 결정의 경우는 신청인이 각각 결정정본을 송달받은 날로부터 7일 이내에 즉시항고할 수 있다.

## 이송결정에 대한 즉시항고장

# 즉 시 항 고 장

항고인(원고)

상대방(피고)

위 당사자 간 대구민사지방법원 2006가합4567 손해배상 청구사건에 관한 동원의 2006. 8. 5.자 이송결정정본을 2006. 8. 12.에 수령하였으나 이에 불복하므로 항고를 제기합니다.

원결정의 표시

본건 소송을 서울중앙지방법원으로 이송한다.

항고취지

원 결정을 취소하고 다시 상당한 재판을 구합니다.

항고이유

1. 원 결정 이유의 요지는 원고와 피고의 주소지가 원 법원관할 내이므로 원 법원에 토지관할권이 있고 원 법원에서 소송을 수행하는 것이 소송경제상 바람직한 것으로 판단한 것이지만,

2. 본 사건에 관한 정확한 판단을 위해서는 현장검증과 증인신문이 결정적인 역할을 할 수 있기 때문에 사고현장이 있는 불법행위지 법원에 관할권이 있습니다.

3. 따라서 원 결정은 마땅히 취소되어야 할 것입니다.

2006. 8. 14.

항고인 ㊞

대구고등법원 귀중

#### (4) 이 송

이송결정을 한 법원의 법원서기관, 법원사무관, 법원주사 또는 법원주사보 등은 그 결정의 정본과 소장등 모든 소송기록에 첨부하여 이송을 받은 법원으로 송부하여야 한다(민소법 제40조 제2항).

### 4) 이송결정 확정 후의 긴급처분

법원은 소송의 이송결정이 확정된 후라도 급박한 사정이 있는 경우에는 직권 또는 당사자의 신청에 의해 필요한 처분을 할 수 있는데, 이미 소송기록을 이송받을 법원으로 송부한 후에는 필요한 처분을 할 수 없고 소송기록을 보관하고 있는 경우에만 가능하다(민소법 제37조).

### 5) 이송의 효과

이송결정이 확정된 때에는 이송은 처음부터 이송을 받은 법원에 계속係屬된 것으로 간주하며(민소법 제40조 제1항), 이송을 받은 법원은 그 사건을 다른 법원으로 이송하지 못한다(민소법 제38조 제2항).

## 3. 소송고지

### 1) 의 의

소송계속 중에 당사자가 보조참가, 독립당사자참가, 공동소송참가, 권리승계참가 등의 소송참가를 할 이해관계에 있는 제3자에 대하여 일정한 방식에 따라 소송계속의 사실을 통지하는 것을 소송고지라 하는데, 이는 피고지자에게 소송참가의 기회를 주고, 또한 그 소송판결의 효력을 피고지자에게 미치도록 하기 위해 인정되고 있다.

### 2) 신청인

소송고지의 신청인은 당사자 참가인은 물론 소송고지를 받은 피고지자도 다른 이해관계자를 상대로 소송고지신청을 할 수 있다(민소법 제84조 제2항).

### 3) 고지방법

소송고지는 내용상으로 보면 신청인이 소송에 관한 일정한 사실을 이해관계에 있는 특정인에게 알리기 위한 것이기 때문에 소송당사자가 피고지인에게 직접 고지해도 되지 않겠는가 하는 생각을 할 수도 있으나 소송고지는 그 소송의 판결에 대한 효과를 피고지자에게 미치게 하는 것이 궁극적 목적이므로 반드시 법원을 통해 고지하여야 한다.

### 4) 신청서 및 고지서

소송고지신청서는 피고지자에게 송달될 고지서를 첨부하는 것을 제외하고는 일반적인 소송서류와 그 작성방법이 비슷하다.

**소송고지신청서**

## 소 송 고 지 신 청 서

사 건

원 고

피 고

위 사건에 관하여 피고는 별첨 소송고지서와 같이 소송고지를 신청합니다.

별 첨

소송고지서 ○통

2006. . .

위 피고 ㊞

○○지방법원 귀중

## 소송고지서

# 소 송 고 지 서

사　건　○○가합○○○○ 부동산명도

원　고　○　　○　　○

　　　　서울특별시 구로구 구로동 119

고지인(피고)　○　　○　　○

　　　　서울특별시 동작구 신대방동 911

피고지인　○　　○　　○

　　　　서울특별시 영등포구 당산동 191

고지인(피고)은 위 사건에 관하여 위 소송을 고지합니다.

고지이유

위 원고는 피고(고지인)에 대하여 피고(고지인)가 점유하고 있는 농지에 대한 명도를 구하여 위와 같은 부동산명도청구의 소가 계속중인 바, 원래 위 농지는 피고(고지인)가 피고지인으로부터 임대하여 점유중인 것이므로 만약 본 소송에서 피고(고지인)가 패소하는 경우에는 피고지인으로부터 손해배상의 청구를 당할 우려가 있으므로 민사소송법 제77조 제1항에 의하여 위 소송을 고지합니다.

소송정도

위 소송에 있어서 고지인(피고)은 2006. 3. 3.자로 소장 부본과 2006. 3. 15.자로 지정된 변론기일소환장을 받았습니다.

2006.　3.　5.

위 고지인(피고)　　　　　㊞

## 4. 반 소

### 1) 의 의

소송계속 중에 본소의 사실심이 계속된 후 변론이 종결되기 전까지 기간 내에 피고가 그 소송절차를 이용하여 원고를 상대로 제기하는 소를 반소라 한다. 반소에는 본소의 판결에 구애됨이 없이 제기하는 전형적인 반소와 본소 청구가 인용되거나 기각될 것에 대비하여 조건부로 제기하는 반소가 있는데, 전자는 「단순반소」라 하고 후자는 「예비적 반소」라고도 한다.

예컨대, 甲이 乙을 상대로 이혼심판청구의 소를 제기하자 乙이 이에 대하여 甲을 상대로 위자료청구의 소를 반소의 형태로 제기하는 경우가 이에 해당한다.

### 2) 요 건

반소를 청구하기 위해서는 본소와 반소의 소송물, 청구대상 또는 발생원인에 있어서 법률상 또는 사실상 공통성이 있거나 아니면 반소의 청구가 본소의 항변사유와 대상 및 발생원인에 있어서 법률상 또는 사실상 공통성이 있어야 하고, 본소와 반소가 동일절차에 의하여 심리할 수 있는 동시에 반소와 본소가 다른 법원의 전속관할에 속하는 사건이 아니어야 한다.

### 3) 반소장의 작성 요령

#### (1) 내 용

반소는 항변 등의 방어방법과는 달리 독립한 별개의 소에 해당하므로 본소 청구의 기각신청 이상의 적극적 내용이 포함되어야 한다. 따라서 동일채권에 대한 존재확인에 대한 부존재확인이나 이행청구에 대한 채무부존재확인 등을 청구하는 반소는 본소의 절차에서 당연히 항변으로 다투게 되는 내용이므로 별도의 소송으로 다루는 것은 동일사건을 중복적으로 다루는 결과가 되어 소송절차가 지연될 뿐만 아니라 소송경제 및 소송절차상 매우 불합리하기 때문에 허용되지 않는다.

#### (2) 인지 및 송달료의 납부

반소는 본소와 별개의 독립된 사건이기 때문에 소장의 경우와 마찬가지로 소정의 인지를 첨부하고 당사자의 수에 따른 송달료를 납부하여야 한다.

그러나 채무부존재확인의 본소에 대한 채무이행청구의 반소를 제기하는 경우와 동일

건물의 명도청구의 본소에 대한 소유권확인의 반소를 제기하는 경우와 같이 본소와 반소의 목적이 동일 목적물에 관한 청구인 때에는 인지를 첨부할 필요가 없고, 일부청구의 본소에 대하여 전부에 관한 반소를 제기하는 경우와 같이 양소의 목적이 일부 중첩되는 경우는 중첩되는 부분을 제외하고 나머지 반소청구가액에 대해서만 인지를 첨부하면 된다.

### (3) 대리인에 대한 특별수권

소송대리인이 반소를 제기하기 위해서는 원칙적으로 당사자로부터 별도의 특별수권을 위임받아야 하는데(민소법 제90조 제2항 제1호), 일반적으로 변호사를 소송대리인으로 선임하는 경우에는 위임장의 서식에 대부분 특별수권에 관한 내용까지 인쇄를 하여 사용하고 있어 사실상 별도의 위임절차를 요하지 않고 있다.

### (4) 유의사항

민소법 제270조에 의해 반소의 절차는 본소에 관한 규정에 의하게 되므로 반소장은 앞에서 살펴본 소장의 작성 요령과 동일하게 작성하면 된다.

그러나 반소의 요건이 충족된다고 하여 무조건 원고의 제소에 대하여 감정적으로 반소를 제기하는 것은 바람직하지 못하다. 따라서 민사소송법 제269조 제1항에서는 피고는 변론의 종결까지 소송절차를 현저하게 지연시키지 아니하는 경우에 한하여 반소를 제기할 수 있다고 규정하고 있다.

예컨대, 단독사건인 본소에 있어 사안이 간단명료하고 피고에게 유리한 방향으로 변론이 진행되어 결심단계가 가까워졌음에도 불구하고 반소의 요건이 구비되었다고 하여 합의부사건에 해당하는 반소를 제기하게 되면 반소제기에 따라 본소도 함께 합의부로 이송되게 되어 결국 소송이 지연되는 결과를 초래하게 되며, 새로운 재판부에서는 처음부터 심리가 시작되어 종전의 변론을 반복해서 해야 하는 번거로움이 있을 뿐만 아니라 종전의 심리에서 피고에게 유리하게 진행되었던 내용과 전혀 다른 결과가 나올 수도 있다.

## 반소장

# 반 소 장

반소원고(본소피고) ○○○

서울특별시 관악구 신림동 85

반소피고(본소원고) ○○○

서울특별시 강남구 대치동 58 은마아파트 105동 501호

부동산소유권이전등기절차이행 청구의 반소

위 당사자간 2006가합2345 부동산명도이행청구사건에 관하여 피고(반소원고)는 다음과 같이 반소를 제기합니다.

청구취지

1. 반소피고는 반소원고에 대하여 금 2억5천만원과 상환으로 2005. 11. 11.자 매매를 원인으로 하는 소유권이전등기절차를 이행하라.
2. 소송비용은 반소피고의 부담으로 한다.

라는 판결을 구합니다.

청구원인

1. 별지 목록 기재의 부동산은 본소에 있어서 피고(반소원고)가 주장하는 바와 같이 피고가 임차하고 있던 것이나 2005. 11. 11. 위 부동산에 관하여 원고와 피고 간에 매매대금을 2억5천만원으로 하되 소유권이전등기절차에 관한 서류와 상환으로 이를 지급하기로 약정하고 매매계약을 체결하였습니다.
2. 그리하여 피고는 위의 취지에 따라 원고에 대하여 2005. 12. 12. 위 대금을 제공하고 위 부동산의 소유권이전등기절차의 이행을 구하였으나 원고는 정당한 이유 없이 위 대금의 수령을 거절하고 소유권이전등기절차를 이행하지 않고 있습니다.
3. 따라서 피고는 위 대금과 상환으로 위 부동산에 관한 소유권이전등기절차의 이행을 구하기 위해 이 반소를 제기하게 되었습니다.

입증방법 및 첨부서류

1. 을 제1호증 부동산매매계약서 사본 1통
2. 을 제2호증 내용증명 사본 1통
3. 소장부본 1통
4. 납부서

2006. 4. 5.

위 반소원고 ㊞

서울중앙지방법원 귀중

#### 4) 반소의 취하

본소는 원고가 임의로 취하할 수 있으나 본소가 취하되지 아니한 경우는 상대방의 동의가 있어야만 반소를 취하할 수 있지만 본소가 취하된 경우는 원고의 동의 없이 반소인이 일방적으로 반소를 취하할 수 있다(민소법 제271조). 그리고 항소심에서 처음 제기한 반소는 항소가 취하되거나 각하되면 그 반소도 따라서 소멸한다.

# 제5절 증 거

## Ⅰ. 개 념

### 1. 의 의

소송에서 원고 또는 피고가 주장하는 사실을 확정하기 위한 자료를 증거라 하는데, 이는 증거방법(인적증거, 물적증거), 증거자료(증언, 감정결과, 검사결과 등), 증거원인(변론의 취지) 등의 모든 의미를 포함한다.

### 2. 종 류

#### 1) 본증과 반증

소송당사자가 주장한 사실을 입증하기 위해 제출하는 증거는 「본증」이라 하고, 당사자가 제출한 본증에 의한 증명을 방해 또는 번복하기 위해 그 상대방이 제출하는 증거는 「반증」이라 한다.

예컨대, 원고가 피고에 대하여 청구한 채권의 존재사실을 입증하기 위해 제출한 차용증은 본증에 해당하고, 그에 대하여 피고가 변제영수증을 제시하는 것은 반증에 해당한다.

### 2) 직접증거와 간접증거

주요사실의 존재여부를 증명하는 증거는 「직접증거」라 하고, 간접적 사실이나 보조사실의 존부를 증명하기 위한 증거는 「간접증거(정황증거)」라 한다. 살인사건에서 사건현장을 목격한 증인의 증언은 직접증거에 해당하고, 범인에게 흉기를 판매했다는 상점 주인의 증언은 간접증거가 된다.

### 3) 증명과 소명

「증명」은 일정한 사실의 존부에 관하여 법관으로 하여금 확신을 얻게 하는 입증행위 또는 그로 인하여 법원이 얻은 심증의 확신상태를 말하고, 「소명」은 일정한 사실의 존부에 관하여 대개 그럴 것이라는 추측 정도의 심증을 얻게 하는 입증행위 또는 그로 인해 법원이 얻은 심증의 상태를 말하는데, 소명은 증명의 경우와는 달리 즉시 조사할 수 있는 방법을 사용하여야 한다(민소법 제299조 제1항).

### 4) 증거능력과 증거력

증거방법으로서 증거조사의 대상이 될 수 있는 자격을 「증거능력」이라 하는데, 우리나라는 자유심증주의 원칙에 따라 원칙적으로 증거능력의 제한은 두지 않고 있다.

증거자료가 요증사실의 인정에 기여하는 정도를 「증거력」이라 하며, 이를 「증명력」 또는 「증거가치」라고도 한다.

## 3. 증명의 대상

증명의 대상인 요증사실에 주요사실은 당연히 해당되지만 간접사실 및 보조사실도 그에 의해 주요사실을 증명하고자 할 때에는 증명의 대상이 된다.

일반법규의 존재사실은 증명의 대상이 되지 않지만 외국법, 지방의 조례 및 관습법 등의 존재여부에 관해서는 이해관계에 있는 자가 이를 증명하여야 하는데, 실제에 있어서 전문적, 학문적 경험칙에 대해서는 소송당사자가 감정 또는 검증의 방법으로 증명하고 있다.

## 4. 불요증사실

### 1) 의 의

소송당사자가 주장하는 사실이 법원에서 현저한 사실, 재판상 자백한 사실 및 의제자백사실 등에 해당되어 별도로 증명할 필요가 없는 사실을 「불요증사실」이라 한다(민소법 제288조 본문).

### 2) 현저한 사실

현저한 사실에는 「공지의 사실」과 「법원의 직무상 또는 재판상 객관적으로 인정될 수 있는 현저한 사실」로서 이에 대한 증명은 오히려 소송경제를 해치는 결과가 되기 때문에 그에 대한 증명은 필요하지 않다.

### 3) 의제자백

당사자가 변론 또는 준비절차에서 상대방의 주장사실을 명백하게 다투지 아니하거나 공시송달 이외의 방법으로 소환을 받고도 변론기일에 출석하지 아니하고 답변서 기타 준비서면을 제출하지도 아니한 때에는 그 사실을 자백한 것으로 간주한다. 그러나 변론 전체의 취지로 보아 그 사실에 대하여 다툰 것으로 인정되는 경우나 공시송달의 방법으로 기일통지서를 송달받은 당사자가 출석하지 아니한 경우는 그러하지 아니하다(민소법 제150조 제1항, 제3항).

### 4) 재판상의 자백

「재판상의 자백」이란 변론 또는 준비절차에서 자기에게 불리한 상대방의 주장사실을 진실한 것으로 인정하는 당사자의 진술을 말하는데, 이는 법원과 당사자 모두를 구속하는 효력을 가지므로 법원은 증거조사 및 변론의 전취지로부터 자백한 사실과 반대되는 심증을 얻었다 하더라도 자백사실에 반한 사실인정을 할 수가 없다.

자백의 대상은 주요사실에 대한 구체적 사실만 한정적으로 인정되고, 간접사실이나 보조사실에 관하여는 자백의 효력이 발생하지 않는다. 그러나 보조사실의 하나인 문서의 진정여부에 관하여는 자백의 효력이 인정된다.

### 5) 자백의 취소

진실에 반하는 자백은 착오로 인한 것임을 증명하면 취소할 수 있으며, 상대방의 동의가 있는 경우도 취소할 수 있다.

# Ⅱ. 증거신청

## 1. 신청서의 작성

증거신청을 하는 경우는 증명할 사실과 증거와의 관계를 구체적으로 명시하여야 한다(민소법 제289조, 민사소송규칙 제74조). 따라서 증인신문을 신청하는 경우는 주소, 성명 등으로 증인을 구체적으로 특정하고(민소법 제308조), 문서제출명령신청의 경우는 문서의 표시, 그 취지 및 소지자 등을 밝혀야 하며(민소법 제345조), 검증의 신청에 있어서는 검증의 목적을 구체적으로 표시하여야 한다(민소법 제364조).

## 2. 신청시기

증거의 신청은 변론기일이나 준비절차기일에 하는 것이 원칙이나 그 기일 전에도 신청할 수 있다(민소법 제289조 제2항).

## 3. 신청의 철회

증거의 신청은 증거조사가 개시전이면 언제든지 철회할 수 있으나 일단 증거조사가 개시된 후에는 증거조사의 결과가 상대방에게 유리하게 참작되어질 수도 있는 것이므로 상대방의 동의가 있어야만 철회할 수 있다. 또한 서증의 경우도 원본이 법원에 제출되어 법관이 그것을 읽어 본 후에는 상대방의 동의가 있어야만 철회할 수 있다.

## 4. 비용의 예납

법원이 비용을 필요로 하는 증거조사의 결정을 한 때에는 지체 없이 당사자에게 비용의 예납을 명하여야 하며(민소법 제116조 제1항), 이 명령을 받은 당사자가 비용을 예납하지 않는 경우 법원은 증거조사를 하지 않을 수 있다.

## 5. 법원의 증거 채택 여부

증거의 채택 여부에 관한 권한은 법원의 자유재량에 맡겨지지만 당사자의 주장사실에 대한 유일한 증거는 반드시 채용하여 조사하여야 한다(민소법 제290조).

# Ⅲ. 신체감정

## 1. 신청 및 감정료의 예납

사망사고가 아닌 상해사고로 인한 손해배상청구의 소를 제기하는 경우에는 무엇보다도 피해자의 신체감정을 신청하는 것이 중요하다. 피해자의 신체감정은 법원의 촉탁에 의해 병원의 의사가 실행하게 되지만 당사자가 법원의 촉탁에 앞서 법원에 대하여 신체감정의 촉탁을 구하는 신청서를 제출하는 것이 일반적이며, 이 경우에도 신청자는 일정한 감정료를 예납하여야 하는데 법원에서 예납한 감정료 이외에도 병원에서 추가감정료, 진찰료 등을 청구할 수 있다.

### 신체감정신청서

**신 체 감 정 신 청 서**

사 건 ○○가합○○○○ 손해배상

원 고

피 고

위 사건에 관하여 아래와 같이 신체감정을 촉탁해 주시기 바랍니다.

1. 피감정인의 인적사항
   1) 성명, 생년월일, 성별
   2) 본적

3) 주소

2. 감정사항 : 별지와 같음

3. 참고서류 : 진단서 2통(별첨)

2006. 7. 8.

위 원고 ㉟

○○지방법원 귀중

‖ 신체감정 할 사항(피감정인 ○○○) ‖

1. 피감정인인 원고 ○○○는 2006. 3. 4. 교통사고로 입은 ① 뇌진탕, ② 제5경추압박골절, ③ 경추손상, ④ 신경인성방광 및 배변, ⑤ 둔부욕창수술후 상태 등의 상해로 인한 정신 및 신체의 불구 정도 및 현병상.

2. 현병상으로 미루어 보아

1) 향후치료비에 대하여

(1) 뇌수술 기타 수술의 필요 여부, 필요횟수 및 수술비용

(2) 수술 이외의 제반 필요 치료내용과 치료기간 및 치료비 예상액

2) 개호인을 붙일 필요가 있는지 여부 및 필요한 경우

(1) 개호인을 붙여야 할 기간

(2) 개호인의 자격

(3) 개호인을 요하는 시간

(4) 개호인을 요하는 시간에 대하여 1인 8시간 근무를 기준하면 매일 몇 명의 개호인이 필요한지

(5) 전문개호인이 필요하다면 시간당 또는 8시간 근로 기준 한 일당 개호인비용

3) 보조구의 필요 여부 및 보조구의 소요개수와 개당 수명 및 그 단가

4) 위 상해로 피감정인의 평균 수명에 영향이 있는지 여부와 영향이 있다면 예상되는 여명의 단축기간

5) 피감정인이 앞으로 종전 직업(택시운전)이나 그와 유사직종에 종사하거나 도시 또는 농촌 일반노동에 종사할 수 있는지 여부 및 종사하는 경우에 예상되는 노동력상실의 정도(%)

3. 기타 필요한 사항

## 2. 감정절차

### 1) 촉탁서의 발송

신체감정신청서를 제출하고, 기본감정료를 납부하면 법원에서는 지정병원에 대하여 신체감정촉탁서를 발송한다.

따라서 신체감정신청서를 법원에 제출한 후에는 병원에서 언제 어느 병원으로 촉탁서를 발송하였는지 알아보고, 동 촉탁서가 해당 병원에 도착했을 즈음에 그 병원 신체감정담당자에게 전화 등으로 감정 받을 시간 및 담당의사에 관한 내용을 확인해 두는 것이 좋다.

### 2) 감정의 실시

감정당일에는 병원 접수창구에서 진찰절차를 밟고, 법원에 납부한 감정료 외에 병원에서 요구하는 감정료를 납부한 뒤 병원의 안내에 따라 감정을 받으면 된다.

## 3. 감정결과의 원용

감정이 끝나면 병원에서 주감정의사가 타과의 감정내용을 취합하여 감정서를 작성한 후 감정서 2통을 촉탁법원에 송부하게 되는데, 감정신청인이나 그 대리인은 법원에 가서 감정서 부본을 수령하여 그 내용을 원용하여 청구취지확장신청 등 변론을 준비하여야 한다.

# Ⅳ. 서증조사

## 1. 의 의

서증을 신청하고자 하는 당사자가 문서를 소지하지 않고 있거나 그 양이 너무 많아 법정으로 가지고 나오기가 곤란한 경우 문서의 제출명령, 송부촉탁 및 법원외 서증조사를 신청하여 서증으로 증거조사를 하는 경우를 서증조사라 한다.

## 2. 신 청

서증조사를 필요로 하는 당사자는 소정의 신청서를 작성하여 최소한 서증조사기일이 되기 1주일 정도 이전까지는 법원에 제출하여야 한다. 신청서를 제출하는 경우는 서증조사장소가 법원의 구내 또는 같은 구내에 있는 검찰청인 경우를 제외하고는 판사 및 입회사무관 등의 출장비를 예납하여야 한다.

## 서증조사신청서

# 서 증 조 사 신 청

사 건

원 고

피 고

위 사건에 관하여 원고들 소송대리인은 아래와 같이 서증조사를 신청합니다.

1. 서증조사할 장소 및 기록보관처 :

   ○○지방법원 ○○ 과

2. 서증조사할 기록의 표시

   ○○지방법원 2005고단6543호

피고인 ○○○에 대한 교통사고처리특례법위반 사건의 피고사건기록 및 판결문 일체

2006. 9. .

위 원고 ㊞

○○지방법원 귀중

## 3. 서증제출

서증조사기일에 서증조사가 실행되면 동 기록이나 문서의 작성에 필요한 비용은 당사자가 부담하여야 하며, 문서의 소재지에서 서증으로 신청하고자 하는 문서를 개별적

으로 지적하면서 서증의 번호와 부호를 붙여야만 하는데, 실무상 서증조사문서의 사본을 입수하여 그 중 신청당사자가 필요한 부분만을 발췌하여 서증으로 제출하는 것이 보통이다.

## 4. 서증의 증거조사

### 1) 서증의 신청

당사자가 스스로 소지하고 있는 문서는 기일에 현실적으로 제출하면 되지만 소지하고 있지 아니한 문서는 문서제출명령(민소법 제343조), 문서송부촉탁(민소법 제352조) 또는 법원 외에서는 서증조사(민소법 제297조, 제354조, 민소법규칙 제75조)를 신청하는 방법으로 서증신청을 한다. 그러나 당사자가 상업장부를 소지하고 있는 경우에는 당사자의 신청이 없더라도 법원은 직권으로 그 장부의 제출을 명할 수 있다(상법 제32조).

### 2) 소지문서의 제출

서증신청은 법원 외에서 증거조사를 하는 경우를 제외하고는 변론기일에 현실적으로 제출하는 방법으로 하여야 한다. 당사자가 준비서면이나 답변서 또는 소장이나 항소장 등에 서증이 될 만한 문서를 첨부하여 제출하고, 그 준비서면 등이 기일에 진술간주 되더라도 그 당사자가 법정에 출석하여 그 서증을 현실적으로 신청하지 아니하는 한 서증신청으로서의 서증의 제출은 없는 것이다.

## 5. 서증의 인부

법원에 제출한 서증에 대하여는 그 문서에 대한 입증의 필요 여부를 정하기 위하여 인부를 하여야 하는데, 인부의 형태는 성립인정, 부인 및 부지 등의 3가지가 기본적이지만 성립인정에는 전체의 성립을 인정하는 경우와 특정 부분만을 인정하는 경우가 있다.

증거의 인부는 다툼의 입증 및 판결에 절대적인 영향을 미칠 수 있으므로 신중하게 인부하여야 할 것이다.

따라서 위조, 변조된 문서라면 변조의 항변을 해야겠지만 그렇지 않은 한 상대방으로부터 교부받은 서증을 의뢰받은 당사자에게 열람시켜 문서의 내용, 성질, 사실관계 등을 확인한 뒤 인부하여야 할 것이다.

## Ⅴ. 기록송부촉탁

### 1. 의 의

기록송부촉탁이란 소송당사자가 주장하는 사실을 증명하기 위한 기록을 주장자가 소지하고 있지 아니한 경우 법원이 그 기록을 확인하기 위해 기록소지자에게 그 기록의 송부를 요구하는 것을 말하는데, 기록소지자는 이 요구에 불응할 수 없으며, 불응 시는 문서제출명령으로 그 목적을 달성할 수 있다.

### 2. 신 청

기록송부촉탁은 법원이 기록소지자에게 기록의 송부를 요구하게 되지만 이는 그 기록으로 일정한 사실을 증명하고자 하는 당사자가 법원이 기록소지자에게 기록의 송부를 요구해 줄 것을 신청하여야 한다.

왜냐하면 기록을 필요로 하는 당사자가 직접 그 소지자에게 기록의 등사나 송부를 요구하더라도 그 소지자가 이에 응해 주지 아니하는 경우에 법원의 조력을 통해 일정한 사실을 증명할 수 있도록 마련한 제도가 기록송부촉탁신청이기 때문이다.

기록송부촉탁신청을 할 때에는 기록의 송부에 소요되는 비용을 예납하는 것이 원칙이나 실제에 있어서는 예납송달료를 사용하고 있어 별도의 예납은 하지 않는 경우가 일반적이다.

**기록송부촉탁신청서**

기 록 송 부 촉 탁 신 청 서

사 건

원 고

피 고

위 사건에 관하여 원고는 그 주장사실을 입증하기 위해 아래 기록의 송부촉탁을 신청합니다.

1. 기록의 보관처 : ○○지방검찰청 ○○지청 ○○과

1. 기록의 표시 : 지방검찰청 지청 2005형제1234호

피고인 ○○○에 대한 교통사고처리특례법 위반 사건 기록 일체

2006. . .

위 원고 ㊞

○○지방법원 귀중

## 산재기록송부촉탁신청서

### 산 재 기 록 송 부 촉 탁 신 청

사 건 ○○가합○○○○ 손해배상

원 고 ○ ○ ○ 외 ○

피 고

위 사건에 관하여 원고들은 그 주장사실을 입증하기 위하여 아래와 같이 산재기록의 송부촉탁을 신청합니다.

1. 기록의 보관처 및 송부촉탁할 기록의 표시 :

(1) 보관처 : ○○ 지방노동사무소

○○시 ○○동 ○○번지

(2) 기 록 : 재해자 ○○○에 관한 산재기록 일체

2. 재해자의 표시 :

○○건설(주) 소속

○○○( . . . 생)

주소

3. 재해일시 및 장소

일시 : 2005. 9. 2.

장소 : (사고현장의 주소)

2006. . .

위 원고 ㊞

○○지방법원 귀중

## 문서제출명령신청서

# 문 서 제 출 명 령 신 청 서

사 건 ○○가합○○○○ 손해배상

원 고 ○ ○ ○ 외 4

피 고 (재)○○○재단

위 사건에 관하여 원고들은 주장사실을 입증하기 위하여 아래와 같이 문서제출명령을 하여 주시기를 신청합니다.

1. 문서의 표시 및 소지자

피고 (재)○○○재단이 소지하고 있는 2004 . . . 동 재단산하 시 구 동 소재 ○○병원에 입원하여 수술가료 중 사망한 소외 망○○○에 대하여 동 병원이 한 치료행위에 관한 의료 차트 일체

2. 문서의 취지

위 문서에는 위 의료행위의 과실에 관한 증거가 될 의료행위 과정의 상세한 기재내용이 있습니다.

3. 입증취지

위 피고 산하 위 ○○병원 담당의사들의 의료행위 중 과실로 말미암아 피해자 소외망○○○이 사망한 사실을 입증하고자 함.

2005. . .

위 원고들의 소송대리인
변호사 ㊞

○○지방법원 귀중

### 3. 서증제출

기록송부촉탁신청을 한 경우는 수시로 해당기록이 송부되어 왔는지를 확인해 보고 해당기록이 도착한 경우 그 기록을 사본하여 서증으로 작성하여 제출하면 되는데, 이 서증은 서증조사에 의한 서증과 달리 일반서증과 동일하게 사본인 및 간인을 하여 제출하여야 한다.

## Ⅵ. 검증 및 감정

### 1. 의 의

「검증」이란 법관이 자기의 오관의 작용에 의해 사물의 성상이나 현상을 보거나 듣고 느낀 인식을 증거자료로 하는 증거조사방법을 말하고, 「감정」이란 제3자로 하여금 법원의 명에 의하여 당해 소송에서 법원이 모르는 법규 혹은 경험칙(실험칙) 또는 법원을 대신하여 경험칙을 구체적 사실에 적용하여 얻은 사실판단을 법원에 보고하게 하는 증거조사방법이다. 따라서 검증은 판사에 의한 사실확인 방법인데 비해 감정은 전문가에 의한 사실확인 방법이라는 점에서 차이가 있다.

### 2. 신 청

검증은 검증의 목적물(검증물)을 특정하고, 그에 의하여 증명할 사실을 구체적으로 명시하여 신청하고(민소법 제364조), 감정신청은 특별한 규정이 없으면 증인신문에 관한 규정이 준용된다(민소법 제333조, 민소규칙 제104조). 다만 감정신청에 있어서는 증인신문신청과 달리 신청인이 감정인을 지정할 필요는 없으나, 특별한 이유 있음을 주장하며 특정기관 또는 특정인을 감정인으로 지정하여 줄 것을 신청하는 수가 있다.

### 검증신청서

## 검 증 신 청

사 건 ○○가합○○○○ 손해배상

원 고 ○ ○ ○ 외 3

피 고 ○○주식회사

위 사건에 관하여 원고들 소송대리인은 그 주장사실을 입증하기 위하여 아래와 같이 검증을 신청합니다.

아 래

1. 검증할 사실 : 피고의 피용자 ○ ○ ○의 업무상 과실로 이건 사고가 발생한 사실.
2. 검증의 목적(물) : 시 구 동 소재 피고 ○○(주) 생산부에 설치되어 있는 원고 ○○○가 작업하던 프레스 및 동 프레스의 안전철망 설치현황과 동 프레스에 의한 후지말이작업 및 안전철망 고정작업의 실태.
3. 검증에 의하여 명확하게 하려는 사항 : 별지와 같음.

2006. 9. .

위 원고들의 소송대리인

변호사 ㊞

○○지방법원 귀중

## 감정신청서

### 검증 및 감정신청서

사 건

원 고

피 고

위 사건에 관하여 원고는 검증 및 감정(경계선측량)을 다음과 같이 신청합니다.

다 음

1. 검증, 감정의 목적물 : 원고 소유인 시 구 동 번지의 대지와 피고 소유인 같은 번지의 5 대지 및 각 지상의 건물 등
2. 검증, 감정의 목적(검증 및 감정에 의하여 명백히 할 사항) :
   가. 위 두 토지의 경계선 부근의 현황 및 두 토지의 정확한 경계선과 위 피고 소유 토지가 원고 소유 토지를 침범 점유하였는지 여부
   나. 점유하고 있다면 그 위치 및 면적
3. 검증장소 :

 시 구 동 번지

2006. . .

위 원고 ㊞

○○지방법원 귀중

## 감정증인신청서

# 감 정 증 인 신 청

사 건

원 고

피 고

위 사건에 관하여 원고는 아래와 같이 감정증인신문을 신청합니다.

아 래

1. 입증취지 :

피해자 망 ○○○이 피고에게 구타당하여 사망한 사실

2. 감정증인의 표시 :

서울특별시 구 동 번지

○○대학교 부속병원

증인 ( 과 과장)

3. 신문사항 :

별첨

2006. . .

위 원고 ㊞

서울중앙지방법원 귀중

# Ⅷ. 증인신문

## 1. 증인의 의의

증인이라 함은 소송에서 과거의 사실이나 상태에 관하여 자기가 인식한 바를 진술하는 제3자로서 소송당사자 및 법정대리인 이외의 사람이어야 한다.

## 2. 신청서 작성

증인의 신청은 실무상 일단 구두로 신청을 하면 법원에서 그 신청의 채택 여부에 관한 재판을 하게 되며, 증인신문신청이 채택되면 그 이후 서면으로 증인신문신청서를 제출하는 것이 보통이다.

증인신문신청서는 사건 및 당사자의 표시 아래에 증인의 신문을 구한다는 뜻을 표시하고 증인의 주소, 성명 등을 명기한 후 작성일자를 기재하고, 기명(서명)날인한 뒤 법원의 표시를 함으로써 완성된다. 증인신문사항은 신청서에 첨부하는 원본 1부 외에 통상 3부(상대방수+2부)의 부본을 함께 제출하고 있으며, 이때 소정의 증인 여비를 예납하여야 한다.

### 증인신문신청서

**증 인 신 문 신 청 서**

원 고 ○ ○ ○
피 고 ○ ○ ○

위 당사자 간 귀원 ○○가합○○○○호 건물소유권이전등기 청구사건에 관하여 원고는 주장사실을 입증하기 위하여 별지 신문사항을 첨부하여 다음과 같이 증거를 신청합니다.

다 음

1. 증인신문의 신청

이 사건 건물이 원고가 건축한 건물인 사실을 입증하기 위한 것.

(이 사건 건물 건축도급인 목수)

주소

증인 ○ ○ ○

2. 당사자신문의 신청

원고의 주장사실 전반에 걸쳐 입증하기 위한 것.

주소

원고 본인 ○ ○ ○

2006.　　　.　　　.

위　피고　　　　　　　㊞

○○지방법원 민사 제　　부 귀중

## 신 문 사 항

증 인 ○ ○ ○

1. 증인은 원고를 아는가.
2. 증인은 서울특별시　　구　　동　　번지 소재 목조와즙 2층 건물, 건평 28평의 건물을 도급 건축한 사실이 있는가. 만일 있다면 위 건물의 건축주는 누구였는가.
3. 증인은 위 도급대금을 지급받았는가(이때 갑 제2호증 내지 제5호증을 제시한다).
4. 증인은 이 사건 건물에 관하여 건축확인신청을 하였는가.
5. 위 건축물의 설계도는 누가 작성하였는가.
6. 이 사건 건축공사에 관하여 이른바 상량식은 올렸는가, 올렸다면 누가 시주가 되고 누구 누구 모였는가.

## 3. 증인구인신청

증인이 정당한 이유 없이 출석하지 아니한 경우에는 수소법원은 증인을 법정이나 그 밖의 장소로 실력으로 인치하기 위하여 구인을 명할 수 있다(민소법 제312조 제1항).

여러 차례에 걸쳐 증인을 소환하여도 이에 불응하는 경우 그 증인 외에 달리 증인이 없으면 구인신청을 하는 수밖에 없으나 실제 구인집행이 제대로 되지 않고 있으며, 구인집행이 된다 하더라도 구인된 증인이 증언에 비협조적인 경우는 소기의 목적을 달성하기 어렵기 때문에 이에 대한 보완대책이 시급하다고 하겠다.

### 증인구인신청서

**증 인 구 인 신 청 서**

사 건

원 고

피 고

위 사건에 관하여 아래 증인은 2006. 9. 6. 10:00 및 동년 10. 2. 10:00의 각 변론기일에 적법한 절차에 의한 소환을 받았으므로 출석의무가 있음에도 불구하고 하등의 정당한 사유 없이 출석하지 않았으므로 다음 변론기일에는 구인하여 증거조사하여 주시기 바랍니다.

증인의 표시

서울 구 동

증인 ○ ○ ○

직업 : 회사원

2006. 11. 3.

위 원고 ㊞

서울중앙지방법원 민사 제16부 귀중

## 4. 증인신문대비

### 1) 증인에 대한 준비

증인신문시에는 신청인이 제출한 신문사항에 터잡은 주신문에 들어가기 전에 재판장이 증인의 성명, 직업, 생년월일, 주민등록번호, 주소 등을 확인하여 인정人定신문을 하여 동 인정신문 시 증인이 다른 사람이 아니고 신청 채용된 바로 그 증인임을 주민등록증으로 확인하며, 선서서에 증인이 서명·날인하게 하는 바, 증인은 인장 및 주민등록증을 지참하여 출석하여야 한다.

한편, 증인이 인장을 지참하지 아니한 경우라면 무인을 압날하게 하고 법원사무관 등이 증인의 무인임을 확인함으로써 족하지만 주민등록증이 없으면 인정확인을 할 길이 없어 신문을 할 수 없기 때문에 모처럼 힘들게 출석한 증인이 증언하지 못하면 무위로 돌아갈 수밖에 없는 일도 생긴다.

따라서 증인에게 사전에 증언일시에는 인장 및 주민등록증을, 특히 주민등록증은 필히 지참하여 출석하도록 주지시키고, 주민등록증의 분실 기타 사유로 지참할 수 없는 경우에는 주민등록표등본에 증인의 사진을 붙여 주민등록표등본 발급관청의 확인을 받아 출석하도록 조치함이 좋을 것이다. 또다른 방법으로는 관청에서 발급하여 공신력이 있는 사진이 첨부된 증명서로 대체하여도 될 것이다. 또한 증인이 법정에 나와 증언함에 있어 유의할 점도 알려주는 것이 좋다.

증인이 증언을 할 때에는 긴장감을 가지지 말고 차분한 마음으로 질문 내용을 정확히 듣고 그에 대한 분명한 대답을 하도록 주의시키고 "그렇게 생각하고 있습니다", "그런 것 같은데요", "글쎄요"라는 용어는 사용치 말고 아니면 "아니다", 그러면 "그렇다", 모르면 "모른다"라는 확실하고 정확한 증언을 하도록 주지시키는 것이 중요하다. 왜냐하면 알지 못하거나 기억에 없는 사실을 잘 알고 있는 것처럼 말을 첨가하여 추측성 증언을 하면 증언 전체의 신빙성에 문제가 된다.

### 2) 선서준비

증인은 법정에서 증언을 할 경우 증언에 앞서 선서를 하게 되는데, 증인에게 증언거부권이 있는 경우라도 증언의 신빙성을 위하여 선서하고 증언하도록 권유할 필요가 있다.

### 3) 서면진술허가신청

증인은 원칙적으로 서류에 의하여 진술하지 못하지만 재판장의 허가가 있으면 예외적으로 서류에 의한 진술을 할 수 있다(민소법 제331조).

**서면진술허가신청서**

## 서 면 진 술 허 가 신 청

사 건

원 고

피 고

위 사건에 관하여 2006. 2. 5. 14:00 변론기일에 출석, 증언하라는 통지를 받았으나 신문 내용이 5년 전의 오래된 일들일 뿐만 아니라 그 내용이 복잡하므로 증언 내용의 정확을 기하기 위하여 서면에 의하여 증언 진술할 수 있도록 허가하여 주시기 바랍니다.

2006. 1. 23.

증인 ㊞

○○지방법원 귀중

## 5. 반대신문

### 1) 반대신문

증인신문은 신청당사의 주신문, 상대방의 반대신문, 신청당사자의 재주신문 등의 순서로 이루어지는데(민소법 제327조 제1항, 민소규칙 제89조 제1항), 반대신문은 주신문에 의한 증언의 진실성을 알아보기 위해 하는 것이므로 주신문에 나타난 사항과 이에 관련되는 사항 및 증언의 신빙성에 관한 사항이 아니면 신문할 수 없다(민소규칙 제92조).

따라서 주신문을 한 당사자 또는 대리인은 상대방이 반대신문의 범위를 넘어선 신문을 하면 재판장에게 이의를 제기하여 과잉반대신문의 제지를 촉구할 수 있다.

### 2) 신문의 제한

민사소송규칙에 의하면 ① 주신문, 반대신문, 재주신문의 신문범위에 위반되는 신문, ② 구체성이나 개별성이 없는 신문, ③ 유도신문, ④ 증인을 모욕하거나 곤혹스럽게 하는 신문, ⑤ 의견이나 추측의 진술을 구하는 신문에 대하여는 법원은 직권 또는 당사자의 신청에 의하여 신문을 제한할 수 있다(민소규칙 제95조).

따라서 상대방이 신청한 증인에 대한 증인신문사항을 미리 정확하게 분석하여 신문사항 중 신문제한사유에 해당되는 신문사항이 있는 경우는 증인신문제한신청서를 미리 작성하여 제출하거나 증인신문이 있을 때 "주신문 제 몇 항은 민사소송규칙 제95조 제 몇 호에 해당하므로 신문을 제한하여 주십시오"라고 구두로 신청할 수도 있다.

#### 증인신문제한신청서

**증 인 신 문 제 한 신 청**

사　건　○○가합○○○○ 손해배상
원　고　김　원　고
피　고　박　피　고

위 사건에 관한 원고의 2006. 10. 7.자 증인신청서 별첨신문사항 중 아래와 같이 민사소송규칙 제95조 소정의 신문제한사유에 해당하는 사항이 있으므로 동 해당 신문사항의 신문을 제한하여 주시기 바랍니다.

아　래

| 번 호 | 주신문 문항 | 신문제한사유 |
|---|---|---|
| 1 | 제3항 | 구체성, 개별성이 없는 신문사항임. |
| 2 | 제5항 | 의견, 추측을 구하는 신문사항임. |
| 3 | 제9항 | 유도신문하는 신문사항임. |

2006. 10. 13.

위 피고 박 피 고 ㊞

○○지방법원 귀중

## 6. 대질신문

증인은 개별적으로 신문하는 것이 원칙이나(민소법 제328조 제1항) 증인들의 증언이 서로 상반되는 경우 등 재판장이 필요하다고 인정하는 때에는 증인 상호간의 대질을 명할 수도 있다(민소법 제329조).

### 증인대질신청서

**증 인 대 질 신 청**

사 건 ○○가합○○○○ 손해배상
원 고 김 원 고
피 고 박 피 고

위 사건에 관하여 2006. 2. 23. 14:00 신문한 증인 ○○○과 동년 1. 13. 14:00 신문한 증인 ○○○은 같은 일시, 장소서 동시에 목격한 사실에 관하여 서로 전혀 다른 증언을 하였는 바, 사안의 진상을 명확하게 하고자 위 양인의 대질신문을 신청합니다.

2006. 2. 23.

위 원고 김 원 고 ㊞

○○지방법원 귀중

## 7. 수기명령

재판장은 정확한 사실의 탐지를 위해 필요하다고 인정할 때에는 증인에게 문자를 손수 쓰게 하거나 기타 필요한 행위를 하게 할 수 있다(민소법 제330조).

### 수기명령신청서

**수 기 명 령 신 청**

사 건 ○○가합○○○○ 손해배상

원 고 김 원 고

피 고 박 피 고

위 사건에 관하여 아래 서류에 대하여 그 성립에 다툼이 있는 바, 이에 대한 입증을 위하여 증인 ○○○에게 아래 문자의 수기를 명하여 주시기 바랍니다.

1. 성립에 다툼 있는 서류의 표시

갑 제4호증의 1, 2, 3(각 월급봉투)

2. 수기를 구하는 문자

기본금 500,000 —

상여금 500,000 —

총급여 1,000,000 —
공제액 37,000 —
실수령액 963,000 —

2006. . .

위 원고 김 원 고 ㉞

○○지방법원 귀중

## 8. 촉탁신문

### 1) 신청서

증인이 정당한 사유로 인하여 수소법원에 출석하지 못하거나 수소법원에 출석함에 과다한 비용 또는 시간을 요하거나 또는 그 밖의 상당한 이유가 있는 경우로서 당사자가 이의를 제기하지 아니하는 때에는 수명법관 또는 수탁판사로 하여금 증인신문을 하게 할 수 있다(민소법 제313조). 따라서 그러한 사유가 있는 때에는 당사자는 법원에 대하여 수명법관을 지명하여 증인을 신문하게 하거나 타 법원에 촉탁하여 증인을 신문하게 해 줄 것을 신청할 수 있다.

**촉탁신문신청서**

촉 탁 신 문 신 청 서

사 건 ○○가합○○○○ 손해배상
원 고 ○ ○ ○
피 고 ○ ○ ○

위 사건에 관하여 증인 ○○○은 이미 3차의 소환장을 받고도 출석하지 아니하였고, 구인장마저 본인의 부재로 집행불능 되었던 바, 알고 보니 동 증인은 부산교도소에 살인피고인으로 구속되어 있으므로 동 교도소 관할 지방법원에 촉탁하여 증인신문을 해 주시기 바랍니다.

증인의 표기

부산교도소 내

증인 ○ ○ ○

2006. . .

위 원고 ○ ○ ○ ㊞

○○지방법원 귀중

### 2) 원 용

당사자의 촉탁신문신청에 따라 수소법원이 촉탁을 하면 촉탁받은 법원의 수탁판사가 증인신문을 행한 후 기록의 일체를 수소법원에 송부하게 되어 있으므로(민소법 제298조), 당사자는 동 증인신문조서를 원용하여 변론하면 된다.

### 3) 전 촉

수탁판사가 필요하다고 인정한 때에는 다른 지방법원 판사에게 다시 증인신문을 촉탁할 수 있는데, 이를 전촉이라 한다(민소법 제297조 제2항). 이 경우 그 사유를 수소법원과 당사자에게 통지하여야 한다.

### 4) 증인신문촉탁신청

처음부터 증인을 신청하는 경우 촉탁에 의한 신문을 신청해야 할 경우도 있는 데, 이러한 경우에도 신청서를 제출하여야 한다.

## 증인신문촉탁신청서

### 증 인 신 문 촉 탁 신 청 서

사 건

원 고

피 고

위 사건에 관하여 다음 증인을 별지 신문사항에 의하여 주미대사관에 촉탁하여 신문하여 줄 것을 신청합니다.

1. 증언할 사실

본건 부동산이 증인의 망 조부○○○의 소유였으나 증인이 상속하여 원고에게 매도한 사실

2. 증인의 표시

주소

성명 ( . . .생)

3. 촉탁처

미국주재 대한민국대사관

4. 신문사항

별첨

2006. . .

원고 ㊞

○○지방법원 귀중

## 9. 임상신문

소송당사자의 주장사실을 입증하기 위해 꼭 필요한 증인이 사고나 와병으로 장기간

입원가료 중에 있는 경우 동 증인이 퇴원하여 증언하기를 기다려서는 소송이 너무나 지연될 상당한 이유가 있다면 그 사유를 소명하여 증인이 입원하고 있는 병상에서 신문해 줄 것을 신청할 수 있는데, 이를 임상신문이라 한다.

## 임상신문신청서

### 임 상 신 문 신 청 서

사 건 ○○가합○○○○ 손해배상
원 고
피 고

위 사건에 관하여 앞서 신문 결정이 있었던 원고 신청의 증인 ○○○는 중풍으로 인하여 현재 입원가료 중에 있으므로 귀원 법정에 출석할 수 없다는 신고가 있는 바, 그 후 원고가 조사한 바에 의하면 위 증인은 임상신문을 받는 데 관하여는 별 지장이 없다는 것이 확인되었으므로 다음 병원에서 임상신문을 하여 줄 것을 신청합니다.

다 음

서울특별시 구 동 번지
경희대학교 의과대학 부속병원 병동 호실
증인 ○ ○ ○

2006. . .

위 원고 ㉤

○○지방법원 귀중

## Ⅷ. 당사자 신문

### 1. 의 의

법원은 증거조사에 의하여 심증을 얻지 못한 때에는 직권 또는 당사자의 신청에 의하여 당사자 본인을 신문할 수 있다(민소법 제367조). 이 경우 당사자는 증인과 마찬가지로 조사의 객체일 뿐이므로, 즉 당사자신문에 있어서 당사자의 진술은 변론이 아니므로 그 진술로 인하여서 재판상의 자백은 성립하지 아니한다.

당사자신문은 민사소송법 제367조의 취지에 나타나 있듯이 다른 증거에 의하여 쟁점에 관한 충분한 심증을 얻지 못한 경우에 채용되는 보충적 자료일 뿐이므로 당사자 본인신문의 결과만으로는 주요사실을 인정할 수 없다. 그러나 소액사건의 경우는 예외이다(소액사건심판법 제10조 제4항).

### 2. 신청절차

당사자신문에는 증인신문에 관한 규정이 준용되므로(민소법 제373조, 민소규칙 제119조), 신청한 당사자는 신문기일 10일 전까지 증인신청서와 같은 방법으로 신청서 및 신문사항을 제출하여야 하며, 상대방 당사자의 신문을 신청하는 때에는 여비, 일당 등 비용을 예납하여야 한다(민소법 제116조).

**당사자신문신청서(본인)**

당 사 자 신 문 신 청

사 건 ○○가합○○○○ 대여금
원 고 ○ ○ ○
피 고 ○ ○ ○

위 사건에 관하여 피고는 아래와 같이 원고본인의 신문을 신청합니다.

1. 입증취지

원고청구의 대여금을 피고가 변제하고, 원고가 수령한 사실

2. 신문사항

별첨

2006. . .

위 피고 ㉤

○○지방법원 귀중

## 당사자신문신청서(대리인)

# 당 사 자 신 문 신 청

사 건 ○○가합○○○○ 대여금

원 고 ○ ○ ○

피 고 ○ ○ ○

피고는 미성년자이므로 법정대리인

친권자 부 ○○○, 모 ○○○

위 사건에 관하여 원고는 아래와 같이 피고 법정대리인의 신문을 신청합니다.

1. 입증취지

피고의 원고에 대한 본건 대여금 채무부담행위를 피고의 법정대리인인 친권자 부 ○○○, 모 ○○○가 사건에 동의한 사실

2. 신문할 피고법정대리인의 표시

서울 구 동

피고의 법정대리인 부 ○○○
3. 신문사항
별첨

2006. . .

위 원고 ㊞

○○지방법원 귀중

### 3. 효 과

신문을 받을 당사자가 정당한 이유 없이 소환에 응하지 아니하거나 선서 또는 진술을 거부한 때에는 법원은 신문사항에 관한 상대방의 주장을 진실한 것으로 인정할 수 있다(민소법 제369조).

# 제6절 소의 취하

## Ⅰ. 의 의

### 1. 소취하

소의 취하라 함은 원고가 법원에 대하여 소의 전부 또는 일부를 철회하는 소송행위를 말한다. 청구의 감축은 소의 일부취하로 본다.

### 2. 상소취하

상소심에서는 소의 취하와 상소의 취하가 있을 수 있는데, 소를 취하하면 이미 행한 판결도 실효되는 한편, 상소를 취하하면 원판결이 확정된다.

### 3. 재소금지

제1심에서 패소한 원고가 상소심에서 소취하를 한 경우에는 재소금지의 법리에 따라 동일한 소송을 다시 제기할 수 없는 점에 주의하여야 한다.

## Ⅱ. 요 건

### 1. 취하권자

소를 취하할 수 있는 자는 소를 제기한 본인 또는 그 포괄승계인 및 그 대리인이다.

### 2. 특별수권

법정대리인 또는 소송대리인이 소를 취하함에는 특별수권이 있어야 한다(민소법 제56조 제2항, 제90조 제2항 제2호). 그러나 소송대리인이 변호사인 경우는 일반적으로 위임장 양식에 소취하에 관한 특별수권에 관한 내용이 인쇄되어 있어 그 특별수권 및 소취하의 효력에 관하여 무관심한 실정이므로 소취하로 인한 분쟁이 발생할 수 있다. 따라서 소송대리인이 소취하를 할 때에는 당사자에게 소취하의 효력을 충분히 주지시키고 당사자로부터 소취하요구서를 별도로 받아 두고, 소취하서에도 당사자와 대리인변호사의 연서 서명날인 하여 제출함으로써 후일 소취하의 의사가 있었느냐의 여부로 말썽이 생기지 않도록 하는 것이 좋다.

### 3. 소취하의 시기

소취하는 소제기 이후 종국판결의 확정에 이르기 이전까지 소의 전부 또는 일부를 언제든지 할 수 있다(민소법 제266조 제1항). 즉, 종국판결이 확정되기 이전에는 소의 취하가 가능하다.

### 4. 소취하서

소취하서는 상대방에게 상대방의 수만큼 송달할 부본(미리 상대방의 동의를 얻은 경우는 불필요)을 함께 제출하되 항소심에 있어서는 소취하인지, 항소취하인지를 명백히 하여야 하고, 일부취하 시는 그 취하 부분을 명백히 하여야 한다.

## 소취하서(전부취하)

### 소 취 하 서

사 건 ○○가합○○○○ 손해배상

원 고 ○ ○ ○

피 고 ○ ○ ○

위 사건에 관하여 원고는 소 전부를 취하합니다.

2005. 11. 23.

위 원고 ㊞

서울중앙지방법원 귀중

## 소일부취하서

### 소 의 일 부 취 하 서

사 건 ○○가합○○○○ 손해배상

원 고 ○ ○ ○

피 고 ○ ○ ○

위 사건에 관하여 원고는 피고 ○○○에 대한 부분의 소를 취하합니다.

2005. 11. 23.

위 원고 ㊞

서울중앙지방법원 귀중

### 반소취하서

## 반 소 취 하 서

사 건 ○○가합○○○○ 손해배상(반소)

반소원고 ○ ○ ○

반소피고(항소인) ○ ○ ○

위 사건에 관한 본소가 이미 취하되었으므로 반소원고는 반소 전부를 취하합니다.

2005. 11. 23.

위 원고 ㊞

서울중앙지방법원 귀중

## 5. 동 의

피고가 본안에 관하여 준비서면을 제출하거나 준비절차에서 진술하거나 변론을 한 후에는 소의 취하는 상대방의 동의를 얻지 아니하면 그 효력이 없다(민소법 제266조 제2항). 다만 소취하서부본 또는 소취하 진술이 기재된 조서등본의 송달을 받은 상대방이 2주일 이내에 이의를 제기하지 아니하면 취하에 동의한 것으로 간주한다(민소법 제266조 제86항).

# Ⅲ. 소의 의제적 취하

## 1. 의 의

소의 의제적 취하란 당사자 쌍방이 기일에 2회 출석하지 않거나 출석하더라도 변론하지 아니한 경우 1개월 내에 기일지정신청이 없으면 소를 취하한 것으로 간주하는 제도로서 「소의 간주취하」라고도 한다(민소법 제268조 제2항).

## 2. 기일지정신청

제2회 변론기일에 출석하지 아니하거나 출석하더라도 변론하지 아니하면 취하로 간주하게 되어 당사자가 불이익을 당할 수 있는데, 불출석이 당사자 본인의 책임이 없는 사유로 인한 경우는 1개월 이내에 기일지정신청을 하여 변론기일에 출석하지 못하여 변론하지 못한 내용을 변론할 수 있다(민소법 제268조 제2항).

### 변론기일지정신청서

변 론 기 일 지 정 신 청 서

사 건 ○○가합○○○○ 대여금
원 고
피 고

위 사건에 관하여 2006년 월 일 10:00의 변론기일에 당사자 쌍방의 불출석으로 인해 추후 지정으로 되어 있사오니 다시 변론기일을 지정하여 주시기 바랍니다.

2006. . .

위 원고 ㊞

○○지방법원 귀중

# 제7절 강제집행

## Ⅰ. 개 념

### 1. 의 의

국가의 공권력을 이용하여 사법상 인정되는 권리의 구체적인 내용을 강제적으로 실현하는 절차를 강제집행이라 하는데, 이는 일반적으로 사법상의 권리의 실현을 기대하는 당사자, 즉 권리자의 신청에 의해 법원이라는 국가기관이 공권력을 행사하여 의무자의 재산에 대하여 일정한 절차를 거쳐 강제적으로 집행함으로써 권리의 내용을 실현케 한다.

### 2. 분 류

강제집행은 청구권의 종류에 따라 금전집행과 비금전집행으로 분류할 수 있고, 재산의 종류에 따라 동산 · 부동산 · 선박 · 자동차 · 항공기 · 건설기계집행 등으로 분류할 수 있다.

### 3. 요 건

#### 1) 집행권원

채권자가 국가기관에 대하여 강제집행을 신청하기 위해서는 우선 일정한 권리 또는 법률행위의 존부에 관한 문제가 확정되어야 하는데, 강제집행을 하기 위해 확정된 권리 또는 법률행위의 존부에 대한 확정증서를 집행권원이라 하는데, 과거에는 이를 「채무명의」라고 칭하였다.

강제집행의 대상은 채무자의 개개의 재산이며, 이와 무관한 제3자의 재산에 대한 강제집행은 위법한 행위로서 결국 제3자의 권리를 침해하게 된다. 따라서 강제집행을 하기 위해서는 그 전제가 되는 권리 또는 법률관계의 존부에 관한 명확한 판단을 필요로 하게 된다.

집행권원에는 ① 확정된 종국판결, ② 가집행선고 있는 종국판결, ③ 외국법원의 판결에 대한 집행판결, ④ 가집행선고부 지급명령, ⑤ 재판상 화해조서, ⑥ 금전지급 및 의무를 명한 심판, ⑦ 각종의 조정조서, ⑧ 청구의 인낙조서, ⑨ 검사의 집행명령, ⑩ 집행증서(공정증서), ⑪ 배상명령 등이 있다.

### 2) 송달증명

재판의 결과인 판결문은 법원이 소송당사자에게 송달하여 그 내용을 분명히 인식하도록 한다. 그러나 판결에 관한 송달이 되지 아니하여 당사자가 전혀 무방비상태에 있는 상태에서 강제집행절차를 밟게 되면 강제집행을 당하는 당사자는 예기치 못한 불이익을 당할 수 있다. 따라서 강제집행을 하기 위해서는 판결문 등이 당사자에게 송달되어야 할 것을 전제로 하게 되는데, 이를 증명할 수 있는 문서를 송달증명이라 한다.

송달증명은 강제집행을 신청하고자 하는 자가 판결법원(소송기록 보관 법원)에 대하여 송달증명신청으로서 발급받을 수 있다. 송달증명은 일반적으로 2통을 작성하여 그 부본에 증명을 받게 된다.

**송달증명신청서**

송 달 증 명 신 청 서

사 건 ○○가합○○○○ 대여금

원 고

피 고

위 사건에 관하여 판결정본이 피고에게 2008. 10. 1.자로 정히 송달되었음을 증명하여 주시기 바랍니다.

2008. . .

위 원고 ㉞

○○지방법원 귀중

### 3) 집행문

강제집행을 신청하기 위해서는 집행권원과 송달증명 외에도 집행문이 필요한데, 이는 집행권원이 법원의 종국판결, 가집행선고, 화해조서, 청구의 인낙조서 등의 경우는 당해 법원에 집행문부여신청을 하고, 집행력 있는 공정증서를 근거로 강제집행을 신청하고자 하는 경우는 그 공정증서를 작성한 공증인에게 집행문을 발급받아야 한다.

집행문부여신청서의 작성에 있어서 법원에서 신청하는 경우에는 사건에서 사용하던 당사자의 명칭을 그대로 사용하고 공정증서의 경우는 당사자의 명칭을 채권자 및 채무자로 사용한다.

### 집행문부여신청서

집 행 문 부 여 신 청 서

원 고

피 고

위 당사자간 귀원 ○○ 가단 ○○○○ 손해배상청구사건에 관하여 2006. . . 선고된 원고 승소판결에 대한 집행문을 부여해 주시기 바랍니다.

2006. . .

위 원고 ㊞

○○지방법원 귀중

## Ⅱ. 채권에 관한 강제집행

### 1. 목적물

강제집행의 대상이 될 수 있는 것은 금전채권인데, 이는 채무자가 제3채무자에 대하여 가지는 금전의 지급을 목적으로 하는 채권을 말한다. 일반적으로 압류의 대상이 되는 채권의 종류에는 매매대금, 대여금, 급료, 임대차보증금, 도급대금, 공탁금출급청구권, 전화설비비, 예금채권 등이 있다.

## 2. 신청 및 요건

채권압류명령을 신청하기 위해서는 전술한 바와 같이 집행문이 부여된 집행권원, 집행권원의 송달증명, 집행문 및 증명서 등본의 송달, 이행일시의 도래, 담보제공증명서의 제출 및 그 등본의 송달, 반대급부제공 등의 요건을 갖추어야 한다.

신청서에는 집행력 있는 정본, 송달증명원, 집행당사자 및 제3채무자가 법인인 때에는 법인등기부등본, 대리인에 의한 신청일 때에는 위임장 등의 서면을 첨부하고, 신청서에는 2,000원의 인지를 첨부하고, 송달료(3회분×3,020원)를 납부한 뒤 채무자 주소지 관할 지방법원에 제출하면 된다. 압류명령과 추심명령, 전부명령을 동시에 신청하는 경우는 서로 다른 두 건의 명령을 동시에 한 장의 신청서로서 신청하는 결과가 되기 때문에 4,000원의 인지를 첨부하여야 한다.

## 3. 압류의 효과

압류명령이 제3채무자에게 송달이 되면 채무자에게는 송달이 되지 않았다 하더라도 효력이 발생하며, 압류명령을 받은 제3채무자는 채무자에 대하여 지급해야 할 채무를 지급할 수 없게 된다.

압류신청과 동시 또는 압류가 된 후에 채권자는 추심명령을 신청하여 그 명령서를 가지고 채무자 대신 압류된 채권을 제3채무자로부터 받아갈 수 있고, 전부명령을 신청하여 제3채무자에 대한 채권을 직접 압류채권자에게 이전하는 방법을 취할 수도 있다.

### 채권압류 및 추심명령신청서

**채 권 압 류 및 추 심 명 령**

채 권 자 김길동
진주시 상대동 123

채 무 자 성춘몽

진주시 하대동 123

제3채무자 사천시

대표자 시장 김수영

청구채권의 표시

청구금액 : 금 6,828,903원

1. 금 5,913,750원(창원지방법원 진주지원 2004차1234호 대여금 사건의 집행력 있는 지급명령 정본에 의한 금원)
2. 금 653,010원(위 돈중 금 5,000,000원에 대하여 2004. 12. 15.부터 2005. 7. 29까지 (227일) 연 21%의 비율에 의한 금원)
3. 금 91,580원(독촉절차비용)
4. 금 170,560원(이 건 신청비용—내역 : 인지대 4,000원, 송달료 16,560원, 수수료 150,000원)

압류 및 추심할 채권의 표시 : 별지목록기재와 같음.

신청취지

1. 채무자가 제3채무자에 대하여 가지는 별지목록기재 채권을 압류한다.
2. 제3채무자는 채무자에 대하여 별지목록기재 채권의 지급을 하여서는 아니된다.
3. 채무자는 위 채권의 처분과 영수를 하여서는 아니된다.
4. 위 압류된 채권은 채권자가 이를 추심할 수 있다.

라는 재판을 구합니다.

신청원인

1. 채권자는 창원지방법원 진주지원 2004차1234호 대여금 사건의 집행력 있는 지급명령정본에 기하여 위 청구금액표시의 채권을 가지고 있으며, 채무자는 제3채무자에 대하여 압류 및 추심할 채권표시의 채권을 가지고 있습니다.

2. 그런데도 불구하고 채무자는 아무런 이유없이 위 돈을 변제하지 않고 있으므로 채권자는 부득이 채무자가 제3채무자에 대하여 가지고 있는 위 청구채권에 대하여 압류 및 추심명령을 구하기 위하여 이 신청에 이른 것입니다.

첨부서류

1. 집행력있는 지급명령정본 1통

2005. 7. .

위 채권자 김길동

창원지방법원 진주지원 귀중

[별지 1]

## 청 구 채 권 의 표 시

**청구금액 : 금 6,828,903원**

1. 금 5,913,750원(창원지방법원 진주지원 2004차1234호 대여금 사건의 집행력 있는 지급명령 정본에 의한 금원)
2. 금 653,013원(위 돈중 금 5,000,000원에 대하여 2004. 12. 15.부터 2005. 7. 29.까지(227일) 연 21%의 비율에 의한 금원)
3. 금 91,580원(독촉절차비용)
4. 금 170,560원(이 건 신청비용—내역 : 인지대 4,000원, 송달료 16,560원, 수수료 150,000원)

[별지 2]

## 압류 및 추심할 채권의 표시

**청구금액 : 금 6,828,903원**

채무자가 제3채무자로부터 매월 근로의 대가로 지급받게 되는 봉급, 수당, 상여금 기타 모든 명목의 임금에서 제세공과금을 제외한 각 금액이,

1. 120만원 초과 240만원까지는 120만원을 제외한 나머지 금액에 대하여,
2. 240만원 초과 600만원까지는 월급여의 1/2을 초과하는 금액에 대하여,
3. 600만원을 넘는 경우에는 "300만원+[{(급여/2)−300만원}/2]"을 제외한 나머지 금액에 대하여, 위 청구금액에 달할 때까지의 금원

## 채권압류 및 추심명령신청서

### 채 권 압 류 및 추 심 명 령 신 청 서

채 권 자 :
주 소 :
채 무 자 :
주 소 :
제 3 채무자 :
주 소 :

청구채권의 표시

1. 금 원
 1) 금 원정(대여금)
 2) 금 원정(위 금액에 대한 200 . . .부터 2006. . .까지의 이자 및 지연손해금)

3) 금 원정(집행비용의 내역 : 금 원정 신청서첨부인지대, 금 원정 송달료)

2. 압류할 채권의 종류 및 수액

별지목록 기재와 같음

신 청 취 지

1. 채무자가 제3채무자에 대하여 가지고 있는 위 채권을 압류한다.
2. 제3채무자에 대하여 위 압류된 채권의 지급을 하여서는 아니된다.

라는 재판을 구합니다.

신 청 원 인

채권자는 채무자에 대하여 서울중앙지방법원 2005가합2345 대여금청구채권의 집행력 있는 판결정본에 표시된 금전채권을 가지고 있으나 채무자가 그 지급을 하지 아니하므로 채무자가 제3채무자에 대하여 가지고 있는 별지 목록 기재 채권에 대하여 압류 및 추심명령을 하여 주시기 바랍니다.

첨 부 서 류

1. 집행력 있는 판결정본 1통
1. 송달증명서 1통

2006. . .

위 채권자 ㊞

○○지방법원 귀중

별지목록

제3채무자와 채무자 간 제3채무자 소유 서울특별시 ○○구○○동 110의 16호 소재 가옥1동(혹은, 3간)에 대한 전세계약에 의한 전세보증금 9,000,000원의 전세보증금 반환청구채권중 금○○○원의 반환청구채권

## 채권압류 및 전부명령신청서

# 채 권 압 류 및 전 부 명 령 신 청

채 권 자 :

주 소 :

채 무 자 :

주 소 :

제 3 채무자 :

주 소 :

청구채권의 표시

1. 금 원

1) 금 원정(대여금)

2) 금 원정(위 금액에 대한 200 . . .부터 2006. . .까지의 이자 및 지연손해금)

3) 금 원정(집행비용의 내역 : 금 원정 신청서첨부인지대, 금 원정 송달료)

2. 압류할 채권의 종류 및 수액

별지목록 기재와 같음

신 청 취 지

1. 채무자가 제3채무자에 대하여 가지는 별지목록기재 채권을 압류한다.
2. 제3채무자는 채무자에 대하여 별지목록기재 채권의 지급을 하여서는 아니된다.
3. 채무자는 위 채권의 처분과 영수를 하여서는 아니된다.
4. 위 압류된 채권은 지급에 갈음하여 채권자에게 전부한다.

라는 재판을 구합니다.

신 청 원 인

채권자는 채무자에 대하여 서울중앙지방법원 2005가합2345 대여금청구채권의 집행력 있는 판결정본에 표시된 금전채권을 가지고 있으나 채무자가 그 지급을 하지 아니하므로 채무자가 제3채무자에 대하여 가지고 있는 별지 목록 기재 채권에 대하여 압류 및 추심명령을 하여 주시기 바랍니다.

첨 부 서 류

1. 집행력 있는 판결정본 1통
1. 송달증명서 1통

2006. . .

위 채권자 ㉿

○○지방법원 귀중

## 채권압류 및 전부명령신청서

### 채 권 압 류 및 전 부 명 령 신 청

채권자
주 소
채무자
주 소
제 3 채무자
주 소

청구채권 및 그 금액

금○○○만원정

아래 집행권원에 의한 원금 및 2006년 ○월 ○일부터 2006년 ○월 ○일까지 연 25%의 이자

압류할 채권의 종류 및 수액

별지 목록 기재와 같음

신청취지 및 이유

채권자는 채무자에 대하여 서울지방법원 2005가합3456호 대여금 청구채권의 집행력 있는 판결정본에 표시된 금전채권을 가지고 있으나 채무자가 그 급을 하지 아니하므로 채무자가 제3채무자에 대하여 가지고 있는 별지 목록 기재의 채권에 대한 압류명령 및 전부명령을 하여 주시기 바랍니다.

첨 부 서 류

1. 집행력 있는 판결정본 1통
1. 송달증명서 1통

2006. . .

위 채권자 ○ ○ ○ ㊞

서울중앙지방법원 귀중

압류할 채권의 표시

금○○○만원정

채무자가 제3채무자로부터 매월 지급받는 급료(본봉 및 재수당) 및 매년 지급받는 기말수당(상여금) 중 제세공과금을 공제한 잔액의 1/2씩 위 청구금액에 이를 때까지의 금액 및 위 청구금액에 달하지 아니한 사이에 퇴직한 때에는 퇴직금 중 제세공과금을 공제한 잔액의 1/2씩 위 청구금액에 이를 때까지의 금액

## Ⅳ. 유체동산강제집행

### 1. 신청방법

유체동산에 대한 강제집행은 압류에 의하여야 하고, 이는 집행력 있는 정본에 기재한 청구금액의 변제와 집행비용의 변상에 필요한 한도 내에서 하여야 한다. 따라서 압류물을 환매하더라도 집행비용을 공제하면 남는 것이 없는 경우는 집행의 실익이 없으므로 집행을 할 수 없게 된다. 이는 채권자가 보복차원에서 채무자의 재산에 대한 강제집행을 강행하는 부당한 경우를 방지하기 위해서 정책적으로 금지하고 있다.

유체동산의 강제집행에 있어서는 집행관이 집행기관이 된다. 따라서 채권자는 압류할 대상을 정한 다음 집행문이 부여된 집행권원과 송달증명서를 구비하여 집행목적물의 소재지 지방법원소속 집행관에게 서면으로 집행신청을 하여야 한다. 공정증서에 의한 유체동산강제집행을 신청하고자 하는 경우는 공정증서와 집행문을 구비하여야 하는데, 공정증서의 집행문은 공증인이 공정증서의 뒷편에 첨부해 주는 것이 보통이다.

신청서에는 채권자, 채무자 및 대리인의 표시, 집행권원의 표시, 강제집행의 목적물인 유체동산의 소재장소 등을 기재하고, 목적물 소재지에 대한 약도를 상세히 표시하여 집행을 용이하게 하는 것도 하나의 요령이라고 할 수 있다. 신청서는 집행관 사무실에 비치하고 있으며, 신청서를 작성하여 즉석에서 제출하면 일반적으로 즉시 집행비용의 예납을 요구하게 되고, 이를 납부하면 집행날짜를 바로 지정해 주는 것이 보통이다.

### 2. 집행절차

채권자가 집행관에 대하여 집행위임을 하면 집행관은 그 집행일을 정하여 준다. 그러면 일반적으로 신청자는 이 집행일에 집행관을 목적물의 소재지까지 안내하고, 집행관은 채무자 소유의 유체동산 중 압류금지물(민사집행법 제195조)을 제외하고, 압류를 실시한 후 압류물을 경매의 방법으로 또는 적절한 매각의 방법으로 환가하여 영수한 매득금을 채권자에게 인도하는 방법으로 진행한다.

### 3. 압류할 수 없는 유체동산

① 채무자 및 그와 같이 사는 친족(사실상 관계에 따른 친족을 포함한다. 이하 이 조에서 "채무자등"이라 한다)의 생활에 필요한 의복 · 침구 · 가구 · 부엌기구, 그 밖의 생활필수품

② 채무자등의 생활에 필요한 2개월간의 식료품 · 연료 및 조명재료

③ 채무자등의 생활에 필요한 1개월간의 생계비로서 대법원규칙이 정하는 액수의 금전

④ 주로 자기 노동력으로 농업을 하는 사람에게 없어서는 아니될 농기구 · 비료 · 가축 · 사료 · 종자, 그 밖에 이에 준하는 물건

⑤ 주로 자기의 노동력으로 어업을 하는 사람에게 없어서는 아니될 고기잡이 도구 · 어망 · 미끼 · 새끼고기, 그 밖에 이에 준하는 물건

⑥ 전문직 종사자 · 기술자 · 노무자, 그 밖에 주로 자기의 정신적 또는 육체적 노동으로 직업 또는 영업에 종사하는 사람에게 없어서는 아니될 제복 · 도구, 그 밖에 이에 준하는 물건

⑦ 채무자 또는 그 친족이 받은 훈장 · 포장 · 기장, 그 밖에 이에 준하는 명예증표

⑧ 위패 · 영정 · 묘비, 기타 상례 · 제사 또는 예배에 필요한 물건

⑨ 족보 · 집안의 역사적인 기록 · 사진첩, 그 밖에 선조숭배에 필요한 물건

⑩ 채무자의 생활 또는 직무에 없어서는 아니될 도장 · 문패 · 간판, 그 밖에 이에 준하는 물건

⑪ 채무자의 생활 또는 직업에 없어서는 아니될 일기장 · 상업장부, 그 밖에 이에 준하는 물건

⑫ 공표되지 아니한 저작 또는 발명에 관한 물건

⑬ 채무자등이 학교 · 교회 · 사찰, 그 밖의 교육기관 또는 종교단체에서 사용하는 교과서 · 교리서 · 학습용구, 그 밖에 이에 준하는 물건

⑭ 채무자등의 일상생활에 필요한 안경 · 보청기 · 의치 · 의수족 · 지팡이 · 장애보조용 바퀴의자, 그 밖에 이에 준하는 신체보조기구

⑮ 채무자등의 일상생활에 필요한 자동차로서 자동차관리법이 정하는 바에 따른 장애인용 경형자동차

⑯ 재해의 방지 또는 보안을 위하여 법령의 규정에 따라 설비하여야 하는 소방설비 · 경보기구 · 피난시설, 그 밖에 이에 준하는 물건

# Ⅴ. 부동산강제집행

## 1. 목적물 및 관할

부동산의 강제집행은 그 목적물에 있어서 동산에 비하여 경제적 가치가 큰 것이 보통이고, 그 소재가 일정하여 법률상 여러 가지 측면에서 동산과 달리 취급하고 있다.

부동산에 대한 강제집행은 채권의 신청에 의하여 법원이 집행하는데, 이는 강제경매, 강제관리 등의 방법으로 하며, 채권자는 자기의 선택에 의하여 1개의 방법이나, 2개의 방법으로 집행하게 할 수 있다. 또한 부동산에 대한 강제집행은 그 부동산소재지의 지방법원이 관할한다. 그런데 부동산이 여러 개의 지방법원 관할구역에 있는 때에는 각 지방법원에 관할권이 있다. 이 경우 법원이 필요하다고 인정하는 때에는 다른 관할지방법원에 이송할 수 있다.

## 2. 방 법

부동산에 대한 강제집행에는 강제경매신청과 임의경매신청을 하는 방법이 있는데, 강제경매의 대상이 되는 부동산에는 토지와 건물, 공장재단, 광업재단, 광업권, 어업권, 소유권보존등기 된 입목, 지상권, 자동차, 건설기계 및 항공기 등이 있다.

「강제경매」는 채무자가 집행권원에 따른 급부의무를 임의로 이행하지 않는 경우에 집행문이 부여된 집행권원, 송달증명원, 확정증명원, 부동산등기부등본 등을 구비하여 부동산소재지 지방법원에 경매신청 하는 것이고, 「임의경매」는 저당권, 질권, 전세권 등 담보물권을 설정한 후 이행기에 채무자가 이행을 하지 않을 경우 담보권실행을 위하여 부동산소재지 지방법원에 담보권을 증명하는 등기부등본 및 설정계약서 등을 첨부하여 경매신청을 하는 것을 말한다. 따라서 임의경매는 집행권원이 필요하지 않으며, 나머지 경매절차는 강제경매와 같다.

## 3. 신청서 작성

강제경매신청에는 채권자, 채무자와 법원의 표시, 부동산의 표시, 경매원인이 된 일정한 채권과 집행할 수 있는 일정한 집행권원 등에 관한 사항을 기재하여야 한다(민사집행법 제80조).

그리고 신청서에는 집행력 있는 정본 외에 증서를 첨부하여야 한다(민사집행법 제

81조).

① 등기부에 채무자의 소유로 등기된 부동산에 대하여는 등기부등본

② 등기부에 채무자의 소유로 등기되지 아니한 부동산에 대하여는 즉시 채무자의 명의로 등기할 수 있음을 증명할 서류

또한 강제관리를 하기 위하여 이미 부동산을 압류한 경우에, 그 집행기록에 위의 서류가 첨부된 때에는 다시 그 서류를 첨부할 필요가 없다.

## 부동산강제경매신청서

### 부 동 산 경 매 신 청

채권자 ○ ○ ○
주 소

경매할 부동산의 표시

별지 목록과 같음

청구채권의 표시

금 원정
1) 원금 원
서울중앙지방법원 ○○가단○○○○호 대여금청구사건에 관하여 2005. . . 선고된 확정판결에 의한 금액
2) 이자 금 원
위 원금에 대하여 2005. . .부터 동년 11. 21.까지 연 2할5푼의 비율에 의한 금액

신청취지

1. 청구금액의 변제충당을 위하여 별지 목록 표시 부동산에 대한 강제경매절차를 개시한다.

2. 채권자를 위하여 이를 압류한다.

라는 재판을 구합니다.

청구원인

위 청구금액은 서울중앙지방법원 01가단37호 대여금청구사건에 관하여 2005. . . 선고된 확정판결에 의하여 채무자가 신청외 정복순과 연대하여 채권자에게 지급하여야 할 것임에도 불구하고 차일피일 미루어 지급치 아니하고 있는 바 채권자는 그 변제충당을 위하여 별지 목록 표시의 부동산에 대하여 강제경매를 구하고자 이 신청에 이른 것입니다.

첨부서류

| | |
|---|---|
| 1. 집행력 있는 판결정본 | 1통 |
| 1. 송달증명서 | 1통 |
| 1. 부동산 등기부등본 | 2통 |
| 1. 공과세증명 | 1통 |
| 1. 등록세 영수증 | 1통 |

2006. . .

위 채권자 ○ ○ ○ ㊞

서울중앙지방법원 귀중

별지목록

부동산의 표시

시 구 동 번지

위 지상

연와조 슬라브 철근콘크리트조 2층 연립주택

1층 120평방미터

2층 100평방미터

위 소유자 ○ ○ ○

이 상

# Ⅵ. 자동차 등에 대한 강제집행

## 1. 절 차

자동차관리법에 의해 등록된 자동차나 건설기계관리법에 의해 등록된 건설기계에 대한 강제집행은 별도로 규정한 것을 제외하고는 부동산에 대한 강제경매절차의 예에 의한다(민사집행규칙 제108조, 제130조). 따라서 이하에서는 자동차강제경매에 관한 내용만을 대표로 설명한다.

## 2. 관할법원 및 이송

자동차에 대한 강제집행은 자동차등록원부에 기재된 채무자의 주소를 관할하는 지방법원을 집행법원으로 하는 것이 원칙인데, 다른 법원소속의 집행관이 강제집행할 자동차를 점유하고 있는 경우에는 자동차를 관할구역 내로 이전하는 것이 현저하게 곤란하거나 이전에 과다한 비용이 소요되는 경우는 사건을 그 법원으로 이송할 수 있다(민사집행규칙 제109조, 제119조).

## 3. 신청서 작성

자동차경매신청서의 작성시는 경매할 자동차의 등록원부상 내용과 일치하게 표시를 하고, 그 등록원부등본을 첨부하여야 한다.

### 자동차강제경매신청서

자 동 차 강 제 경 매 신 청 서

채권자

주 소

채무자

주 소

강제경매할 자동차의 표시 :

별지 목록 자동차의 표시와 같음

청구금액 및 그 내용

금　　　원정

공증인가 ○○법무법인에서 작성한 2005년 증서3456호 집행력 있는 약속어음공정증서에 의한 금액.

신청취지

1. 채권자가 채무자에 대하여 가지는 위 청구금액의 변제에 충당하기 위하여 별지 목록 표시의 자동차에 대하여 강제경매절차를 개시한다.
2. 채권자를 위하여 이를 압류한다.

라는 재판을 구합니다.

경매신청 원인

위의 청구금액은 채무자가 채권자에게 발행한 약속어음금으로서 공증인가 ○○법무법인 작성 2005년 증서3456호 집행력 있는 약속어음공정증서에 의하여 이 어음금의 지급기일에 지급을 지체할 시는 즉시 강제집행을 받더라도 이의가 없음을 인낙한 바 있고, 채권자는 이 어음의 지급기일에 제시하고 지급을 구하였으나 지급을 거절당한 바, 부득이 채권자는 채무자 소유의 별지 목록 표시 자동차에 대하여 강제경매하여 변제에 충당하고자 이 신청을 하게 되었습니다.

첨부서류

1. 별지 목록
1. 집행력 있는 공정증서 정본
1. 자동차등록원부 등본(갑)
1. 자동차공과금납입증명서
1. 이해관계인의 표시

2006.　　.　　.

위 채권자　　　　　　　㊞

○○지방법원 귀중

별지목록

강제경매할 자동차의 표시

1. 자동차의 등록번호 : 서울 88가2222호
1. 자동차명 : ○○○ LPG
1. 형식 : KT 289B, 2001년식
1. 차대번호 : 12-01-88-2890
1. 원동기형식 : 12-01-88-2890
1. 사용본거지 : 서울특별시 구 동 번지
1. 소유자 : ○ ○ ○

이 상

# 제8절 공 탁

## Ⅰ. 의 의

공탁이란 법령의 규정에 따른 원인에 기하여 금전, 유가증권 기타의 물품(공탁물)을 국가기관인 공탁소에 맡겨 법령에서 정한 일정한 목적을 달성케 하는 제도를 말한다. 따라서 공탁은 반드시 법령에 근거하여야 하는데, 공탁의 권리·의무를 규정하고 있는 법령을 공탁근거법령이라고 한다.

## Ⅱ. 종 류

### 1. 변제공탁

변제공탁은 채무자가 금전이나 기타 재산의 급부를 목적으로 한 채무를 부담하고 있는 경우에 채무자가 채무를 이행하려고 하여도 채권자가 이에 대한 수령을 거절하거나 수령할 수 없는 경우에는 결국 채무자는 채무를 이행하지 못하게 되어 자칫 아무런 잘못도 없이 불이익을 당할 수 있다. 이러한 경우 채무자가 공탁소에 목적물을 공탁함으로써 채무자가 정상적으로 채무를 이행한 것과 동일한 법적 효과를 인정함으로써 채무자를 보호하기 위한 제도이다.

### 2. 보증공탁

보증공탁은 기존채권 또는 장래에 발생할 채권을 담보하기 위한 공탁으로서 소송당사자 또는 이해관계인이 소송절차상 발생하는 소송비용 또는 손해배상채무 등의 담보제공을 위하여 하는 재판상 보증공탁, 각종의 영업보증공탁, 세금 등 징수유예를 위한 납세담보공탁 등이 있다.

### 3. 집행공탁

집행공탁이란 강제집행절차상의 권리, 의무로서 하는 공탁을 말한다. 즉 민사소송법상 통상의 강제집행절차 또는 보전집행절차에서 집행의 목적물(가압류금전이나 압류물건의 환가대금 또는 채권집행에 있어 제3채무자의 변제제공금 등)을 집행기관이나 제3채무자가 공탁소에 공탁하여 그 목적물의 관리와 집행 당사자에의 교부를 공탁절차에 따라 공탁소가 행하는 경우의 공탁을 말한다. 집행공탁은 민사소송법상의 강제집행편에만 규정이 있는 것이 아니라 기타 특별법 분야에도 유사한 것들이 있으며, 이것들을 통틀어서 집행공탁이라 한다.

### 4. 보관공탁

보관공탁이란 공탁물 그 자체를 단순히 보관 또는 관리, 보전하게 하기 위하여 하는 공탁을 말한다. 즉 변제공탁, 집행공탁과 같이 채권의 만족을 기도하는 것이 아니라 단순한 보관기능의 확보책으로 공탁제도를 이용하는 데 불과한 것이다.

### 5. 몰취공탁

몰취공탁이란 소송절차에 있어 소송당사자 또는 법정대리인의 소명에 갈음하여 보증금을 공탁케 하고 허위의 진술을 한 때에는 이를 몰취하도록 한 공탁을 말한다.

## Ⅲ. 당사자

공탁절차는 공탁소의 주재 하에 공탁자와 피공탁자에 의하여 공탁목적을 향하여 진행되는 바, 이러한 공탁절차 수행의 주체를 공탁당사자라 한다. 구체적인 절차에서 누가 공탁당사자인가는 공탁신청 시에 제출된 공탁서의 기재에 의하여 형식적으로 결정된다.

공탁자는 자기 명의로 공탁의 목적물을 공탁소에 공탁하는 자를 말하여, 공탁서의 소정란에 공탁자의 주소 · 성명(공탁자가 법인 또는 법인 아닌 사단이나 재단인 경우에는 그 명칭 · 주사무소)을 기재하게 되어 있다.

피공탁자는 공탁자의 상대방으로서 공탁물에서 자기 명의로 채권의 만족을 받는 수익자 또는 공탁 본래의 목적에 따라 자기 이름으로 공탁소를 통해서 공탁물을 수령할 자를 말하며, 공탁할 때에 피공탁자가 특정될 수 있는 때에는 공탁서의 소정란에 피공탁자의 주소 · 성명을 기재하게 되어 있다.

## Ⅳ. 변제공탁의 요건과 효과

공탁절차가 본래의 목적을 달성하고 효과를 유효하게 발생하는 데 갖추어야 할 사항을 공탁요건이라고 하는데, 이는 원칙적으로 공탁신청부터 공탁절차의 종료에 이르기까지 일관해서 존재하지 않으면 안 되며, 각종 공탁에 공통적으로 요구되는 조건이다.

공탁요건을 결한 공탁은 무효임이 원칙이나, 동 요건 중에는 절대적 사항과 상대적 사항이 있어 후자의 흠결은 피공탁자의 주장을 기다려서 비로소 고려되며, 그러한 주장이 없으면 공탁의 효력에 영향을 미치지 않음과 동시에 피공탁자의 공탁수락 내지 공탁금의 수령에 의하여 그 흠결이 치유된다.

각종 공탁에 공통적으로 요구되는 공탁요건은 다음과 같다.

① 공탁신청이 유효하여야 한다.

② 공탁을 명하거나 허용하는 공탁근거법규가 존재하여야 한다.

③ 공탁소가 당해공탁에 관하여 관할권을 가져야 한다.

④ 공탁당사자가 실재하고 공탁당사자능력을 가져야 한다.

⑤ 공탁당사자가 공탁당사자적격을 가져야 한다.

⑥ 공탁의 목적물이 적격을 가져야 한다.

⑦ 공탁원인이 존재하여야 한다.

# V. 절 차

## 1. 신 청

공탁은 2통의 공탁서를 작성하여 관할공탁소에 제출하여야 하는데, 이 신청서는 그 양식이 정하여져 있으며, 우편접수는 인정되지 않기 때문에 반드시 공탁소에 출석하여 제출하여야 한다. 그리고 공탁서에는 공탁자의 주소 및 성명, 공탁물의 표시, 공탁원인 사실, 공탁근거 법령조항, 피공탁자의 주소 및 성명, 공탁으로 인하여 소멸하는 질권·전세권·저당권의 표시, 반대급부의 내용, 관공서의 명칭, 법원의 명칭과 사건명, 공탁법원의 표시, 공탁신청연월일 등을 기재하여야 한다.

### 금전 공탁서(변제 등)

<table>
<tr><th colspan="6">금전공탁서(변제 등)</th></tr>
<tr><td colspan="2">공탁번호</td><td>년 금 제 호</td><td colspan="2">년 월 일 신청</td><td>법령조항</td></tr>
<tr><td rowspan="4">공탁자</td><td>성 명<br>(상호, 명칭)</td><td></td><td rowspan="4">피공탁자</td><td>성 명<br>(상호, 명칭)</td><td></td></tr>
<tr><td>주민등록번호<br>(법인등록번호)</td><td></td><td>주민등록번호<br>(법인등록번호)</td><td></td></tr>
<tr><td>주 소<br>(본점, 주사무소)</td><td></td><td>주 소<br>(본점, 주사무소)</td><td></td></tr>
<tr><td>전화번호</td><td></td><td>전화번호</td><td></td></tr>
<tr><td colspan="2" rowspan="2">공 탁 금 액</td><td>한글</td><td colspan="2" rowspan="2">보 관 은 행</td><td rowspan="2">은행 지점</td></tr>
<tr><td>숫자</td></tr>
<tr><td colspan="2">공탁원인사실</td><td colspan="4"></td></tr>
<tr><td colspan="2">비고(첨부서류 등)</td><td colspan="4">□ 계좌납입신청</td></tr>
</table>

| 1. 공탁으로 인하여 소멸하는 질권, 전세권 또는 저당권<br>2. 반대급부 내용 | |
|---|---|

위와 같이 신청합니다. 　　　　　　　　　　　대리인 주소
전화번호
공탁자 성명 　　　　　　　　㊞ (서명) 　　　　　성명 　　　　　　㊞ (서명)

위 공탁을 수리합니다.
공탁금을 　　년 　　월 　　일까지 위 보관은행의 공탁관 계좌에 납입하시기 바랍니다.
위 납입기일까지 공탁금을 납입하지 않을 때는 이 공탁 수리결정의 효력이 상실됩니다.

년 　　월 　　일

법원 　　　　지원 　공탁관 　　　　㊞

(영수증) 위 공탁금이 납입되었음을 증명합니다.

년 　　월 　　일

공탁금 보관은행(공탁관) 　　　　㊞

※ 1. 도장을 날인하거나 서명을 하되, 대리인이 공탁할 때에는 대리인의 주소, 성명을 기재하고 대리인 도장을 날인(서명)하여야 합니다.
2. 공탁당사자가 국가 또는 지방자치단체인 경우에는 법인등록번호란에 '사업자등록번호'를 기재하시기 바랍니다.
3. 공탁금 회수청구권은 소멸시효완성으로 국고에 귀속될 수 있으며, 공탁서는 재발급되지 않으므로 잘 보관하시기 바랍니다.

(예문)

## 공탁금 회수 제한 신고서

사 　건 : ○○년 금 제 ○○호

공 탁 자 : ○○○
주 　소 :

피공탁자 : ○○○
주 　소 :

귀원의 위 공탁사건에 관하여 공탁자는 피공탁자의 동의가 없으면 다음의 형사사건

에 대하여 불기소결정(단, 기소유예는 제외)이 있거나 무죄판결이 확정될 때까지 공탁금에 대한 회수청구권을 행사하지 않기로 신고합니다.

형사사건의 표시

1. 사건번호 : ○○경찰서 ○○년 제 ○○○호
○○지방검찰청 ○○지청 ○○년 형제 ○○○호
○○지방법원 ○○지원 ○○지원 ○○년 고단(합) 제 ○○○호

1. 사 건 명 :

1. 피의자(피고인) : ○○○
주민등록번호 :

200 . . .

신고인(공탁자) ㊞

○○지방법원 ○○지원 공탁관 귀중

> 공탁 ○○년 금 제 ○○○호 사건에 관하여 ○○년 ○○월 ○○일 접수된 서면임을 확인함
>
> ○○ 지방법원 ○○지원 공탁관 ○○○ ㊞

## 금전 공탁서(변제 등)

<table>
<tr><th colspan="8">공 탁 통 지 (금 전)</th></tr>
<tr><td colspan="2">공탁번호</td><td colspan="2">2008년 금 제 호</td><td colspan="2">2008년 10월 14일 신청</td><td>법령조항</td><td>민법 제487조</td></tr>
<tr><td rowspan="2">공탁자</td><td>성 명</td><td colspan="2"></td><td rowspan="2">피공탁자</td><td>성 명</td><td colspan="2"></td></tr>
<tr><td>주 소</td><td colspan="2"></td><td>주 소</td><td colspan="2"></td></tr>
<tr><td colspan="2">공 탁<br>금 액</td><td colspan="6">금 원(₩ 원)</td></tr>
</table>

<table>
<tr><td>공탁<br>원인<br>사실</td><td colspan="2"></td></tr>
<tr><td colspan="2">1. 공탁으로 인하여 소멸할 질권, 전세권, 저당권 등<br>2. 반대급부 내용</td><td></td></tr>
<tr><td colspan="2">공탁자(또는 대리인)의<br>주소 및 성명</td><td>공탁자 대리인<br>성 명 성 명</td></tr>
</table>

1. 위 공탁금이 2008년 월 일 납입되었으므로 아래와 같은 구비서류를 갖추어 당 공탁소에 출급 청구하실 수 있음을 알려드립니다. 귀하가 공탁출급 청구를 하거나 공탁을 수락한다는 취지의 서면을 당 공탁소에 제출하기 전에는 공탁자가 공탁물을 회수청구할 수 있음을 알려드립니다.
2. 공탁출급청구의 구비서류 : 공탁출급청구서 2통, 공탁통지서,
   공탁금 수령용 인감증명 1통

※ 단, 300만원 이하의 공탁금을 피공탁자 본인이 직접 청구하는 경우에는 인감증명이 필요 없음.

3. 수령자는 주민등록증과 인감도장을 지참하시기 바랍니다.
4. 공탁금은 그 출급청구권을 행사할 수 있는 때로부터 10년간 행사하지 아니하면 소멸시효 완성으로 인하여 국고에 귀속될 수 있음을 알려드립니다.
5. 공탁금에 대하여 이의가 있는 경우에는 공탁금출급청구서 해당란에 이의유보사유(예컨대 "손해배상금 중의 일부로 수령함" 등)를 기재하고 공탁금을 지급받을 수 있으며, 이 경우에는 후에 다른 민사소송 등의 방법으로 권리주장을 할 수 있습니다.

2008년 월 일 제 호 발송

창원지방법원 진주지원 공탁관 ㊞

(문의전화 : )

## 금전 공탁서(재판상의 보증)

### 금 전 공 탁 서 ( 재 판 상 의 보 증 )

| 공탁번호 | 년 금 제 호 | 년 월 일 신청 | 법령조항 | |
|---|---|---|---|---|

| | | | | | |
|---|---|---|---|---|---|
| 공탁자 | 성 명<br>(상호, 명칭) | | 피공탁자 | 성 명<br>(상호, 명칭) | |
| | 주민등록번호<br>(법인등록번호) | | | 주민등록번호<br>(법인등록번호) | |
| | 주 소<br>(본점, 주사무소) | | | 주 소<br>(본점, 주사무소) | |
| | 전화번호 | | | 전화번호 | |

| | | | |
|---|---|---|---|
| 공 탁 금 액 | 한글 | 보 관 은 행 | 은행 지점 |
| | 숫자 | | |

| | | | | | |
|---|---|---|---|---|---|
| 법원의 명칭과 사 건 | 법원 사건 | | | | |
| | 당사자 | 원 고<br>신청인<br>채권자 | | 피 고<br>피신청인<br>채 무 자 | |

| | | | |
|---|---|---|---|
| 공탁원인사실 | 1. 가압류보증<br>2. 가처분보증<br>3. 가압류 취소보증<br>4. 가처분 취소보증<br>5. 강제집행 정지의 보증 | 6. 강제집행 취소의 보증<br>7. 강제집행 속행의 보증<br>8. 소송비용 담보<br>9. 가집행 담보<br>10. 가집행을 면하기 위한 담보 | 11. 기타( ) |

| | |
|---|---|
| 비고(첨부서류 등) | □ 계좌납입신청 |

위와 같이 신청합니다.　　　　　대리인 주소

　　　　　　　　　　　　　　　　　　전화번호

공탁자 성명　　　　　㊞ (서명)　　　성명　　　　　㊞ (서명)

위 공탁을 수리합니다.

공탁금을 년 월 일까지 위 보관은행의 공탁관 계좌에 납입하시기 바랍니다.

위 납입기일까지 공탁금을 납입하지 않을 때는 이 공탁 수리결정의 효력이 상실됩니다.

년 월 일

법원 지원 공탁관 ㊞

| (영수증) 위 공탁금이 납입되었음을 증명합니다. |
|---|
| 년 월 일 |
| 공탁금 보관은행(공탁관) ㊞ |

※ 1. 도장을 날인하거나 서명을 하되, 대리인이 공탁할 때에는 대리인의 주소, 성명을 기재하고 대리인 도장을 날인(서명)하여야 합니다.
2. 공탁당사자가 국가 또는 지방자치단체인 경우에는 법인등록번호란에 '사업자등록번호'를 기재하시기 바랍니다.
3. 공탁금 회수청구권은 소멸시효완성으로 국고에 귀속될 수 있으며, 공탁서는 재발급되지 않으므로 잘 보관하시기 바랍니다.

## 2. 수 리

공탁공무원이 공탁서류를 접수한 때에는 지체 없이 이에 관한 모든 사항을 조사하여 조속히 처리하여야 하는데, 우리나라는 형식적 심사주의를 원칙으로 하기 때문에 신청서와 그에 첨부된 서류를 가지고 관련법령에 적합한지 여부를 판단하여 수리 여부를 결정하여야 한다.

공탁공무원이 심사결과 적법한 공탁신청으로 인정하여 공탁을 수리할 것으로 인정한 때에는 공탁서에 공탁을 수리한다는 취지, 공탁번호, 공탁물을 납입기일까지 지정된 공탁물보관자에게 납입하여야 한다는 취지, 그 기일까지 공탁물을 납입하지 않을 경우에는 수리결정의 효력이 상실된다는 취지를 기재하여 기명날인하고, 공탁물납입서 및 공탁서 1통을 공탁자에게 교부하여 공탁물을 공탁물보관자에게 납입케 한다.

## 3. 공탁물의 납입

공탁자는 공탁소로부터 공탁물납입서 및 공탁서를 교부받아 공탁서에 기재된 공탁물보관자에게 납입기일까지 공탁물을 납입하여야 한다.

공탁물보관자가 공탁물을 납입 받은 때에는 공탁서 말미의 "영수증"란에 공탁물을 납입 받았다는 취지를 기재하여 공탁자에게 교부하고, 공탁물납입통지서를 공탁공무원에게 송부하여야 한다.

공탁공무원은 공탁물보관자로부터 송부받은 공탁물납입통지서에 의하여 공탁물납입 여부를 확인하여야 하는 바, 공탁자가 지정된 납입기일까지 공탁물을 납입하지 않을 때는 공탁수리결정은 그 효력을 상실하며, 이 경우에는 원표에 그 취지를 기재하여야 한다.

### 4. 공탁통지서의 발송

공탁공무원은 공탁물 보관자로부터 공탁물납입통지서의 송부를 받았을 때는 공탁통지서를 발송하여야 한다. 공탁통지서에는 공탁번호와 그 발송연월일 및 공탁공무원의 성명을 기재하고 직인을 날인하여야 한다. 공탁통지서를 발송한 우편물 영수증에는 공탁번호를 기재하여 공탁물납입통지서의 여백에 첨부하여야 한다. 배달증명(통지)서가 송부되어 오거나 공탁통지서가 송달불능 되어 반송된 경우에는 이를 공탁기록에 편철하고, 공탁기록 표지 비고란에 그 뜻을 기재한다.

# 제9절 부동산에 관한 법률문제

## Ⅰ. 개 념

### 1. 부동산의 법적 의의

부동산이란 위치가 고정되어 장소적 이동이 어렵고 현금화 하기가 쉽지 않은 재산으로서 일반적으로 토지와 토지에 정착된 건물을 말한다. 그러나 자동차, 항공기, 선박, 중기 등은 원래 동산에 해당하지만 그 경제적 의의가 부동산과 유사하다는 측면에서 법률상 부동산으로 다루어지는 경우가 있는데, 이를 「의제부동산」 또는 「준부동산準不動産」이라고 한다.

### 2. 부동산에 관한 권리

부동산에 관한 권리에는 소유권, 점유권, 전세권, 지상권, 지역권, 저당권, 임차권 등이 있다.

#### 1) 소유권

##### (1) 의 의

부동산의 소유권所有權이란 그 부동산을 처분 · 사용 · 수익할 수 있는 권리를 말한다(민법 제211조 내지 제278조).

부동산을 처분한다는 것은 부동산의 소유권을 다른 사람에게 이전하는 권리행사로서 매매나 증여 또는 교환의 형태로 이루어지는 경우가 많다.

부동산의 사용이란 그 부동산의 용도에 따라 소유권자가 그 부동산을 직접 사용하는 권리행사, 즉 주택의 소유권자가 그 집에서 직접 생활을 하는 경우가 이에 해당한다.

부동산의 수익권은 그 부동산을 이용해서 일정한 이익을 얻는 권리행사방법으로서 주택의 소유권자가 그 주택을 임대하여 임차료 수익을 얻는 경우가 이에 해당한다.

#### (2) 소유권의 취득

이러한 부동산의 소유권은 매매, 증여, 점유, 교환, 건물의 신축 또는 증축 등의 원인에 의해 취득할 수 있는데, 일반적으로 매매에 의하는 경우가 많다.

#### (3) 부동산소유권의 등기부 취득

또한 부동산의 소유자로 등기되어 있는 자가 10년 간 소유의 의사로 평온, 공연, 선의, 무과실로 그 부동산을 점유하면 등기부취득시효가 완성되어 그 부동산의 소유권을 취득하게 된다(민법 제245조 제2항).

**판 례**

**＊ 중복등기의 등기부취득시효** 【대판 1996. 10. 17. 96다12511】

일정한 부동산에 관하여 서로 다른 사람의 명의로 소유권보존등기가 중복되어 있는 경우, 뒤에 된 등기가 무효로 되면 그것을 근거로 한 소유권의 등기부취득시효의 완성을 주장할 수 없다.

▶ 관련법규 : 민법 제245조 제2항, 부동산등기법 제15조 등

### 2) 점유권

#### (1) 의 의

부동산의 점유권占有權이란 일정한 부동산을 그 용도에 따라 현실적으로 지배 · 관리할 수 있는 권리를 말한다(민법 제192조 내지 210조).

예컨대, 일정한 농지에 직접 농사를 짓거나 일정한 대지 위에 건물을 건축하여 그 대지를 점령하고 있는 상태가 이에 해당한다.

#### (2) 점유에 의한 소유권 취득

현행 민법에 의하면 타인의 부동산을 소유의 의사를 가지고(자주점유) 평온 · 공연하

게 20년간 계속하여 점유하면 등기함으로써 그 부동산의 소유권을 취득할 수 있다(민법 제245조).

대법원은 「점유자는 소유의 의사로 평온 및 공연하게 점유하는 것으로 추정되고, 평온한 점유란 점유자가 그 점유를 취득 또는 보유하는 데 법률상 용인될 수 없는 강폭 행위를 쓰지 아니하는 점유이고, 공연한 점유란 은비의 점유가 아닌 점유를 말하는 것이므로, 그 점유가 불법이라고 주장하는 자로부터 이의를 받은 사실이 있거나 점유물의 소유권을 둘러싸고 당사자 사이에 법률상의 분쟁이 있었다고 하더라도 그러한 사실만으로 곧 그 점유의 평온, 공연성이 상실된다고 할 수 없고(대판 1992. 4. 24. 92다6983), 또한 그러한 사유만으로는 자주점유가 타주점유로 전환된다고 볼 수도 없다고 할 것인바, 따라서 원심 판시와 같은 경계 침범에 관한 논란이 있었던 사정만으로는 원고의 이 사건 토지에 대한 점유가 타주점유로 전환되었다거나 평온, 공연상태가 깨어졌다고 할 수 없는 것이다(대판 1994. 12. 9. 94다25025)」라는 입장을 취하고 있다.

그러나 타인의 부동산을 점유하고 있는 동안 소유권자가 그 부동산에 대한 소유권을 계속해서 행사하였거나 소유권의 행사를 위한 분쟁이 진행되고 있었다면 점유를 원인으로 그 부동산의 소유권을 취득할 수 없다.

따라서 타인의 부동산을 소유의 의사 없이 임차권의 행사로서 점유하거나 법적인 소유권자와 다투는 상태에서 무조건 20년간 점유를 한다고 해서 그 부동산의 소유권을 취득할 수 있는 것은 아니다.

**판 례**

**＊ 점유취득과 자주점유【대판 1996. 1. 26. 95다863】**

매매의 목적물인 건물이 타인의 소유인 토지 위에 무단으로 건립된 사실을 알고 있으면서도 그 토지를 건물의 부지로 점유·사용해 왔다면 소유자와 동일한 지배를 사실상 행사하려는 의사인 소유의사가 인정되므로 자주점유에 의한 소유권취득에 문제가 없다.

▶ 관련법규 : 민법 제245조

**＊ 사찰의 점유【대판 1996. 1. 26. 94다45562】**

종단에 등록된 사찰은 법인격 없는 사단이나 재단에 해당하므로 사찰의 건물 및 그 부속토지는 그 사찰의 점유에 해당하며 주지의 점유에 해당하는 것은 아니다.

### (3) 행정재산과 점유취득

행정재산은 일반적인 부동산의 경우와는 달리 점유취득의 대상에 포함되지 않기 때문에 국립공원 내에서 점포를 차려 20년 이상 점유하였다 하더라도 그에 대한 소유권의 점유취득을 주장할 수는 없다(국유재산법 제5조 제2항). 그러나 행정재산의 지목이 잡종재산의 경우는 예외로 점유로 인한 시효취득이 인정된다.

#### 판 례

*** 사실상 빈지의 성질을 상실한 빈지의 성격** 【대법 1999. 4. 9, 98다34003】

빈지는 만조수위선으로부터 지적공부에 등록된 지역까지의 사이를 말하는 것으로서 자연의 상태 그대로 공공용에 제공될 수 있는 실체를 갖추고 있는 이른바 자연공물이고, 성토 등을 통하여 사실상 빈지로서의 성질을 상실하였더라도 국유재산법령에 의한 용도폐지를 하지 않은 이상 당연히 시효취득의 대상인 잡종재산으로 된다고 할 수 없다.

▶ 관련법규 : 국유재산법 제4조, 제5조 제2항, 제30조, 민법 제245조 제1항, 공유수면관리법 제2조 제1항 등

*** 행정재산으로서의 공공용재산** 【대판 1996. 7. 30. 95다21280】

국립공원으로 지정 · 고시된 국유지는 공원사업에 직접 필요한 공원구역 내에 포함되지 않는 경우도 행정재산에 포함되므로 개인이 점유하여 사용하고 있더라도 그 소유권을 취득할 수 없다.

▶ 관련법규 : 민법 제245조, 국유재산법 제4조 제2항 내지 제5조 제1항 · 제2항 등

## 3) 전세권

### (1) 의 의

전세권傳貰權이란 전세권자가 일정한 전세금을 지불하고 타인의 부동산을 일정한 기간동안 그 부동산의 용도에 맞게 사용하거나 그 부동산을 이용하여 일정한 이익을 얻을 수 있는 용익물권用益物權을 말한다(민법 제303조 내지 제319조).

### (2) 전세권과 임차권의 차이

이는 임차료의 지급을 요건으로 하지 않는다는 점에서 임차권과 구별되며 또한 절대적 배타적 효력을 가지는 물권이라는 점에서도 상대적 효력을 가지는 채권인 임차권과 구별된다.

예컨대, 전세권자의 경우는 집주인이 다른 사람에게 그 집에 대한 매매계약을 체결하고 그 집에 대한 소유권을 이전하였다 하더라도 그 집의 새로운 소유권자에게도 그 집에 대한 전세권을 행사할 수 있는 반면에 임차권자는 집주인과 체결한 임대차계약으로 인해 취득한 채권으로서의 임차권賃借權을 가지므로 만약 그 집의 소유권자가 다른 사

람에게 그 집을 팔고 소유권을 이전시켰다면 새로운 소유권자에게 임차권을 행사할 수 없고, 다만 임대차계약상의 임대인에 대해서만 그 임차권을 행사할 수 있어 자칫 재산상의 손해를 입을 수 있다. 그러나 임차권을 등기한 경우에는 예외로 제3자에게도 대항할 수 있다(민법 제621조).

### 4) 지상권

지상권地上權이란 타인의 토지에 나무를 심거나 건물을 건축하기 위해 그 토지를 사용·수익할 수 있는 용익물권을 말한다(민법 제279조 내지 제290조).

예컨대, 타인의 토지를 빌려 그 위에 주유소를 건축하여 석유판매사업을 하고자 하는 자는 그 토지의 소유자와 지상권설정계약을 체결하여 그 토지를 사용·수익할 수 있는 법적 근거를 확보하여야 한다.

### 5) 지역권

지역권地役權이란 자신의 토지의 효용성을 높이기 위해 인접한 타인의 토지를 일정한 목적으로 이용하는 용익물권을 말한다(민법 제291조 내지 제302조). 여기서 자신의 토지를 「요역지要役地」라 하고, 타인의 인접한 토지를 「승역지承役地」라고 한다.

예컨대, 자신의 농지가 타인의 농지에 둘러싸여 타인의 농지를 거치지 않고는 자신의 농지에 농사를 지을 수 없는 경우, 타인의 농지를 농로 또는 농수로의 용도로 사용할 수 있는 권리가 이에 해당한다.

### 6) 저당권

저당권抵當權이란 일정한 채권자가 자신의 채권변제에 대한 담보로 제공한 부동산에 대하여 후순위 권리자보다 우선적으로 자신의 채권을 변제받을 수 있는 담보물권擔保物權을 말한다(민법 제356조 내지 제372조).

일반적으로 가장 많이 사용되고 있는 저당권으로는 부동산에 대한 근저당권根抵當權이 있다. 이는 대체로 돈을 융자받으면서 그에 대한 담보로 부동산등기부에 근저당권을 설정하고 그 부동산은 소유권자가 점유·사용하는 형태로 이용된다.

### 7) 임차권

임차권賃借權이란 부동산임대차계약으로 인해 임차인이 목적부동산을 용도에 따라 사용하거나 그 부동산을 이용해서 일정한 이익을 얻을 수 있는 채권을 말한다(민법 제618

조 내지 제654조).

이러한 임차권은 채권이기 때문에 임대인이라는 특정인에 대해서만 대항력을 가지고 제3자에 대해서는 대항력을 가지지 못한다. 그러나 임차권을 등기하면 임차권이 물권과 같은 효력을 가지게 되므로 제3자에게도 대항할 수 있게 된다(민법 제621조).

원칙적으로 채권은 등기할 수 없으나, 임차권의 경우는 특별히 서민의 재산권 보호를 위해 민법에서 인정하고 있다.

## Ⅱ. 부동산등기제도

### 1. 의 의

부동산등기不動産登記란, 등기소라는 국가기관이 부동산의 표시 및 권리관계를 일정한 방법과 절차를 통해 등기부에 공시함으로써 부동산거래의 안전을 도모하고자 마련된 제도를 말한다.

부동산등기를 관할하는 국가기관은 법원이며, 법원 중에서도 지방법원 및 지방법원지원 또는 별도의 명칭을 가진 등기소가 이에 해당하는데, 부동산등기의 관할구역은 대체로 행정구역을 중심으로 지방법원 또는 시 · 구 · 군 등기소로 구분된다.

#### 판 례

**＊ 중간생략등기 【대판 2005. 9. 29. 2003다40651】**

부동산등기는 현재의 진실한 권리상태를 공시하면 그에 이른 과정이나 태양을 그대로 반영하지 아니하였어도 유효한 것으로서, 등기명의자가 전 소유자로부터 부동산을 취득함에 있어 등기부상 기재된 등기원인에 의하지 아니하고 다른 원인으로 적법하게 취득하였다고 하면서 등기원인 행위의 태양이나 과정을 다소 다르게 주장한다고 하여 이러한 주장만 가지고 그 등기의 추정력이 깨어진다고 할 수는 없다. 따라서 최종 양수인이 중간생략등기의 합의를 이유로 최초 양도인에게 직접 중간생략등기를 청구하기 위하여는 관계 당사자 전원의 의사합치가 필요하지만, 당사자 사이에 적법한 원인행위가 성립되어 일단 중간생략등기가 이루어진 이상 중간생략등기에 관한 합의가 없었다는 이유만으로는 중간생략등기가 무효라고 할 수는 없다.

▶ 관련법규 : 민법 제186조.

## 2. 등기부

### 1) 등기부의 편성

등기부는 부동산의 소유권자를 중심으로 편성하는 「인적편성주의」와 부동산을 중심으로 편성하는 「물적편성주의」가 있는데, 우리나라는 부동산을 중심으로 하는 물적편성주의를 채택하고 있다.

부동산등기부는 하나의 부동산에 대하여 하나의 등기부가 인정되며(1부동산1용지주의), 하나의 부동산에 대하여 두 개 이상의 등기부가 존재하는 경우는 중복등기로서 그 중 부당한 것은 말소등기로 정리되어야 한다.

그러나 반대로 등기공무원이 착오로 부당하게 말소등기를 함으로써 손해를 보게 되는 자는 그에 대한 회복등기를 신청함으로써 권리를 회복할 수 있다.

가등기권리자의 행방불명으로 정당한 소유자의 권리행사가 침해되는 경우, 가등기권리자를 상대로 가등기말소의 소송을 제기하여 승소판결을 받거나 가등기말소의 사유를 밝혀 제권판결除權判決을 받아 가등기의 말소등기抹消登記를 신청하여야 한다(부동산등기법 제29조, 제167조 등).

**판 례**

*** 착오로 인한 말소등기의 회복** 【대판 1996. 5. 31. 94다27205】

말소할 수 없는 등기를 등기공무원이 착오로 말소하였다면 등기공무원은 직권 또는 법원의 촉탁에 의해 부당하게 말소된 등기를 회복시켜야 한다. 뿐만 아니라 당사자도 회복등기신청이나 법원에 촉탁신청으로 회복등기를 신청할 수 있다.

▶ 관련법규 : 부동산등기법 제178조, 민사소송법 제504조 등

### 2) 등기부의 내용

등기부는 표제부, 갑구란 및 을구란으로 구성되어 있으며, 집합건물의 경우는 표제부가 두 장으로 되어 있다.

「표제부」는 부동산의 표시 즉, 부동산의 소재지, 종류, 면적 등을 표시하는 등기부로 맨 앞에 편철된다. 그리고 「갑구란」에는 소유권의 보존, 이전, 가압류, 경매 등에 관한 사항을 기재하고, 「을구란」에는 소유권 이외의 근저당권, 전세권, 임차권, 지상권 등에 관한 사항을 기재한다.

따라서 부동산에 관한 전세계약, 매매계약, 임대차계약, 근저당권설정계약 등을 체결할 경우는 이들을 철저히 살펴보고 결정을 하는 것이 매우 중요하다.

## 3. 등기의 신청 및 절차

### 1) 신 청

#### (1) 신청당사자

부동산의 등기신청은 등기권리자와 등기의무자가 공동으로 신청하는 것이 원칙이며, 등기관의 직권, 관공서의 촉탁, 등기의무자의 행방불명 등의 경우는 예외가 인정된다.

#### (2) 신청방법

소송사건과 달리 등기의 신청은 우편접수가 인정되지 않고 신청당사자가 직접 등기소에 출석하여 신청하여야 한다. 그러나 신청절차가 복잡하여 대부분 법무사에게 위임하는 것이 일반적이었으나, 지금은 등기소에서 등기신청에 필요한 서식을 준비하여 과세시가표준액 및 국민주택채권매입금액까지 계산해 주고 있어 일반인도 쉽게 등기신청을 할 수 있게 되었다.

### 2) 접 수

등기관은 당사자의 등기신청을 접수하면 접수대장에 기재한 뒤 수령증을 신청인에게 교부하여야 하며, 신청인은 이를 보관하였다가 등기가 완료되면 등기필증 및 환부서류와 교환하여야 한다.

### 3) 심 사

등기관은 등기신청서류를 접수받아 심사할 권한을 가지는데, 심사결과 등기소의 관할위반, 등기할 수 없는 물건, 실체법 위반, 신청서와 대장 · 등기부등본 · 기타증명서의 내용이 불일치한 사항 등의 신청은 각하시켜야 한다.

### 4) 실 행

심사가 끝나면 등기관 등기신청서의 내용을 토대로 해당등기부에 옮겨 적어야 한다.

등기는 당사자가 등기신청을 하였다고 하여 법적 효력이 발생하는 것이 아니고 등기절차에 따라 신청한 내용이 등기부에 기재되어야 법적 효력이 발생한다.

그러나 호적에 관한 신고의 경우는 호적부에 신청사항이 기재되는 것과는 무관하게 그에 대한 신청만으로 법적 효력이 발생한다. 따라서 등기신청인은 등기신청의 내용이 제대로 실행되었는지 여부를 확인하는 것이 중요하다.

## 부동산소유권이전등기 서식

### 소 유 권 이 전 등 기 신 청

<table>
<tr><td rowspan="2">접수</td><td>년 월 일</td><td rowspan="2">처리인</td><td>접 수</td><td>조 사</td><td>인 감</td><td>기 입</td><td>색 출</td><td>교 합</td><td>등기필 통 지</td><td>각 종 통 지</td></tr>
<tr><td>제 호</td><td></td><td></td><td></td><td></td><td></td><td></td><td></td><td></td></tr>
<tr><td>부동산의 표시</td><td></td><td></td><td></td><td></td><td></td><td></td><td></td><td></td><td></td><td></td></tr>
</table>

<table>
<tr><td colspan="2">등기원인가 그 연월일</td><td colspan="3">서기 년 월 일</td></tr>
<tr><td colspan="2">등 기 의 목 적</td><td colspan="3">소유권 이전</td></tr>
<tr><td colspan="2">특 약</td><td colspan="3"></td></tr>
<tr><td>구 분</td><td>성명<br>(상호 · 명칭)</td><td>주민등록번호<br>(부동산등기용등록번호)</td><td>주소<br>(소재지)</td><td>지분</td></tr>
<tr><td rowspan="4">등기의무자</td><td>(한자)</td><td rowspan="2" colspan="3"></td></tr>
<tr><td>(한글)</td></tr>
<tr><td>(한자)</td><td rowspan="2" colspan="3"></td></tr>
<tr><td>(한글)</td></tr>
<tr><td rowspan="4">등기권리자</td><td>(한자)</td><td rowspan="2" colspan="3"></td></tr>
<tr><td>(한글)</td></tr>
<tr><td>(한자)</td><td rowspan="2" colspan="3"></td></tr>
<tr><td>(한글)</td></tr>
</table>

<table>
<tr><th colspan="4">시가표준액 및 국민주택채권매입금액</th></tr>
<tr><td>부동산 표시</td><td colspan="2">부동산 시가표준액</td><td>부동산별 국민주택채권매입금액</td></tr>
<tr><td>1.</td><td colspan="2">금 원</td><td>금 원</td></tr>
<tr><td>2.</td><td colspan="2">금 원</td><td>금 원</td></tr>
<tr><td>3.</td><td colspan="2">금 원</td><td>금 원</td></tr>
<tr><td colspan="3">국민주택채권매입총액</td><td>금 원</td></tr>
<tr><td colspan="2">등록세 금 원</td><td colspan="2">교육세 금 원</td></tr>
<tr><td colspan="2">세 액 합 계</td><td colspan="2">금 원</td></tr>
<tr><td colspan="2">등 기 신 청 수 수 료</td><td colspan="2">금 원</td></tr>
<tr><td colspan="4">첨 부 서 면</td></tr>
<tr><td colspan="2">1. 검인계약서 통<br>1. 등록세영수필확인서 및 통지서 통<br>1. 국민주택채권매입필증<br>1. 인감증명 통<br>1. 등기필증 통<br>1. 토지 · 임야 · 건축물대장 통<br>1. 토지가격확인원 통</td><td colspan="2">1. 주민등록증(초)본 통<br>1. 신청서부본 통<br>1. 위임장 통<br>〈기 타〉</td></tr>
<tr><td colspan="4">년 월 일<br>위 신청인 (전화 : )<br>(또는)위 대리인 법무사 (전화 : )<br>지방법원 등기소 귀중</td></tr>
</table>

‖ 작성요령 ‖

부동산소유권이전등기신청서는 통일된 양식으로서 등기소에 비치되어 있으며, 작성시 주의해야 할 사항은 다음과 같다.

① 2개 이상의 부동산에 대한 소유권이전등기를 신청하는 경우는 부동산의 표시란에 그 부동산의 일련번호를 기재하여야 한다.

② 등기의무자 및 등기권리자가 3인 이상인 경우는 본 신청서이외의 별지에 작성하여 첨부하여야 한다.

③ 등기권리자 및 등기의무자는 인감도장으로 날인하여야 한다.

④ 등기권리자는 매수인이나 수증인과 같은 부동산의 소유권을 새로 취득하는 자로서 등기의무자에게 등기신청에 협조해 줄 것을 청구할 수 있는 자를 말하고, 등기의무자는 매도인이나 증여인과 같이 등기신청에 협력해야 할 의무를 부담하는 자를 말한다.

⑤ 부동산소유권이전등기의 신청에는 다음과 같은 서류를 첨부하여야 한다.

㉠ 원인증서 : 등기의 원인을 증명하는 서류로서 검인계약서나 증여계약서 등이 있다.

㉡ 등록세영수필확인서 및 통지서 : 시 · 군 · 구청장에게 소유권이전을 신고하고 소정의 등록세를 납부한 뒤 그 영수필증을 첨부하여야 한다.

㉢ 국민주택채권매입필증 : 부동산의 규모에 따라 소정의 국민주택채권을 매입하고 그 필증을 첨부하도록 되어 있는데, 그 금액은 등기소에 의뢰하면 계산해 준다.

㉣ 등기의무자의 인감증명서 : 부동산소유권의 이전은 등기의무자의 뜻에 반하여 신청할 수 없다. 따라서 등기의무자의 소유권이전의사를 확인하기 위해 매도인의 성명, 주소, 주민등록번호 등이 기재되고 발행한 지 6개월 이내의 등기의무자의 인감증명서를 첨부토록 하고 있다.

㉤ 등기의무자의 권리에 관한 등기필증 : 등기의무자가 소유권을 이전할 부동산에 대하여 권리자라는 증명서인 등기필증, 즉 등기권리증이라고 하는 것을 첨부하여야 한다. 이는 등기가 완료된 뒤 새로운 등기필증을 첨부해서 교부받게 된다.

등기필증은 한 번만 발급되므로 이를 분실하였거나 훼손된 경우에는 권리자가 변호사, 공증인, 법무사 등의 앞에 나가 본인이 틀림없음을 밝히고 그 사실을 확인한 변호사, 공증인, 법무사 등이 작성한 확인서면으로 대체할 수 있다.

㉥ 부동산의 대장등본 및 토지가격확인원 : 시 · 군 · 구청장이 발급한 건축물이나 토지의 대장을 첨부하여야 하며, 토지가격확인원은 토지대장의 발급시 동시에 기재해 줄 것을 공무원에게 신청하면 토지대장에 토지가격에 대한 내용을 함께 기재해 준다.

㉦ 주민등록등본 또는 초본 : 등기권리자와 의무자는 모두 주민등록등본이나 초본을 첨부하여야 한다.

㉧ 신청서 부본 : 신청서를 작성할 때에 먹지를 대고 작성하거나 복사본을 작성하여 그 부본을 첨부하면 된다.

㉨ 위임장 : 등기권리자 및 등기의무자가 법무사, 변호사 또는 제3자에게 등기업무를 위임하는 경우는 위임장을 첨부하여야 한다.

‖ 등기신청서에 첨부할 서면 ‖

① 신청서 : 등기예규 제878호 별표 제 2-1, 2호 양식의 용지에 부동산등기법 제41조 각항의 사항을 기재하여야 한다.

② 위임장 : 등기신청을 법무사 등 대리인에게 위임하는 경우에 첨부한다.

③ 신청서부본 : 대장소관청통지용 및 과세자료송부용(등기권리자와 등기의무자의 주민등록표등본, 토지 · 건축물대장등본 및 검인계약서 각 1통 포함)으로 신청서와 같은 내용의 부본을 각 1통씩 첨부한다.

④ 등기필증 : 등기의무자의 소유권에 관한 등기필증으로서 구 권리증을 첨부한다.

⑤ 매매계약서 : 계약으로 인한 소유권이전등기를 신청하는 경우에는 그 계약서에 기재된 거래금

액이 500만원을 초과하는 경우에는 일정액의 정부수입인지를 붙여야 한다. 위 매매계약서는 부동산소재지를 관할하는 시장, 구청장, 군수로부터 검인을 받아야 한다.

⑥ 등록세영수필확인서 및 통지서 : 시장, 구청장, 군수 등으로부터 등록세납부서(OCR 용지)를 발급받아 납세지를 관할하는 금융기관에 납부한 후 영수필확인서 및 통지서를 교부받아 신청서의 등록세액표시란 좌측 상단 여백에 첨부한다.

⑦ 토지 건축물대장등본 : 등기신청대상 부동산의 종류에 따라 토지대장등본, 임야대장등본, 건축물대장등본(각, 발행일로부터 3월 이내)을 첨부하여야 한다.

⑧ 개별공시지가확인원 : 시가표준액의 산출을 위하여 첨부한다.

⑨ 인감증명서 : 부동산매수자란에 매수인의 성명(법인은 법인명), 주민등록번호(부동산등기용등록번호) 및 주소가 기재되어 있는 매도인의 부동산매도용 인감증명서(발행일로부터 6월 이내)를 첨부해야 한다.

⑩ 주민등록표등(초)본 : 등기의무자 및 등기권리자의 주민등록표등(초)본(각, 발행일로부터 3월 이내)을 첨부하여야 한다.

⑪ 부동산양도신고확인서 : 매매 또는 교환, 법인에의 출자, 경매 또는 공매, 토지수용법 기타 법률에 의한 수용, 대물변제로 인한 등기신청에 첨부하여야 한다.

⑫ 국민주택채권매입필증 : 등록세납부서에 기재된 시가표준액이 500만원 이상일 때에는 시가표준액의 일정비율에 해당하는 국민주택채권을 매입하여 별지에 첨부하여야 한다(주택건설촉진법 제16조, 시행령 제17조 제1항).

⑬ 법인등기부등 · 초본 : 등기권리자가 법인인 경우에는 법인등기부등본 또는 초본을 첨부하여야 한다.

⑭ 기타첨부서류

㉠ 등기권리자 또는 의무자가 비법인 사단 또는 재단인 경우에는 정관 기타의 규약, 대표자나 관리인임을 증명하는 서면, 등기권리자인 경우에는 부동산등기용등록번호를 증명하는 서면, 대표자나 관리인의 주민등록표등본 등을 첨부하여야 한다.

㉡ 제3자의 동의, 허가 또는 승낙을 증명하는 서면, 즉 부동산이 농지인 경우에는 농지취득자격증명(시 · 읍 · 면사무소 발급), 토지거래허가구역인 경우에는 토지거래허가증(시 · 군 · 구청 발급) 등을 첨부하여야 한다.

㉢ 신청인이 주민등록번호가 없는 재외국민이나 외국인 또는 비법인 사단 또는 재단, 외국 법인으로 법인등기를 필하지 아니한 사단 · 재단인 경우에는 부동산등기용등록번호를 증명하는 서면을 첨부하여야 한다.

### 5) 실행 후의 절차

등기의 실행이 끝나면 등기공무원은 신청인에게 등기필증을 교부하고, 등기가 완료된 날로부터 7일 이내에 대장관할청(시장 · 구청장 · 군수)에 등기필의 내용을 통지하여야 하며, 또한 등기완료 10일 이내에 부동산의 소재지 관할 세무서장에게도 등기필의 내용을 통지하여야 한다.

### 6) 등기필증의 효력

등기필증이란 일반적으로 「등기권리증」이라고 부르는 것인데, 과거에는 이를 집문서 또는 땅문서라고도 불렀다.

등기절차가 완료되고 등기신청인이 등기공무원으로부터 등기필증을 교부받으면 등기필증에 기재된 권리자는 적법한 권리자로 강력히 추정되는 효력을 가진다.

그러나 등기필증상의 권리자가 무조건 진실한 권리자가 되는 것은 아니고, 불법절차나 위법한 방법에 의해 등기가 이행된 경우는 법적 절차에 따라 그 진실을 밝힐 수 있다. 따라서 진실과 다른 내용의 등기필증은 그 사실이 밝혀지고 일정한 절차를 거치면 효력을 상실한다.

예컨대, 甲이 강제적으로 소유권이전등기의 절차를 완료하여 등기필증을 소지하고 있는 경우, 일단은 甲은 그 부동산에 대한 소유권자로 추정되지만 그 부동산의 진정한 권리자가 적법절차에 따라 그 소유권이전등기가 강압에 의한 것이기 때문에 무효라는 것을 밝히면, 甲은 그 부동산의 권리를 행사할 수 없게 된다.

## 4. 등기신청의무

우리 민법은 부동산에 관한 권리는 등기하여야 효력이 발생한다고 규정하고 있어(민법 제186조) 부동산의 등기는 권리자가 자신의 이익을 위해 하는 것이 일반적이므로 이는 원칙적으로 권리자의 자유를 인정하고 있다.

그러나 다음과 같은 경우는 부동산등기특별조치법에 의해 일정한 기간 내에 등기신청을 하여야 한다.

① 부동산의 소유권이전을 내용으로 하는 계약으로서 매매계약이나 교환과 같은 쌍무계약의 경우에는 반대급부의 이행이 완료된 날, 즉 잔금이 지급된 날로부터 60일 이내, 증여와 같은 편무계약의 경우는 그 계약의 효력이 발생한 날로부터 60일 이내에 소유권이전등기의 신청을 하여야 한다(부동산등기특별조치법 제2조 제1항). 이를 위반하면 해당 부동산의 등록세액의 5배 이하에 해당하는 과태료 처분을 받게 된다(부동산등기특별조치법 제11조 제1항).

② 부동산의 소유권을 이전 받기 위한 계약을 체결한 자가 그 부동산을 다시 제3자에게 이전시키거나 그 계약상의 지위를 이전하는 계약을 체결하고자 하는 경우는 제3자와의 계약을 체결하기 전에 (1)의 기간과 같이 소유권이전등기를 신청하여야 한다(부

동산등기특별조치법 제2조 제2항, 제3항). 이를 위반하면 해당 부동산의 등록세의 5배 이하에 해당하는 과태료 처분과 3년 이하의 징역 또는 1억원 이하의 벌금형을 받게 된다(부동산등기특별조치법 제8조 제1호, 제11조 제1항).

③ 미등기부동산의 소유자가 그 부동산의 소유권을 이전하기 위한 계약을 체결한 경우는 그 계약이 체결된 날로부터 또는 보존등기를 신청할 수 있는 날로부터 60일 이내에 소유권보존등기신청을 하여야 한다(부동산등기특별조치법 제2조 제4항). 이를 위반하면 해당부동산의 등록세액의 5배 이하에 해당하는 과태료 처분을 받게 된다(부동산등기특별조치법 제11조 제1항).

## 전세권설정등기신청서

<table>
<tr><td rowspan="2">접수</td><td>년 월 일</td><td rowspan="2">처리인</td><td>접 수</td><td>조 사</td><td>인 감</td><td>기 입</td><td>색 출</td><td>교 합</td><td>등기필 통 지</td><td>각 종 통 지</td></tr>
<tr><td>제 호</td><td></td><td></td><td></td><td></td><td></td><td></td><td></td><td></td></tr>
</table>

<table>
<tr><td colspan="4">부동산의 표시</td></tr>
<tr><td colspan="4">○○시 ○○구 ○○동 ○○<br>위 지상 ○○빌딩 건평 ○○$m^2$ 이상</td></tr>
<tr><td colspan="2">등기원인가 그 연월일</td><td colspan="2"></td></tr>
<tr><td colspan="2">등 기 의 목 적</td><td colspan="2"></td></tr>
<tr><td colspan="2">전 세 금</td><td colspan="2"></td></tr>
<tr><td colspan="2">전세권의 목적과 범위</td><td colspan="2"></td></tr>
<tr><td colspan="2">존 속 기 간</td><td colspan="2"></td></tr>
<tr><td>구분</td><td>성명<br>(상호 · 명칭)</td><td>주민등록번호<br>(등기용등록번호)</td><td>주소<br>(소 재 지)</td></tr>
<tr><td>등기의무자</td><td>김○○<br>(전세권설정자)</td><td>○○○○○○-○○○○○○○</td><td>서울 ○○구 ○○동 ○○</td></tr>
<tr><td>등기권리자</td><td>○○공업(주)<br>대표이사<br>○○○<br>(전세권자)</td><td>○○○○○○-○○○○○○○</td><td>서울 ○○구 ○○동 ○○</td></tr>
</table>

<table>
<tr><td>등 록 세</td><td colspan="2"></td></tr>
<tr><td>교 육 세</td><td colspan="2"></td></tr>
<tr><td>세 액 합 계</td><td colspan="2"></td></tr>
<tr><td>등기신청수수료</td><td colspan="2"></td></tr>
<tr><td colspan="3">첨 부 서 면</td></tr>
<tr><td colspan="2">1. 전세권설정계약서(법 40① ii) 통<br>1. 등록세영수필확인서 및 통지서<br>(지방세법 131①vi · 4) 통<br>1. 인감증명(규칙 53. I) 통<br>1. 등기필증(법 40① iii) 통<br>1. 주민등록등(초)본<br>(등기관리자, 규칙 52) 통<br>1. 도면(법 139②) 통<br>1. 위임장(법 40① v) 통</td><td>〈기타〉</td></tr>
<tr><td colspan="3">년 월 일<br><br>위 신청인 등기의무자 김 ○ ○ ㊞ (전화 : )<br>등기권리자 ○○공업(주) (전화 : )<br>대표이사 ○ ○ ○ ㊞<br>(또는) 위 대리인 법무사 박 ○ ○ ㊞ (전화 : )<br><br>서울중앙지방법원 등기과 귀중</td></tr>
</table>

# Ⅲ. 부동산실명제

## 1. 개 념

부동산실명제란 부동산에 관한 권리를 실체적 관계에 부합되도록 실질적인 권리자의 명의로 등기하도록 함으로써 투기, 탈세, 탈법행위 등 반사회적 행위를 방지하고 부동산거래의 정상화와 부동산가격의 안정을 도모하여 국민경제의 건전한 발전에 이바지하기 위해 1995년 3월 30일 공포되고 같은 해 7월 1일부터 시행되고 있는 부동산실권리자명의등기에관한법률(이하에서는 "부동산실명법"이라 칭함)을 근거로 시행되는 부동산관련 제도를 말한다.

## 2. 용어의 정의

### 1) 명의신탁약정

명의신탁약정이란 부동산에 관한 권리를 보유한 자 또는 사실상 취득하거나 취득하려고 하는 자가 타인의 명의를 빌려 등기하기로 하는 약정으로서 채무의 변제를 담보하기 위하여 채권자가 부동산에 관한 물권을 이전받거나 가등기하는 채권보전에 관한 등기, 구분소유자의 공유등기, 신탁재산에 관한 등기 등의 경우는 여기에서 제외된다.

**판 례**

*** 경매대행을 통한 명의신탁** 【대판 2002. 9. 10. 2002두5351】

甲이 乙의 명의로 부동산경매절차에 입찰하여 경락받은 뒤 甲이 경락대금을 모두 지불하고 乙의 명의로 소유권이전등기를 한 경우도 甲과 乙 사이에 명의신탁관계가 성립한다.

### 2) 명의신탁자

명의신탁자란 타인의 이름을 빌리는 자, 즉 명의신탁약정에 의하여 부동산에 관한 물권을 타인의 명의를 빌려 등기하는 실질적인 권리자를 말한다.

예컨대, 甲이 부동산을 매입하여 乙의 이름을 빌려 乙의 명의로 소유권이전등기를 한다면 甲은 명의신탁자가 되고 乙은 명의수탁자가 된다.

### 3) 명의수탁자

명의수탁자란 이름을 빌려주는 자, 즉 명의신탁약정에 의하여 실제 권리자에게 명의를 빌려주어 등기부상 명의자로 등기되는 자를 말한다.

**판 례**

*** 부부간의 명의신탁의 효력** 【대판 2005. 9. 9. 2005도626】

甲이 상가건물을 매입하여 부인 乙의 명의로 등기한 경우는 부동산실권리자명의등기에관한법률 제8조에서 규정한 예외사항에 해당하여 이 상가건물의 소유권은 乙에게 귀속된다. 따라서 甲이 이 상가건물을 직접 관리하더라도 소유권자로서의 관리에 해당하지는 않기 때문에 권리행사방해죄에서 말하는 '자기의 물건'이라 할 수 없다.

이에 甲이 이 상가건물의 임차료 문제로 임차인 丁과 마찰이 있어 丁의 의사와 상관없이 일방적으로 상가건물을 폐쇄하여 정에게 손해가 발생한 경우 손해배상책임을 면할 수 없다.

▶ 관련법규 : 형법 제323조, 부동산실권리자명의등기에관한법률 제8조 등

*** 신탁받은 토지의 반환거부 【대판 2001. 11. 27. 2000도3463】**

명의수탁자가 신탁 받은 부동산의 일부에 대한 토지수용보상금 중 일부를 소비하고, 이어 수용되지 않은 나머지 부동산 전체에 대한 반환을 거부한 경우는 토지수용보상금에 관한 횡령죄와 나머지 부동산의 반환 거부에 관한 별개의 횡령죄가 성립한다.

◉ 관련법규 :형법 제355조 제1항, 부동산실권리자명의등기에관한법률 제2조 제1호, 제3조 제1항 등

### 4) 실명등기

부동산실명법이 시행되기 전에 명의신탁약정에 의하여 다른 사람의 명의로 등기된 부동산에 관한 물권을 실질적인 권리자의 명의로 등기하는 것을 실명등기라 한다.

**판 례**

*** 악의없는 유예기간 이후의 실명등기 【대판 2005. 9. 15. 2005두3257】**

등기권리자가 부동산실권리자명의등기에관한법률 제10조 제1항에서 정한 3년의 유예기간이 경과하기 전에 등기의무자들 및 그 상속인들을 상대로 소유권이전등기소송을 제기하여 승소판결을 받아 그 판결이 확정되었으나, 위 판결 선고 후에야 등기의무자의 공동상속인 중 1명이 제소 전에 사망한 사실을 알게 되어 다시 소송을 제기하는 과정에서 등기의무자들 전부를 상대로 승소판결을 선고받으려고 하였기 때문에 위 유예기간이 경과하도록 등기권리자 명의의 소유권이전등기를 신청하지 못한 경우, 위 유예기간이 경과한 시점을 기준으로 할 때 등기권리자가 그 이전부터 가지고 있던 조세포탈이나 법령에 의한 제한을 회피할 목적이 계속 유지되었다거나 그 후 새로이 그와 같은 목적을 가지고 소유권이전등기를 신청하지 아니한 것으로 볼 수 없으며, 부동산실권리자명의등기에관한법률 시행령 제4조의2 단서는 조세를 포탈하거나 법령에 의한 제한을 회피할 목적이 아닌 경우에 과징금의 100분의 50을 감경할 수 있다고 규정하고 있고, 이는 임의적 감경규정임이 명백하므로, 감경사유가 존재하더라도 과징금 부과관청이 감경사유까지 고려하고도 과징금을 감경하지 않은 채 과징금 전액을 부과하는 처분을 한 경우에는 이를 위법하다고 단정할 수는 없으나, 행정행위를 함에 있어 이익형량을 전혀 하지 아니하거나 이익형량의 고려대상에 마땅히 포함시켜야 할 사항을 누락한 경우 또는 이익형량을 하였으나 정당성 · 객관성이 결여된 경우에는 그 행정행위는 재량권을 일탈 · 남용한 위법한 처분이라고 할 수밖에 없다.

◉ 관련법규 : 부동산실권리자명의등기에관한법률 제10조 제1항, 시행령 제4조의2, 행정소송법 제26조[증명책임], 제27조 등

## 3. 실권리자명의등기의무

### 1) 원 칙

부동산에 관한 권리의 실질적인 권리자는 반드시 본인의 명의로 등기하여야 부동산 물권변동의 법적 효력이 발생하며, 타인의 명의로 한 등기는 물권변동의 법적 효력이 발생치 않는다(부동산실명법 제3조 제1항, 제4조 제1항).

따라서 타인의 이름을 빌려 부동산에 관한 등기를 하는 경우, 그것은 법적 효력이 발생하지 않으므로 명의신탁자와 명의수탁자간의 모든 약정은 무효이며, 그 등기에 대하

여 법적 효력을 주장할 수 없을 뿐만 아니라 선의의 제3자가 그 부동산에 관한 권리를 취득하더라도 실제 권리자는 선의의 제3자에게 대항할 수 없다.

#### 2) 예 외

조세포탈, 강제집행의 면탈 또는 법령상의 제한을 회피할 목적이 아닌 한 종중재산에 관한 등기, 배우자명의의 등기와 같은 경우는 부동산실명법이 정한 제한으로부터 제외된다(부동산실명법 제8조).

그러나 부채가 많은 남편이 자신의 이름으로 소유권등기 된 부동산에 대하여 채권자들이 강제집행을 신청해 올 것을 예상하고 이를 피하기 위해 부인의 이름으로 그 부동산의 소유권을 이전등기 하는 경우, 그 등기는 무효일 뿐만 아니라 남편과 그 부인은 강제집행면탈죄로 형사처벌까지 받을 수 있다.

### 4. 기존명의신탁자의 실명등기

#### 1) 원 칙

부동산실명법이 시행되기 전에 명의신탁약정에 의해 타인의 명의로 등기한 명의신탁자는 유예기간(1995. 7. 1. ~ 1996. 6. 30.)까지 실명등기를 하여야 한다.

#### 2) 예 외

공용징수, 판결, 경매 등에 의하거나 종교단체, 학교 등의 순수한 목적, 즉 조세포탈, 강제집행의 면탈의 목적이 아닌 부동산의 권리는 제외된다.

예컨대, 유예기간 이전에 경매나 판결에 의해 부동산에 관한 권리를 취득하였으나 법적 절차가 완료되지 않아 유예기간 내에 그 권리에 관한 등기를 하지 못한 경우는 부동산실명법 위반이 되지 않는다.

### 5. 위반에 대한 제재

#### 1) 과징금의 부과

실권리자명의등기의무를 위반한 명의신탁자, 가등기담보시 그를 표시하지 않거나 채무자를 허위로 기재한 채권자, 장기미등기자 등에 대해서는 관할 시장, 군수 또는 구청장이 해당 부동산가액의 30%에 달하는 과징금을 부과한다(부동산실명법 제5조). 이때 부동산등기특별조치법에 의해 이미 부과된 과태료는 공제된다.

### 2) 이행강제금

과징금을 부과받은 자는 지체 없이 그 부동산에 관한 권리를 자신의 명의로 등기하여야 하며, 과징금 부과일로부터 1년이 경과되면 부동산가액의 10%, 다시 1년이 경과되면 20%에 해당하는 이행강제금이 부과된다(부동산실명법 제6조 제1항 · 제2항).

### 3) 벌 칙

실권리자명의등기의무를 위반한 명의신탁자 또는 그를 교사한 자, 가등기담보시 그를 표시하지 않거나 채무자를 허위로 기재하여 제출케 한 실제 채무자 또는 그 교사자, 장기미등기자, 유예기간 내에 실명등기를 가장한 자 등은 5년 이하의 징역 또는 2억원 이하의 벌금에 처한다(부동산실명법 제7조 제1항).

그리고 실권리자명의등기의무를 위반한 명의수탁자 또는 그를 교사하여 위반케 한 자는 3년 이하의 징역 또는 1억원 이하의 벌금에 처하고(부동산실명법 제7조 제2항), 실권리자명의등기의무 또는 장기미등기금지의무를 위반하도록 방조한 자는 1년 이하의 징역 또는 3천만원 이하의 벌금에 처한다(부동산실명법 제7조 제3항).

# Ⅳ. 부동산에 관한 중요한 계약

## 1. 부동산매매계약

### 1) 당사자 확인

부동산매매계약에서 매도인의 신원확인은 중요하다. 매도인 본인이 직접 계약을 체결하는 경우는 주민등록증이나 운전면허증과 등기부등본으로 매도인을 확인하면 되는데, 의심이 가는 때에는 신원증명으로 정확하게 확인해 볼 필요가 있다. 왜냐하면 부동산매매계약은 법률행위이므로 매도인이 무능력자인 경우는 정상적인 매매계약이 성립될 수 없기 때문이다.

### 2) 목적부동산의 확인

부동산매매계약을 체결할 경우, 부동산의 종류에 따라 매매가 제한되거나 금지되는 것이 있기 때문에 이러한 내용을 정확하게 확인하는 것이 중요하다. 부동산의 정확한 내용을 확인하기 위해서는 등기부등본과 토지대장 또는 건축물대장을 토대로 구체적으로 살펴보아야 한다.

등기부등본은 그 부동산의 소재지 관할등기소에 가든가 아니면 전화 또는 인터넷으로 신청할 수 있고, 토지대장이나 건축물대장은 행정기관에서 관리하기 때문에 그 부동산의 소재지 관할 행정관청에 나가 신청하면 된다.

예컨대, 서울특별시 관악구 신림동 111번지에 있는 건물을 매입하고자 하는 경우는 관악등기소에 등기부등본을 신청하고, 토지대장 및 건축물대장은 관악구청에 신청하면 된다.

### 3) 계약조건의 검토

계약당사자는 계약조건에 대해서 충분히 협의 · 절충하여 계약조건을 결정하게 된다. 그리고 그 계약조건을 계약서로 작성하여 매도인과 매수인이 또는 중개인이 서명날인하게 되는데, 일반적으로 계약서에 서명날인을 할 때에는 계약서상의 내용을 확인하지 않고 그냥 서명날인하는 경우가 많은데, 이러한 습관은 매우 잘못된 것이다.

예컨대, 명의신탁된 토지를 재판을 통해 되찾은 경우(대법원 확정판결 후 10년 이내에 등기 가능)라도 그 토지가 거래허가지역 내에 있으면 별도로 토지소재지 관할 행정관서에서 국토이용관리법에 의한 토지거래허가를 받아야 그 소유권이전등기를 신청할 수 있다(국토이용관리법 제21조의3, 시행령 제30조 등). 그러나 이러한 내용을 알지 못하고 그냥 일반적인 경우만 생각하고 계약을 체결하게 되면 계약의 이행에 있어 곤란한 문제가 발생할 수 있다.

따라서 일단 당사자 간에 계약조건에 대한 합의가 이루어지면 계약서에 서명날인을 하기 전에 먼저 전문가에게 그 내용에 잘못된 내용이나 위법한 내용이 없는지에 관해 자문을 구하는 등 철저한 검토를 거쳐 계약서에 서명날인하는 것이 자신의 불이익을 사전에 보호받을 수 있는 방법이다.

**판 례**

**＊ 착오로 인한 계약의 취소** 【대판 1996. 3. 26. 93다55487】

부동산 매매계약을 체결하고 매수인은 매도인의 협조하에 목적부동산을 담보로 대출을 받아 잔금을 지급하기로 하였으나 관계규정상 대출이 불가능하게 된 경우는 중요한 부분의 착오로 볼 수 없어 매수인은 그를 이유로 계약을 취소할 수 없다.

▶ 관련법규 : 민법 제140조

**＊ 분양공고시와 입주시의 공유대지면적이 다른 경우 [**대판 1996. 12. 10. 94다56098**]**

분양계약을 체결할 당시 공유대지면적의 증감에 대하여 서로 청구하지 아니한다고 약정하였더라도 아파트공급업체가 대지중 일부를 다른 용도로 사용함으로써 입주시의 공유대지면적이 분양공고당시보다 감소된 경우는 아파트공급업체는 감소된 면적에 상당하는 금액을 반환하여야 한다.

### 4) 계약위반

정상적으로 성립된 계약의 내용을 계약당사자가 특별한 사유 없이 이행하지 않으면 계약위반이 되고, 이에 따라 계약조건에서 정하거나 법률규정에 정해진 손해배상이나 기타의 부담을 감수해야 한다. 따라서 계약을 체결하는 경우는 항상 계약위반에 대한 조건을 정확하게 정할 필요가 있다.

특히 대금지급기일을 지키지 못하거나 목적물의 인도의무를 제대로 이행치 못하는 경우에 이자나 지연손해금이나 기타 손해배상에 관한 구체적이고 확실한 조건을 계약서에 명시하는 것이 필요하다.

판 례

**＊ 아파트분양 잔금에 대한 이자 [**대판 1995. 12. 26. 95다33962**]**

아파트분양계약시 잔금은 은행으로부터 매매목적물을 담보로 한 대출금으로 지급키로 하고 그 대출절차는 매도인의 책임으로 약정한 후 대출금이 잔금지급기일 후에 확보되어 잔금의 지급이 지연되었다 하더라도 매수인은 그에 대한 지연이자의 지급의무가 없다.

▶ 관련법규 : 민법 제587조 단서

### 5) 부동산매매계약의 신고

부동산매매계약은 소유권의 이전이라는 결과가 발생하고 이에 따라 등록세, 교육세, 취득세, 양도소득세 등의 조세문제가 뒤따른다. 이러한 조세문제에 대해 일정한 기간내에 자진신고를 하면 10%의 감면을 받을 수 있으나 반대의 경우는 20%의 가산세를 부담해야 하는 경우도 있다.

특히, 매도인은 양도가액을 어떻게 신고하느냐에 따라 양도소득세액의 차이가 많이 발생할 수 있는데, 매매대금에서 매수인이 지급한 경비를 공제해 준 경우는 필요경비를 공제한 나머지 금액을 양도금액으로 신고하면 세금에 대한 부담을 줄일 수 있다.

**판 례**

*** 부동산매매계약상의 필요경비와 양도가액** 【대판 1996. 11. 22. 96누12088】

상가건물의 매매계약에서 매수인이 그 상가건물의 세입자로부터 건물을 명도받기위해 매도인을 대신하여 합의금, 보상금, 명도사무비용 등을 지급하고 매매대금에서 이를 공제받은 경우, 소득세의 부과 기준이 되는 양도가액은 매매대금에서 이러한 비용을 공제한 금액으로 보아야 하며, 매도인이 매수인을 대신하여 제3자에게 위약금을 지급한 경우도 마찬가지이다.

관련법규 : 소득세법 제45조 제1항, 시행령 제94조 제1항 등
유사판례 : 대판 1996. 11. 8. 96누1651

## 2. 임대차계약과 전세계약

### 1) 대주의 주의사항

임대차계약이나 전세계약을 체결할 때에 부동산의 주인인 대주貸主는 부동산을 빌려 쓰는 차주借主의 차임지급 능력이나 보증금의 확보 및 계약이 끝났을 때 부동산을 정상적으로 돌려받을 수 있는 장치를 확보해 두는 것이 무엇보다도 중요한 문제이다.

보통 임대보증금이나 전세보증금은 목적부동산을 대주가 차주에게 넘겨주기 전에 지급 받는 것이 관례이므로 큰 문제는 없으나 임차료를 월세로 약정하는 경우는 임차료가 밀릴 경우를 대비해서 충분한 보증금을 받아두는 것이 좋다. 왜냐하면 보증금을 너무 작게 받고 월세를 많이 받으려고 할 때 월세가 밀려 계약을 해지하고 차주에게 목적부동산을 인도해 달라고 해도 스스로 인도해 주지 않으면 결국 법원에 가서 명도소송이라는 법적 절차를 밟아야 하는데, 이러한 법적 절차는 많은 시간과 비용이 소요되기 때문에 결국 대주는 예상치 못한 손해를 볼 수 있기 때문이다.

또한 충분한 보증금을 확보하거나 전세계약의 경우 계약만료 후의 순조로운 목적부동산의 인도를 위해서는 임대차계약이나 전세계약을 체결할 당시 미리 제소전화해 조서를 받아두는 것이 문제해결에 많은 도움이 된다. 특히 임대업을 전문으로 하는 경우는 꼭 필요하다.

### 2) 제소전화해

제소전화해提訴前和解란 법적 문제가 발생하기 전에 미리 앞으로 발생할 법적 분쟁을 예정하여 판결을 받아둠으로써 차후 법적 분쟁이 실제로 발생할 경우 신속하게 그 문제를 해결할 수 있고, 비용도 일반적인 소송의 1/5로서 매우 저렴하며, 시간도 많이 소

요되지 않아 쉽게 이용할 수 있는 법정화해의 일종이다.

## 제소전화해 신청 서식

### 제 소 전 화 해 신 청

신 청 인 천 만 원
경기도 고양시 안산구 장항동 8번지
피신청인 오 동 탁
서울특별시 은평구 응암동 35번지

건물명도등 화해신청

신 청 취 지

1. 피신청인은 신청인에게 보증금 55,000,000원에서 연체된 제2항에 기재된 임차료 등을 공제한 잔액을 수령함과 동시에 2008. 12. 25.까지 별지목록에 표시한 임대건물을 명도한다.

2. 피신청인은 신청인에게 이 사건 화해성립일로부터 건물을 완전히 명도할 때까지 매월 1,500,000원을 매월 25일에 지급하고 이 금액을 2회 이상 연체하거나 타인에게 별지목록에 표시한 건물을 전대할 경우는 기한의 이익을 상실하고 별지목록에 표시한 임대건물을 즉시 명도한다.

3. 피신청인은 신청인에게 별지목록 임대건물을 명도할 때 권리금 등에 대한 일체의 금액을 청구할 수 없으며 임대건물을 원상복구하여 명도한다.

4. 화해비용은 각자 부담으로 한다.

라는 화해를 구합니다.

신 청 원 인

1. 신청인은 별지목록 건물의 소유자이며, 신청인과 피신청인은 2006. 1. 1.부터 2008. 12. 25.까지 임대차기간으로 하고 임대만료일인 2008. 12. 25.까지 임대건물을

임대인에게 명도하기로 합의하고 임대차계약을 체결하였습니다.

2. 임대보증금 오천오백만원(₩55,000,000)으로 정하고 월임차료 금 1,500,000원을 매월 25일에 지급하고 별지목록 임대건물을 타인에게 전대할 때에는 사전에 신청인에게 동의를 얻어야 하고 만약 동의없이 타인에게 전대할 때에는 기한의 이익을 상실하고 임대건물을 즉시 명도하기로 하였습니다.

3. 신청인과 피신청인은 위의 계약내용을 준수하기로 합의하고 차후 이건으로 법적 분쟁이 발생할 것을 대비하여 이와 같이 제소전화해를 신청하게 되었습니다.

첨 부 서 류

1. 건물등기부등본 1통
1. 건축물관리대장 1통
1. 토지가격확인원 1통
1. 임대차계약서 1통

2006. 1. 20.

신청인 천 만 원 ㊞

서울중앙지방법원 귀중

**작성요령**

제소전화해신청은 장래의 법적 분쟁이 발생할 것을 예상하여 미리 법원의 판결을 받아 둠으로써 소송비용 및 시간을 절약할 수 있는 장점이 있다.

① 신청취지는 앞으로 기대하는 사실을 구체적으로 표시하여야 하는데, 건물임대차계약의 경우는 제일 중요한 내용이 건물의 명도와 월임차료지급이다. 왜냐하면 계약기간이 지나도 임차인이 건물을 명도하지 않은 경우는 건물명도소송을 하여야 하는데 이를 위해서는 많은 시간과 비용이 소요되기 때문이다.

② 신청원인은 제소전화해신청을 하게 된 이유를 구체적으로 명시하여야 한다. 건물임대차계약의 경우는 계약조건을 기재하면 된다.

③ 첨부서류는 목적부동산의 내용을 확인할 수 있는 등기부등본, 공시지가 등을 확인할 수 있는 대장 및 토지가격확인원, 계약의 내용을 확인할 수 있는 임대차계약서 등이다.

④ 별지목록은 목적부동산의 내용을 확인할 수 있도록 기재하여야 하는데, 이는 등기부등본에 기재된 내용을 그대로 적으면 된다. 목적부동산이 건물인 경우는 건물의 소재지 주소, 건물의 용도, 건물의 면적 등을 구체적으로 표시한다.

### 3) 차주의 주의사항

임대차계약이나 전세계약에서 목적부동산을 빌려 쓰는 차주, 즉 임차인은 목적부동산에 선순위 제한물권이 설정되어 있는지 여부를 등기부등본을 근거로 확인해 보아야 한다.

왜냐하면 선순위로 근저당권이나 전세권과 같은 제한물권이 설정되어 있는 것을 알지 못하고 임대차계약이나 전세계약을 체결한 경우 갑자기 선순위 권리자들이 목적부동산에 대한 경매신청을 하여 목적부동산이 경매되는 경우, 차주가 대주에게 맡겨 둔 보증금의 회수가 어렵거나 불가능하게 되는 경우가 많기 때문이다.

그리고 선순위 권리자가 없다는 것만으로는 안심할 수 없는 경우가 많다. 따라서 확실하게 보장받기 위해서는 임대차계약의 경우는 임차권을 등기하고 전세계약의 경우는 전세등기를 해 두는 것이 좋다.

전세권은 물권의 일종이기 때문에 당연히 등기할 수 있지만 임차권은 채권이기 때문에 원칙적으로 등기의 대상이 되지 않으나 특별히 민법이 서민을 보호하기 위해 임차권에 관한 등기를 예외적으로 인정하고 있다(민법 제621조).

따라서 임대차계약을 체결할 때 당사자 간에 임차권의 등기를 하지 않는다는 특별한 약정이 없으면 임차인은 임대인에게 임차권등기신청에 협조해 줄 것을 청구할 수 있는 권리가 보장된다(민법 제621조).

임차인이 임차권을 등기하면 만약 임대인이 다른 사람에게 목적부동산을 팔아 버리더라도 임차인은 목적부동산의 새로운 주인에게도 그 임차권을 행사할 수 있다. 그러나 임차권을 등기하지 아니한 상태에서 임대인이 다른 사람에게 목적부동산을 팔아 버리면 임차인은 목적부동산의 새로운 주인에게는 그 임차권을 행사할 수 없어 임차보증금을 회수할 수 없는 예기치 못한 불이익을 당할 수 있다.

또한 대주, 즉 임대인이 정상적인 법률행위를 할 수 있는 능력이 있는지 또는 목적부동산이 임대나 전세계약의 목적물이 될 수 있는 것인지 여부를 정확히 살펴보아야 한다. 그리고 계약서의 내용을 자세히 검토하여 계약기간 중이나 차후 계약이 만료된 후 임차인이 불이익을 받을 조건이 있는지 여부를 철저히 살펴보아야 한다.

예컨대, 임대차계약이나 전세계약이 금지된 조합아파트나 임대아파트와 같은 경우의 부동산에 관한 임대차계약이나 타인의 토지를 임차하여 건물을 건축하고자 하는 경우, 그 토지임대차계약이 만료된 후 임차인이 건축한 건물의 처분에 관한 계약조건은 신중히 결정해야 할 문제이기 때문에 경우에 따라서는 전문가의 도움을 받는 것이 좋다.

### 4) 임차인의 매수청구권

임차인이 임대인의 동의를 얻어 임대인의 부동산에 설치한 건물이나 시설물이 임대차계약기간이 종료한 시점에도 경제적 가치를 보유하고 있는 경우는 비록 임대차계약을 체결할 당시 임대차계약이 종료되면 임차인의 비용으로 시설물등을 철거하고 원상회복을 시키기로 약정하였더라도 임차인은 계약기간 종료시 임대인에게 계약기간 연장을 요청하고 임대인이 이를 거절하는 경우는 잔존물에 대한 매수청구권을 행사할 수 있다. 이때 임대인은 임대차계약의 조건과 상관없이 잔존물의 용도가 끝날 때까지 임대차기간을 연장해 주지 않는 한 잔존물을 매수하여야 한다(민법 제283조).

그러나 공작물의 소유 등을 목적으로 하는 토지임대차에 있어서 임차인의 채무불이행을 이유로 계약이 해지된 경우에는 임차인은 임대인에 대하여 민법 제283조, 제643조에 의한 매수청구권을 가질 수 없게 된다(대판 2003. 4. 22. 2003다7685).

**판 례**

**＊ 매수청구권의 범위 【대판 2002. 11. 13. 2002다46003, 46027, 46010】**

임대인과 임차인이 토지와 그 지상의 기존 건물에 관하여 임대차계약을 체결한 후 임차인이 임대인의 동의하에 기존 건물을 철거하고 그 지상에 건물을 신축한 경우, 약정 임대차기간이 1년이고 신축 건물 완공 당시의 잔존 임대차기간이 4개월에 불과함에도 임차인이 많은 비용을 들여 내구연한이 상당한 건물을 신축하였고 임대인이 기존 건물의 철거 및 건물신축을 승낙한 경우는 토지와 기존 건물을 임대목적물로 하였던 당초의 임대차계약이 신축 건물의 소유를 목적으로 하는 토지임대차계약으로 변경된 것으로 보아야 한다.

이 토지임대차계약의 기간이 만료됨에 따라 지상건물 소유자가 임대인에 대하여 지상건물에 대한 매수청구권을 행사한 경우에 그 건물의 매수가격은 건물 자체의 가격 외에 건물의 위치, 주변토지의 여러 사정 등을 종합적으로 고려하여 매수청구권 행사 당시 당해 건물의 시가로 평가하여야 하고, 기존 건물의 철거비용과 임차인의 건물 신축을 위해 지출한 비용은 포함되지 않는다.

▶ 관련법규 : 민법 제105조, 제643조 등

**＊ 매수청구권의 행사방법 및 그 시기 【대판 2002. 5. 31. 2001다42080】**

건물의 소유를 목적으로 한 토지 임대차가 종료한 경우에 임차인이 그 지상의 현존하는 건물에 대하여 가지는 매수청구권은 그 행사방식에 관한 제한이 없고 그 시기에 대하여도 제한이 없으므로 임차인이 자신의 건물매수청구권을 제1심에서 행사하였다가 철회한 후 항소심에서 다시 행사하여도 무방하다. 또한 임차인의 매수청구권은 건물의 소유를 목적으로 한 토지 임대차의 기간이 만료되어 그 지상에 건물이 현존하고 임대인이 계약의 갱신을 원하지 아니하는 경우에 임차인에게 부여된 권리로서 그 지상 건물의 객관적·경제적 가치의 여부는 매수청구권의 행사의 요건이 되지 아니한다.

▶ 관련법규 : 민법 제283조, 제643조, 제652조 등

**＊ 임대차계약 종료 후의 토지사용료 【대판 2001. 6. 1. 99다60535】**

건물 기타 공작물의 소유를 목적으로 한 대지임대차에 있어서 임차인이 그 지상건물 등에 대하여 민법 제643조 소정의 매수청구권을 행사한 후에 그 임대인인 대지의 소유자로부터 매수대금을 지급받을 때까지 그 지상건물 등의 인

도를 거부할 수는 있지만 지상건물 등의 점유·사용을 통하여 그 부지를 계속하여 점유·사용하는 한 토지사용료에 해당하는 임차료는 지급하여야 하며, 이때 약정임료가 실제임료와 현격한 차이가 있는 경우 임대차계약이 종료된 이후의 토지사용료(반환할 부당이득금)의 액수는 다시 산정된 부당이득 당시의 실제임료 상당액으로 보아야 한다.

관련법규 : 민법 제643조, 제741조 등

**＊ 유익비상환청구권 포기의 효력** 【대판 1998. 10. 20. 98다31462】

임대차계약서는 처분문서로서 특별한 사정이 없는 한 그 문언에 따라 의사표시의 내용을 해석하여야 한다고 하더라도, 그 계약 체결의 경위와 목적, 임대차기간, 임대보증금 및 임료의 액수 등의 여러 사정에 비추어 볼 때 당사자의 의사가 계약서의 문언과는 달리 명시적·묵시적으로 일정한 범위 내의 비용에 대하여만 유익비상환청구권을 포기하기로 약정한 취지라고 해석하는 것이 합리적이라고 인정되는 경우에는 당사자의 의사에 따라 그 약정의 적용 범위를 제한할 수 있다. 따라서 임야 상태의 토지를 임차하여 대지로 조성한 후 건물을 건축하여 음식점을 경영할 목적으로 임대차계약을 체결한 경우, 비록 임대차계약서에서는 필요비 및 유익비의 상환청구권은 그 비용의 용도를 묻지 않고 이를 전부 포기하는 것으로 기재되었다고 하더라도 계약 당사자의 의사는 임대차 목적 토지를 대지로 조성한 후 이를 임차 목적에 따라 사용할 수 있는 상태에서 새로이 투입한 비용만에 한정하여 임차인이 그 상환청구권을 포기한 것이고 대지조성비는 그 상환청구권 포기의 대상으로 삼지 아니한 취지로 약정한 것이라고 해석하여야 한다.

관련법규 : 민법 제105조, 제626조 등

# 제10절 주택 및 상가임대차

## Ⅰ. 주택임대차보호법상의 특칙

주거생활의 안정을 위해 1981년 3월 5일에 제정된 주택임대차보호법은 주거용건물의 전부 또는 일부에 대한 임대차에 대하여 적용된다. 숙식까지 해결하는 점포와 같이 임차주택의 일부가 주거 이외의 목적으로 이용되는 경우도 주택임대차보호법이 적용되지만(주택임대차보호법 제2조), 큰 음식점에서 귀퉁이의 작은방에서 종업원이 숙식을 하는 경우의 임차건물은 주택임대차보호법의 적용범위에 포함되지 않는다.

### 판 례

**＊ 주택임대차보호법의 적용범위** 【대판 1996. 6. 14. 96다7595】

주택임대차보호법은 주거용 건물에만 한정되는 것이 아니라 그 대지에 대해서도 적용된다. 따라서 임차목적물인 건물과 대지에 대하여 경매를 신청하였다가 건물에 대한 경매가 취하된 경우에도 주택임대차보호법상의 권리를 행사할 수 있다.

관련법규 : 주택임대차보호법 제2조, 제3조의2 제1항, 제8조 제1항 등

**＊ 임대차계약 후 임대인이 소유권을 상실한 경우** 【대판 2003. 8. 22. 2003다12717】

甲이 주택을 매수하여 乙에게 임대하고 乙은 당해 주택의 인도와 주민등록을 마침으로써 주택임대차보호법 제3조 제1항에 의한 대항요건을 갖추었으나 당해 주택에 관한 甲과 丁간의 매매계약이 해제되어 甲이 당해 주택에 대한 소유권을 상실한 경우 임차인인 乙은 민법 제548조 제1항 단서의 규정에 따라 계약해제로 인하여 권리를 침해받지 않는 제3자에 해당하여 임대인의 임대권원의 바탕이 되는 계약의 해제에도 불구하고 자신의 임차권을 새로운 소유자에

게 대항할 수 있고, 이 경우 계약해제로 소유권을 회복한 丁은 주택임대차보호법 제3조 제2항에 따라 임대인의 지위를 승계한다.
▶ 관련법규 : 민법 제548조, 주택임대차보호법 제3조 제1항, 제2항 등

**＊ 상가건물과 주택임대차보호법** 【대판 1996. 5. 31. 96다5971】
등기부상에 소매점으로 기재된 건물을 임차하여 그 면적의 절반은 영업장으로 사용하고 절반은 주거용 방으로 사용한 경우는 임대차보호법의 적용대상에 포함된다.
▶ 관련법규 : 주택임대차보호법 제2조

## 1. 대항요건

주택임차권住宅賃借權은 다음과 같은 요건을 갖추면 전세권등기와 같은 대항력이 인정된다. 여기서 임차권이란 주택임대차계약에 의해 세든 사람이 가지는 권리를 말한다.

### 1) 주민등록

임차인이 주택임대차보호법상의 보호를 받기 위해서는 주민등록을 마쳐야 하는데, 이는 임대차계약상의 주택의 소재지 동사무소에 전입신고를 한 때 주민등록이 된 것으로 본다(주택임대차보호법 제3조 제1항). 요즘은 과거와 달리 전출신고는 별도로 할 필요가 없고 전입지 읍 · 면 · 동사무소에서 전입신고만 하면 된다. 이때 통 · 반장의 확인절차도 거칠 필요가 없다.

그러나 전입신고서 작성시 정확히 주소를 기재하여야 한다. 특히, 연립주택이나 다세대주택의 경우는 동과 호수를 정확히 기재하여야 한다.

**판 례**

**＊ 전부채권과 주택임대차보호법상의 대항력** 【대판 2005. 9. 9. 2005다23773】
주택임대차보호법 제3조 제1항의 대항요건을 갖춘 임차인의 임대차보증금반환채권에 대한 압류 및 전부명령이 확정되어 임차인의 임대차보증금반환채권이 집행채권자에게 이전된 경우 제3채무자인 임대인으로서는 임차인에 대하여 부담하고 있던 채무를 집행채권자에 대하여 부담하게 될 뿐 그가 임대차목적물인 주택을 제3자에게 매도할 수 없도록 제한되는 것은 아니다. 따라서 이 경우 소유자인 임대인이 당해 주택을 매도하게 되면 주택임대차보호법 제3조 제2항에 따라 전부채권자에 대한 보증금지급의무를 면하게 되어 결국 임대인은 전부금지급의무를 부담하지 않는다.
▶ 관련법규 : 주택임대차보호법 제3조 제2항, 민사집행법 제229조 등

**＊ 대항요건으로서의 주민등록의 기준** 【대판 2003. 6. 10. 2002다59351】
주택임대차보호법 제3조 제1항에서 주택의 인도와 더불어 대항력의 요건으로 규정하고 있는 주민등록은 일반사회통념상 그 임대차건물에 임차인이 주소 또는 거소를 가진 자로 등록되어 있다고 인식할 수 있으면 된다. 따라서 부동산등기부상 건물의 표제부에 '에이(A)동'이라고 기재되어 있는 연립주택의 임차인이 전입신고를 함에 있어 주소지를 '가동'으로 신고하였으나 주소지 대지 위에는 2개 동의 연립주택 외에는 다른 건물이 전혀 없고, 그 2개 동도 층당 세대수가 한 동은 4세대씩, 다른 동은 6세대씩으로서 크기가 달라서 외관상 혼동의 여지가 없으며, 실제 건물 외벽에

는 '가동', '나동'으로 표기되어 사회생활상 그렇게 호칭되어 온 경우, 사회통념상 '가동', '나동', '에이동', '비동'은 표시 순서에 따라 각각 같은 건물을 의미하는 것이라고 인식될 수 있어 대항력 있는 임대차로 인식하는 데에 아무런 어려움이 없으므로 임차인의 주민등록이 임대차의 공시방법으로 유효하다.

▶ 관련법규 : 주택임대차보호법 제3조 제1항

**＊ 건물명도** 【대판 1987. 2. 24. 86다카1695】

주택임대차보호법이 그 제3조 제1항에서 주택임차인에게 주택의 인도와 주민등록을 요건으로 명시하여 등기된 물권에 버금가는 강력한 대항력을 부여하고 있는 취지에 비추어 볼 때 달리 공시방법이 없는 주택임대차에 있어서 주택의 인도 및 주민등록이라는 대항요건은 그 대항력 취득시에만 구비하면 족한 것이 아니고, 그 대항력을 유지하기 위하여서도 계속 존속하고 있어야 한다고 해석함이 상당하다 할 것이다.

**＊ 건물명도** 【대판 1995. 4. 28. 94다27427】

주택임대차보호법 제3조 제1항에서 주택의 인도와 더불어 대항력의 요건으로 규정하고 있는 주민등록은 거래의 안전을 위하여 임차권의 존재를 제3자가 명백히 인식할 수 있게 하는 공시방법으로 마련된 것이라고 볼 것이므로, 주민등록이 어떤 임대차를 공시하는 효력이 있는가의 여부는 일반사회통념상 그 주민등록으로 당해 임대차건물에 임차인이 주소 또는 거소를 가진 자로 등록되어 있는지를 인식할 수 있는가의 여부에 따라 결정된다.

충북 단양군 매포읍 평동리 258의 1 연립주택 가동 중 1층 102호에 대한 미등기전세권자가 주소로 연립주택 동호수 등의 표시 없이 그 지번만을 신고하여 주민등록되었다면, 그 주민등록으로는 일반사회통념상 그 미등기전세권자가 그 연립주택 가동 102호 건물에 주소를 가진 자로 등록되었다고 제3자가 인식할 수 없으므로 그 건물에 관한 미등기전세의 유효한 공시방법으로 볼 수 없다고 한 사례.

**＊ 보험금** 【대판 1995. 8. 11. 95다177】

신축중인 연립주택 중 1층 소재 주택의 임차인이 주민등록 이전시 잘못된 현관문의 표시대로 '1층 201호'라고 전입신고를 마쳤는데, 준공 후 그 주택이 공부상 '1층 101호'로 등재된 경우, 주택임대차보호법상의 대항력이 없다고 한 사례.

## 2) 주택의 인도

임차인이 대항력을 가지기 위해서는 실질적으로 주택을 인도하여 이삿짐을 옮겨야 한다. 즉, 위장전입의 경우에는 주택임대차보호법상의 보호를 받을 수 없다.

### 판 례

**＊ 소액임대차계약과 사해행위** 【대판 2005. 5. 13. 2003다50771】

주택임대차보호법 제8조의 소액보증금 최우선변제권은 임차목적 주택에 대하여 저당권에 의하여 담보된 채권, 조세 등에 우선하여 변제받을 수 있는 일종의 법정담보물권을 부여한 것이므로, 채무자가 채무초과상태에서 채무자 소유의 유일한 주택에 대하여 위 법조 소정의 임차권을 설정해 준 행위는 채무초과상태에서의 담보제공행위로서 채무자의 총재산의 감소를 초래하는 행위가 되므로 그 임차권설정행위는 사해행위취소의 대상이 된다.

따라서 이와 같은 사해행위의 경우 채무자의 악의는 당연히 추정되는 것이고, 수익자인 임차인의 악의 또한 추정된다. 그러나 수익자인 임차인의 선의를 판단하기 위해서는 실제로 보증금이 지급되었는지, 그 보증금의 액수는 적정한지, 등기부상 다수의 권리제한관계가 있어서 임대인의 채무초과상태를 의심할 만한 사정이 있었는데도 굳이 임대차계약을 체결할 사정이 있었는지, 임대인과 친인척관계 등 특별한 관계는 없는지 등을 종합적으로 고려하여 논리와 경험칙을 통하여 합리적으로 판단하여야 한다.

▶ 관련법규 : 민법 406조, 주택임대차보호법 제3조, 제8조 등

**＊ 위장전입 임차인의 보호여부** 【서울민사지법 민사합의18부 1997. 11. 11. 97가합59666】

경매신청기입등기가 경료된 후 경매목적물의 옥탑 등으로 전입신고를 하고 임대차계약을 동일인이 여러 장으로 작성하여 소액임차인으로 배당신청을 하였다 하더라도 이는 위장전입으로 소액임차보증금을 우선변제 받기위해 허위로

전입한 것으로 인정되기 때문에 경매법원에서 이를 정확히 확인치 않고 우선변제토록 작성한 배당표에서 삭제하여야 한다.

### 3) 임대차계약서의 확정일자 날인

주택임대차계약을 체결한 경우는 지체 없이 공증인사무소나 등기소, 읍 · 면 · 동사무소 등에 가서 그 계약서상에 확정일자를 날인 받아야 우선변제권을 보호받을 수 있다(주택임대차보호법 제3조의2 제1항).

확정일자는 임차인이 소지하고 있는 계약서에만 받으면 되고 임대인이 소지한 계약서까지 함께 받을 필요는 없다. 그리고 확정일자를 날인받기 위해 임차인이 직접 공증인사무소나 등기소를 방문할 필요는 없고, 미성년자에게 심부름을 시켜도 상관없다.

### 4) 법인의 경우

법인은 주민등록이 불가능하기 때문에 주택임대차보호법상의 대항요건을 갖출 수도 없고 따라서 이 법의 적용범위에서 제외된다.

**판 례**

*** 법인과 주택임대차계약 【대판 2003. 7. 25. 2003다2918】**

주택임대차보호법 제3조 제1항, 제2항의 규정에 의하면, 주택의 임차인은 건물에 입주하고 주민등록을 함으로써 제3자에 대하여 대항력을 갖추게 되고, 대항력이 구비된 후에 임차 건물이 양도된 경우 양수인은 임대인의 지위를 승계한 것으로 본다고 하고 있으며, 이 경우 임차보증금반환채무는 임대인의 지위를 승계한 양수인에게 이전되고 양도인의 채무는 소멸하는 것으로 해석할 것이나, 법인에게 주택을 임대한 경우에는 법인은 주택임대차보호법 제3조 제1항 소정의 대항요건의 하나인 주민등록을 구비할 수 없으므로 임대인이 위 임대주택을 양도하더라도 그 양수인이 주택임대차보호법에 의하여 임대인의 지위를 당연히 승계하는 것이 아니고 따라서 임대인의 임차보증금반환채무를 면책시키기로 하는 당사자들 사이의 특약이 있다는 등의 특별한 사정이 없는 한 임대인의 법인에 대한 임차보증금반환채무는 소멸하지 아니한다.

▶ 관련법규 : 주택임대차보호법 제3조 제1항, 제2항 등

*** 부당이득반환청구 【대판 1997. 7. 17. 96다7236】**

(주)두원공조가 아파트를 임대하여 사원들을 입주시키고 입주사원들이 전입신고를 하고 임대차계약서에 확정일자를 날인 받았으나 임대차계약서상의 임차인이 (주)두원공조라는 법인으로 명시되어 있으므로 임차아파트가 경매되는 경우 (주)두원공조는 경매대금의 배당에서 제외된다. 따라서 채권자 한성생명(주)가 경락대금을 받는 것은 부당이득에 해당되지 않는다.

## 2. 주택임대차계약기간

주택임대차계약에서 임대차기간을 정하지 않았거나 2년 이하의 기간으로 정한 때에

는 임대차계약기간을 2년으로 인정한다(주택임대차보호법 제4조 제1항). 이는 임차인의 안정적 주거생활을 보호하기 위한 내용이기 때문에 임대인은 이에 대한 이익을 주장하지 못한다. 예컨대, 임대차계약서상의 계약기간이 1년으로 약정된 경우 임차인은 계약체결 후 1년이 경과되면 계약의 만료를 주장하며 임차보증금의 반환을 청구할 수도 있고, 아니면 계약상 1년으로 약정했지만 2년까지 임차권을 주장할 수도 있다.

그러나 임대인은 계약체결 후 1년이 경과되었다고 임차인에게 목적부동산의 반환을 요구할 수 없으며, 임차인이 계약체결 후 1년이 경과되어 목적부동산을 인도하며 보증금의 반환을 요구하면 특별한 사유가 없는 한 이를 거부할 수 없다.

### 판 례

*** 임대차계약의 갱신 【대판 2005. 4. 29. 2005다8002】**

임대주택법의 적용을 받는 임대주택에 관해서는 건설교통부령이 정하는 표준임대차계약서 제10조 제1항 각 호 중 하나에 해당하는 사유가 있는 경우라야 임대인이 그 임대차계약을 해지하거나 임대계약의 갱신을 거절할 수 있고, 그렇지 아니한 경우에는 임차인이 임대차계약의 갱신을 원하는 이상 특별한 사정이 없는 한 임대인이 임대차계약의 갱신을 거절할 수 없다.

▶ 관련법규 : 임대주택법 제18조, 시행규칙 제8조 〔별지 제10호 서식〕, 주택임대차보호법 제6조 등

*** 임차주택이 경매된 경우 임차권의 효력 【대판 2004. 8. 30. 2003다23885】**

주택임대차보호법 제3조의5의 입법 취지와 규정 내용에 비추어 보면, 주택임대차보호법상의 대항력과 우선변제권의 두 권리를 겸유하고 있는 임차인이 우선변제권을 선택하여 임차주택에 대하여 진행되고 있는 경매절차에서 보증금에 대한 배당요구를 하여 보증금 전액을 배당받을 수 있는 경우에 특별한 사정이 없는 한 임차인이 그 배당금을 지급받을 수 있는 때, 즉 임차인에 대한 배당표가 확정될 때까지는 임차권이 소멸하지 않는다고 해석함이 상당하다. 따라서 경락인이 낙찰대금을 납부하여 임차주택에 대한 소유권을 취득하였더라도 임차인은 보증금의 배당을 받을 때까지 당해 주택을 계속 사용·수익할 수 있다.

▶ 관련법규 : 주택임대차보호법 제3조의5, 민법 제741조 등

## 3. 보증금의 우선변제권

### 1) 효 력

임차인은 대항요건을 갖추면 임대차계약의 목적부동산, 즉 임차인이 세들어 사는 집이 경매 또는 공매되는 경우라도 경락대금에서 후순위 권리자보다 우선적으로 임차보증금을 변제받을 수 있다. 그러나 임차인보다 선순위 권리자에게는 대항하지 못한다.

예컨대, 甲이 1997년 1월 1일날 보증금 5,000만원에 임대차계약을 체결하고, 같은 날 계약서에 확정일자를 날인 받고 이사도 마치고 전입신고까지 마친 경우, 다음날인 1997

년 1월 2일날 乙이 우선변제권이 있는 절대적인 권리인 근저당권을 설정하였더라도 그 부동산이 경매되는 경우, 乙의 채권보다 甲의 보증금이 우선권을 가진다. 甲과 乙의 순서가 바뀐 경우는 甲의 보증금은 우선적으로 보호받지 못한다.

### 2) 소액보증금의 우선변제권

#### (1) 효 력

소액보증금의 경우는 대항요건을 갖추면 일정한 범위 내에서 선순위권리의 채권보다 일정한 범위 내에서는 우선 변제를 받을 수 있다.

#### (2) 보호범위

소액보증금은 수도권정비계획법에 의한 수도권 중 과밀억제권역(서울, 인천, 의정부, 구리시, 남양주시 일부, 하남시, 고양시, 수원시, 성남, 안양, 부천, 광명, 과천, 의왕, 군포, 시흥시 등은 6,000만원), 광역시(인천과 군 지역 제외)는 5,000만원, 기타지역은 4,000만원 이하까지 인정된다(주택임대차보호법 시행령 제4조).

그리고 우선변제를 받을 수 있는 범위는 수도권과밀억제권역은 2,000만원, 광역시는 1,700만원, 기타 지역은 1,400만원 이하로 규정되어 있다(주택임대차보호법 시행령 제3조 제1항).

#### 판 례

**∗ 임차권등기와 배당요구 【대판 2005. 9. 15. 2005다33039】**

임차한 주택이 경매되는 경우 임차권등기명령에 의하여 임차권등기를 한 임차인은 우선변제권을 가지며, 임차권등기는 임차인으로 하여금 기왕의 대항력이나 우선변제권을 유지하도록 해 주는 담보적 기능을 주목적으로 하고 있으므로, 임차권등기가 첫 경매개시결정등기 전에 등기된 경우 배당받을 채권자의 범위에 관하여 규정하고 있는 민사집행법 제148조 제4호의 "저당권 · 전세권 그 밖의 우선변제청구권으로서 첫 경매개시결정 등기 전에 등기되었고 매각으로 소멸하는 것을 가진 채권자"에 준하여 임차인은 별도로 배당요구를 하지 않아도 당연히 배당받을 채권자에 속하는 것으로 보아야 한다.

▶ 관련법규 : 주택임대차보호법 제3조의3 제5항, 제3조의5, 민사집행법 제91조 제4항, 제148조 제4호 등

**∗ 임대보증금반환의무와 임차권등기 말소의무의 관계 【대판 2005. 6. 9. 2005다4529】**

주택임대차보호법 제3조의3 규정에 의한 임차권등기는 이미 임대차계약이 종료하였음에도 임대인이 그 보증금을 반환하지 않아 임차인의 보증금반환청구권을 보장받기 위해 경료된 것이므로 이미 사실상 이행지체에 빠진 임대인의 임대차보증금의 반환의무와 임차권등기에 대한 임차인의 말소의무를 동시이행관계에 있는 것으로 볼 수는 없으며, 특히 임차권등기는 임차인으로 하여금 기왕의 대항력이나 우선변제권을 유지하도록 해 주는 담보적 기능만을 주목적으로 하는 점 등으로 미루어보면 이 경우 임대인이 먼저 보증금을 반환하고 임차인에게 임차권등기 말소를 청구하여야 한다.

▶ 관련법규 : 주택임대차보호법 제3조 제1항, 제3조의3, 제3조의5, 민법 제536조 등

* **보증금의 우선변제력** 【대판 1996. 7. 12. 94다37646】

임대차계약이 만료되기 전에 목적부동산이 경매되어 임차인이 보증금에 대한 배당요구를 한 경우, 이는 임대차계약에 대한 해지로 인정되어 대항력 있는 임차인의 배당요구는 임대차보호법상 규정된 우선변제의 효력이 있다.

▶ 관련법규 : 민사소송법 제606조 제1항, 제728조, 주택임대차보호법 제3조 제1항, 제2항, 제3조의2 제1항 본문, 제8조 제1항 등

* **다가구주택과 다세대주택의 임차권보호** 【대판 1997. 11. 14. 97다29530】

임대차보호법상 대항요건으로 주민등록을 하도록 한 것은 거래의 안전을 위하여 임차권의 존재를 제3자가 명백히 인식할 수 있도록 하기 위해서이다. 따라서 단독주택에 해당하는 다가구주택의 세입자는 전입신고를 할 때 지번만 기재하고 정확한 호수를 기재하지 않아도 주택임대차보호법상의 보호를 받을 수 있다. 그러나 공동주택인 다세대주택의 세입자가 전입신고를 할 때 지번만 기재하고 정확한 호수를 기재하지 아니한 경우는 제3자가 임차권의 존재를 확인할 수 있도록 명확히 공시하지 아니했다는 이유로 임대차보호법상의 보호를 받지 못한다.

### 3) 증액된 임차보증금의 우선변제 여부

임대차계약을 갱신함에 따라 임차보증금이 증액된 경우 임차보증금의 우선변제효력이 당초의 확정일자에 소급하여 발생하는 것이 아니므로 증액된 임차보증금은 갱신계약일 전에 등기가 경료된 근저당권이나 법정기일이 초과한 국세채권에 대하여 우선변제 받을 수 없다(서울고등법원 제3특별부 1997. 10. 15. 97구14820).

## 4. 차임 등의 증감청구권

임대차계약의 당사자는 세금이나 공과금의 부담이 증감하거나 경제적 사정이 변동하여 차임 또는 보증금이 정당하다고 볼 수 없는 경우는 차임이나 보증금의 증감을 청구할 수 있다(주택임대차보호법 제7조).

그러나 주택임대차의 경우, 증액의 청구는 약정한 차임이나 보증금의 1/20에 상당하는 금액을 초과하지 않는 범위 내에서만 할 수 있으며, 또한 임대차계약 또는 약정한 차임 등을 증액한 후 1년 이내에는 다시 증액하지 못한다(주택임대차보호법 시행령 제2조). 따라서 부당하게 임차보증금을 올려 달라고 하는 것은 잘못된 것이며, 이러한 경우는 당사자가 시·군·구청에 가서 조정신청을 하면 행정관청의 조정으로 적절하게 조절이 될 수 있다.

## 5. 임차권등기

임대차계약기간이 만료되어 임차인이 다른 곳으로 이주를 해야 할 경우 임대인이 임차보증금을 돌려주지 않는 경우 임차인에게 단독으로 임차권등기를 경료할 수 있도록 함으로써 자유롭게 주거를 이전할 수 있는 기회를 보장하기 위한 절차로서 임차권등기

절차가 인정되고 있다. 이는 서면심리로만 이루어지기 때문에 절차가 간편하다. 그러나 주택임대차보호법상의 대항요건을 갖추고 임대차기간이 만료되었으나 임대인이 임차보증금을 반환하지 않는 등의 요건이 충족되어야 한다. 이렇게 임차권등기를 마치면 임차인이 다른 곳으로 이주를 하고 주민등록을 하더라도 법적 보호를 받을 수 있다.

## 주택임차권등기명령신청서식

### 주 택 임 차 권 등 기 명 령 신 청 서

수입인지
2000원

신청인(임차인) 이 름 : (주민등록번호 － )
주 소 :
연락처 :
피신청인(임대인) 이 름 :
주 소 :

신 청 취 지

별지목록 기재 건물에 관하여 아래와 같은 주택임차권등기를 명한다.
라는 결정을 구합니다.

아 래

1. 임대차계약일자 : 200 년 월 일
2. 임차보증금액 : 금 원, 차임 : 금 원
3. 주민등록일자 : 200 년 월 일
4. 점유개시일자 : 200 년 월 일
5. 확 정 일 자 : 200 년 월 일

신 청 이 유

첨 부 서 류

| | |
|---|---|
| 1. 건물등기부등본 | 1통 |
| 2. 주민등록등본 | 1통 |
| 3. 임대차계약증서 사본 | 1통 |
| 4. 부동산목록 | 5통 |

200 . . .

위 신청인 ㉿

○○지방법원 지원 귀중

‖ 유의사항 ‖

1. 신청서 접수시 당사자 1인당 3회분의 송달료를 현금으로 예납하여야 한다.
2. 등록세 3,600원을 납부하여야 한다.
3. 대법원 증지 2,000원(부동산 1필지당)

# Ⅱ. 상가건물임대차보호법상의 특칙

## 1. 적용범위

### 1) 원 칙

상가건물임대차보호법(이하 "상가임대차법"이라 칭함)은 사업자등록의 대상이 되는 영업용 상가건물의 임대차 중 다음의 보증금액 또는 환산보증금액을 초과하지 않는 경우에만 적용되며(상가임대차법 제2조 제1항), 미등기 전세계약에 대해서도 적용되는데 이때 전세보증금을 임대차보증금으로 본다(상가임대차법 제17조).

(1) 서울 : 2억 6천만원 이하

(2) 과밀억제권역(서울 제외) : 2억 1천만원 이하

(3) 광역시(인천 및 군 지역 제외) : 1억 6천만원 이하

(4) 기타지역 : 1억 5천만원 이하

### 2) 예 외

일시사용을 위한 임대차임이 명백한 경우는 이 법이 적용되지 않는다(상가임대차법 제16조).

### 3) 환산보증금

보증금 외에 차임이 있는 경우는 그 차임액에 은행법에 의한 금융기관의 대출금리 등을 감안하여 대통령이 정하는 일정한 비율을 곱한 금액으로 환산하여 보증금액을 인정하게 되는데 이를 환산보증금 〔보증금+(월세×100)〕이라 한다(상가임대차법 시행령 제2조 제3항).

## 2. 대항력

상가건물의 임차인이 ① 건물을 인도하고, ② 사업자등록을 신청한 경우는 그 다음날부터 제3자에 대하여 대항할 수 있으며, 이러한 대항력은 임차건물의 양수인, 임대인의 권리 승계인에 대하여도 유효하고, 경매나 매매의 경우에도 인정된다(상가임대차법 제3조).

## 3. 보증금의 회수

### 1) 우선변제권

상가건물의 임차인이 위의 대항요건을 갖추고 관할세무서장으로부터 임대차계약서상의 확정일자를 받은 경우는 임차한 상가건물이 경매 또는 공매되더라도 임차건물의 환가대금(임대인소유의 대지의 환가금 포함)에서 후순위권리자나 그 밖의 채권자보다 우선하여 보증금을 변제받을 수 있는데, 이때 임차인이 보증금을 변제받기 위해서는 임차건물을 양수인에게 인도하여야 한다(상가임대차법 제5조 제2항, 제3항).

### 2) 소액보증금에 대한 최우선변제권

상가건물의 임차보증금이 소액인 경우 임차인이 건물에 대한 경매신청의 등기가 있기 전에 대항요건을 갖추면 대지가액을 포함한 상가건물의 환가대금의 1/3의 범위 내에

서 다른 담보물권자보다 우선하여 일정금액을 변제받을 수 있다(상가임대차법 제14조, 영 제6조, 제7조).

#### (1) 소액보증금의 범위

① 서울 : 4천5백만원

② 과밀억제권역(서울 제외) : 3천9백만원

③ 광역시(인천 및 군 지역 제외) : 3천만원

④ 기타 지역 : 2천5백만원

#### (2) 우선변제액

① 서울 : 1천350만원

② 과밀억제권역(서울 제외) : 1천170만원

③ 광역시(인천 및 군 지역 제외) : 900만원

④ 기타 지역 : 750만원

## 4. 계약기간

임대차계약의 기간에 대하여 정함이 없거나 1년 미만으로 정한 임대차의 기간은 1년으로 본다. 이는 임차인의 보호규정이므로 임차인은 1년 미만으로 정한 계약기간에 대하여 그 효력을 주장할 수 있다(상가임대차법 제9조 제1항). 따라서 1년 미만의 기간으로 상가임대차계약을 체결한 임차인은 1년 미만의 약정기간이 종료되면 임대인에 대하여 보증금의 반환을 청구할 수 있다.

또한 임대차기간이 종료된 후에도 임차인이 임대인으로부터 보증금을 반환받을 때까지는 임대차관계가 존속하는 것으로 본다(상가임대차법 제9조 제2항).

## 5. 계약갱신요구권

### 1) 원 칙

임차인은 임대차계약기간 만료일로부터 6월에서 1월 사이에 임대인에 대하여 계약의 갱신을 일방적으로 요구할 수 있으며, 이에 대하여 임대인은 정당한 사유가 없는 한 이를 거절할 수 없다(상가임대차법 제10조 제1항). 이는 최초의 계약기간을 포함해서 5년을 초과하지 않는 범위 내에서만 인정된다.

### 2) 예 외

임차인의 계약갱신요구가 있더라도 다음과 같은 사유가 있는 경우 임대인은 이를 거절할 수 있다.

(1) 임차인이 3기에 달하도록 차임을 연체한 사실이 있는 경우

(2) 임차인이 거짓 그 밖의 부정한 방법으로 임차한 경우

(3) 쌍방 합의하에 임대인이 임차인에게 상당한 보상을 제공한 경우

(4) 임차인이 임대인의 동의 없이 목적건물의 전부 또는 일부를 전대한 경우

(5) 임차인이 임차한 건물의 전부 또는 일부를 고의 또는 중대한 과실로 파손한 경우

(6) 임차한 건물의 전부 또는 일부가 멸실되어 임대차의 목적을 달성할 수 없는 경우

(7) 임대인이 목적건물의 전부 또는 대부분을 철거하거나 재건축하기 위해 목적건물의 점유회복이 필요한 경우

(8) 그 밖에 임차인이 임차인으로서의 의무를 현저히 위반하거나 임대차를 존속하기 어려운 중대한 사유가 있는 경우

# 제11절 친족과 상속에 관한 법률관계

## Ⅰ. 친족과 종중

### 1. 친족의 개념

친족親族이란 혼인이나 혈연을 기초로 한 사람과 사람의 특수한 관계로서 민법상 친족의 범위는 배우자, 8촌 이내의 혈족 및 4촌 이내의 인척을 말한다(민법 제767조, 제777조).

### 2. 친족의 범위

#### 1) 혈 족

1991년 이전의 가족법에서는 부계혈족 8촌 이내와 모계혈족 4촌 이내로 규정하고 있었으나 새로운 가족법에서는 혈족의 범위를 모계와 부계 모두 8촌 이내로 규정하여 남

녀평등의 원칙을 실현하였다.

### 2) 인 척

인척姻戚이란 혼인으로 인해 형성되는 친족관계로서 장인, 장모뿐만 아니라 처제, 처남, 동서, 처삼촌, 처사촌동서 등도 친족에 해당한다.

**판 례**

**＊ 범인도피죄와 사실혼관계** 【대판 2003. 12. 12. 2003도4533】

형법 제151조 제2항 및 제155조 제4항은 친족, 호주 또는 동거의 가족이 본인을 위하여 범인도피죄, 증거인멸죄 등을 범한 때에는 처벌하지 아니한다고 규정하고 있는바, 사실혼관계에 있는 자는 민법 소정의 친족이라 할 수 없어 위 조항에서 말하는 친족에 해당하지 않는다.

▶ 관련법규 : 형법 제151조 제2항, 제155조 제4항 등

## 3. 친족 간의 부양

### 1) 자녀의 부양의무

친족인 직계혈족 및 배우자 사이에는 부양의무가 있다고 민법 제974조 제1호가 규정하고 있으므로 자녀는 부모에 대하여 부양의무를 부담한다. 이때 자녀의 범위는 출가한 딸, 사위, 며느리 및 양자까지 포함한다. 특히 양자는 양부모의 친부모에 대한 부양의무를 부담하게 된다.

### 2) 형제자매 및 숙질간의 부양의무

생계를 같이 하는 친족 간에는 부양의무가 있다(민법 제 974조 제2호). 따라서 형제자매 또는 숙질간에는 함께 생활하는 경우에만 부양의무를 부담하게 된다.

### 3) 부양의 정도

부양의 정도를 결정함에 있어서는 부양받을 자의 생활정도와 부양의무자의 자격 이외에 이들간의 친소관계, 교제상태, 부양받을 자의 생활곤궁의 원인 등 제반사정을 참작하여 정하게 된다(민법 제977조).

**판 례**

**＊ 법정부양의무와 부담부증여계약의 위반** 【대판 1996. 1. 26. 95다43358】

민법 제556조 제1항 제2호에 규정되어 있는 '부양의무' 라 함은 민법 제974조에 규정되어 있는 직계혈족 및 그 배우자 또는 생계를 같이 하는 친족간의 부양의무를 가리키는 것으로서, 친족간이 아닌 당사자 사이의 약정에 의한 부양의무는 이에 해당하지 아니하여 민법 제556조 제2항이나 민법 제558조가 적용되지 않는다. 따라서 甲은 슬하에 아들 없이 딸만 두고 있어 향후 자신과 자신의 처의 부양과 선조의 제사봉행의 문제로 고민하다가 자신의 조카의 아들인 을에게 자신이 나이가 더 들어 거동이 불편하거든 甲부부를 부양하고 선조의 제사봉행을 해 줄 것을 조건으로 토지를 증여하기로 약정하고, 소유권이전등기를 경료하여 주었으나 그 후 乙은 甲부부를 전혀 돌보지 아니하였고, 선조의 제사봉행도 하지 아니한 경우 이는 토지의 증여는 부담부증여에 해당함으로 乙의 부담의무불이행을 이유로 그 증여계약을 해제하고 甲은 토지를 다시 반환받을 수 있다.

▶ 관련법규 : 민법 제544조, 제561조, 민법 제556조 제2항, 제558조 등

## 4. 종 중

### 1) 종중의 개념

종중이란 같은 조상에 대한 후손들이 선조의 제사를 모시고 또한 후손들의 친목을 도모하기 위해 자연발생적으로 형성된 종족단체로서 친족의 개념보다 그 범위가 넓게 파악된다. 그러나 친족과 다른 점은 종중은 혈족만으로 구성된다는 것이다.

**판 례**

**＊ 종중** 【대판 1996. 3. 12. 94다56999】

종중이란 선조의 분묘수호, 봉제사, 후손들의 친목도모 등을 위해 공동선조의 후손들에 의해 자연적으로 형성된 종족단체로서 그들의 목적달성을 위해 규약을 정하거나 대외적인 대표자를 정하는 경우가 있다. 그러나 종중이라고 해서 반드시 특별한 명칭을 사용하고 규약의 서면화와 대표자가 선임되어야 하는 등 조직을 갖추어야 하는 것은 아니다.

▶ 유사판례 : 대판 1995. 11. 14. 95다16103

### 2) 종원의 자격에 대한 변화

종원은 종중의 구성원으로서 종원의 자격에 관한 명시적 법규는 없으나 판결에 의하면 공동선조의 후손 중에서 성년 이상의 남자만이 종원이 될 수 있다(대판 2002. 6. 28. 2001다5296). 따라서 여자는 종원의 자격을 취득하지 못한다는 것이 종전의 입장이었으나 종원의 자격을 성년 남자로만 제한하고 여성에게는 종원의 자격을 부여하지 않는 종래 관습에 대하여 우리 사회 구성원들이 가지고 있던 법적 확신은 상당 부분 흔들리거나 약화되어 있고, 무엇보다도 헌법을 최상위 규범으로 하는 우리의 전체 법질서는

개인의 존엄과 양성의 평등을 기초로 한 가족생활을 보장하고, 가족 내의 실질적인 권리와 의무에 있어서 남녀의 차별을 두지 아니하며, 정치 · 경제 · 사회 · 문화 등 모든 영역에서 여성에 대한 차별을 철폐하고 남녀평등을 실현하는 방향으로 변화되어 왔으며, 앞으로도 이러한 남녀평등의 원칙은 더욱 강화될 것인바, 종중은 공동선조의 분묘수호와 봉제사 및 종원 상호간의 친목을 목적으로 형성되는 종족단체로서 공동선조의 사망과 동시에 그 후손에 의하여 자연발생적으로 성립하는 것임에도, 공동선조의 후손 중 성년 남자만을 종중의 구성원으로 하고 여성은 종중의 구성원이 될 수 없다는 종래의 관습은, 공동선조의 분묘수호와 봉제사 등 종중의 활동에 참여할 기회를 출생에서 비롯되는 성별만에 의하여 생래적으로 부여하거나 원천적으로 박탈하는 것으로서, 위와 같이 변화된 우리의 전체 법질서에 부합하지 아니하여 정당성과 합리성이 있다고 할 수 없어 종중 구성원의 자격을 성년 남자만으로 제한하는 종래의 관습법은 이제 더 이상 법적 효력을 가질 수 없게 되어 이젠 성과 상관없이 성년에 이른 자는 종원의 자격을 가지게 되었다(대판 2005. 7. 21. 2002다1178).

### 3) 종중의 형태와 종중총회

종중은 그 형성이나 조직에 있어서 일정한 형식을 요하는 것은 아니다. 따라서 종중은 일정한 규약 또는 조직이나 특별한 명칭이 있어야 하는 것은 아니고 종중원들의 합의로 그 운영에 관한 원칙이나 조직을 형성하면 된다.

#### 판 례

**＊ 종중의 명칭** 【대판 2002. 6. 28. 2001다5296】

어느 종중의 명칭 사용이 비록 명칭 사용에 관한 관습에 어긋난다고 하여도 그 점만 가지고 바로 그 종중의 실체를 부인할 수는 없다. 따라서 소제기 당시 종중의 명칭이 마치 종중 유사단체인 것처럼 표시하였으나 소장의 청구원인에서 고유한 의미의 종중임을 밝히고 있고 그 후 당사자의 표시를 고유한 의미의 종중과 같이 변경한 경우, 그 종중이 고유한 의미의 종중이 아니라 종중 유사단체에 불과하다거나, 소제기시 종중 유사단체임을 자인한 것으로 볼 것은 아니다.

▶ 관련법규 : 민법 제31조

**＊ 종중총회의 효력발생** 【대판 1995. 6. 16. 94다53563】

종중의 대표자격이 있는 자가 직접 종회를 소집하지 않았다 하더라도 그가 다른 종원의 종회 소집에 동의하여 그 종원으로 하여금 종회를 소집케 한 경우의 종회는 유효하다. 그리고 소집절차에 하자가 있어 그 효력을 인정할 수 없는 종중총회라도 그 후 적법하게 소집된 종중총회에서 그를 추인하였다면 그는 처음부터 유효한 종중총회가 된다.

**＊ 종중총회의 장소** 【대판 2001. 10. 12. 2001다24082】

일부 종중원들이 정기총회의 연기를 선언한 종회장의 결정에 반대하여 사전에 정기총회의 장소로 지정된 적이 없는 곳에서 별도로 개최한 정기총회는 적법한 장소가 아닌 곳에서 개최된 것으로 위법하다.

관련법규 : 민법 제69조, 제71조 등

*** 종중총회의 소집통지방법 【대판 2001. 6. 29. 99다32257】**

종중총회는 특별한 사정이 없는 한 족보에 의하여 소집통지 대상이 되는 종중원의 범위를 확정한 후 국내에 거주하고 소재가 분명하여 통지가 가능한 모든 종중원에게 개별적으로 소집통지를 함으로써 각자가 회의와 토의 및 의결에 참가할 수 있는 기회를 주어야 하고, 일부 종중원에게 소집통지를 결여한 채 개최된 종중총회의 결의는 효력이 없으나, 그 소집통지의 방법은 반드시 직접 서면으로 하여야만 하는 것은 아니고 구두 또는 전화로 하여도 되고 다른 종중원이나 세대주를 통하여 하여도 무방하다.

관련법규 : 민법 제31조, 제71조 등

## 5. 묘 지

### 1) 분묘기지권

묘지는 특별한 재산상의 가치보다 고인의 시체를 묻어 두고 제사를 모시기 위해 필요한 것으로 관습상의 관행으로 설치하는 것이다. 이러한 묘지를 타인의 토지에 허락 없이 설치하였더라도 20년 이상 공연·평온하게 일정한 봉분의 외형을 유지해 왔다면 관습상 묘지에 대한 소유권이 인정된다. 이를 관습법상 인정되는 물권인 분묘기지권墳墓基地權이라고 한다. 이 권리는 봉분이 존재하는 범위내에서만 유효하며, 봉분이 멸실되면 동시에 권리도 소멸한다.

**판 례**

*** 분묘기지권과 합장 【대판 2001. 8. 21. 2001다28367】**

분묘기지권은 분묘를 수호하고 봉제사하는 목적을 달성하는 데 필요한 범위 내에서 타인의 토지를 사용할 수 있는 권리를 의미하는 것으로서, 이 분묘기지권에는 그 효력이 미치는 지역의 범위 내라고 할지라도 기존의 분묘 외에 새로운 분묘를 신설할 권능은 포함되지 아니하는 것이므로, 부부 중 일방이 먼저 사망하여 이미 그 분묘가 설치되고 그 분묘기지권이 미치는 범위 내에서 그 후에 사망한 다른 일방을 단분單墳 형태로 합장하여 분묘를 설치하는 것도 허용되지 않는다.

관련법규 : 민법 제185조, 제279조 등

*** 분묘기지권 【대판 1996. 6. 14. 96다14036】**

타인의 토지에 허락 없이 마음대로 분묘를 설치한 경우 그 후 20년간 외관상 분묘의 존재를 인식할 수 있는 봉분을 유지하고 이를 공연·평온하게 점유하면 분묘기지권을 취득하게 된다. 여기서 「평온한 점유」란 점유자가 점유를 취득 또는 보유하는데 있어 법률상 용인될 수 없는 강포행위를 쓰지 않는 점유이고, 「공연한 점유」란 은비의 점유가 아닌 점유를 말한다.

### 2) 묘지의 소유권

묘지는 일반적으로 망인의 유족들이 망인의 사망 전이나 그 후에 일정한 부동산을 확보하여 사용하는 것이 관례로 되어 있다. 이러한 경우는 묘지로 사용할 토지를 매입하는 자가 매입시 소유권에 관한 문제를 처리하기 때문에 특별한 문제가 발생하지 않지만, 경우에 따라서는 본인이 죽어서 묘지로 사용하기 위해 직접 자신의 묘지터를 구입해 놓는 경우가 있는데, 이러한 경우는 자신을 공동선조로 하는 자손들의 총유재산으로 하여 자손들로 하여금 영구히 보존하게 할 의사가 있다고 보아 그 묘지에 대한 소유권은 일반상속재산과 달리 종중의 총유재산이 되므로 종원 전원의 동의 없이는 함부로 처분할 수 없게 된다.

### 판 례

*** 분묘기지권의 범위 【대판 2000. 9. 26. 99다14006】**

매장및묘지등에관한법률상 묘지 내의 시설물로서 비석은 분묘 1기당 1개로 제한되어 있고 분묘에 이미 비석이 설치되어 있는 상태에서 그 후 다시 비석이 설치된 경우, 그러한 사정만으로는 전자의 비석의 설치자가 후자의 비석의 철거를 구할 수 있는 권리가 생긴다고 할 수 없다. 또한 분묘의 부속시설인 비석 등 제구를 설치·관리할 권한은 분묘의 수호·관리권에 포함되어 원칙적으로 제사를 주재하는 자에게 있고, 따라서 만약 제사주재자 아닌 다른 후손들이 비석 등 시설물을 설치하였고 그것이 제사주재자의 의사에 반하는 것이라 하더라도, 제사주재자가 분묘의 수호·관리권에 기하여 철거를 구하는 것은 별론으로 하고, 그 시설물의 규모나 범위가 분묘기지권의 허용범위를 넘지 아니하는 한, 분묘가 위치한 토지의 소유권자가 토지소유권에 기하여 방해배제청구로서 그 철거를 구할 수는 없다.

▶ 관련법규 : 매장및묘지등에관한법률 제4조 제1항, 시행령 제2조 제3항, 민법 제214조, 제1008조의3 등

*** 분묘기지권의 범위 【대판 1997. 5. 23. 95다29086, 29093】**

분묘기지권은 분묘의 기지 자체(봉분의 기저 부분)뿐만 아니라 그 분묘의 수호 및 제사에 필요한 범위 내에서 분묘의 기지 주위의 공지를 포함한 지역에까지 미치는 것이고 그 확실한 범위는 각 구체적인 경우에 개별적으로 정하여야 할 것인바, 사성莎城(무덤 뒤를 반달형으로 둘러쌓은 둔덕)이 조성되어 있다 하여 반드시 그 사성 부분을 포함한 지역에까지 분묘기지권이 미치는 것은 아니다. 또한 분묘기지권은 분묘를 수호하고 봉제사하는 목적을 달성하는 데 필요한 범위 내에서 타인의 토지를 사용할 수 있는 권리를 의미하는 것으로서, 분묘기지권에는 그 효력이 미치는 지역의 범위 내라고 할지라도 기존의 분묘 외에 새로운 분묘를 신설할 권능은 포함되지 아니하는 것이므로, 부부 중 일방이 먼저 사망하여 이미 그 분묘가 설치되고 그 분묘기지권이 미치는 범위 내에서 그 후에 사망한 다른 일방의 합장을 위하여 쌍분雙墳 형태의 분묘를 설치하는 것도 허용되지 않는다.

▶ 관련법규 : 민법 제185조, 제279조 등

*** 분묘의 소유권 【대판 1996. 6. 11. 96다7403】**

甲이 자신의 분묘로 사용하기 위해 매수한 토지의 소유권은 그가 사망하더라도 일반적인 상속재산과 달리 甲을 공동선조로 하는 종중의 총유재산으로 보아야 한다. 따라서 장손도 그 묘지에 대한 관리권은 행사할 수 있으나 처분권을 행사할 수 없다.

## Ⅱ. 가족관계등록제도

### 1. 개　념

가족관계등록제도는 2008. 1. 1.부터 호주제도가 폐지됨에 따라 이에 대한 보완책으

로 마련된 제도로서 호주제도하에서는 일률적으로 남성을 중심으로 하여 호주가 결정되었으나 가족관계등록제도는 남녀가 결혼하는 경우 부부의 합의에 의해 자녀의 성을 결정할 수 있도록 하고 있다.

## 2. 가족관계등록부

과거 호적부에 해당하는 가족관계등록부는 개인의 등록기준지, 성명, 성별, 본, 출생연월일 및 주민등록번호 등의 공통사항과 개별사항을 기재하도록 하고 있는데 그 내용은 다음과 같다.

### 1) 가족관계증명서

가족관계증명서에는 위에서 설명한 공통사항 외에 부모, 배우자, 자녀의 인적사항 등 3대에 한하여 그 내용을 기재한다.

### 2) 기본증명서

기본증명서에는 공통사항과 본인의 출생, 사망, 개명 등에 관한 인적사항을 기록한다.

### 3) 혼인관계증명서

혼인관계증명서에는 공통사항과 배우자의 인적사항 및 혼인, 이혼 등에 관한 사항을 기재한다.

### 4) 입양관계증명서

입양관계증명서에는 공통사항과 양부모 또는 양자의 인적사항 및 입양, 파양 등에 관한 내용을 기재한다.

### 5) 친양자입양관계증명서

친양자입양관계증명서에는 공통사항과 친생부모, 양부모 또는 친양자 등의 인적사항 및 입양, 파양 등에 관한 사항을 기재한다.

따라서 미성년자의 법정대리인을 확인하고자 하는 경우는 미성년자의 기본증명서와 가족관계증명서가 있어야 되며, 상속관계를 확인하기 위해서는 본인의 가족관계증명서와 기본증명서(구 제적등본)가 필요하다.

# Ⅲ. 출생 및 혼인

## 1. 출 생

### 1) 출생신고

정상적인 부부 사이의 자녀는 출생함으로써 권리 · 의무의 주체가 될 수 있는 자격을 가지며, 따라서 권리자 또는 의무자가 될 수 있다. 권리 의무의 주체로 태어난 사람은 아버지의 가족관계등록에 입적하여 가족이 되는 것이 원칙이다(민법 제781조 제1항).

그러나 아버지를 알 수 없거나 아버지가 어머니의 가족관계등록에 입적된 경우는 어머니의 가족관계등록에 입적되어 가족이 된다(민법 제781조 제2항, 제826조 제4항). 결혼으로 남편이 부인의 가족관계등록에 입적하는 경우를 입부혼이라 한다.

그러나 2008년 1월 1일부터 자는 부의 성과 본을 따르지만 부모가 혼인신고시 모의 성과 본을 따르기로 협의한 경우에는 모의 성과 본을 따르고(민법 제781조 제1항), 자의 복리를 위하여 자의 성과 본을 변경할 필요가 있을 때에는 부, 모 또는 자의 청구에 의하여 법원의 허가를 받아 변경할 수 있으며, 자가 미성년자이고 법정대리인이 청구할 수 없는 경우에는 친족 또는 검사가 청구할 수 있다(민법 제781조 제6항).

자녀가 출생한 경우 그의 아버지나 어머니의 출생지 또는 본적지에서 1개월 이내에 자녀의 성명, 성별, 출생연월일 및 출생장소, 부모의 성명 및 본本 등의 사항을 기재하여 신고하여야 한다(호적법 제49조 제1항, 제2항).

자녀가 교통기관 중에서 출생한 경우 산모가 교통기관에서 내린 곳이 출생지가 되며, 요즘은 대부분 산부인과가 아이들의 출생지가 되어 산부인과의 출산증명서를 발급받아 출생신고를 하는 경우가 많다.

#### 판례

**＊ 입양신고 대신 출생신고를 한 경우** 【대판 2004. 11. 11. 2004므1484】

당사자가 양친자관계를 창설할 의사로 친생자 출생신고를 하고 거기에 입양의 실질적 요건이 모두 구비되어 있다면 그 형식에 다소 잘못이 있더라도 입양의 효력이 발생하고, 양친자관계는 파양에 의하여 해소될 수 있는 점을 제외하고는 법률적으로 친생자관계와 똑같은 내용을 갖게 되므로 이 경우의 허위의 친생자 출생신고는 법률상의 친자관계인 양친자관계를 공시하는 입양신고의 기능을 발휘하게 되는 것이지만, 여기서 입양의 실질적 요건이 구비되어 있다고 하기 위하여는 입양의 합의가 있을 것, 15세 미만자는 법정대리인의 대낙이 있을 것, 양자는 양부모의 존속 또는 연장자가 아닐 것 등 민법 제883조 각 호 소정의 입양의 무효사유가 없어야 함은 물론 감호 · 양육 등 양친자로서의 신분적 생활사실이 반드시 수반되어야 하는 것으로서, 입양의 의사로 친생자 출생신고를 하였다 하더라도 위와 같은 요건을 갖추지 못한 경우에는 입양신고로서의 효력이 생기지 아니한다.
⊙ 관련법규 : 민법 제878조, 제883조 등

### 2) 2중가족관계등록의 정리

전남편과의 혼인중의 자가 전남편의 가족관계등록에 입적되어 있는 상태에서 현재의 남편과의 혼인중의 자로 허위신고 됨으로써 2중으로 가족관계등록이 되어 있는 경우는 친생자관계부존재확인의 소에 대한 판결을 받아 가족관계등록정정신청을 함으로써 허위로 신고된 가족관계등록을 말소시킬 수 있다.

친생자관계부존재확인의 소는 당사자의 주소지를 관할하는 가정법원에 소를 제기하여야 하며, 이 소송에서 재혼한 남편과의 혼인중의 자가 아니라는 확정판결을 받아 본적지 또는 주소지 시 · 구 · 읍 · 면사무소에 가서 가족관계등록정정신청절차를 밟아야 한다. 이 절차는 복잡하므로 변호사와 행정사에게 위임하는 것이 편리하다(민법 제865조, 가사소송법 제24조, 제26조, 제28조 등).

## 2. 혼 인

### 1) 의 의

혼인이란 남녀가 부부로서 평생 동안 함께 생활하기 위해 자유의사에 의한 합의로써 결합하는 신분상의 계약관계를 말한다. 따라서 일시적인 남녀의 결합관계나 강압이나 협박에 의한 경우는 혼인에 해당하지 않는다.

국가나 민족에 따라 생활양식은 각양각색이기 때문에 혼인으로써의 남녀 간의 결합은 그 사회의 법률, 종교, 관습 등 복합적인 요소에 의해 정당화될 수 있는 것이어야 한다.

### 2) 혼인신고

남녀가 혼인을 하면 새로운 생활관계가 형성되고 그에 따른 법적 지위가 보장된다. 이렇게 혼인으로 인한 남녀의 관계를 법적으로 정당하게 보호받기 위해서는 남편의 본적지 또는 주소지의 시 · 읍 · 면사무소에 신고를 하여야 한다. 혼인신고의 기간은 제한이 없으나 빠를수록 좋다.

혼인신고서 용지는 행정관청에서 무료로 배부하는데, 혼인신고서에 증인의 서명날인까지 받아서 제출하였으나 혼인신고서상에 흠결이 있어 공무원이 접수를 보류하고 있던 중 당사자 일방이 그 신고서의 반려를 요청하는 경우 공무원은 그 신고서를 반려해서는 아니 되고 요청사유를 증명하는 다른 서면, 즉 신고철회신청서나 기재내용정정신청서의 제출을 요구하여야 한다(민법 제812조, 제813조, 호적법 제76조, 규칙 제42조, 제43조, 제45조, 제93조 제1항 등).

### 3) 사실혼

혼인신고를 하지 않은 상태에서 남녀가 부부생활을 하는 관계를 사실혼관계라고 하는데, 이러한 경우는 법률상 부부로 보호받지 못하게 된다. 따라서 사실혼관계를 유지하고 있는 당사자 중 일방이 혼인신고를 하고 싶지만 상대방이 이에 협조하지 않는 경우에는 법원에 사실혼관계존재확인의 소를 제기하여 확정판결을 받은 뒤 그 재판이 확정된 날로부터 1개월 이내에 혼인신고를 할 수 있다.

그러나 사실혼관계도 일정한 범위 내에서 배우자의 사망으로 인한 손해배상청구권이나 사실혼관계의 해소로 인한 위자료의 청구권 등은 법적으로 인정되고 있다.

#### 판 례

*** 중혼적 사실혼관계의 효력** 【대판 2002. 2. 22. 2001도5075】

법률이 정한 혼인의 실질관계는 모두 갖추었으나 법률이 정한 방식, 즉 혼인신고가 없기 때문에 법률상 혼인으로 인정되지 않는 이른바 사실혼으로 인하여 형성되는 인척도 성폭력범죄의처벌및피해자보호등에관한법률 제7조 제5항이 규정한 사실상의 관계에 의한 친족에 해당하고, 비록 우리 법제가 일부일처주의를 채택하여 중혼重婚을 금지하는 규정을 두고 있다 하더라도 이를 위반한 때를 혼인 무효의 사유로 규정하고 있지 아니하고 단지 혼인 취소의 사유로만 규정함으로써 중혼에 해당하는 혼인이라도 취소되기 전까지는 유효하게 존속하는 것이므로 중혼적 사실혼이라 하여 달리 볼 것은 아니다.

관련법규 : 성폭력범죄의처벌및피해자보호등에관한법률 제7조 제1항, 제4항, 제5항 등

*** 보호받을 수 없는 사실혼** 【대판 2001. 4. 13. 2000다52943】

사실혼이란 당사자 사이에 주관적으로 혼인의 의사가 있고, 객관적으로도 사회관념상 가족질서적인 면에서 부부공동생활을 인정할 만한 혼인생활의 실체(주민등록, 실질적 동거 등)가 있는 경우라야 하고, 법률상 혼인을 한 부부가 별거하고 있는 상태에서 그 다른 한 쪽이 제3자와 혼인의 의사로 실질적인 부부생활을 하고 있다고 하더라도, 특별한 사정이 없는 한, 이를 사실혼으로 인정하여 산업재해보상보험법상의 법률혼에 준하는 보호를 할 수는 없다.

관련법규 : 민법 제810조, 제812조, 산업재해보상보험법 제4조 제3호 등

*** 사실혼관계의 법적보호** 【대판 1996. 9. 20. 96므530】

甲의 처가 가출 행방불명된 뒤 甲이 처와의 혼인관계를 정리하겠다는 조건으로 乙과 사실혼관계를 시작하였으나 甲과 乙의 동거기간 중 甲이 제3의 여인과 사귀어 동침하자 乙이 가출한 상태에서 사실혼관계의 해소에 따른 손해배상청구를 하였으나 이는 법률혼에 준하는 보호를 받을 수 없는 경우이므로 乙의 청구는 허용되지 않는다.

유사판결 : 대판 1995. 7. 3. 94스30 ; 1995. 9. 26. 94므1638

*** 사실혼관계의 부부공동재산** 【대판 1997. 11. 11. 97다34273】

대법원은 민사소송법 제527조의2 『부부공유 유체동산의 압류』는 부부공동생활의 실체를 가지고 있는 사실혼관계에

대해서도 인정된다고 판단하여 남편 이가 주식회사에 변제해야 할 채무를 변제하지 못해 주식회사가 이와 부인 황이 공유하고 있는 장롱, TV 등 일상생활에 사용하는 가재도구를 압류하자 부인 황이 이에 대하여 제3자 이의를 청구하고 이를 인정한 원심판결을 대구지방법원 합의부로 되돌려 보냈다.

### 4) 부부간의 법적 의무

혼인한 부부는 공동생활을 유지하기 위해 서로 동거의무(민법 제826조), 부양의무(민법 제833조), 협조의무(민법 제826조), 정조의무 등을 부담하며, 이에 대한 위반은 이혼사유에 해당한다(민법 제840조).

과거에는 남편만이 가족에 대한 부양의무를 부담하였기 때문에 능력 없는 남편은 이혼을 당할 수 있었으나, 이제는 부부가 공동으로 부양의무를 부담하도록 규정하고 있다(민법 제833조).

직계혈족이나 그 배우자간 또는 생계를 같이 하는 친족은 서로간에 부양을 받을 자가 근로에 의해 스스로 생활을 할 수 없는 경우에는 상대방으로부터 부양받을 수 있다(민법 제974조, 제975조).

### 5) 혼인한 미성년자의 지위

미성년자는 원칙상 무능력자이기 때문에 법률행위에 대한 많은 제약을 받는다. 그러나 미성년자가 부모의 동의를 얻어 혼인하면 성년으로 인정된다(민법 제826조의2). 따라서 혼인한 미성년자는 법정대리인의 허가 없이 스스로 자유롭게 유효한 법률행위를 할 수 있다.

### 6) 혼인관계의 해소

부부관계가 남남의 관계로 되는 것을 혼인관계의 해소라고 하는데, 이는 배우자의 사망이나 이혼에 의해 발생하게 된다.

우리 민법상 중혼은 금지되어 있다. 따라서 남편이 행방불명된 지 오랜 시간이 지났다 하더라도 호적상에 배우자가 등재되어 있는 경우는 재혼할 수 없는데, 이런 경우는 법원으로부터 남편의 실종선고를 받아 사망신고를 함으로써 혼인관계를 해소하고 새롭게 재혼을 할 수 있다.

## 3. 성과 본의 변경 및 계속사용

### 1) 성과 본의 변경제도

자녀의 복리를 위하여 자녀의 성姓과 본本을 변경할 필요가 있는 경우 부(법률상 친부 또는 양부), 모 또는 자녀 본인의 청구에 의해 법원의 허가를 받아 성과 본을 변경할 수 있는 제도를 말한다. 예를 들면 재혼가정의 경우 새 아버지와 아들의 성과 본이 달라서 아이들의 놀림감이 되는 경우 법원의 허가를 받아 새 아버지의 성과 본으로 변경할 수 있는 제도를 「성과 본의 변경제도」라고 한다.

### 2) 자의 종전 성과 본의 계속사용제도

혼인외의 출생자가 인지되는 경우 자가 부모의 협의에 의하든가 아니면 법원의 허가를 얻어 종전의 성과 본을 계속 사용할 수 있는 제도로서, 예를 들면 어머니의 성과 본을 사용해 오던 아이를 친부가 자신의 친자식으로 인지를 한 경우 기존의 어머니 성과 본을 계속 사용하고 아버지의 성과 본을 따르지 않을 수 있는 제도를 말한다.

# Ⅳ. 상속과 유류분제도

## 1. 상속의 개념

상속相續이란 사망한 사람, 즉 피상속인과 일정한 친족관계에 있는 자인 상속인이 사망한 사람이 생전에 가지고 있던 상속재산을 포괄적으로 이어받게 하는 제도를 말한다. 여기서 상속재산은 피상속인이 남긴 권리와 의무를 포괄적으로 의미한다.

이러한 상속은 피상속인의 사망과 동시에 개시되며, 법률에 의한 법정상속과 상속인들의 합의로 상속지분을 결정하는 협의분할상속의 두 가지가 있다(민법 제1013조).

**판 례**

**＊ 상속의 개시와 상속포기의 기간** 【대판 2005. 7. 22. 2003다43681】

상속인은 상속개시 있음을 안 날로부터 3월 내에 상속의 포기를 할 수 있는바(민법 제1019조 제1항), 여기서 상속개시 있음을 안 날이라 함은 상속개시의 원인이 되는 사실의 발생을 알고 이로써 자기가 상속인이 되었음을 안 날을 말한다고 할 것인데, 피상속인의 사망으로 인하여 상속이 개시되고 상속의 순위나 자격을 인식함에 별다른 어려움이 없는 통상적인 상속의 경우에는 상속인이 상속개시의 원인사실을 앎으로써 그가 상속인이 된 사실까지도 알았다고 보는 것이 합리적이나, 종국적으로 상속인이 누구인지를 가리는 과정에 사실상 또는 법률상의 어려운 문제가 있어 상속개시의 원인사실을 아는 것만으로는 바로 자신이 상속인이 된 사실까지 알기 어려운 특별한 사정이 존재하는 경우도 있으므로, 이러한 때에는 '상속개시 있음을 안 날'을 확정함에 있어 상속개시의 원인사실뿐 아니라 더 나아가 그로써 자신이 상속인이 된 사실을 안 날이 언제인지까지도 고려하여야 한다.

따라서 선순위 상속인으로서 피상속인의 처와 자녀들이 모두 적법하게 상속을 포기한 경우에는 피상속인의 손孫 등 그 다음의 상속순위에 있는 사람이 상속인이 되는 것이나, 이러한 법리는 상속의 순위에 관한 민법 제1000조 제1항 제1호(1순위 상속인으로 규정된 '피상속인의 직계비속'에는 피상속인의 자녀뿐 아니라 피상속인의 손자녀까지 포함된다)와 상속포기의 효과에 관한 민법 제1042조 내지 제1044조의 규정들을 모두 종합적으로 해석함으로써 비로소 도출되는 것이지 이에 관한 명시적 규정이 존재하는 것은 아니어서 일반인의 입장에서 피상속인의 처와 자녀가 상속을 포기한 경우 피상속인의 손자녀가 이로써 자신들이 상속인이 되었다는 사실까지 안다는 것은 오히려 이례에 속한다고 할 것이고, 따라서 이와 같은 과정에 의해 피상속인의 손자녀가 상속인이 된 경우에는 상속인이 상속개시의 원인사실을 아는 것만으로 자신이 상속인이 된 사실을 알았다고 할 수 없다.

관련법규 : 민법 제1019조 제1항, 민법 제1000조 제1항 제1호, 제2항, 제1042조, 제1043조, 제1044조 등

*** 유족급여 또는 사망퇴직수당의 상속 여부** 【대판 1996. 9. 24. 95누9945】

공무원연금법상의 유족급여 또는 사망퇴직수당 등은 상속재산에 해당하지 않고 공무원의 유족들의 생활보장 및 복리향상을 목적으로 그들에게 부여된 고유의 권리이며 다른 상속인에게는 상속되지 않는다.

관련법규 : 공무원연금법 제30조 제1항

## 2. 상속순위

피상속인이 사망하면 그의 유산은 다음과 같은 순서로 상속된다(민법 제1000조 제1항, 제1003조).

### 1) 제1순위

피상속인의 직계비속인 자녀(손자, 손녀 포함)와 배우자가 있는 경우는 공동으로 상속한다. 이때 자녀는 아들과 딸을 구분하지 않으며 결혼한 딸도 같은 순위로 상속한다. 그리고 양자나 다른 가로 입양된 자도 직계비속인 자녀와 동등한 지위로 상속권을 가진다. 그러나 혼인외의 자가 아버지가 사망하기 전에 친아버지로부터 인지를 받지 못한 경우는 아버지가 사망 후 검사를 상대로 인지청구를 하여야 한다.

### 2) 제2순위

피상속인의 직계비속이 없고 직계존속인 부모나 조부모와 배우자만 있는 경우는 이들이 공동으로 상속한다.

그러나 피상속인의 직계비속과 직계존속은 없고 배우자만 있는 경우는 배우자가 단독으로 상속한다.

### 3) 제3순위

피상속인의 직계비속과 직계존속뿐만 아니라 배우자도 없는 경우는 피상속인의 형제

자매들이 공동 상속한다.

### 4) 제4순위

피상속인이 부모형제도 처자식도 없이 살다가 유산을 남기고 사망한 경우는 피상속인의 4촌 이내의 혈족이 공동으로 상속한다.

## 3. 법정상속분

### 1) 동일한 순위의 상속지분

동일한 순위의 공동상속인이 여러 명 있는 경우는 공동상속인들의 합의가 없으면 같은 비율로 상속한다.

예컨대, 피상속자의 배우자는 없고 2남 1녀의 자녀가 공동상속을 하는 경우는 3명의 자녀는 피상속인의 상속재산을 각각 1/3씩 상속하게 된다.

### 2) 직계비속이나 직계존속과 배우자가 공동상속하는 경우

직계비속과 배우자가 공동상속하는 경우는 배우자가 직계비속의 상속지분의 50%를 더 많이 상속하고, 배우자가 직계존속과 공동상속하는 경우도 마찬가지로 배우자는 직계존속의 상속지분의 50%를 더 많이 상속한다(민법 제1009조 제1항, 제2항).

예컨대, 9억원의 재산을 가진 甲이 3남매와 부인을 두고 사망한 경우, 자녀들은 각각 2억원씩, 그리고 부인은 3억원을 상속받게 된다.

## 4. 상속인의 기여분

피상속인의 재산증가에 기여한 상속인이 있는 경우, 법정상속지분 이외에 기여액을 가산하여 상속분을 정하는 것을 기여분이라 하는데, 이는 공동상속인들의 협의가 있는 경우는 그 협의에 의하고, 협의가 이루어지지 않거나 협의가 불가능한 경우는 당사자의 청구에 따라 가정법원이 정한다(민법 제1008조의2 제1항, 제2항).

예컨대, 3남매의 자녀를 둔 부부가 함께 20년간 남대문시장에서 음식점을 경영하여 이익금으로 남편의 명의로 부동산을 매입해 등기를 완료해 놓고 남편이 사망한 경우에는 사망한 남편의 유산을 상속함에 있어서 그 부동산을 구입하기 위한 자금형성에 기여한 공로를 감안하여 그 부인의 상속지분에는 법정상속지분 외에 일정비율을 가산하여야 한다.

### 판 례

**＊ 부모를 모신 자녀의 기여분** 【대판 1998. 12. 8. 97므513, 520, 97스12】

성년成年인 자子가 부양의무의 존부나 그 순위에 구애됨이 없이 스스로 장기간 그 부모와 동거하면서 생계유지의 수준을 넘는 부양자 자신과 같은 생활수준을 유지하는 부양을 한 경우에는 부양의 시기·방법 및 정도의 면에서 각기 특별한 부양이 된다고 보아 각 공동상속인 간의 공평을 도모한다는 측면에서 그 부모의 상속재산에 대하여 기여분을 인정함이 상당하다.

▶ 관련법규 : 민법 제1008조의2

## 5. 상속인의 결격사유

다음과 같은 자는 상속을 받을 수 없다(민법 제1004조).

(1) 고의로 직계존속, 피상속인, 그 배우자 또는 선순위나 같은 순위의 상속인을 살해하거나 살해하려 한 자. 예컨대, 상속재산을 빨리 받기 위해 부모를 살해한 파렴치한 자식의 경우가 이에 해당한다. 이 외에도 보다 많은 상속재산을 받기 위해 형이나 동생을 죽이려고 한 자는 상속권을 박탈당한다.

(2) 고의로 직계존속, 피상속인, 그 배우자에게 상해를 가하여 사망에 이르게 한 자. 예컨대, 아버지를 때려서 죽인 자는 어머니의 유산에 대해서도 상속을 받을 수 없다.

(3) 사기 또는 강박으로 피상속인의 양자나 상속에 관한 유언 또는 유언의 철회를 방해한 자. 예컨대, 아버지가 형에게 유언으로 일정한 재산을 유증하려는 것을 알고 아버지를 협박하거나 강제적으로 그 유언을 하지 못하도록 방해한 자는 상속권을 박탈당한다.

(4) 피상속인의 양자 기타 상속에 관한 유언서를 위조, 변조, 파기 또는 숨긴 자. 예컨대, 아버지가 상속에 관하여 유언서를 작성하여 보관해 둔 것을 발견한 아들이 그 내용상 자신이 다른 형제들에 비해 유산이 적은 것을 알고 그 유언서를 위조하거나 파기시킨 경우 또는 피상속인의 양자관계를 위조하거나 변조한 경우는 상속을 받을 수 없다.

## 6. 유류분제도

### 1) 의 의

유류분遺留分이란 상속재산을 상속인들의 공헌과 협조로 이룬 것으로 인정하고, 피상속인이 상속재산 중 일부는 유언으로도 처분할 수 없도록 하여 일정액의 상속분을 상속인에게 보장해 주려는 제도를 말한다.

따라서 피상속인의 생전에 자신의 모든 재산을 상속인 중 한 사람에게만 유증한다는 유언을 하여 특정 상속인이 혼자 단독으로 상속을 하였더라도 다른 상속인들은 단독으로 상속한 자를 상대로 피상속인의 유산 중 일정부분에 대해서는 유류분청구로서 되찾을 수 있다.

### 2) 권리자와 유류분

피상속인의 직계비속과 배우자는 그들의 법정상속분의 1/2에 해당하는 유류분을 가지고, 피상속인의 직계존속과 형제자매는 그들의 법정상속분의 1/3에 해당하는 유류분이 보장된다(민법 제1112조).

예컨대, 9억원의 재산을 가진 甲이 자신의 모든 재산을 부인에게 유증한다는 유언을 남겼다 하더라도 다른 상속자인 3남매는 자신들의 상속지분의 1/2에 해당하는 1억원씩의 유류분을 어머니를 상대로 청구할 수 있다.

### 3) 유류분의 대상과 산정

유류분의 대상이 되는 상속재산은 피상속인의 사망당시 피상속인 소유의 모든 재산과 상속개시 1년 이내에 피상속인이 증여한 재산에서 피상속인의 모든 채무액을 공제한 재산을 말한다(민법 제1113조, 제1114조).

예컨대, 피상속인이 사망하기 9개월 전에 甲에게 2억원 상당의 아파트를 증여하고 10억원 상당의 유산을 남기고 사망하였다. 그리고 피상속인이 생전에 그의 친구인 乙로부터 1억원의 돈을 차용하고 이를 갚지 않고 사망한 경우 유류분은 10억원에 2억원을 더한 후 1억원을 공제한 금액으로 계산하여야 한다.

**판 례**

* **유류분의 반환방법** 【대판 2005. 6. 23. 2004다51887】

우리 민법은 유류분제도를 인정하여 제1112조부터 제1118조까지 이에 관하여 규정하면서도 유류분의 반환방법에 관하여 별도의 규정을 두지 않고 있는바, 다만 제1115조 제1항이 「부족한 한도에서 그 재산의 반환을 청구할 수 있다」고 규정한 점 등에 비추어 반환의무자는 통상적으로 증여 또는 유증대상 재산 그 자체를 반환하면 될 것이나 위 원물반환이 불가능한 경우에는 그 가액 상당액을 반환할 수밖에 없다.

따라서 유류분의 반환범위는 상속개시 당시 피상속인의 순재산과 문제된 증여재산을 합한 재산을 평가하여 그 재산액에 유류분청구권자의 유류분 비율을 곱하여 얻은 유류분액을 기준으로 하는 것인바, 이와 같이 유류분액을 산정함에 있어 반환의무자가 증여받은 재산의 시가는 상속개시 당시를 기준으로 산정하여야 하고, 당해 반환의무자에 대하여 반환하여야 할 재산의 범위를 확정한 다음 그 원물반환이 불가능하여 가액반환을 명하는 경우에는 그 가액은 사실심 변론종결시를 기준으로 산정하여야 하며, 유류분으로 반환하여야 할 대상이 주식인 경우, 반환의무자가 피상속인으로부터 증여받은 주권 그 자체를 보유하고 있지 않다고 하더라도 그 대체물인 주식을 제3자로부터 취득하여 반환할 수 없다는 등의 특별한 사정이 없는 한 원물반환의무의 이행이 불가능한 것은 아니다.

관련법규 : 민법 제1113조, 제1115조 제1항 등

*** 유류분의 대상 【대판 2001. 11. 30. 2001다6947】**

유류분반환청구의 목적인 증여나 유증이 병존하고 있는 경우에는 유류분 권리자는 먼저 유증을 받은 자를 상대로 유류분 침해액의 반환을 구하여야 하고, 그 이후에도 여전히 유류분 침해액이 남아 있는 경우에 한하여 증여를 받은 자에 대하여 그 부족분을 청구할 수 있는 것이며, 사인증여의 경우에는 유증의 규정이 준용될 뿐만 아니라 그 실제적 기능도 유증과 달리 볼 필요가 없으므로 유증과 같이 보아야 할 것이다.

관련법규 : 민법 제562조, 제1115조, 제1116조 등

## 7. 상속권 및 유류분의 포기

상속권 및 유류분청구권은 피상속인이 사망하는 시점부터 유효하게 성립한다. 따라서 피상속인이 사망하기 전에는 그에 대한 포기가 효력을 가지지 못한다.

**판 례**

*** 한정승인 【대판 2005. 4. 14. 2004다56912】**

상속인의 자기 결정 내지 자기 책임이 없음에도 단순승인으로 의제하는 것은 상속인의 사적 자치권과 재산권을 침해하는 것이므로 상속채권자의 신뢰이익을 침해하지 않는 범위 내에서 가급적 그러한 위헌적 요소를 배제하도록 민법 부칙 등의 규정을 해석하여야 할 것인바, 민법의 개정이 이루어지면서 민법 부칙의 경과규정이 설치된 경위 내지 의도, 개정 민법 시행 이전에 상속채무 초과 사실을 안 상속인을 개정 민법 부칙 제3항이 구제하고 있는 점과 대비하여 보면 개정 민법 시행 이후에 상속채무 초과 사실을 안 상속인을 구제하지 않는 것은 평등의 원칙에 위배되는 것인 점, 개정 민법 부칙 제1항이 「이 법은 공포한 날로부터 시행한다」라고 규정하고 있기는 하지만, 상속인이 중대한 과실 없이 상속채무 초과 사실을 알게 된 것이 개정 민법 시행 후일 경우에는 그 상속개시가 개정 민법 시행 전에 있었다고 하더라도 개정 민법 시행 후에 제1019조 제3항의 특별한정승인의 요건을 갖춘 것으로 볼 수 있는 점, 개정 민법 부칙 제2항의 경과규정이 개정 민법의 소급효를 제한하고는 있지만, 상속인이 상속개시 있음을 안 날이 1998. 5. 27. 이후인 경우에는 헌법재판소의 1998. 8. 27.자 헌법불합치결정에 따라 종전의 민법 제1026조 제2호의 규정에 의한 단순승인의 효력 자체가 발생하지 아니한 것이어서, 종전의 규정에 의하여 생긴 효력에 영향을 미치지 아니한다고 한 개정 민법 부칙 제2항의 경과규정이 적용될 여지는 없는 점 등에 비추어 볼 때, 상속인이 1998. 5. 27. 이후 상속개시 있음을 알게 되었음에도 개정 민법 시행 이후에야 중대한 과실 없이 상속채무 초과 사실을 알게 된 경우에는 개정 민법 제1019조 제3항의 규정에 따라 3개월 내에 한정승인을 할 수 있다고 해석함이 상당하다.

관련법규 : 민법 제1019조 제3항, 제1026조 제1항 제2호, 부칙(2002. 1. 14.) 제1항, 제2항, 제3항 등

*** 유류분 및 상속의 포기 【대판 1998. 7. 24. 98다9021】**

유류분을 포함한 상속의 포기는 상속이 개시된 후 일정한 기간 내에만 가능하고 가정법원에 신고하는 등 일정한 절차와 방식을 따라야만 그 효력이 있으므로, 상속개시 전에 한 상속포기약정은 그와 같은 절차와 방식에 따르지 아니한 것으로 효력이 없다. 따라서 상속인 중의 1인이 피상속인의 생존시에 피상속인에 대하여 상속을 포기하기로 약정하였다고 하더라도, 상속개시 후 민법이 정하는 절차와 방식에 따라 상속포기를 하지 아니한 이상, 상속개시 후에 자신의 상속권을 주장하는 것은 정당한 권리행사로서 권리남용에 해당하거나 또는 신의칙에 반하는 권리의 행사라고 할 수 없다.

관련법규 : 민법 제2조, 제1019조 등

*** 유류분반환청구권의 소멸시효등 【대판 2001. 9. 14. 2000다66430, 66447】**

민법 제1117조는 유류분반환청구권은 유류분 권리자가 상속의 개시와 반환하여야 할 증여 또는 유증을 한 사실을 안 때로부터 1년 내에 하지 아니하면 시효에 의하여 소멸한다고 규정하고 있는바, 여기서 '반환하여야 할 증여 등을

한 사실을 안 때'라 함은 증여 등의 사실 및 이것이 반환하여야 할 것임을 안 때라고 해석하여야 한다. 그리고 유류분 권리자가 소멸시효기간의 경과 이전에 사인증여가 무효라고 주장하면서 이를 전제로 수증자에게 수증자가 보관중인 망인 명의의 예금통장 및 인장의 교부와 망인 소유의 금원 중 수증자가 임의로 소비한 금액의 반환을 구하였다 하더라도, 이러한 주장이나 청구 자체에 그와 반대로 위 사인증여가 유효임을 전제로 그로써 자신의 유류분이 침해되었음을 이유로 하는 유류분반환의 청구가 포함되어 있다고 보기는 어렵다.

▶ 관련법규 : 민법 제1115조, 제1117조 등

# V. 유 언

## 1. 개 념

유언遺言은 유언자가 자신의 사망 후의 일정한 재산이나 신분관계에 대하여 바라는 내용을 나타낸 의사표시로서 단독의 의사표시에 의한 법률행위에 해당하며 또한 법정방식이 요구되는 요식행위의 일종이다.

우리 민법상 만 17세 이상이면 유언을 할 수 있고(민법 제1061조), 유언의 효력은 유언자의 사망과 동시에 발생하며, 유언자가 유언을 하였더라도 그가 사망하기 전에는 그 유언의 효력이 발생하지 않는다(민법 제1074조 제1항). 따라서 유언자는 자신의 유언을 사망하기 전에 언제든지 취소 또는 변경할 수 있다.

## 2. 방 식

우리 민법은 다음과 같은 다섯 가지의 유언의 방식을 규정하고 있으며, 이러한 법정방식에 의하지 아니한 유언은 유언으로서의 법적 효력이 발생하지 않는다.

### 1) 자필증서에 의한 유언

자필증서에 의한 유언은 유언자가 직접 유언의 내용을 모두 작성하고 그 연월일, 주소, 성명 등을 자서한 뒤 서명날인한 것을 말한다(민법 제1066조). 이 방식은 유언의 내용이 공개적이라는 점에서 비밀증서에 의한 유언과 다르다.

**판 례**

*** 자필증서에 의한 유언 [대판 1998. 6. 12. 97다38510]**

자필증서에 의한 유언은 유언자가 그 전문과 연월일, 주소 및 성명을 자서自書하는 것이 절대적 요건이므로 전자복사기를 이용하여 작성한 복사본은 자필증서에 의한 유언장이 될 수 없으며, 주소를 쓴 자리가 반드시 유언 전문 및 성명이 기재된 지편이어야 하는 것은 아니고 유언서의 일부로 볼 수 있는 이상 그 유언장을 담은 봉투에 주소를 기재하더라도 무방하고, 날인은 인장 대신 무인을 찍더라도 유효하다. 또한 자필증서에 의한 유언에 있어서 그 증서에 문자의 삽입, 삭제 또는 변경을 하는 경우는 유언자가 그 내용을 자서하고 날인하여야 하나, 자필증서 중 증서의 기재 자체에 의하더라도 명백한 오기를 정정한 것에 지나지 않는다면 설령 그 수정 방식이 위 법조항에 위배된다고 할지라도 유언자의 의사를 용이하게 확인할 수 있으므로 이러한 방식의 위배는 유언의 효력에 영향을 미치지 아니한다.

Ⓟ 관련법규 : 민법 제1066조, 제1066조 제2항, 제1091조, 제1092조, 가사소송규칙 제86조, 제87조 등

**＊ 유언장 은닉의 효과 【대판 1998. 6. 12. 97다38510】**

상속인의 결격사유의 하나로 규정하고 있는 민법 제1004조 제5호 소정의 '상속에 관한 유언서를 은닉한 자'라 함은 유언서의 소재를 불명하게 하여 그 발견을 방해하는 일체의 행위를 한 자를 의미하는 것이므로, 단지 공동상속인들 사이에 그 내용이 널리 알려진 유언서에 관하여 피상속인이 사망한지 6개월이 경과한 시점에서 비로소 그 존재를 주장하였다고 하여 이를 두고 유언서의 은닉에 해당한다고 볼 수 없다.

Ⓟ 관련법규 : 민법 제1004조 제5호

## 자필증서에 의한 유언의 서식

# 유　언　서

유언자　성　　명 : 신 장 수

생년월일 : 20　년　월　일생

주　　소 : ○○ ○○시 ○○동 ○○번지

위 유언자는 다음과 같이 유언한다.

1. 국민은행(계좌번호 : 082－02－670007)에 예치한 현금은 막내딸 신나라에게 유증한다.
2. 서울특별시 강남구 대치동 007번지 소재 건물200평과 대지 300평은 모두 장남 신명나에게 유증한다.
3. 서울 관악구 신림동 38번지 소재 현대아파트 38평은 처 오동숙에게 유증한다.
4. 유언집행자는 친구 정명자(전화번호 : 636－8272)를 지정한다.

20　년　월　일

유언자　신 장 수 ㊞

‖ 작성요령 ‖

유언은 그 방법에 따라 법적 요건에 맞게 잘 작성하여야 효력이 있다.

① 제목은 「유언서」나 「유언장」 또는 「유언증서」 등의 명칭을 사용하여 유언의 내용임을 표시하면 되고 특별히 정해진 명칭은 없다.
② 유언자는 반드시 호적에 신고된 이름이 아니더라도 유언자 본인임을 확인할 수 있는 호칭이면 호나 자, 예명, 별명, 애칭 등 아무거나 상관없다.
③ 유언의 내용은 유언자가 죽은 뒤 실현되기를 원하는 내용을 정확히 기재하여야 유산으로 인한 상속자들의 분쟁을 예방할 수 있다.
④ 유언자가 유언의 내용을 모두 기재하면 자신의 서명과 날인을 하여야 하는데, 이때 날인은 반드시 인장을 사용해야 하는 것은 아니고 손도장을 찍어도 무방하다.

### 2) 녹음에 의한 유언

녹음에 의한 유언은 유언자가 증인과 함께 녹음기기 앞에서 자신의 성명과 생년월일을 밝힌 뒤 유언의 취지를 녹음하고 참석했던 증인이 그 유언의 내용이 정확하다는 사실과 자신의 성명을 녹음시키는 것을 말한다(민법 제1067조).

이 방식은 편리하다는 장점도 있지만 녹음기술이 고도로 발달된 현대사회에서 유언의 취지가 변조될 수 있다는 단점도 있다.

### 3) 공정증서에 의한 유언

공증증서에 의한 유언은 유언자가 2인 이상의 증인과 함께 공증인 앞에서 유언의 취지를 말하면 공증인이 그 내용은 서면으로 작성하여 유언자와 증인들에게 읽어 준 뒤 그 내용이 정확함을 확인하고 유언자와 증인들이 각각 서명날인토록 하여 작성한 공정증서를 말한다(민법 제1068조).

이 방식은 유언의 내용이 정확하게 보존될 수 있고 분쟁의 소지가 없다는 장점은 있으나 유증하는 재산의 가액에 따른 공증수수료를 부담해야 하는 단점이 있다.

### 4) 비밀증서에 의한 유언

비밀증서에 의한 유언은 유언자가 비밀리에 유언장을 작성하여 봉투에 넣어 봉인하고 날인한 뒤 2인 이상의 증인에게 제출하여 봉투의 겉면에 자신의 유언장임을 표시하고 제출 연월일을 기재한 뒤 유언자와 증인들이 각자 서명날인한 것을 말한다(민법 제1069조).

이 방식에 의한 유언은 봉투에 기재된 날로부터 5일 이내에 공증인이나 법원집행관에게 제출하여 확정일자를 받아 두어야 한다.

### 5) 구수증서에 의한 유언

구수증서에 의한 유언은 유언자가 병중에 있거나 급박한 사정으로 자필증서, 녹음, 공정증서, 비밀증서 등의 방법으로 유언을 할 수 없는 경우 2인 이상의 증인을 참석시키고 유언자가 유언의 취지를 말하면 증인 중 1인이 그 내용은 받아 적고, 그 내용을 소리 내어 읽은 뒤 그 내용의 정확함을 확인하고 유언자와 증인들이 각자 서명날인한 것을 말한다(민법 제1070조).

이 방식에 의한 유언은 급박한 사유가 종료된 날로부터 7일 이내에 증인 또는 이해관계인이 가정법원에 검인신청을 하여야 한다.

#### 판 례

**＊ 구수증서에 의한 유언의 요건** 【대판 1999. 9. 3. 98다17800】

민법 제1065조 내지 제1070조가 유언의 방식을 엄격하게 규정한 것은 유언자의 진의를 명확히 하고 그로 인한 법적 분쟁과 혼란을 예방하기 위한 것이므로, 법정된 요건과 방식에 어긋난 유언은 그것이 유언자의 진정한 의사에 합치하더라도 무효라고 하지 않을 수 없는바, 민법 제1070조 제1항이 구수증서에 의한 유언은 질병 기타 급박한 사유로 인하여 민법 제1066조 내지 제1069조 소정의 자필증서, 녹음, 공정증서 및 비밀증서의 방식에 의하여 할 수 없는 경우에 허용되는 것으로 규정하고 있는 이상, 유언자가 질병 기타 급박한 사유에 있는지 여부를 판단함에 있어서는 유언자의 진의를 존중하기 위하여 유언자의 주관적 입장을 고려할 필요가 있을지 모르지만, 자필증서, 녹음, 공정증서 및 비밀증서의 방식에 의한 유언이 객관적으로 가능한 경우에는 구수증서에 의한 유언이 허용되지 아니한다.

▶ 관련법규 : 민법 제1070조 제1항

**＊ 구수증서에 의한 유언의 검인신청시기** 【대판 1986. 10. 11. 86스18】

민법 제1070조의 규정에 따라 유언자의 질병으로 인하여 구수증서의 방식으로 유언을 한 경우에는 특별한 사정이 없는 한 유언이 있은 날에 급박한 사유가 종료하였다고 할 것이므로 유언이 있은 날로부터 7일 이내에 법원에 그 검인을 신청하여야 할 것이고 그 기간을 도과한 검인신청은 부적법하다.

▶ 관련법규 : 민법 제1070조

### 유언에 대한 검인청구 서식

**유 언 서 검 인 청 구 서**

청구인 성　　명 : 최 봉 구

생년월일 : 1965년 7월 7일생

주　　소 : 서울특별시 강남구 대치동 38번지

유언자　　성　　명 : 망　최 고 인

생년월일 : 1927년 4월 19일생

사망당시본적 : 경기도 남양주시 오남면 오남리 9번지

상망당시주소 : 서울특별시 강남구 대치동 38번지

청 구 취 지

유언자 망 최고인이 작성한 자필증서에 의한 유언서를 검인한다.

라는 심판을 구함

청 구 원 인

1. 청구인은 유언자의 장남으로서 200　년　월　일 본건 유언서를 발견한 자입니다.

2. 유언자 망 최고인은 20　년　월　일 자택에서 중풍으로 사망하였습니다.

3. 같은 해　월　일 청구인은 유언자의 유품을 정리하던 중 유언자의 일기장에서 유언자가 생전에 직접 작성하여 봉인해 둔 본건 자필증서에 의한 유언서를 발견하고 이와 같이 검인을 청구합니다.

첨 부 서 류

1. 유언서　　　　　　　　1통
2. 유언자의 제적등본　　　1통
3. 유언자의 주민등록등본　1통
4. 납부서

200　.　.　.

청구인　최 봉 구 ㊞

○○가정법원 귀중

‖ 작성요령 ‖

구수증서에 의한 유언은 반드시 검인신청을 하여야 그 유언의 효력이 발생하지만, 그 이외의 유언에 대하여는 검인신청 없이도 그 형식이 적법하면 효력이 있다. 그러나 검인을 받으면 그 내용에 대한 시비를 막을 수 있다.

① 구수증서에 의한 유언은 증인이나 이해관계인(상속인)이 신청할 수 있지만 그 외의 유언에 대

한 검인신청은 유언의 보관자 또는 발견자가 검인신청을 하면 된다.

② 청구취지는 유언의 검인을 청구하게 된 구체적인 내용을 자세하게 기재하여야 한다.

③ 유언에 대한 검인을 신청할 때에는 유언자의 사망 또는 구수증서에 의한 유언의 경우는 급박한 사유에 대한 확인서 등을 첨부하고, 유언서의 원본 또는 녹음에 의한 유언의 경우는 녹음테이프와 녹취록을 첨부하여야 한다.

④ 구수증서에 의한 유언은 급박한 사유가 종료된 후, 기타의 유언은 유언자의 사망 후 즉시 신청하여야 한다.

⑤ 유언의 검인은 상속개시지, 즉 유언자의 마지막 주소지를 관할하는 가정법원에 신청하여야 한다.

## Ⅵ. 이 혼

### 1. 협의이혼

#### 1) 이혼의 성립

협의이혼이란 부부의 자유로운 합의에 의해 혼인관계를 해소시키는 것을 말하며(민법 제834조), 이러한 협의이혼은 그 원인, 위자료, 생활비 등에 상관없이 당사자의 합의와 신고로서 성립한다.

#### 2) 이혼신고

협의이혼을 하고자 하는 자는 본적지 또는 주소지를 관할하는 가정법원에서 협의이혼확인등본을 교부 또는 송달받은 후 3개월 이내에 그 등본을 첨부하여 본적지 또는 주소지 읍·면·동사무소에 신고하여야 그 법적 효력이 발생하며(호적법 제79조의2 제2항), 반드시 쌍방이 신고를 하여야 하는 것은 아니고 당사자 일방의 신고로도 이혼의 효력이 발생한다.

그러나 협의이혼확인등본을 교부 또는 송달받은 날로부터 3개월이 지나도록 이혼신고를 하지 않으면 그 이혼은 무효가 된다(호적법 제79조의2 제3항).

#### 3) 숙려기간 및 상담

2004. 12. 27. 서울가정법원 가사소년제도개혁위원회에서 협의이혼의사확인절차와 관련하여 숙려기간 및 상담을 시범적으로 실시하고 있다. 따라서 2006. 3. 2.부터는 경솔한 이혼을 방지하고 이혼결정에 대하여 다시 한 번 재고할 기회를 주기 위하여 가정폭력 등 급박한 사유가 있는 경우를 제외하고 협의이혼의사확인 신청을 한 때로부터 3주

일(숙려기간) 후에 협의이혼의사확인기일을 지정하고 있다. 그러나 법원에서 제공하는 상담을 받은 경우에는 1주일의 숙려기간이 지나면 협의이혼의사확인을 받을 수 있다.

## 협의이혼의사확인 신청서

### 협 의 이 혼 의 사 확 인 신 청 서

당사자 부 : ○○○( － )

등록기준지 :

주 소 :

전화번호(핸드폰/집전화)

처 : ○○○( － )

등록기준지 :

주 소 :

전화번호(핸드폰/집전화)

신 청 취 지

위 당사자 사이에는 진의에 따라 서로 이혼하기로 합의하였다.
위와 같이 이혼의사가 확인되었다.
라는 확인을 구함.

첨 부 서 류

1. 남편의 혼인관계증명서와 가족관계증명서 각 1통.
   처의 혼인관계증명서와 가족관계증명서 각 1통.
2. 이혼신고서 3통.
3. 미성년자가 있는 경우 양육 및 친권자결정에 관한 협의서 1통과 사본 2통 또는 가정법원의 심판정본 및 확정증명서 3통(제출____, 미제출____)[1]

1) 해당하는 난에 ○ 표기할 것. 협의하는 부부 양쪽이 이혼에 관한 안내를 받은 후에 협의서는 확인기일 1개월 전까지, 심판정본 및 확정증명서는 확인기일까지 제출할 수 있습니다.

4. 주민등록표등본(주소지 관할법원에 신청하는 경우) 1통.

5. 진술요지서(재외공관에 접수한 경우) 1통. 끝.

년 월 일

| 확인기일 | | 담당자 |
|---|---|---|
| 1회 | 년 월 일 시 | 법원주소(보) |
| 2회 | 년 월 일 시 | ○○○ ㊞ |

위 신청인 부 ○ ○ ○ ㊞

처 ○ ○ ○ ㊞

| 확인서등본 교부 | 교부일 |
|---|---|
| 부 ○○○ ㊞ | |
| 처 ○○○ ㊞ | |

○○가정법원 귀중

[제8호 서식]

## 협의이혼제도안내

1. 협의이혼이란

부부가 자유로운 이혼합의에 의하여 혼인관계를 해소시키는 제도로, 먼저 관할법원의 협의이혼의사확인을 받은 후 이혼신고서에 그 확인서등본을 첨부하여 관할 시(구)·읍·면의 장에게 신고함으로써 이혼의 효력이 발생합니다.

2. 협의이혼절차는

가. 협의이혼의사확인의 신청

① 신청시 제출하여야 할 서류

㉮ 협의이혼의사확인신청서 1통

-부부가 함께 작성하며, 신청서 양식은 법원의 신청서 접수창구에 있습니다.

-기일의 고지는 전화 등으로 할 수 있으므로, 신청서에 전화연락처를 정확히 기재하여야 하며, 전화연락처 변경시에는 즉시 법원에 신고하여야 합니다.

㉯ 남편의 가족관계증명서와 혼인관계증명서 각 1통
처의 가족관계증명서와 혼인관계증명서 각 1통
－시(구) · 읍 · 면 · 동사무소에서 발급

㉰ 이혼신고서 3통
－신고서 양식은 시(구) · 읍 · 면사무소 및 법원의 신청서 접수창구에 있습니다.
－신고서는 그 뒷면에 기재된 작성방법에 따라 부부가 함께 작성하되, "⑤ 친권자지정"란은 이혼의사확인신청 때에는 기재하지 아니하며, 법원의 협의이혼의사확인을 받은 후에 미성년인 자녀에 대하여 정하여진 친권자를 기재합니다.

㉱ 주민등록등본 1통
－주소지 관할법원에 이혼의사확인신청을 하는 경우에만 첨부합니다.

㉲ 미성년인 자녀(임신 중인 자를 포함하되, 이혼에 관한 안내를 받은 날부터 3개월 또는 법원이 별도로 정한 기간 이내에 성년에 도달하는 자녀는 제외)가 있는 부부는 이혼에 관한 안내를 받은 후 그 자녀의 양육과 친권자결정에 관한 협의서 1통과 사본 2통 또는 가정법원의 심판정본 및 확정증명서 3통을 제출하되, 부부가 함께 출석하여 신청하고 이혼에 관한 안내를 받은 경우에는 협의서는 확인기일 1개월 전까지 제출할 수 있고 심판정본 및 확정증명서는 확인기일까지 제출할 수 있습니다. 자녀의 양육과 친권자결정에 관한 협의가 원활하게 이루어지지 않는 경우에는 신속하게 가정법원에 심판을 청구하여 심판정본 및 확정증명서를 제출하여야 합니다. 미제출 또는 제출지연시 협의이혼확인이 지연되거나 불확인될 수 있습니다

㉳ 부부 중 일방이 외국에 있거나 교도소(구치소)에 수감중인 경우
－재외국민등록부등본 1통(재외공관 및 외교통상부 발급) 또는 수용증명서(교도소 및 구치소 발급) 1통을 첨부합니다.

② 신청서를 제출할 법원
○ 이혼당사자의 등록기준지 또는 주소지를 관할하는 법원에 부부가 함께 출석하여 신청서를 제출하여야 합니다.
－부부 중 일방이 외국에 있거나 교도소(구치소)에 수감중인 경우에만 다른 일방이 혼자 출석하여 신청서를 제출하고 안내를 받으며, 미성년인

자녀가 있는 경우 그 자녀의 양육과 친권자 결정에 관한 협의서 1통과 사본 2통 또는 가정법원의 심판정본 및 확정증명서 3통을 신청서 제출 당시에 첨부하여야 합니다.

③ 이혼에 관한 안내

○ 법원으로부터 이혼에 관한 안내를 반드시 받아야 하고, 상담위원의 상담을 받을 것을 권고받을 수 있습니다. 특히 미성년인 자녀의 양육과 친권자 결정에 관하여 상담위원의 상담을 받을 후 협의서를 작성할 것을 권고합니다.

④ 이혼숙려기간의 단축 또는 면제

○ 안내를 받은 날부터 미성년인 자녀(임신 중인 자를 포함)가 있는 경우에는 3개월, 성년 도달 전 1개월 후 3개월 이내 사이의 미성년인 자녀가 있는 경우에는 성년이 된 날, 성년 도달 전 1개월 이내의 미성년인 자녀가 있는 경우 및 그 밖의 경우에는 1개월이 경과한 후에 이혼의사의 확인을 받을 수 있으나, 가정폭력 급박한 사정이 있어 위 기간의 단축 또는 면제가 필요한 사유가 있는 경우 이를 소명하여 사유서를 제출할 수 있습니다. 이 경우 특히 상담위원의 상담을 통하여 사유서를 제출할 수 있습니다.

○ 사유서 제출 후 7일 이내에 확인기일의 재지정 연락이 없으면 최초에 지정한 확인기일이 유지되며, 이에 대하여는 이의를 할 수 없습니다.

⑤ 협의이혼의사의 확인

○ 반드시 부부가 함께 본인의 신분증(주민등록증, 운전면허증, 공무원증 및 여권 중 하나)과 도장을 가지고 통지받은 확인기일에 법원에 출석하여야 합니다.

○ 첫 번째 확인기일에 불출석하였을 경우에는 두 번째 확인기일에 출석하면 되나, 확인기일을 2회에 걸쳐 불출석한 경우 확인신청을 취하한 것으로 보므로 협의이혼의사확인신청을 다시 하여야 합니다.

○ 부부의 이혼의사와 미성년인 자녀가 있는 경우 그 자녀의 양육과 친권자 결정에 관한 협의서 또는 가정법원의 심판정본 및 확정증명서가 확인되면 법원에서 부부에게 확인서등본 1통 및 협의서등본 또는 가정법원의 심판정본 및 확정증명서 1통씩을 교부합니다.

○ 확인기일까지 협의를 할 수 없어 가정법원에 심판을 청구한 경우에는 확인기일에 출석하여 그 사유를 소명한 때 확인기일을 추후 지정받을 수 있

고, 가정법원의 심판이 있어 확정되면 심판정본 및 확정증명서를 제출하여야 합니다. 심판청구가 각하되거나 취하된 때에는 지정된 확인기일까지 협의서를 제출하지 않으면 불확인 처리됩니다.

○자녀의 복리를 위해서 법원은 자녀의 양육과 친권자 결정에 관한 협의에 대하여 보정을 명할 수 있고, 보정에 불응하면 불확인 처리됩니다.

○불확인 처리를 받은 경우에는 가정법원에 별도로 재판상 이혼 또는 재판상 친권자지정 등을 청구할 수 있습니다.

나. 협의이혼의 신고

○이혼의사확인서등본은 교부받은 날부터 3개월이 지나면 그 효력이 상실되므로, 신고의사가 있으면 위 기간 내에 당사자 일방 또는 쌍방이 시(구)·읍·면사무소에 확인서등본이 첨부된 이혼신고서를 제출하여야 합니다.

–이혼신고가 없으면 이혼된 것이 아니며, 위 기간을 지난 경우에는 다시 법원의 이혼의사확인을 받지 않으면 이혼신고를 할 수 없습니다.

–미성년인 자녀가 있는 경우 이혼신고시에 협의서등본 또는 심판정본 및 그 확정증명서를 첨부하여 친권자지정 신고를 하여야 하며, 임신중인 자녀는 이혼신고시가 아니라 그 자녀의 출생신고시에 협의서등본 또는 심판정본 및 그 확정증명서를 첨부하여 친권자지정 신고를 하여야 합니다.

–확인서등본을 분실한 경우 다시 법원에 협의이혼의사확인신청을 하거나, 그 등본을 교부받은 날부터 3개월 이내라면 이혼의사확인신청을 한 법원에서 확인서등본을 다시 교부받고 이혼신고서를 다시 작성하여 이혼신고할 수 있고 3개월이 지난 경우에는 다시 협의이혼의사확인신청을 하여야 합니다.

–협의서원본은 법원에서 1년간 보존하므로 이혼의사확인 때 법원으로부터 교부받은 협의서등본은 이혼신고 전에 그 복사본을 별도로 보관하도록 합니다.

다. 협의이혼의 철회

○이혼의사확인을 받고 난 후라도 이혼할 의사가 없는 경우에는 이혼신고를 하지 않거나, 이혼의사철회표시를 하고자 하는 사람의 등록기준지, 주소지 또는 현재지 시(구)·읍·면의 장에게 이혼의사철회서를 제출하면 됩니다.

–이혼신고서가 이혼의사철회서보다 먼저 접수되면 철회서를 제출하였더라도 이혼의 효력이 발생합니다.

3. 협의이혼의 효과는

○가정법원의 이혼의사확인을 받아 신고함으로써 혼인관계는 해소됩니다.

○이혼 후에도 자녀에 대한 부모의 권리와 의무는 협의이혼과 관계없이 그대로 유지되나 미성년인 자녀(임신 중인 자 포함)가 있는 경우에는 그 자녀의 양육과 친권자 결정에 관한 협의서 또는 가정법원의 심판에 따릅니다.

○이혼하는 남편과 다른 등록기준지를 사용하기를 원하는 처는 별도의 등록기주지 변경신고를 함께 하여야 합니다.

| 법원명 | | 사건 번호 | | 담 당 재판부 | 전화 : | 확인 기일 | 1회 : . . . |
|---|---|---|---|---|---|---|---|
| | | | | | | | 2회 : . . . |

## 2. 재판상의 이혼

### 1) 의 의

재판상의 이혼이란 우리 민법이 규정하고 있는 이혼사유가 발생하였을 때 부부 중 한쪽이 상대방에 대하여 이혼청구소송을 제기하고, 이에 따라 법원이 확정판결로서 혼인관계를 해소시키는 방법을 말한다.

### 2) 이혼심판

이혼심판청구소송을 제기하기 위해서는 먼저 조정의 절차를 거친 후(가사소송법 제50조) 조정의 조서등본이 송달된 날로부터 2주 이내에 소송을 제기하여야 한다. 과거부터 종교적으로 이혼은 억제되어 왔으며, 이러한 사상이 현행 법률의 내용으로 채택되어 이혼에 대한 법률심에 앞서 조정의 절차를 거치도록 함으로써 사실상 사사로운 감정에 의한 이혼을 방지하고 있는데, 이를 이혼심판조정전치주의라고 한다.

### 3) 이혼판결의 신고 및 효력

이혼판결이 확정되면 확정일로부터 1개월 이내에 판결문의 등본과 확정증명서를 첨부하여 이혼신고를 하여야 한다(호적법 제63조, 제81조). 그러나 이혼의 효력은 판결이 확정된 날부터 발생한다.

### 4) 이혼사유

우리 민법이 규정한 이혼사유는 다음과 같다(민법 제840조).

### (1) 배우자가 부정행위不貞行爲를 한 때(정조의무 위반)

여기서 부정행위란 간통이나 상대방이 모르는 중혼과 같이 부부 사이의 성적 신뢰관계를 위반하고 외도한 경우를 말한다. 이러한 부정행위를 안 날로부터 6개월, 부정행위가 있었던 날로부터 2년이 지나면 그 부정행위를 이유로 이혼을 청구할 수 없다(민법 제841조).

### (2) 배우자가 정당한 이유 없이 고의로 부부의 공동의무인 동거 · 부양 · 협조의무를 이행하지 않는 경우

예컨대, 특별한 이유 없이 일방적으로 직장을 그만두고 도박이나 경마 등에 금원을 탕진하며 장기간 외박을 하는 경우는 이혼사유에 해당한다.

### (3) 배우자 또는 배우자의 직계존속(시부모 또는 장인, 장모)으로부터 구타, 감금, 심한 모욕 등과 같은 매우 부당한 정신적, 육체적 대우를 받은 경우

예컨대, 남편은 부인에게 잘 대해 주지만 아이를 못 낳는다는 이유로 시어머니가 입에 담지 못할 욕설을 하고 참을 수 없이 구박을 하는 경우는 부부간에는 문제가 없더라도 이혼의 사유가 된다. 또한 외동아들을 결혼시킨 편모가 아들이 직장에 출근한 뒤 며느리를 불러 몸수색을 하는 등의 히스테리를 부리는 경우도 그 정도가 지나치면 이혼사유가 된다.

### (4) 자기의 직계존속이 배우자로부터 매우 부당한 대우를 받은 경우

예컨대, 남편이 출근하면 홀로 계신 연로한 시어머니를 굶기고 창고 등에 감금시키는 등 시부모를 학대하는 며느리는 그 남편에 의해 이혼청구를 당할 수 있다.

### (5) 배우자가 행방불명되어 3년이 넘도록 그의 생사를 확인할 수 없는 경우

### (6) 배우자의 중대한 범죄행위, 알코올 중독, 정신병, 성교불능 등과 같이 혼인생활을 계속할 수 없는 중대한 사유가 있는 경우

#### 판례

*** 유책배우자의 이혼청구가 허용되기 위한 요건** 【대판 2004. 9. 24. 2004므1033】

혼인생활의 파탄에 대하여 주된 책임이 있는 배우자는 원칙적으로 그 파탄을 사유로 하여 이혼을 청구할 수 없고, 다만 상대방도 그 파탄 이후 혼인을 계속할 의사가 없음이 객관적으로 명백한데도 오기나 보복적 감정에서 이혼에 응하지 아니하고 있을 뿐이라는 등 특별한 사정이 있는 경우에만 예외적으로 유책배우자의 이혼청구가 허용된다.

관련법규 : 민법 제840조

**＊ 정신병이 이혼사유에 해당하기 위한 요건 【대판 2004. 9. 13. 2004므740】**

가정은 단순히 부부만의 공동체에 해당하는 것이 아니고 그 자녀 등 모든 구성원의 공동생활을 보호하는 기능을 가진 것으로서 부부 중 일방이 불치의 정신병에 이환되었고, 그 질환이 단순히 애정과 정성으로 간호되거나 예후가 예측될 수 있는 것이 아니고 그 가정의 구성원 전체에게 끊임없는 정신적 · 육체적 희생을 요구하는 것이며, 경제적 형편에 비추어 많은 재정적 지출을 요하고 그로 인한 다른 가족들의 고통이 언제 끝날지 모르는 상태에 이르렀다면, 온 가족이 헤어날 수 없는 고통을 받더라도 타방 배우자는 배우자 간의 애정에 터잡은 의무에 따라 한정 없이 참고 살아가라고 강요할 수는 없는 것이므로, 이러한 경우는 민법 제840조 제6호 소정의 재판상 이혼사유에 해당한다.

그러나 부부의 일방이 정신병적 증세를 보여 혼인관계를 유지하는 데 어려움이 있다고 하더라도 그 증상이 가벼운 정도에 그치는 경우라든가, 회복이 가능한 경우인 때에는 그 상대방 배우자는 사랑과 희생으로 그 병의 치료를 위하여 진력을 다하여야 할 의무가 있는 것이고, 이러한 노력을 제대로 하여 보지 않고 정신병 증세로 인하여 혼인관계를 계속하기 어렵다고 주장하여 곧 이혼청구를 할 수는 없다.

▶ 관련법규 : 민법 제840조 제6호

**＊ 혼인생활을 계속하기 어려운 중대한 사유 【대판 2002. 3. 29. 2002므74】**

처가 뚜렷한 합리적인 이유 없이 남편과의 성행위를 거부하고 결혼생활 동안 거의 매일 외간남자와 전화통화를 하여 남편이 이혼소송을 제기하고 별거에 들어간 경우 부부의 공동생활관계는 회복할 수 없을 정도로 파탄되었다고 보아 그 혼인생활의 계속을 강제하는 것이 남편에게는 참을 수 없는 고통이 된다고 보아 이혼할 것을 판결.

▶ 관련법규 : 민법 제840조 제6호

**＊ 이혼사유에 해당하는 신앙생활 【대판 1996. 11. 15. 96므851】**

신앙의 자유는 부부간이라도 침해할 수 없으나, 부인이 지나친 신앙생활로 인해 집을 자주 비우고 자녀들의 뒷바라지에 소홀할 뿐만 아니라 시댁제사나 시부모생일 등에 참석을 거부하여 가정파탄을 유발한 경우는 이혼사유에 해당한다.

▶ 관련법규 : 민법 제840조

## 3. 면접교섭권

### 1) 의 의

혼인중의 자녀를 둔 부부가 이혼을 한 경우 그 자녀들과 생계를 함께 하지 않는 자, 즉 친권자나 양육자가 아닌 부 또는 모는 그의 자녀들과 서로 왕래하거나 면접, 숙박, 교통할 수 있는 고유의 권리를 가지는데, 이를 면접교섭권이라 한다.

### 2) 면접교섭권의 제한

자녀의 복리를 위하여 가정법원은 당사자의 청구에 따라 면접교섭권을 제한하거나 배제할 수 있다(민법 제837조의2 제1항, 제2항).

따라서 아이를 둔 부부가 이혼하여 그 아이의 어머니가 아이를 양육하는 경우 아이의 아버지는 원칙적으로 자신의 아이를 만나고 함께 잘 수도 있으나 아버지가 고질적인 주정뱅이나 상습적인 범죄자일 경우, 아이의 어머니는 아이의 아버지에 대한 면접교섭권의 제한이나 배제를 가정법원에 청구할 수 있다.

## 4. 재산분할청구권

### 1) 의 의

혼인생활 중에 부부는 서로 협력하여 재산을 모을 수 있는데, 이러한 재산은 부부의 공동재산으로 보아야 한다. 따라서 부부가 이혼(협의이혼과 재판상의 이혼을 포함)을 하는 경우는 이혼한 날로부터 2년 이내에 그 재산을 나누어 달라고 청구할 수 있는데, 이를 재산분할청구권이라 한다(민법 제839조의2 제1항, 제3항). 재산분할청구권은 이혼시 혼인으로 인한 재산적 · 정신적 손해에 대한 위자료청구권과는 별개의 것이다.

**판 례**

**＊ 재산분할의 액수와 방법 및 채권자취소권** 【대판 2005. 1. 28. 2004다58963】

이혼에 있어서 재산분할은 부부가 혼인 중에 가지고 있었던 실질상의 공동재산을 청산하여 분배함과 동시에 이혼 후에 상대방의 생활유지에 이바지하는 데 있지만, 분할자의 유책행위에 의하여 이혼함으로 인하여 입게 되는 정신적 손해(위자료)를 배상하기 위한 급부로서의 성질까지 포함하여 분할할 수도 있다고 할 것인바, 재산분할의 액수와 방법을 정함에 있어서는 당사자 쌍방의 협력으로 이룩한 재산의 액수 기타 사정을 참작하여야 하는 것이 민법 제839조의2 제2항의 규정상 명백하므로 재산분할자가 이미 채무초과의 상태에 있다거나 또는 어떤 재산을 분할한다면 무자력이 되는 경우에도 분할자가 부담하는 채무액 및 그것이 공동재산의 형성에 어느 정도 기여하고 있는지 여부를 포함하여 재산분할의 액수와 방법을 정할 수 있다고 할 것이고, 재산분할자가 당해 재산분할에 의하여 무자력이 되어 일반 채권자에 대한 공동담보를 감소시키는 결과가 된다고 하더라도 그러한 재산분할이 민법 제839조의2 제2항의 규정 취지에 반하여 상당하다고 할 수 없을 정도로 과대하고, 재산분할을 구실로 이루어진 재산처분이라고 인정할 만한 특별한 사정이 없는 한 사해행위로서 채권자취소권의 대상이 되지 아니하고, 위와 같은 특별한 사정이 있어 사해행위로서 채권자취소권의 대상이 되는 경우에도 취소되는 범위는 그 상당한 부분을 초과하는 부분에 한정된다고 할 것이다.

▶ 관련법규 : 민법 제406조, 제839조의2 등

**＊ 사실혼관계의 해소와 재산분할** 【대판 2000. 8. 18. 99므1855】

부부 사이에 13년 남짓 동안 법률혼과 사실혼이 3회에 걸쳐 계속 이어지다가 파탄되었고 그 각 협의이혼에 따른 별거기간이 6개월과 2개월 남짓에 불과한 경우에 마지막 사실혼의 해소에 따른 재산분할을 함에 있어서는 그에 앞서 이루어진 이혼에 따른 재산분할 문제를 정산하였다거나 이를 포기하였다고 볼 만한 특별한 사정이 없는 한 그 각 혼인 중에 쌍방의 협력에 의하여 이룩한 재산은 모두 청산의 대상이 될 수 있다고 보는 것이 상당하다.

▶ 관련법규 : 민법 제839조의2

**＊ 이혼시 재산분할의 증여세 부과여부** 【헌재결정 1997. 10. 30. 96헌바14】

이혼에 의한 재산분할 청구로 취득한 재산에 대하여 증여세를 부과토록 규정한 상속세법 제29조의2 제1항 제1호는 실질적 조세법률주의에 위배될 뿐만 아니라 조세평등주의에도 위반되며, 이는 부양적 요소에 관하여도 적용된다.

### 2) 재산분할 방법

이혼시 재산의 분할은 당사자의 협의에 따라 나누어야 하며, 협의가 이루어지지 않는 경우는 가정법원이 당사자의 청구에 따라 재산의 상태, 재산의 형성에 대한 협력의 정도, 혼인의 기간, 연령 등의 모든 사정을 고려하여 정확하게 결정하여야 한다.

### 5. 이혼기록의 삭제

1998년 1월 1일부터 이혼 및 입양에 관한 기록은 본적을 옮기는 경우 삭제할 수 있도록 하고 제적의 경우는 붉은 선으로 ×표를 하던 것을 고무인으로 날인하도록 하였다.

따라서 혼인을 앞둔 청춘남녀가 상대방의 혼인 전력을 확인하기 위해서는 당사자의 가족관계등록부의 내용을 자세히 확인하고 살펴보아야 한다.

## Ⅶ. 약혼의 해제

### 1. 약혼의 개념

남자는 18세, 여자는 16세가 되면 부모 또는 후견인의 동의를 얻어 약혼할 수 있다(민법 제801조). 약혼이란 앞으로 혼인을 하기로 약속하는 혼인예약으로서 하나의 신분상의 계약에 해당하는 법률행위이다. 이러한 약혼은 앞으로 혼인할 당사자들의 합의에 의해 성립하며, 당사자의 부모들이 본인들의 의사를 무시하고 일방적으로 합의한 약혼은 무효이다.

### 2. 약혼의 해제와 손해배상

#### 1) 약혼의 해제사유

약혼은 다음과 같은 사유가 있으면 해제할 수 있으며, 그 사유가 한쪽의 잘못으로 인한 것이라도 우리 민법이 약혼은 강제로 그 이행을 청구할 수 없도록 규정하고(민법 제803조) 있기 때문에 해제될 수 있다. 약혼의 해지방법은 특별히 정해진 것이 없으며, 서면이나 구두로 할 수 있다.

(1) 약혼 당사자 중 한쪽이 약혼 후 자격정지 이상의 형을 선고받은 경우

(2) 약혼 후 금치산 또는 한정치산선고를 받은 경우

(3) 성병이나 불치의 정신병 또는 불치의 질환이 있는 경우

(4) 약혼 후 다른 사람과 약혼이나 혼인을 한 경우

(5) 약혼 후 다른 사람과 간음한 경우

(6) 약혼 후 1년 이상 그 생사가 분명하지 않은 경우

(7) 정당한 이유 없이 혼인을 거절하거나 그 시기를 지연하는 경우

(8) 기타 중대한 사유가 있는 경우

### 2) 손해배상

약혼이 해제된 경우 그 해제에 대한 책임이 있는 쪽은 상대방이 그로 인해 입은 재산적, 정신적 손해를 배상하여야 한다.

약혼예물은 혼인의 성립을 전제로 교환한 것이기 때문에 약혼이 해제되면 서로 반환하여야 하며, 이를 반환하지 않으면 부당이득으로서 반환청구의 대상이 된다.

**판 례**

*** 약혼예물의 소유권** 【대판 1996. 5. 14. 96다5506】

약혼예물을 주고받는 것은 약혼의 성립을 증명하고 혼인이 성립한 경우 당사자나 양가의 정리를 두텁게 하기 위한 것이기 때문에 혼인의 불성립을 해제조건으로 하는 증여와 유사한 성질을 가진다. 따라서 예물을 받는 측이 혼인 당초부터 성실히 혼인을 계속할 의사가 없고 그로 인하여 혼인의 파국을 초래하였다고 인정되는 등 특별한 사정이 있는 경우에는 신의칙 내지 형평의 원칙에 비추어 혼인 불성립의 경우에 준하여 예물반환의무를 인정하는 것이 당연하다. 그러나 그러한 특별한 사정이 없는 한 일단 부부관계가 성립하고 그 혼인이 상당 기간 지속되었다면 그 후 혼인이 해소되더라도 그 예물의 반환을 요구할 수는 없기 때문에 이러한 상태에서 비록 혼인 파탄의 원인이 며느리에게 있다 하더라도 혼인이 상당 기간 계속된 이상 약혼예물의 소유권은 며느리에게 있으므로 그 반환을 청구할 수는 없다.

▶ 관련법규 : 민법 제147조, 제554조, 제800조 등

*** 학력과 직장을 속인 약혼의 해제와 위자료** 【대판 1995. 12. 8. 94므1676, 1683】

중매로 만난 남녀가 서로 상대방을 신뢰하고 10일간의 교제를 거쳐 약혼을 하였으나, 그 후 상대방이 학력이나 직장에 대하여 거짓말로 속였다는 것을 알고 약혼의 해제와 동시에 위자료를 청구한 것은 마땅하다.

▶ 관련법규 : 민법 제806조 제8호

## 제12절 보험과 계약

### Ⅰ. 보험금의 범위

보험금의 액수는 보험자와 보험계약자의 약정에 의해 그 범위가 결정되는 것이 원칙이다. 그러나 자동차보험에 가입한 보험계약자가 교통사고의 가해자가 된 경우, 그 사고로 인해 발생한 인적·물적 손해뿐만 아니라 형사처벌을 면하기 위해 피해자에게 지급한 형사합의금도 그것이 위자료 명목으로 지급되었다는 특별한 내용을 명시하지 않은 한 보험회사가 지급해야 할 보험금의 범위에 포함된다.

## Ⅱ. 생명보험과 피보험자의 동의

피보험자의 사망을 보험사고로 하는 보험계약에는 그 보험계약을 체결할 때 피보험자의 서면동의를 받아야 하며, 피보험자의 서면동의 없이 체결된 생명보험계약은 무효이다(상법 제731조). 그러나 계약을 체결할 당시에는 피보험자의 서면동의를 받지 않았더라도 그 후에 피보험자로부터 서면동의를 받은 경우는 무효로 되지 않는다.

또한 15세미만의 자, 심신상실자 및 심신박약자 등은 판단능력이 정상인에 미치지 못하여 자칫 생명보험계약의 피보험자가 되는 경우 보험금을 노리는 자에 의해 살해당할 위험이 크다. 따라서 이들의 사망을 보험사고로 한 보험계약도 무효로 하여 이들을 보호하고 있다(상법 제732조).

사실상 실제의 보험계약에서는 대체로 피보험자의 서면동의 없이 이러한 생명보험계약을 체결하고 있는데, 이는 보험계약자가 보험금 청구시 보험금의 지급을 거절당할 수 있기 때문에 보험계약체결시 유의하여야 한다. 그러나 15세 미만자 등 판단능력이 미약한 자들에 대해서는 당사자의 동의를 얻더라도 그들을 피보험자로 하는 생명보험계약은 무효이다.

**판 례**

**＊ 피보험자의 동의 없는 보험계약과 손해배상** 【대판 2001. 11. 9. 2001다55499, 55505】

보험회사의 보험모집인은 보험전문가로서 타인의 사망을 보험사고로 하는 보험계약에는 피보험자의 서면에 의한 동의를 얻어야 하는 사실을 보험계약자에게 설명하고 그 서면동의를 받아 보험계약을 체결하도록 조치를 취할 주의의무가 있음에도 불구하고, 보험계약 체결시 위 사실을 모르고 보험계약자에게 설명하여 주지 않아 보험계약자로 하여금 피보험자 동의란에 피보험자의 서명을 대신하게 하여, 보험계약이 피보험자의 서면동의를 얻지 못하였다는 이유로 무효가 되어 보험계약자가 보험금을 받지 못하게 되는 손해를 입게 되었다면, 보험회사는 보험사업자로서 보험업법 제158조 제1항에 의하여 보험모집인이 보험모집을 하면서 보험계약자에게 가한 손해를 배상할 책임이 있다.

▶ 관련법규 : 상법 제731조, 보험업법 제158조 제1항 등

**＊ 보험금편취목적의 생명보험계약의 효력** 【대판 2000. 2. 11. 99다49064】

피보험자를 살해하여 보험금을 편취할 목적으로 체결한 생명보험계약은 사회질서에 위배되는 행위로서 무효이고, 따라서 피보험자를 살해하여 보험금을 편취할 목적으로 피보험자의 공동상속인 중 1인이 상속인을 보험수익자로 하여 생명보험계약을 체결한 후 피보험자를 살해한 경우, 다른 공동상속인은 자신이 고의로 보험사고를 일으키지 않았다고 하더라도 보험자에 대하여 보험금을 청구할 수 없다.

▶ 관련법규 : 민법 제103조, 상법 제659조 제1항 등

**＊ 명의를 모용한 보험계약** 【대판 1995. 10. 13. 94다55385】

甲이 乙의 명의를 모용하여 보험회사와 보증보험계약을 체결하고 그 보험증권을 이용하여 금융기관으로부터 乙 명의로 차용한 금원을 상환하지 않아 보험회사가 보험금을 지급한 경우, 그 보험계약을 무효로 보아 보험회사의 부당이

득 반환청구를 인정하였다.
관련법규 : 민법 제741조

*** 무효인 생명보험계약 【대판 1996. 11. 22. 96다37084】**

아내가 남편의 서면동의 없이 남편을 피보험자로 하는 생명보험계약을 체결한 경우, 남편의 생명을 희생시켜 보험금을 노리는 악덕 부인의 보험살인사건이 많이 발생할 수 있는데, 이러한 보험계약은 무효이므로 보험사고가 발생하더라도 보험회사는 보험금을 지급하지 않아도 된다.
관련법규 : 상법 제731조

# Ⅲ. 보험약관의 효력

## 1. 보험회사의 의무

보험회사는 계약자와 보험계약을 체결한 경우, 그 계약자에게 보험약관을 교부하고 중요한 약관의 내용에 대해서는 구체적으로 알려주어야 한다. 그리고 이러한 보험약관은 일반적으로 보험회사에서 미리 그 내용을 일률적으로 작성하여 계약시에 보험계약자로부터 서명만을 받고 있는 실정이다. 따라서 이러한 보험약관도 약관의규제에관한법률에 규정된 요건을 갖추지 못하면 무효가 된다.

판 례

*** 중요한 사항의 기준 【대판 2003. 5. 30. 2003다15556】**

보험회사는 보험계약의 중요한 내용에 대하여 구체적이고 상세한 명시·설명의무를 부담하는데, 보험회사가 이러한 보험약관의 명시·설명의무에 위반한 보험계약은 효력이 없다. 보험자의 이러한 약관 명시·설명의무는 보험계약자가 알지 못하는 가운데 약관에 정하여진 중요한 사항이 계약 내용으로 되어 보험계약자가 예측하지 못한 불이익을 받게 되는 것을 피하고자 하는 데 그 근거가 있다. 따라서 보험약관에 정해진 사항이라고 하더라도 거래상 일반적이고 공통된 것이어서 보험계약자가 별도의 설명 없이도 충분히 예상할 수 있었던 사항이거나 이미 법령에 의하여 정하여진 것을 되풀이하거나 부연하는 정도에 불과한 사항에 대해서는 보험자의 명시·설명의무를 요구할 수 없다.
관련법규 : 약관의규제에관한법률 제3조, 상법 제638조의3 제1항 등

## 2. 보험약관이 무효인 경우

보험약관의 내용에 보험자의 일방적인 면책조항을 두거나 법률규정에 없는 해제권이나 해지권을 보험자에게 인정하거나 상당한 이유 없이 보험자가 일방적으로 약관의 내용을 변경할 수 있게 하는 경우는 불공정한 약관으로서 무효가 된다(약관의규제에관한법률 제6조 내지 제11조).

또한 보험약관의 내용과 보험계약체결 당시 보험모집원이 설명한 보험조건이 다른 경우, 보험계약자가 모집원의 말을 믿고 그 보험계약을 체결하였다면 보험약관보다 보험모집원의 설명이 우선적인 효력을 가진다.

**판 례**

*** 무효인 보험약관** 【대판 2002. 7. 26. 2000다25002】

보험료 납입을 연체하는 경우 일정기간이 경과하면 그 보험계약이 당연히 실효된다고 규정된 보험약관의 규정은 계약자가 보험계약서에 서명날인을 하였더라도 무효가 된다.

▶ 관련법규 : 상법 제650조 제2항, 제663조 등

유사사건 : 대판 1997. 7. 25. 97다18479, 대판 2000. 4. 11. 99다53223 등

*** 미설명 보험약관의 효력** 【대판 1996. 6. 25. 96다12009】

보험계약을 체결할 때 자동차등록원부상의 소유자만이 피보험자가 될 수 있다는 중요한 사실을 보험약관에 명시하지 아니하였거나 그러한 명시가 있는 경우도 그에 대하여 자세히 설명하지 않았다면 피보험자가 자동차등록원부상의 소유자는 아니더라도 실직적인 소유자인 경우 보험회사는 보험금을 지급하여야 한다.

▶ 관련법규 : 약관의규제에관한법률 제3조 제2항

## 3. 보험계약자의 고지의무

보험계약자는 보험계약을 체결할 때나 계약을 체결한 후 중대한 사유가 발생하면 그 내용을 보험회사에 알려야 하는 의무를 부담하는데, 이러한 고지의무를 위반하면 보험사고가 발생하더라도 보험금을 지급받을 수 없게 된다(상법 제651조).

**판 례**

*** 공제계약체결시 고지위반과 교통사고발생과의 인과관계여부** 【대판 1997. 10. 28. 97다33089】

한쪽 눈이 실명한 경우는 1종운전면허를 받을 수 없다. 그러나 부정한 수단으로 면허를 받은 후 화물자동차를 운전하는 것은 그 자체로서 교통사고 발생에 영향을 미쳤다고 할 것이므로 실명한 사실을 고지하지 않은 고지의무위반과 교통사고 간에는 인과관계가 존재하지 않는다고 단정할 수 없다.

## 4. 과실상계

보험의 혜택을 받을 수 있는 경우라고 해서 항상 보험금의 전액을 받을 수 있는 것은 아니고 보험사고에 대하여 피해자가 아무런 잘못이 없는 경우를 제외하고는 피해자가 그 보험사고에 대하여 부담하는 잘못의 정도에 따라 일정한 과실이 상계되어 보험

금의 일부분을 받을 수 없는 경우가 있는데, 이때 피해자의 과실부분이 보험금에서 공제되는 것을 과실상계過失相計라 한다.

## 판 례

**＊ 과실상계가 인정되지 않는 경우** 【대판 2005. 7. 28. 2003다12083】

양륙기간을 약정한 용선계약에 있어서 용선자가 약정한 기간 내에 양륙작업을 완료하지 못하고 기간을 초과하여 양륙한 경우에 운송인이 그 초과한 기간에 대하여 용선자에게 청구할 수 있는 소위 정박료 또는 체선료는 체선기간 중 운송인이 입는 선원료, 식비, 체선비용, 선박이용을 방해받음으로 인하여 상실한 이익 등의 손실을 전보하기 위한 법정의 특별보수라고 할 것이므로, 체선료의 약정이 용선자의 채무불이행으로 인한 손해배상의 예정이라는 전제하에서 운송인의 과실을 참작하여 체선료를 감액하거나 과실상계를 할 수 없다.

▶ 관련법규 : 상법 제798조 제3항

**＊ 야영금지구역에서의 사고** 【대판 2003. 1. 10. 2000다57832, 57849】

야영금지를 알리는 수 개의 안내표지판이 설치된 국립공원 내의 대원사계곡에서는 야영이 허용되지 않는다는 점을 알 수 있고, 특히 계곡 내에서는 비가 조금만 내려도 물이 불어나 자신들의 생명과 신체에 중대한 위험이 발생할 수 있음을 인식할 수 있는 장소에서 계속해서 비가 내리고 있었음에도 아무런 대비조치 없이 야영을 한 경우는 사고 발생에 대한 피해자들의 과실을 70%로 인정할 수 있다.

▶ 관련법규 : 민법 제396조, 756조, 제763조, 국가배상법 제2조 등

**＊ 과실상계의 판단기준** 【대판 2005. 1. 27. 2003다49566】

소음 등을 포함한 공해 등의 위험지역으로 이주하여 들어가서 거주하는 경우와 같이 위험의 존재를 인식하면서 그로 인한 피해를 용인하며 접근한 것으로 볼 수 있는 경우에, 그 피해가 직접 생명이나 신체에 관련된 것이 아니라 정신적 고통이나 생활방해의 정도에 그치고 그 침해행위에 고도의 공공성이 인정되는 때에는, 위험에 접근한 후 실제로 입은 피해 정도가 위험에 접근할 당시에 인식하고 있었던 위험의 정도를 초과하는 것이거나 위험에 접근한 후에 그 위험이 특별히 증대하였다는 등의 특별한 사정이 없는 한 가해자의 면책을 인정하여야 하는 경우도 있을 수 있을 것이나, 일반인이 공해 등의 위험지역으로 이주하여 거주하는 경우라고 하더라도 위험에 접근할 당시에 그러한 위험이 존재하는 사실을 정확하게 알 수 없는 경우가 많고, 그 밖에 위험에 접근하게 된 경위와 동기 등의 여러 가지 사정을 종합하여 그와 같은 위험의 존재를 인식하면서 굳이 위험으로 인한 피해를 용인하였다고 볼 수 없는 경우에는 손해배상액의 산정에 있어 형평의 원칙상 과실상계에 준하여 감액사유로 고려하는 것이 상당하다.

▶ 관련법규 : 국가배상법 제5조 제1항, 민법 제750조 등

**＊ 변호사의 선관자주의의무위반과 손해배상** 【대판 2004. 5. 14. 2004다7354】

일반적으로 수임인은 위임의 내용에 따라 선량한 관리자의 주의의무를 다하여야 하고, 특히 소송대리를 위임받은 변호사는 그 수임사무를 수행함에 있어 전문적인 법률지식과 경험에 기초하여 성실하게 의뢰인의 권리를 옹호할 의무가 있으며, 구체적인 위임사무의 범위는 변호사와 의뢰인 사이의 위임계약의 내용에 의하여 정하여지는 것이지만, 위임사무의 종료단계에서 패소판결이 있었던 경우에는 의뢰인으로부터 상소에 관하여 특별한 수권이 없는 때에도 그 판결을 점검하여 의뢰인에게 불이익한 계산상의 잘못이 있다면 의뢰인에게 그 판결의 내용과 상소하는 때의 승소가능성 등에 대하여 구체적으로 설명하고 조언하여야 할 의무가 있다.

따라서 소송대리를 위임받은 변호사의 선관주의의무 위반으로 인하여 패소 부분에 대한 항소권이 소멸한 후 부대항소를 제기하였으나 상대방이 항소를 취하함으로써 부대항소가 효력을 잃게 되어 판결이 확정된 경우, 의뢰인이 항소를 통하여 얻을 수 있었던 금원 상당이 변호사의 선관주의의무 위반과 상당인과관계가 있는 통상손해에 해당한다.

▶ 관련법규 : 민법 제680조, 제681조, 제390조, 제393조, 제681조

**＊ 인감증명 발급시 공무원의 과실과 손해배상** 【대판 2004. 3. 26. 2003다54490】

인감증명 발급업무를 담당하는 공무원으로서 통상적으로 실시하는 육안관찰 또는 셀로판지에 의한 인영 대조방법으로 면밀하게 위 각 인영을 비교·관찰하였더라면 각 인영이 서로 일치하지 않음을 확인하였거나 적어도 일치 여부에

관하여 합리적인 의심을 가질 정도의 차이점을 발견할 수 있었고, 이러한 경우 확대경과 같이 주위에서 손쉽게 구할 수 있는 도구를 이용하거나 복사기에 의한 확대복사 등을 이용하여 각 인영을 세부적으로 면밀하게 비교·관찰하는 등의 조치를 취하여 두 인영의 일치 여부를 확인하였다면 위 각 인영이 서로 일치하지 아니함을 알 수 있었을 것임에도 불구하고 이를 게을리 한 과실로 위 위조인장에 의하여 甲 명의의 인감증명서를 발급하기에 이르렀고, 이를 토대로 소유권이전등기가 경료되고 그 부동산을 담보로 대출을 받은 후 인감위조 사실이 확인되어 금전 대여자가 대출금을 회수할 수 없게 되어 손해를 입게 된 경우, 인감증명 발급업무 담당 공무원의 직무집행상의 과실이 인정되어 손해배상책임을 면할 수 없다.

관련법규 : 국가배상법 제2조

# Ⅳ. 계약의 해제와 해지

## 1. 해 제

### 1) 의 의

정상적으로 유효하게 체결된 계약을 처음부터 계약이 체결되지 아니했던 것과 같은 상태로 되돌려 놓기 위해 계약당사자 중 한 쪽이 상대방에게 일방적으로 의사표시를 통보하는 것을 해제解除라고 한다.

### 2) 효 력

계약을 해제하면 계약당사자들은 원상회복의무를 이행해야 한다(민법 제548조 제1항, 제2항). 따라서 계약체결 당시 계약금을 받은 쪽은 그 계약금을 되돌려주어야 하는데, 계약금의 반환방법은 계약금과 그 계약금을 받은 날로부터 되돌려주는 날까지의 이자를 합산하여 돌려주어야 한다. 그리고 계약의 목적물을 인수받은 쪽은 그 목적물을 인수받았던 상태 그대로 돌려주어야 한다. 그러나 목적물을 원상태로 돌려줄 수 없는 경우에는 그에 대한 손해를 배상하여야 한다. 이렇게 되면 그 계약으로부터 발생했던 모든 권리와 의무가 소멸한다.

판 례

**＊ 쌍무계약의 해제요건** 【대판 2003. 2. 26. 2000다40995】

쌍무계약에 있어서 계약당사자의 일방은 상대방이 채무를 이행하지 아니하겠다는 의사를 분명히 표시한 경우에는 최고를 하거나 자기의 채무를 이행하지 아니하고 그 계약을 적법하게 해제할 수 있으나, 그 이행거절의 의사표시가 적법하게 철회된 경우 상대방으로서는 자기 채무의 이행을 제공하고 상당한 기간을 정하여 이행을 최고한 후가 아니면 채무불이행을 이유로 계약을 해제할 수 없다.

관련법규 : 민법 제544조

**＊ 인수채무의 불이행과 계약해제** 【대판 2004. 7. 9. 2004다13083】

매매목적물에 관한 근저당권의 피담보채무를 인수한 매수인이 인수채무의 일부인 근저당권의 피담보채무의 변제를 게을리 함으로써 매매목적물에 관하여 근저당권의 실행으로 임의경매절차가 개시되고 매도인이 경매절차의 진행을 막기 위하여 피담보채무를 변제하였다면, 매도인은 채무인수인에 대하여 손해배상채권을 취득하는 이외에 이 사유를 들어 매매계약을 해제할 수 있다.

▶ 관련법규 : 민법 제544조

**＊ 임대차계약의 해제와 비용상환청구권** 【대판 2002. 11. 22. 2002다38828】

임대차계약에서 임대차계약이 해제(종료를 포함)된 때에는 임차인은 자기의 비용으로 임차한 목적물을 원상복구하여 임대인에게 명도하여야 한다고 정하여져 있으나, 그 임대차계약에서 임차인은 목적물 관리 및 유지·보존에 따른 관리비와 수리비, 조세공과금 등 일체의 유지비를 부담하기로 약정한 사실에 비추어 임차인은 시설비용이나 보수비용의 상환청구권을 포기하는 대신 원상복구의무도 부담하지 않기로 합의를 한 것이라고 본다.

▶ 관련법규 : 민법 제105조, 제626조, 제646조

**＊ 계약해제시 매매대금반환에 대한 이자** 【대판 1996. 4. 13. 95다28892】

매매대금반환의무와 등기말소의무가 동시이행관계에 있는 계약이 법정해제되는 경우, 매매대금의 반환에 따른 법정이자는 매매대금을 수령한 때부터 계산하여야 한다.

▶ 관련법규 : 민법 제548조 제1항, 제2항

**＊ 합의해제에 의한 계약금 반환시의 이자지급의무** 【대판 1996. 7. 30. 95다16011】

일반적인 민법상의 해제에는 원상회복의무가 발생하기 때문에 이미 받은 계약금에 이자를 가산하여 반환하여야 하지만 합의해제는 새로운 계약의 성립으로 보아 계약금 반환시 특별한 약정이 없는 한 이자지급의무가 발생하지 않는다.

▶ 관련법규 : 민법 제548조 제2항

## 2. 해 지

### 1) 의 의

임대차계약이나 할부계약과 같은 계속적 계약에서 그 계약의 내용을 정상적으로 이행하다가 일정한 사유가 발생하여 앞으로 그 계약관계를 계속 유지할 필요가 없다는 정당한 사유가 발생한 경우 당사자는 상대방에게 해지의 의사표시를 통지함으로써 그 계약관계는 해소된다. 이와 같이 정상적인 계약관계를 장래에 대하여 해소시키는 것을 해지解止라 한다.

### 2) 효 력

해지의 효력은 그 통지가 상대방에게 도달한 시점으로부터 장래에 발생할 권리관계에 대해서만 효력이 발생한다. 계약의 해지로 인해 발생한 손해에 대해서는 그 책임 있는 자가 그를 배상하여야 한다(민법 제550조, 제551조).

계약을 해지하면 해제와 달리 원상회복의 의무는 발생하지 않고 장래에 대한 권리와 의무가 소멸하게 된다. 따라서 해지 후의 권리는 행사할 수 없으며, 의무도 이행할 필요가 없다. 그러나 해지 이전의 계약관계는 유효하다. 예컨대, 3년 계약기간으로 고용계약을 체결한 근로자가 사용자의 과실로 인해 1년이 경과한 후 고용계약을 해지한 경

우는 1년간 이미 수령한 임금은 유효하므로 반환할 필요가 없고, 앞으로 2년간 제공해야 할 근로의무는 이행할 필요가 없게 된다.

판 례

**＊ 계약의 묵시적 합의해지를 인정하기 위한 요건** 【대판 2003. 1. 24. 2000다5336, 5343】

계약이 합의해지되기 위하여는 일반적으로 계약이 성립하는 경우와 마찬가지로 계약의 청약과 승낙이라는 서로 대립하는 의사표시가 합치될 것을 그 요건으로 하는 것이지만, 계약의 합의해지는 명시적인 경우뿐만 아니라 묵시적으로도 이루어질 수 있는 것이므로 계약 후 당사자 쌍방의 계약 실현 의사의 결여 또는 포기가 쌍방 당사자의 표시행위에 나타난 의사의 내용에 의하여 객관적으로 일치하는 경우에는, 그 계약은 계약을 실현하지 아니할 당사자 쌍방의 의사가 일치됨으로써 묵시적으로 해지되었다고 해석함이 상당하다.

관련법규 : 민법 제543조

## V. 계약체결시 주의사항

### 1. 당사자 확인

미성년자, 한정치산자, 금치산자 등과 같은 무능력자는 행위능력이 없으므로 유효한 법률행위인 계약을 체결할 수 없고, 그의 법정대리인과 계약을 체결하여야 하는데, 이때 호적등본, 신원증명서, 법원의 결정문 등을 통해 법정대리인의 대리관계를 정확하게 확인하여야 한다.

그리고 법인 또는 개인의 대리인과 계약을 체결하는 경우도 법인 등기부등본, 위임장, 인감증명서 등을 근거로 대리권의 내용, 범위 등을 반드시 확인하는 것이 필요하다.

### 2. 계약의 내용

계약의 내용은 적법하고 확정적이며 실현가능한 것으로서 사회적으로 타당한 것이어야 법률행위로서의 효력을 가진다. 따라서 도둑질을 내용으로 하는 계약, 하늘의 별을 따다 주는 계약, 축첩계약, 도박자금의 대여 등은 계약의 효력발생요건을 갖추지 못하였기 때문에 계약이 성립되더라도 법적 효력을 가지지 못한다.

### 3. 계약의 방식과 효력

계약의 방식에 대하여 법적으로 특별히 규정한 내용은 없으므로 계약의 방식은 당사자가 자유롭게 채택할 수 있다. 그러나 계약으로 인한 분쟁이 발생하면 소송을 통해 해결하여야 하는데, 우리 민사소송법은 증거재판주의를 채택하고 있으므로 서면에 의한 계약이나 증인의 확보는 중요한 문제라고 할 수 있다.

예컨대, 우리 민법은 증여의 의사가 서면으로 표시되지 아니한 경우, 당사자는 그 증여의 내용이 이행되기 전에 그 증여계약을 해제할 수 있도록 하고 있어 증여의 경우는 특히 그 방식에 있어 서면화 하는 것이 중요하다(민법 제555조).

**판 례**

**＊ 관세사의 선관자주의의무 【대판 2005. 10. 7. 2005다38294】**

관세사 또는 관세사법인과 그에게 통관 업무를 맡긴 수입업자 사이의 법률관계는 민법상의 위임관계와 같으므로 관세사는 위임계약의 내용에 따라 정해지는 구체적 위임사무의 범위에서 위임의 본지에 따라 선량한 관리자의 주의로써 의뢰받은 통관 업무를 처리하여야 하고, 위임인인 의뢰인의 지시가 있으면 우선적으로 이에 따라야 하지만, 다른 한편 구 관세사법(2002. 12. 18. 법률 제6778호로 개정되기 전의 것)이 관세사에게 관세사법 및 관세법 기타 법령에 의한 명령을 준수하고 통관업을 성실·공정하게 수행하여야 할 의무를 지우고 있는 점(제13조)이나, 관세사의 직무를 관세사나 관세사법인 등이 아니면 취급할 수 없도록 명시하고 있는 점(제3조) 등에 비추어 보면, 관세사는 의뢰받은 사무와 밀접하게 연관되는 범위 안에서는 별도의 위임이 없더라도 의뢰인의 이익을 도모하고 손해를 방지하기 위하여 필요한 조치를 취하도록 의뢰인에게 설명하고 조언하여야 하며, 의뢰인의 구체적인 지시가 있어도 그에 따르는 것이 위임의 본지에 적합하지 않거나 또는 의뢰인에게 불이익한 때에는 관세사는 그러한 내용을 의뢰인에게 설명하고 그 지시를 변경하도록 조언할 의무를 진다.

따라서 관세사가 의뢰인으로부터 위임받은 수입물품의 통관 업무를 처리하면서 수입물품의 관세율표 품목분류번호(세번)를 확정하는 데 필요한 조치를 취하지 아니한 채, 의뢰인의 요구에 따라 잘못된 세번과 세율로 수입신고함으로써 의뢰인으로 하여금 가산세를 무는 손해를 입게 하였다면 관세사로서의 선량한 관리자의주의의무와 설명조언의무 위반에 해당하므로 손해배상책임을 면할 수 없다.

▶ 관련법규 : 구 관세사법(2002. 12. 18. 법률 제6778호로 개정되기 전의 것) 제2조, 제3조, 제13조, 제7조(현행 제50조 참조), 제7조의2(현행 제86조 참조), 민법 제680조, 제681조 등

**＊ 서면에 의하지 아니한 증여의 실행 【대판 2001. 9. 18. 2001다29643】**

증여의 의사가 서면으로 표시되지 아니한 경우라도 증여자가 생전에 부동산을 증여하고 그의 뜻에 따라 그 소유권이전등기에 필요한 서류를 제공하였다면 증여자가 사망한 후에 그 등기가 경료되었다고 하더라도 증여자의 의사에 따른 증여의 이행으로서의 소유권이전등기가 경료되었다 할 것이므로 증여는 이미 이행되었다 할 것이어서 증여자의 상속인이 서면에 의하지 아니한 증여라는 이유로 증여계약을 해제하였다 하더라도 이에 아무런 영향이 없다.

▶ 관련법규 : 민법 제554조, 제555조, 제558조 등

## 4. 계약조건의 철저한 확인

계약의 조건들이 확정되면 자신이 제시한 조건이 정확히 표현되었는지 또는 상대방의 조건이 자신에게 불리하지는 아니한지를 철저히 확인한 뒤 서명날인 하여야 한다. 특히 보험계약이나 자동차할부매매계약과 같은 보통거래약관에 의한 계약을 채결할 때는 더욱 그러하다.

# 제13절 지적소유권

## Ⅰ. 지적소유권의 개념

지적소유권知的所有權이란 문학이나 예술 및 과학적 저작물, 음반 및 방송, 인간의 노력에 의한 발명, 의장, 상표, 상호 등에 관련된 권리와 산업이나 기타 지적인 창작활동에서 발생하는 모든 재산권을 말하는 폭넓은 개념이다. 이를 「무체재산권無體財産權」 또는 「지적재산권知的財産權」이라고도 한다.

지적소유권의 대표적인 것으로는 저작권, 특허권, 실용신안권, 의장권, 상표권 등이 있는데, 여기서 저작권을 제외한 4가지를 「공업소유권」 또는 「산업재산권産業財産權」이라고 한다.

## Ⅱ. 저작권

### 1. 의 의

저작권著作權이란 문학, 학술 또는 예술의 범위에 속하는 창작물(저작물)을 독창적으로 표현한 저작자가 그 저작물에 대하여 가지는 모든 권리를 저작권이라 한다. 즉, 소설가가 쓴 특정의 소설에 대하여 출판하거나 판매하여 재산상의 이익을 얻을 수 있는 권리를 말한다.

### 2. 저작권의 보호

저작권은 저작권법에 의해 보호되며, 저작권을 침해한 자는 3년 이하의 징역 또는 3천만원 이하의 벌금형에 처할 뿐만 아니라 그 저작권을 침해하여 만들어진 복제물은 몰수의 대상이 된다(저작권법 제98조, 제101조).

예컨대, 특정교재를 그 저작권자의 허락 없이 무단으로 복사하여 사용하는 경우, 형사처벌을 받을 뿐만 아니라 그 복사된 교재도 몰수할 수 있다.

**판례**

**＊ 히딩크넥타이의 저작권 대상 여부** 【대판 2004. 7. 22. 2003도7572】

일명 '히딩크넥타이'의 도안이 우리 민족 전래의 태극문양 및 팔괘문양을 상하 좌우 연속 반복한 넥타이 도안으로서 응용미술작품의 일종이라면 위 도안은 '물품에 동일한 형상으로 복제될 수 있는 미술저작물'에 해당한다고 할 것이며, 또한 그 이용된 물품과 구분되어 독자성을 인정할 수 있는 것이라면 저작권법 제2조, 제11조의2에서 정하는 응용미술저작물에 해당한다.

▶ 관련법규 : 저작권법 제2조, 제11조의2, 제4조 제1항 제4호 등

**＊ 프로그램저작권 양수인의 권한** 【대판 2003. 2. 26. 2000도2950】

프로그램저작권은 당사자 사이의 계약만으로 그 전부 또는 일부를 자유롭게 양도할 수 있고 양수인은 프로그램저작권을 침해한 자에 대하여 특별한 사정이 없는 한 프로그램저작권의 이전등록과 상관없이 프로그램저작권자를 대신하여 저작권에 관한 권한을 행사할 수 있다. 그러나 원 프로그램을 개작한 2차적 프로그램의 저작권은 원 프로그램저작권자의 동의 여부를 불문하고 2차적 프로그램 작성자에게 귀속된다.

▶ 관련법규 : 구 컴퓨터프로그램보호법(2000. 1. 28. 법률 제6233호로 전문 개정되기 전의 것) 제5조(현행 제3조 제2항 참조), 제8조(현행 제7조 참조), 제14조(현행 제15조 참조), 제26조(현행 제29조 제4항 참조) 등

**＊ 저작권 침해** 【대판 2001. 9. 28. 2001도4100】

구 저작권법(2000. 1. 12. 법률 제6134호로 개정되기 전의 것) 제42조 제1항 및 제2항은 저작재산권자는 다른 사람에게 그 저작물의 이용을 허락할 수 있고, 그 허락을 받은 자는 허락을 받은 이용방법 및 조건의 범위 안에서 그 저작물을 이용할 수 있다고 규정하고 있는 바, 이에 위반하여 저작권자의 이용허락 없이 복제된 노래반주용 기계를 구입하여 노래방에서 복제된 가사와 악곡을 재생하는 방식으로 일반 공중을 상대로 영업하는 행위는 저작재산권을 침해하는 행위라고 볼 것이다.

▶ 관련법규 : 구 저작권법(2000. 1. 12. 법률 제6134호로 개정되기 전의 것) 제42조 제1항, 제2항, 제98조 제1호(현행 제97조의5 참조) 등

## 3. 저작권의 내용

저작권의 내용은 저작인접권 및 협의의 저작권인 저작재산권과 저작인격권으로 이루어져 있다.

### 1) 저작재산권

저작재산권은 저작권자가 제3자에게 저작물을 이용하도록 허락하고 일정한 대가를 받을 수 있는 권리로서 복제권, 공연권, 방송권, 전시권, 배포권, 2차적 저작물의 작성권 등이 이에 해당한다(저작권법 제16조 내지 제21조).

예컨대, 소설의 작가가 그 소설의 내용을 바탕으로 TV연속극의 시나리오로 사용하게 할 수 있는 권리가 저작재산권에 해당한다.

저작재산권은 원칙적으로 저작자가 살아 있는 동안뿐만 아니라 사망 후에도 50년간 법적 보호를 받을 수 있으며, 여러 사람이 함께 저작한 공동저작물의 경우는 공동저작자 중 마지막으로 사망한 자의 사망 후 50년간 보호받을 수 있다(저작권법 제36조). 또

한 저작재산권은 그 전부 또는 일부를 양도할 수 있다.

### 판 례

*** 저작물로 보호받기 위한 요건** 【대판 2004. 7. 8. 2004다18736】

저작권법 제5조 제1항 소정의 2차적 저작물로 보호받기 위하여는 원저작물을 기초로 하되 원저작물과 실질적 유사성을 유지하고 이것에 사회통념상 새로운 저작물이 될 수 있을 정도의 수정·증감을 가하여 새로운 창작성을 부가하여야 하는 것이며, 저작권법이 보호하는 것은 문학·학술 또는 예술에 관한 사상·감정을 말·문자·음·색 등에 의하여 구체적으로 외부에 표현하는 창작적인 표현 형식이므로, 2차적 저작권의 침해 여부를 가리기 위하여 두 저작물 사이에 실질적 유사성이 있는가의 여부를 판단함에 있어서는 원저작물에 새롭게 부가한 창작적인 표현형식에 해당하는 것만을 가지고 대비하여야 한다.

▶ 관련법규 : 저작권법 제5조 제1항

*** 편집물이 저작물로서 보호받기 위한 요건과 창작성의 기준** 【대판 2003. 11. 28. 2001다9359】

편집물이 저작물로서 보호를 받으려면 일정한 방침 혹은 목적을 가지고 소재를 수집·분류·선택하고 배열하여 편집물을 작성하는 행위에 창작성이 있어야 하는바, 그 창작성은 작품이 저자 자신의 작품으로서 남의 것을 복제한 것이 아니라는 것과 최소한도의 창작성이 있는 것을 의미하므로 반드시 작품의 수준이 높아야 하는 것은 아니지만 저작권법에 의한 보호를 받을 가치가 있는 정도의 최소한의 창작성은 있어야 하고, 누가 하더라도 같거나 비슷할 수밖에 없는 성질의 것이라면 거기에 창작성이 있다고 할 수 없다. 따라서 일지형태의 법조수첩은 그 수첩을 이용하는 자가 법조 유관기관 및 단체에 관한 사항과 소송 등 업무처리에 필요한 사항 등을 손쉽게 찾아볼 수 있다고 보이기는 하지만, 유용한 기능 그 자체는 창작적인 표현형식이 아니고, 이 수첩에 나타난 조직과 기능별 자료배치 및 법률사무에 필요한 참고자료의 나열 정도는 그와 같은 종류의 자료의 편집에서 통상적으로 행하여지는 편집방법이며, 그러한 자료의 배열에 편집자의 개성이 나타나 있지도 아니하므로 이 일지형태의 법조수첩은 그 소재의 선택 또는 배열에 창작성이 있는 편집물이라고 할 수 없다.

▶ 관련법규 : 저작권법 제6조

*** 유명만화의 내용과 저작권 침해** 【대판 2003. 10. 23. 2002도446】

디즈니 만화영화 속의 달마시안과 실질적으로 유사한 개의 모양을 섬유직물의 원단 등에 복제하여 판매한 행위가 저작재산권 침해행위에 해당된다.

▶ 관련법규 : 저작권법 제97조의5

*** 주말연속극의 내용이 된 소설** 【대판 1996. 6. 11. 95다49639】

방송극작가가 타인의 소설을 허락없이 주말연속극의 대본으로 옮겨 방송한 것은 저작권침해에 해당하므로 방송극작가는 그 대본으로 인해 방송국으로부터 받은 수입에서 세금과 일반 비용을 공제한 금액을 소설의 작가에게 배상하여야 한다. 그러나 방송사는 저작권침해를 방지해야 할 법적 의무를 부담한다고 볼 수 없으므로 책임이 없다.

▶ 관련법규 : 저작권법 제93조 제1항, 제3항, 민법 제750조 등

### 2) 저작인격권

저작물은 정신적 창조물로서 저작자의 인격이 반영되기 마련인데 저작물에 대한 이러한 비금전적 권리를 저작인격권이라 한다. 공표권, 성명표시권, 동일성유지권 등이 이에 해당한다(저작권법 제11조 내지 제13조).

### 3) 저작인접권

저작물을 연기·무용·연주·가창·연술 그 밖의 예능적 방법으로 표현한 것(실연)에 대한 복제권이나 대여권, 유형물에 의해 음을 고정시킨 음반의 복제·배포권이나 대여권 및 보상청구권, 방송의 복제 및 동시중계방송권 등과 같이 협의의 저작권을 기초로 하는 부수적 저작권을 저작인접권이라 한다(저작권법 제61조).

# Ⅲ. 특허권

## 1. 개 념

특허권이란 기술적 발명에 의한 창작물을 독점적 배타적으로 생산·사용·양도·대여할 수 있는 재산적 권리를 말한다. 특허권은 설정등록에 의해 발생하며, 특허출원일로부터 20년간 보호받을 수 있는데, 특허권자의 신청으로 5년까지 연장할 수 있다(특허법 제87조 내지 제89조).

## 2. 효 력

등록에 의해 특허권이 발생하면 적극적 효력으로서 특허권자는 특허의 대상인 발명(물건과 방법을 포함)을 독점적으로 이용할 수 있는 전용권과 소극적 효력으로서 부당하게 특허된 발명을 이용하여 특허권자 또는 전용실시권자의 권리를 침해하거나 침해할 우려가 있는 자에 대하여 그러한 침해의 금지 또는 예방을 청구할 수 있는 금지청구권이 인정된다(특허법 제126조 제1항).

## 3. 특허권침해에 대한 구제방법

### 1) 침해행위의 금지 및 예방청구

특허권이 침해된 경우 특허권자는 침해행위의 금지 또는 예방을 청구하면서 침해행위를 조성한 물건, 즉 특허권의 침해행위로 생긴 물건과 그 물건을 만들기 위해 설치된 시설 등을 폐기할 것을 청구할 수 있다.

### 2) 손해배상청구

특허권의 침해로 특허권자에게 손해가 발생하거나 대외적인 신용이 실추된 경우에는 그로 인한 손해배상청구권 및 신용회복청구권도 인정된다.

### 3) 형사처벌

특허법은 특허권의 침해를 방지하기 위해 특허권침해행위에 대하여 특허권침해죄, 위증죄, 사위행위詐僞行爲의 죄, 허위표시죄, 비밀누설죄 등의 범죄에 대한 형사처벌을 규정하고 있다(특허법 제225조 내지 제229조). 그리고 특허권을 침해하여 만들어진 물건은 몰수의 대상이 된다.

#### 판 례

* **주식회사 소유의 특허권 양도 방법** 【대판 2004. 7. 8. 2004다13717】

  당해 특허권을 이용한 공사의 수주를 회사의 주된 사업으로 하고, 그 특허권이 회사의 자산에서 대부분의 비중을 차지하는 경우, 그 특허권의 양도는 회사 영업의 전부 또는 일부를 양도하거나 폐지하는 것과 같은 결과를 가져오는 것이므로 특허권의 양도에는 주주총회의 특별결의가 필요하다.

  ▶ 관련법규 : 상법 제374조 제1항 제1호

* **특허전용실시권 설정등록절차 이행청구권** 【대판 2002. 9. 24. 2002다6760, 6777】

  상인이 제3자를 위한 계약의 수익자로서 수익의 의사표시를 하여 발생한 특허권의 전용실시권 설정등록절차 이행청구권은 상법 제64조 소정의 상사채권으로 5년의 소멸시효기간이 적용된다고 한 사례.

  ▶ 관련법규 : 상법 제64조

## Ⅳ. 실용신안권

자연법칙을 이용하여 기술적인 사상을 창작하는 것을 고안이라고 하는데, 기술의 발전을 촉진하여 산업을 발전시키기 위해 이러한 고안을 보호하기 위한 권리를 실용신안권實用新案權이라 한다.

예컨대, 일정한 부속품의 모양이나 구조를 진보적인 기술로서 변경시킴으로써 등록출원일로부터 15년 동안 보호를 받을 수 있다.

실용신안권은 법적 효력이나 권리침해에 대한 내용이 특허권과 매우 비슷해서 사실상 일반인들로서는 그 구분이 쉽지 않다. 그래서 프랑스와 같은 나라에서는 특허법으로 실용신안권도 함께 보호하고 있다.

### 판 례

*** 실용신안법위반** 【대판 2003. 1. 10. 2002도5514】

등록실용신안이 그 출원 전에 국내에서 공지되었거나 공연히 실시된 고안으로서 신규성이 없는 경우에는 그에 대한 등록무효심판이 없어도 그 권리범위를 인정할 수 없다. 따라서 이러한 실용신안권자는 자신이 등록한 실용신안권을 침해한 자를 상대로 권리행사를 할 수 없다.

▶ 관련법규 : 구 실용신안법(2001. 2. 3. 법률 제6412호로 개정되기 전의 것) 제5조 제1항, 제2항, 제78조 등

## Ⅴ. 의장권

실용신안권이 물건의 모양이나 구조에 대한 기술적인 이용가치를 그 보호대상으로 하는 반면에 의장권意匠權은 물건의 시각을 통한 미적 감각에 대한 가치를 보호하기 위한 권리라고 할 수 있다. 의장권의 보호기간은 등록출원일로부터 15년이다.

예컨대, 자동차나 기타 일정한 상품의 구매의욕을 높이기 위해 창작된 디자인이나 도안은 의장권으로서 보호받을 수 있고 순수한 예술적 창작물은 저작권에 의해 보호받아야 한다. 그러나 사실상 이들은 중첩적으로 저작권과 특허권 및 의장권에 의해 보호받는 경우도 있다.

### 판 례

*** 의장권과 상표권** 【대판 2003. 2. 14. 2002후1324】

가구용 문의 손잡이로 사용된 (가)호 표장의 사용상품인 장롱과 같은 가구에 있어서 문 손잡이에 사용되는 무늬나 모양은 가구 전체의 디자인이나 장식무늬 등과의 조화를 고려하여 결정되는 의장적인 요소라고 할 수 있을 뿐이고, 나아가 장롱 등의 상품의 특성상 문 손잡이의 문양 자체가 당해 상품의 출처를 표시하기 위한 목적으로 사용되는 것이 일반적이라고 할 만한 아무런 근거가 없으며, 장롱과 같은 가구의 수요자나 거래자들이 문짝 손잡이의 문양으로 상품의 출처를 식별하는 것이 거래계의 현실이라고 인정할 수도 없으므로, (가)호 표장은 상표로서 사용된 것이라고 할 수 없어 등록상표의 권리범위에 속하지 아니한다고 한 사례.

▶ 관련법규 : 상표법 제66조 제1호, 제75조 등

*** 산업상의 도안과 저작권** 【대판 1996. 2. 23. 94도3266】

산업상 대량생산을 목적으로 창작된 응용미술작품은 그 자체가 하나의 독립된 예술적 특성을 가질 때 저작물로서의 보호와 의장법상의 보호를 중첩적으로 받을 수 있다.

▶ 관련법규 : 저작권법 제2조 제1호, 제4조 제1항 제4호, 의장법 제3조 등

# Ⅵ. 상표권

## 1. 개　념

영리를 목적으로 상품을 생산·가공·발명 또는 판매하는 자가 자기의 업무에 관련된 상품을 타인의 상품과 구별되도록 하기 위해 일정한 기호나 문자 또는 도형을 사용하는데, 이를 상표 또는 브랜드라 하고 일정한 절차를 거쳐 이러한 상표를 등록한 경우에는 다른 사람이 부당하게 그 상표를 사용하지 못하도록 그 상표를 등록한 자를 법으로 보호해 주는 권리를 상표권이라 한다.

## 2. 효력 및 존속기간

이러한 상표권을 침해한 경우도 특허권침해의 경우와 같이 침해금지청구권, 손해배상청구권, 신용회복청구권 등을 행사할 수 있으며, 침해자에 대해서는 일정한 형사적 처벌도 따른다. 상표권은 등록출원일로부터 10년간 보호받을 수 있으며, 존속기간 종료 전 1년에서 존속기간 만료 후 6월 이내에 연장신청을 하면 10년 단위로 갱신이 가능하여 상표권자가 원하는 경우 갱신에 의해 계속적으로 보호받을 수 있으며(상표법 제42조, 제43조), 이는 재산권으로서 타인에게 양도할 수도 있다.

## 3. 상표권과 상호권의 차이

상호와 상표를 혼동하는 경우가 있는데, 상법에 의해 보호되는 상호는 상인이 대외적인 관계에서 자신을 나타내기 위해 사용하는 이름으로서 반드시 문자로 표시하고 발음할 수 있는 것이어야 상법에 의해 보호받을 수 있다. 그러나 상표는 문자가 아닌 기호나 도안을 사용할 수 있고 상표법에 의해 보호받을 수 있다는 점에서 구별된다.

**판 례**

**＊ 상표권침해 【대판 2003. 2. 11. 2001후2306】**

인용상표권자와 등록상표권자가 정상적인 계약을 체결하고 등록상표권자가 인용상표 "SANDOZ"와 동일·유사한 상표를 부착한 제품을 국내에서 생산·판매하였더라도 그 인용상표가 국내에서 스위스회사의 상표로 널리 인식되어 있고, 인용상표와 동일·유사한 등록상표가 시계제품에 사용될 경우 일반 수요자나 거래자로 하여금 상품출처의 오인 및 혼동을 일으킬 우려가 있다.

▶ 관련법규 : 상표법 제7조 제1항 제11호

**＊ 상표권침해 부인 【대판 2003. 5. 30. 2003다16269】**

'無洗米'가 비록 사전에 등재되어 있지 않은 조어이기는 하지만 1998. 3.경 거래계에서 '無洗米'를 '쌀 표면을 전혀 상하지 않고 균열도 생기지 않게 하면서 쌀 표면의 아리우롱층 잔유물을 완전히 제거하여 손으로 씻지 않고서도(뜨물이 없음) 물만 부어 일반미보다 더 하얀, 그리고 부패 변색(누렇게 변하는 현상)에 대한 내구시간을 길게 하고, 균열이 있음으로써 혀에 와 닿는 감촉이 없는, 누가 지어도 밥맛이 좋은 쌀'을 의미하는 용어로 사용하고 있을 정도이고, '無洗米'는 '없을 無, 씻을 洗, 쌀 米'라는 기초적인 한자들로만 구성되어 있기 때문에 한자 언어권에 속하는 우리나라의 거래자나 일반 소비자들은 '無洗米'를 보고 '위와 같은 방법으로 가공한 쌀' 또는 '물로 씻지 않고 조리할 수 있는 쌀'이라는 관념을 직감할 것이라고 봄이 상당하므로 표장을 구성하는 부분 중 '無洗米'는 그 사용상품인 '쌀'의 가공방법을 표시하는 표장에 해당하여 자타상품의 식별표지로 인식될 수 없어 이를 사용한 경우 상표권침해에 해당하지 않는다.

Ⓟ 관련법규 : 상표법 제6조 제1항 제3호, 제51조 제2호, 제67조 등

**＊ 상표등록의 무효 【대판 1996. 7. 30. 95후1821】**

유사한 2개의 상표가 등록되어 있는 경우, 먼저 등록한 상표의 권리자는 그 상품들의 시장성, 고객층의 수준, 거래방법, 상품의 사후관리, 상표의 인지도 등을 개별적, 구체적으로 판단하여 뒤에 등록된 상표의 상품이 자신의 상품으로 오인 혼동될 수 있는 경우에는 뒤에 등록된 상표의 무효를 청구할 수 있다.

그러나 일반적인 거래실정으로 보아 ROLENS는 ROLEX와 오인 혼동될 염려는 없다.

Ⓟ 관련법규 : 상표법 제7조 제1항 제7호

**＊ 부정경쟁행위와 상표권 침해 【대판 1996. 1. 26. 95도1464】**

고의 또는 과실로 타인의 상호를 부정한 목적으로 상표로 사용한 경우는 상표권침해에 해당하고, 등록여부와는 상관없이 국내에 널리 인식된 타인의 성명, 상호 기타 타인의 상품임을 표시하는 표지와 동일 또는 유사한 것을 사용하거나 그러한 것을 사용한 상품을 판매하여 타인의 상품과 혼동을 일으키게 하거나 타인의 영업상의 시설 또는 활동과 혼동을 일으키게 하는 행위는 부정경쟁행위에 해당한다. 따라서 주식회사 규수방이 상표로 등록된 사실을 알면서도 인테리어규수방이라는 상표를 사용한 것은 부정경쟁방지법 위반이 되어 형사처벌을 면할 수 없다.

Ⓟ 관련법규 : 부정경쟁방지법 제2조 제1호, 상표법 제50조, 제51조 제1호 등

**＊ 상표법위반 후에 상표권이 무효로 된 경우 【대판 1996. 5. 16. 93도839】**

상표권침해에 대한 유죄의 선고를 받은 뒤 그 상표가 무효로 되면 상표권의 침해행위는 처음부터 존재하지 않았던 것으로 되어 무죄에 해당한다.

Ⓟ 관련법규 : 상표법 제71조 제3항 제93조, 형사소송법 제420조 제6호 등

## Ⅶ. 퍼블리시티권

퍼블리시티권(right of publicity)은 사람이 그가 가진 성명, 초상이나 기타의 동일성을 상업적으로 이용하고 통제할 수 있는 배타적 권리이다. 상업적 이용의 요소를 핵심으로 하기 때문에 인격권과는 구별되며, 초상사용권이라고도 한다. 따라서 유명인들의 이름을 마음대로 인터넷 등에 올려 주식거래하듯이 하거나 사진을 부당하게 상업적 목적으로 사용해서는 안된다.

우리 법에 명문의 규정은 없으나 대부분의 국가가 법령 또는 판례에 의하여 이를 인정하고 있는 점, 이러한 동일성을 침해하는 것은 민법상의 불법행위에 해당하는 점, 사회의 발달에 따라 이러한 권리를 보호할 필요성이 점차 증대하고 있는 점, 유명인이 스스로의 노력에 의하여 획득한 명성, 사회적인 평가, 지명도 등으로부터 생기는 독립한

경제적 이익 또는 가치는 그 자체로 보호할 가치가 충분한 점 등에 비추어 해석상 이를 독립적인 권리로 인정할 수 있다. 또한 이러한 퍼블리시티권은 유명인뿐 아니라 일정한 경우 일반인에게도 인정될 수 있으며, 그 대상은 성명, 사진, 초상, 기타 개인의 이미지를 형상화하는 경우 특정인을 연상시키는 물건 등에 널리 인정될 수 있고, 퍼블리시티권의 대상이 초상일 경우 초상권 중 재산권으로서의 초상권과 동일한 권리가 된다(서울동부지법 2006. 12. 21. 2006가합6780 판결).

## 제14절 개인회생 및 파산제도

### Ⅰ. 개인회생과 파산의 의의

개인회생제도는 재정적 어려움으로 인하여 파탄에 직면하고 있는 개인채무자로서 장래 계속적으로 또는 반복하여 수입을 얻을 가능성이 있는 자에 대하여 채권자 등 이해관계인의 법률관계를 조정함으로써 채무자의 효율적 회생과 채권자의 이익을 도모하기 위하여 마련된 절차로서, 2004. 9. 23.부터 시행하고 있다. 즉, 개인회생제도란 총 채무액이 무담보채무의 경우에는 5억원, 담보부채무의 경우에는 10억원 이하인 개인채무자로서 장래 계속적으로 또는 반복하여 수입을 얻을 가능성이 있는 자가 3년 내지 5년간 일정한 금액을 변제하면 나머지 채무의 면제를 받을 수 있는 절차이다. 이는 개인인 채무자가 개인사업 또는 소비활동의 결과 자신의 재산으로 모든 채무를 변제할 수 없는 상태에 빠진 경우에 그 채무의 정리를 위하여 스스로 파산신청을 하는 경우에 해당하는 개인파산과 구분된다.

그리고 면책이란 자신의 잘못이 아닌 자연재해나 경기변동 등과 같은 불운不運으로 인하여 파산선고를 받은 '성실하나 불운한' 채무자에게 새로운 출발의 기회를 주기 위한 것으로서 파산절차를 통하여 변제되지 아니하고 남은 채무에 대한 채무자의 변제책임을 파산법원의 재판에 의하여 면제시킴으로써 채무자의 경제적 갱생을 도모하는 것으로 개인에게만 인정되는 제도이다.

## Ⅱ. 신청자격

개인회생절차를 이용할 수 있는 채무자는 일정한 수입이 있는 "급여소득자"와 "영업소득자"로서 현재 과다한 채무로 인하여 지급불능의 상태에 빠져 있거나 지급불능의 상태가 발생할 염려가 있는 개인만이 신청할 수 있다. 개인회생절차는 신용회복위원회의 지원제도를 이용 중인 채무자, 배드뱅크 제도에 의한 지원절차를 이용 중인 채무자도 이용할 수 있고, 파산절차나 회생절차가 진행 중인 사람도 개인회생절차를 신청할 수 있다.

## Ⅲ. 관할법원

개인회생사건은 원칙적으로 채무자의 주소지를 관할하는 '지방법원의 본원'에 제출하여야 한다. 그러나 서울시에 주소가 있는 사람은 그 주소지의 관할법원이 서울동부지방법원이나 서울남부지방법원 등이라도 서울중앙지방법원에 신청서를 제출하여야 한다.

## Ⅳ. 신청비용

신청서에는 3만원의 정부수입인지를 붙여야 하고, 송달료는 기본 10회분 송달료와 이에 추가하여 채권자의 수 곱하기 3회분의 송달료를 납부해야 하는데, 1회분 송달료는 3,020원이다. 예를 들어 채권자의 수가 5명인 경우는 기본 송달료 30,200원+(5×3×3,020원) = 총 75,500원이 된다.

### 개인회생절차 개시신청서

수입인지
30,000원

**개 인 회 생 절 차 개 시 신 청 서**

<table>
<tr><td rowspan="5">신청인</td><td>성 명</td><td></td><td>주민등록번호</td><td></td></tr>
<tr><td>주민등록상 주소</td><td colspan="3">우편번호 :</td></tr>
<tr><td>현 주 소</td><td colspan="3">우편번호 :</td></tr>
<tr><td>송 달 장 소</td><td colspan="3">(송달영수인 : )우편번호 :</td></tr>
<tr><td>전화번호(집 · 직장)</td><td></td><td>전화번호(휴대전화)</td><td></td></tr>
</table>

<table>
<tr><td rowspan="4">대리인</td><td>성 명</td><td></td><td></td><td></td></tr>
<tr><td>사 무 실 주 소</td><td colspan="3">우편번호 :</td></tr>
<tr><td>전화번호(사무실)</td><td colspan="3"></td></tr>
<tr><td>이 메 일 주 소</td><td></td><td>FAX 번호</td><td></td></tr>
</table>

<table>
<tr><td colspan="4">주채무자가(또는 보증채무자가, 연대채무자가, 배우자가) 이미 귀 법원에 파산신청 또는 개인회생절차 개시신청을 하였으므로 그 사실을 아래와 같이 기재합니다.</td></tr>
<tr><td>성 명</td><td></td><td>사건번호</td><td></td></tr>
</table>

신청취지

「신청인에 대하여 개인회생절차를 개시한다.」라는 결정을 구합니다.

신청이유

1. 신청인은, 첨부한 개인회생채권자목록 기재와 같은 채무를 부담하고 있으나, 수입 및 재산이 별지 수입 및 지출에 관한 목록과 재산목록에 기재된 바와 같으므로, 파산의 원인사실이 발생하였습니다(파산의 원인사실이 생길 염려가 있습니다).
   - □ 신청인은 정기적이고 확실한 수입을 얻을 것으로 예상되고, 또한 채무자 회생 및 파산에관한 법률 제595조에 해당하는 개시신청 기각사유는 없습니다(급여소득자의 경우).
   - □ 신청인은 부동산임대소득사업소득농업소득임업소득 그 밖에 이와 유사한 수입을 장래에 계속적으로 또는 반복하여 얻을 것으로 예상되고, 또한 채무자 회생 및 파산에 관한 법률 제595조에 해당하는 개시신청 기각사유는 없습니다(영업소득자의 경우).
2. 신청인은, 각 회생채권자에 대한 채무 전액의 변제가 곤란하므로, 그 일부를 분할하여 지급할 계획입니다. 즉 현시점에서 계획하고 있는 변제예정액은 _____개월간 월 _____원씩이고, 이 변제의 준비 및 절차비용지급의 준비를 위하여, 개시결정이 내려지는 경우 ____ . ____ . ____.을 제1회로 하여, 이후 매월 _____에 개시결정시 통지되는 개인회생위원의 은행구좌에 동액의 금전을 입금하겠습니다.

3. 이 사건 개인회생절차에서 변제계획이 불인가될 경우 불인가 결정시까지의 적립금을 반환받을 신청인의 예금계좌는 ______________ 입니다.

4. 개인회생채권자목록 부본(개인회생채권자목록상의 채권자수+2통)은 개시결정 전 회생위원의 지시에 따라 지정하는 일자까지 반드시 제출하겠습니다.

첨 부 서 류

1. 개인회생채권자목록 1통
2. 재산목록 1통
3. 수입 및 지출에 관한 목록 1 통
4. 진술서 1통
5. 신청서 부본 1통(위 1 내지 4의 첨부서류 및 소명방법을 모두 포함한 것)
6. 예납금영수증 1통
7. 송달료납부서 1통
8. 신청인 본인의 예금계좌 사본 1통(대리인의 예금계좌 사본 아님)
9. 위임장 1통(대리인에 의하여 신청하는 경우)

휴대전화를 통한 정보수신 신청서

위 사건에 관한 개인회생절차 개시결정, 월 변제액 3개월분 연체의 정보를 예납의무자가 납부한 송달료 잔액 범위 내에서 휴대전화를 통하여 알려주실 것을 신청합니다.

▣ 휴대전화 번호 :

신청인 채무자 (날인 또는 서명)

※ 개인회생절차 개시결정이 있거나, 변제계획 인가결정 후 월 변제액 3개월분 이상 연체시 위 휴대전화로 문자메시지가 발송됩니다.

※ 문자메시지 서비스 이용금액은 메시지 1건당 17원씩 납부된 송달료에서 지급됩니다(송달료가 부족하면 문자메시지가 발송되지 않습니다). 추후 서비스 대상 정보, 이용금액 등이 변동될 수 있습니다.

2007. . .

신청인 (인)

○○지방법원 귀중

▌개인회생절차 개시신청서 작성요령▐

(1) 채무한도

개인회생절차를 신청하려면 총채무액이 무담보채무의 경우에는 5억원, 담보부 채무의 경우에는 10억원 이하인 개인채무자여야 합니다.

(2) 관할법원

채무자의 주소지를 관할하는 지방법원 본원에 신청하여야 합니다. 서울의 경우는 서울중앙지방법원에 신청하여야 합니다. 다만 주채무자와 보증인, 채무자 및 그와 함께 동일한 채무를 부담하는 자, 부부의 경우 그 중 하나에 파산사건 또는 개인회생사건이 계속되어 있으면 같은 법원에 신청할 수 있고 신청서의 해당란에 성명과 사건번호를 기재하여야 합니다.

(3) 신청인

신청인의 성명 등 인적사항을 모두 기재합니다. 특히 현주소는 법원으로부터 우편물을 송달받을 수 있는 확실한 주소를 기재하여야 하고 연락이 가능한 휴대폰 등 전화번호를 반드시 기재하여야 합니다.

(4) 신청이유

① 급여소득자 또는 영업소득자인지 여부를 신청이유 1항의 해당란에 ☑ 표시를 합니다.

② 변제계획안에 예정되어 있는 변제기간과 월변제예정액을 각 기재하고 신청일로부터 2개월 후의 일정한 날(급여소득자의 경우 급여일, 영업소득자의 경우 매출채권 회수일 등)을 정하여 그 날을 제1회의 납입개시일과 매월 변제일로 기재합니다. 여기서 기재하는 금액은 변제계획인가시의 월변제예정액과 달라질 수 있습니다.

③ 개인회생절차 개시 후 변제계획이 불인가될 경우 그 동안 적립된 금액을 반환받을 예금계좌를 기재합니다.

④ 개인회생절차 개시신청 후 회생위원과의 면담을 통하여 개인회생채권자목록의 잘못된 부분과 누락된 부분을 수정하는 등으로 최종적인 개인회생채권자목록을 작성한 후 그 원본과 채권자수에 2통을 더한 부본을 회생위원이 지정한 날까지 이 법원에 제출하여야 합니다.

## 금지명령 신청서

### 금 지 명 령  신 청 서

사　　건　200　개회　　　개인회생

신 청 인　이 름 :　　　　(주민등록번호　　　－　　　)

(채 무 자)　주 소 :

신 청 취 지

신청인에 대한 이 법원 2006 개회 ○○ 개인회생사건에 관하여 개인회생절차의 개시신청에 대한 결정이 있을 때까지 다음의 각 절차 또는 행위를 금지한다.

1. 개인회생채권에 기하여 신청인 소유의 유체동산과 신청인이 사용자로부터 매월 지급받을 급료, 제수당, 상여금 기타 명목의 급여 및 퇴직금에 대하여 하는 강제집행 · 가압류 또는 가처분.
2. 개인회생채권을 변제받거나 변제를 요구하는 일체의 행위. 다만, 소송행위를 제외한다.

라는 결정을 구합니다.

신 청 원 인

1. 신청인은 귀원 2006 개회 ○○ 개인회생 사건의 신청 채무자입니다.
2. 신청인은 위 개인회생 사건에서 신청인이 매월 (급여를 받는 회사명)에서 지급받는 급여에서 생계비를 제외한 나머지 가용소득으로 채무를 변제하는 계획안을 제출하였습니다.
3. 현재 신청인 소유의 유체동산과 신청인이 사용자로부터 매월 지급받을 급여 및 퇴직금에 대하여는 아직 가압류 또는 압류의 집행이 없는 바, 채권자들이 신청인 소유의 유체동산이나 신청인의 급여 등에 대하여 강제집행 · 가압류 또는 가처분을 하게 되면 신청인의 개인회생절차에 따른 변제계획의 수행에 큰 어려움이 생길 것입니다.
4. 또한, 채권자들이 신청인으로부터 개인회생채권을 변제받거나 변제를 요구하는 행위를 할 경우 채권자간의 형평을 해하게 되며, 신청인의 정상적인 생활에도 지장을 초래하게 될 것입니다.
5. 따라서 신청인은 신청인 소유의 유체동산과 급여 및 퇴직금에 대한 강제집행·가압류 또는 가처분과 개인회생채권의 변제요구행위를 금지시켜야 할 필요가 있으므로, 채무자 회생 및 파산에 관한 법률 제593조 제1항에 의하여 이 신청에 이르게 되었습니다.

2006. . .

신청인(채무자) (서명 또는 날인)

(연락처 : )

○○지방법원 귀중

## 파산 및 면책 신청서

# 파 산 및 면 책 신 청 서

신 청 인(채 무 자) (주민등록번호 : － )

주 소 : (우편번호 : － )

거 소 : (우편번호 : － )

송달장소 : 송달영수인 : (우편번호 : － )

등록기준지 :

연락처 : 휴대전화( ), 집전화( ), e-mail( )

### 신 청 취 지

1. 신청인에 대하여 파산을 선고한다.
2. 이 사건 파산절차를 폐지한다(또는 파산관재인 선임을 희망한다).
3. 채무자를 면책한다. 라는 결정을 구합니다.

### 신 청 이 유

1. 신청인에게는 별첨한 진술서 기재와 같이 지급하여야 할 채무가 존재합니다.
2. 그런데 위 진술서 기재와 같은 신청인의 현재 자산, 수입의 상황 하에서는 채무를 지급할 수 없는 상태에 있습니다. (또한 파산재단을 구성할 만한 재산이 거의 없어 파산절차비용에 충당하기에 부족합니다.)
3. 따라서 신청인에 대하여 파산을 선고 (하고, 이 사건 파산절차를 폐지)하며, 채무자를 면책한다. 라는 결정을 구합니다.

### 첨 부 서 류

1. 가족관계증명서, 혼인관계증명서(단 혼인관계증명서는 최근 2년 이내 이혼한 경우) 각 1부
2. 주소변동내역이 포함된 주민등록등본 1부
3. 진술서(채권자목록, 재산목록, 현재의 생활 상황, 수입 및 지출에 관한 목록 포함) 1부

휴대전화를 통한 정보수신 신청서

위 사건에 관한 파산선고결정, 면책결정 등 정보를 예납의무자가 납부한 송달료 잔액 범위 내에서 휴대전화를 통하여 알려주실 것을 신청합니다.

■ 휴대전화 번호 :

신청인 채무자 (날인 또는 서명)

※ 파산선고 및 이의기간지정 결정(또는 면책심문기일 결정), 면책결정이 있으면 신속하게 위 휴대전화로 문자메시지가 발송됩니다. 문자메시지 서비스 이용금액은 메시지 1건당 17원씩 납부된 송달료에서 지급됩니다(송달료가 부족하면 문자메시지가 발송되지 않습니다). 추후 서비스 대상 정보, 이용금액 등이 변동될 수 있습니다.

200○. . .

신 청 인 ㊞

| 파산사건번호 | |
|---|---|
| 면책사건번호 | |
| 배당순위번호 | |
| 재 판 부 | 제 단독 |

○○지방법원 귀중

## 진술서

[양식 1-1]

# 진 술 서

○○지방법원 귀중

신 청 인 ㊞

신청인은 다음과 같은 내용을 사실대로 진술합니다.

또 본인의 현재의 채무, 자산, 생활의 상황 및 수입·지출 등은, 별지 「채권자목록」, 「재산목록」, 「현재의 생활상황」, 「수입 및 지출에 관한 목록」의 각 기재와 같습니다.

위 각 서류에 사실과 다른 내용이 있을 경우 면책불허가될 수 있음을 잘 알고 있습니다.

1. 본인의 과거 경력은 다음과 같습니다.

(1) 최종 학력

년 월 일 학교 (졸업, 중퇴)

(2) 과거 경력(최근의 것부터 기재하여 주십시오)

년 월 일부터 년 월 일까지(자영, 근무)

업종 ______________ 직장명 ______________ 직위 ______________

년 월 일부터 년 월 일까지(자영, 근무)

업종 ______________ 직장명 ______________ 직위 ______________

2. 본인의 현재까지의 생활상황 등은 다음과 같습니다.

(1) 채무의 지급이 곤란할 정도로 경제사정이 어려워진 이후에 일부 채권자에게만 변제한 경험 (있음, 없음) (변제한 채권자의 성명, 변제시기, 금액을 전부 기재하여 주십시오)

______________________________________________

(2) 사기죄, 사기파산죄, 과태파산죄로 고소되거나 형사재판을 받은 경험 (있음, 없음)

______________________________________________

(3) (가) 과거에 파산신청을 하였다가 취하하거나 기각당한 경험 (있음, 없음)

년 월 일 ( )지방법원에 파산신청을 하였는데 (취하함, 기각당함)

(나) 과거에 파산선고를 받은 경험 (있음, 없음)

년 월 일 ( )지방법원에서 파산선고를 받음

(다) 그 파산선고에 이어서 면책을 받은 경험 (있음, 없음)

년 월 일 ( )지방법원에서 면책결정을 받았고, 년 월 일 위 결정이 확정됨

(4) (가) 개인회생절차를 이용한 경험 (있음, 없음)(개인회생절차 중이면 기각될 수 있음)

년 월 일 ( )지방법원에서 인가결정을 받음(사건번호: )

년 월 일 ( )지방법원에서 폐지결정을 받음

(폐지사유 : )

☆ 폐지사유(예를 들어 소득 감소, 가족 의료비 증가 등)에 관한 소명자료를 첨부하여 주십시오.

(나) 그 개인회생절차에서 면책을 받은 경험 (있음, 없음)

년 월 일 (   )지방법원에서 면책결정을 받았고, 년 월 일 위 결정이 확정됨

(5) 슬롯머신, 경마, 경륜, 포커 등 도박행위를 한 경험 (있음, 없음)

▷ 어떤 도박을 하였는지 (                    )

▷ 도박을 한 시기 (   년   월   일부터   년   월   일까지)

▷ 도박을 한 횟수 및 금액   1개월 평균 (   )회, 평균 (   )원 정도

(6) 과거 자신의 월수입의 반 이상이 소요되는 호텔, 콘도, 골프장, 고급 음식점에 다닌 경험 (있음, 없음)

▷ 어떤 곳에 갔는지 (                    )

▷ 간 시기 (   년   월   일부터   년   월   일까지)

▷ 간 횟수 및 사용금액   1개월 평균 (   )회 정도, 평균 (   )원 정도

(7) 과거 2년간 국내 · 해외여행 경험 (있음, 없음)

▷ 여행 횟수 및 사용 금액   합계 (   ) 회 정도, 총액 (   ) 원 정도

(8) 과거 2년간 500만 원 이상의 물건을 구입한 경험 (있음, 없음)

(물건의 품명, 구입시기, 가격 등을 전부 기재하여 주십시오)

---

---

(9) 과거 물건을 할부나 월부로 구입하고 대금을 전부 지급하지 않은 상태에서 처분(매각, 입질 등)을 한 경험 (있음, 없음) (물건의 품명, 구입시기, 가격, 처분시기 및 방법을 전부 기재하여 주십시오)

---

---

(10) 이번 항목은 개인 영업을 경영한 경험이 있는 분만 기재하여 주십시오.

▷ 영업 중 상업장부의 기재

☐ 정확히 기장하였다. ☐ 부정확하게 기장하였다. ☐ 기장하지 아니하였다.

▷ 영업 중에 도산을 면하기 위하여 상품을 부당하게 염가로 매각한 사실 (있음, 없음)

(언제 무엇을 매입원가의 몇 %로 할인판매를 하였는지를 기재하여 주십시오)

3. 채권자와의 상황은 다음과 같습니다.

(1) 채권자와 채무지급방법에 관하여 교섭한 경험 (있음, 없음)

▷ 그 결과 합의가 성립된 채권자수 ( )명

▷ 합의에 기하여 지급한 기간 ( 년 월 일부터 년 월 일까지)

▷ 매월 지급한 총액 1개월 평균 ( )원 정도

▷ 지급 내역 (누구에게 얼마를 지급하였는지를 기재하여 주십시오)

(2) 소송 · 지급명령 · 압류 · 가압류 등을 받은 경험 (있음, 없음)

▷ ( )지방법원 ( )지원 사건번호 ( 호) 상대방( )

▷ ( )지방법원 ( )지원 사건번호 ( 호) 상대방( )

(7) 과거 2년간 국내 · 해외여행 경험 (있음, 없음)

▷ 여행 횟수 및 사용 금액 합계 ( ) 회 정도, 총액 ( ) 원 정도

(8) 과거 2년간 500만 원 이상의 물건을 구입한 경험 (있음, 없음)

(물건의 품명, 구입시기, 가격 등을 전부 기재하여 주십시오)

(9) 과거 물건을 할부나 월부로 구입하고 대금을 전부 지급하지 않은 상태에서 처분(매각, 입질 등)을 한 경험 (있음, 없음) (물건의 품명, 구입시기, 가격, 처분시기 및 방법을 전부 기재하여 주십시오)

(10) 이번 항목은 개인 영업을 경영한 경험이 있는 분만 기재하여 주십시오.

▷ 영업 중 상업장부의 기재

☐ 정확히 기장하였다. ☐ 부정확하게 기장하였다. ☐ 기장하지 아니하였다.

▷ 영업 중에 도산을 면하기 위하여 상품을 부당하게 염가로 매각한 사실 (있음, 없음)

(언제 무엇을 매입원가의 몇 %로 할인판매를 하였는지를 기재하여 주십시오)

3. 채권자와의 상황은 다음과 같습니다.

(1) 채권자와 채무지급방법에 관하여 교섭한 경험 (있음, 없음)

▷ 그 결과 합의가 성립된 채권자수 ( )명

▷ 합의에 기하여 지급한 기간 ( 년 월 일부터 년 월 일까지)

▷ 매월 지급한 총액 1개월 평균 ( )원 정도

▷ 지급 내역 (누구에게 얼마를 지급하였는지를 기재하여 주십시오)

(2) 소송 · 지급명령 · 압류 · 가압류 등을 받은 경험 (있음, 없음)

▷ ( )지방법원 ( )지원 사건번호 ( 호) 상대방( )

▷ ( )지방법원 ( )지원 사건번호 ( 호) 상대방( )

4. 파산신청에 이르게 된 사정(채무 증대의 경위 및 지급이 불가능하게 된 사정)(ㅁ안에 √ 표시)

(1) 많은 채무(연대보증에 의한 채무나 신용카드 이용에 의한 채무를 포함한다)를 지게 된 이유는 다음과 같습니다(두 가지 이상 선택 가능).

☐ 생활비 부족 (부양가족수 : ), (부족한 생활비 : 주거비, 의료비, 교육비, 기타 )

☐ 주택구입자금 차용 (주택 구입 시기 : ), (주택 처분 시기 : )
구입한 주택의 명세 : )

☐ 낭비 등(음식 · 음주, 투자 · 투기, 상품 구입, 도박 등)

☐ 사업의 경영 파탄 (다단계 사업 포함) (사업 시기 : 년 월 일부터 년 월 일까지)
(사업 종류 : )

☐ 타인(친족, 지인, 회사 등)의 채무 보증

☐ 사기 피해를 당함 (기망을 한 사람 및 채무자와의 관계 : , )
(피해액수 : 원)

☐ 그 밖의 사유 :

(2) 지급이 불가능하게 된 계기는 다음과 같습니다(두 가지 이상 선택 가능)

☐ 변제해야 할 원리금이 불어나 수입을 초과하게 됨

☐ 실직함

☐ 경영 사정 악화로 사업 폐업함

☐ 급여 또는 사업 소득이 감소됨

☐ 병에 걸려 입원함

☐ 그 밖의 사유 :

(3) <u>지급이 불가능하게 된 시점 : 년 월 일</u>

(4) 구체적 사정

| 시기(연월일) | 채권자, 차용(보증) 액수, 차용한 돈의 사용처, 지급이 불가능하게 된 사정 등 |
|---|---|
| | |
| | |
| | |
| | |
| | |
| | |
| | |
| | |
| | |
| | |
| | |
| | |
| | |
| | |
| | |
| | |
| | |

(언제, 어떠한 사정 하에 누구로부터 얼마를 차용하여 어디에 사용하였는지, 언제 어떠한 사정 하에 무엇을 구입하였는지, 어떠한 사정 하에 지급이 불가능하게 되었는지를 오래된 것부터 시간 순서에 따라 기재하여 주십시오. 별지를 사용하여도 됩니다.)

5. 지급이 불가능하게 된 시기 이후에 차용하거나 채무가 발생한 사실 (있음, 없음)

| 시기(연월일) | 차용(채무 발생) 원인, 금액, 조건 등 |
|---|---|
| | |
| | |
| | |
| | |
| | |
| | |
| | |
| | |

| | |
|---|---|
| | |
| | |
| | |
| | |
| | |
| | |
| | |
| | |

(있다면 차용 또는 채무발생의 시기, 원인, 금액, 조건 등을 기재하여 주십시오. 별지를 사용하여도 됩니다.)

## 채권자목록

[양식 1-2]

### 채 권 자 목 록

| 순번 | 채권자명 | 차용 또는 구입일자 | 발생 원인 | 최초 채권액 | 사용처 | 보증인 | 잔존 채권액 | |
|---|---|---|---|---|---|---|---|---|
| | | | | | | | 잔존 원금 | 잔존 이자 지연손해금 |
| | | | | | | | | |
| | | | | | | | | |
| | | | | | | | | |
| | | | | | | | | |
| | | | | | | | | |
| | | | | | | | | |
| | | | | | | | | |
| | | | | | | | | |

| | | | | | | | | |
|---|---|---|---|---|---|---|---|---|
| | | | | | | | | |
| | | | | | | | | |
| | | | | | | | | |
| | | | | | | | | |
| | | | | | | | | |
| | | | | | | | | |
| | | | | | | | | |
| | | | | | | | | |
| | | | | | | | | |

| ※채권의 '발생원인'란에는 아래 해당번호를 기재함<br>① 금원차용(은행대출, 사채 포함), ② 물품구입(신용카드에 의한 구입 포함), ③ 보증(피보증인 기재), ④ 기타 | 합계 | 잔존 원금 | 잔존 이자 · 지연손해금 |
|---|---|---|---|
| | | | |

## 채권자목록 기재요령

### 채 권 자 목 록 기 재 요 령

| 순번 | 채권자명 | 차용 또는 구입일자 | 발생원인 | 최초 채권액 | 사용처 | 보증인 | 잔존 채권액 | |
|---|---|---|---|---|---|---|---|---|
| 1 | ○○카드 | 01.1.7-05.1.31 | ② | 6,000,000 | 생활비 | 김이순 | 5,234,567 | 789,456 |
| 1-1 | 김이순 | 02.5.8 | ① | 6,000,000 | | | 미정 | 미정 |
| 2 | ○○은행(주) | 02.5.8 | ① | 10,000,000 | 창업자금 | | 10,000,000 | 2,456,789 |
| 9 | 최 00 | 03.6.9 | ① | 5,000,000 | 병원치료비 | | 5,000,000 | 1,150,000 |

| ※ 채권의 '발생원인'란에는 아래 해당번호를 기재함<br>① 금원차용(은행대출, 사채 포함), ② 물품구입(신용카드에 의한 구입 포함), ③ 보증(피보증인 기재), ④ 기타 | 합계 | 잔존 원금 | 잔존 이자 · 지연손해금 |
|---|---|---|---|
| | 24,630,812 | 20,234,567 | 4,396,245 |

※ 기재요령 ※

채권자목록에 기재하여야 할 사항을 한 가지라도 기재하지 아니하거나 허위 또는 부정확하게 기재하는 경우에는 파산·면책절차가 진행되지 아니하거나 면책절차에서 불리하게 작용할 수 있으니 주의하시기 바랍니다.

1. 채권자목록은 채무별로 순번을 달리하여 기재하십시오. 다만, 같은 채권자에 대한 여러 개의 채무는 연이어 기재하되, 발생원인이 오래된 것부터 날짜 순서에 따라 기재하십시오.
2. 『채권자명』란에는 법인과 개인을 구분하여 채권자의 성명이나 법인명칭을 정확히 기재하십시오. 채권자의 성명은 호적등본 또는 주민등록등본이나 법인등기부등본상 주소와 일치하여야 하며, 법인의 경우에는 대표자까지 기재하여야 합니다(※잘못된 기재례 : 순이 엄마, 영주댁, ○○상사).
3. 채무자를 위하여 보증을 해 준 사람이 있으면 그 보증인도 『보증인』란에 정확하게 기재하여야 합니다. 보증으로 인한 구상채무는 보증인이 보증한 채무의 바로 다음에 기재하되, 『순번』란에는 보증한 채권의 순번에 가지번호를 붙여 표시하고, 『잔존채권액 · 잔존원금 / 잔존 이자 · 지연손해금』란에는 '미정'이라고 기재하십시오.
4. 『차용 또는 구입일자』란에는 원래 차용 또는 구입일자를 기재하고 채권양도시 양도일자를 그 옆에 (　　)를 표시하여 추가하며, 『발생원인』란에는 표 하단에 기재된 발생원인의 해당번호를, 『최초 채권액』란에는 채무발생 당시의 금액을, 『사용처』란에는 구체적 사용용도 또는 구입물품을 각 기재하십시오.
5. 『잔존 채권액 · 잔존원금 / 잔존 이자 · 지연손해금』란에는 파산신청(면책신청) 당시까지 채무자(채무자)가 갚지 못하고 있는 채무의 원금과 이자 · 지연손해금을 각 채권자별로 구분하여 기재하고, 하단의 『합계』란에는 채무의 총액을 기재하며, 『잔존원금』, 『잔존 이자 · 지연손해금』란에는 각각의 합계액을 반드시 기재하십시오.

## 채권자의 주소

[양식 1-3]

### 채 권 자 의 주 소

1. 채권자의 주소는 신청일 당시의 주소로 번지까지 정확하게 기재하고, 채무자를 위하여 보증을 해 준 사람이 있으면 그 보증인의 주소까지 정확히 기재하여야 합니다.
2. 채권자가 금융기관이나 기타 법인인 경우에는 본점 소재지 또는 거래지점의 소재지를 정확하게 기재하여야 합니다.

| 순번 | 채권자명 | 주소 | 전화번호 | 팩스 | 비고<br>(우편번호) |
|---|---|---|---|---|---|
| | | | | | |
| | | | | | |
| | | | | | |
| | | | | | |
| | | | | | |
| | | | | | |
| | | | | | |
| | | | | | |
| | | | | | |
| | | | | | |
| | | | | | |
| | | | | | |
| | | | | | |
| | | | | | |
| | | | | | |
| | | | | | |
| | | | | | |

## 재산목록

[양식 1-4]

# 재 산 목 록

※ 먼저, 다음 재산목록 요약표에 해당재산이 있는지 √하고, 「□ 있음」에 √한 경우에는 아래 해당 항목에서 자세히 기재바랍니다. 이 양식을 파일형태로 이용할 경우 아래 표 중 에 「□ 있음」에 √한 부분만 출력하여 제출하여도 됩니다. 따라서 모두 「□ 없음」에 √한 경우에는 아래 표 다음 부분을 생략할 수 있습니다 (실제로

는 재산 처분이 있었음에도 불구하고 '지급불가능 시점의 1년 이전부터 현재까지 재산 처분 여부'의 '없음'에 √해 놓고는 부동산등기부등본 등 소명자료를 뒷부분에 편철해놓는 경우가 있는데 이와 같이 재산목록 요약표와 소명자료 또는 진술서의 기재내용이 서로 불일치한 경우에는 허위진술 내지 불성실한 신청으로 간주되어 불이익한 처분을 받을 수 있습니다).

재산목록 요약표

| | | | | | |
|---|---|---|---|---|---|
| 1. 현금 | □ 있음<br>□ 없음 | 6. 매출금 | □ 있음<br>□ 없음 | 11. 지급불가능 시점의 1년 이전부터 현재까지 재산 처분 여부 | □ 있음<br>□ 없음 |
| 2. 예금 | □ 있음<br>□ 없음 | 7. 퇴직금 | □ 있음<br>□ 없음 | 12. 최근 2년간 받은 임차보증금 | □ 있음<br>□ 없음 |
| 3. 보험 | □ 있음<br>□ 없음 | 8. 부동산 | □ 있음<br>□ 없음 | 13. 이혼재산분할 | □ 있음<br>□ 없음 |
| 4. 임차보증금 | □ 있음<br>□ 없음 | 9. 자동차·오토바이 | □ 있음<br>□ 없음 | 14. 상속재산 | □ 있음<br>□ 없음 |
| 5. 대여금 | □ 있음<br>□ 없음 | 10. 기타 재산(주식, 특허권, 귀금속 등) | □ 있음<br>□ 없음 | 15. 친족의 재산 | □ 있음<br>□ 없음 |
| 파산관재인 선임 희망 여부 | | □ 희망 | □ 불희망 | | |

1. 현금 : 금액 ( 원)

2. 예금

금융기관명( ) 계좌번호( ) 잔고 ( 원)

금융기관명( ) 계좌번호( ) 잔고 ( 원)

☆ 은행 이외의 금융기관에 대한 것도 포함합니다.

☆ 예금잔고가 소액이라도 반드시 기재하고 파산신청시의 잔고(정기예금분을 포함)와 최종 금융거래일로부터 과거 6개월간의 입출금이 기장된 통장 사본 또는 예금거래내역서를 첨부하여 주십시오.

3. 보험(생명보험, 화재보험, 자동차보험 등)

보험회사명( ) 증권번호( ) 해약반환금 ( 원)

보험회사명( ) 증권번호( ) 해약반환금 ( 원)

☆ 파산신청 당시에 가입하고 있는 보험은 해약반환금이 없는 경우에도 반드시 전부 기재하여 주십시오.

☆ 보험증권사본과 파산신청시의 해약반환금 예상액(없는 경우에는 없다는 사실)을 기재한 보험회사 작성의 증명서를 첨부하여 주십시오.

4. 임차보증금

임차물건(　　　　　　), 임차보증금 (　　　　　　원), 반환예상금 (　　　　　　원)

☆ 반환예상금란에는 채무자가 파산신청일을 기준으로 임대인에게 임차물건을 명도할 경우 임대인으로부터 반환 받을 수 있는 임차보증금의 예상액을 기재하여 주십시오.

☆ 임대차계약서의 사본 등 임차보증금 중 반환예상액을 알 수 있는 자료를 첨부하여 주십시오.

☆ 상가 임대차의 경우에는 권리금이 있으면 반드시 권리금 액수를 기재해 주시기 바랍니다.

5. 대여금 · 구상금 · 손해배상금 · 계금 등

채무자명(　　　　　　) 채권금액 (　　　　　　) 회수가능금액 (　　　　　　원)

채무자명(　　　　　　) 채권금액 (　　　　　　) 회수가능금액 (　　　　　　원)

☆ 계약서의 사본 등 대여금 등을 알 수 있는 자료를 첨부하고, 변제 받는 것이 어려운 경우에는 그 사유를 기재한 진술서 및 소명자료를 첨부하여 주십시오(회수가 어렵다고 하더라도 반드시 기재하시고, 대여금뿐만 아니라 구상금, 손해배상금, 계금 등 어떠한 명목으로라도 제3자로부터 받아야 할 돈이 있으면 기재하시기 바랍니다).

6. 매출금(개인사업을 경영한 사실이 있는 분은 현재까지 회수하지 못한 매출금 채권)

채무자명(　　　　　　) 채권금액 (　　　　　　원) 회수가능금액 (　　　　　　원)

채무자명(　　　　　　) 채권금액 (　　　　　　원) 회수가능금액 (　　　　　　원)

☆ 영업장부의 사본 등 매출금을 알 수 있는 자료를 첨부하고, 변제 받는 것이 곤란한 경우에는 그 사유를 기재한 진술서 및 소명자료를 첨부하여 주십시오.

7. 퇴직금

근무처명(　　　　　　　　　　) 퇴직금예상액 (　　　　　　　　원)

☆ 파산신청시에 퇴직하는 경우에 지급 받을 수 있는 퇴직금예상액(퇴직금이 없는 경우에는 그 취지)을 기재한 사용자 작성의 증명서를 첨부하여 주십시오. 만일 퇴직금채권을 담보로 하여 돈을 차용하였기 때문에 취업규칙상의 퇴직금보다 적은 액수를 지급 받게 되는 경우에는 차용에 관한 자료를 첨부하여 주십시오.

8. 부동산(토지와 건물)

종류(토지 · 건물) 소재지 (　　　　　　　　　　　　　　　　　　　　　　)

시　가 (　　　　　　원) 등기된 담보권의 피담보채권 잔액(　　　　　　원)

종류(토지 · 건물) 소재지 (　　　　　　　　　　　　　　　　　　　　　　)

시　가 (　　　　　　원) 등기된 담보권의 피담보채권 잔액(　　　　　　원)

☆ 등기부등본 등과 재산세과세증명서, 인근 중개업소나 인터넷에서 확인한 적어도 2곳 이상의 시가확인서 등 시가증명자료를 첨부하여 주십시오.

☆ 저당권 등 등기된 담보권에 대하여는 은행 등 담보권자가 작성한 피담보채권의 잔액증명서 등의 증명자료를 첨부하여 주십시오(가압류나 압류는 등기된 담보권이 아니므로 그 가액을 표시할 때는 가압류나 압류임을 명시하여 주시기 바랍니다).

☆ 경매진행 중일 경우에는 경매절차의 진행상태를 알 수 있는 자료를, 배당이 완료된 경우에는 배당표를 제출하여 주십시오.

9. 자동차(오토바이를 포함한다)

차종 및 연식(　　　　　　) 등록번호(　　　　　　) 시가 (　　　　　　원)

등록된 담보권의 피담보채권 잔액(　　　　　　　　　　원)

☆ 자동차등록원부와 시가 증명자료를 첨부하여 주십시오.

10. 기타 재산적 가치가 있는 중요 재산권(주식, 회원권, 특허권, 귀금속, 미술품 등)

품목명(　　　　　　　　　)　　　　시가 (　　　　　　　　원)

품목명(　　　　　　　　　)　　　　시가 (　　　　　　　　원)

11. 진술서 4.(3) 기재 지급 불가능 시점의 1년 이전부터 현재까지 사이에 처분한 1,000만 원 이상의 재산(다만, 여러 재산을 처분한 경우 그 합계액이 1,000만 원 이상이면 모두 기재하여야 하고, 부동산은 1,000만 원 미만이라도 기재하여야 한다.)

☆ 처분의 시기, 대가 및 대가의 사용처를 상세히 기재하여 주시기 바랍니다. 그리고 여기서 말하는 재산의 처분에는 보험의 해약, 정기예금 등의 해약, 퇴직에 따른 퇴직금수령 등도 포함합니다. 주거이전에 따른 임차보증금의 수령에 하여는 다음의 12항에 기재하여 주시기 바랍니다.

☆ 특히 부동산이나 하나의 재산의 가액이 1,000만 원 이상의 재산을 처분한 경우에는 처분시기와 대가를 증명할 수 있는 등기부등본, 계약서사본, 영수증사본과 처분대가의 사용처를 증명할 수 있는 자료를 첨부하시기 바랍니다(경매로 처분된 경우에는 배당표를 제출하여 주십시오).

12. 최근 2년 이내에 주거이전에 따른 임차보증금을 수령한 사실

☆ 임대차계약서사본과 수령한 임차보증금의 사용처를 증명할 수 있는 자료를 첨부하시기 바랍니다.

13. 최근 2년 이내에 이혼에 따라 재산분여(할)한 사실

☆ 분여한 재산과 그 시기를 기재하여 주십시오. 그리고 분여한 재산의 가치를 나타내는 자료를 첨부하여 주시기 바랍니다(이혼 당시 배우자의 보유 재산이 어느 정도인지 아래 15.항의 양식을 참조하여 기재하여 주십시오).

14. 친족의 사망에 따라 상속한 사실

년 월 일 부·모 의 사망에 의한 상속

상속상황

㉠ 상속재산이 전혀 없었음

㉡ 신청인의 상속포기 또는 상속재산 분할에 의하여 다른 상속인이 모두 취득하였음

㉢ 신청인이 전부 또는 일부를 상속하였음

주된 상속재산과 그 처분의 경과

☆ ㉡ 또는 ㉢항을 선택한 분은 주된 상속재산을 기재하여 주시기 바랍니다.

☆ ㉡항을 선택한 분은 다른 상속인이 주된 상속재산을 취득하였다는 사실을 증명하는 자료를 첨부하여 주십시오. 부동산인 경우에는 다른 상속인이 소유자로 되어 있는 등기부등본을 첨부하여 주십시오.

☆ ㉢항을 선택한 분으로 상속한 주된 재산을 이미 처분한 분은 그 처분의 경과와 대가의 사용처를 상세히 기재하고, 그 사실을 증명하는 자료를 첨부하여 주십시오.

15. 배우자, 부모, 자녀 명의의 1,000만 원 이상의 재산(1인 명의 재산이 1,000만 원 이상일 때)

재산의 종류 ( )

재산의 명의자 ( ), 채무자와의 관계 ( )

재산의 시가 ( ), 재산에 관한 피담보채무 ( )

재산 취득 시기 ( )

재산 취득 자금 마련 경위 ( )

☆ 재산이 부동산인 경우에는 등기부등본 등과 재산세과세증명서, 인근 중개업소나 인터넷에서 확인한 적어도 2곳 이상의 시가확인서 등 시가증명자료를 첨부하여 주십시오.

☆ 재산 취득시기가 지급이 불가능하게 된 시점으로부터 2년 이내인 경우에는 재산 취득 자금 마련 경위에 관한 소명자료(예를 들어 재산 명의자의 취득 자금에 관한 금융 거래 명세 등)를 첨부하여 주십시오.

[양식 1-5]

# 현 재 의　생 활 상 황

1. 현재의 직업【 자영,　고용,　무직 】
   업종 또는 직업 (　　　　　　　　) 직장 또는 회사명 (　　　　　　　　)
   지　위 (　　　　　　　　) 취 직 시 기 (　　　　년　　　월 )
2. 수입의 상황(신청인의 월수입 합계　　　　　　　원)
   자영수입 (　　　원) → 종합소득세 확정신고서(최근 2년분)를 첨부하여 주십시오.
   월 급여 (　　　원) → 급여증명서(최근 2년분)와 근로소득세 원천징수영수증의 사본을 첨부하여 주십시오.
   연　　금 (　　　원) → 수급증명서를 첨부하여 주십시오.
   생활보호 (　　　원) → 수급증명서를 첨부하여 주십시오.
   기　　타 (　　　원) → 구체적으로 기재하고 수입원을 나타내는 자료를 첨부하여 주십시오.
3. 가족 · 동거인의 상황

| 성명 | 신청인과의 관계 | 연령 | 동거여부 | 직업 | 월수입 |
|---|---|---|---|---|---|
| | | 세 | 동거 · 별거 | | 원 |
| | | 세 | 동거 · 별거 | | 원 |
| | | 세 | 동거 · 별거 | | 원 |
| | | 세 | 동거 · 별거 | | 원 |
| | | 세 | 동거 · 별거 | | 원 |
| | | 세 | 동거 · 별거 | | 원 |

☆ 가족 · 동거인 중 수입이 있는 자에 대하여는 2항과 마찬가지로 급여명세서사본, 종합소득세확정신고서 등을 첨부하여 주십시오.

4. 주거의 상황
   거주를 시작한 시점　(　　　　년　　　월　　　일)
   거주관계 : 아래 ㉠ – ㉥ 중 선택 (　　　　　　)

㉠ 임대 주택(신청인 이외의 자가 임차한 경우 포함)

㉡ 사택 또는 기숙사

㉢ 신청인 소유의 주택

㉣ 친족 소유의 주택에 무상으로 거주

㉤ 친족 이외의 자 소유의 주택에 무상으로 거주

㉥ 기타 (　　　　　　　　　　　　　　　　)

㉠, ㉡항을 선택한 분에 대하여,

관리비를 포함한 임대료 (　　　　　　　　원) 임대보증금 (　　　　　　　　원)

연체액 (　　　　　　　　원)

신청인 이외의 자가 임차인인 경우 임차인 성명 (　　) 신청인과의 관계 (　　)

㉣, ㉤항을 선택한 분에 대하여,

소유자 성명 (　　　　　　) 신청인과의 관계 (　　　　　　)

신청인 이외의 자가 소유자이거나 임차인인데 함께 거주하지 않는 경우 그 경위를 기재하십시오.

☆ ㉠ 또는 ㉡항을 선택한 분은 임대차계약서 또는 사용허가서 사본을 첨부하여 주시기 바랍니다.

☆ ㉢ 또는 ㉣항을 선택한 분은 등기부등본을 첨부하여 주십시오.

☆ ㉣ 또는 ㉤항을 선택한 분은 소유자 작성의 거주 증명서를 첨부하여 주십시오.

5. 조세 등 공과금의 납부 상황(체납 조세가 있는 경우 세목 및 미납액을 기재하십시오)

| | | | |
|---|---|---|---|
| 소득세 | 미납분 | (없음 | 있음 — 미납액　　　　　　　원) |
| 주민세 | 미납분 | (없음 | 있음 — 미납액　　　　　　　원) |
| 재산세 | 미납분 | (없음 | 있음 — 미납액　　　　　　　원) |
| 의료보험료 | 미납분 | (없음 | 있음 — 미납액　　　　　　　원) |
| 국민연금 | 미납분 | (없음 | 있음 — 미납액　　　　　　　원) |
| 자동차세 | 미납분 | (없음 | 있음 — 미납액　　　　　　　원) |
| 기타 세금 | 미납분 | (없음 | 있음 — 미납액　　　　　　　원) |

## 수입 및 지출에 관한 목록

[양식 1-6]

# 수 입 및 지 출 에 관 한 목 록

1. 가계수지표(2007. . 월분)(신청일이 속한 달의 직전 달 기준)

| 수 입 | | | 지 출 | |
|---|---|---|---|---|
| 항 목 | | 금 액 | 항 목 | 금 액 |
| 급여 또는 자영 수입 | 신청인 | 원 | 주거비(임대료, 관리비 등) | 원 |
| | 배우자 | 원 | 식비(외식비 포함) | 원 |
| | 기타( ) | 원 | 교육비 | 원 |
| 연금 | 신청인 | 원 | 전기 · 가스 · 수도료 | 원 |
| | 배우자 | 원 | 교통비(차량유지비 포함) | 원 |
| | 기타( ) | 원 | 피 복 비 | 원 |
| 생활보호 | | 원 | 의 료 비 | 원 |
| 기 타 | | 원 | 기 타 | 원 |
| 수입합계 | | 원 | 지출합계 | 원 |

2. 채무자의 가용소득(개인회생절차를 신청할 경우 소득에서 생계비를 뺀 나머지 소득)

| | 구 분 | 금 액(단위 : 원) | | | | | |
|---|---|---|---|---|---|---|---|
| 1 | 채무자의 월 평균 소득1) | | | | | | |
| 2 | 생계비(부양가족을 기준으로 한 보건복지부 공표 최저생계비의 150%)2) | 1인 | 2인 | 3인 | 4인 | 5인 | 6인 |
| | | 694,571 | 1,176,479 | 1,539,905 | 1,898,772 | 2,231,817 | 2,568,279 |
| | 부양가족 이름, 연령, 관계 | | | | | | |
| 3 | 채무자의 가용소득 (1−2) | | | | | | |

1) 최근 1년 동안의 대략적인 소득을 평균하여 기재하십시오.
2) 본인을 포함한 부양가족(스스로 최저생계비 이상의 소득을 올리는 사람은 부양가족이 아닙니다)의 수에 해당하는 곳에 ○표 하십시오.

# 제2장 형사사건과 법률실무

## 제1절 범죄와 형벌

### Ⅰ. 범 죄

범죄는 일반적으로 국가적 법익 침해범죄, 사회적 법익 침해범죄社會的法益侵害犯罪, 개인적 법익 침해범죄個人的法益侵害犯罪 등이 있는데, 다음에서는 일반적인 범죄에 대하여 살펴본다.

#### 1. 전기통신기본법위반죄

**판 례**

**＊ 구 전기통신기본법상 「음란」의 의미** 【대판 2006. 4. 28. 2003도412】

구 전기통신기본법(2001. 1. 16. 법률 제6360호로 개정되기 전의 것) 제48조의2에서 규정하고 있는 '음란'이라 함은, 일반 보통인의 성욕을 자극하여 성적 흥분을 유발하고 정상적인 성적 수치심을 해하여 성적 도의관념에 반하는 것을 말하고, 표현물의 음란 여부를 판단함에 있어서는 당해 표현물의 성에 관한 노골적이고 상세한 묘사·서술의 정도와 그 수법, 묘사·서술이 그 표현물 전체에서 차지하는 비중, 거기에 표현된 사상 등과 묘사·서술의 관련성, 표현물의 구성이나 전개 또는 예술성·사상성 등에 의한 성적 자극의 완화 정도, 이들의 관점으로부터 당해 표현물을 전체로서 보았을 때 주로 그 표현물을 보는 사람들의 호색적 흥미를 돋우느냐의 여부 등 여러 점을 고려하여야 하며, 표현물 제작자의 주관적 의도가 아니라 그 사회의 평균인의 입장에서 그 시대의 건전한 사회 통념에 따라 객관적이고 규범적으로 평가하여야 한다.

▶ 관련법규 : 구 전기통신기본법 제48조의2

**＊ 구 전기통신기본법위반** 【대판 2006. 4. 28. 2003도80】

인터넷 포털 사이트를 운영하는 회사와 그 대표이사는 정보제공업체들이 음란한 정보를 반포·판매하지 않도록 통제하거나 저지하여야 할 조리상의 의무를 부담한다. 따라서 정보제공업체가 인터넷 포털 사이트를 이용해 음란물을 반포·판매하는 행위를 좌시한 경우는 구 전기통신기본법위반을 방조한 결과가 된다.

▶ 관련법규 : 형법 제18조, 구 전기통신기본법 제48조의2 등

## 2. 저작권법 위반

**판 례**

**＊ 저작권법 위반【대판 2006. 2. 9. 2005도7793】**

저작권법 제25조는 공표된 저작물은 보도 · 비평 · 교육 · 연구 등을 위하여는 정당한 범위 안에서 공정한 관행에 합치되게 이를 인용할 수 있다고 규정하고 있는데, 정당한 범위 안에서 공정한 관행에 합치되게 인용한 것인지 여부는 인용의 목적, 저작물의 성질, 인용된 내용과 분량, 피인용저작물을 수록한 방법과 형태, 독자의 일반적 관념, 원저작물에 대한 수요를 대체하는지 여부 등을 종합적으로 고려하여 판단하여야 한다.

따라서 검색사이트에 썸네일 이미지의 형태로 게시된 사진은 검색어와 관련된 이미지를 축소된 형태로 목록화하여 검색서비스를 이용하는 사람들에게 그 이미지의 위치정보를 제공하는 데에 그 목적이 있으며, 이를 예술작품으로서 전시하거나 판매하기 위하여 이를 수집하여 자신의 사이트에 게시한 것이 아니라 보다 나은 검색서비스의 제공을 위한 경우는 사진작품을 이미지검색의 이미지로 사용하였다고 하더라도 원저작자의 허락을 받지 아니하였더라도 이러한 사용은 정당한 범위 안에서 공정한 관행에 합치되게 사용한 것으로 보아야 한다.

▶ 관련법규 : 저작권법 제25조, 제97조의5 등

## 3. 횡령 · 배임죄 및 업무방해죄

타인의 재물을 보관하는 자가 그 재물을 가로채거나 그 재물의 반환을 거부한 경우는 횡령죄橫領罪가 성립하고, 타인의 업무를 처리하는 자가 그 임무에 위배되는 행위로써 재산상의 이익을 얻거나 제3자로 하여금 그 이익을 얻도록 하여 본인에게 손해를 입히면 배임죄背任罪가 성립하여 각각 5년 이하의 징역 또는 1,500만원 이하의 벌금에 처한다(형법 제355조 제1항, 제2항). 그러나 친족 간의 횡령 · 배임은 피해자의 고소가 없으면 공소가 불가능하다(형법 제361조).

업무상의 임무를 위반하여 횡령죄나 배임죄를 저지르면 업무상의 횡령 · 배임죄가 성립되어 10년 이하의 징역 또는 3천만원 이하의 벌금에 해당하는 무거운 처벌을 받게 된다(형법 제356조).

그리고 타인의 사무를 처리하는 자가 그의 임무에 관하여 부정한 청탁을 받고 재물 또는 재산상의 이익을 얻은 경우는 배임수증죄가 성립되어 5년 이하의 징역 또는 1,000만원 이하의 벌금에 처하고, 이때 재물이나 재산상의 이익을 제공한 자는 뇌물공여죄로 2년 이하의 징역 또는 500만원 이하의 벌금에 처한다(형법 제357조 제1항, 제2항).

## 판 례

**＊ 주식의 횡령죄의 객체 인정여부** 【대판 2005. 2. 18. 2002도2822】

상법상 주식은 자본구성의 단위 또는 주주의 지위를 의미하고, 주주권株主權을 표창하는 유가증권인 주권株券과는 구분이 되는바, 주권은 유가증권으로서 재물에 해당되므로 횡령죄의 객체가 될 수 있으나, 자본의 구성단위 또는 주주권을 의미하는 주식은 재물이 아니므로 횡령죄의 객체가 될 수 없다.

▶ 관련법규 : 형법 제355조 제1항

**＊ 업무상횡령죄의 성립요건** 【대판 2005. 2. 18. 2002도2822】

구 법인세법(1998. 12. 28. 법률 제5581호로 전문 개정되기 전의 것) 제18조의2 및 구 법인세법시행령(1998. 12. 31. 대통령령 제15970호로 전문 개정되기 전의 것) 제44조의2의 규정에 의하면 기밀비는 법인의 업무와 관련하여 지출한 접대비의 일종으로서 법인의 정관, 사규 또는 주주총회·사원총회, 이사회의 결의로 그 지급기준이 정하여지고 그 기준에 의하여 실지로 지급된 금액인 경우 일정한 한도 내에서는 접대비로 간주되어 손금에 산입될 수 있으므로, 기밀비의 지출에 관하여 업무상횡령죄로 처벌하기 위하여는 법인의 업무와 관련 없이 이를 지출하였다는 점이 입증되어야 한다.

▶ 관련법규 : 구 법인세법(1998. 12. 28. 법률 제5581호로 전문 개정되기 전의 것) 제18조의2(현행 제25조 참조), 구 법인세법시행령(1998. 12. 31. 대통령령 제15970호로 전문 개정되기 전의 것) 제44조의2, 형법 제356조

**＊ 업무상배임죄** 【대판 2002. 7. 26. 2001도4947】

금융기관의 대출에 있어 대출을 받는 자가 이미 채무변제능력을 상실하여 그에게 자금을 대여할 경우 회사에 손해가 발생하리라는 정을 충분히 알면서 이에 대출을 해주었거나, 충분한 담보를 제공받는 등 상당하고도 합리적인 채권회수조치를 취하지 아니한 채 만연히 대여해 주었다면, 그와 같은 자금대여는 타인에게 이익을 얻게 하고 회사에 손해를 가하는 행위로서 회사에 대하여 배임행위가 된다.

▶ 관련법규 : 형법 제356조

**＊ 계열회사에 대한 대여와 배임죄** 【대판 2000. 3. 14. 99도4923】

회사의 이사 등이 타인에게 회사자금을 대여함에 있어 그 타인이 이미 채무변제능력을 상실하여 그에게 자금을 대여할 경우 회사에 손해가 발생하리라는 점을 충분히 알면서 상당하고도 합리적인 채권회수조치를 취하지 아니한 채 대여해 주었다면, 상대가 회사의 계열회사라 하더라도 이는 배임행위에 해당한다.

▶ 참조조문 : 형법 제355조 제2항, 제30조

**＊ 프랜차이즈 계약 위반과 횡령** 【대판 1996. 2. 23. 95도2608】

프랜차이즈 계약은 독립된 상인간의 계약이며, 이러한 계약에서 가맹점이 본사로부터 공급받은 물품을 판매하여 전액을 본사로 송금시키면 본사에서 정산하여 물품의 원가를 외상대금으로 공제하고, 이익금의 일정액은 가맹점에 귀속시키기로 하였다면 가맹점이 물품의 판매대금을 임의로 소비한 행위는 프랜차이즈 계약상의 채무불이행에 해당할 뿐 횡령죄를 구성하지 않는다.

▶ 관련법규 : 형법 제355조 제1항, 상법 제46조 제20호 등

**＊ 업무상횡령** 【대판 2003. 5. 30. 2002도235】

법인의 구성원은 적법한 방법으로 그 법인을 위한 업무를 수행하여야 하므로, 법인의 구성원이 업무수행에 있어 관계 법령을 위반함으로써 형사재판을 받게 되었다면 그의 개인적인 변호사비용을 법인자금으로 지급한다는 것은 횡령에 해당하며, 그 변호사비용을 법인이 부담하는 것이 관례라고 하여도 그러한 행위가 사회상규에 어긋나지 않는다고 할 만큼 사회적으로 용인되어 보편화된 관례라고 할 수 없다.

▶ 관련법규 : 형법 제20조, 제355조 제1항, 제356조 등

**＊ 동업자의 업무상횡령** 【대판 1996. 5. 28. 96도140】

동업을 하기로 약정하고 각자 자신의 지분에 대한 투자를 마치고 일방이 탈퇴하면 그 이후부터는 나머지 일방의 경영체로 된다. 이때 경영자는 탈퇴한 자에 대하여 그의 투자금을 반환할 민사상의 의무는 부담하지만 그 경영에 대한 금전 소비를 업무상횡령죄로 다스릴 수 없다.

▶ 관련법규 : 형법 제355조 제2항, 제356조 등

**＊ 업무상횡령죄의 성립요건으로서의 불법영득의 의사 【대판 2004. 8. 20. 2003도4732】**

업무상횡령죄에 있어서 불법영득의 의사라고 함은, 자기 또는 제3자의 이익을 꾀할 목적으로 업무상의 임무에 위배하여 보관하는 타인의 재물을 자기의 소유인 것처럼 사실상 또는 법률상 처분하는 의사를 말하고, 타인으로부터 용도가 엄격히 제한된 자금을 위탁받아 집행하면서 그 제한된 용도 이외의 목적으로 자금을 사용하는 것은, 그 사용이 개인적인 목적에서 비롯된 경우는 물론 결과적으로 자금을 위탁한 본인을 위하는 면이 있더라도, 그 사용행위 자체로서 불법영득의 의사를 실현한 것이 되어 횡령죄가 성립한다. 따라서 법인산하의 대학총장이 업무수행에 있어 관계 법령을 위반함으로써 형사재판을 받게 된 경우 그의 개인적인 변호사비용을 법인자금으로 지급하면 횡령에 해당하며, 그 변호사비용을 법인이 부담하는 것이 관례라고 하여도 그러한 행위가 사회상규에 어긋나지 않는다고 할 만큼 사회적으로 용인되어 보편화된 관례라고 할 수 없다.

▶ 관련법규 : 형법 제355조 제1항, 형법 제356조 등

**＊ 증권사 직원의 업무상배임죄 【대판 1995. 12. 22. 95도2446】**

증권사의 직원이 고객의 동의 없이 고객의 예탁금으로 주식을 매입하여 고객에게 손해를 발생케 한 행위는 업무상배임죄에 해당한다.

▶ 관련법규 : 형법 제356조

**＊ 시장관리비 체납자에 대한 단전조치와 업무방해죄 【대판 2004. 8. 20. 2003도4732】**

시장번영회 회장이 이사회의 결의와 시장번영회의 관리규정에 따라서 관리비 체납자의 점포에 대하여 실시한 단전조치는 정당행위로서 업무방해죄를 구성하지 아니한다.

▶ 관련법규 : 형법 제20조, 제314조 제1항 등

## 4. 범인은닉죄

벌금형 이상의 죄를 지은 자를 숨겨주거나 피하도록 도와 준 경우는 범인은닉죄에 해당하여 3년 이하의 징역 또는 500만원 이하의 벌금형의 처벌을 받게 된다(형법 제151조 제1항).

그러나 벌금형 이상의 죄를 지은 자의 친족, 호주 또는 동거가족이 그를 숨겨주거나 피하게 한 경우에는 친족 간의 특례에 의해 처벌하지 않는다(형법 제151조 제2항). 여기서 친족이란 민법에서 규정하고 있는 친족, 가족, 호주, 생계를 같이 하는 자 등을 말한다.

이와는 달리 법률에 의해 체포 또는 구금된 자가 스스로 도망을 한 경우는 도주죄에 해당하는데, 도주죄를 범한 자는 1년 이하의 징역에 처한다(형법 제145조).

### 판 례

**＊ 범인은닉죄의 구성요건 【대판 2002. 10. 11. 2002도3332】**

범인은닉죄라 함은 죄를 범한 자임을 인식하면서 장소를 제공하여 체포를 면하게 하는 것만으로 성립하고, 죄를 범한 자에게 장소를 제공한 후 그에게 일정기간 동안 경찰에 출두하지 말라고 권유하거나 그 권유에 따르지 않을 경우 강제력을 행사하거나 죄를 범한 자가 은닉자의 말에 복종하도록 하는 것을 필요로 하는 것은 아니다.

▶ 관련법규 : 형법 제151조 제1항

**＊ 범인체포방해와 범인은닉죄** 【대판 1996. 6. 14. 96도1016】

범인 아닌 자가 수사기관에서 범인임을 자처하고 허위사실을 진술하여 진범의 체포와 발견에 지장을 초래하게 한 행위는 범인은닉죄에 해당한다.

▶ 관련법규 : 구 형법(1995. 12. 29. 법률 제5057호로 개정되기 전의 것) 제151조

**＊ 범인은닉과 친족간의 특례** 【대판 1996. 9. 24. 96도1382】

동생이 벌금형에 해당하는 죄를 범한 경우, 그의 형이 피의자인 동생을 숨겨 주거나 도주케 한 경우는 범인은닉에 관한 친족간의 특례에 의해 처벌받지 않는다. 그러나 형이 동생을 직접 숨겨주거나 피하게 하지 않고 제3자로 하여금 수사기관에 허위의 진술을 하도록 교사한 경우는 범인도피교사죄가 성립되어 허위의 진술을 한 제3자와 동일하게 처벌된다.

▶ 관련법규 : 형법 제145조 내지 제151조 제1항, 제2항, 민법 제776조 내지 제779조 등

## 5. 현주건조물등의 방화죄

사람의 주거생활에 사용되거나 현재 사람이 존재하는 건물, 기차, 전차, 자동차, 선박, 항공기, 광갱鑛坑 등에 불을 질러 불타게 한 경우는 현주건조물등의 방화죄가 성립되어 무기 또는 3년 이상의 징역에 처하고, 이로 인해 사람이 다치거나 사망에 이르게 되면 더욱 무거운 처벌을 받게 된다(형법 제164조 제1항, 제2항).

그러나 과실로 타인의 물건이나 현주건조물 등을 불타게 한 경우는 실화에 관한 죄가 성립되어 1,500만원 이하의 벌금형에 처한다(형법 제170조). 이 죄에 대해서는 미수범도 처벌한다.

**판 례**

**＊ 현주건조물방화치상죄** 【대판 1996. 4. 12. 96도215】

여러 명이 집단방화를 공모하고, 건물에 침입하여 화염병을 던져 건물이 불타고 있을 때, 공범자들 중 한사람이 건물 내에 있던 피해자에게 화염병을 던져 화상을 입힌 경우는 화염병을 직접 던진 자 뿐만 아니라 다른 공범자들도 현주건조물방화치상죄로 처벌될 수 있다.

▶ 관련법규 : 형법 제164조 제1항, 제2항

## 6. 공정증서원본불실기재죄

공무원에게 허위의 사실을 신고하여 공정증서의 원본(등기부, 호적부 등)이나 이와 동일한 전자기록 또는 특수매체기록(마이크로필름, 디스켓, 하드디스크 등)에 허위의 사실을 기재 또는 기록하도록 하거나 이를 행사하면 공정증서원본불실기재죄公正證書原本不實記

載罪 또는 동행사죄에 해당되어 5년 이하의 징역이나 1,000만원 이하의 벌금형을 받게 된다.

또한 공무원에게 허위의 신고를 하여 면허증, 허가증, 등록증, 여권 등에 허위의 사실을 기재하도록 한 자는 3년 이하의 징역 또는 700만원 이하의 벌금에 처한다(형법 제228조 제1항, 제2항).

이러한 죄에 대한 음모를 한 자나 미수범도 그 범죄를 저지른 자와 동일하게 처벌한다(형법 제223조, 제224조).

### 판례

*** 교회의 분열과 공증정서원본불실기재죄 【대판 2005. 10. 28. 2005도3772】**

교회의 교인들 간에 갈등이 심화되어 교회가 분열된 후에 일방의 교회가 타방의 교회를 배제한 채 소집·개최한 당회에서 교회 재산인 부동산을 총회유지재단에 증여하기로 하는 내용의 결의를 하고 등기공무원에게 위 결의에 따른 취지의 등기신청을 하여 위 부동산에 관하여 증여를 원인으로 한 소유권이전등기를 마친 사안에서, 위 당회의 결의가 그 소집 및 결의절차가 부적법하다는 이유로 공정증서원본불실기재죄 및 동행사죄가 성립한다.

▶ 관련법규 : 형법 제228조, 제229조 등

*** 사업자등록증과 공정증서원본불실기재죄 【대판 2005. 7. 15. 2003도6934】**

형법 제228조는 공무원이 아닌 자가 그 정을 모르는 공무원을 이용하여 공문서에 허위의 사실을 기재하게 하는 이른바 간접적 무형위조를 처벌하면서 모든 공문서를 객체로 하지 않고 '공정증서원본 또는 이와 동일한 전자기록 등 특수매체기록'(제1항), '면허증, 허가증, 등록증 또는 여권'(제2항)으로 그 객체를 제한하고 있는바, 그 취지는 공문서 중 일반사회생활에 있어서 특별한 신빙성을 요하는 공문서에 대한 공공의 신용을 보장하고자 하는 것이므로 위 형법 제228조 제2항의 '등록증'은 공무원이 작성한 모든 등록증을 말하는 것이 아니라, 일정한 자격이나 요건을 갖춘 자에게 그 자격이나 요건에 상응한 활동을 할 수 있는 권능 등을 인정하기 위하여 공무원이 작성한 증서를 말한다. 따라서 단순한 사업사실의 등록을 증명하는 증서에 불과한 사업자등록증은 그에 의하여 사업을 할 수 있는 자격이나 요건을 갖추었음을 인정하는 것은 아니라고 할 것이어서 형법 제228조 제1항에 정한 '등록증'에 해당하지 않는다.

▶ 관련법규 : 형법 제228조 제2항

*** 공정증서원본불실기재죄 성립 후의 추인 【대판 1999. 5. 14. 99도202】**

사문서위조나 공정증서원본 불실기재가 성립한 후, 사후에 피해자의 동의 또는 추인 등의 사정으로 문서에 기재된 대로 효과의 승인을 받거나, 등기가 실체적 권리관계에 부합하게 되었다 하더라도, 이미 성립한 범죄에는 아무런 영향이 없다.

▶ 관련법규 : 형법 제228조, 제231조 등

## 7. 강간죄

부녀자를 폭행하거나 협박하여 그 부녀자의 의사에 반하여 강제로 간음을 한 경우 또는 사람의 심신상실 또는 항거불능의 상태를 이용하여 간음한 경우에는 강간죄強姦罪 또는 준강간으로 3년 이상의 유기징역에 처한다(형법 제297조, 제298조).

예컨대, 간음의 의사가 전혀 없는 술취한 여자친구를 항거불능상태에서 간음하면 준강간에 해당한다.

그러나 사용자가 근로자를 강제로 간음하거나 직장상사가 위계 또는 업무상의 위력으로 여직원을 강제로 간음한 경우는 업무상 위력에 의한 간음죄로 더욱 무겁게 처벌하고, 결혼할 것을 빌미로 또는 결혼할 것처럼 속여 간음한 경우는 혼인빙자간음죄로 처벌한다(형법 제303조, 제304조).

이 죄는 친고죄로서 피해자의 고소가 없으면 처벌하지 못하며, 미수범도 처벌한다(형법 제300조, 제306조).

## 판 례

**＊ 강간치상죄의 성립요건 【대판 2005. 5. 26. 2005도1039】**

강간행위에 수반하여 생긴 상해가 극히 경미한 것으로서 굳이 치료할 필요가 없어서 자연적으로 치유되며 일상생활을 하는 데 아무런 지장이 없는 경우에는 강간치상죄의 상해에 해당되지 아니한다고 할 수 있을 터이나, 그러한 논거는 피해자의 반항을 억압할 만한 폭행 또는 협박이 없어도 일상생활 중 발생할 수 있는 것이거나 합의에 따른 성교행위에서도 통상 발생할 수 있는 상해와 같은 정도임을 전제로 하는 것이므로 그러한 정도를 넘는 상해가 그 폭행 또는 협박에 의하여 생긴 경우라면 상해에 해당된다고 할 것이며, 피해자의 건강상태가 나쁘게 변경되고 생활기능에 장애가 초래된 것인지는 객관적, 일률적으로 판단될 것이 아니라 피해자의 연령, 성별, 체격 등 신체, 정신상의 구체적 상태를 기준으로 판단되어야 한다. 따라서 피해자가 소형승용차 안에서 강간범행을 모면하려고 저항하는 과정에서 피고인과의 물리적 충돌로 인하여 입은 '우측 슬관절 부위 찰과상' 등은 강간치상죄의 상해에 해당한다.

관련법규 : 형법 제301조

**＊ 강간죄의 고소기간과 성립요건 【대판 2002. 5. 16. 2002도51】**

강간죄에 대한 피해자의 고소가 성폭력범죄의처벌및피해자보호등에관한법률상의 고소기간 안에 제기되었음에도 형사소송법상의 고소기간을 경과한 후 제기되었다는 이유로 공소를 기각한 것은 고소기간에 관한 법리오해의 위법한 판단이며, 폭행 또는 협박으로 부녀를 강간한 경우에는 강간죄만 성립하고, 그것과 별도로 강간의 수단으로 사용된 폭행 · 협박이 형법상의 폭행죄나 협박죄 또는 폭력행위등처벌에관한법률위반의죄를 구성한다고는 볼 수 없으며, 강간죄와 이들 각 죄는 이른바 법조경합의 관계일 뿐이다.

관련법규 : 형법 제260조 제1항, 제283조 제1항, 제297조, 제306조, 폭력행위등처벌에관한법률 제2조 제1항, 형사소송법 제327조 제2호 등

**＊ 강간죄 성립요건으로서의 폭행 · 협박의 기준 【대판 2001. 10. 30. 2001도4462】**

강간죄가 성립하려면 가해자의 폭행 · 협박은 피해자의 항거를 불가능하게 하거나 현저히 곤란하게 할 정도의 것이어야 하고, 폭행 · 협박이 피해자의 항거를 불가능하게 하거나 현저히 곤란하게 할 정도의 것이었는지 여부는 그 폭행 · 협박의 내용과 정도는 물론, 유형력을 행사하게 된 경위, 피해자와의 관계, 성교 당시와 그 후의 정황 등 모든 사정을 종합하여 판단하여야 한다.

관련법규 : 형법 제297조

## 8. 친족에 의한 강간

강간죄는 원래 친고죄로 규정하고 있으므로 피해자의 고소가 없으면 공소제기가 불가능하다. 그러나 존속 또는 연장자인 사촌이내의 혈족이 강간을 한 경우는 피해자의 고소가 없어도 처벌할 수 있다(성폭력범죄의처벌및피해자보호등에관한법률 제7조, 제15조). 여기서 존속 또는 친족은 사실상의 관계에 있는 존속 및 친족을 포함하는데, 민법상의 친족과 달리 4촌 이내의 혈족을 친족의 범위로 하고 있다.

자기 또는 배우자의 직계존속에 대하여는 고소를 할 수 없는 것이 원칙이지만(형소법 제224조), 이러한 범죄에 대해서는 자기 또는 배우자의 직계존속도 고소할 수 있으며, 범인을 안 날로부터 1년 이내에 고소하지 않으면 그 후에는 고소할 수 없다. 그리고 성폭력범죄에 대한 수사 또는 재판을 담당하는 공무원은 피해자의 위신과 사생활의 비밀을 누설해서는 아니 되며, 이를 위해 비공개 심리를 원칙으로 한다(성폭력범죄의처벌및피해자보호등에관한법률 제18조 내지 제22조).

### 판례

**＊ 성폭력사건의 공개와 명예훼손죄** 【대판 2005. 4. 29. 2003도2137】

형법 제309조 제1항 소정의 출판물에 의한 명예훼손죄는 타인을 비방할 목적으로 신문, 잡지 또는 라디오 기타 출판물에 의하여 사실을 적시하여 타인의 명예를 훼손할 경우에 성립되는 범죄로서, 여기서 '비방할 목적'이란 가해의 의사 내지 목적을 요하는 것으로서 공공의 이익을 위한 것과는 행위자의 주관적 의도의 방향에 있어 서로 상반되는 관계에 있다고 할 것이므로, 적시한 사실이 공공의 이익에 관한 것인 경우에는 특별한 사정이 없는 한 비방할 목적은 부인된다고 봄이 상당하다. 따라서 국립대학교 교수가 자신의 연구실 내에서 제자인 여학생을 성추행하였다는 내용의 글을 지역 여성단체가 자신의 인터넷 홈페이지 또는 소식지에 게재한 사안은 학내 성폭력 사건의 철저한 진상조사와 처벌 그리고 학내 성폭력의 근절을 위한 대책마련을 촉구하기 위한 목적으로 공공의 이익을 위한 것으로서 달리 비방의 목적이 있다고 단정할 수 없다.

▶ 관련법규 : 형법 제307조 제1항, 제309조 제1항, 제310조 등

**＊ 성폭력범죄의처벌및피해자보호등에관한법률상 「사실상 친족」의 범위** 【대판 2000. 2. 8. 99도5395】

성폭력범죄의처벌및피해자보호등에관한법률 제7조 제1항은 친족관계에 있는 자가 형법 제297조(강간)의 죄를 범한 때에는 5년 이하의 유기징역에 처한다고 규정하고 있고, 같은 법 제7조 제4항은 제1항의 친족의 범위는 4촌 이내의 혈족과 2촌 이내의 인척으로 한다고 규정하고 있으며, 같은 법 제7조 제5항은 제1항의 친족은 사실상의 관계에 의한 친족을 포함한다고 규정하고 있는바, 법률이 정한 혼인의 실질관계는 모두 갖추었으나 법률이 정한 방식, 즉 혼인신고가 없기 때문에 법률상 혼인으로 인정되지 않는 이른바 사실혼으로 인하여 형성되는 인척도 같은 법 제7조 제5항이 규정한 사실상의 관계에 의한 친족에 해당한다.

## 9. 절도죄

타인의 재물을 불법으로 훔치면 절도죄竊盜罪가 성립되며, 6년 이하의 징역 또는

1,000만원 이하의 벌금에 처한다(형법 제329조). 전기와 같이 관리 가능한 동력도 재물에 해당하기 때문에 한전의 허락 없이 무단으로 일반 전봇대에서 전기를 끌어서 사용하면 절도죄가 성립된다(형법 제346조).

야간에 문이나 벽, 기타 건물을 부수고 침입하여 절도죄를 범하거나 흉기를 휴대하거나 2인 이상이 합동으로 절도죄를 저지르면 특수절도죄가 성립되어 1년 이상 10년 이하의 징역에 처하게 된다(형법 제331조).

그러나 친족 간의 절도는 고소가 없으면 검사도 공소할 수 없어 처벌하지 못한다(형법 제344조).

또한 권리자의 동의 없이 자동차, 선박, 항공기, 오토바이 등을 사용한 경우에도 3년 이하의 징역 또는 500만원 이하의 벌금, 구류 또는 과료의 처분을 받을 수 있다(형법 제331조의2).

## 판례

*** 절도죄의 성립요건 【대판 2004. 10. 15. 2004도4505】**

야간에 불이 꺼져 있는 상점의 출입문을 손으로 열어보려고 하였으나 출입문의 하단에 부착되어 있던 잠금 고리가 잠겨져 있어 열리지 않았는데, 출입문을 발로 걷어차자 잠금 고리의 아래쪽 부착 부분이 출입문에서 떨어져 출입문과의 사이가 뜨게 되면서 출입문이 열려 상점 안으로 침입하여 재물을 절취하였다면, 이는 물리적으로 위장시설을 훼손하여 그 효용을 상실케 하는 행위로서 형법 제331조 제1항에 정한 문호 또는 장벽 기타 건조물의 일부를 손괴한 경우에 해당되어 절도죄가 성립된다.

▶ 관련법규 : 형법 제331조 제1항

*** 영업허가증과 절도죄 【대판 2004. 3. 12. 2002도5090】**

명의대여 약정에 따른 신청에 의하여 발급된 영업허가증과 사업자등록증은 피해자가 인도받음으로써 피해자의 소유가 되었다고 할 것이므로, 이를 명의대여자가 가지고 간 행위는 절도죄에 해당한다.

▶ 관련법규 : 형법 제329조

*** 자동차등불법사용죄와 절도죄 【대판 2002. 9. 6. 2002도3465】**

형법 제331조의2에서 규정하고 있는 자동차등불법사용죄는 타인의 자동차 등의 교통수단을 불법영득의 의사 없이 일시적으로 사용하는 경우에 적용되고, 불법영득의사가 인정되는 경우에는 절도죄가 성립된다. 절도죄의 성립요건인 「불법영득의사」란 권리자를 배제하고 타인의 물건을 자기의 소유물처럼 이용, 처분할 의사를 말하며, 영구적으로 그 물건의 경제적 이익을 보유할 의사를 가져야 하는 것은 아니다. 일시사용목적으로 타인의 점유를 침탈한 경우에도 이를 반환할 의사 없이 상당한 장시간 점유하고 있거나 본래의 장소와 다른 곳에 유기하는 경우에는 불법영득의사가 있다고 볼 수 있다. 따라서 주인의 승낙 없이 오토바이를 타고 가서 다른 장소에 버린 경우는 자동차등불법사용죄가 아닌 절도죄가 성립한다.

▶ 관련법규 : 형법 제329조, 제331조의2 등

*** 타인명의를 도용한 카드로 현금인출한 경우 【대판 2002. 7. 12. 2002도2134】**

타인의 명의를 도용하여 발급받은 신용카드로 현금자동지급기에서 현금을 인출한 경우 현금자동지급기의 관리자의 의사에 반하여 그의 지배를 배제한 채 그 현금을 자기의 지배하에 옮겨 놓는 행위로서 절도죄에 해당한다.

▶ 관련법규 : 형법 제329조

**＊ 절도죄와 재물 【대판 1996. 5. 10. 96도3057】**

자동차회사에 근무하는 甲이 백지의 자동차출고의뢰서용지를 유출하였다면 그것만으로는 경제적가치가 없지만, 이를 이용해서 부정한 용도에 사용할 수 있기 때문에 백지의 자동차출고의뢰서용지를 유출한 甲의 행위는 불법영득의사가 있다고 인정되어 절도죄를 구성한다.

▶ 관련법규 : 형법 제329조, 제331조의2 등

## 10. 강도죄

타인을 폭행하거나 협박하여 그의 재물을 빼앗거나 다른 재산상의 이익을 얻거나 제3자로 하여금 그 재물이나 이익을 얻도록 하는 행위는 강도죄强盜罪에 해당하므로 3년 이상의 유기징역에 처한다(형법 제333조).

특히 야간에 남의 집이나 건조물, 선박, 항공기 등에 침입하거나 2인 이상이 합동으로 강도행위를 하면 특수강도로 인정하여 무기 또는 5년 이상의 징역에 처한다(형법 제334조 제1항, 제2항).

강도가 사람을 해치거나 죽이는 경우 또는 상습적으로 강도짓을 하는 경우는 더욱 무겁게 처벌하고, 미수범도 처벌한다(형법 제337조, 제338조, 제341조, 제342조 등).

또한 절도행위를 하다가 발각되어 그 절도행위의 증거를 없애기 위해 훔친 물건을 없애버리거나 없애기 위해 폭행 또는 협박한 경우도 강도로 인정하고, 사람을 인질로 잡고 재물 또는 재산상의 이익을 얻거나 제3자로 하여금 그를 취득케 한 경우는 인질강도죄가 성립한다(형법 제335조, 제336조).

### 판 례

**＊ 강도상해죄 【대판 2002. 1. 11. 2001도5925】**

피해자가 범행 당일 우측 두부 타박으로 인한 피하출혈, 부종 및 찰과상, 두정부와 우측 발목 타박으로 부종과 동통 소견이 있어 약 2주일간의 치료를 요한다는 내용의 상해진단서를 발급 받았고, 가해자가 범행 당시 주먹으로 머리를 1회 때리고 피해자의 발을 걸어 넘어뜨린 후 발로 가슴을 1회 걷어 차 피해자가 위와 같은 상처를 입었다면 이로 인하여 피해자의 신체의 건강상태가 불량하게 변경되고 생활기능에 장애가 초래된 것이라고 볼 수 있어 강도상해죄를 구성하는 상해에 해당한다.

▶ 관련법규 : 형법 제337조

**＊ 매출전표와 강도죄 【대판 1997. 2. 25. 96도3411】**

피고인들이 폭행·협박으로 피해자로 하여금 매출전표에 서명을 하게 한 다음 이를 교부받아 매출전표를 신용카드회사에 제출하여 그 금액을 지급받은 행위는 강도죄및폭력행위등처벌에관한법률위반에 해당한다.

▶ 참조조문 : 형법 제333조, 폭력행위등처벌에관한법률 제3조 제1항

**＊ 강도치상 【대판 1996. 7. 12. 96도1142】**

甲이 돈을 빼앗기 위해 乙의 거실에서 乙을 위협하자 乙은 방으로 피신하였다. 그 후 甲이 방문을 발로 차며 협박과 함께 식칼을 이용해 방문을 열자 乙이 베란다로 피신하였다가 乙이 방문을 열고 방으로 들어오자 극도로 공포감을 느껴 베란다에서 뛰어내려 중상을 입은 경우, 甲의 폭행 협박과 乙의 부상 사이에는 상당한 인과관계가 인정되므로 甲의 행위는 강도치상죄가 성립한다.

▶ 관련법규 : 형법 제337조

## 11. 사기죄

사람을 속이고, 그에 속은 자가 재산적 가치가 있는 물건을 내놓고, 이로 인해 속인 자가 이익을 얻거나 제3자로 하여금 그 이익을 얻도록 하는 세 가지 요건이 갖추어 지면 사기죄詐欺罪가 성립되어 10년 이하의 징역 또는 2천만원 이하의 벌금형을 받게 된다(형법 제347조 제1항, 제2항).

그러나 일반적으로 이러한 요건이 충족되지 않은 경우도 감정만 앞세워 사기죄로 고소하는 경우가 많은데, 이는 사기죄에 대한 잘못된 인식에서 비롯된 것으로 고소인 자신도 수사기관에 불려가 진술해야 되는 등의 불편을 당하게 된다. 따라서 사기죄에 대해서는 그 구성요건이 충족되는지를 잘 따져보고 고소여부를 결정하여야 한다.

그리고 컴퓨터 등 정보처리장치에 허위의 정보 또는 부정한 명령을 입력하여 정보처리를 하게 함으로써 재산상의 이익을 얻거나 제3자로 하여금 재산상의 이익을 얻도록 하고 타인에게 손해를 입힌 경우에도 마찬가지이다(형법 제347조의2).

### 판 례

**＊ 사기죄와 절도죄 【대판 2005. 9. 30. 2005도5869】**

예금주인 현금카드 소유자로부터 그 카드를 편취하여, 비록 하자 있는 의사표시이기는 하지만 현금카드 소유자의 승낙에 의하여 사용권한을 부여받은 이상, 그 소유자가 승낙의 의사표시를 취소하기까지는 현금카드를 적법, 유효하게 사용할 수 있으며, 은행 등 금융기관은 현금카드 소유자의 지급정지 신청이 없는 한 카드 소유자의 의사에 따라 그의 계산으로 적법하게 예금을 지급할 수밖에 없는 것이므로, 피고인이 현금카드의 소유자로부터 현금카드를 사용한 예금 인출의 승낙을 받고 현금카드를 교부받은 행위와 이를 사용하여 현금자동지급기에서 예금을 여러 번 인출한 행위들은 모두 현금카드 소유자의 예금을 편취하고자 하는 피고인의 단일하고 계속된 범죄의사 아래에서 이루어진 일련의 행위로서 포괄하여 하나의 사기죄를 구성한다. 그러나 현금자동지급기에서 카드 소유자의 예금을 인출, 취득한 행위를 현금자동지급기 관리자의 의사에 반하여 그가 점유하고 있는 현금을 절취한 것이라 하여 이를 현금카드 편취행위와 분리하여 따로 절도죄로 처단할 수는 없다.

▶ 관련법규 : 형법 제37조, 제329조, 제347조 등

**＊ 기망행위를 수단으로 한 권리행사와 사기죄 【대판 2003. 6. 13. 2002도6410】**

산업재해보상 보험급여를 지급받을 수 있는 지위에 있었다고 하더라도 특정 일자에 업무상 재해를 입은 사실이 전혀 없음에도 불구하고, 허위 내용의 목격자진술서를 첨부하는 등의 부정한 방법으로 요양신청을 하여 산업재해보상

보험급여를 지급받았다면, 피고인의 이러한 행위는 특별한 사정이 없는 한 그 자체로 이미 사회통념상 권리행사의 수단으로 용인할 수 없는 정도에 해당하므로 사기죄가 성립된다.

▶ 관련법규 : 형법 제347조

**＊ 사기죄에 있어서 「재물의 교부」 【대판 2003. 5. 16. 2001도1825】**

사기죄에 있어서 「재물의 교부」란 범인의 기망에 따라 피해자가 착오로 재물에 대한 사실상의 지배를 범인에게 이전하는 것을 의미하는데, 재물의 교부가 있었다고 하기 위하여 반드시 재물의 현실의 인도가 있어야 하는 것은 아니고 재물이 범인의 사실상의 지배 아래에 들어가 그의 자유로운 처분이 가능한 상태에 놓인 경우에도 재물의 교부가 인정된다. 따라서 甲의 주문에 따라 제작된 도자기 중 실제로 배달된 것뿐만 아니라 甲이 지정하는 장소로의 배달을 위하여 피해자가 보관 중인 도자기도 피고인에게 모두 교부된 것으로 인정된다.

▶ 관련법규 : 형법 제347조

**＊ 회계장부의 허위작성과 사기죄 【대판 2000. 9. 8. 2000도1447】**

당해 회계연도에 적자가 발생하였음에도 불구하고 다음해에 관급공사의 수주나 금융기관으로부터의 대출을 받기 위해 영업상 이익이 발생한 것처럼 이른바 분식결산서를 작성한 후 이를 토대로 금융기관으로부터 대출을 받은 행위는 사기죄에 해당한다.

▶ 참조조문 : 형법 제347조 제1항, 특정경제범죄가중처벌등에관한법률 제3조 등

**＊ 사기죄와 절도죄 【대판 1996. 10. 15. 96도2227】**

사기죄와 절도죄의 구별기준은 재물교부자의 처분의사의 유무에 있기 때문에 결혼식장에서 접수인으로 가장해 축의금을 가로챈 행위는 축의금의 소유자가 직접 범죄자에게 준 것이 아니라 범죄자가 가져간 것이므로 사기죄가 아닌 절도죄에 해당한다.

▶ 관련법규 : 형법 제329조, 제347조 등

**＊ 신용카드사용과 사기죄 【대판 1996. 5. 28. 96도908】**

甲이 신용카드의 대금을 지급할 의사와 능력이 없음에도 불구하고 현금자동지급기에서 현금을 인출한 행위는 카드회사에 대한 기망행위로 인정되어 사기죄가 성립된다.

▶ 관련법규 : 형법 제347조 제1항
　유사판례 : 대판 1996. 4. 9. 95도2466

## 12. 장물에 관한 죄

형법 제41장에서 「장물을 취득, 양도, 운반 또는 보관한 자는 7년 이하의 징역 또는 1500만원 이하의 벌금에 처한다.」고 규정하고 있는데, 이를 「장물贓物에 관한 죄」라고 한다. 여기서 「장물」이란 재산권상의 침해를 가져 올 위법행위로 인하여 영득한 물건으로서 피해자가 반환청구권을 가지는 것을 말한다(대판 1975. 12. 9. 74도2804).

### 판례

**＊ 장물贓物의 인정 기준 【대판 2004. 4. 16. 2004도353】**

甲이 권한 없이 인터넷뱅킹으로 타인의 예금계좌에서 자신의 예금계좌로 돈을 이체한 후 그 중 일부를 인출하여 그 정을 아는 乙에게 교부한 경우, 甲이 컴퓨터등사용사기죄에 의하여 취득한 예금채권은 재물이 아니라 재산상 이익이므로, 그가 자신의 예금계좌에서 돈을 인출하였더라도 장물을 금융기관에 예치하였다가 인출한 것으로 볼 수 없기 때문에 乙의 장물취득죄는 성립하지 않는다. 그러나 장물인 현금 또는 수표를 금융기관에 예금의 형태로 보관하였다

가 이를 반환받기 위하여 동일한 액수의 현금 또는 수표를 인출한 경우에는 예금계약의 성질상 그 인출된 현금 또는 수표는 당초의 현금 또는 수표와 물리적인 동일성은 상실되었지만 액수에 의하여 표시되는 금전적 가치에는 아무런 변동이 없으므로, 장물로서의 성질은 그대로 유지된다.

▶ 관련법규 : 형법 제362조

## 13. 친고죄와 범죄의 경합

### 1) 친고죄

피해자의 명예나 입장을 보호하기 위하여 반드시 고소가 있어야만 처벌이 가능한 범죄를 친고죄親告罪라고 한다. 강간죄, 간통죄, 모욕죄, 혼인빙자간음죄 등이 이에 해당한다.

이러한 친고죄는 범인을 안 날로부터 6개월이 지나면 고소할 수 없다. 그러나 성폭력범죄의처벌및피해자보호등에관한법률상의 친고죄에 해당하는 업무상 위력 등에 의한 추행, 공중밀집장소에서의 추행, 통신매체이용음란 등의 경우는 범인을 안 날로부터 1년 이내에 고소하면 된다.

### 2) 범죄의 경합

판결이 확정되지 않은 여러 개의 범죄나 판결이 이미 확정된 죄와 그 확정판결 전에 범한 죄를 경합범으로 하여 가중처벌 한다(형법 제37조, 제38조).

**판 례**

**＊ 주취운전과 음주측정불응죄의 경합 【대판 2004. 11. 12. 2004도525】**

도로교통법 제107조의2 제2호 음주측정불응죄의 규정 취지 및 입법 연혁 등을 종합하여 보면, 주취운전은 이미 이루어진 도로교통의 안전침해만을 문제시 하는 것인 반면 음주측정거부는 기왕의 도로교통의 안전침해는 물론 향후의 도로교통의 안전 확보와 위험 예방을 함께 문제시 하는 것이고, 나아가 주취운전은 도로교통법시행령이 정한 기준 이상으로 술에 '취한' 자가 행위의 주체인 반면, 음주측정거부는 술에 취한 상태에서 자동차 등을 운전하였다고 인정할 만한 상당한 이유가 있는 자가 행위의 주체인 것이어서, 결국 양자가 반드시 동일한 법익을 침해하는 것이라거나 주취운전의 불법과 책임내용이 일반적으로 음주측정거부의 그것에 포섭되는 것이라고는 단정할 수 없으므로, 결국 주취운전과 음주측정거부의 각 도로교통법위반죄는 실체적 경합관계에 있는 것으로 보아야 한다.

▶ 관련법규 : 도로교통법 제41조 제1항, 제2항, 제107조의2 제1호, 제2호 등

**＊ 강간미수와 강간죄의 경합 【대판 1996. 9. 6. 96도1763】**

차내에서 운전자인 甲이 흉기로 피해자인 乙을 위협하여 강간을 시도하였으나 지나던 행인에게 발각되어 뜻을 이루지 못하고, 甲이 차를 몰아 2시간 정도 달리다가 겁먹고 항거불능상태에 있는 乙을 간음한 경우, 이는 두 개의 범죄행위가 각기 장소와 시간을 달리하고 별개의 범죄의사에 의해 이루어졌으므로 강간미수와 강간죄가 별도로 성립한다.

▶ 관련법규 : 형법 제37조, 제297조, 제300조, 제306조, 형사소송법 제230조 등

## Ⅱ. 형 벌

### 1. 생명형(사형)

생명형은 사형선고를 받은 범죄자의 생명을 빼앗는 형벌, 즉 사형死刑으로서 대부분의 선진국에서는 폐지되었다.

**판 례**

**＊ 사형선고의 요건** 【대판 2002. 2. 8. 2001도6425】

우리 법이 사형제도를 두고 있지만, 사형은 사람의 목숨을 빼앗는 마지막 형벌이므로, 사형의 선고는 범행에 대한 책임의 정도와 형벌의 목적에 비추어 그것이 정당화될 수 있는 특별한 사정이 있는 경우에만 허용되어야 하고, 따라서 사형을 선고함에 있어서는 범인의 연령, 직업과 경력, 성행, 지능, 교육정도, 성장과정, 가족관계, 전과의 유무, 피해자와의 관계, 범행의 동기, 사전계획의 유무, 준비의 정도, 수단과 방법, 잔인하고 포악한 정도, 결과의 중대성, 피해자의 수와 피해감정, 범행 후의 심정과 태도, 반성과 가책의 유무, 피해회복의 정도, 재범의 우려 등 양형의 조건이 되는 모든 사항을 참작하여 위와 같은 특별한 사정이 있음을 명확하게 밝혀야 한다.

▶ 관련법규 : 형법 제41조, 제51조 등

### 2. 징 역

징역懲役이란 수형자受刑者를 교도소나 구치소에 잡아 두고 일정한 노역을 시킴으로서 범죄자의 신체의 자유를 제한하는 자유형의 일종이다. 여기서 수형자란 징역, 금고, 구류 등의 형을 선고받은 자를 말한다.

징역에는 무기징역과 유기징역의 두 가지가 있는데, 무기징역은 종신형으로서 10년이 경과되면 가석방될 수 있다. 유기징역은 1개월 이상 15년 이하를 원칙으로 하지만 형을 가중할 경우에는 25년까지 가능하다(형법 제42조).

### 3. 금 고

금고禁錮는 수형자의 수감 중에 명예를 존중하여 노역을 시킬 수 없다는 점을 제외하고는 징역과 동일하다. 그러나 금고의 형을 받은 경우도 본인의 신청이 있으면 작업을 시킬 수 있다(형법 제38조). 금고는 과실범이나 정치범과 같이 그의 명예를 다소 존중해 줄 필요가 있는 자에게 과해진다.

## 4. 구 류

구류拘留는 수형자를 교도소에 1일 이상 30일 이하의 기간 동안 구치하여 자유를 제한하는 자유형으로서 금고와 마찬가지로 본인의 신청이 없으면 작업을 시키지 못한다. 구류는 주로 경범죄처벌법이나 단행법규를 위반한 자에게 처해지는 형벌이다.

## 5. 벌 금

벌금罰金이란 범죄자에게 일정한 금액의 지급의무를 강제적으로 부과하는 재산형으로서 5만원 이상을 원칙으로 하지만 감경하는 경우에는 5만원 이하로 할 수 있다(형법 제45조).

벌금형의 판결이 확정된 날로부터 30일 이내에 벌금을 완전히 납부하지 않으면 그 벌금을 완전히 납부할 때까지 1일 이상 3년 이하의 기간 동안 노역장 유치를 명할 수 있다(형법 제69조).

## 6. 과 료

과료科料는 범죄자에게 2,000원 이상 5만원 미만의 금전적 지급을 강제적으로 부담지우는 재산형을 말한다(형법 제47조).

벌금에 비해 금액이 적고 비교적 경미한 범죄에 대하여 부과된다. 또한 과료는 형사범죄에 대하여 부과되는 형벌이라는 점에서 행정법상의 제재인 과태료過怠料와 구별된다.

## 7. 몰 수

몰수沒收는 범죄의 반복을 예방하고 범죄로 인한 이득을 금지하기 위해 범죄에 사용되었거나 사용하려 한 물건 또는 범죄행위로 인해 발생하였거나 범죄로 인해 취득한 물건의 소유권을 박탈하는 재산형의 일종이다(형법 제48조).

## 8. 자격상실

자격상실이란 사형, 무기징역, 무기금고 등의 판결을 받으면 당연히 공무원이 되는 자격, 공무원의 선거권과 피선거권, 법률로 요건을 정한 공법상의 업무에 관한 자격, 법인의 이사 감사 또는 지배인의 자격이 상실되는 형벌을 말한다(형법 제43조).

## 9. 자격정지

자격정지란 유기징역이나 유기금고의 판결을 받은 자에 대하여 일정한 기간 동안 자격상실의 경우와 같은 자격의 전부 또는 일부를 정지시키는 형벌을 말한다.

자격정지는 징역이나 금고와 선택적으로 선고될 수도 있고, 징역이나 금고와 함께 선고할 수도 있다. 전자는 선택형이라 하고, 후자는 병과형倂科形이라고 한다.

예컨대, 공무원이 정당한 사유 없이 직무의 수행을 거부하거나 유기한 때에는 1년 이하의 징역이나 금고 또는 3년 이하의 자격정지를 선택적으로 처할 수 있고(형법 제122조), 병역이나 납세의무를 거부할 목적으로 범죄단체를 조직하거나 그 범죄단체에 가입한 자가 징역이나 금고 또는 벌금형을 선고받은 경우는 10년 이하의 자격정지를 함께 부과할 수 있다(형법 제114조 제3항).

서울지방법원 형사합의 21부는 2001. 11. 14. 산모로부터 낙태시술을 부탁받고 임신 28주의 태아를 심장에 염화칼슘을 주입해 살해한 혐의에 대하여 살인죄를 인정하여 징역 3년 집행유예 4년 및 자격정지 3년을 선고하였다.

## 10. 망신형

미국에서는 형벌로서 폭행죄를 범한 피고인에게 '범죄자의 집'이라는 문패달기, 절도범에게 죄상을 적은 플래카드를 들고 피해자의 집 앞에서 행진하기, 만인이 보는 앞에서 부인을 괴롭힌 남편의 얼굴에 부인이 침 뱉기 등 망신을 주는 형을 선고하고 있다.

그러나 미국에서 이러한 망신형(shaming penalties)을 선고받은 피고인들이 차라리 감옥에서 징역을 살도록 해 달라고 애원하는 실정이기 때문에 사실상 거의 집행되지 않고 있다. 또한 태국의 경우는 교통법규를 위반한 사람을 그 자리에서 팔굽혀펴기를 시키기도 한다.

미국 아칸소 주 핫 스프링스의 상가에서 물건을 훔치다 체포된 40대 여성이 2001. 9. 5. "나는 좀도둑입니다"라고 적힌 팻말을 목에 걸고 물건을 훔친 상가에서 망신형을 받은 경우가 있었는데, 이 여성은 당시 판사가 징역형과 3시간 동안의 망신형 중 하나를 선택하라는 판결하자 특이하게도 망신형을 선택하였다(중앙일보 2001. 9. 7.).

## 제2절 형사소송일반

### Ⅰ. 의 의

구체적인 사건에 대하여 형법을 적용하여 그에 대한 형사법적 제재와 응징을 가하기 위한 일정한 절차, 즉 형사범죄에 대한 법적 처벌절차를 형사절차라 하며, 이 형사절차 중 소송의 구조를 갖춘 원고와 피고가 대립하여 법의 적용과 그 해석 및 사실관계 등을 가지고 공격과 방어를 하고, 이에 대하여 법원은 원고와 피고인의 주장에 대한 입증과 공격과 방어 사실을 기초로 공권적 판단, 즉 재판을 하게 되는 구조를 「형사소송」이라 한다. 형사소송은 일반적으로 검사의 공소제기에 의해 시작되며, 공소장의 접수로부터 재판에 이르기까지는 법원이 담당하나 공소제기 전의 준비단계인 수사와 재판확정 후의 집행은 대부분 검사의 권한에 속하게 된다.

### Ⅱ. 당사자

형사소송의 당사자도 민사소송의 경우와 같이 공격자를 원고라 부르고, 방어자를 피고인이라 부른다. 그러나 형사소송의 원고는 민사소송의 경우와 달리 검사만이 원고가 될 수 있도록 형사소송법이 규정하고 있는데 이를 「검사기소독점주의」라고 한다(형소법 제246조).

형사소송에서 검사의 공격에 대항하여 다투는 상대방은 피고인이라고 하는데, 형사피고인이 법적 지식이나 경험이 풍부한 경우는 문제가 되지 않겠지만 대부분의 일반인들은 법적 지식이나 형사소송절차에 관한 경험이 충분치 못한 것이 사실이다. 따라서 법적 지식 및 경험이 풍부한 변호사의 조력을 받을 수 있도록 하고 있는데, 이때 형사피고인을 도와서 형사소송절차를 수행하는 변호사는 변호인으로 칭한다.

### Ⅲ. 형사소송과 법규범

범죄행위는 사회질서를 붕괴시키고 그 결과 국민의 안전과 행복은 기대할 수 없는 혼란한 사회로 전락하게 만든다. 따라서 범죄행위가 발생하면 그 범인은 일정한 형벌로서 제재를 가하게 되는데, 이때 적용되는 「형법」은 어떠한 행위를 범죄로 하여 이 범죄에 대하여 어떠한 형벌이나 보안처분을 할 것인가를 추상적으로 규정하는 법률체계이고, 「형사소송법」은 형법에서 규정하고 있는 내용을 실질적으로 구체화시킬 수 있는 절차를 구체적으로 규정한 법규범이다.

형사소송법은 형법의 구체적 실현을 위한 법률이므로 소송의 객체인 범죄의 진상을 파악하고 확인하여 범죄를 행한 자에 대한 일정한 형벌적 효과부여에 그 목적이 있고, 형사소송법의 이념은 형사소송법의 목적을 효과적으로 달성하기 위하여 실체적 진실주의에 따른 적정절차의 보장과 신속·공정하고 합리적인 재판을 실현하는 데 있다.

## 제3절 고소와 고발

### Ⅰ. 개 념

범죄행위로 인해 직접적인 손해를 입은 자가 행정기관인 수사기관에 대하여 범죄자를 조사하여 처벌해 줄 것을 요구하는 것은 「고소」라 하고, 범죄행위로 인한 타인의 간접적인 손해나 제3자의 형사상 피해를 수사기관에 알려 수사를 요구하는 행위는 「고발」이라 한다. 고소와 고발은 이와 같이 그 내용이 구분되는데, 일반적으로 이를 혼동하여 사용하는 경우가 많다.

### Ⅱ. 고소권자

고소권자란 고소를 할 수 있는 자를 말하는데, 이는 구체적으로 범죄로 인해 손해를 입은 피해자, 피해자가 무능력자인 경우는 그의 법정대리인, 피해자 본인이 사망한 경우는 그의 배우자, 직계친족, 형제자매 등이 고소권자가 된다(형소법 제223조, 제225조). 본인 또는 배우자의 직계존속(부모, 시부모, 장인, 장모 등)으로부터 형사상의 피해를 입은 경우에는 원칙적으로 그 직계존속을 고소할 수 없다(형소법 제224조). 그러나 직계존속으로부터 성폭행을 당한 경우는 예외적으로 직계존속도 고소할 수 있다(성폭력범죄의처벌및피해자보호등에관한법률 제18조).

## Ⅲ. 고소의 방법

고소나 고발은 고소장이나 고발장과 같은 서면으로 작성하거나 또는 구두로 경찰서나 검찰청과 같은 수사기간에 접수하면 된다. 수사기관은 고소사건에 대한 수사 등에 관한 권한을 가진 국가기관으로서 피고소인의 주소지나 사건발생지의 관할경찰서 또는 검찰청이 된다. 고소장이나 고발장은 특별한 형식을 필요로 하는 것은 아니며, 고소·고발의 당사자(고소인과 피고소인 또는 고발인과 피고발인), 고소·고발의 내용, 관할수사기관 등을 정확하게 기재하여 관할수사기관에 제출하면 된다.

## Ⅳ. 주의사항

고소나 고발을 일시적인 감정 풀이나 부당한 목적으로 상대방을 해치기 위한 수단으로 남용해서는 안 된다. 근거 없이 허위와 사실을 날조하여 상대방을 해치기 위해 고소하는 경우에는 고소인 자신도 수사기관에 출석하여 진술해야 하는 번거로움도 있고, 자칫 무고죄로 고소를 당하는 경우는 10년 이하의 징역 또는 1,500만원 이하의 벌금형의 무거운 처벌을 받을 수도 있다(형법 제156조).

뿐만 아니라 수사기관은 국민들의 세금에 의해 운영되는 국가기관이기 때문에 고소나 고발의 남용은 결국 국력을 낭비하는 결과가 되기도 한다.

따라서 법적 분쟁은 가능하면 당사자 간의 합의로 해결하는 것이 최선의 방법이며, 부득이한 경우라도 고소나 고발은 사전에 신중한 검토를 거쳐 결정하는 자세가 필요하다.

## Ⅴ. 고소장·고발장의 작성

고소장 및 고발장은 형사상의 권리가 침해된 경우, 즉 타인에게 폭행, 절도, 강도, 사기 등을 당해 피해를 입은 경우 수사기관에 그에 대한 수사를 요청하는 서면으로서 동일한 형식으로 다음과 같은 당사자의 표시, 고소의 내용 또는 고소사실, 관할기관 등의 내용을 순서대로 작성하면 된다.

## 1. 당사자의 표시

고소장에는 먼저 당사자를 표시하여야 하는데, 고소의 당사자는 고소인과 피고소인이다. 여기서 고소인은 형사상 피해를 입은 자로서 수사를 요청하는 자이고, 피고소인은 고소인으로부터 고소를 당하는 자로서 고소인에게 형사상 피해를 입힌 가해자를 기재하면 되는데, 고소인이나 피고소인이 여러 명인 경우는 모두 기재하여야 한다.

당사자의 표시는 일반적으로 주소, 성명, 전화번호 등을 기재하여 표시하고, 당사자의 관계를 간단명료하게 작성한다. 그러나 당사자의 전화번호 및 주소를 정확히 알 수 없는 경우는 알고 있는 부분에 대해서만 정확히 기재하면 된다.

## 2. 고소의 내용

고소사실 또는 고소의 내용은 고소인이 피고소인에게 당한 피해의 내용에 대하여 육하원칙에 의해 구체적으로 정확히 기재하여야 한다. 그런데 이를 너무 자세하게 많은 내용으로 기재하는 경우 수사관을 혼란케 하여 오히려 수사에 지장을 초래할 수도 있으므로 수사관이 사건의 내용을 정확하게 파악할 수 있도록 간단명료하게 사건의 개요를 기재하는 것이 좋다.

## 3. 관할수사기관

고소 · 고발사건의 수사권은 피고소인의 주소지를 관할하는 경찰서 또는 검찰청에서 가지는 것이 원칙이다. 그러나 경우에 따라서는 사건발생지나 고소인의 주소지 관할경찰서나 검찰청에서 수사권을 가지는 경우도 있다.

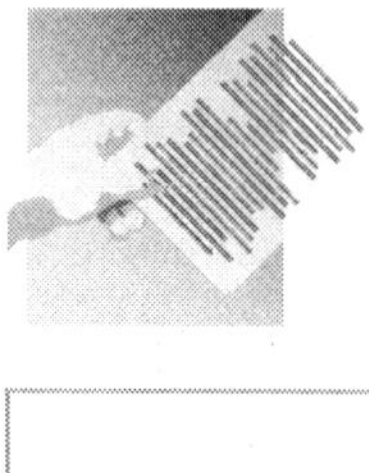

### 고소장

**고 소 장**

고소인 허 우 대

서울특별시 ○○구 ○○리 ○○번지

전화 : 02) ○○○○－○○○○

피고소인 왕 손 이

○○○○도 ○○시 ○○동 ○○번지

전화 : ○○○) ○○○-○○○○

위 고소인은 다음과 같이 피고소인을 폭행 및 상해죄로 고소하오니 철저히 조사하시어 법에 따라 엄중히 처벌해 주시기 바랍니다.

고소사실

1. 고소인은 마장동 시장에서 생선을 판매하는 사람입니다.

2. 피고소인은 목포에서 정치망어선을 이용해 어업을 하면서 고소인등에게 생선을 조달해 주는 사람입니다.

3. 피고소인이 2005. 9. 3. 고소인에게 보내 온 생선의 신선도가 떨어져 피고소인이 요구하는 금액을 송금할 수 없으니 가격을 조절하든가 아니면 물건을 회수해 갈 것을 요구한 바,

4. 피고소인이 상경하여 고소인의 가게로 찾아와 "야! 이새끼야! 잔말말고 생선값 못 내놔?"하면서 고소인의 안면을 피고소인의 이마로 박치기하고, 주먹으로 고소인의 코를 때려 전치 3주의 상해를 가하였습니다.

5. 피고소인은 고소인을 폭행하여 상해를 입히고도 미안하다는 사과도 한마디 없이 목포로 가 버렸습니다.

6. 이에 고소인은 피고소인에게 전화를 걸어 치료비를 요구하였으나, 피고소인은 치료비는커녕 "가만두지 않겠다"면서 공포감만 조성하였습니다. 따라서 부득이 이 고소를 제기하게 되었습니다.

별첨 : 상해진단서 1통

2006. 2. 5.

위 고소인 허 우 대 ㊞

○○경찰서장 귀중

# Ⅵ. 형사사건의 절차

## 1. 수사개시

수사기관이 범죄의 혐의가 있다고 생각되는 경우는 범인과 범죄사실 및 증거자료에 대한 수사를 개시하게 된다. 수사기관이 수사를 개시하는 단서에는 제한이 없고, 고소·고발로 범죄신고를 받거나 풍문이나 신문기사를 보고 시작하거나 우연한 목격이나 인지를 통해서도 할 수 있다.

## 2. 입 건

수사기관의 수사개시에 의해 형사사건화 되는 것을 「입건」이라 하며, 입건이 된 수사대상자를 「형사피의자」라 하는데, 고소인에 의해 고소당한 피고소인도 수사단계에서는 형사피의자라 칭한다.

일반적인 경우 시민들은 수사기관이 수사의 대상으로서 확정하는 입건을 구속과 착각하는 경우가 종종 발견되는데, 구속은 뒤에서 자세히 설명하는 바와 같이 범죄자로 추정되는 자가 도주의 염려가 있거나 증거를 인멸할 우려가 있는 경우에 그 당사자의 신체상의 자유를 제한함으로써 수사상 편의를 확보하는 제도를 「구속」이라고 한다.

## 3. 체 포

### 1) 임의동행과 체포

불법연행과 보호유치 등 오랜 탈법적 수사관행을 뿌리 뽑기 위하여, 즉 종전의 임의동행의 관행을 개선하기 위하여 도입된 체포영장제도가 1997. 1.부터 본격적으로 시행됨으로써 수사기관이 피의자의 조사를 위해서는 사전에 법원에서 체포영장을 발부받은 뒤 이를 제시하고 연행해야 한다(형소법 제200조의2).

### 2) 긴급체포

현행범, 법정형량이 사형, 무기 또는 3년 이상의 징역 또는 금고에 해당하는 범죄를 저지른 자의 경우나 긴급을 요하는 사유로 법원의 체포영장을 받을 수 없는 경우 검사나 검사의 승인을 받은 사법경찰관은 그 피의자를 긴급체포 할 수 있다. 긴급체포에 의해 피의자를 체포한 경우는 즉시 긴급체포서를 작성하여야 하며(형소법 제200조의3), 48시간 내에 법원으로부터 구속영장을 발부받아야 하고, 만약 이 시간 내에 구속영장을 발부받지 못하거나 구속영장을 신청하지도 아니한 경우는 피의자를 석방하여야 한다(형소법 제200조의4). 또한 긴급체포서에 의해 체포당한 피의자는 곧바로 법원에 체포적부심을 청구하여 석방 여부를 판단 받을 수 있다(형소법 제214조의2 제1항).

### 3) 불법한 긴급체포의 법적 효력

위의 요건을 갖추지 못한 긴급체포는 법적 근거에 의하지 아니한 영장 없는 체포로서 위법한 체포에 해당한다. 따라서 긴급체포 당시의 상황으로 보아서도 그 요건의 충족여부에 관한 검사나 사법경찰관의 판단이 경험칙에 비추어 현저하게 불합리하다고 인정되는 경우 그 체포는 위법한 체포에 해당하기 때문에 이는 영장주의에 위배되어 인권을 침해할 수 있는 중대한 사항에 해당하므로 이러한 불법 체포에 의한 유치 중에 작성된 피의자신문조서는 위법하게 수집된 증거로서 특별한 사정이 없는 한 이를 유죄의 증거로 할 수는 없다(대판 2002. 6. 11. 2000도5701).

## 4. 불구속수사원칙

수사는 불구속상태에서 하는 것이 원칙이며, 특히 피의자 또는 피고인이 죄를 범하였다고 의심할 만한 상당한 이유가 있다고 하더라도 일정한 주거가 있고 증거를 인멸 또는 도망할 우려가 없다고 판단되면 검사는 불구속 상태에서 수사를 할 수 있으며, 검사의 구속영장신청이 있다 하더라도 판사가 이를 기각하는 경우는 불구속상태로 수사를 하여야 하는데, 인권보호의 차원에서 가능한 한 형사사건은 불구속의 형태로 이루어지는 것이 바람직하다고 본다.

## 5. 구 속

수사기관에서 형사피의자에 대한 수사를 함에 있어 사법경찰관이 수사의 편의를 도모하기 위해 검사에게 구속영장을 신청하면 검사는 법원에 청구하여 법관으로부터 영장을 발부받아 피의자를 유치장, 구치소 등의 특수한 장소에 감금시킴으로써 피의자의 행동을 제한하여 구속상태에서 수사를 할 수 있다.

이러한 구속영장이 함부로 발부되면 국민의 인권이 침해될 소지가 있기 때문에 일반적으로 ① 현행범, ② 도주의 우려가 있는 경우, ③ 증거인멸의 우려가 있는 경우 등 구속할 수 있는 경우를 제한하고 있으며, 피의자신문에는 변호인이 참석하여 피의자에게 도움이 되는 사실을 진술할 수 있도록 하고 있다.

구속제도는 체포와 달리 상당한 장기간의 구금을 허용하는 것으로 그 심사에 신중을 기할 필요가 있으며, 1997. 1. 1.부터 새로이 시행되고 있는 구속영장실질심사제에 의해 구속영장이 청구된 피의자의 구속 여부를 결정하기 전에 법관이 필요하다고 판단되는 경우 피의자를 직접 불러 신문하도록 하였으나 이 제도의 시행으로 과거에 비해 구속영장의 기각률이 현저하게 높아지면서 검찰의 수사에 대한 불만이 만연되어 결국 1년 여만에 형사소송법을 다시 개정하여 1998. 1. 1.부터 구속영장을 신청하는 경우 법관이 자의적으로 피의자를 불러 실질심사를 할 수 있는 권한을 제한하고 피의자, 그 변호인, 법정대리인, 배우자, 직계친족, 호주, 가족이나 동거인 또는 고용주 등의 신청이 있는 경우에만 법관이 피의자를 불러 실질심사를 할 수 있도록 하고 있다.

### 6. 구속적부심사

영장에 의해 일단 수사기관에 구속이 되었다 하더라도 피의자는 구속적부심절차에 따라 다시 법원으로부터 구속의 적법성 여부에 대한 법적 심사를 받을 수 있고, 구속적부심사청구시 보증금 납입을 조건으로 하는 석방제도, 즉 보증금납입조건부석방을 활용할 수 있는데, 이는 기소 전까지만 청구할 수 있다.

### 7. 송 치

피의자를 구속 상태로 수사를 하든 불구속상태에서 수사를 하든 경찰서에서 사건을 수사하는 경우는 그 사건에 관한 수사가 마무리되면 그 사건에 관한 일체를 관할검찰청으로 보내야 한다. 특히 구속수사의 경우 사법경찰관은 구속 후 10일 이내에 수사를 마무리하여 모든 수사기록과 증거물을 관할검찰청으로 보내야 하는데 이를 송치라고 한다.

### 8. 불기소

수사기관의 사건수사결과 피의자의 행위가 범죄행위에 해당하지 않거나 범죄행위는 인정되지만 경미하여 재판에까지 회부하는 것은 옳지 않다고 판단되는 경우 검사는 기소를 하지 않고 사건을 종결하는 경우가 있는데, 이를 불기소처분이라 한다. 이에 대하여 고소사건의 경우는 고소인이 항고를 제기할 수 있다.

불기소처분의 종류에는 '기소유예', '혐의 없음', '죄 안됨', '공소권 없음', '기소중지',

'공소보류' 등이 있는데, 「기소유예」란 피의자의 행위에 대하여 죄는 인정되지만 피의자의 연령, 범행동기, 범행 후의 정황 등을 참작하여 전과자를 만들기보다 다시 한 번 기회를 주어 성실히 살도록 해 보자는 뜻에서 검사가 기소를 하지 않고 용서해 주는 것이며, 「무혐의처분」은 검사가 수사한 결과 범죄를 인정할 만한 증거가 없는 경우에 피의자의 무고함을 최종적으로 판단하는 처분을 말하고, 「공소보류」는 소추의 여부에 대한 판단을 보류하는 경우를 말한다.

## 9. 기 소

검사가 수사경찰관으로부터 송치 받은 구속사건에 대하여 10일 이내에 수사가 완전히 종결되면 바로 법원에 재판을 청구하고, 이 10일 이내에 수사를 완전히 종결지을 수 없는 경우는 1회에 한해서 10일간 구속의 연장을 신청할 수 있다. 검사가 수사를 종결하고 법원의 법적판단을 신청하는 것을 「공소제기」라 하며, 이를 줄여 「기소」라 한다.

## 10. 재 판

검사가 기소한 사건에 대하여 법원은 공판을 열어 일정한 법적 절차에 따라 검사와 피고인의 주장을 통해 사실을 판단하여 그 결과를 판결로써 선고하게 되는데 이러한 일련의 절차를 재판이라 한다. 법원의 판결에 따라 선고된 형은 검사의 지휘에 의해 집행된다.

## 11. 가석방과 형집행정지

징역 또는 금고의 형에 대한 집행 중에 있는 자 가운데 복역성적이 양호하고 뉘우침이 있는 때에는 무기의 경우는 10년, 유기의 경우는 형기의 3분의 1을 경과한 후에 법무부장관이 가석방을 할 수 있다.

가석방의 기간은 무기형에 있어서는 10년으로 하고 유기형에 있어서는 남은 형기로 하되, 그 기간은 10년을 초과할 수 없다. 가석방된 자는 가석방 기간 중 보호관찰을 받는다.

그러나 가석방 중에 행실이 나쁘거나 다시 죄를 저지르면 가석방이 취소 또는 실효되어 남은 형기를 마저 복역하여야 한다. 그리고 예컨대 형의 집행으로 생명을 보전할 수가 없거나 잉태 후 6개월 이상인 때 또는 연령이 70세 이상인 때 기타 중대한 사유가 있으면 검사는 형집행을 정지시키고 석방할 수도 있다.

### 12. 형의 실효(전과말소)

한 번의 잘못으로 형을 받았다고 하더라도 일정한 기간 동안 죄를 저지르지 않으면 전과를 말소하여 정상적인 사회복귀를 보장할 필요가 있다. 징역 또는 금고의 집행을 종료하거나 집행이 면제된 자가 피해자의 손해를 보상하고 자격정지 이상의 형을 받음이 없이 7년을 경과한 때에는 본인이 신청을 하면 재판의 실효를 선고받을 수 있다. 그 기간은 3년을 초과하는 징역 또는 금고 10년, 3년 이하의 징역 또는 금고 5년, 벌금 2년이다. 다만, 구류나 과료의 경우 형의 집행을 종료하거나 그 집행이 면제된 때에는 그 즉시 실효된다.

## Ⅶ. 사건의 이송신청 및 고소의 취하

### 1. 사건이송신청

부당하게 관할권 없는 수사기관으로부터 수사를 받음으로써 피의자가 시간적으로나 경제적으로 불이익을 당하거나 당할 수 있는 경우는 그러한 부당함을 극복할 수 있는 수사기관에서 수사를 받을 수 있는데 이를 위해 허용되고 있는 것이 「사건의 이송」 및 「병합신청」이다.

예컨대 부산에 살고 있는 甲이 자신의 편의만을 생각해서 부산의 중부경찰서에 서울에 살고 있는 乙을 피고소인으로 하여 고소를 한 경우, 원칙적으로 이 사건의 수사권은 乙의 주소지 관할경찰서에서 가지게 되어 있기 때문에 부산중부경찰서의 수사를 위한 소환에 응하는 경우 여비 및 시간적으로 많은 손해를 입을 수 있다. 따라서 이러한 경우는 乙이 그 사건을 자신의 주소지 관할수사기관으로 이송시켜 줄 것을 요청할 수 있다.

사건이송 · 병합신청서는 형사피의자의 주소와 무관한 수사기관에 고소장이 접수되어 소환을 받은 경우나 현재 특정 수사기관에서 피의자로 조사를 받고 있는데 다른 사건으로 인해 다른 수사기관의 소환을 중복하여 받는 경우, 수사의 편의 등을 위해 피의자의 주소지 관할 수사기관이나 현재 조사를 받고 있는 수사기관으로 사건을 이송 · 병합하여 동시에 조사를 받고자 하는 경우에 사용하면 편리하다.

## 사건이송신청서

### 사건이송신청서

사건번호 : ○○형제○○○○호

사 건 명 : 사기 등

피 의 자 : 장　기　수

위 사건의 피의자는 현재 ○○도 ○○시 ○○동 ○○번지에 살고 있으며, 현재 ○○지방검찰청 ○○지청에서 ○○형제○○○○호(○○○호 ○○○검사 담당) 부정수표단속법 위반 등의 혐의로 수사를 받고 있습니다. 따라서 조사의 편의 등을 감안하여 ○○검찰청 ○○지청에서 병합조사를 받을 수 있도록 위 사건을 위 성남지청으로 이송·병합하여 주실 것을 신청합니다.

2006.　2.　18.

피의자　○○도 ○○시 ○○동 ○○번지

장　기　수 ㊞

서울중앙지방검찰청 귀중

## 2. 출국금지

형사피해자가 가해자를 수사기관에 고소한 상태에서 피의자가 불구속 수사를 받는 도중 수사를 피하여 외국으로 도피하려고 할 때, 고소인은 그에 대한 내용을 수사기관에 알려 피의자의 출국을 금지시킴으로써 정상적인 수사가 이루어지도록 할 수 있다. 사실상 형사범죄를 범하고 외국으로 도피해서 정상적인 수사나 형사처벌을 면하여 형사피해자에게 손해를 입히는 경우가 흔히 발생하고 있다.

범죄인인도조약에 가입한 국가로 범죄자가 도주를 하는 경우는 인터폴 등을 통해 강제송환을 할 수도 있지만 사실상 일단 해외로 도피한 피의자를 국내로 송환하는 데에는 많은 어려움이 있고 오랜 시간이 필요하므로 결국 소기의 목적을 달성하기 위해서 가장 좋은 방법은 피의자의 출국을 금지시키는 것이다.

### 출국금지신청서

**출 국 금 지 신 청 서**

사건번호 : ○○형제○○○○호
사 건 명 : 사기 등
피 의 자 : 장　기　수

위 사건(담당검사 : 신속히)에 관하여 피의자가 주소지를 떠나 필리핀으로 출국하려고 여권수속 중인 사실을 알게 되었습니다. 이는 피의자가 본 사건의 수사를 회피할 목적이 분명하므로 본 사건의 수사가 종결될 때까지 피의자의 출국을 금지하도록 법적 조치를 취하여 주시기 바랍니다.

2005.　2.　13.

신청인(고소인)　진　실　이 ㊞

서울중앙지방검찰청장 귀중

## 3. 고소의 취소

고소장을 제출한 뒤 당사자 간에 원만한 합의가 이루어졌다든가 기타 고소를 취하해야 할 사유가 있는 경우, 고소인은 1심판결이 선고되기 전까지 그 고소를 취하할 수 있다. 고소를 취하하면 같은 사건을 가지고 다시 고소할 수는 없다. 그러나 법정대리인이 고소하였다가 고소를 취소하는 경우는 본인이 다시 고소를 제기할 수 있다.

### 고소취소장

## 고 소 취 소 장

고 소 인 : 진　　실　　이

피고소인 : 이　　영　　심

위 고소인은 2006. 2. 2. 피고소인을 사기죄로 귀 경찰서에 고소하였습니다. 그러나 피고소인이 자신의 죄를 반성하고 사죄를 할 뿐만 아니라 피해에 대한 손해도 모두 배상하여 원만히 합의하였습니다. 따라서 본 고소의 전부를 취소합니다.

2006. 2. 28.

고소인 진　　실　　이 ㊞

서울지방경찰청 금천경찰서장 귀중

# 제4절 구속에 관한 법률문제

## Ⅰ. 구속의 요건 및 절차

수사는 불구속을 원칙으로 하지만 수사기관은 수사결과 피의자가 죄를 범하였다고 의심할 만한 상당한 이유가 있는 경우, 즉 범죄사실에 대한 증거인멸의 염려 또는 범죄자의 도주염려 또는 현행범의 경우는 검사의 신청에 의해 판사로부터 영장을 발부받아 피의자를 구속할 수 있다(형소법 제201조 제1항).

수사기록상 피의자가 범행을 부인하고 수사기록만으로는 범죄사실에 대한 소명 여부를 판단하기에 충분하지 아니한 경우 법관은 피의자를 반드시 심문하여야 한다. 그리고 구속영장을 청구할 때에는 심사기간(체포일시로부터 48시간 내), 심문장소(대기실이 부속된 법정, 심문실, 판사실 등), 방청범위(피의자의 법정대리인, 호주, 가족, 직계친족, 형제자매, 피해자, 고소 · 고발인 등 이해관계인) 등을 명시하여야 한다.

1997. 1. 1.부터 인권보호차원에서 검사의 구속영장신청에 대하여 의심이 가는 경우, 판사는 형사 피의자를 불러 직접 심문한 뒤 구속영장발부 여부를 판단할 수 있도록 하는 구속영장실질심사제도가 실시되었으나 이 제도의 실시로 검사의 구속영장신청에 대한 기각률이 높아지면서 수사기관의 수사에 대한 어려움이 더해지고 이로 인한 불만이 증폭되면서 결국 1년 만에 당해 법률의 개정을 통해 영장실질심사에 대한 법관의 권한을 대폭 축소시킴으로써 법률의 후진화라는 평을 받고 있다. 1997. 12. 형사소송법의 개정으로 이제는 형사피의자나 이해관계인의 신청이 있는 경우에만 판사가 실질심사를 할 수 있어 형사피의자의 인권침해가 우려된다는 비판의 소리가 높다.

## Ⅱ. 구속기간

### 1. 원 칙

피의자가 구속되면 원칙적으로 사법경찰관은 10일 이내에 검사에게 인치引致하거나 석방하여야 하며(형소법 제202조), 검사가 사법경찰관으로부터 피의자를 인치 받은 경우는 10일 이내에 법원에 기소하거나 석방하여야 하는데(형소법 제203조), 검사가 부득이 이 기간 내에 수사를 마치지 못하면 상당한 이유가 있는 경우에 한하여 판사의 허가를 받아 10일 이내의 기간으로 1차에 한해 구속을 연장할 수 있다(형소법 제205조).

### 2. 긴급체포

현행범이나 긴급한 사정이 있어 구속영장을 발부받을 수 없는 경우, 수사기관(검사 또는 사법경찰관)은 사형, 무기 또는 장기 3년 이상의 징역이나 금고에 해당하는 죄를 범한 것으로 의심이 되고 증거인멸 또는 도주의 우려가 있는 자에 대하여 긴급체포서를 작성하여 체포할 수 있다(형소법 제200조의3). 수사기관이 피의자를 긴급체포한 경우는 48시간 이내에 긴급체포서를 첨부하여 구속영장을 청구하여야 하며, 이 시간 내에 영장을 청구하지 않든가 영장을 발부받지 못한 경우는 그 피의자를 즉시 석방하여야 한다(형소법 제200조의4 제1항, 제2항).

### 3. 재구속의 제한

또한 검사 또는 사법경찰관에 의하여 구속되었다가 석방된 자는 다른 중요한 증거를 발견한 경우를 제외하고는 동일한 범죄사실에 관하여 재차 구속하지 못한다(형소법 제208조 제1항).

## Ⅲ. 체포 · 구속적부심사

### 1. 의 의

피의자가 체포 또는 구속된 경우, 그 구속이 부당하다고 생각되면 법원에 그 구속이 적합한지 아니면 부당한지의 판단을 청구할 수 있는데, 이를 체포 · 구속적부심사라 한다.

### 2. 청구방법

적부심사는 구속 또는 체포된 피의자 본인이나 변호인, 법정대리인, 배우자, 직계친족, 형제자매, 동거인, 고용주 등이 법원에 청구할 수 있다. 검사가 법원에 기소하기 전이면 언제든지 적부심사를 청구할 수 있으며, 이 점에서 기소 후에 인정되는 보석保釋과 구분된다.

### 3. 절차 및 효력

피의자 또는 기타 청구권자로부터 적부심사청구를 받은 법원은 지체없이 피의자를 심문하고 증거를 조사하여 구속 여부를 결정하여야 한다. 적부심사결과 법원의 석방명령이 있으면 피의자는 즉시 석방되는데, 이에 대하여 검사는 이의를 제기(항고)하지 못한다. 또한 동일한 사건에 대하여 적부심사를 다시 청구할 수 없다.

#### 구속적부심사청구서

**구 속 적 부 심 사 청 구 서**

사 건 2008형제1234 도로교통법위반

피 의 자　김음주
　　　　　진주시 문산읍 갈곡리 123
청 구 인　피의자의 처 김소주

위 피의자는 도로교통법위반으로 2008년. 11. 1. 구속영장이 발부되어 현재 진주교도소에 수감중에 있는 바, 피의자의 처는 다음과 같은 사유로 구속적부심사를 청구하오니 심리하여 청구취지와 같은 결정을 하여 주시기 바랍니다.

청구취지

1. 피의자의 석방을 명한다.

2. 예비적으로, 보증금 납입을 조건으로 석방을 명한다. 위 보증금은 피의자의 처 김소주가 제출하는 보석보증보험증권의 보증서로써 갈음할 수 있다.

라는 결정을 구합니다.

청구이유

1. 범죄사실의 요지 및 이 사건의 경위
　(자세히 기술…)

## Ⅳ. 보　석

### 1. 의　의

보석이라 함은 구속된 피고인에 대하여 일정한 보증금을 납입케 하고, 도망하거나 증거를 인멸하는 등 기타 일정한 사유가 있는 때에 이 보석보증금을 몰수하는 제재조건으로 피고인을 석방하는 제도를 말한다.

법원이 보석을 허가하는 경우 주거를 제한하는 등의 조건을 붙일 수도 있고, 피고인이 도망하거나 도망 증거인멸의 우려가 있다고 판단할 만한 상당한 사유가 있는 경우, 소환을 받고도 정당한 사유 없이 출석하지 않을 경우, 또는 법원이 정한 조건에 위반하였을 경우에는 법원은 결정으로 보석을 취소하고 보석금의 일부 또는 전부를 몰수할 수 있다.

보석은 기소 이후에 피고인에 대한 구속의 집행을 해제하는 재판인데 비해, 앞서 설명한 구속적부심사는 사건이 검사의 관할에 있는 동안, 즉 검사의 기소 전에 구속의 적법 여부를 판단하는 것이고 보석의 경우는 보증금을 납입케 하지만 구속적부심사에서는 보증금의 납부를 요하지 않는다는 점에서 비교 · 구분된다.

## 2. 종 류

보석은 피고인, 변호인, 법정대리인, 배우자, 직계친족, 형제자매의 청구에 의해 행하는 일반적인 보석의 경우와 법원의 직권에 의해 행하는 직권보석으로 나누고, 청구에 의한 일반적인 보석은 반드시 허가하여야 하는 필요적 보석과 보석허가 여부가 법원의 재량에 맡겨지는 임의적 보석으로 나누어진다.

피고인이 사형 무기 또는 10년 이상의 징역이나 금고에 해당하는 죄를 범하였거나 누범 또는 상습범에 해당하거나 증거인멸 또는 도망의 우려가 있거나 주거가 불분명하거나 그 사건에 관련된 자 등을 해칠 염려가 있는 경우를 제외하고는 보석신청에 대하여 보석을 허가하여야 하는데, 이를 「필요적 보석」이라 한다(형소법 제95조). 그리고 피고인이 사형, 무기 또는 10년 이상의 징역이나 금고에 해당하는 죄를 범한 경우라도 법원이 상당한 사유가 있다고 판단되는 경우도 보석을 허가할 수 있는데 이를 「임의적 보석」이라 한다(형소법 제96조).

## 3. 보석금

법원이 보석을 허가하는 경우는 보석보증금액을 정하게 되는데, 이 보석금을 정함에 있어서는 범죄의 성질, 죄상, 증거의 증명력 및 피고인의 전과, 성격, 환경과 자산 등을 고려하여 피고인의 출석을 보증하기에 충분한 금액을 법원이 결정하게 된다(형소법 제98조).

## 4. 보석의 취소 및 보증금의 몰수

피고인이 도망을 하거나 도주 또는 증거인멸의 염려가 있다고 믿을 만한 충분한 이유가 있는 경우, 또는 소환을 받고도 정당한 이유 없이 출석하지 아니한 때에는 보석을 취소할 수 있으며 보석을 취소할 때에는 결정으로 보석금의 전부 또는 일부를 몰수할 수 있다(형소법 제102조 제1항, 제2항).

보석의 취소는 검사의 청구 또는 법원의 직권에 의해서만 할 수 있으며, 보석의 취소결정 또는 청구기각결정에 대하여 검사나 피고인, 변호인 등이 보통항고를 할 수 있다.

병보석 후에는 형사소송법 제272조 제1항의 사실조회를 활용해서 법원으로 주거가 제한된 경우는 병원, 자택으로 주거가 제한된 경우는 관할경찰서장에게 매월 1회 이상 조회하여 요양상황, 동태 등을 회보케 하거나 법원직원을 파견하여 이를 관찰 · 보고케 한 후 그 결과를 기록에 철하고 용태가 양호하면 공판기일을 지정하여야 한다.

## 보석허가신청서

### 보 석 허 가 신 청

2006고단4956 폭력 등 피고사건

피고인 강 피 고

위 사건에 관하여 피고인의 처 오동순(또는 피고인의 변호인)은 다음과 같은 이유로 보석을 청구하오니 허가 결정하여 주시기 바랍니다.

청구취지

피고인 강피고의 보석을 허가한다.

라는 결정을 구합니다.

청구이유

1. 피고인은 형사소송법 제95조에 규정된 필요적 보석사유에 해당하는, 즉 사형, 무기 또는 10년 이상의 징역에 해당하는 죄를 범하지 아니하고, 피고인은 초범으로서 범죄사실에 관하여는 이미 충분한 조사가 완료되어 증거인멸의 여지가 없고, 피고인은 4인 가족의 가장으로서 현재 주거지에서 태어나 지금까지 계속 살아오고 있을 뿐만 아니라 10여년을 계속 근무해 온 직장이 확실하므로 도망의 우려가 전혀 없는 등 요건을 모두 갖추고 있으며,

2. 또한 피고인은 자신의 범행에 대하여 깊이 반성하고 있으며 피해자와는 원만한 합의를 보았으며, 이 사건이 있기 전의 피고인은 직장 및 주위에서 성실하고 착실하며 효성이 지극하다는 칭찬이 대단하였습니다.

이상과 같은 내용을 참작하시어 상당한 보석보증금과 기타 적절한 조건을 붙여 보석을 허가하여 주시기 바랍니다.

첨부서류

1. 탄원서(또는 주변인의 진정서)
1. 합의서

2006. 9. 10.

위 피고인의 처 오 동 순 ㊞

서울중앙형사지방법원 귀중

# 제5절 형사보상

## I. 개 념

### 1. 의 의

형사사건의 피의자가 적법 절차를 통해 구금된 상태에서 수사를 받은 뒤 검사의 불기소처분을 받고 석방되거나, 피고인이 적법하게 구금된 상태로 재판을 받은 결과 무죄판결을 받고 석방된 경우, 그 형사피의자나 피고인이 구금으로 인해 입은 재산적 · 정신적 손해를 국가를 상대로 청구할 수 있도록 우리 헌법이 명문으로 규정하고 있는데(헌법 제28조), 이를 형사보상청구권이라고 한다.

### 2. 형사보상청구를 할 수 없는 경우

형사피의자가 구금된 후에 기소할 수 없는 사유가 발생하여 불기소처분을 하거나 기소중지 등 종국적인 처분이 아닌 경우, 또는 기소유예 등의 경우는 형사보상청구권이 인정되지 않는다. 또한 피고인이 미성년자나 심신상실자라는 이유로 무죄판결을 받은 경우, 피고인 자신이 허위자백이나 증거를 날조하여 구금된 경우, 하나의 재판에서 일부에 대해서만 무죄판결을 받은 경우의 형사보상청구는 그 전부 또는 일부가 기각될 수 있다.

## Ⅱ. 보상금의 산정

형사보상금은 피의자나 피고인이 구금으로 인해 입은 재산적 정신적 손해, 즉 구금된 자가 구금되지 않았더라면 직장에 출근하여 얻을 수 있었던 수입과 피고인 본인과 그 가족들이 받은 정신적 충격에 대한 손해액으로 산정하는 것이 헌법에서 규정하고 있는 정당한 보상이라고 할 수 있는데, 사실상 국가의 보상수준은 여기에 훨씬 미치지 못하는 실정이며 다음과 같이 보상최고액이 제한된다.

$$보상최고액 = 구금일수 \times 최저임금 \times 5$$

여기서 최저임금은 보상청구의 원인이 발생한 연도의 최저임금법이 정한 일급최저임금으로서 2009년 현재 시급 4,000원, 일급 32,000원(8시간 기준), 월급 904,000원(226시간 기준)이다.

최저임금은 최저임금법에 의해 노동부장관이 최저임금심의위원회의 심의를 거쳐 매년 8월 5일까지 결정하여야 한다(최저임금법 제4조 제1항, 제8조 제1항). 이렇게 결정된 최저임금은 노동부장관이 결정 고시하는 해의 9월 1일부터 다음해 8월 31일까지 적용된다.

## Ⅲ. 청구절차

### 1. 검사의 불기소처분을 받은 경우

형사피의자가 구금된 상태로 수사를 받은 후 검사의 불기소처분을 받은 경우는 불기소처분의 통지를 받은 날로부터 1년 이내에 불기소처분을 한 검사가 소속되어 있는 지방검찰청의 피의자보상심의회에 형사보상금을 청구할 수 있다.

예컨대, 서울 영등포에 사는 甲이 서울남부지방검찰청의 검사로부터 불기소처분을 받은 경우는 서울남부지방검찰청 피의자보상심의회에 신청하여야 한다.

## 2. 법원의 무죄판결을 받은 경우

구금된 피고인이 법원으로부터 무죄판결을 받은 경우는 그 재판이 확정된 날로부터 1년 이내에 무죄판결을 내린 법원에 보상청구를 하면 된다. 청구인은 법원의 보상결정을 송달받은 날로부터 1년 이내에 보상결정을 내린 법원에 대응하는 검찰청에 보상금 지급을 청구하여야 한다.

예컨대 서울중앙지방법원의 보상결정을 받은 사람은 보상결정을 송달받은 날로부터 1년 이내에 서울중앙지방검찰청 피의자보상심의회에 가서 그 보상금의 지급을 청구하면 된다.

### 형사보상청구서

## 형 사 보 상 청 구 서

청구인 성 명 : 진 정 코

생년월일 : 1969년 8월 15일생

주민등록번호 : 690815－1024398

직 업 : 회사원

주 소 : 서울특별시 관악구 봉천동 50번지

청구취지

청구인에게 금이천육백팔십육만오천육백원(₩26,865,600)을 지급하라.

라는 결정을 구합니다.

청구원인

1. 청구인은 2006년. 8. 19. 위증 피의사건으로 구속되어 같은 달 25일 서울중앙지방법원에 기소되어 2006. 11. 10. 같은 법원에서 징역 8개월을 선고받고 이에 항소하여 항소심공판 도중에 2006. 2. 28. 석방되고 같은 해 12. 15. 서울중앙형사지방법원에서 무죄판결을 받았습니다. 이에 검사의 상고가 있었으나 2007. 8. 18. 대법원에서 기각되어 청구인의 무죄판결이 확정되었습니다.

2. 따라서 청구인은 2006. 8. 19.부터 2007. 2. 28.까지 193일 동안 구금되어 있었으므로 형사보상법에 따라 이에 대한 보상을 청구합니다.

3. 형사보상금의 계산은 다음과 같습니다.
193일×27,840원(최저임금액)×5 = 26,865,600원

첨부서류

1. 판결등본 2통
2. 확정증명서 1통

2007. 9. 28.

청구인 진 정 코 ㊞

서울중앙형사지방법원 귀중

# 제6절 배상명령

## Ⅰ. 개 념

배상명령이란 형사사건의 피고인이 형사재판을 받는 과정에서 그 사건으로 인해 피해를 입은 자가 민사소송을 별도로 제기하지 않고 손해배상에 대한 명령을 함께 받을 수 있는 좋은 제도를 말한다. 이 제도는 형사사건으로 인한 민사상의 손해배상에 관한 소송

절차를 생략함으로써 민사소송에 소요되는 비용과 시간을 절약할 수 있다는 장점이 있다.

## Ⅱ. 배상명령의 대상 및 범위

배상명령은 형사범죄 중 폭행으로 인한 상해, 과실 또는 업무상과실치상이나 치사, 절도나 강도, 사기나 공갈, 횡령 및 배임, 재물의 손괴 등으로 인해 발생한 직접적인 물적 피해와 치료비, 위자료 등을 신청할 수 있다(소송촉진등에관한특례법 제25조).

## Ⅲ. 배상명령의 신청방법

형사범죄로 인한 피해자 또는 그 상속인이 가해자인 피고인이 재판을 받고 있는 법원에 제2심의 변론이 종결되기 전에 배상명령신청서를 제출하거나 증인으로 출석하는 경우는 증언을 할 때 구두로 직접 신청하여도 된다. 배상명령신청서에는 수입인지를 붙이지 않아도 된다.

### 배상명령신청서

**배 상 명 령 신 청**

사　　건 : 2005고단3985 상해

피고인

성　　　명 : 이　　격　　정

직　　　업 : 　　상　　업

생 년 월 일 : 1950년 6월 25일

주　　　소 : 경기도 수원시 권선구 고등동 1번지

배상신청인(또는 피해자)

성　　명 : 허　생　원

주　　소 : 경기도 안양시 석수동 25번지

1. 배상을 청구하는 금액피고인은 배상신청인에게 치료비 금이백만원(₩2,000,000)을 지급하라. 이 명령은 가집행할 수 있다.

라는 명령을 구합니다.

2. 배상의 대상과 그 내용

배상신청인은 귀 법원에서 재판 중인 위 사건의 피해자로서 위 피고인의 범죄행위로 인해 상해를 입어 금 이백만원(₩2,000,000)의 치료비를 지출하는 재산상의 손해를 보았습니다. 따라서 소송촉진 등에 관한 특례법에 의하여 위와 같이 배상명령을 신청합니다.

2006. 1. 5.

신청인 허　생　원 ㊞

수원형사지방법원 귀중

## Ⅳ. 신청시기

배상명령신청은 제1심 또는 제2심 공판의 변론종결 시까지 해당사건의 관할법원에 신청하여야 하며, 이 기간 내에 배상명령신청을 하지 못한 경우는 부득이 별도의 민사소송절차를 통해 손해배상의 청구를 하는 수밖에 방법이 없다.

## Ⅴ. 배상명령의 효력

피해자의 배상명령이 받아들여진 피고인의 유죄판결문은 민사판결을 받은 것과 같은 효력이 있어 그를 근거로 가해자의 재산에 강제집행을 신청할 수 있다.

그러나 형사재판에서 배상명령신청이 인정되지 않으면 민사소송도 제기할 수 없다. 이는 소송의 남용을 막기 위한 취지로 당연하다고 할 수 있다.

# 제7절 형사소송절차

## Ⅰ. 공 소

검사가 형사피의자에 대하여 수사를 한 결과 그 형사피의자가 범죄행위를 저지른 것이 확실하다고 판단되면 법원에 그에 대한 재판을 신청하여야 하는데, 검사의 법원에 대한 형사피의자의 재판신청을 「공소제기」라 하며, 형사소송절차는 검사의 공소에 의해 개시된다.

## Ⅱ. 증거재판주의와 피고인의 자백

우리나라를 비롯한 대부분의 현대국가들은 증거재판주의를 채택하고 있기 때문에 형사재판은 증거에 의해 범죄사실이 인정되는 경우에만 유죄로 처벌할 수 있으며, 증거의 증명력은 법관의 자유판단에 맡겨진다(형소법 제307조, 제308조).

피고인의 자백이 고문, 폭행, 협박, 신체구속의 부당한 장기화 또는 속임수의 방법에 의해 진술한 것인 때에는 증거능력이 인정되지 않아 이를 근거로 처벌할 수 없게 된다. 이러한 이유에서 수사과정에서 부당한 방법으로 피고인의 진술을 받아 기소한 피고인이 무죄로 풀려나는 경우를 우리는 종종 볼 수 있다.

형사사건에서 피고인의 범죄를 입증할 만한 다른 증거는 전혀 없고, 피고인의 자백이 유일한 증거인 경우, 그 자백은 증거능력이 인정되지 않아 다른 보강증거 없이 그 자백만을 증거로 하여 처벌할 수는 없다(형소법 제310조).

그러나 피고인이 범죄사실을 기록한 수첩은 자백에 대한 보강증거에 해당하므로 이를 근거로 처벌할 수 있다.

예컨대, 甲이 여러 가지 인·허가업무를 위임받아 그 업무를 추진하는 과정에서 업무수행에 필요한 자금을 지출하면서 그 내역을 자료로 남기기 위해 자신의 수첩에 자세히 기록하였는데, 그 내용에는 공무원인 乙에게 뇌물로 준 자금의 내용까지도 자세히 기록해 두었다. 여기서 甲의 뇌물공여죄를 입증할 다른 증거는 없고 甲의 자백과 甲이 개인적으로 기록한 수첩뿐인 경우, 이 수첩을 자백에 대한 보강증거로 인정할 수 있다(대판 1996. 10. 17. 94도2865).

**판 례**

**＊ 증거능력 【대판 2000. 9. 8. 99도4814】**

전문진술(傳聞陳述)이나 전문진술을 기재한 조서는 원칙적으로 증거능력이 없으나, 다만 피고인 아닌 자의 공판준비 또는 공판기일에서의 진술이 피고인의 진술을 그 내용으로 하는 것인 때에는 그 진술이 특히 신빙할 수 있는 상태하에서 행하여진 때에 한하여 이를 증거로 할 수 있고, 그 전문진술이 기재된 조서는 법원 또는 법관의 조서, 검사 또는 사법경찰관의 조서, 진술서 등의 경우에 증거능력이 인정된다.

▶ 참조조문 : 형사소송법 제310조의2, 제311조 내지 제314조, 제316조 제1항 등

**＊ 증성폭력범죄의 처벌 및 피해자보호 등에 관한 법률 위반(특수강간) 【대판 2008. 9. 25. 2008도6985】**

형사소송법 제316조 제2항은 "피고인 아닌 자의 공판준비 또는 공판기일에서의 진술이 피고인 아닌 타인의 진술을 그 내용으로 하는 것인 때에는 원진술자가 사망, 질병, 외국거주, 소재불명, 그 밖에 이에 준하는 사유로 인하여 진술할 수 없고, 그 진술이 특히 신빙할 수 있는 상태하에서 행하여졌음이 증명된 때에 한하여 이를 증거로 할 수 있다"고 규정하고 있고, 같은 조 제1항에 따르면 위 '피고인 아닌 자'에는 공소제기 전에 피고인 아닌 타인을 조사하였거나 그 조사에 참여하였던 자(이하 '조사자'라고 한다)도 포함된다. 따라서 조사자의 증언에 증거능력이 인정되기 위해서는 원진술자가 사망, 질병, 외국거주, 소재불명, 그 밖에 이에 준하는 사유로 인하여 진술할 수 없어야 하는 것이라서, 원진술자가 법정에 출석하여 수사기관에서 한 진술을 부인하는 취지로 증언한 이상 원진술자의 진술을 내용으로 하는 조사자의 증언은 증거능력이 없다.

**＊ 사기 【대판 2008. 7. 10. 2007도10755】**

수사기관이 아닌 사인(私人)이 피고인 아닌 자와의 전화대화를 녹음한 녹음테이프에 대하여 법원이 실시한 검증의 내용이 녹음테이프에 녹음된 전화대화의 내용이 검증조서에 첨부된 녹취서에 기재된 내용과 같다는 것에 불과한 경우에는 증거자료가 되는 것은 여전히 녹음테이프에 녹음된 대화내용이므로, 그 중 피고인 아닌 자와의 대화의 내용은 실질적으로 형사소송법 제311조, 제312조 규정 이외의 피고인 아닌 자의 진술을 기재한 서류와 다를 바 없어서, 피고인이 그 녹음테이프를 증거로 할 수 있음에 동의하지 않은 이상 그 녹음테이프 검증조서의 기재 중 피고인 아닌 자의 진술내용을 증거로 사용하기 위해서는 형사소송법 제313조 제1항에 따라 공판준비나 공판기일에서 원진술자의 진술에 의하여 그 녹음테이프에 녹음된 진술내용이 자신이 진술한 대로 녹음된 것이라는 점이 인정되어야 하는 것이지만(대판 1996. 10. 15. 96도1669 ; 1997. 3. 28. 96도2417 등 참조), 이와는 달리 녹음테이프에 대한 검증의 내용이 그 진술 당시 진술자의 상태 등을 확인하기 위한 것인 경우에는, 녹음테이프에 대한 검증조서의 기재 중 진술내용을 증거로 사용하는 경우에 관한 위 법리는 적용되지 아니하고, 따라서 위 검증조서는 법원의 검증의 결과를 기재한 조서로서 형사소송법 제311조에 의하여 당연히 증거로 할 수 있다.

# Ⅲ. 공판절차

## 1. 공판기일의 지정 및 송달

검사의 공소제기가 있으면 관할법원의 재판장은 공판기일을 지정하여 제1차 공판기일의 5일 전까지 공소장의 부본을 첨부하여 피고인이나 피고인의 변호인에게 송달하여야 한다(형소법 제266조, 제267조).

이는 피고인에게 진술할 기회를 충분히 주어 공정한 재판을 진행하기 위해 규정된 것이므로 공소장의 송달이 부적법한 경우라도 피고인이 제1심에서 이의를 제기하지 않고 공소사실에 관하여 충분히 진술할 기회를 부여받은 때에는 부적법한 공소장 송달로

피고인의 진술기회를 해친 것이 아니기 때문에 판결 결과에 영향을 미치지 않아 적법한 상소이유에 해당하지 않는다(대판 1992. 3. 10. 91도3272).

## 2. 당사자의 출석

### 1) 피고인의 불출석

특별한 규정이 없는 한 피고인이 공판기일에 출석하지 않으면 개정할 수 없으나, 구속된 피고인이 특별한 사유 없이 고의로 출석을 거부하는 경우는 피고인의 출석 없이도 개정할 수 있다(형소법 제276조, 제277조의2 제1항).

### 2) 검사의 불출석

형사소송의 원고인 검사가 공판기일의 통지를 2회 이상 받고 출석하지 않으면 검사의 출석 없이 개정할 수 있다(형소법 제278조).

### 3) 경미한 사건에 대한 피고인의 불출석

100만원 이하의 벌금 또는 과료형에 해당하거나 공소기각 또는 면소의 재판을 할 것이 분명한 사건에 대한 공판에서는 피고인의 출석을 요하지 않는다. 다만 피고인은 대리인을 출석하게 할 수 있다(형소법 제277조).

## 3. 인정신문

공판기일에 검사와 피고인이 출석하여 개정되면 재판장은 피고인에 대하여 성명, 연령, 주소 등을 물어 피고인의 신상을 파악하여 본인임을 확인하는데, 이를 「인정신문」이라 한다(형소법 제284조). 피고인이 법인인 경우는 출석한 대표자 또는 대리인을 상대로 법인의 명칭, 사무소, 대표자의 성명, 주소, 대리인과 법인과의 관계 등을 물어 확인한다.

공판조서에 피고인에 대한 인정신문을 한 기재가 없는 경우에도 같은 조서에 피고인이 공판기일에 출석하여 공소사실신문을 시인한 기재가 있는 때에는 인정신문이 있었던 것으로 추정된다. 따라서 단순히 인정신문에 관한 형식적인 절차의 누락을 이유로 공판내용을 무효화 할 수는 없다(대판 1972. 12. 26. 72도2421).

## 4. 진 술

### 1) 검사의 모두진술

인정신문이 끝나면 재판장은 검사에게 공소장에 의해 기소의 요지를 진술토록 하는데, 이를 「검사의 모두진술冒頭陳述」이라고 한다(형소법 제285조).

### 2) 피고인의 진술

검사의 모두진술이 끝나면 재판장은 피고인에게 자신의 이익이 될 수 있는 사실에 대한 진술의 기회를 주어야 한다(형소법 제286조). 그러나 피고인은 자신에게 불리한 신문에 대하여는 진술을 거부할 수 있다(형소법 제289조). 피고인이 고의로 단식을 하여 신체를 쇠약하게 하고 공판정에 출두해서도 재판장의 신문에 대하여 진술불능의 사정을 말하지 않고 시종 진술치 아니한 경우도 진술거부에 해당한다.

### 3) 증인신청

피고인은 자신의 진실을 주장하기 위해 증인을 세울 수 있는데, 이 경우에는 미리 증인신청절차를 밟아 재판부의 허락을 얻어야 한다.

증인신청서는 민사소송이나 형사소송에서 소송당사자나 그의 변호인 또는 검사 등이 자신이 주장하는 내용을 입증하기 위해 증인을 법정에 세우고자 하는 경우는 담당재판부에 증인신청을 하여 일정한 절차를 거쳐야 한다. 증인을 신청하는 경우는 증인의 출석방법 및 여비지불에 대한 내용을 밝혀야 하며 증인신문사항도 준비하여야 한다.

**증인신청서**

### 증 인 신 청 서

사 건 : 2006고단123 부정수표단속법 위반등

피고인 : 오 부 도

위 사건에 관하여 피고인의 이익을 위하여 아래와 같이 증인을 신청합니다.

아 래

증 인 성 명 : 강 정 직
생 년 월 일 : 1962년 3월 3일
주 소 : 서울특별시 영등포구 오류동 77번지
전 화 : 02) 626-9966

2006. 1. 20.

위 피고인 오 부 도 ㊞

서울중앙지방법원 귀중

#### 4) 증인신문

증인으로부터 그 체험사실의 진술을 듣는 절차, 즉 증인에 대한 증거조사절차를 증인신문이라고 하는데, 그 체험사실이 특별한 지식에 의하여 알게 된 것이라 하더라도 증인신문의 대상에 포함되며, 이때의 증인은 그 증언이 비대체성이 있는 한 감정증인이라고 한다.

증인은 직접주의 또는 공판중심주의의 요청 때문에 공판정에서 직접 법원에 대하여 진술하는 것이 원칙이고 특별한 경우에 한해서 공판기일 외 또는 법원이 아닌 다른 장소에서 신문하는 것이 허용된다(형소법 제165조). 그리고 증인신문은 공판에서의 증거조사절차로서 행해지는 외에 사실조사 또는 증거자료의 확보방법으로서도 행하여진다.

### 5. 변호인

민사사건에서는 소송대리인인 변호사를 선임하지 않고도 원고나 피고가 직접 소송을 수행할 수 있다. 그러나 형사사건에서는 법률전문가인 검사가 원고의 지위에 서는 만큼 법이론적으로 정당하게 대항하기 위해서는 사실상 전문적인 법률지식이 없는 일반인으로서의 피고인의 힘만으로는 상대가 되지 않는다. 따라서 형사재판에서 피고인에게 법적으로 도움을 주는 변호인이 필요하다.

특히 사형, 무기 또는 단기 3년 이상의 징역이나 금고에 해당하는 사건이나 피고인이 미성년자 · 70세 이상의 자 · 농아자 · 심신장애의 의심이 있는 자 등에 관한 사건에 대해서는 변호인이 없으면 개정할 수 없으므로 법원은 직권으로 국선변호인을 선임하여야 하고, 또한 빈곤 기타 사유로 변호인을 선임할 수 없는 자의 청구가 있는 경우도 국선 변호인을 선정하여야 한다(형소법 제282조, 제283조, 제33조).

# Ⅳ. 상 소

## 1. 의 의

검사 또는 피고인이 법원의 판결에 승복할 수 없는 경우는 그 판결을 내린 법원의 상급법원에 상소上訴를 제기할 수 있는데, 민사소송의 경우와 마찬가지로 제1심법원의 판결에 불복하여 제2심법원의 재판을 신청하는 것은 「항소抗訴」라 하고, 제2심법원의 판결에 불복하여 대법원에 재판을 신청하는 것은 「상고上告」라 한다.

## 2. 항 소

### 1) 항소의 제기

제1심법원의 판결에 승복할 수 없는 당사자, 즉 검사나 피고인은 제1심의 판결일로부터 7일 이내에 원심법원에 항소장을 제출할 수 있다(형소법 제358조, 제359조).

원심법원에서 항소장을 접수받은 경우는 항소의 제기가 법률상의 절차를 위반하였거나 항소권이 소멸된 후의 항소 제기는 원심법원이 결정으로 그 항소를 기각하고(형소법 제360조), 그러하지 않으면 그 항소장을 받은 날로부터 14일 이내에 항소기록과 증거물을 항소법원으로 송부하여야 한다(형소법 제361조).

### 2) 항소법원

제1심판결을 지방법원 단독판사가 선고한 것인 때에는 지방법원본원 합의부에 항소하고, 지방법원 합의부의 제1심판결에 대해서는 고등법원에 항소하면 된다(형소법 제357조). 그러나 항소장은 원심법원에 제출하여야 하며, 원심법원이 항소장을 접수한 경우는 항소가 부적법하여 기각시키는 경우를 제외하고는 관련 소송기록 및 증거물과 함께 항소법원으로 이송하고 항소인과 상대방에게 통지하여야 하는데, 피고인이 변호인을 선임한 경우는 변호인에게 통지하여야 한다(형소법 제361조, 36조의2).

## 3. 상 고

### 1) 상고의 제기

항소법원의 판결에 승복할 수 없는 검사나 피고인은 제2심 판결일로부터 7일 이내에 대법원에 상고장을 제출하여 상고할 수 있다(형소법 제371조, 제374조, 제375조). 상고장을 제출한 경우 상고인은 상고법원으로부터 소송기록접수통지를 받은 날로부터 20일 이내에 상고이유서를 상고법원에 제출하여야 한다(형소법 제379조 제1항).

상고장에도 상고이유서를 기재하지 않고 상고이유서 제출기간 내에 상고이유서도 제출하지 아니한 경우는 결정으로 상고를 기각할 수 있다.

상고이유서는 상대방의 수에 4를 더한 수만큼의 부본을 첨부하여야 하기 때문에 원본을 포함하여 6부의 상고이유서를 제출하여야 한다(형사소송규칙 제160조).

**상고장**

상 고 장

사 건

피고인

위 사건에 관하여 ○○고등법원(또는 ○○지방법원)에서는 2006. . . 피고인의 항소를 기각한다(또는 원심판결을 파기하고 피고인을 징역 ○년에 처한다)는 판결을 선고하였으나 피고인은 그 판결에 승복할 수 없으므로 이에 상고를 제기합니다.

2006. . .

위 피고인 ㊞

대법원 귀중

#### 2) 상고법원

상고법원은 대법원이다. 따라서 항소법원인 제2심법원이 지방법원 합의부인 경우에도 상고법원은 대법원이 된다(형소법 제371조).

#### 3) 상고이유

원심판결에 다음과 같은 이유가 있는 경우는 상고할 수 있다(형소법 제383조).

① 판결에 영향을 미친 헌법 · 법률 · 명령 또는 규칙의 위반이 있는 경우
② 판결이 내려진 뒤에 형의 폐지나 변경 또는 사면된 경우
③ 재심청구의 사유가 있는 경우
④ 사형, 무기 또는 10년 이상의 징역이나 금고가 선고된 사건에 있어서 중대한 사실의 오인이 있어 그것이 판결에 영향을 미친 경우나 형량이 매우 부당하다고 인정할 만한 현저한 사유가 있는 경우

## Ⅴ. 비상상고

### 1. 신 청

판결이 확정된 후 검찰총장이 그 사건의 심판이 법령에 위반한 사실을 발견한 경우에는 대법원에 신청서로서 그 부분에 대한 파기의 판결을 신청할 수 있는데, 이를 「비상상고非常上告」라 한다(형소법 제441조, 제442조).

### 2. 효 력

대법원은 비상상고의 내용이 정당하다고 판단되면 원심판결의 내용 중에서 위반된 부분을 파기하여야 한다. 그러나 원판결이 피고인에게 불리한 때에는 원판결을 파기하고 그 사건에 대하여 다시 판결한다(형소법 제446조).

## Ⅵ. 약식명령

### 1. 의 의

약식명령은 음주운전이나 경범죄 또는 식품위생법 위반 등의 범죄에 대하여 정식재

판절차를 거치지 않고 명령으로 벌금형을 처하는 경우, 공판절차를 생략하고 지방법원이 벌금, 과료, 몰수 등의 형에 처할 수 있는 것을 말한다. 검사는 지방법원에 공소의 제기와 동시에 서면으로 약식명령을 청구할 수 있다(형소법 제448조, 제449조).

## 2. 정식재판신청

약식명령의 내용에 승복할 수 없는 검사나 피고인은 약식명령의 고지를 받은 날로부터 7일 이내에 정식재판을 신청할 수 있다(형소법 제453조).

정식재판은 음주운전이나 경범죄 위반 또는 식품위생법 위반 등의 경우, 정식재판절차를 거치지 않고 약식명령으로 벌금형을 처하는 경우, 검사 또는 피의자가 이에 불만이 있으면 그 약식명령의 고지를 송달받은 날로부터 7일 이내에 정식재판청구서를 법원에 제출하여야 한다.

### 정식재판청구서

**정 식 재 판 청 구 서**

사　건 : 2006고약6975

피고인 : 박　달　재

위 사건에 관하여 피고인을 벌금 일백만원(₩1,000,000)에 처한다는 약식명령 등본을 2006. 1. 27. 송달받았습니다. 그러나 피고인은 이에 대하여 승복할 수 없어 정식재판을 청구합니다.

2006. 2. 1.

위 피고인 박 달 재 ㊞

서울중앙지방법원 귀중

## Ⅶ. 관할에 관한 문제

### 1. 토지관할과 병합심리

토지관할은 범죄지, 피고인의 주소지, 거소 또는 현재지로 하며, 이외에 외국에 있는 대한민국 국적의 항공기나 선박 내에서 범한 죄에 관하여는 선적지船籍地 · 항공기의 등록지 또는 범죄 후의 도착지를 관할하는 법원이 관할권을 가진다.

토지관할을 달리하는 여러 개의 사건이 서로 다른 법원에 계속된 때에는 공통되는 직근상급법원直近上級法院은 검사 또는 피고인의 신청에 의하여 1개의 법원으로 하여금 병합심리하게 할 수 있다.

토지관할의 병합심리는 검사 또는 피고인이 신청할 수 있으며, 검사가 신청할 경우는 피고인의 수에 따른 부본을 첨부하여야 하고, 피고인이 신청하는 경우는 부본 1통을 첨부하여야 한다.

그리고 「관련사건」이란 1인이 범한 여러 건의 죄, 여러 사람이 공동으로 범한 죄, 여러 사람이 동시에 동일장소에서 범한 죄, 범인은닉죄, 증거인멸죄, 위증죄, 허위감정통역죄 또는 장물에 관한 죄와 그 본범의 죄를 말한다.

#### 병합심리신청서(토지관할의 경우)

**병 합 심 리 신 청**

피고인 성 명 박 한 상(1956. 9. 9일생)
직 업 회 사 원
주 거 서울특별시 동대문구 장한동 88번
본 적 경북 영주시 휴천동 77번지

위 피고인에 대한 토지관할을 달리 하는 관련사건이 서울지방법원 동부지원(2006고단975○○피고사건)과 인천방법원(2006고단781○○피고사건)에 각각 계속 중인 바, 피고인은 서울 동대문 소재(주)장한물산의 회사원으로서 주거지가 장안동이며 인천에는 아무런 연고가 없이 단순히 재판을 받기 위해 왕래하여야 하는 불편이 있으므로 형사소송법 제6조에 의하여 신청하오니 서울지방법원 동부지원에서 병합심리할 것을 결정하여 주시기 바랍니다.

2006. 9. 19.

피고인 박 한 상

위 변호인 변호사 강 영 감 ㊞

서울고등법원 귀중

## 2. 사물관할경합의 심판지정신청

사물관할은 사형, 무기 또는 단기 1년 이상의 징역 또는 금고에 해당하는 사건과 이들 사건과 동시에 심판할 공범사건, 지방법원 판사에 대한 제척除斥·기피사건忌避事件 또는 법률에 의하여 지방법원 합의부가 관할하는 사건으로 한다(법원조직법 제32조 제1항).

사물관할을 달리하는 관련사건이 합의부와 단독판사에게 각각 계속係屬되고 있을 때 합의부에서 병합심리를 하여 줄 것을 구하는 신청으로서 사물관할의 병합심리결정은 합의부에서 한다는 규정만 있으므로 이 신청은 법원의 처분을 촉구하는 데에 불과하고 법원은 이 신청이 있을 때에는 병합심리결정을 하는 것이 일반적이다. 사물관할의 병합심리신청도 토지관할과 같은 요령으로 신청하면 된다.

동일한 사건이 사물관할을 같이 하는 여러 개의 법원에 계속되는 경우(관할의 경합)에는 먼저 공소를 받은 법원이 심판한다. 그러나 각각의 법원에 공통되는 직근상급법원은 검사나 피고인의 신청을 받아 필요하다고 판단될 때에는 결정으로 뒤에 공소를 받은 법원이 심판하게 할 수 있다.

### 심판지정신청서(관할경합의 경우)

**관 할 경 합 의 심 판 지 정 신 청**

피고인 박 피 고

위 피고인에 대하여는 동일사건이 사물관할을 같이 하는 서울남부지방법원(2006고단4425 피고사건)과 인천지방법원(2006고단2424 피고사건)에 각 계속 중에 있는 바, 피고인의 주거가 인천이므로 공판기일 출석 등을 감안하여 후에 공소를 받은 인천지방법원에서 재판을 받는 것이 편리하겠으므로 형사소송법 제13조 단서에 의해 신청합니다.

2006. 11. 12.

위 신청인 피고인 박 피 고 ㉞

서울고등법원 귀중

## Ⅷ. 법원직원의 제척 · 기피 · 회피

### 1. 기피신청

법관도 사람이기 때문에 특정사건에 대하여 당사자와 특수한 관계에 있는 경우나 지인으로부터 부탁을 받는 경우는 인정상 공정한 판결을 기대하기가 어려운 경우가 많다. 따라서 법관이 일정한 사건의 재판을 배당받은 경우 불공정한 재판의 우려가 있다고 판단되면 미리 그 사건의 재판에 관여하지 않겠다는 뜻을 스스로 법원에 전달하여 공정한 재판을 할 수 있도록 하여야 한다.

따라서 법관은 다음과 같은 경우에는 직무집행에서 제척, 기피, 회피된다. 이는 법원서기, 사무관, 주사 등에 대하여도 ⑦을 제외한 모든 내용이 준용된다.

① 법관이 피해자인 때

② 법관이 피고인 또는 피해자의 친족호주, 가족 또는 이러한 관계가 있었던 자인 때

③ 법관이 피고인 또는 피해자의 법정대리인, 후견감독인인 때
④ 법관이 사건에 관하여 증인, 감정인, 피해자의 대리인으로 된 때
⑤ 법관이 사건에 관하여 피고인의 대리인, 변호인, 보조인으로 된 때
⑥ 법관이 사건에 관하여 검사, 또는 사법경찰관의 직무를 행한 때
⑦ 법관이 사건에 관하여 전심재판 또는 그 기초되는 조사, 심리에 관여한 때

## 기피신청서

### 기 피 신 청

2006고단4956 사기피고사건
피고인 강 피 고

위 사건에 관하여 피고인은 다음과 같은 원인으로 판사 정판사(또는 법원주사 법주사)를 기피합니다.

다 음

형사소송법 제17조 소정의 해당사실 판사 정판사(또는 법원주사 법주사)는 이건 피해자와 남산초등학교 동창관계로서 매우 절친한 사이이며, 평소 한 집안 사람처럼 왕래가 빈번한 관계에 있으므로 피고인에 대하여 불공평한 재판을 할 우려가 있으므로 본 신청을 하게 되었습니다.

소명자료 및 첨부서류

1. 인우보증서 1통
1. 사실확인서 1통

2006. 8. 16.

위 피고인 강 피 고 ㉥

서울중앙지방법원 귀중

## 2. 기피신청기각에 대한 항고

위와 같은 사유를 근거로 법원직원에 대한 기피신청을 하였으나 기각을 당한 경우는 직근상급법원에 항고할 수 있다.

### 항고장(기피신청기각의 경우)

# 항 고 장

2006초3150 기피신청
항고인(피고인) 강 피 고

피고인 강피고에 대한 사기사건에 관하여 2006. 8. 25. 서울중앙형사지방법원에서 행한 항고인 신청의 기피신청에 대한 기각결정에 대하여 불복할 수 없으므로 다음과 같은 이유로 항고합니다.

항고이유

원 결정은 항고인의 기피신청이 아무런 이유 없다하여 기각하였으나 이는 사실에 대하여 증인 등에 대한 조사를 철저히 하지 아니하고 소명서류를 일방적으로 무시하고 내린 잘못된 결과입니다.

따라서 항고인이 제출한 소명서류에 대한 철저하지 못한 조사방법에 의한 원결정의 사실판단은 전혀 진실을 외면한 결론이라고 판단되므로 이와 같은 원결정의 취소를 구하고저 이 항고에 이르게 되었습니다.

2006. 9. 9.

위 항고인 강 피 고 ㊞

서울고등법원 귀중

## Ⅸ. 공판조서 녹취허가청구

피고인, 증인 및 기타 다른 사람의 신문에 있어서 법원은 필요에 따라서 그 문답의 전부 또는 일부를 속기자로 하여금 필기하게 하거나 녹음장치를 사용하여 이를 녹취할 수 있고, 피고인 · 변호인 또는 검사는 각자의 비용부담으로 법원의 허가를 얻어 녹취할 수 있다.

### 공판조서 녹취허가청구서

공 판 조 서 녹 취 허 가 청 구

2006고단4519 부정수표단속법위반피고사건

피고인 강 피 고

위 피고사건에 관한 증인 최보임의 신문에 있어서 그 내용을 전부 속기사(또는 녹음장치의 사용)로 하여금 필기(녹취)하도록 허가하여 주시기 바랍니다.

2006. 10. 11.

위 피고인 강 피 고 ㊞

서울중앙지방법원 귀중

# | 제 3장 | 행정소송실무

## 제1절 행정심판

### Ⅰ. 의의 및 대상

행정심판行政審判은 행정청의 일정한 처분이 위법하거나 부당하다고 생각되는 경우 그에 대한 법적 판단을 구하는 것으로서 종래의 행정소송법行政訴訟法에서는 행정심판전치주의行政審判前置主義를 채택하여 행정소송을 제기하고자 하는 때에는 먼저 행정심판절차를 반드시 거친 후 고등법원에 항소할 수 있도록 함으로써 고등법원과 대법원의 2심제를 채택하고 있었으나, 1994. 7. 27. 행정소송법의 개정으로 1998. 3. 1.부터는 당사자의 선택에 따라 행정심판절차를 거치지 아니하고 바로 행정소송을 제기할 수 있도록 하였는데, 피고의 소재지를 관할하는 행정법원에서 그 1심을 관할하도록 하고 있다(행정소송법 제9조, 제18조, 제20조). 물론 행정법원이 설치되지 않은 지역에 있어서는 해당 지방법원본원이 관할한다(법률 제4765호, 1994. 7. 27, 법원조직법 부칙 제2조).

그리고 행정심판의 청구는 행정청의 처분 또는 부작위에 대하여 제기할 수 있으며, 대통령의 처분 또는 부작위에 대하여는 특별한 경우를 제외하고는 행정심판을 제기할 수 없다.

### Ⅱ. 행정심판의 종류

#### 1. 취소심판

행정청의 위법 또는 부당한 처분에 대하여 그의 취소 또는 변경을 구하는 행정심판을 취소심판이라고 한다.

#### 2. 무효등 확인심판

행정청의 처분에 대한 효력의 유무 또는 존재여부에 대한 확인을 하는 행정심판을 무효등 확인심판이라고 한다.

### 3. 의무이행심판

행정청의 위법 또는 부당한 거부처분이나 부작위에 대하여 일정한 처분을 하도록 하는 심판을 의무이행심판義務履行審判이라고 한다. 여기서 「처분處分」이라 함은 행정청이 행하는 구체적 사실에 관한 법집행으로서의 공권력의 행사 또는 그 거부와 그 밖에 이에 준하는 행정작용을 말하고, 「부작위不作爲」라 함은 행정청이 당사자의 신청에 대하여 상당한 기간 내에 일정한 처분을 하여야 할 법률상 의무가 있음에도 불구하고 이를 하지 아니하는 것을 말한다.

## Ⅲ. 심판기관

### 1. 원 칙

행정심판의 청구가 있는 경우 이에 대하여 행정기관이 판정하는 것을 「재결裁決」이라고 하고, 재결의 권한을 가진 국가기관을 「재결청」이라고 하는데, 원칙적으로 행정청의 처분 또는 부작위에 대하여는 당해 행정청의 직근상급행정기관이 재결청이 되는 것이 일반적이다.

### 2. 예 외

#### 1) 당해 행정청이 재결청이 되는 경우

국무총리, 행정각부의 장관 및 대통령직속기관의 장, 국회사무총장, 법원행정처장, 헌법위원회 및 중앙선거관리위원회 그 밖에 소관 감독행정기관이 없는 행정청의 처분 또는 부작위에 대하여는 당해 행정청이 재결청이 된다.

#### 2) 감독행정기관이 재결청이 되는 경우

서울특별시장, 광역시장 또는 도지사(교육위원회 포함)의 처분 또는 부작위에 대하여는 각 소관 감독행정기관이 재결청이 된다.

#### 3) 광역단체장이 재결청이 되는 경우

서울특별시장, 광역시장 또는 도지사에 소속된 각급국가행정기관 또는 자치행정기관의 처분 또는 부작위에 대하여는 서울특별시장 · 광역시장 또는 도지사가 재결청이 된다.

#### 4) 대통령령이 정한 기관이 재결청이 되는 경우

국가특별지방행정기관의 처분 또는 부작위에 대하여는 위의 경우에 준하여 대통령령이 정하는 상급행정기관이 재결청이 된다.

## Ⅳ. 심판청구의 기간

### 1. 원 칙

심판청구는 원칙적으로 처분이 있음을 안 날로부터 90일 이내에 제기하여야 한다.

### 2. 예 외

청구인이 천재 · 지변 · 전쟁 · 사변 그 밖에 불가항력으로 인하여 법정기간 내에 행정심판청구를 할 수 없었을 때에는 그 사유가 소멸한 날로부터 14일 이내에 제기할 수 있고 국외에서 청구하는 경우에는 30일로 한다.

그러나 행정심판청구는 정당한 사유가 있는 경우를 제외하고 처분이 있는 날로부터 180일을 경과하면 제기하지 못한다.

## Ⅴ. 청구의 방법

### 1. 처분에 대한 심판청구

행정심판청구는 반드시 서면으로 하여야 하는데, 행정청의 처분에 대하여 심판청구를 하는 경우는 심판청구서에 청구인의 성명 및 주소, 피청구인인 행정청과 재결청, 심판청구의 대상이 되는 처분의 내용, 처분이 있음을 안 날, 심판청구의 취지 및 이유, 처분을 한 행정청의 고지의 유무 및 그 내용을 정확히 기재하여야 한다.

### 2. 부작위에 대한 심판청구

행정청의 부작위에 대한 심판을 청구하는 경우는 청구인의 성명 및 주소, 피청구인인 행정청과 재결청, 심판청구의 취지 및 이유, 그 부작위의 전제가 되는 신청의 내용과 날짜를 기재하여야 한다.

## 3. 법인 등에 의한 청구

청구인이 법인이거나 선정대표자 또는 대리인에 의해 제기되는 경우는 위의 기재사항 외에도 그 대표자, 관리인, 선정대표자 또는 대리인 등의 성명, 주소 등을 기재하고 기명날인하여야 한다. 그리고 대표자, 관리인, 선정대표자 또는 대리인 등의 자격에 대한 소명자료도 첨부하여야 한다.

### 행정심판청구서

| 행 정 심 판 청 구 | | | | | |
|---|---|---|---|---|---|
| 청 구 인 | 이 름 | | 주민등록번호 | | |
| | 주 소 | | | | |
| 선정대표자 관리인 또는 대리인 | | | | | |
| 피 청 구 인 | | | 재 결 청 | | |
| 청구대상인 처분내용 (부작위전제가 되는 신청내용 · 일자) | | | | | |
| 처분있음을 안 날 | | | | | |
| 심판청구 취지 · 이유 | | | | | |
| 처분청의 고지유무 | | 고 지 내 용 | | | |
| 증 거 서 류 (증 거 물) | | | | | |
| 근 거 법 조 | 행정심판법 제19조, 동법 시행령 제18조 | | | | |

위와 같이 행정심판을 청구합니다.

200 . . .

위 청구인 (서명 또는 ㉹)

귀하

| 첨부서류 | 청구서부본 | | 수수료 | 없음 |
|---|---|---|---|---|

### 심판청구의 취지 및 이유에 대한 별지

청구취지

200 . . .자 제102호 피청구인의 청구인에 대한 구로구 가리봉동 312번지 지상 건축물을 자진철거 하라는 행정대집행 계고처분은 취소한다.

라는 결정을 구합니다.

청구이유

1. 청구인은 서울 구로구 가리봉동 312번지의 89, 90, 91, 92, 93, 94호 6필지 총 대지면적 4,607$m^2$ 87의 지상에 시멘트 벽돌로 슬라브 지붕 2층 주택 10동 총 건축면적 3,210$m^2$를 피청구인의 건축허가를 받아 200 . . . 착공하여 89호 지방에 ○동, 90호 지상에 ○동, 91호 지상에 ○동, 도합 ○동을 허가된 구조의 주택을 하청업자에게 도급 주어 신축한 바 있었습니다.

2. ( …… 생략 ) 〈 ※ 위법성이 없음을 자세하게 기재한다. 〉

3. 따라서 이 지역은 순주거지역으로서 대지는 모두 청구인의 소유이므로 공공의 질서나 공익을 저해하는 건축물이 아님은 명백하고 위 주택 중 ○동은 이미 청구인 명의의 소유권보존등기로 마치고 이들 건물 각각에 대해서는 소외 주식회사 ○○○○은행의 채권최고액 금 ○○○원씩의 근저당설정등기까지 되어 있는 적법한 건물임에도 불구하고 「이를 자진 철거하라. 그렇지 아니하면 대집행하겠다」는 취지의 대집행계고처분은 분명히 위법한 처분이므로 청구인은 그 취소를 구하고자 이 청구에 이른 것입니다.

## Ⅵ. 청구취지의 변경신청

### 1. 신청요건

행정심판청구에 있어서 청구인은 청구의 기본적인 내용에 변경이 없는 범위 안에서, 즉 청구인, 피청구인, 청구대상 등의 내용을 그대로 유지하는 범위 내에서 기존의 청구의 취지 또는 이유를 변경할 수 있는데, 피청구인이 심판청구를 한 후에 그 대상인 처분을 변경한 때에는 그 변경된 처분에 맞추어 청구의 취지 또는 이유를 변경하여야 한다(행정심판법 제20조 제1항, 제2항).

## 2. 신청에 대한 처리

그런데 행정심판위원회는 청구의 변경이 이유 없다고 인정할 때에는 신청 또는 직권에 의해 결정으로써 그 변경을 불허할 수 있다(행정심판법 제20조 제5항).

## 3. 신청방법

청구취지 등의 변경신청은 반드시 문서로 하여야 하며, 신청서는 그 부본을 다른 당사자에게 송달하여야 한다(행정심판법 제20조 제3항, 제4항).

### 청구변경신청서

<table>
<tr><th colspan="4">청 구 변 경 신 청</th></tr>
<tr><td>사 건</td><td colspan="3">2001 행 심 ○ ○ ○<br>심판청구사건</td></tr>
<tr><td>청 구 인</td><td></td><td>피 청 구 인</td><td></td></tr>
<tr><td>변 경 하 고 자<br>하 는 부 분</td><td colspan="3">□청구취지<br>□청구이유</td></tr>
<tr><td>변 경 내 용</td><td colspan="3"></td></tr>
<tr><td>근 거 법 조</td><td colspan="3">행정심판법 제20조</td></tr>
<tr><td colspan="4">위와 같이 신청하오니 허가하여 주시기 바랍니다.<br><br>200 . . .<br><br>신청인 주소<br>성명 ㊞<br><br>○○○ 행정심판위원회 귀중</td></tr>
<tr><td>첨부<br>서류</td><td>청구서부본</td><td>수수료</td><td>없음</td></tr>
</table>

## Ⅶ. 심판위원의 제척 · 기피

### 1. 의 의

행정심판의 청구를 심리 · 의결하기 위하여 각 재결청은 그 소속 하에 행정심판위원회를 두고 있는데, 이러한 위원회의 위원은 일정한 원인에 의해 당해 청구를 공정하게 심리 또는 의결할 수 없는 경우에는 당해 청구사건의 심리 · 의결에서는 배제되어야 하는데 이를 심판위원의 제척 · 기피라 한다. 다음과 같은 경우에는 당해 사건에 대한 심리 및 의결에서 제척된다.

① 위원 또는 그 배우자나 배우자이었던 자가 당해 사건의 당사자가 되거나 당해 사건에 관하여 공동권리자 또는 의무자의 관계에 있는 경우

② 위원이 당해 사건의 당사자와 친족관계에 있거나 있었던 경우

③ 위원이 당해 사건에 관하여 증언이나 감정을 한 경우

④ 위원이 당해 사건에 관하여 당사자의 대리인으로서 관여하거나 관여하였던 경우

⑤ 위원이 당해 사건의 대상이 된 처분 또는 부작위에 관여한 경우

### 2. 제척 · 기피신청

위와 같은 사유가 있는 경우는 사실상 공정한 재결을 기대할 수 없기 때문에 당해 위원은 마땅히 제척되어야 하는데, 이러한 행정심판위원의 제척은 재결청의 직권 또는 당사자의 신청에 의하며, 이러한 제척 또는 기피신청은 재결청에 대하여 그 원인을 명시한 신청서를 제출하여야 한다. 그리고 신청서를 제출한 경우는 신청일로부터 3일 이내에 신청서에 명시한 제척원인에 대한 소명방법을 서면으로 제출하여야 한다.

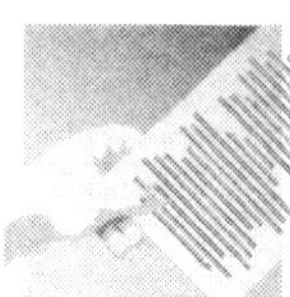

**제척 · 기피신청서**

| □ 제척<br>□ 기피   신 청 | |
|---|---|
| 사      건 | |

| 청　　구　　인 | | 피 청 구 인 | |
|---|---|---|---|
| 신 청 취 지 | | | |
| 신 청 원 인 | | | |
| 소 명 방 법 | | | |
| 근 거 법 조 | 행정심판법 제7조, 동법 시행령 제10조 | | |

위와 같이 신청합니다.

200　.　.　.

신청인 주소

성명　　　　㊞

귀중

| 첨부서류 | 소명자료 | | 수수료 | 없음 |
|---|---|---|---|---|

## 3. 회피허가신청

행정심판위원회의 위원 자신이 당해 사건에 대하여 제척사유가 있음을 알게 된 경우는 당해 사건의 공정한 심리 및 의결을 위해 본인 스스로가 위원의 자격으로부터 벗어나는 것이 현명하다. 그러나 이러한 경우라 하더라도 당해 위원이 임의로 위원회로부터 탈퇴해서는 아니되고 재결청의 허가를 얻어야 한다. 이러한 허가신청을 회피허가신청이라고 하는데, 이 경우도 서면으로 재결청에 허가를 신청하여야 한다.

### 회피허가신청서

| 회 피 허 가 신 청 | |
|---|---|
| 사　　　건 | |

| 청 구 인 | | 피 청 구 인 | |
|---|---|---|---|
| 신 청 취 지 | | | |
| 신 청 이 유 | | | |
| 근 거 법 조 | 행정심판법 제7조 제3항(제4항), 동법 시행령 제13조 | | |

위와 같이 신청하오니 허가하여 주시기 바랍니다.

200 . . .

신청인 주소

성명 ㉼

귀중

## Ⅷ. 대표자 선정 및 해임

다수의 청구인이 공동으로 심판청구를 하는 경우, 청구인 중 3인 이하의 대표자를 선정할 수 있고, 청구인이 대표자를 선정하지 아니한 경우 위원회는 필요에 따라 청구인에게 대표자 선정을 권고할 수 있다.

선정대표자는 각기 다른 청구인을 위하여 그 사건에 관한 모든 행위를 할 수 있으나 심판청구의 취하는 다른 청구인請求人의 동의를 얻어야 하며, 이 경우 동의를 얻은 사실은 이를 서면으로 소명하여야 한다.

또한 선정대표자가 선정된 때에는 다른 청구인들은 그 선정대표자를 통하여서만 그 사건에 관한 행위를 할 수 있고, 대표자를 선정한 청구인들은 필요하다고 인정할 때에는 선정대표자를 해임하거나 변경할 수도 있다. 이 경우 청구인들은 그 사실을 지체없이 위원회에 통지하여야 한다.

## 대표자선정신고서

| 대 표 자 선 정 | | | |
|---|---|---|---|
| 사 건 | 행 심 심판청구사건 | | |
| 청 구 인 | 외 명 | 피 청 구 인 | |
| 선정된대표자 | 성 명 | | |
| | 주 소 | | |
| | 성 명 | | |
| | 주 소 | | |
| | 성 명 | | |
| | 주 소 | | |
| 근 거 법 조 | 행정심판법 제11조 제1항 | | |

위 사람들을 심판청구인들의 대표자로 선정합니다.

200 . . .

공동심판청구인 별지 기재와 같음

○○○행정심판위원회 귀중

## 대표자해임신고서

| 대 표 자 해 임 | | | |
|---|---|---|---|
| 사 건 | 행 심 심판청구사건 | | |
| 청 구 인 | 외 명 | 피 청 구 인 | |

<table>
<tr><td rowspan="6">해<br>임<br>된<br>대<br>표<br>자</td><td>성 명</td><td></td></tr>
<tr><td>주 소</td><td></td></tr>
<tr><td>성 명</td><td></td></tr>
<tr><td>주 소</td><td></td></tr>
<tr><td>성 명</td><td></td></tr>
<tr><td>주 소</td><td></td></tr>
<tr><td>근 거 법 조</td><td colspan="2">행정심판법 제11조 제5항</td></tr>
<tr><td colspan="3">심판청구인들이 대표자로 선정하였던 위 사람들을 해임합니다.<br><br>200 . . .<br><br>공동심판청구인 별지 기재와 같음<br>○○○행정심판위원회 귀중</td></tr>
</table>

## Ⅸ. 당사자의 변경신청

### 1. 청구인의 지위승계

#### 1) 신 고

청구인이 사망한 경우는 상속인이나 그 밖에 법령에 의하여 심판청구의 대상인 처분에 관계되는 권리 또는 이익을 승계한 자가 그 청구인의 지위를 승계하게 되고, 법인이나 법인 아닌 사단 또는 재단이 청구인인 경우에는 합병으로 인해 지위의 변동이 발생하게 되면 합병 후 존속 또는 신설하는 법인 등의 경우는 그 존속법인이나 신설법인이 청구인의 지위를 각각 승계한다.

일정한 원인에 의하여 청구인의 지위가 승계된 경우는 그 지위를 승계한 자가 행정심판위원회에 서면으로 그 사유를 신고하여야 하며, 이 신고서에는 사망 등에 의한 권리와 이익의 승계 또는 합병의 사실을 증명하는 서면을 첨부하여야 하는데, 이에는 호적등본, 법인등기부등본 등이 있다.

## 청구인지위승계신고서

| 청 구 인 지 위 승 계 신 고 | | | |
|---|---|---|---|
| 사 건 | | | |
| 승 계 인 | | 피 청 구 인 | |
| 승 계 원 인 | | | |
| 입 증 방 법 | 1. 호적등본(또는 법인등기부등본) 통 | | |
| 근 거 법 조 | 행정심판법 제12조 제1항, 제2항, 제3항 | | |

위와 같이 신고합니다.

200 . . .

승계신고인 주소
성명 ㊞

○○○행정심판위원회 귀중

| 첨부서류 | 입증자료 | 수수료 | 없음 |
|---|---|---|---|

### 2) 허가신청

행정심판청구의 대상인 처분에 관계되는 권리 또는 이익을 양수한 자는 위원회의 허가를 받아 청구인의 지위를 승계할 수 있는데, 이 경우 청구인의 지위를 승계하고자 하는 자는 당해 행정심판위원회에 서면으로 승계허가를 신청하여야 한다.

위원회가 청구인지위승계허가신청을 받은 경우는 지체없이 이를 심사하여 그에 대한 허가여부를 결정하여야 한다.

## 청구인지위승계허가신청서

| 청 구 인 지 위 승 계 허 가 신 청 | | | |
|---|---|---|---|
| 사 건 | 200 행 심<br>심판청구사건 | | |
| 승 계 인 | | 피 청 구 인 | |
| 승 계 신 청 인 | | | |
| 신 청 원 인 | | | |
| 입 증 방 법 | 1. 토지등기부등본 | | |
| 근 거 법 조 | 행정심판법 제12조 제5항, 동법 시행령 제14조 제1항 | | |
| 위와 같이 신청하오니 허가하여 주시기 바랍니다.<br>200 . . .<br>승계신고인 주소<br>성명 ㊞<br>○○○행정심판위원회 귀중 | | | |
| 첨부서류 | 입증자료 | 수수료 | 없음 |

### 2. 피청구인의 경정

행정심판청구는 행정청을 피청구인으로 하여 제기하는 것이 원칙이지만 그 처분이나 부작위와 관계되는 권한이 다른 행정청에 승계된 경우에는 이를 승계한 행정청을 피청구인으로 행정심판을 청구하여야 하는데, 이를 확인하지 못하고 피청구인을 잘못 기재하여 청구를 한 경우에는 위원회는 당사자의 신청 또는 직권에 의하여 결정으로써 피청구인을 경정할 수 있다.

피청구인경정에 대한 결정의 효력은 종전의 피청구인에 대한 심판청구는 취하된 것으로 하고, 새로운 피청구인에 대한 심판청구가 처음에 심판청구를 한 시점에서 제기된 것으로 된다.

그리고 당사자가 피청구인의 경정신청을 하고자 할 때에는 그 뜻을 기재한 신청서를 당해 행정심판위원회에 제출하여야 한다.

### 피청구인경정신청서

| 청 구 인 지 위 승 계 허 가 신 청 | | | |
|---|---|---|---|
| 사 건 | 200 행 심<br>심판청구사건 | | |
| 승 계 인 | | 피 청 구 인 | |
| 승계신청인 | | | |
| 신 청 취 지 | | | |
| 신 청 이 유 | | | |
| 근 거 법 조 | 행정심판법 제13조 제2항, 제5항<br>동법 시행령 제14조 제1항 | | |
| 위와 같이 피청구인의 경정을 신청합니다.<br>200 . . .<br>신청인 주소<br>성명 ㊞<br>○○○행정심판위원회 귀중 | | | |

## 3. 특별대리인의 선임

행정심판청구인이 일정한 이유로 법률규정이 정한 대리인 외의 특별대리인을 선임하여 행정심판청구절차를 수행하고자 하는 경우는 당해 행정심판위원회의 허가를 받아야 한다.

특별대리인으로 선임할 수 있는 자로서는 청구인의 배우자, 직계존속이나 비속 또는 형제자매, 법인의 임원 또는 직원, 변호사, 기타 위원회의 허가를 받은 자 등이다.

특별대리인선임신청서에는 대리인이 될 자의 인적사항, 대리인을 선임하고자 하는 이유, 허가신청자와 대리인의 관계 등을 명백하게 기재하여야 한다.

## 특별대리인선임허가신청서

### 특 별 대 리 인 선 임 허 가 신 청

| | | | | |
|---|---|---|---|---|
| 사 건 | 200 행 심<br>심판청구사건 | | | |
| 청 구 인 | | | 피 청 구 인 | |
| 대리인이 될 자의 인 적 사 항 | 성 명 | | 주 민 등 록 번 호 | |
| | 주 소 | | | |
| 대 리 인 선 임 이 유 | | | | |
| 청 구 인 또 는 피 청 구 인 과 대 리 인 과 의 관 계 | | | | |
| 근 거 법 조 | 행정심판법 제14조 제1항 제5호,<br>동법 시행령 제16조, 제17조 제6항 | | | |

위와 같이 특별대리인을 선임하고자 하오니 허가하여 주시기 바랍니다.

200 . . .

승계신고인 주소

성명 ㊞

○○○행정심판위원회 귀중

| 첨부서류 | 입증자료 | 수수료 | 없음 |
|---|---|---|---|

# X. 기타의 신청

## 1. 집행정지

### 1) 신청 및 효과

행정심판의 대상에 대한 심판청구는 처분의 효력이나 그 집행 또는 절차의 집행에 영향을 주지 아니하므로 재결청은 처분이나 그 집행 또는 절차의 속행으로 인하여 생길 회복하기 어려운 손해를 예방하기 위하여 긴급한 필요가 있다고 인정할 때에는 당사자의 신청 또는 직권에 의하여 처분의 효력이나 그 집행 또는 절차의 속행의 전부 또는 일부를 정지하는 결정을 할 수 있다.

따라서 이 집행정지신청은 당사자가 처분이나 그 집행 또는 절차의 속행으로 인하여 회복하기 어려운 손해를 입게 될 우려가 있을 때 그 손해를 예방할 수 있는 방법이다.

### 2) 집행정지결정의 취소

그런데 이 집행정지는 공공복리에 중대한 영향을 미칠 우려가 있을 때에는 허용되지 아니하므로 재결청은 집행정지의 결정을 한 후에도 집행정지가 공공복리에 중대한 영향을 미치거나 그 정지사유가 없어진 때에는 당사자의 신청이나 직권에 의하여 집행정지의 결정을 취소할 수 있다.

**집행정지신청서**

<table>
<tr><th colspan="4">집 행 정 지 신 청</th></tr>
<tr><td>사 건</td><td colspan="3">200 행 심<br>심판청구사건</td></tr>
<tr><td>청 구 인</td><td></td><td>피 청 구 인</td><td></td></tr>
<tr><td>신 청 취 지</td><td colspan="3"></td></tr>
</table>

<table>
<tr><td>신 청 원 인</td><td colspan="3"></td></tr>
<tr><td>소 명 방 법</td><td colspan="3"></td></tr>
<tr><td>근 거 법 조</td><td colspan="3">행정심판법 제21조, 동법 시행령 제19조 제1항</td></tr>
<tr><td colspan="4">위와 같이 신청합니다.<br>200 . . .<br>신청인 주소<br>성명 ㊞<br>○○○행정심판위원회 귀중</td></tr>
<tr><td>첨부 서류</td><td>소명서류 또는 자료</td><td>수수료</td><td>없음</td></tr>
</table>

## 2. 심판청구의 보정

### 1) 위원회의 보정 요구 및 직권보정

행정심판위원회가 청구인의 심판청구서를 검토해 본 결과 그 내용의 일부분 또는 전부가 부적법하거나 바르지 못한 경우는 상당한 기간을 정하여 그에 대한 보정을 요구할 수 있다. 그러나 보정의 대상이 경미한 사항인 경우는 위원회가 직권으로 보정할 수도 있다.

### 2) 보정방법

행정심판위원회로부터 청구서의 보정 요구를 받은 자는 위원회가 정한 보정기간 내에 반드시 서면으로 보정하여야 한다. 보정은 보정 이전의 잘못된 내용을 새로운 내용으로 보정한다는 보정사항과 그에 대한 이유를 명백히 기재한 소정 양식으로 제출하면 되는데, 보정서를 제출하는 경우는 당사자의 수에 상응하는 부본을 첨부하여야 한다.

## 심판청구보정서

| 심판청구보정서 | | | |
|---|---|---|---|
| 사 건 | 200 행 심 . 심판청구사건 | | |
| 청 구 인 | | 피 청 구 인 | |
| 보 정 사 항 | | | |
| 보 정 이 유 | | | |
| 근 거 법 조 | 행정심판법 제23조 제2항 | | |

위와 같이 보정합니다.

200 . . .

청구인 주소

성명 ㊞

○○○행정심판위원회 귀중

| 첨부서류 | 보정서부본 | 수수료 | 없음 |
|---|---|---|---|

# 3. 증거조사

## 1) 신청 및 직권에 의한 증거조사

위원회가 사건의 심리를 위하여 필요하다고 인정할 때에는 직권으로 증거조사를 할 수도 있으나 위원회가 이를 하지 않는 경우는, 필요로 하는 당사자가 이를 신청하여 소기의 목적을 달성하는 것이 필요하다. 당사자가 증거조사를 신청하는 경우는 서면으로 신청서를 제출하여야 한다.

### 2) 증거조사방법

행정심판청구사건의 심리를 위해 실시하는 증거조사의 방법에는 다음과 같은 것들이 있다.

① 당사자 본인 또는 참고인 신문

② 당사자 또는 관계인이 소지하는 문서·장부·물건 그 밖의 증거자료를 당사자에게 제출할 것을 요구하고 이를 영치領置

③ 특별한 학식과 경험을 가진 제3자에게 감정의뢰

④ 필요한 물건·사항·장소 그 밖의 사물의 성상性狀 또는 상황狀況의 검증

## 증거조사신청서

| 증거조사신청서 | | | |
|---|---|---|---|
| 사 건 | 200 행 심<br>심판청구사건 | | |
| 청 구 인 | | 피 청 구 인 | |
| 증 명 할 사 실 | | | |
| 증 거 방 법 | | | |
| 근 거 법 조 | 행정심판법 제28조 제1항, 동법 시행령 제24조 제1항 | | |
| 위와 같이 증거조사를 신청합니다.<br><br>200 . . .<br><br>신청인 주소<br>성명 ㊞<br><br>○○○행정심판위원회 귀중 | | | |

## 4. 재결경정신청

당사자의 심판청구에 대하여 위원회의 재결이 있었으나 그 재결의 내용에 오기 · 계산착오 기타 이와 비슷한 잘못이 있어 청구인의 소기의 목적을 달성하기 곤란하거나 불가능한 경우는 재결청은 위원회의 의결을 거쳐 직권으로 재결의 내용을 바로잡을 수 있다. 그러나 사실상 재결의 필요성을 간절히 원하는 측은 청구인이기 때문에 결국 당사자의 신청에 의하여 위원회의 의결을 거쳐 재결을 경정하는 것이 일반적이다. 재결경정신청을 할 때에는 서면으로 신청서를 작성하여 재결청에 제출하면 된다.

### 재결경정신청서

<table>
<tr><td colspan="4" align="center">재 결 경 정 신 청</td></tr>
<tr><td>사 건</td><td colspan="3">200 행 심<br>심판청구사건</td></tr>
<tr><td>청 구 인</td><td></td><td>피 청 구 인</td><td></td></tr>
<tr><td>신 청 취 지</td><td colspan="3"></td></tr>
<tr><td>신 청 이 유</td><td colspan="3"></td></tr>
<tr><td>근 거 법 조</td><td colspan="3">행정심판법 시행령 제27조 제1항</td></tr>
<tr><td colspan="4">위와 같이 신청합니다.<br><br>200 . . .<br><br>신청인 주소<br>성명 ㊞<br><br>귀중</td></tr>
</table>

# 제2절 행정소송

## Ⅰ. 개 념

### 1. 의의 및 목적

행정소송行政訴訟은 행정청 또는 행정기관의 위법한 처분에 대하여 그 처분의 취소 또는 변경에 대한 소송, 그 밖의 공권력의 행사·불행사 등으로 인한 국민의 권리 또는 이익의 침해에 대한 다툼을 적정하게 해결하기 위한 재판절차를 말한다.

행정소송의 목적은 당사자 간 분쟁의 상대적 해결뿐 아니라 행정 자체의 적법성의 보장에도 그 목적이 있는 것이므로 상대적이나마 민사소송에 비해 실체적 진실발견이 더욱 강하게 요청되는 것이다.

행정소송도 넓은 의미의 민사소송으로 볼 수 있으나 행정소송은 개인 상호간의 분쟁을 대상으로 하는 민사소송과는 달리 일반적으로 공공행정에 관한 직접적인 분쟁을 그 대상으로 하는 것이므로 소송의 결과에 따라서 직접 또는 간접적으로 영향을 받는 자의 범위는 민사소송에 비하여 훨씬 넓다.

또한 행정소송법은 이러한 행정소송절차를 통하여 행정청의 위법한 처분, 그 밖에 공권력의 행사·불행사 등으로 인한 국민의 권리 또는 이익의 침해를 구제하고 공법상의 이해관계 또는 법 적용에 관한 다툼을 적정하게 해결하기 위해 특별히 규정하고 있으며 이 행정소송법에 특별한 규정이 없는 사항에 대하여는 법원조직법과 민사소송법 및 민사집행법의 규정을 준용한다(행정소송법 제8조).

### 2. 종류 및 대상

#### 1) 항고소송

항고소송抗告訴訟은 행정청의 위법한 처분이나 부작위로 인하여 권리 또는 이익을 침해받은 자가 그 위법을 다투기 위하여 제기하는 소송으로(행정소송법 제3조 제1호) 이에는 취소소송, 무효등확인소송 및 부작위위법확인소송이 포함된다(행정소송법 제4조).

##### (1) 취소소송

행정청의 위법한 처분 등의 취소를 구하는 소송으로(행정소송법 제4조 제1호), 행정소송의 대부분을 차지하는 대표적인 소송이다.

행정처분에 인정되는 이른바 공정력을 배제하여 처분의 효력을 실효시키기 위한 형성소송으로써, 처분(거부처분 포함)을 취소(일부 취소 포함)시키는 것이 가능할 뿐, 적극적으로 변경하여 줄 것을 구하거나 사전 예방적으로 처분을 하지 말 것을 구하는 소송, 행정청에게 부작위 또는 작위의무 있음의 확인을 구하는 소송은 허용되지 않는다는 것이 판례의 입장이다.

취소소송의 대상은 행정청이 공권력의 행사로서 한 국민의 권리의무에 직접적인 법률상의 영향을 미치는 처분으로 각종 세금 및 부담금 부과처분, 공무원징계처분, 영업정지·취소처분, 각종 인·허가처분 및 그 거부처분, 각종 사회보장급부·거부처분 등이 대표적이다.

### (2) 무효등확인소송

처분등의 효력에 대한 유무 또는 존재여부를 확인하는 소송으로(행정소송법 제4조 제2호), 처분등무효확인소송, 처분등유효확인소송, 처분등실효확인소송, 처분등부존재확인소송, 처분등존재확인소송이 포함되나 실무상 무효확인소송 외는 찾아보기 어렵다.

처분이 무효가 되기 위해서는 그 처분에 중대하고 명백한 위법이 있어야 한다는 것이 통설·판례인 바, 중대하고 명백한 위법인지 여부는 그 판단이 쉽지 아니하고, 처분이 무효인 경우라도 처분 취소의 소송이 가능하므로 제소요건 등 취소소송의 제기에 필요한 소송요건을 갖추고 있는 한 무효확인의 소 대신 취소소송을 제기함이 승소할 수 있는 가능성이 높다.

소송의 대상은 취소소송의 경우와 동일하나 무효확인의 소는 확인의 소인 관계로 보다 적절한 다른 구제수단이 있을 때는 확인의 이익이 부정되어 무효확인의 소가 허용되지 않는다.

### (3) 부작위위법확인소송

행정청의 부작위가 위법하다는 것을 확인하는 소송으로(행정소송법 제4조 제3호), 행정청이 당사자의 신청에 대하여 상당한 기간 내에 신청을 인용하는 적극적 처분, 각하 또는 기각과 같은 소극적 처분을 하여야 할 법률상의 응답의무가 있음에도 불구하고 이를 하지 아니하는 경우 부작위가 위법하다는 것을 확인함으로써 행정청의 응답을 신속하게 하여 부작위 또는 무응답이라는 소극적 위법상태를 제거하는 것을 목적으로 한다.

모든 신청에 대한 무응답이 소송의 대상이 되는 것이 아니고 국민에게 법률상, 조리상 신청권이 부여된 경우에만 가능한 것이고, 이러한 신청에 대하여 행정청이 아무런 응답을 하지 않는 경우는 거의 없어 실무상 찾아보기 어렵다.

### 2) 당사자소송

행정청의 처분 등을 원인으로 하는 법률관계에 관한 소송 그 밖의 공법상의 법률관계에 관한 소송으로서 그 법률관계의 한쪽 당사자를 피고로 하는 소송을 말한다(행정소송법 제3조 제2호). 당사자소송에서는 행정청의 처분 등을 원인으로 하더라도 처분 등의 효력 자체가 소송의 대상이 아니라 그로 인한 법률관계 자체가 소송의 대상이 되고, 처분 등을 한 행정청이 아닌 그 법률관계의 권리의 주체인 한쪽 당사자를 피고로 하는 점에서 항고소송과 다르다.

처분 등이나 부작위 이외 공법상의 법률관계 일반을 대상으로 하는 소송으로 이행소송이나 확인소송 등 다양한 형태의 소송유형이 가능하다. 판례가 인정하는 당사자소송의 예로는 공법상 지위·신분확인소송, 즉 계약에 의하여 신분을 취득하는 전문직 공무원의 지위확인소송, 도시재개발조합원지위확인소송 등을 들 수 있다.

토지수용법 제75조의2 제2항에 의한 수용보상금증액청구소송은 중앙토지수용위원회와 기업자를 필요적 공동피고로 하여 중앙토지수용위원회에 대하여는 이의재결의 취소를, 기업자에 대하여는 보상금의 지급을 구하는 소송으로 당사자소송과 항고소송의 결합된 독특한 형태의 소송이라 할 수 있다.

학자들이 당사자소송에 속한다고 주장하는 공법상의 부당이득금반환청구소송(과오납세금반환소송), 국가배상청구소송, 보상금청구소송(수산업법 제81조, 소방법 제78조) 등을 판례는 민사소송의 대상으로 보고 있다.

### 3) 민중소송

민중소송民衆訴訟은 국가 또는 공공단체의 기관이 법률에 위반되는 행위를 한 때에 직접 자기의 법률상 이익과 관계없이 그 시정을 구하기 위하여 제기하는 소송으로(행정소송법 제3조 제3호) 개별 법률에 이를 허용하는 특별규정이 있는 경우에 법률이 정한 자만이 제기할 수 있는 특수한 소송이다.

현행법상 인정되는 민중소송의 예로는 국민투표법이 정한 국민투표 무효소송(국민투표법 제10장) 및 공직선거및선거부정방지법이 정한 선거무효소송, 당선무효소송(공직선거및선거부정방지법 제222조, 제223조)이 있다.

일본에서 널리 이용되고 있는 대표적인 민중소송인 주민소송(주민이 지방자치단체기관이나 직원에 의한 위법한 업무집행에 대하여 당해 행위의 방지, 시정, 손해전보 등을 구하는 소송)은 현행 우리 법에서는 인정하지 않고 있다.

#### 4) 기관소송

기관소송機關訴訟은 국가 또는 공공단체의 기관 상호간에 있어서의 그 권한의 존부 또는 그 행사에 관하여 다툼이 있는 경우 이에 대하여 제기하는 소송이다. 다만 헌법재판소법 제2조에 의하여 헌법재판소의 관장사항管掌事項으로 되어 있는 소송, 즉 국가기관 상호간, 국가와 지방자치단체간, 지방자치단체 상호간의 쟁의에 관한 사항은 법원의 관할대상이 아니다(행정소송법 제3조 제4호).

민중소송과 마찬가지로 개별 법률에 규정이 있는 경우에 인정되고, 법률에 정한 자만이 제소할 수 있다. 현행법상 인정되는 기관소송의 예로는 지방의회나 교육위원회의 의결무효소송과 주무부장관이나 상급지방자치단체장의 감독처분에 대한 이의소송이 있다(지방자치법 제157조, 조157조의2, 제159조).

## Ⅱ. 관 할

### 1. 심급관할

행정소송법은 행정사건에 대하여도 3심제를 적용하여 1심은 지방법원급인 행정법원이, 항소심은 고등법원이, 상고심은 대법원이 관할하도록 규정하고 있다. 다만 서울 이외에는 행정법원이 별도로 설치되어 있지 않으므로, 각 지방법원 본원(합의부)이 그 역할을 대신한다.

3심제는 행정심판을 거친 처분에 대하여도 마찬가지이어서 임의적 전치를 거친 처분은 물론, 각종 세법상의 처분과 같이 필요적 행정심판 전치를 요하는 처분에 대하여도 행정법원(서울 이외는 지방법원 본원)이 제1심 관할법원이다. 민중소송 및 기관소송처럼 개별법에 특별한 규정이 있는 경우에는 그에 따라 2심 또는 단심으로 재판한다.

## 2. 토지관할

### 1) 항고소송

항고소송의 제1심 관할법원은 피고 행정청의 소재지를 관할하는 서울행정법원과 각 지방법원 본원이 되는데 서울지방법원은 제외된다. 다만 중앙행정기관 또는 그 장이 피고인 경우의 관할법원은 서울행정법원이다(행정소송법 제9조 제1항).

토지의 수용 기타 부동산 또는 특정의 장소에 관계되는 처분 등에 대한 취소소송은 그 부동산 또는 장소의 소재지를 관할하는 행정법원(서울을 제외한 각 지방법원 포함)에도 이를 제기할 수 있다(행정소송법 제9조 제2항).

토지관할은 임의관할로서 합의관할이나 응소관할이 가능하다. 다만 행정사건은 행정법원과 지방법원 본원만이 처리할 수 있으므로 지방법원 지원은 비록 합의지원이라 하더라도 행정사건을 다룰 수 없고 합의관할 등이 생길 여지도 없다.

### 2) 당사자소송

항고소송의 경우와 동일하다. 다만 국가 또는 공공단체가 피고인 경우 관계행정청 소재지를 피고 소재지로 본다.

### 3) 민중소송 및 기관소송

민중소송과 기관소송의 관할에 관하여는 그 소송을 인정하는 개별법률에 관할에 관하여도 특별규정을 두고 있다. 현행 법규를 보면 대통령 · 국회의원 · 도지사(특별시장 · 광역시장 포함)의 선거무효 또는 당선무효소송은 대법원, 지방의회 의원 또는 자치구 · 시 · 군의 장의 선거무효 또는 당선무효소송의 관할은 고등법원으로 되어 있고(공직선거및선거부정방지법 제222조 제1항, 제2항, 제223조 제2항), 국민투표무효소송(국민투표법 제92조), 지방의회나 교육위원회의 의결무효소송(지방자치법 제98조, 제159조), 지방자치단체장 · 교육장의 주무부장관이나 상급지방자치단체장의 감독처분에 대한 이의소송(지방자치법 제157조)의 관할법원은 대법원으로 되어 있다.

# Ⅲ. 당사자

## 1. 원 고

행정소송의 당사자능력은 민사소송의 경우와 동일하며, 당사자적격에 관하여는 처분에 대한 직접적인 상대방뿐만 아니라 그 처분으로 인하여 법률상 이익을 침해받은 제3자도 원고가 될 수 있다. 그러나 민중소송과 기관소송의 경우는 개별법률에 원고가 될 수 있는 자가 정하여져 있다.

## 2. 피 고

### 1) 항고소송

민사소송과는 달리 권리의무의 주체가 아닌 처분을 한 행정청이 피고가 된다. 행정청이란 국가 또는 공공단체의 의사를 자기의 이름으로 외부에 표시하는 기관, 즉 서울시장, 구청장, 세무서장 등을 말하는 것으로 처분서 등에 나타나 있다.

그러나 예외적으로 자산관리공자, 토지공사, 대한주택공사 등과 같은 공공단체나 사적 주체가 행정권한을 위임받아 처분을 한 경우에는 그 공공단체 및 사적 주체가 피고적격을 갖는다.

### 2) 당사자소송

민사소송과 마찬가지로 국가, 지방자치 단체 등과 같은 권리의무의 주체가 피고가 된다.

### 3) 피고 경정

피고를 잘못 정하여 행정소송을 제기한 경우에는 사실심의 변론종결 전까지 법원의 허가를 얻어 피고를 경정할 수 있다.

예컨대 세무서장을 피고로 하여야 할 것을 세무서를 피고로 하였거나 구청장을 피고로 하여야 할 것을 시장을 피고로 한 경우 등이 이에 포함된다.

# Ⅳ. 전심절차

## 1. 임의적 전치주의

종전에는 무효등확인소송을 제외한 항고소송을 제기하기 위하여는 먼저 행정심판절차를 거치도록 하는 필요적 행정심판전치주의를 취하였으나 개정 행정소송법(1994. 7. 27. 법률 제4770호로 개정되고 1998. 3. 1.부터 시행된 법률)은 원칙적으로 행정심판을 거치지 아니하고 바로 소를 제기할 수 있도록 규정하면서, 법률에 특별히 규정된 경우에 한하여 행정심판을 거치도록(필요적 전치) 하는 임의적 전치주의를 원칙으로 채택하고 있다.

따라서 행정소송에 앞서 반드시 행정심판절차를 먼저 거쳐야 한다는 명문 규정이 없는 한, 원고로서는 행정심판절차를 거쳐 소를 제기할 수도 있고, 그러한 절차를 생략하고 바로 행정소송을 통해 행정처분에 대한 이의를 제기할 수도 있다.

## 2. 필요적 전치

개별법률에 임의적 전치주위를 배제하고, 행정소송을 제기하기 위해서는 반드시 행정심판절차를 거치도록 명문으로 규정이 있는 경우에는 무효등확인소송을 제외한 항고소송을 제기하기 위해서는 종전처럼 행정소송에 앞서 행정심판전치절차를 거쳐야 한다.

그러나 필요적 전치를 요하는 처분이라도, 행정소송법 제18조 제2항에 해당하는 사유가 있을 때는 행정심판의 청구만을 한 채 재결을 기다릴 필요 없이 취소소송을 제기할 수 있으며, 행정소송법 제18조 제3항의 사유에 해당할 때는 행정심판청구마저도 제기할 필요없이 바로 취소소송을 제기할 수 있다.

현행법상 필요적 전치를 거쳐야 하는 대표적인 것으로는 공무원에 대한 징계 기타 불이익처분(국가공무원법 제16조 제2항, 교육공무원법 제53조 제2항, 지방세법 제78조 제2항, 관세법 제38조의2 제2항)을 들 수 있다. 그 밖에 노동위원회의 결정이나 토지수용법에 의한 수용위원회의 재결 등은 원 처분이 아닌 행정심판 재결만이 소송의 대상이 될 수 있으므로 위 공무원에 대한 징계처분 등과는 다른 이유로 필요적으로 행정심판절차를 거쳐야 한다.

### 1) 공무원징계처분에 대한 전치절차

#### (1) 일반공무원

국가 또는 지방공무원이 징계 기타 불이익처분을 받고, 이에 불복키 위해서는 처분사유설명서를 받은 날로부터 30일 이내에 소청심사위원회에 심사를 청구할 수 있으며(국가공무원법 제76조 제1항) 거기서 구제를 받지 못하면 소청결정서 정본을 송달받은 날로부터 90일 이내에 소를 제기하여야 한다(행정소송법 제20조).

### (2) 교원공무원

교원이 징계 기타 불이익처분을 받은 때는 처분이 있음을 안 날로부터 30일 이내에 교육인적자원부 교원징계재심위원회에 재심을 청구한 다음 재심위원회의 결정서 송달을 받은 날로부터 60일 이내에 소를 제기하여야 한다.

### 2) 조세소송의 전치절차

국세기본법과 지방세법이 정한 1단계 또는 2, 3단계의 특별 행정심판절차를 거친 후 소를 제기하여야 한다.

### 3) 노동위원회의 결정

지방노동위원회나 특별 노동위원회의 결정이나 명령에 불복이 있는 관계 당사자는 그 결정서나 명령서를 송달받은 날로부터 10일 이내에 중앙노동위원회에 재심을 신청하고, 그 재심판정서 정본을 송달받은 날로부터 15일 이내에 재심판정을 소송대상으로 하여 행정소송을 제기할 수 있다(노동위원회법 제26조, 제27조, 노동조합및노동관계조정법 제85조).

### 4) 토지수용법에 의한 수용재결처분에 대한 전치절차

지방토지수용위원회나 중앙토지수용위원회의 토지수용법에 의한 수용재결에 대하여 불복하기 위해서는 재결서 정본이 송달된 날로부터 1개월 이내에 중앙토지수용위원회에 이의재결을 신청하여야 하고, 이의재결에서 구제받지 못한 경우 이의재결서 정본을 송달받은 날로부터 1월 이내에 이의재결을 대상으로 소를 제기하여야 한다(토지수용법 제73조 내지 제75조의2).

## V. 제소기간

### 1. 행정심판청구를 하지 않은 경우

행정심판청구를 하지 않고 바로 행정소송을 제기하는 경우는 행정처분등이 있음을 안 날로부터 90일 이내 또는 처분 등이 있은 날로부터 1년 이내에 행정소송을 제기하여야 한다(행정소송법 제20조 제1항, 제2항).

여기서 행정처분 등이 있은 날이란 처분 등이 상대방에게 도달되어 그 처분이 효력을 가지는 날을 의미한다.

### 2. 행정심판을 청구한 경우

행정소송을 제기하기 전에 먼저 행정심판을 청구한 경우는 행정심판재결서 정본을 송달받은 날부터 90일, 재결이 있은 날로부터 1년 이내에 소를 제기하여야 한다.

### 3. 특별법상의 제소기간

행정소송의 제소기간에 대하여 특별법으로 규정하고 있는 경우는 그 기간 내에 소를 제기하여야 한다. 예컨대 각 세법에 의한 처분(국세기본법 제56조 제3항, 관세법 제38조 제5항), 토지수용법상의 이의재결에 대한 소(토지수용법 제73조, 제74조, 제75조의2) 등이 이에 해당한다.

## Ⅵ. 소장의 작성

### 1. 주의사항

#### 1) 피고의 표시

행정소송의 피고는 처분 등의 주체인 행정청만 표시하고, 그 기관의 지위에 있는 자연인의 성명이나 주소는 기재할 필요 없다.

#### 2) 청구취지

청구취지는 민사소송의 경우와 마찬가지로 판결의 주요 내용으로서 민사소송의 경우와 달리 "… 하라"는 표시를 해서는 아니되며, 소송비용의 피고부담청구에 관하여는 이를 기재함이 보통이나 가집행선고는 당사자소송을 제외하고는 성질상 허용되지 아니하므로 기재하지 말아야 한다.

#### 3) 청구원인

원고소송에서 처분의 적법성에 대한 입증책임이 피고 행정청에게 있는 경우라 하더라도 원고는 청구원인으로 단순히 그 처분이 위법하다고만 주장하여서는 아니되고, 구체적으로 어떠어떠한 점에서 위법한지를 먼저 주장하여야 한다.

## 2. 각종 소장

### 대집행계고처분취소청구소장

# 소　　장

원 고 성 명
　　　　주 소
피 고 서울특별시장

건물철거 대집행계고처분 취소청구의 소

청구취지

1. 피고가 원고에 대하여 한 200 . . .자 제162호로 서울특별시 ○○구 ○○동 415번지 지상 건축물을 송달일로부터 5일 이내에 자진철거하라는 행정대집행 계고처분과 같은 해 월 일자 제162호로 서울특별시 ○○구 ○○동 415번지 16, 44, 54호 지상건물을 계고기간 5일 이내에 철거하라는 대집행처분은 이를 취소한다.

2. 소송비용은 피고의 부담으로 한다.
라는 판결을 구합니다.

청구원인

1. 피고는 200 . . .자에 원고에게 원고의 소유인 서울특별시 ○○○구 ○○동 415번지 15, 16, 17, 18, 20, 21호의 6필지 대지 총면적 14607.56$m^2$m 지상에 걸쳐 연와조 평옥개 2층 건물 총 건축면적 11585.65$m^2$, 총면적 13521.03$m^2$ 지상에 걸쳐 연와조 평옥개 2층 건물 총 건축 면적 공하여 15호 지상에 4동, 16호 지상에 2동, 21호 지상에 1동으로, 도합 7동의 허가된 구조의 건물을 도급 주어 신축한 바 있습니다.

2. 위와 같이 건축허가가 있는 후에 위 대지 중 15호의 560$m^2$가 200 . . .에

같은 번지의 44호 410m$^2$호 분할되어 15호에는 150m$^2$만 남았고(갑제2호증의 1, 2등기부등본), 16호는 189m$^2$이고, 21호의 111m$^2$, 54호의 702m$^2$는 연접한 대지이므로,

1) 16호와 44호 지상 건물은 허가된 구조대로 건축된 건물이므로 하등 위법성이 없는 것이며,
2) 21호 대지와 54호 대지는 전술한대로 연접지로서 측량하지 아니하고서는 식별키 어려운 점이 있어 건축업자가 시공 시 21호 지상에 세울 건물의 약 30%를 54호 지상에 걸쳐 지은 것입니다.
 그러므로 원고가 허가 내용에 위배하였다면 위 54호 지상에다 21호 지상에 세울 건물의 약 30%를 지은 것밖에 없습니다.

 3. 그럼에도 불구하고 피고는 200 . . .에 제162호로서 건물의 소재 지번을 가지번 표시 없이 막연히 ○○동 415번지로만 된 목적물을 특정할 수 없는 청구취지 기재 제1항과 같은 내용의 행정대집행계고장을 원고에 대하여 발부하였으나 원고는 계고대산의 건물이나 특히 위법성 유무를 분간할 수 없어 소정기간 내에 자진 철거치 못하고 있던 중,
 피고의 예하기관인 ○○구청에서는 200 . . .에 인부 30여 명을 데리고 와서 시가 3,400여만원짜리의 21호와 54호에 걸쳐 세워진 연와조 평옥개 2층 주택 연건평 67평 5홉 6작의 건물을 파과하고, 나머지 16호와 44호 지상에 있는 건물 2동을 금명간 철거 대집행하겠다고 서두르고 있는 것입니다.

 4. 그러나 앞에서 말한 바와 같이 16호와 44호 지상건물은 중간에서 지번이 분할된 것에 불과할 뿐 허가내용 변경 없이 지은 건물이므로 하등 위법이 없음은 물론이며,
 만약 허가사항에 위법된 점이 있다 하여도 이 지역은 순주거지역이고 그 부지는 모두 원고소유로서 공익을 해할 건물이 아닐 뿐만 아니라, 위 3동 건물에 대해서는 이미 원고의 앞으로 소유권보존등기를 마치고, 더욱이 소외 ○○○이 채권최고액 250만원의 근저당권설정등기까지 한 건물임에도 불구하고, 이를 자진 철거하라, 그렇지 않으면 대집행하겠다는 취지의 청구취지 기재의 대집행계고처분 및 대집행영장 발부의 행정처분은 분명히 위법한 처분이므로 원고는 그 취소를 구하고자 본소 청구에 이른 바입니다.

입증방법 및 첨부서류

1. 갑제1호증의 1. 대집행계고서

2. 대집행영장

1. 갑제2호증의 등기부등본(토지)

1. 갑제3호증의 등기부등본(건물)

1. 갑제4호증 건축허가 통지서

1. 소장부본 1통

1. 납부서 1통

기타 변론 시 제출하겠습니다.

200 . . .

위 원고 ○ ○ ○ ㊞

서울행정법원 귀중

## 행정처분취소청구소장

# 소 장

원 고 성 명

주 소

피 고 서울세관장

행정처분 취소청구의 소

## 청구취지

1. 피고가 200 . . . 소외 ○○○에 대한 ○○등의 체납처분의 집행으로 한 별지 목록 표시의 물건에 대한 압류처분은 이를 취소한다.

2. 소송비용은 피고의 부담으로 한다.

하는 판결을 구합니다.

## 청구원인

1. 별지 목록 표시의 물건은 원고의 소유인데 피고 행정청은 200 . . . 소외 ○○에 대한 ○○관세 등 금 15,430,000원에 대한 체납처분의 집행으로 원고 소유인 별지 목록 표시의 물건에 대하여 압류를 한 바 있으므로 그 부당한 위법처분의 취소를 구하기 위하여, 절차에 따라 그 상급행정청인 재무부장관에게 행정심판을 청구하였던 바, 재무부장관은 200 . . .에 원고에게 송달되었는 바 원고는 이에 불복하면서 청구취지와 같은 판결을 구하기 위하여 이 청구에 이른 것입니다.

## 입증방법 및 첨부서류

1. 소장부본
1. 납부서

기타 변론 시 제출하겠습니다.

200 . . .

위 원고 ㉑

서울행정법원 귀중

## 계고처분무효확인청구의 소장

# 소 장

원 고 성 명

주 소

피 고 철도청장

청구취지

1. 피고가 원고에 대하여 200 . . .자로 한 서울특별시 ○○구 ○○동 1004번지 지상 원고 소유건물에 대한 대집행계고처분은 무효임을 확인한다.

2. 소송비용은 피고의 부담으로 한다.

라는 판결을 구합니다.

청구원인

피고는 200 . . .자로 청구취지기재 건물이 도시 미관상 불미할 뿐만 아니라 위생상으로도 유해하다 하여 건축법 제42조를 근거로 원고에 대하여 200 . . .까지 위 건축물의 철거를 명하면서 이를 이행하지 아니할 때에는 행정대집행을 할 것을 계고하였습니다.

그러나 건축법 제42조에 의하면 동조를 위반한 건축물에 대한 철거등 조치권은 시장에게 있음이 분명한 바, 따라서 피고의 위 계고처분은 권한 없는 처분행위로서 당연 무효라 할 것이므로 이에 그 무효확인을 구하고자 본소 청구에 이른 것입니다.

입증방법 및 첨부서류

1. 소장부본 1통

1. 납부서 1통

기타 변론 시 제출하겠습니다.

200 . . .

위 원고 ㊞

서울행정법원 귀중

## 면허취소처분취소청구의 소장

# 소 장

원 고 성 명

주 소

피 고 금천세무서장

주류판매면허취소처분취소청구의 소

청구취지

1. 피고가 원고 ○○○에게 대하여 200 . . .자 간세 ○호로서 한 주류판매면허취소의 처분은 이를 취소한다.

2. 소송비용은 피고의 부담으로 한다.

라는 판결을 구합니다.

청구원인

1. 원고는 ○○세무서 제○호로서 피고 ○○세무서장으로부터 200 . . . 주류판매면허를 얻고 주류하치장 및 동 저장탱크와 운반용기 등 제반설비를 완료하여 피고로부터 200 . . .자 사업자등록증을 피고로부터 교부받아 동 판매행위를 하다가 동년 월 일 다시 그 면허를 갱신하여 계속 피고의 지시명령에 위배됨이 없이 동 판매

를 계속하여 매일 평균 위 합계 판매량이 ○○○말에 이르러 동 이익이 매월 금○○○○원정(국세청 인정 탁주협정가격 1말당 금○○○○원이고 동 도매가격이 1말당 금○○○○원인 바, 위 차액 1말당 금○○○○원이므로 금○○○○원×○○○말=금○○○○원)의 수익을 보면서 소매업자에게 주류공급을 해왔는 바, 피고는 원고가 위 면허를 타인에게 양도했다는 것을 이유로 하여 200 . . .자 ○○세무서 간세○호로서 위 주류판매 면허취소를 하였습니다.

2. 그러나 원고는 위 면허를 타인에게 양도한 사실이 전혀 없으므로 위 처분은 마땅히 취소되어야 할 것이므로 원고는 적법한 행정심판청구를 거쳐 본 청구에 이른 바입니다.

입증방법 및 첨부서류

1. 소장부본
1. 납부서

기타 변론 시 수시로 제출하겠습니다.

200 . . .

위 원고 ㊞

서울행정법원 귀중

## 구상금징수처분취소청구의 소장

# 소 장

원 고 ○○○주식회사
경남 진주시 상대동 150번지
대표이사 배 동 팔

피 고 노동부 진주지방사무소장

보험구상금징수처분 취소청구의 소

청구취지

1. 피고의 원고에 대한 200 . . .자로 한 금 25,453,000원의 산업재해보험 보상급여 상당액의 구상금 징수처분은 이를 취소한다.

2. 소송비용은 피고의 부담으로 한다.

라는 판결을 구합니다.

청구원인

1. 원고는 경남 진주시 상대동 150번지에서 화물운송업을 하는 회사로서 산업재해보상보험법 제6조에 의한 보험가입자이고, 피고는 노동부 예하기관으로서 보험료의 징수 및 보험급여에 관한 사무를 관장하는 행정청입니다.

2. 피고는 소외 ○○○가 운전하던 원고회사 소유의 화물차가 경남 진주시 진양읍 마무리 389번지 노상에서 일으킨 교통사고로 인해 소외 ○○○가 사망하여 산업재해보상보험법 제9조의6 및 제9조의8 규정에 의해 유족급여 금○○○○원, 장례비 금○○○○원, 도합 금 25,453,000원을 사망한 ○○○의 유족인 소외 ○○○에게 지급하였으므로 같은 법 제15조의 규정에 의하여 소외 ○○○가 원고에 대하여 가지는 손해배상구상권을 대위하여 원고에게 이건 보상급여 상당액인 금○○○○원의 구상금과 이에 대한 지연손해금을 납부하라는 징수결정을 하고 구상금납부고지서를 발부한 바 있습니다.

3. 피고는 원고의 피용자인 소외 ○○○의 과실로 인하여 소외 ○○○가 사망하였으므로 그 피해자 소외 ○○○는 유족으로서 원고에 대하여 가지는 손해배상청구권을 대위행사 하여 이건 구상금징수처분을 한 것이라고 하나 이는 부당합니다.

4. 왜냐하면 피고가 원고에게 보험급여 상당액을 징수하려면 그 재해의 발생원인이 원고 또는 원고의 피용자인 소외 ○○○의 고의 또는 중대한 과실로 인한 것임이 전제되어야 할 것인데, 이건 재해인 교통사고는 소외 ○○○가 형사소송절차에서 교통사고로 인하여 1명이 사망하고 2명이 중상을 입었음에도 불구하고, 해당 법정형 중 가장 가벼운 벌금형으로 처단한 판결이 확정된 결과만으로도 명백합니다.

5. 따라서 피고의 구상금징수처분은 마땅히 취소되어야 할 것이기에 본 청구에 이른 것입니다.

입증방법 및 첨부서류

1. 갑제 1호증 납입통지서
1. 갑제 2호증의 1증 재조사 청구서
　　　　　　　2증 결정서
1. 회사등기부(등)초본
1. 납부서
1. 소장부본

200 . . .

위 원고 ○○○ 주식회사
대표이사 배동팔 ㊞

창원지방법원 귀중

## 취득세 등 부과처분취소청구의 소장

# 소 장

원 고 진주시 농업협동조합
경남 진주시 초전동 4242번지
조합장 ○ ○ ○

피 고 진주세무서장

취득세 등 부과처분 취소청구의 소

청구취지

1. 피고가 원고에 대하여 200 년 ○월 ○일자로 부과통지한 ○년도 ○월 수시분취

득세 금 ○○○원 및 200 년 ○월 ○일자로 부과통지한 200 년도 ○월 수시분 재산세 금 ○○○원, ○○년도 ○월을 수시분 도시계획세 금 ○○○원으로 한 각 과세처분을 이를 취소한다.

2. 소송비용으로 피고의 부담으로 한다.

라는 판결을 구합니다.

청구원인

1. 피고는 원고에게 200 년 ○월 ○일 200 년도 ○월 수시분 취득세 금 ○○○원, 200 년 ○월 ○일자 수시분 재산세 금 ○○○원, 200 년도 ○월 수시분 도시계획세 금 ○○○원을 납부할 것을 통지하고, 원고는 피고의 이건 과세처분에 대하여 행정심판청구를 하였으나 기각당한 바 있습니다.

2. 그런데 원고는 비과세대상 공공단체로서 지방세법 제○조, 동법 시행령 제○조 및 지방세법 제○조, 동법 시행령 제○조에 의하면 원고에 대해서는 취득세, 재산세, 도시계획세 등을 부과하지 않는다는 명문의 규정이 있고, 또한 농업협동조합법 제○조에도 원고의 업무 및 재산에 대하여는 관세와 물품세를 제외하고는 국가나 지방차치단체의 세금과 부과금을 면하는 것으로 명백히 규정하고 있는바, 원고에 대해서는 이건 취득세 및 재산세, 도시계획세 등을 부과할 수 없음에도 불구하고 피고는 이건 위법한 부과처분을 하였으므로 그 취소를 구하기 위하여 이 청구에 이른 것입니다.

입증방법 및 첨부서류

1. 소장부본 1통
1. 조합등기부등본 1통
1. 위임장 1통
1. 납부서 1통

기타 변론시 수시로 제출하겠습니다.

200 . . .

위 원고 진 주 시 농 업 협 동 조 합

조합장 ㊞

창원지방법원 귀중

# | 제4장 | 자동차운전과 법률관계

## 제1절 관련 법규

### Ⅰ. 교통사고처리특례법

#### 1. 목 적

이 법은 업무상과실 또는 중대한 과실로 교통사고를 일으킨 운전자에 관한 형사처벌에 관한 특례를 정하여 교통사고로 인한 피해의 신속한 회복을 촉진하고 국민생활의 편익을 증진시키기 위해 1981년 12월 31일 제정되었다.

여기서 교통사고란 중기를 포함한 차량의 교통으로 인해 사람을 사상케 하거나 물건을 손상시키는 것을 말한다.

#### 2. 주요 내용

이 법은 교통사고의 신속한 처리를 위한 특례와 이에 대한 예외사항 10가지 및 보험 등에 가입된 경우의 특례에 관하여 규정하고 있다.

**판 례**

**＊ 교통사고처리특례법 위반에 해당하는 주차위반 【대판 1996. 12. 20. 96도2030】**

주차 가능한 지역이라도 야간에 자동차의 미등도 켜지 아니한 상태에서 도로의 가장자리에서 주차한 것이 교통사고의 원인이 되어 타인이 사망에 이른 경우, 미등을 켜지 않고 주차한 차량의 운전자는 교통사고처리특례법 위반으로 처벌된다.

▶ 관련법규 : 교통사고처리특례법 제3조 제1항, 도로교통법 제31조 제1항, 제32조 제1항, 제59조 제2호 등

### Ⅱ. 도로교통법

#### 1. 목 적

이 법은 도로에서 발생하는 교통상의 모든 위험과 장해를 방지·제거하여 안전하고

원활한 교통을 확보하기 위해 1984년 8월 4일 제정되었다.

### 2. 주요 내용

이 법은 안전한 도로교통을 위해 교통신호기의 설치 및 관리, 보행자와 차마車馬의 통행방법, 운전자 및 고용주 등의 의무, 고속도로에서의 특례, 도로사용에 대한 금지행위 및 안전조치, 운전면허 등에 관한 사항을 규정하고 있다.

따라서 운전자는 도로교통법상의 내용을 숙지하여 원활한 도로교통에 이바지하여야 하며, 도로교통법을 잘 알지 못하면 운전면허시험에 합격하기도 어렵지만 운전 중에 위반 스티커를 많이 발부받게 된다.

## Ⅲ. 특정범죄가중처벌등에관한법률

### 1. 목 적

이 법은 형법 등에서 규정하고 있는 특정범죄에 대해서는 보다 무겁게 처벌토록 규정함으로써 건전한 사회질서의 유지와 국민경제의 발전에 기여하고자 1966년 2월 23일 제정되었다.

### 2. 주요 내용

이 법에서 도로교통과 관련하여 규정하고 있는 내용으로서는 업무상과실 또는 중과실로 인해 교통사고를 일으킨 운전자가 도로교통법에서 규정한 일정한 조치를 취하지 않고 그 교통사고 현장을 떠나 도주하는 뺑소니운전자나 술을 마시고 취한 상태에서 운전하는 자에 대한 가중처벌 등을 들 수 있다.

# 제2절 운전자의 의무

## Ⅰ. 무면허운전금지의무

운전면허를 받지 아니한 자는 자동차 등을 운전할 수 없다. 운전면허의 효력이 정지된 경우에도 마찬가지이다. 운전면허를 취득하지 못한 사람이 운전연습을 하기 위해서는 관할경찰서장의 허가를 얻어야 하지만 관할경찰서장의 운전연습허가를 받은 사람으로부터 운전연습지도를 받은 경우는 그렇지 않다(도로교통법 제40조 제1항 내지 제3항).

이 의무를 위반하고 무면허상태에서 자동차를 운전(무허가 운전 연습도 포함)한 자는 1년 이하의 징역 또는 100만원 이하의 벌금형을 받게 된다(도로교통법 제109조 제1호, 제3호). 그러나 무면허로 원동기장치자전거를 운전한 경우는 30만원 이하의 벌금이나 구류형의 처벌을 받게 된다(도로교통법 제111조).

## Ⅱ. 음주운전금지의무

혈중알코올 농도가 0.05% 이상인 자는 자동차등을 운전하면 안된다(도로교통법 제42조 제1항, 시행령 제31조). 경찰공무원은 교통안전과 위험방지를 위해 상당한 이유가 있는 경우, 운전자의 음주측정을 할 수 있으며 운전자는 이에 응하여야 한다(도로교통법 제41조 제2항).

이를 위반하여 음주운전을 한 자나 술이 취한 상태에서 경찰공무원의 음주측정에 불응한 자는 2년 이하의 징역 또는 300만원 이하의 벌금형에 처한다(도로교통법 제107조의2 제1호, 제2호).

### 판 례

**＊ 음주운전에 대한 위드마크공식의 적용 기준** 【대판 2005. 7. 28. 2005도3904】

음주운전 피고인에게 가장 유리한 감소치를 적용하여 위드마크공식에 따라 계산한 혈중 알코올농도가 도로교통법상 처벌기준인 0.05%를 넘는 0.051%이었으나, 사건발생시간을 특정하는 과정에서 발생하는 오차가능성 등의 여러 사정을 고려할 때 피고인의 운전 당시 혈중 알코올농도가 처벌기준치를 초과하였다고 단정할 수는 없다. 왜냐하면 피검사자의 평소 음주정도, 체질, 음주속도, 음주 후 신체활동의 정도 등의 다양한 요소들이 시간당 혈중 알코올의 감소치에 영향을 미칠 수 있는바, 형사재판에 있어서 유죄의 인정은 법관으로 하여금 합리적인 의심을 할 여지가 없을 정도로 공소사실이 진실한 것이라는 확신을 가지게 할 수 있는 증명이 필요하므로, 위 영향요소들을 적용함에 있어 피고인이 평균인이라고 쉽게 단정하여 평균적인 감소치를 적용하여서는 아니 되고, 필요하다면 전문적인 학식이나 경험이 있는 자의 도움을 받아 객관적이고 합리적으로 혈중 알코올농도에 영향을 줄 수 있는 요소들을 확정하여야 하기 때문이다.

▶ 관련법규 : 도로교통법 제41조, 제107조의2, 형사소송법 제307조 등

**＊ 대학교 운동장에서의 음주운전** 【대판 1996. 10. 25. 96도1848】

대학의 시설물 및 운동장은 학교의 운영자가 자주적으로 관리하는 곳이며, 공공성이 인정되지 않아 일반교통권이 미치지 않는다. 따라서 대학 구내에서 술을 마시고 운전을 하는 경우는 도로교통법상의 음주운전에 해당하지 않는다.

▶ 관련법규 : 도로교통법 제2조 제1호

* **주취운전과 음주측정불응의 관계** 【대판 2004. 11. 12. 2004도525】

도로교통법 제107조의2 제2호 음주측정불응죄의 규정 취지 및 입법 연혁 등을 종합하여 보면, 주취운전은 이미 이루어진 도로교통안전침해만을 문제삼는 것인 반면 음주측정거부는 기왕의 도로교통안전침해는 물론 향후의 도로교통안전 확보와 위험 예방을 함께 문제삼는 것이고, 나아가 주취운전은 도로교통법시행령이 정한 기준 이상으로 '술에 취한' 자가 행위의 주체인 반면, 음주측정거부는 술에 취한 상태에서 자동차 등을 운전하였다고 인정할 만한 상당한 이유가 있는 자가 행위의 주체인 것이어서, 결국 양자가 반드시 동일한 법익을 침해하는 것이라거나 주취운전의 불법과 책임내용이 일반적으로 음주측정거부의 그것에 포섭되는 것이라고는 단정할 수 없으므로, 결국 주취운전과 음주측정거부의 각 도로교통법위반죄는 실체적 경합관계에 있는 것으로 보아야 한다.

▶ 관련법규 : 도로교통법 제41조 제1항, 제2항, 제107조의2 제1호, 제2호 등

* **음주측정거부** 【대판 2003. 1. 24. 2002도66320】

도로교통법 제107조의2 제2호의 음주측정불응죄는 술에 취한 상태에 있다고 인정할 만한 상당한 이유가 있는 사람이 같은 법 제41조 제2항의 규정에 의한 경찰공무원의 측정에 응하지 아니한 경우에 성립하는 것인바, 여기서 '술에 취한 상태'라 함은 음주운전죄로 처벌되는 음주수치인 혈중알코올농도 0.05% 이상의 음주상태를 말한다고 보아야 할 것이므로, 음주측정불응죄가 성립하기 위하여는 음주측정 요구 당시 운전자가 반드시 혈중알코올농도 0.05% 이상의 상태에 있어야 하는 것은 아니지만 적어도 혈중알코올농도 0.05% 이상의 상태에 있다고 인정할 만한 상당한 이유가 있어야 하는 것이고, 나아가 술에 취한 상태에 있다고 인정할 만한 상당한 이유가 있는지 여부는 음주측정 요구 당시 개별 운전자마다 그의 외관 · 태도 · 운전 행태 등 객관적 사정을 종합하여 판단하여야 한다.

▶ 관련법규 : 도로교통법 제41조 제2항, 제107조의2 제2호 등

* **주차를 위한 음주운전** 【대판 1996. 9. 6. 96누5995】

혈중알콜농도 0.05% 이상으로 술에 취한 甲이 자신의 자동차를 주차하기 위해 자신의 집앞 도로에서 6미터 가량의 가까운 거리를 운전한 경우도 도로교통법상의 음주운전에 해당하며, 이러한 경우도 요건이 충족되면 운전면허 취소까지 가능하다.

▶ 관련법규 : 도로교통법 제41조 제1항, 제107조의2 제1호, 시행령 제31조 등

## Ⅲ. 과로운전금지의무

자동차운전자는 과로 · 질병 · 약물(마약 · 대마 · 향정신성의약품)의 영향으로 정상적인 운전이 어려운 상태에서 자동차를 운전하여서는 아니 된다(도로교통법 제42조).

이 의무를 위반하고 무리하게 운전하여 안전한 도로교통을 해칠 우려가 있는 경우 30만원 이하의 벌금이나 구류형으로 처벌한다(도로교통법 제111조 제1호).

## Ⅳ. 공동위험행위금지의무

자동차운전자는 2인 이상이 공동으로 2대 이상의 자동차를 정당한 사유 없이 앞뒤 또는 좌우로 줄을 지어 통행하면서 다른 사람에게 위해를 주거나 교통상의 위험을 발생케 하여서는 아니 된다(도로교통법 제42조의2).

일반적으로 휴가철에 여러 명의 친구들이 여러 대의 자동차로 줄을 지어 야외로 나가며 다른 사람의 교통을 방해하는 경우는 흔히 볼 수 있는 모습인데, 이는 바로 운전

자의 이러한 공동위험행위금지의무 위반에 해당한다.

이 의무를 위반하면 6월 이하의 징역이나 50만원 이하의 벌금 또는 구류형으로 처벌받게 된다(도로교통법 제110조 제1호).

## Ⅴ. 안전운전의무

자동차의 운전자는 그 차량의 조향장치, 제동장치, 그 밖의 장치를 정확히 조작하여야 하며, 도로의 교통상황과 그 차량의 구조 및 성능에 따라 다른 사람에게 위험과 장해를 주는 속도나 방법으로 운전해서는 안된다(도로교통법 제44조).

예컨대, 야간주행시 자신의 시야를 밝게 하기 위해 자동차의 전조등을 너무 위로 조작하여 야간운전시 반대방향에서 오는 차량의 운전자의 눈을 부시게 함으로써 교통사고를 일으킬 위험이 높은 경우를 종종 볼 수 있는데, 이러한 경우가 안전운전의무 위반에 해당한다.

이 의무를 위반하면 10만원 이하의 벌금이나 구류 또는 과료의 형으로 벌한다(도로교통법 제113조 제1호).

### 판 례

**∗ 교통사고처리특례법 위반** 【대판 1996. 7. 9. 96도1198】

내리막길에서 버스운전자가 브레이크를 자주 작동하여 제동력이 약화되어 앞차를 추돌한 것은 버스운전사의 과실로 인정할 수 없어 교통사고처리특례법 위반으로 처벌할 수 없다.

▶ 관련법규 : 교통사고처리특례법 제3조 제1항, 민법 제750조 등

## Ⅵ. 동승자의 안전운전촉구의무

자동차의 동승자는 운전자가 과로, 무면허, 음주 등의 상태에 있거나 정상적인 운행이 불가능한 차량을 운전하는 행위를 저지하여 교통사고를 사전에 예방할 수 있도록 운전자에게 안전운전을 촉구해야 할 의무가 있다. 그러나 나이가 어리거나 심신상실자의 경우와 같이 그러한 사고를 예측할 수 없는 동승자에게는 이러한 의무를 인정할 수 없다.

운전자가 술을 마시고 취한 상태에서 무리한 운전을 하는 것을 알면서도 동승자가 음주운전을 부추기거나 제지하지 않고 그 차에 동승한 경우는 음주운전으로 사고가 발생하는 경우에도 손해배상청구시 자신의 안전운전촉구의무 위반에 대한 과실이 상계된다. 최근 서울중앙지방법원에서는 운전자가 음주상태에서 운전한다는 사실을 알면서 동승하였다가 사고가 발생한 경우 동승자의 과실을 40%로 인정하였다.

**판례**

**＊ 동승자의 안전운전촉구의무와 과실상계** 【대판 1996. 4. 9. 95다43181】

타인의 자동차에 동승한 자는 운전자에게 안전운전을 촉구해야 할 의무를 부담하는데, 이를 게을리 한 경우의 사고시는 동승자도 일정한 과실을 인정받게 된다. 그러나 운전을 할 수 없는 미성년자의 경우는 단순 동승자로서 안전운전에 대한 촉구의무가 있다고 할 수 없다.

## 제3절 특례에 대한 예외사항 10개 항목

교통사고처리특례법상 교통사고 발생시 가해자가 피해자와 합의하거나 종합보험 또는 공제조합에 가입하면 피해자의 손해가 보장되기 때문에 가해자를 처벌하지 않는 것을 원칙으로 하고 있다.

그러나 가해자의 잘못이 너무 크다고 판단되는 사항에 대해서는 합의가 있거나 보험 또는 공제조합에 가입하였더라도 예외적으로 그 가해자를 형사처벌하기로 규정하고 있는데(교통사고처리특례법 제4조 제1항), 이를 보통 「10개 항목」이라고 부른다. 특례에 대한 예외사항 10가지는 다음과 같다.

### Ⅰ. 신호위반

운전자가 신호기 또는 경찰공무원의 수신호를 위반하거나 통행금지 또는 일시정지의 안전표지에 의한 지시를 위반하여 운전한 경우는 신호위반에 해당한다. 교통순시원, 전투경찰, 의경, 헌병, 모범운전자, 민간봉사대원 등의 교통정리를 위한 수신호도 경찰공무원의 수신호와 같다.

그러나 비보호좌회전 표시가 있는 곳에서는 신호에 따르는 다른 차량의 진로에 방해가 되지 않는 한 좌회전할 수 있는데, 이 때 다른 차량의 진로에 방해가 되면 신호위반의 책임이 있다.

### 판례

**＊ 보행등 미설치 행단보도사의 사고** 【대판 2003. 10. 23. 2003도3529】

횡단보도에 보행자를 위한 보행등이 설치되어 있지 않다고 하더라도 횡단보도표시가 되어 있는 이상 그 횡단보도는 도로교통법에서 말하는 횡단보도에 해당하므로, 이러한 횡단보도를 진행하는 차량의 운전자가 도로교통법 제24조 제1항의 규정에 의한 횡단보도에서의 보행자보호의무를 위반하여 교통사고를 낸 경우에는 교통사고처리특례법 제3조 제2항 단서 제6호 소정의 횡단보도에서의 보행자보호의무 위반의 책임을 지게 되는 것이며, 비록 그 횡단보도가 교차로에 인접하여 설치되어 있고 그 교차로의 차량신호등이 차량진행신호였다고 하더라도 이러한 경우 그 차량신호등은 교차로를 진행할 수 있다는 것에 불과하지, 보행등이 설치되어 있지 아니한 횡단보도를 통행하는 보행자에 대한 보행자 보호의무를 다하지 아니하여도 된다는 것을 의미하는 것은 아니다.

▶ 관련법규 : 도로교통법 제24조 제1항, 교통사고처리특례법 제3조 제2항 제6호 등

**＊ 건설회사가 설치한 중앙선과 도로교통법** 【대판 2003. 6. 27. 2003도1895】

건설회사가 고속도로 건설공사와 관련하여 지방도의 확장공사를 위하여 우회도로를 개설하면서 기존의 도로와 우회도로가 연결되는 부분에 설치한 황색 점선이 도로교통법상 설치권한이 있는 자나 그 위임을 받은 자가 설치한 것이 아니라면 이것을 가리켜 교통사고처리특례법 제3조 제2항 단서 제2호에서 규정하는 중앙선이라고 할 수 없을 뿐만 아니라, 건설회사가 임의로 설치한 것에 불과할 뿐 도로교통법 제64조의 규정에 따라 관할경찰서장의 지시에 따라 설치된 것도 아니고 황색 점선의 설치 후 관할경찰서장의 승인을 얻었다고 인정할 자료도 없다면, 결국 위 황색 점선은 교통사고처리특례법 제3조 제2항 단서 제1호 소정의 안전표지라고 할 수 없다.

▶ 관련법규 : 교통사고처리특례법 제3조 제2항 제1호, 제2호, 도로교통법 제64조 등

**＊ 비보호좌회전** 【대판 1996. 5. 28. 96도690】

비보호좌회전 표시가 있는 도로에서 녹색등이 켜졌을 때 좌회전을 함으로써 같은 방향에서 진행하는 뒷차량에 방해가 되었다 하더라도 이는 신호위반에 해당하지 않는다.

▶ 관련법규 : 교통사고처리특례법 제3조 제2항 제1호, 도로교통법 시행규칙 제3조의 별표 1, 3, 6, 시행규칙 제5조 제2항의 별표 3 등

**＊ 교차로 유턴중의 사고** 【대판 1996. 5. 31. 95도3093】

녹·황·적색의 3색등이 설치된 교차로에서 비보호좌회전이나 유턴을 허용하는 표시가 없음에도 불구하고 좌회전이나 유턴을 하다가 사고가 발생한 경우는 신호위반에 해당된다.

▶ 관련법규 : 도로교통법 제4조 및 제5조, 제16조 제1항, 시행규칙 제5조의 별표 2와 3, 교통사고처리특례법 제3조 제2항 제1호 등

## Ⅱ. 중앙선침범

운전자가 도로의 중앙선을 넘거나 고속도로 또는 자동차전용도로에서 유턴이나 후진을 한 경우는 중앙선침범으로 처벌받게 된다. 중앙선침범의 기준이 명확하게 정해져 있는 것은 아니며 경우에 따라 구체적으로 판단하여야 한다.

### 1. 중앙선침범이 인정되는 경우

1) 차체의 일부가 약간이라도 중앙선을 넘는 경우

2) 안전거리를 확보하지 않은 상태로 달리다가 앞차가 급정거함에 따라 앞차와의 추돌을 피하려고 중앙선을 넘는 경우

3) 졸음운전으로 중앙선을 넘은 경우

4) 빗길을 과속으로 달리다가 급제동하여 중앙선을 넘은 경우

### 2. 중앙선침범이 인정되지 않는 경우

1) 빙판길에서 저속으로 주행하다 미끄러져 중앙선을 넘는 경우

2) 갑자기 끼어드는 차량을 피하기 위해 중앙선을 넘는 경우

3) 갑자기 무단횡단하는 사람을 피하기 위해 중앙선을 넘는 경우와 같이 불가항력적인 경우에는 중앙선침범으로 인정하지 않는다.

**판 례**

*** 중앙선침범운행** 【대판 1998. 7. 28. 98도832】

교통사고처리특례법 제3조 제2항 단서 제2호 전단이 규정하는 '도로교통법 제12조 제3항의 규정에 위반하여 차선이 설치된 도로의 중앙선을 침범하였을 때'라 함은 교통사고의 발생지점이 중앙선을 넘어선 모든 경우를 가리키는 것이 아니라 부득이한 사유가 없이 중앙선을 침범하여 교통사고를 발생케 한 경우를 뜻하기 때문에 운전자가 지배할 수 없는 외부적 여건으로 말미암아 어쩔 수 없이 중앙선을 침범하게 되었거나 운전자를 비난할 수 없는 객관적 사정이 있는 경우는 중앙선침범에 해당하지 않는다. 따라서 다른 차량에 들이받힌 차량이 중앙선을 넘으면서 마주오던 차량들과 충격하여 일어난 사고는 중앙선침범사고로 볼 수 없다.

참조조문 : 교통사고처리특례법 제3조 제2항 제2호

## Ⅲ. 제한속도 위반

운전자가 자동차를 운전하여 도로를 통행하는 경우는 행정자치부령(도로교통법 시행규칙 제12조)에서 정한 제한속도를 준수하여야 하는데, 이러한 제한속도보다 시속 20km를 초과하여 교통사고를 일으킨 경우는 제한속도 위반이 된다.

## Ⅳ. 앞지르기등의 위반

운전자는 앞지르기를 하고자 할 때에는 주변상황에 맞게 주의하여 앞차의 좌측으로

하여야 하며, 다른 차량의 앞지르기를 방해해서는 아니 된다. 그리고 교차로, 터널 안 또는 다리 위 · 곡선도로 · 고갯길 · 기타 앞지르기 금지장소나 앞차의 좌측에 다른 차가 앞차와 나란히 가고 있을 때에는 앞지르기를 해서는 아니 된다.

또한 경찰공무원의 지시에 따르거나 위험방지를 위하여 정지 또는 서행하고 있는 다른 차의 앞으로 끼어들지 못한다(도로교통법 제19조 내지 제20조의3).

## Ⅴ. 건널목운전 위반

자동차를 운전하여 건널목을 지나고자 할 때에는 건널목 앞에서 일시 정지하여 안전을 확인한 후 통과하여야 하며, 건널목의 차단기가 내려져 있거나 내려지려고 할 때에는 건널목으로 들어가지 말아야 한다.

그리고 건널목을 통과하다가 고장 등의 사유로 자동차를 운행할 수 없는 경우에는 즉시 승객을 대피시키고 철도공무원이나 경찰공무원에게 그 사실을 알려야 하는데, 이러한 의무를 위반한 경우(도로교통법 제21조)도 10개 항목에 해당한다.

## Ⅵ. 횡단보도 사고

보행자가 횡단보도를 통행하고 있을 때 운전자는 보행자의 보행을 방해하지 말고 보행자의 보호의무를 다하여야 하는데, 이를 위반하여 교통사고를 일으킨 경우는 10개 항목에 해당한다(도로교통법 제24조).

## Ⅶ. 무면허운전

무면허운전은 도로교통법에서 규정한 내용에 따라 운전면허를 받지 아니한 자가 자동차를 운전한 경우로서 중기를 운전하고자 할 때에도 마찬가지이다.

**판 례**

* **무면허운전 【대판 2000. 5. 30. 99다66236】**

자동차종합보험 보통약관상의 무면허운전 면책조항은 사고 발생의 원인이 무면허운전에 있음을 이유로 한 것이 아니라 사고 발생시에 무면허 운전중이었다는 법규위반 상황을 중시하여 이를 보험자의 보험 대상에서 제외하는 사유로 규정한 것으로서, 운전자가 그 무면허운전 사실을 인식하지 못하였다고 하더라도 면책약관상의 무면허운전에 해당된다.
▶ 관련법규 : 상법 제659조 제1항, 민법 제105조

## Ⅷ. 음주운전

운전자는 술이 취하거나 약물의 영향으로 인해 정상적인 운전을 할 수 없는 상태에서 자동차를 운전하면 음주운전으로 무겁게 처벌된다.

## Ⅸ. 인도침범

보도가 설치된 도로에서 보도를 침범하거나 보도통행방법을 위반하여 운전하다가 교통사고를 일으킨 경우는 인도침범으로 처벌된다.

예컨대, 자동차를 몰아 보도로 돌진하여 보행자를 사상케 한 경우가 이에 해당한다.

## Ⅹ. 개문발차

승객을 태운 운전자가 자동차의 문을 닫지 않고 출발하여 타고 내리던 승객이 추락한 경우

# 제4절 교통사고시 주의사항

## Ⅰ. 사상자에 대한 구호조치

교통사고가 발생하면 그 차의 운전자나 동승자는 즉시 정차하여 사고상황을 확인하고 피해자에 대한 구호조치를 하여야 한다(도로교통법 제54조 제1항). 여기서 「구호조치」란 부상자에 대한 응급조치, 응급환자의 병원 후송, 구급차의 출동 요청등과 같이 운전자 등이 취할 수 있는 조치를 말한다.

교통사고로 인한 사상자가 있음에도 불구하고 이러한 구호조치를 취하지 않고 사고에 대한 책임을 회피하거나 도망칠 목적으로 사고 현장을 떠나 버리면 도주차량, 즉 뺑

소니차량이 되어 특정범죄가중처벌등에관한법률 위반으로 피해자가 사망한 경우는 무기 또는 5년 이상의 징역, 피해자가 부상인 경우는 1년 이상의 유기징역의 엄한 처벌을 받게 된다(특정범죄가중처벌등에관한법률 제5조의3 제1항).

## Ⅱ. 신 고

교통사고 운전자 등은 사상자의 구호조치를 취한 다음 지체 없이 그 사고에 대한 신고를 하여야 한다.

경찰공무원이 사고현장에 있는 경우는 그 경찰공무원에게 사고의 내용을 신고하면 되는데, 사고현장에 경찰공무원이 없는 경우는 가장 가까운 경찰지서, 파출소, 출장소, 경찰관서 등에 사고장소, 사상자의 수와 부상정도, 기타 피해상황을 신속히 신고하여야 한다(도로교통법 제50조 제2항).

이러한 신고를 하지 않으면 30만원 이하의 벌금 또는 구류형의 처벌을 받을 수 있으며, 자칫 불리한 입장에 처하는 수가 있다. 그러나 단순한 접촉사고에 대하여 가해자와 피해자가 손해에 대하여 원만한 합의를 본 경우는 처벌의 대상이 되지 않는다.

## Ⅲ. 사고현장의 보전

자동차의 교통이 빈번한 도로상의 교통사고는 그 상황을 잘 보전하지 않으면 피해자가 제대로 보호를 받지 못하거나 가해자와 피해자가 바뀌는 경우가 종종 발생한다.

따라서 교통사고가 발생하면 우선 사상자의 구호조치, 경찰관서에 대한 신고를 마치고 도로의 소통을 위해 사고차량을 다른 차량의 소통에 방해가 되지 않도록 현장을 정리하고 사고사실을 확인할 수 있는 조치를 취하여야 한다.

사고당시 날씨가 맑은 경우는 사고현장을 스프레이로 정확하게 표시하면 되고, 비가 오는 날은 도로에 못을 박아 끈으로 묶어 표시하고, 사진을 찍어 두면 좋다. 그리고 사고현장에 목격자가 있는 경우는 그 목격자의 진술을 녹음하고 그의 신원을 정확히 알아 두었다가 도움을 청하는 것이 좋다. 그 후 경찰공무원이 교통사고실황조사서를 작성한 경우는 그 내용을 정확하게 읽어 보고 그 내용이 사실과 일치하면 서명날인하고 그렇지 않은 경우는 잘못된 내용에 대한 시정을 요구하여야 한다.

## Ⅳ. 가해자의 신원확인

피해자가 가해자의 신원을 정확히 확인하지 않으면 자칫 손해배상을 받지 못하는 경우가 있다. 그래서 교통사고 발생시 가해자의 신원확인은 매우 중요한 일이다.

가해자의 신원은 대체로 운전면허증, 자동차검사증, 보험증권 등을 종합적으로 정확히 확인하여야 한다. 자동차검사증이나 명함만으로 가해자를 확인하는 것은 위험한 결과를 가져오는 수가 많다.

이는 가해자의 경우도 도주차량으로 인정되는 경우가 있으므로 서로 정확하게 신원을 확인하는 것이 중요하다. 그러나 가해차량의 운전자가 동승자에게 사고의 처리를 부탁하고 사고현장을 이탈하였으나 그 동승자가 사고의 신고 및 다른 조치를 취하였다면 가해차량의 운전자는 뺑소니에 해당되지 않는다.

## Ⅴ. 당사자 간의 합의

교통사고가 발생한 경우 사고처리가 끝나면 당사자 간에 합의로서 마무리를 지어야 한다. 특히 가해운전자가 구속되어 있는 경우는 형사처벌을 경감시키기 위해서 피해자와 민·형사상의 원만한 합의를 보아야 한다.

**판 례**

* **도주차량** 【대판 1996. 8. 20. 96도1415】

교통사고 운전자가 그 사고로 인해 피해자가 사상을 당한 사실을 알면서도 그 피해자에 대한 구호의무를 다하지 않고 사고현장을 떠남으로써 사고를 야기시킨 당사자로 확정될 수 없는 상태를 초래한 경우를 도주차량이라고 할 수 있는데, 교통사고를 낸 후 피해자에게 자동차원부만 교부하고 사고현장을 이탈한 경우도 도주의사가 있다고 보아 도주차량에 해당된다.

관련법규 : 특정범죄가중처벌등에관한법률 제5조의3 제1항, 도로교통법 제54조 제1항 등
유사판례 : 대판 1995. 11. 24. 95도1680

그러나 교통사고가 경미한 경우는 대체로 민사상의 합의만 있으면 형사처리를 하지 않지만 인사사고나 무보험차량의 사고 또는 특정범죄가중처벌법 위반의 경우는 민사상의 합의와 형사상의 합의를 별도로 보아야 한다. 따라서 이러한 경우는 합의서를 작성하면서 민·형사상의 합의가 동시에 이루어졌음을 명시하는 것이 가해자의 입장에서는

유리하다.

## 합의서 서식

# 합 의 서

피해자 진 실 이

경기도 안양시 박달동 37번지

가해자 양 심 이

서울특별시 관악구 신림동 519번지

2006. 1. 25. 오후 3시경 서울특별시 종로구 종로1번지 교보빌딩앞에서 가해자가 서울2호7722호 승용차로 피해자의 경기1바4929호 승용차를 추돌한 사건에 대하여 당사자 간에 다음과 같이 합의한다.

1. 가해자는 이 사건으로 인해 피해자가 입은 손해액(치료비, 자동차 수리비 및 피해자의 일실수익) 금 500만원을 2006. 2. 20.까지 현금으로 피해자에게 지급키로 한다.
2. 가해자는 위 손해액 외에도 차후 본 사고로 인해 발생하는 피해자의 후유증에 대하여 전적으로 책임진다.
3. 피해자는 본 합의 후 어떠한 이유로도 민·형사상의 이의를 제기하지 않는다.

위와 같이 합의하고 차후 이를 증명하기 위해 합의서를 작성하여 당사자가 서명날인하여 각 1부씩 소지하기로 한다.

2006. 2. 15.

피해자 진 실 이 ㊞

가해자 양 심 이 ㊞

입회자 박 증 인 ㊞

서울특별시 영등포구 구로동 37번지

‖ 작성요령 ‖

합의서는 형사사건뿐만 아니라 민사사건에 있어서도 당사자 간에 합의가 있는 경우에는 합의 후에 생각이 달라져서 태도가 변하지 않도록 정확히 해 두기 위해 합의의 내용을 정확히 서면으로 작성해 두는 것이 중요하다.

이때 입회인을 반드시 기재해야 하는 것은 아니지만 정확성을 기하기 위해서는 기재해 두는 것이 좋다. 또한 필요한 경우는 합의서를 공증 받아 두는 것도 뒷날을 위해 좋다.

그러나 부당 · 불법한 내용에 대하여는 합의서를 작성하였다 하더라도 법적 효력은 발생하지 않는다.

# 제5절 교통사고와 손해배상

## Ⅰ. 국가 또는 군용차량에 의한 교통사고

### 1. 국가배상책임

국가 또는 지방자치단체의 차량이나 군용차량에 의해 발생한 교통사고로 손해를 입은 경우는 그 손해배상책임은 국가에 있기 때문에 국가를 상대로 국가배상법에 따라 손해배상을 청구하면 된다(국가배상법 제2조 제1항).

미군용 차량에 의한 교통사고의 경우도 한미행정협정에 따라 우리나라 정부가 배상토록 되어 있다. 따라서 위와 같은 절차를 거쳐 손해배상을 지급받을 수 있다.

### 2. 배상청구절차

각 지방검찰청이나 군부대에 설치된 지구배상심의회에 배상신청서와 사고의 사실을 입증할 수 있는 증거 및 손해내용을 입증하는 증거를 구비하여 신청한다. 청구인이 지구배상심의회의 결정에 만족하지 못하는 경우는 지구배상심의회로부터 결정서를 송달받은 날로부터 2주 이내에 본부심의회나 특별심의회에 재심을 신청하든가 아니면 민사소송절차에 따라 손해배상청구의 소를 제기할 수 있다(국가배상법 제10조 내지 제15조의2).

심의회의 배상결정은 신청인이 동의하거나 지방자치단체가 배상금을 지급한 때에는 재판상의 화해가 성립된 것과 동일한 효력이 있다(국가배상법 제16조).

## Ⅱ. 자동차매매계약중의 교통사고에 대한 책임

중고자동차의 매매계약을 체결하고 자동차를 매수인이 운전하거나 제3자가 운전하다가 교통사고가 발생한 경우, 그 손해배상책임의 소재가 애매한 경우가 있다. 이러한 경우는 매매계약의 내용이 어느 정도 이행되었는가에 따라 구체적으로 결정하여야 한다.

만약 매수인이 매매대금 중 계약금만 지급한 상태에서 사고가 발생한 경우라면 매도인도 그 사고에 대한 배상책임을 면치 못한다. 그러나 매매대금은 모두 지급되었으나 매수인의 명의로 자동차등록을 마치지 아니한 상태에서 발생한 사고에 대해서는 매수인이 그 자동차의 실질적인 지배자이므로 매도인은 그 사고에 대한 손해배상책임이 없다.

## Ⅲ. 자동차소유자의 책임

교통사고의 손해배상책임은 1차적으로 사고를 일으킨 운전자에게 있다. 그러나 사고차량의 소유자도 그 차량으로 인한 손해를 배상할 책임이 있다. 따라서 회사소유의 자동차를 그 회사의 직원이 운전하다가 사고를 일으킨 경우 운전자가 몸으로 때운다고 해서 손해배상 문제가 해결되는 것은 아니고 민사상의 손해에 대해서는 운전자가 배상치 못하면 그 자동차의 소유자인 회사가 배상하여야 한다. 이때 피해자는 편의상 운전자와 회사를 상대로 동시에 손해배상을 청구하는 것이 좋다.

## Ⅳ. 손해배상의 범위

교통사고로 인한 손해배상책임은 불법행위에 대한 손해배상책임이다. 따라서 교통사고로 인한 손해배상은 가해자의 고의 또는 과실에 의한 손해로서 그 범위는 재산상의 손해와 정신적 손해를 포함한다.

### 1. 재산상의 손해

재산상의 손해로는 그 사고로 인해 발생한 치료비, 자동차수리비, 견인비, 사망의 경우는 장례비, 일실수익 등 그 사고로 인해 피해자가 입은 모든 재산적 손해를 말한다. 여기서 일실수익이란 그 사고로 인해 피해자가 일을 하지 못함으로써 벌지 못한 수입을 말한다.

### 2. 정신적 손해

정신적 손해는 그 사고로 인해 피해자 또는 그의 배우자나 가족들이 당한 정신적 고통을 금전적 가치로 평가하는 것으로서 손해액은 피해자의 사회적 지위와 사고의 구체적 내용에 따라 결정된다.

## Ⅴ. 손해배상청구권의 시효

교통사고로 인한 손해배상의 청구는 가해자를 알고 있는 경우는 그 손해가 발생한 날로부터 3년 이내에 하여야 하며, 가만히 있다가 손해가 발생한 지 3년이 지난 뒤에 갑자기 손해배상을 청구하면 법적인 보호를 받을 수 없다.

그리고 가해자를 알 수 없는 경우의 교통사고로 인한 손해배상은 사고가 발생한 날로부터 10년 이내에 손해배상을 청구하지 않으면 시효완성으로 청구할 수 없게 된다.

## Ⅵ. 손해배상과 과실상계

피해자에게 과실이 있는 경우는 교통사고로 인한 손해배상액을 산정할 때에 피해자가 잘못한 만큼을 공제하게 되는데, 이를 「과실상계過失相計」라 한다.

예컨대, 횡단보도는 보행자의 전용권이 인정되기 때문에 횡단보도에서 사고가 난 경우는 운전자에게 전적인 배상책임이 있다고 할 수 있고, 야간에 육교 밑으로 무단횡단을 하거나 고속도로에서 무단횡단을 하다가 사고를 당한 경우라면 무단횡단을 한 피해자에게 전적인 책임이 있으므로 사고운전자의 배상책임은 면책된다. 그러나 횡단보도로부터 20미터 정도 떨어진 도로에서 무단횡단하는 사람을 치어 교통사고를 일으킨 경우는 피해자의 과실도 어느 정도 인정되기 때문에 그에 대한 비율을 손해배상액의 산정에서 상계하여야 한다.

**판례**

*** 교통사고시 취객의 과실과 손해배상 【대판 1996. 3. 26. 94다43016】**

차량의 통행이 많은 도로에서 야간에 술이 취해 쓰러져 잠자다 차에 치어 사망한 경우 사망한 자도 50%의 과실이 있다.

# 제6절 운전면허의 취소

## Ⅰ. 면허취소사유

운전면허를 취소할 수 있는 사유는 다음과 같다(도로교통법 제78조, 시행규칙 제53조 제1항 별표 16).

### 1. 뺑소니사고

운전자가 교통사고를 일으켜 사람을 다치거나 사망케 하고 도주한 경우

### 2. 음주운전사고

혈중알코올 농도 0.05% 이상인 상태에서 운전하다가 교통사고를 일으키거나 혈중알코올 농도 0.1% 이상인 상태(만취상태)에서 운전을 하거나 또는 술에 취한 상태에서 경찰공무원의 음주측정에 불응한 경우

### 3. 운전면허의 부정한 대여 또는 사용

운전면허증을 소지한 자가 다른 사람에게 그 운전면허를 빌려주거나 부정한 방법으로 취득한 다른 사람의 면허를 사용한 경우

### 4. 정상적인 운전이 불가능한 자

정신병자, 정신미약자, 간질병자, 맹인, 농아, 마약 · 대마 · 향정신성의약품 · 알코올중독자 등

## 5. 부정하게 취득한 면허

다른 사람을 시켜 운전면허시험을 대리로 응시케 하여 면허시험에 합격하거나 뇌물을 제공하고 운전면허를 취득하는 등 허위 또는 부정한 수단으로 운전면허를 취득한 경우

## 6. 자동차범죄자

자동차를 이용하여 범죄행위를 저지르거나 다른 사람의 자동차를 훔치거나 빼앗은 경우

## 7. 다른 사람을 위하여 면허시험에 응시한 경우

## 8. 단속경찰공무원을 폭행한 경우

### 판 례

*** 보통면허와 원동기장치자전거면허의 동시취소 【대판 1996. 11. 8. 96누9959】**

제1종보통면허와 원동기장치자전거면허를 소지한 자가 술을 마시고 차량을 운전한 경우는 제1종보통면허뿐만 아니라 원동기장치자전거면허도 취소할 수 있다.

▶ 관련법규 : 도로교통법 제41조, 제68조 제2항 제1호, 제78조 제1항 제8호, 시행령 제31조, 시행규칙 제53조 제1항 별표 16 등

*** 자동차사용정지기간 중의 운전과 면허취소 【대판 1996. 4. 12. 95누10396】**

자동차운수사업법위반으로 사용정치처분을 받은 자동차를 운전하였다는 이유로 운전자의 면허를 취소할 수는 없다.

▶ 관련법규 : 자동차운수사업법 제59조, 도로교통법 제78조, 시행규칙 제53조 제1항 등

# Ⅱ. 운전면허취소의 통지

경찰서장이 운전면허에 대한 취소처분을 한 경우, 그 처분대상자에게 처분집행예정일 7일 전까지 취소처분통지서를 발송하여야 한다. 그러나 처분대상자의 주소변경으로 통지할 수 없는 경우는 면허증상의 주소지 관할경찰관서 게시판에 면허취소처분사실을 10일간 공고하여야 한다(도로교통법 시행령 제53조, 시행규칙 제53조 제2항).

판 례

* **운전면허취소처분의 통지** 【대판 1996. 6. 14. 95누17823】

경찰서장이 운전면허취소사실을 통지서에 의하지 않고 경찰서에 출석한 당사자에게 구두로 그 사실을 알리거나 처분집행 예정일 7일 전까지 소정의 통지서를 발송하지 않은 경우 그 처분은 무효이다.

▶ 관련법규 : 도로교통법 제78조, 시행령 제53조 제1항, 제2항 등

# 제7절 자동차등록

## Ⅰ. 등록해야 할 내용

자동차를 소유하고 있는 자는 자동차의 사용본거지, 즉 소유자의 주소지관할 등록관청에 신규등록, 등록번호의 변경등록, 시·도 간의 변경등록, 말소등록, 소유자변경등록 등을 하여야 한다.

## Ⅱ. 등록방법

신규등록이나 등록번호의 변경등록 등을 제외하고는 자동차의 사용본거지 등록관청이 아닌 동일한 시·도 내의 다른 등록관청에 신청하여도 되고, 등록신청자가 등록관청에 직접 나가지 않고 우편으로 등록신청을 할 수도 있다(자동차등록령 제5조, 제12조).

## Ⅲ. 양도인에 의한 말소등록

중고자동차를 매도한 경우에 매수인이 그 자동차를 인수받아 운행하면서 자신의 명의로 이전등록을 하지 않은 상태에서 그 자동차로 인해 사고가 발생하면 사고당시의 등록원부에는 매도인인 양도인의 명의로 되어 있기 때문에 손해배상이나 세금 및 범칙금에 관한 문제로 양도인이 곤란에 빠지는 경우가 많다. 왜냐하면 이전등록은 원칙상 양수인이 자신의 주소지관할 등록관청에서 할 수 있기 때문이다.

따라서 1996년 10월 30일부터는 자동차의 소유자가 자동차를 양수한 뒤 6월 이내에

자동차이전등록을 신청하지 않고 양수인의 소재도 알 수 없는 경우는 선의의 양도인을 보호하고 자동차관리업무의 효율화를 위해 양도인이 그 자동차에 대한 말소등록을 신청할 수 있도록 하였다(자동차등록령 제31조 제1항).

**판 례**

*** 1가구 2차량의 기준** 【대판 1997. 11. 14. 97누14620】

새차를 구입하기 전에 사실상 다른 사람에게 무상으로 양도했더라도 새차를 구입한 후 30일 이내에 양도차량의 이전등록을 하지 아니한 경우에는 1가구 2차량에 해당한다(서울고법은 1가구 2차량에 해당하지 않는다고 판결).

## Ⅳ. 양도인의 이전등록신청

양수인이 정당한 사유 없이 자동차이전등록신청을 하지 않는 경우 이로 인해 양도인이 부당하게 불이익을 당할 수 있다. 따라서 이러한 경우 양도인이 이전등록을 신청할 수 있도록 하고 있는데, 양도인의 이전등록신청이 있으면 등록관청은 지체 없이 7일 이상 15일 이내의 기간을 정하여 양수인에게 이전등록을 최고하고 이 기간 내에 양수인이 이의를 제기하지 않거나 이전등록신청을 하지 않는 경우 자동차등록원부를 정리하고 등록절차를 완료하여야 한다(자동차관리법 제12조 제4항, 자동차등록령 제27조).

부록

# 大韓民國憲法

制定 1948年 7月 12日 헌법 제1호
公布 1948年 7月 17日

改正 1952年 7月 7日 헌법 제2호
1954年 11月 29日 헌법 제3호
1960年 6月 15日 헌법 제4호
1960年 11月 29日 헌법 제5호
1962年 12月 26日 헌법 제6호
1969年 10月 21日 헌법 제7호
1972年 12月 27日 헌법 제8호
1980年 10月 27日 헌법 제9호
1987年 10月 29日 헌법 제10호

## 前 文

悠久한 歷史와 傳統에 빛나는 우리 大韓國民은 3·1運動으로 建立된 大韓民國臨時政府의 法統과 不義에 抗拒한 4·19民主理念을 계승하고, 祖國의 民主改革과 平和的 統一의 使命에 입각하여 正義·人道와 同胞愛로써 民族의 團結을 공고히 하고, 모든 社會的 弊習과 不義를 타파하며, 自律과 調和를 바탕으로 自由民主的 基本秩序를 더욱 확고히 하여 政治·經濟·社會·文化의 모든 領域에 있어서 各人의 機會를 균등히 하고, 能力을 最高度로 발휘하게 하며, 自由와 權利에 따르는 責任과 義務를 완수하게 하여, 안으로는 國民生活의 균등한 향상을 기하고 밖으로는 항구적인 世界平和와 人類共榮에 이바지함으로써 우리들과 우리들의 子孫의 安全과 自由와 幸福을 영원히 확보할 것을 다짐하면서 1948年 7月 12日에 制定되고 8次에 걸쳐 改正된 憲法을 이제 國會의 議決을 거쳐 國民投票에 의하여 改正한다.

## 第1章 總綱

【第1條】 ① 大韓民國은 民主共和國이다.

② 大韓民國의 主權은 國民에게 있고, 모든 權力은 國民으로부터 나온다.

【第2條】① 大韓民國의 國民이 되는 요건은 法律로 정한다.

② 國家는 法律이 정하는 바에 의하여 在外國民을 보호할 義務를 진다.

【第3條】大韓民國의 領土는 韓半島와 그 附屬島嶼로 한다.

【第4條】大韓民國은 統一을 指向하며, 自由民主的 基本秩序에 입각한 平和的 統一 政策을 수립하고 이를 추진한다.

【第5條】① 大韓民國은 國際平和의 유지에 노력하고 侵略的 戰爭을 否認한다.

② 國軍은 國家의 安全保障과 國土防衛의 神聖한 義務를 수행함을 使命으로 하며, 그 政治的 中立性은 준수된다.

【第6條】① 憲法에 의하여 체결·公布된 條約과 一般的으로 승인된 國際法規는 國內法과 같은 效力을 가진다.

② 外國人은 國際法과 條約이 정하는 바에 의하여 그 地位가 보장된다.

【第7條】① 公務員은 國民全體에 대한 奉仕者이며, 國民에 대하여 責任을 진다.

② 公務員의 身分과 政治的 中立性은 法律이 정하는 바에 의하여 보장된다.

【第8條】① 政黨의 設立은 自由이며, 複數政黨制는 보장된다.

② 政黨은 그 目的·組織과 活動이 民主的이어야 하며, 國民의 政治的 意思形成에 참여하는데 필요한 組織을 가져야 한다.

③ 政黨은 法律이 정하는 바에 의하여 國家의 보호를 받으며, 國家는 法律이 정하는 바에 의하여 政黨運營에 필요한 資金을 補助할 수 있다.

④ 政黨의 目的이나 活動이 民主的 基本秩序에 違背될 때에는 政府는 憲法裁判所에 그 解散을 提訴할 수 있고, 政黨은 憲法裁判所의 審判에 의하여 解散된다.

【第9條】國家는 傳統文化의 계승·발전과 民族文化의 暢達에 노력하여야 한다.

## 第2章 國民의 權利와 義務

【第10條】모든 國民은 人間으로서의 尊嚴과 價値를 가지며, 幸福을 追求할 權利를 가진다. 國家는 개인이 가지는 不可侵의 基本的 人權을 확인하고 이를 보장할 義務를 진다.

【第11條】① 모든 國民은 法 앞에 平等하다. 누구든지 性別·宗敎 또는 社會的 身分에 의하여 政治的·經濟的·社會的·文化的 生活의 모든 領域에 있어서 차별을 받지 아니한다.

② 社會的 特殊階級의 制度는 인정되지 아니하며, 어떠한 形態로도 이를 創設할 수 없다.

③ 勳章등의 榮典은 이를 받은 者에게만 效力이 있고, 어떠한 特權도 이에 따르지 아니한다.

【第12條】 ① 모든 國民은 身體의 自由를 가진다. 누구든지 法律에 의하지 아니하고는 逮捕·拘束·押收·搜索 또는 審問을 받지 아니하며, 法律과 適法한 節次에 의하지 아니하고는 處罰·保安處分 또는 强制勞役을 받지 아니한다.

② 모든 國民은 拷問을 받지 아니하며, 刑事上 자기에게 不利한 陳述을 强要당하지 아니한다.

③ 逮捕·拘束·押收 또는 搜索을 할 때에는 適法한 節次에 따라 檢事의 申請에 의하여 法官이 발부한 令狀을 제시하여야 한다. 다만, 現行犯人인 경우와 長期 3年이상의 刑에 해당하는 罪를 범하고 逃避 또는 證據湮滅의 염려가 있을 때에는 事後에 令狀을 請求할 수 있다.

④ 누구든지 逮捕 또는 拘束을 당한 때에는 즉시 辯護人의 助力을 받을 權利를 가진다. 다만, 刑事被告人이 스스로 辯護人을 구할 수 없을 때에는 法律이 정하는 바에 의하여 國家가 辯護人을 붙인다.

⑤ 누구든지 逮捕 또는 拘束의 이유와 辯護人의 助力을 받을 權利가 있음을 告知받지 아니하고는 逮捕 또는 拘束을 당하지 아니한다. 逮捕 또는 拘束을 당한 者의 家族등 法律이 정하는 者에게는 그 이유와 日時·場所가 지체없이 통지되어야 한다.

⑥ 누구든지 逮捕 또는 拘束을 당한 때에는 適否의 審査를 法院에 請求할 權利를 가진다.

⑦ 被告人의 自白이 拷問·暴行·脅迫·拘束의 부당한 長期化 또는 欺罔 기타의 방법에 의하여 自意로 陳述된 것이 아니라고 인정될 때 또는 正式裁判에 있어서 被告人의 自白이 그에게 不利한 유일한 증거일 때에는 이를 有罪의 증거로 삼거나 이를 이유로 處罰할 수 없다.

【第13條】 ① 모든 國民은 行爲時의 法律에 의하여 犯罪를 구성하지 아니하는 행위로 訴追되지 아니하며, 동일한 犯罪에 대하여 거듭 處罰받지 아니한다.

② 모든 國民은 遡及立法에 의하여 參政權의 제한을 받거나 財産權을 剝奪당하지 아니한다.

③ 모든 國民은 자기의 행위가 아닌 親族의 행위로 인하여 불이익한 處遇를 받지 아니한다.

【第14條】 모든 國民은 居住·移轉의 自由를 가진다.

【第15條】 모든 國民은 職業選擇의 自由를 가진다.

【第16條】 모든 國民은 住居의 自由를 침해받지 아니한다. 住居에 대한 押收나 搜索을 할 때에는 檢事의 申請에 의하여 法官이 발부한 令狀을 제시하여야 한다.

【第17條】 모든 國民은 私生活의 秘密과 自由를 침해받지 아니한다.

【第18條】 모든 國民은 通信의 秘密을 침해받지 아니한다.

【第19條】 모든 國民은 良心의 自由를 가진다.

【第20條】 ① 모든 國民은 宗敎의 自由를 가진다.

② 國敎는 인정되지 아니하며, 宗敎와 政治는 分離된다.

【第21條】 ① 모든 國民은 言論·出版의 自由와 集會·結社의 自由를 가진다.

② 言論·出版에 대한 許可나 檢閱과 集會·結社에 대한 許可는 인정되지 아니한다.

③ 通信·放送의 施設基準과 新聞의 機能을 보장하기 위하여 필요한 사항은 法律로 정한다.

④ 言論·出版은 他人의 名譽나 權利 또는 公衆道德이나 社會倫理를 침해하여서는 아니된다. 言論·出版이 他人의 名譽나 權利를 침해한 때에는 被害者는 이에 대한 被害의 賠償을 請求할 수 있다.

【第22條】 ① 모든 國民은 學問과 藝術의 自由를 가진다.

② 著作者·發明家·科學技術者와 藝術家의 權利는 法律로써 보호한다.

【第23條】 ① 모든 國民의 財産權은 보장된다. 그 내용과 限界는 法律로 정한다.

② 財産權의 행사는 公共福利에 적합하도록 하여야 한다.

③ 公共必要에 의한 財産權의 收用·사용 또는 제한 및 그에 대한 補償은 法律로써 하되, 정당한 補償을 支給하여야 한다.

【第24條】 모든 國民은 法律이 정하는 바에 의하여 選擧權을 가진다.

【第25條】 모든 國民은 法律이 정하는 바에 의하여 公務擔任權을 가진다.

【第26條】 ① 모든 國民은 法律이 정하는 바에 의하여 國家機關에 文書로 請願할 權利를 가진다.

② 國家는 請願에 대하여 審査할 義務를 진다.

【第27條】 ① 모든 國民은 憲法과 法律이 정한 法官에 의하여 法律에 의한 裁判을 받을 權利를 가진다.

② 軍人 또는 軍務員이 아닌 國民은 大韓民國의 領域안에서는 중대한 軍事上 機密·哨兵·哨所·有毒飮食物供給·捕虜·軍用物에 관한 罪중 法律이 정한 경우와 非常戒嚴이 宣布된 경우를 제외하고는 軍事法院의 裁判을 받지 아니한다.

③ 모든 國民은 신속한 裁判을 받을 權利를 가진다. 刑事被告人은 상당한 이유가 없는 한 지체없이 公開裁判을 받을 權利를 가진다.

④ 刑事被告人은 有罪의 判決이 확정될 때까지는 無罪로 推定된다.

⑤ 刑事被害者는 法律이 정하는 바에 의하여 당해 事件의 裁判節次에서 陳述할 수 있다.

【第 28 條】 刑事被疑者 또는 刑事被告人으로서 拘禁되었던 者가 法律이 정하는 不起訴處分을 받거나 無罪判決을 받은 때에는 法律이 정하는 바에 의하여 國家에 정당한 補償을 請求할 수 있다.

【第 29 條】 ① 公務員의 職務上 不法行爲로 損害를 받은 國民은 法律이 정하는 바에 의하여 國家 또는 公共團體에 정당한 賠償을 請求할 수 있다. 이 경우 公務員 자신의 責任은 免除되지 아니한다.

② 軍人·軍務員·警察公務員 기타 法律이 정하는 者가 戰鬪·訓練등 職務執行과 관련하여 받은 損害에 대하여는 法律이 정하는 報償외에 國家 또는 公共團體에 公務員의 職務上 不法行爲로 인한 賠償은 請求할 수 없다.

【第 30 條】 他人의 犯罪行爲로 인하여 生命·身體에 대한 被害를 받은 國民은 法律이 정하는 바에 의하여 國家로부터 救助를 받을 수 있다.

【第 31 條】 ① 모든 國民은 能力에 따라 균등하게 敎育을 받을 權利를 가진다.

② 모든 國民은 그 보호하는 子女에게 적어도 初等敎育과 法律이 정하는 敎育을 받게 할 義務를 진다.

③ 義務敎育은 無償으로 한다.

④ 敎育의 自主性·專門性·政治的 中立性 및 大學의 自律性은 法律이 정하는 바에 의하여 보장된다.

⑤ 國家는 平生敎育을 振興하여야 한다.

⑥ 學校敎育 및 平生敎育을 포함한 敎育制度와 그 운영, 敎育財政 및 敎員의 地位에 관한 基本的인 사항은 法律로 정한다.

【第 32 條】 ① 모든 國民은 勤勞의 權利를 가진다. 國家는 社會的·經濟的 방법으로 勤勞者의 雇傭의 增進과 適正賃金의 보장에 노력하여야 하며, 法律이 정하는 바에 의하여 最低賃金制를 施行하여야 한다.

② 모든 國民은 勤勞의 義務를 진다. 國家는 勤勞의 義務의 내용과 조건을 民主主義原則에 따라 法律로 정한다.

③ 勤勞條件의 基準은 人間의 尊嚴性을 보장하도록 法律로 정한다.

④ 女子의 勤勞는 특별한 보호를 받으며, 雇傭·賃金 및 勤勞條件에 있어서 부당한 차별을 받지 아니한다.

⑤ 年少者의 勤勞는 특별한 보호를 받는다.

⑥ 國家有功者·傷痍軍警 및 戰歿軍警의 遺家族은 法律이 정하는 바에 의하여 優先的으로 勤勞의 機會를 부여받는다.

【第 33 條】 ① 勤勞者는 勤勞條件의 향상을 위하여 自主的인 團結權·團體交涉權 및 團體行

動權을 가진다.

② 公務員인 勤勞者는 法律이 정하는 者에 한하여 團結權·團體交涉權 및 團體行動權을 가진다.

③ 法律이 정하는 主要防衛産業體에 종사하는 勤勞者의 團體行動權은 法律이 정하는 바에 의하여 이를 제한하거나 인정하지 아니할 수 있다.

【第34條】 ① 모든 國民은 人間다운 生活을 할 權利를 가진다.

② 國家는 社會保障·社會福祉의 增進에 노력할 義務를 진다.

③ 國家는 女子의 福祉와 權益의 향상을 위하여 노력하여야 한다.

④ 國家는 老人과 靑少年의 福祉向上을 위한 政策을 실시할 義務를 진다.

⑤ 身體障碍者 및 疾病·老齡 기타의 사유로 生活能力이 없는 國民은 法律이 정하는 바에 의하여 國家의 보호를 받는다.

⑥ 國家는 災害를 豫防하고 그 위험으로부터 國民을 보호하기 위하여 노력하여야 한다.

【第35條】 ① 모든 國民은 건강하고 快適한 環境에서 生活할 權利를 가지며, 國家와 國民은 環境保全을 위하여 노력하여야 한다.

② 環境權의 내용과 행사에 관하여는 法律로 정한다.

③ 國家는 住宅開發政策등을 통하여 모든 國民이 快適한 住居生活을 할 수 있도록 노력하여야 한다.

【第36條】 ① 婚姻과 家族生活은 개인의 尊嚴과 兩性의 平等을 기초로 成立되고 유지되어야 하며, 國家는 이를 보장한다.

② 國家는 母性의 보호를 위하여 노력하여야 한다.

③ 모든 國民은 保健에 관하여 國家의 보호를 받는다.

【第37條】 ① 國民의 自由와 權利는 憲法에 열거되지 아니한 이유로 輕視되지 아니한다.

② 國民의 모든 自由와 權利는 國家安全保障·秩序維持 또는 公共福利를 위하여 필요한 경우에 한하여 法律로써 제한할 수 있으며, 제한하는 경우에도 自由와 權利의 本質的인 내용을 침해할 수 없다.

【第38條】 모든 國民은 法律이 정하는 바에 의하여 納稅의 義務를 진다.

【第39條】 ① 모든 國民은 法律이 정하는 바에 의하여 國防의 義務를 진다.

② 누구든지 兵役義務의 이행으로 인하여 불이익한 處遇를 받지 아니한다.

## 第3章 國會

【第40條】 立法權은 國會에 속한다.

【第41條】 ① 國會는 國民의 普通·平等·直接·秘密選擧에 의하여 選出된 國會議員으로 구성한다.

② 國會議員의 數는 法律로 정하되, 200人 이상으로 한다.

③ 國會議員의 選擧區와 比例代表制 기타 選擧에 관한 사항은 法律로 정한다.

【第42條】 國會議員의 任期는 4年으로 한다.

【第43條】 國會議員은 法律이 정하는 職을 겸할 수 없다.

【第44條】 ① 國會議員은 現行犯人인 경우를 제외하고는 會期중 國會의 同意없이 逮捕 또는 拘禁되지 아니한다.

② 國會議員이 會期전에 逮捕 또는 拘禁된 때에는 現行犯人이 아닌 한 國會의 요구가 있으면 會期중 釋放된다.

【第45條】 國會議員은 國會에서 職務上 행한 發言과 表決에 관하여 國會외에서 責任을 지지 아니한다.

【第46條】 ① 國會議員은 淸廉의 義務가 있다.

② 國會議員은 國家利益을 우선하여 良心에 따라 職務를 행한다.

③ 國會議員은 그 地位를 濫用하여 國家·公共團體 또는 企業體와의 契約이나 그 處分에 의하여 財産上의 權利·이익 또는 職位를 취득하거나 他人을 위하여 그 취득을 알선할 수 없다.

【第47條】 ① 國會의 定期會는 法律이 정하는 바에 의하여 매년 1回 集會되며, 國會의 臨時會는 大統領 또는 國會在籍議員 4分의 1 이상의 요구에 의하여 集會된다.

② 定期會의 會期는 100日을, 臨時會의 會期는 30日을 초과할 수 없다.

③ 大統領이 臨時會의 集會를 요구할 때에는 期間과 集會要求의 이유를 명시하여야 한다.

【第48條】 國會는 議長 1人과 副議長 2人을 選出한다.

【第49條】 國會는 憲法 또는 法律에 특별한 規定이 없는 한 在籍議員 過半數의 출석과 出席議員 過半數의 贊成으로 議決한다. 可否同數인 때에는 否決된 것으로 본다.

【第50條】 ① 國會의 會議는 公開한다. 다만, 出席議員 過半數의 贊成이 있거나 議長이 國家의 安全保障을 위하여 필요하다고 인정할 때에는 公開하지 아니할 수 있다.

② 公開하지 아니한 會議內容의 公表에 관하여는 法律이 정하는 바에 의한다.

【第51條】 國會에 제출된 法律案 기타의 議案은 會期중에 議決되지 못한 이유로 폐기되지

아니한다. 다만, 國會議員의 任期가 만료된 때에는 그러하지 아니하다.

【第52條】 國會議員과 政府는 法律案을 제출할 수 있다.

【第53條】 ① 國會에서 議決된 法律案은 政府에 移送되어 15日 이내에 大統領이 公布한다.

② 法律案에 異議가 있을 때에는 大統領은 第1項의 期間내에 異議書를 붙여 國會로 還付하고, 그 再議를 요구할 수 있다. 國會의 閉會중에도 또한 같다.

③ 大統領은 法律案의 일부에 대하여 또는 法律案을 修正하여 再議를 요구할 수 없다.

④ 再議의 요구가 있을 때에는 國會는 再議에 붙이고, 在籍議員過半數의 출석과 出席議員 3分의 2 이상의 贊成으로 前과 같은 議決을 하면 그 法律案은 法律로서 확정된다.

⑤ 大統領이 第1項의 期間내에 公布나 再議의 요구를 하지 아니한 때에도 그 法律案은 法律로서 확정된다.

⑥ 大統領은 第4項과 第5項의 規定에 의하여 확정된 法律을 지체없이 公布하여야 한다. 第5項에 의하여 法律이 확정된 후 또는 第4項에 의한 確定法律이 政府에 移送된 후 5日 이내에 大統領이 公布하지 아니할 때에는 國會議長이 이를 公布한다.

⑦ 法律은 특별한 規定이 없는 한 公布한 날로부터 20日을 경과함으로써 效力을 발생한다.

【第54條】 ① 國會는 國家의 豫算案을 審議·확정한다.

② 政府는 會計年度마다 豫算案을 編成하여 會計年度 開始 90日전까지 國會에 제출하고, 國會는 會計年度 開始 30日전까지 이를 議決하여야 한다.

③ 새로운 會計年度가 開始될 때까지 豫算案이 議決되지 못한 때에는 政府는 國會에서 豫算案이 議決될 때까지 다음의 目的을 위한 經費는 前年度 豫算에 準하여 執行할 수 있다.

1. 憲法이나 法律에 의하여 設置된 機關 또는 施設의 유지·운영
2. 法律上 支出義務의 이행
3. 이미 豫算으로 승인된 事業의 계속

【第55條】 ① 한 會計年度를 넘어 계속하여 支出할 필요가 있을 때에는 政府는 年限을 정하여 繼續費로서 國會의 議決을 얻어야 한다.

② 豫備費는 總額으로 國會의 議決을 얻어야 한다. 豫備費의 支出은 次期國會의 승인을 얻어야 한다.

【第56條】 政府는 豫算에 變更을 加할 필요가 있을 때에는 追加更正豫算案을 編成하여 國會에 제출할 수 있다.

【第57條】 國會는 政府의 同意없이 政府가 제출한 支出豫算 各項의 金額을 增加하거나 새 費目을 設置할 수 없다.

【第58條】 國債를 모집하거나 豫算외에 國家의 부담이 될 契約을 체결하려 할 때에는 政府는 미리 國會의 議決을 얻어야 한다.

【第59條】 租稅의 種目과 稅率은 法律로 정한다.

【第60條】 ① 國會는 相互援助 또는 安全保障에 관한 條約, 중요한 國際組織에 관한 條約, 友好通商航海條約, 主權의 制約에 관한 條約, 講和條約, 國家나 國民에게 중대한 財政的 부담을 지우는 條約 또는 立法事項에 관한 條約의 체결·批准에 대한 同意權을 가진다.

② 國會는 宣戰布告, 國軍의 外國에의 派遣 또는 外國軍隊의 大韓民國 領域안에서의 駐留에 대한 同意權을 가진다.

【第61條】 ① 國會는 國政을 監査하거나 특정한 國政事案에 대하여 調査할 수 있으며, 이에 필요한 書類의 提出 또는 證人의 출석과 證言이나 의견의 陳述을 요구할 수 있다.

② 國政監査 및 調査에 관한 節次 기타 필요한 사항은 法律로 정한다.

【第62條】 ① 國務總理·國務委員 또는 政府委員은 國會나 그 委員會에 출석하여 國政處理狀況을 보고하거나 의견을 陳述하고 質問에 응답할 수 있다.

② 國會나 그 委員會의 요구가 있을 때에는 國務總理·國務委員 또는 政府委員은 출석·답변하여야 하며, 國務總理 또는 國務委員이 出席要求를 받은 때에는 國務委員 또는 政府委員으로 하여금 출석·답변하게 할 수 있다.

【第63條】 ① 國會는 國務總理 또는 國務委員의 解任을 大統領에게 建議할 수 있다.

② 第1項의 解任建議는 國會在籍議員 3分의 1 이상의 發議에 의하여 國會在籍議員 過半數의 贊成이 있어야 한다.

【第64條】 ① 國會는 法律에 저촉되지 아니하는 범위안에서 議事와 內部規律에 관한 規則을 制定할 수 있다.

② 國會는 議員의 資格을 審査하며, 議員을 懲戒할 수 있다.

③ 議員을 除名하려면 國會在籍議員 3分의 2 이상의 贊成이 있어야 한다.

④ 第2項과 第3項의 處分에 대하여는 法院에 提訴할 수 없다.

【第65條】 ① 大統領·國務總理·國務委員·行政各部의 長·憲法裁判所 裁判官·法官·中央選擧管理委員會 委員·監査院長·監査委員 기타 法律이 정한 公務員이 그 職務執行에 있어서 憲法이나 法律을 違背한 때에는 國會는 彈劾의 訴追를 議決할 수 있다.

② 第1項의 彈劾訴追는 國會在籍議員 3分의 1 이상의 發議가 있어야 하며, 그 議決은 國會在籍議員 過半數의 贊成이 있어야 한다. 다만, 大統領에 대한 彈劾訴追는 國會在籍議員 過半數의 發議와 國會在籍議員 3分의 2 이상의 贊成이 있어야 한다.

③ 彈劾訴追의 議決을 받은 者는 彈劾審判이 있을 때까지 그 權限行使가 정지된다.

④ 彈劾決定은 公職으로부터 罷免함에 그친다. 그러나, 이에 의하여 民事上이나 刑事上

의 責任이 免除되지는 아니한다.

## 第4章 政府

### 第1節 大統領

【第66條】① 大統領은 國家의 元首이며, 外國에 대하여 國家를 代表한다.

② 大統領은 國家의 獨立·領土의 保全·國家의 繼續性과 憲法을 守護할 責務를 진다.

③ 大統領은 祖國의 平和的 統一을 위한 성실한 義務를 진다.

④ 行政權은 大統領을 首班으로 하는 政府에 속한다.

【第67條】① 大統領은 國民의 普通·平等·直接·秘密選擧에 의하여 選出한다.

② 第1項의 選擧에 있어서 最高得票者가 2人 이상인 때에는 國會의 在籍議員 過半數가 출석한 公開會議에서 多數票를 얻은 者를 當選者로 한다.

③ 大統領候補者가 1人일 때에는 그 得票數가 選擧權者 總數의 3分의 1 이상이 아니면 大統領으로 當選될 수 없다.

④ 大統領으로 選擧될 수 있는 者는 國會議員의 被選擧權이 있고 選擧日 현재 40歲에 達하여야 한다.

⑤ 大統領의 選擧에 관한 사항은 法律로 정한다.

【第68條】① 大統領의 任期가 만료되는 때에는 任期滿了 70日 내지 40日전에 後任者를 選擧한다.

② 大統領이 闕位된 때 또는 大統領 當選者가 死亡하거나 判決 기타의 사유로 그 資格을 喪失한 때에는 60日 이내에 後任者를 選擧한다.

【第69條】大統領은 就任에 즈음하여 다음의 宣誓를 한다.

"나는 憲法을 준수하고 國家를 保衛하며 祖國의 平和的 統一과 國民의 自由와 福利의 增進 및 民族文化의 暢達에 노력하여 大統領으로서의 職責을 성실히 수행할 것을 國民 앞에 엄숙히 宣誓합니다."

【第70條】大統領의 任期는 5年으로 하며, 重任할 수 없다.

【第71條】大統領이 闕位되거나 事故로 인하여 職務를 수행할 수 없을 때에는 國務總理, 法律이 정한 國務委員의 順序로 그 權限을 代行한다.

【第72條】大統領은 필요하다고 인정할 때에는 外交·國防·統一 기타 國家安危에 관한 重要政策을 國民投票에 붙일 수 있다.

【第73條】大統領은 條約을 체결·批准하고, 外交使節을 信任·접수 또는 派遣하며, 宣戰布告와 講和를 한다.

【第74條】① 大統領은 憲法과 法律이 정하는 바에 의하여 國軍을 統帥한다.

② 國軍의 組織과 編成은 法律로 정한다.

【第75條】大統領은 法律에서 구체적으로 범위를 정하여 委任받은 사항과 法律을 執行하기 위하여 필요한 사항에 관하여 大統領令을 발할 수 있다.

【第76條】① 大統領은 內憂·外患·天災·地變 또는 중대한 財政·經濟上의 危機에 있어서 國家의 安全保障 또는 公共의 安寧秩序를 유지하기 위하여 긴급한 措置가 필요하고 國會의 集會를 기다릴 여유가 없을 때에 한하여 최소한으로 필요한 財政·經濟上의 處分을 하거나 이에 관하여 法律의 效力을 가지는 命令을 발할 수 있다.

② 大統領은 國家의 安危에 관계되는 중대한 交戰狀態에 있어서 國家를 保衛하기 위하여 긴급한 措置가 필요하고 國會의 集會가 불가능한 때에 한하여 法律의 效力을 가지는 命令을 발할 수 있다.

③ 大統領은 第1項과 第2項의 處分 또는 命令을 한 때에는 지체없이 國會에 보고하여 그 승인을 얻어야 한다.

④ 第3項의 승인을 얻지 못한 때에는 그 處分 또는 命令은 그때부터 效力을 喪失한다. 이 경우 그 命令에 의하여 改正 또는 廢止되었던 法律은 그 命令이 승인을 얻지 못한 때부터 당연히 效力을 회복한다.

⑤ 大統領은 第3項과 第4項의 사유를 지체없이 公布하여야 한다.

【第77條】① 大統領은 戰時·事變 또는 이에 準하는 國家非常事態에 있어서 兵力으로써 軍事上의 필요에 응하거나 公共의 安寧秩序를 유지할 필요가 있을 때에는 法律이 정하는 바에 의하여 戒嚴을 宣布할 수 있다.

② 戒嚴은 非常戒嚴과 警備戒嚴으로 한다.

③ 非常戒嚴이 宣布된 때에는 法律이 정하는 바에 의하여 令狀制度, 言論·出版·集會·結社의 自由, 政府나 法院의 權限에 관하여 특별한 措置를 할 수 있다.

④ 戒嚴을 宣布한 때에는 大統領은 지체없이 國會에 통고하여야 한다.

⑤ 國會가 在籍議員 過半數의 贊成으로 戒嚴의 解除를 요구한 때에는 大統領은 이를 解除하여야 한다.

【第78條】大統領은 憲法과 法律이 정하는 바에 의하여 公務員을 任免한다.

【第79條】① 大統領은 法律이 정하는 바에 의하여 赦免·減刑 또는 復權을 命할 수 있다.

② 一般赦免을 命하려면 國會의 同意를 얻어야 한다.

③ 赦免·減刑 및 復權에 관한 사항은 法律로 정한다.

【第80條】大統領은 法律이 정하는 바에 의하여 勳章 기타의 榮典을 수여한다.

【第81條】大統領은 國會에 출석하여 發言하거나 書翰으로 의견을 표시할 수 있다.

【第82條】 大統領의 國法上 행위는 文書로써 하며, 이 文書에는 國務總理와 관계 國務委員이 副署한다. 軍事에 관한 것도 또한 같다.

【第83條】 大統領은 國務總理·國務委員·行政各部의 長 기타 法律이 정하는 公私의 職을 겸할 수 없다.

【第84條】 大統領은 內亂 또는 外患의 罪를 범한 경우를 제외하고는 在職중 刑事上의 訴追를 받지 아니한다.

【第85條】 前職大統領의 身分과 禮遇에 관하여는 法律로 정한다.

## 第2節 行政府

### 第1款 國務總理와 國務委員

【第86條】 ① 國務總理는 國會의 同意를 얻어 大統領이 任命한다.

② 國務總理는 大統領을 補佐하며, 行政에 관하여 大統領의 命을 받아 行政各部를 統轄한다.

③ 軍人은 現役을 免한 후가 아니면 國務總理로 任命될 수 없다.

【第87條】 ① 國務委員은 國務總理의 提請으로 大統領이 任命한다.

② 國務委員은 國政에 관하여 大統領을 補佐하며, 國務會議의 構成員으로서 國政을 審議한다.

③ 國務總理는 國務委員의 解任을 大統領에게 建議할 수 있다.

④ 軍人은 現役을 免한 후가 아니면 國務委員으로 任命될 수 없다.

### 第2款 國務會議

【第88條】 ① 國務會議는 政府의 權限에 속하는 중요한 政策을 審議한다.

② 國務會議는 大統領·國務總理와 15人 이상 30人 이하의 國務委員으로 구성한다.

③ 大統領은 國務會議의 議長이 되고, 國務總理는 副議長이 된다.

【第89條】 다음 사항은 國務會議의 審議를 거쳐야 한다.

1. 國政의 基本計劃과 政府의 一般政策
2. 宣戰·講和 기타 중요한 對外政策
3. 憲法改正案·國民投票案·條約案·法律案 및 大統領令案
4. 豫算案·決算·國有財産處分의 基本計劃·國家의 부담이 될 契約 기타 財政에 관한 중요사항

5. 大統領의 緊急命令·緊急財政經濟處分 및 命令 또는 戒嚴과 그 解除
6. 軍事에 관한 중요사항
7. 國會의 臨時會 集會의 요구
8. 榮典授與
9. 赦免·減刑과 復權
10. 行政各部間의 權限의 劃定
11. 政府안의 權限의 委任 또는 配定에 관한 基本計劃
12. 國政處理狀況의 評價·分析
13. 行政各部의 중요한 政策의 수립과 調整
14. 政黨解散의 提訴
15. 政府에 제출 또는 회부된 政府의 政策에 관계되는 請願의 審査
16. 檢察總長·合同參謀議長·各軍參謀總長·國立大學校總長·大使 기타 法律이 정한 公務員과 國營企業體管理者의 任命
17. 기타 大統領·國務總理 또는 國務委員이 제출한 사항

【第90條】① 國政의 중요한 사항에 관한 大統領의 諮問에 응하기 위하여 國家元老로 구성되는 國家元老諮問會議를 둘 수 있다.

② 國家元老諮問會議의 議長은 直前大統領이 된다. 다만, 直前大統領이 없을 때에는 大統領이 指名한다.

③ 國家元老諮問會議의 組織·職務範圍 기타 필요한 사항은 法律로 정한다.

【第91條】① 國家安全保障에 관련되는 對外政策·軍事政策과 國內政策의 수립에 관하여 國務會議의 審議에 앞서 大統領의 諮問에 응하기 위하여 國家安全保障會議를 둔다.

② 國家安全保障會議는 大統領이 主宰한다.

③ 國家安全保障會議의 組織·職務範圍 기타 필요한 사항은 法律로 정한다.

【第92條】① 平和統一政策의 수립에 관한 大統領의 諮問에 응하기 위하여 民主平和統一諮問會議를 둘 수 있다.

② 民主平和統一諮問會議의 組織·職務範圍 기타 필요한 사항은 法律로 정한다.

【第93條】① 國民經濟의 발전을 위한 重要政策의 수립에 관하여 大統領의 諮問에 응하기 위하여 國民經濟諮問會議를 둘 수 있다.

② 國民經濟諮問會議의 組織·職務範圍 기타 필요한 사항은 法律로 정한다.

### 第3款 行政各部

【第94條】行政各部의 長은 國務委員 중에서 國務總理의 提請으로 大統領이 任命한다.

【第95條】國務總理 또는 行政各部의 長은 所管事務에 관하여 法律이나 大統領令의 委任 또는 職權으로 總理令 또는 部令을 발할 수 있다.

【第96條】行政各部의 設置·組織과 職務範圍는 法律로 정한다.

### 第4款 監査院

【第97條】國家의 歲入·歲出의 決算, 國家 및 法律이 정한 團體의 會計檢査와 行政機關 및 公務員의 職務에 관한 監察을 하기 위하여 大統領 所屬下에 監査院을 둔다.

【第98條】① 監査院은 院長을 포함한 5人 이상 11人 이하의 監査委員으로 구성한다.

② 院長은 國會의 同意를 얻어 大統領이 任命하고, 그 任期는 4年으로 하며, 1次에 한하여 重任할 수 있다.

③ 監査委員은 院長의 提請으로 大統領이 任命하고, 그 任期는 4年으로 하며, 1次에 한하여 重任할 수 있다.

【第99條】監査院은 歲入·歲出의 決算을 매년 檢査하여 大統領과 次年度國會에 그 결과를 보고하여야 한다.

【第100條】監査院의 組織·職務範圍·監査委員의 資格·監査對象公務員의 범위 기타 필요한 사항은 法律로 정한다.

## 第5章 法院

【第101條】① 司法權은 法官으로 구성된 法院에 속한다.

② 法院은 最高法院인 大法院과 各級法院으로 組織된다.

③ 法官의 資格은 法律로 정한다.

【第102條】① 大法院에 部를 둘 수 있다.

② 大法院에 大法官을 둔다. 다만, 法律이 정하는 바에 의하여 大法官이 아닌 法官을 둘 수 있다.

③ 大法院과 各級法院의 組織은 法律로 정한다.

【第103條】法官은 憲法과 法律에 의하여 그 良心에 따라 獨立하여 審判한다.

【第104條】① 大法院長은 國會의 同意를 얻어 大統領이 任命한다.

② 大法官은 大法院長의 提請으로 國會의 同意를 얻어 大統領이 任命한다.

③ 大法院長과 大法官이 아닌 法官은 大法官會議의 同意를 얻어 大法院長이 任命한다.

【第105條】① 大法院長의 任期는 6年으로 하며, 重任할 수 없다.

② 大法官의 任期는 6年으로 하며, 法律이 정하는 바에 의하여 連任할 수 있다.

③ 大法院長과 大法官이 아닌 法官의 任期는 10年으로 하며, 法律이 정하는 바에 의하여 連任할 수 있다.

④ 法官의 停年은 法律로 정한다.

【第106條】 ① 法官은 彈劾 또는 禁錮 이상의 刑의 宣告에 의하지 아니하고는 罷免되지 아니하며, 懲戒處分에 의하지 아니하고는 停職·減俸 기타 不利한 處分을 받지 아니한다.

② 法官이 중대한 心身上의 障害로 職務를 수행할 수 없을 때에는 法律이 정하는 바에 의하여 退職하게 할 수 있다.

【第107條】 ① 法律이 憲法에 위반되는 여부가 裁判의 前提가 된 경우에는 法院은 憲法裁判所에 提請하여 그 審判에 의하여 裁判한다.

② 命令·規則 또는 處分이 憲法이나 法律에 위반되는 여부가 裁判의 前提가 된 경우에는 大法院은 이를 最終的으로 審査할 權限을 가진다.

③ 裁判의 前審節次로서 行政審判을 할 수 있다. 行政審判의 節次는 法律로 정하되, 司法節次가 準用되어야 한다.

【第108條】 大法院은 法律에서 저촉되지 아니하는 범위안에서 訴訟에 관한 節次, 法院의 內部規律과 事務處理에 관한 規則을 制定할 수 있다.

【第109條】 裁判의 審理와 判決은 公開한다. 다만, 審理는 國家의 安全保障 또는 安寧秩序를 방해하거나 善良한 風俗을 해할 염려가 있을 때에는 法院의 決定으로 公開하지 아니할 수 있다.

【第110條】 ① 軍事裁判을 관할하기 위하여 特別法院으로서 軍事法院을 둘 수 있다.

② 軍事法院의 上告審은 大法院에서 관할한다.

③ 軍事法院의 組織·權限 및 裁判官의 資格은 法律로 정한다.

④ 非常戒嚴下의 軍事裁判은 軍人·軍務員의 犯罪나 軍事에 관한 間諜罪의 경우와 哨兵·哨所·有毒飮食物供給·捕虜에 관한 罪중 法律이 정한 경우에 한하여 單審으로 할 수 있다. 다만, 死刑을 宣告한 경우에는 그러하지 아니하다.

## 第6章 憲法裁判所

【第111條】 ① 憲法裁判所는 다음 사항을 管掌한다.

1. 法院의 提請에 의한 法律의 違憲與否 審判
2. 彈劾의 審判
3. 政黨의 解散 審判

4. 國家機關 相互間, 國家機關과 地方自治團體間 및 地方自治團體 相互間의 權限爭議에 관한 審判

5. 法律이 정하는 憲法訴願에 관한 審判

② 憲法裁判所는 法官의 資格을 가진 9人의 裁判官으로 구성하며, 裁判官은 大統領이 任命한다.

③ 第2項의 裁判官중 3人은 國會에서 選出하는 者를, 3人은 大法院長이 指名하는 者를 任命한다.

④ 憲法裁判所의 長은 國會의 同意를 얻어 裁判官중에서 大統領이 任命한다.

【第112條】 ① 憲法裁判所 裁判官의 任期는 6年으로 하며, 法律이 정하는 바에 의하여 連任할 수 있다.

② 憲法裁判所 裁判官은 政黨에 加入하거나 政治에 관여할 수 없다.

③ 憲法裁判所 裁判官은 彈劾 또는 禁錮 이상의 刑의 宣告에 의하지 아니하고는 罷免되지 아니한다.

【第113條】 ① 憲法裁判所에서 法律의 違憲決定, 彈劾의 決定, 政黨解散의 決定 또는 憲法訴願에 관한 認容決定을 할 때에는 裁判官 6人 이상의 贊成이 있어야 한다.

② 憲法裁判所는 法律에 저촉되지 아니하는 범위안에서 審判에 관한 節次, 內部規律과 事務處理에 관한 規則을 制定할 수 있다.

③ 憲法裁判所의 組織과 운영 기타 필요한 사항은 法律로 정한다.

## 第7章 選擧管理

【第114條】 ① 選擧와 國民投票의 공정한 管理 및 政黨에 관한 事務를 처리하기 위하여 選擧管理委員會를 둔다.

② 中央選擧管理委員會는 大統領이 任命하는 3人, 國會에서 選出하는 3人과 大法院長이 指名하는 3人의 委員으로 구성한다. 委員長은 委員중에서 互選한다.

③ 委員의 任期는 6年으로 한다.

④ 委員은 政黨에 加入하거나 政治에 관여할 수 없다.

⑤ 委員은 彈劾 또는 禁錮 이상의 刑의 宣告에 의하지 아니하고는 罷免되지 아니한다.

⑥ 中央選擧管理委員會는 法令의 범위안에서 選擧管理·國民投票管理 또는 政黨事務에 관한 規則을 制定할 수 있으며, 法律에 저촉되지 아니하는 범위안에서 內部規律에 관한 規則을 制定할 수 있다.

⑦ 各級 選擧管理委員會의 組織·職務範圍 기타 필요한 사항은 法律로 정한다.

【第115條】① 各級 選擧管理委員會는 選擧人名簿의 작성등 選擧事務와 國民投票事務에 관하여 관계 行政機關에 필요한 指示를 할 수 있다.

② 第1項의 指示를 받은 당해 行政機關은 이에 응하여야 한다.

【第116條】① 選擧運動은 各級 選擧管理委員會의 管理下에 法律이 정하는 범위안에서 하되, 균등한 機會가 보장되어야 한다.

② 選擧에 관한 經費는 法律이 정하는 경우를 제외하고는 政黨 또는 候補者에게 부담시킬 수 없다.

## 第8章　地方自治

【第117條】① 地方自治團體는 住民의 福利에 관한 事務를 처리하고 財産을 관리하며, 法令의 범위안에서 自治에 관한 規定을 制定할 수 있다.

② 地方自治團體의 종류는 法律로 정한다.

【第118條】① 地方自治團體에 議會를 둔다.

② 地方議會의 組織·權限·議員選擧와 地方自治團體의 長의 選任方法 기타 地方自治團體의 組織과 운영에 관한 사항은 法律로 정한다.

## 第9章　經濟

【第119條】① 大韓民國의 經濟秩序는 개인과 企業의 經濟上의 自由와 創意를 존중함을 基本으로 한다.

② 國家는 균형있는 國民經濟의 成長 및 安定과 적정한 所得의 分配를 유지하고, 市場의 支配와 經濟力의 濫用을 방지하며, 經濟主體間의 調和를 통한 經濟의 民主化를 위하여 經濟에 관한 規制와 調整을 할 수 있다.

【第120條】① 鑛物 기타 중요한 地下資源·水産資源·水力과 經濟上 이용할 수 있는 自然力은 法律이 정하는 바에 의하여 일정한 期間 그 採取·開發 또는 이용을 特許할 수 있다.

② 國土와 資源은 國家의 보호를 받으며, 國家는 그 균형있는 開發과 이용을 위하여 필요한 計劃을 수립한다.

【第121條】① 國家는 農地에 관하여 耕者有田의 원칙이 達成될 수 있도록 노력하여야 하며, 農地의 小作制度는 금지된다.

② 農業生産性의 提高와 農地의 合理的인 이용을 위하거나 불가피한 事情으로 발생하는 農地의 賃貸借와 委託經營은 法律이 정하는 바에 의하여 인정된다.

【第122條】 國家는 國民 모두의 生産 및 生活의 基盤이 되는 國土의 효율적이고 균형있는 이용·開發과 보전을 위하여 法律이 정하는 바에 의하여 그에 관한 필요한 제한과 義務를 課할 수 있다.

【第123條】 ① 國家는 農業 및 漁業을 보호·육성하기 위하여 農·漁村綜合開發과 그 지원등 필요한 計劃을 수립·施行하여야 한다.

② 國家는 地域間의 균형있는 발전을 위하여 地域經濟를 육성할 義務를 진다.

③ 國家는 中小企業을 보호·육성하여야 한다.

④ 國家는 農水産物의 需給均衡과 流通構造의 개선에 노력하여 價格安定을 도모함으로써 農·漁民의 이익을 보호한다.

⑤ 國家는 農·漁民과 中小企業의 自助組織을 육성하여야 하며, 그 自律的 活動과 발전을 보장한다.

【第124條】 國家는 건전한 消費行爲를 啓導하고 生産品의 品質向上을 촉구하기 위한 消費者保護運動을 法律이 정하는 바에 의하여 보장한다.

【第125條】 國家는 對外貿易을 육성하며, 이를 規制·調整할 수 있다.

【第126條】 國防上 또는 國民經濟上 緊切한 필요로 인하여 法律이 정하는 경우를 제외하고는, 私營企業을 國有 또는 公有로 移轉하거나 그 경영을 統制 또는 관리할 수 없다.

【第127條】 ① 國家는 科學技術의 革新과 情報 및 人力의 開發을 통하여 國民經濟의 발전에 노력하여야 한다.

② 國家는 國家標準制度를 확립한다.

③ 大統領은 第1項의 目的을 達成하기 위하여 필요한 諮問機構를 둘 수 있다.

## 第10章　憲法改正

【第128條】 ① 憲法改正은 國會在籍議員 過半數 또는 大統領의 發議로 提案된다.

② 大統領의 任期延長 또는 重任變更을 위한 憲法改正은 그 憲法改正 提案 당시의 大統領에 대하여는 效力이 없다.

【第129條】 提案된 憲法改正案은 大統領이 20日 이상의 期間 이를 公告하여야 한다.

【第130條】 ① 國會는 憲法改正案이 公告된 날로부터 60日 이내에 議決하여야 하며, 國會의 議決은 在籍議員 3分의 2 이상의 贊成을 얻어야 한다.

② 憲法改正案은 國會가 議決한 후 30日 이내에 國民投票에 붙여 國會議員選擧權者 過半數의 投票와 投票者 過半數의 贊成을 얻어야 한다.

③ 憲法改正案이 第2項의 贊成을 얻은 때에는 憲法改正은 확정되며, 大統領은 즉시 이를

公布하여야 한다.

## 附 則(제10호, 1987. 10. 29)

【第1條】 이 憲法은 1988年 2月 25日부터 施行한다. 다만, 이 憲法을 施行하기 위하여 필요한 法律의 制定·改正과 이 憲法에 의한 大統領 및 國會議員의 選擧 기타 이 憲法施行에 관한 準備는 이 憲法施行 전에 할 수 있다.

【第2條】 ① 이 憲法에 의한 최초의 大統領選擧는 이 憲法施行日 40日 전까지 실시한다.

② 이 憲法에 의한 최초의 大統領의 任期는 이 憲法施行日로부터 開始한다.

【第3條】 ① 이 憲法에 의한 최초의 國會議員選擧는 이 憲法公布日로부터 6月 이내에 실시하며, 이 憲法에 의하여 選出된 최초의 國會議員의 任期는 國會議員選擧후 이 憲法에 의한 國會의 최초의 集會日로부터 開始한다.

② 이 憲法公布 당시의 國會議員의 任期는 第1項에 의한 國會의 최초의 集會日 前日까지로 한다.

【第4條】 ① 이 憲法施行 당시의 公務員과 政府가 任命한 企業體의 任員은 이 憲法에 의하여 任命된 것으로 본다. 다만, 이 憲法에 의하여 選任方法이나 任命權者가 변경된 公務員과 大法院長 및 監査院長은 이 憲法에 의하여 後任者가 選任될 때까지 그 職務를 행하며, 이 경우 前任者인 公務員의 任期는 後任者가 選任되는 前日까지로 한다.

② 이 憲法施行 당시의 大法院長과 大法院判事가 아닌 法官은 第1項 但書의 規定에 불구하고 이 憲法에 의하여 任命된 것으로 본다.

③ 이 憲法중 公務員의 任期 또는 重任制限에 관한 規定은 이 憲法에 의하여 그 公務員이 최초로 選出 또는 任命된 때로부터 適用한다.

【第5條】 이 憲法施行 당시의 法令과 條約은 이 憲法에 違背되지 아니하는 한 그 效力을 지속한다.

【第6條】 이 憲法施行 당시에 이 憲法에 의하여 새로 設置될 機關의 權限에 속하는 職務를 행하고 있는 機關은 이 憲法에 의하여 새로운 機關이 設置될 때까지 存續하며 그 職務를 행한다.

# 찾아보기

## ◎ 저자 약력

### 전일주(Jeon Il-Ju)

**약력**

- 1950년 경남 진주 출생
- 단국대학교 법학과 졸업
- 단국대학교 대학원 법학박사(헌법 전공)
- 단국대학교, 호서대학교, 루터대학교, 명지전문대학 등 강사, 진주농림전문대학 전임강사 역임
- 현 진주산업대학교 교양학부 교수, 현 한국공법학회 회원(상임이사 역임), 현 한국토지공법학회 회원(상임이사 역임), 현 한국헌법학회 회원(상임이사 역임), 현 한국입법학회 정회원, 현 한국산업재산권학회 회원, 현 한국농업법학회 정회원, 진주시인사위원회 위원 역임, 현 법무부 진주교도소 징벌위원회 위원, 정보공개심의위원 및 교정행정자문위원

**저서 및 논문**

- 경찰행정법(공), 현대사회와 윤리(공), 법학통론(공), 법학의 기초이론과 실무(공), 법과 생활(공), 「서독 헌법상 Junktimklausel에 관한 연구」, 「Mootness Doctrine에 관한 연구」, 「Double Standard Doctrine에 관한 연구」, 「LRA기준에 관한 연구」, 「재산권침해에 대한 손실보상에 관한 연구」, 「생명윤리법제의 비교연구－미 · 영 · 일의 배아취급에 대한 규제를 중심으로」 등 다수

### 조성종(Cho Seong-Jong)

**약력**

- 단국대학교 법학과 졸업
- 명지대학교 대학원 법학과 법학박사(상법 전공)
- 공증인가 동방종합법무법인 사무국장 역임
- 동양대학교, 진주산업대학교, 명지대학교, 밀양대학교 등 강사 역임
- 서울특별시 고급공무원시험 출제위원
- 현 사단법인 한민족미래연구소 부소장, 현 경북전문대학 경찰경호행정계열 교수
- 현 한국브랜드마케팅협회 부회장

**저서 및 논문**

- 생활법률, 상법(Ⅰ), 상법, 법과 생활(공), 법무의 이론과 실무(공), 법학의 기초이론과 실무(공), 가정과 법률, 법학개론 등 다수
- 「팩터링(Factoring)契約의 法的 問題點에 관한 硏究」, 「國際物品賣買契約上의 危險移轉」, 「지적소유권의 국제적 보호에 관한 연구」, 「상표권의 침해와 그 보호에 관한 연구」, 「인터넷상의 저작권보호에 관한 연구」, 「인터넷상의 저작권보호의 범위와 그 한계」, 「상법상 주식회사의 이사의 의무와 미국법상의 충실의무」, 「이사의 회사에 대한 손해배상책임과 경영판단원칙」, 「생명윤리법제의 비교연구－미 · 영 · 일의 배아취급에 대한 규제를 중심으로」 등 다수

법학의 이해 -최신 판례와 개정법률 반영-

2007년 2월 20일 초판 발행
2009년 2월 25일 재판 발행
2010년 2월 25일 재판 2 쇄

**저 자** 전일주 · 조성종
**발행인** 한 점 덕

**발행처** 學 硏 社
**등 록** 1976년 12월 23일 제12-6호
**주 소** 서울시 영등포구 문래1가 39번지 센터플러스 814호
TEL : 2164-3311~3 / FAX : 2164-3314
E-mail : hypub@chol.com

ISBN 978-89-8060-120-2 93360

값 23,000원